PABLO NERUDA

OBRAS COMPLETAS

OPERA MUNDI

PABLO NERUDA

OBRAS COMPLETAS

PABLO NERUDA

OBRAS COMPLETAS

I
De *Crepusculario* a *Las uvas y el viento*
1923-1954

II
De *Odas elementales* a *Memorial de Isla Negra*
1954-1964

III
De *Arte de pájaros* a *El mar y las campanas*
1966-1973

IV
Nerudiana dispersa I
1915-1964

V
Nerudiana dispersa II
1922-1973

PABLO NERUDA

OBRAS COMPLETAS II

De «Odas elementales» a «Memorial de Isla Negra» 1954-1964

Edición y notas de Hernán Loyola
Con el asesoramiento de Saúl Yurkievich

Prólogo de Saúl Yurkievich

GALAXIA GUTENBERG
CÍRCULO DE LECTORES

Primera edición:
Barcelona, 1999

Cien sonetos de amor
[1957-1959]

Canción de gesta
[1958-1968]

Las piedras de Chile
[1959-1961]

Cantos ceremoniales
[1959-1961]

Plenos poderes
[1961-1962]

Memorial de Isla Negra
[1962-1964]

Edición al cuidado de Nicanor Vélez. Diseño de Norbert Denkel. Producción: Susanne Werthwein. © Herederos de Pablo Neruda y Fundación Pablo Neruda, 1999. © Saúl Yurkievich, por el prólogo, 1999. © Hernán Loyola, por las notas, 1999. © Círculo de Lectores, S. A. (Sociedad Unipersonal) y Galaxia Gutenberg, S. A., por la presente edición, 1999. Fotografía del estuche: Hyspamerica Editorial. Fotografía de fondo de la cubierta (detalle): © Sara Facio. Fotografía de la cubierta y el lomo: Effigie/Cover. Logo de la contracubierta: Fundación Pablo Neruda. Fotocomposición: Víctor Igual, S. L. Impresión y encuadernación: Printer industria gráfica, s.a. N II, Cuatro Caminos s/n, 08620 Sant Vicenç dels Horts. Barcelona, 1999.

CÍRCULO DE LECTORES, S.A.
(Sociedad Unipersonal)
Travessera de Gràcia 47-49, 08021 Barcelona
www.circulolectores.com
GALAXIA GUTENBERG, S.A.
Passeig de Picasso 16, 08003 Barcelona
www.galaxiagutenberg.com
3 5 7 9 9 9 1 2 8 6 4 2

Depósito legal: B. 30804-1999
ISBN Círculo de Lectores 84-226-7972-8 (tomo II)
ISBN Círculo de Lectores 84-226-7970-1
(obra completa)
ISBN Galaxia Gutenberg 84-8109-271-1 (tomo II)
ISBN Galaxia Gutenberg 84-8109-269-X
(obra completa)
N.º 35642
Impreso en España

PRÓLOGO

Escalas de madurez

Pasos de un peregrino son.

LUIS DE GÓNGORA

LA DURADERA CASA DE LAS ODAS

Con sus cuatro libros de odas –*Odas elementales* (1954), *Nuevas odas elementales* (1956), *Tercer libro de odas* (1957) y *Navegaciones y regresos* (1959)– que se suceden en continuo flujo durante un quinquenio, Neruda desea que la poesía amplíe su dominio para englobar a todo el mundo, para abarcar enteramente la extensión de lo real en su inagotable variedad, para que ingrese al canto la totalidad de lo vivible. Odas por cualquier motivo, odas surtidas como los artículos en una tienda de ramos generales, Neruda ofrece odas de toda forma y de todo carácter, odas para toda circunstancia y cualquier destinatario:

> Odas
> de todos
> los colores y tamaños,
> seráficas, azules
> o violentas,
> para comer,
> para bailar,
> para seguir las huellas en la arena,
>
> para ser y no ser.
>
> («Odas de todo el mundo»)

Fiel a tan amplio ofrecimiento, Neruda nos brinda la oda a la flor azul y al camión colorado, a la cuchara y a la cordillera andina, a la tormenta y a la envidia, al congrio y al aceite,

al vals sobre las olas y a Matilde, «Pies de fuego», que gasta
tanto sus zapatos. Neruda compone la oda a la solidaridad
que hermana, y también a la soledad maligna como mosca de
estercolero. Apta para todo tema, la oda asume con aplicado
optimismo la vastedad y la diversidad del mundo; su admisi-
bilidad parece universal:

> A todo sol, a toda luna vengo,
> a todo perro, pájaro, navío,
> a todo mueble, a todo ser humano.

(«Deberes de mañana»)

No menos totalizadora, no menos omnicomprensiva fue la
empresa que precedió inmediatamente a la vastedad de las
odas, la del *Canto general* (1950). Con este ciclo, Neruda am-
bicionaba dar cuenta integral y forjar una imagen engloba-
dora de las Américas, de su historia natural y humana y de su
portentosa geografía; aspiraba a mancomunarlas escribiendo
la saga secular de sus luchas por la independencia, por la soberanía popular. Después de esta obra magna, de asumir el
papel del memorialista de un continente, de portavoz, orien-
tador y profeta de sus pueblos, Neruda necesita descender
del estilo alto, poner el pie en tierra, cambiar de posición, de
enfoque, de registro y de forma, instalarse serenamente, no
como vate sino como artesano del verso, como común congé-
nere, en una enunciación más estable y más sencilla. Por eso
adopta la oda como sostén, como sostenido módulo, como
asiduo paradero para intentar una suerte de inventario poético del mundo.

Modo lírico, cantable por excelencia y de variada forma, la
oda aparece intermitentemente en los libros anteriores, dos
veces en la segunda *Residencia en la tierra* («Oda con un lamento» y «Oda a Federico García Lorca»), una vez en la *Tercera residencia* («7 de noviembre. Oda a un día de victorias»). Luego, en *Los versos del Capitán*, la última sección de
seis poemas se titula «Oda y germinaciones». Neruda aprovecha de las dos antiguas venas o vertientes de la oda, la ana-

creóntica adicta a la exaltación amorosa y a los placeres sensuales (ninguna es más pánica que su «Oda al vino», ninguna más voluptuosa que la «Oda a su aroma»), y la pindárica, más pública, celebratoria de acontecimientos importantes. Estas odas nerudianas derivan directamente de la rica tradición romántica que cunde desde principios del siglo xix en toda Europa, en Francia con Lamartine, Musset y Victor Hugo, en Alemania con Goethe, Schiller (como éste, también Neruda denomina una oda «Oda a la alegría»), Hölderlin, en Inglaterra con Wordsworth, Shelley, Keats. Pero a partir de *Odas elementales* Neruda emula más bien a Horacio. Se ciñe a pocas variaciones métricas, propende a la clásica combinación de endecasílabos con heptasílabos, mesura el tono e infunde a sus odas un carácter más contemplativo que efusivo, más reflexivo que vehemente.

Neruda califica a sus odas de elementales en doble sentido, el relativo a lo fundamental, a lo primordial, a lo humano genérico, a lo que a todos concierne, y en el sentido del decir común, llano y claro, de una poesía que simplifica su enunciación, que renuncia a la gala retórica o a la brillantez de estilo, a la agudeza, a la matización. Para llegar a lo elemental el poeta debe transformarse en el hombre invisible, dejar de ser el epicentro egótico de una poesía que sólo atiende al reclamo íntimo, volverse impersonal, inexistente, cambiar de orientación, no ser absorbido por sus fantasmas, por el propio yo que ignora lo que pasa afuera, la pletórica vida, los afanes, los placeres y pesares de los otros. Y para que todos hallen acogida en las odas, el poeta necesita retirarse, cederles el lugar en el canto:

> [...]
> y yo paso y no tengo
> tiempo para tantas vidas,
> yo quiero
> que todos vivan
> en mi vida
> y canten en mi canto,
> yo no tengo importancia,
> no tengo tiempo

para mis asuntos,
de noche y de día
debo anotar lo que pasa,
y no olvidar a nadie.
[...]

(«El hombre invisible»)

El cantor de estas odas, de este canto llano, es comunitario; no vive consigo sino con todos, es hombre con los otros hombres. Es el que asume la vida, todas las vidas con toda su humanidad. Testigo de lo que acontece a todas las existencias, hermanado, testimonia para que se sepa de los dolores, alegrías y luchas del prójimo. No es el solitario sino el solidario.

Neruda se propone escribir una poesía acerca de todos y para todos, acerca de lo común humano. Pretende la más amplia comprensión, una legibilidad popular. Por eso su exigencia primera es la de claridad. Quiere ser el esclarecido que todo lo aclara, el que abate clausuras para que la luz (que connota vida, alborozo, vislumbre, verdad, clarividencia) entre a raudales, que todo esté a la vista y todos se encuentren aunados por este canto coral:

[...]
Hoy no puedo
estar contigo, debo
cumplir mi obligación
de luz:
ir y venir por las calles,
las casas y los hombres
destruyendo
la oscuridad. Yo debo
repartirme
hasta que todo sea día,
hasta que todo sea claridad
y alegría en la tierra.

(«Oda a la claridad»)

Neruda rinde tributo al hombre sencillo, le dedica exprofeso una oda y alude a menudo en otras a la sencilla gente a la que desea llegar inquiriendo por ella y emulándola hasta igualarse. Pero esta perseguida sencillez, esta transparencia del ser y del sentido, esta simplificación expresiva, esta enunciación comprensible para la gente modesta requiere de Neruda una educación (o una deseducación para dejar de ser el poeta del arrebato mítico-metafórico, de la consubstanciación alucinada con el cosmos):

> [...]
> mi obligación es ésa:
> ser transparente,
> cada día
> me educo,
> cada día me peino
> pensando como piensas,
> y ando
> como tú andas,
> [...]
>
> («Oda al hombre sencillo»)

Por eso, como antaño en la diatriba contra «Los poetas celestes» del *Canto general*, Neruda renueva su ofensiva contra la malsana poesía hermética que se solaza con sus buceos y corteja «tenebrosas odaliscas». Condena la poesía rebuscada, palabrera, que atiende más al signo que al mensaje. Rechaza la autonomía y toda inherencia estéticas. Propone una poesía al servicio del hombre, tributaria de fines que la transcienden. Reprueba la poesía atribulada, la del desamparo, la que se abisma en turbamulta interior. Hay en el Neruda de las odas un divorcio neto con el período vanguardista de *Residencia en la tierra*, con el vacío existencial, con la inspiración lóbrega, con la visión desintegradora y con la conciencia escindida. Ahora toda desolación y toda desorientación, toda entrevisión indecisa, toda endeblez del ser deben conjurarse con esta positiva poesía terapéutica que reivindica lo asible, lo concreto material, la confianza en la vida, las virtudes constructivas, la fraternidad comunitaria y la esperanza. En su «Oda a la poesía», Neruda alegoriza esta trayectoria de la poesía obscura (para él, obscurantista) a la virtuosa poesía clara, esta mudanza de enredadera (intrincada maraña) en copa (generoso receptáculo). El poeta de las odas trueca la «náyade vaporosa» por la lavandera, la panadera, la tejedora, por la obrera:

> [...]
> Yo te pedí que fueras
> utilitaria y útil,
> como metal o harina,
> dispuesta a ser arado,
> herramienta,
> pan y vino,
> dispuesta, Poesía,
> a luchar cuerpo a cuerpo
> y a caer desangrándote.

La poesía desciende de su enrarecido limbo a la mesa del pobre. No es ya objeto solipsista de consumo privado. Poesía proletaria al paso de los hombres, participa en el combate por el progreso social. Neruda explicita su preceptiva saludable, simplificadora, productiva, utilitaria. Se propone salvaguardar las virtudes populares, el sentido común, una sabiduría innata (no libresca), el vínculo con la memoria colectiva, la laboriosidad, la inocencia, la naturalidad. Y en aras de esa naturalidad inocente, desdeña el trabajo propiamente intelectual, la opresión libresca, «el libro araña» que enclaustra y separa de la vida exterior, a la poesía bibliófaga, empapelada, que desoye el llamado de los hombres. Reitera con fórmulas remanidas admoniciones políticas y a menudo augura un venturoso futuro socialista. Este realismo es optimista y hace buenas nupcias con la utopía. Neruda moraliza y catequiza. Como si retomase la forma tripartita, tradicional de la oda, suele concluirla, a manera de épodo, con una aleccionadora moraleja:

> Así es la historia
> y ésta

es la moral
de mi poema:
donde
estés, donde vivas,
en la última
soledad de este mundo,
en el azote
de la furia terrestre,
en el rincón
de las humillaciones,
hermano,
hermana,
espera,
trabaja
firme
con tu pequeño ser y tus raíces.

(«Oda al cactus de la costa»)

Neruda se quiere poeta realista, fotógrafo que documenta, que da versión verídica del mundo, da lección de vida y propende a la pedagogía. Pero es también un lírico de poderosa inspiración, propenso al rapto visionario, sobre todo cuando su imaginación profunda, la propiamente poética, se consubstancia con el objeto poetizado. Entonces cesa la moralina, acaba el adoctrinamiento y resurge el surtidor de imágenes desconcertantes que con sus prodigiosos vínculos buscan representar una efusiva identificación con el motivo del canto. Las movilizadoras máximas son la naturaleza austral, la oriunda, y la mujer amada, Matilde Urrutia, destinataria en las odas de toda alabanza amorosa.

La naturaleza agreste del sur chileno prepondera también en las odas. En ellas hay escasa referencia al orbe urbano, poca presencia de la ciudad, salvo de aquellas que, asociadas a la errancia, al expatriado o al viajero, como Río de Janeiro, Leningrado o Estocolmo, arraigan con personal ahínco en el recuerdo. Neruda necesita de la desolación austral, del influjo cósmico de bosque, lluvia, océano y roca para que resurja el expansivo aflujo de imágenes que conectan con vivencias prematuras, con la imaginación matricial, para que la unción ligada a esa naturaleza que modela su poesía enfervorice y configure el impulso lírico. Éste reitera el vínculo generativo, la comunión con el mundo virgen que precede a la palabra y la sustenta, con la mancomunidad del comienzo. Entonces, una ligazón umbilical, omnianalógica, fuera de razón común o exaltada por la razón vital, provoca el rapto panteísta que, como en los «Tres cantos materiales» de *Residencia en la tierra* o como en «La lámpara en la tierra» del *Canto general*, expresa en algunas de las odas la entrega entrañable del cantor al numen natural, su regreso a la matriz extensa de la tierra, a la potencia procreadora de su mundo y de su canto. Cesa así el discurrir atinado y bonachón, el estilo conversado propio de un diálogo paciente con un interlocutor iletrado, y reaparece la inspiración pánica. El versificador realista y fotográfico se convierte en rapsoda:

> [...]
> seca, dura y cerrada,
> puño enemigo, estrella
> negra,
> a ti te canto
> porque el hombre
> te hará parir, te llenará de frutos,
> buscará tus ovarios,
> derramará en tu copa secreta
> los rayos especiales,
> tierra de los desiertos,
> línea pura,
> a ti las escrituras de mi canto
> porque pareces muerta
> y te despierta
> el ramalazo de la dinamita,
> y un penacho de humo sangriento
> anuncia el parto
> y saltan los metales hacia el cielo.
> [...]
>
> («Oda a la tierra»)

Tierra árida, salitral, tierra ferruginosa y cuprífera, pero también tierra fértil y feraz, en la región de las lluvias (perpetuas como el perpetuo niño). La lluvia de Temuco vuelve a pautar los ritmos fundadores del canto:

> [...]
> primero
> en una ráfaga
> colérica,
> luego
> como la cola
> mojada
> de un planeta,
> la lluvia
> tic tac mil veces tic
> tac mil
> veces un trineo,
> un espacioso golpe
> de pétalos oscuros
> [...]
>
> («Oda a la lluvia»)

El apasionado y experto coleccionista de caracolas que fue Neruda no se consubstancia sólo con la naturaleza magna, no lo conmueven solamente colosales instancias como vida o tierra, estrella o cordillera. El compositor de odas se quiere observador atento de todas las cosas, del macro y del microuniverso, el que asegura el registro poético de los seres singulares y de los enseres ordinarios, de todo cuanto atañe a la humana existencia, de los pájaros de Chile y de sus algas marinas, y más particularmente de ese enorme albatros muerto sobre la arena, de este cactus desplazado de tierra adentro a la costa, de aquel algarrobo derribado en Barranca Yaco, o del gran atún visto en el mercado con una corona de lechugas («sombra / marina / como enlutada flecha, / dardo del mar, / intrépida aceituna»).

Neruda no es sólo el adorador de la naturaleza natal y nutricia, es también el apetente devorador de sus alimentos terrestres y marinos. Las habituales frutas y hortalizas son ensalzadas por el poeta concupiscente. Su verba suntuosa estimulada por el eros gustativo es capaz de convertir a la manzana en «mejilla arrebolada / de la aurora», al limón en una dorada catedral con ácidos vitrales donde en gotas resbalan los topacios, en pezón oloroso del pecho de la tierra, a la cebolla, magnificada con gongorinas hipérboles, en «globo celeste, copa de platino / baile inmóvil de anémona nevada», al aceite, suprema condición de la cocina, en «pedestal de perdices, llave celeste de la mayonesa». Para Neruda, avezado gastrónomo, arte poético y arte culinario se hermanan a tal punto que la oda suele cobrar forma de receta como ésa que celebra el caldillo de congrio.

La oda puede asemejarse a un recetario porque Neruda, con humor paródico, imita formas discursivas en principio ajenas al dominio lírico. Se complace en este tipo de pastiche que desdobla el sentido. El poema adopta fingidamente un estilo con el cual establece un distanciamiento irónico, se enuncia a la vez en serio y en broma. Este desajuste entre el registro y la voz personal, la identificadora íntima del poeta, produce un doblez y un rebote humorísticos. Desvincula el texto del decir entrañable, lo hace flotar, lo hace sonar en falso, lo convierte en un sutil juego de equívocos. Este divertido trato o trueque que destituye lo magno y dignifica lo menor se opera cuando Neruda consagra una consideración especial a los objetos comunes, al traje («te saludo / con reverencia y luego / me abrazas y te olvido, / porque uno solo somos»), al reloj que muele la noche y la corta con su pequeña sierra y caen «minutos como hoja, / fibras de tiempo roto, / pequeñas plumas negras», al jabón que huele a pueblo, a enaguas y a «torta de onomástico», y sobre todo, en dos odas magistrales, al serrucho («violín del bosque, pájaro / del aserrín, tenaz / tiburón de la madera») y a las tijeras:

> De dos cuchillos largos
> y alevosos,
> casados y cruzados
> para siempre,

de dos
pequeños ríos
amarrados,
resultó una cortante criatura,
un pez que nada en tempestuosos lienzos,
un pájaro que vuela
en
las peluquerías.

(«Oda a las tijeras»)

AUTORRETRATO EN NEGATIVO

El humor que revierte, desciende, desvía, descompone, confunde, tergiversa es el talante que prepondera en *Estravagario* (1958). Raro título neológico, parecido al de *Crepusculario*, sugiere a la vez colección de extravagancias y vagabundeo. En este libro, publicado entre el tercero y el cuarto volumen de las odas, Neruda proyecta otra persona poética; aquí hace libremente de las suyas y se divierte desacatando el orden de lo conveniente, relativizando toda certeza y tomando a su propia persona como blanco preferido de sus bromas. El humor benigno y bonachón de las odas, la bonhomía complaciente, bienintencionada, muda aquí en autoironía parca, prosaica e incisiva.

El esclarecido que todo desea iluminar, el que da lecciones de vida, el juicioso que hace justicia, el que postpone su persona para dar cabida en su canto a la gente sencilla, para congregarla, orientarla, esperanzarla, el que se solaza seducido por la rica variedad del mundo asume en *Estravagario* la condición abismal del ser, la noche obscura del alma:

[...]
y dentro de mí soy oscuro:
soy como un pozo en cuyas aguas
la noche deja sus estrellas
y sigue sola por el campo.

(«Pido silencio»)

El poeta de *Estravagario* no es ya cantor unánime, el que pone la palabra compartida en música, sino más bien un prosador que versifica su «Soliloquio en tinieblas», su solitario y desorientado devaneo, su hablar gravemente solo, de hombre a hombre sin que nadie lo escuche. El poeta social se vuelve gregario. No proclama ni credo ni consigna. Ya no posee certidumbres, carece de seguridad, no sabe a ciencia cierta quién es, ni dónde está ni dónde va. Más que afirmar como portavoz comunitario verdades rotundas, le cabe sobre todo inquirir, hacer preguntas al viento, preguntas sin respuesta:

> Cuánto vive el hombre, por fin?
>
> Vive mil días o uno solo?
>
> Una semana o varios siglos?
>
> Por cuánto tiempo muere el hombre?
>
> Qué quiere decir «Para siempre»?
>
> («Y cuánto vive»)

El célebre y solicitado poeta, el misionero, el visionario quiere ahora salir de escena, quedarse quieto y en silencio: «Por una vez sobre la tierra / no hablemos en ningún idioma / por un segundo detengámonos». Propone una unanimidad inactiva, como probable modo de entendernos todos sin discordia ni amenaza. El tiempo comienza a gravitar como merma, como premonición de muerte. El reloj marcha demasiado aprisa y se come los años (los días son pasajeras uvas) hasta que caemos tendidos en el tiempo, «y nos lleva, y ya nos fuimos, muertos / arrastrados sin ser, hasta no ser ni sombra, / ni polvo, ni palabra [...]». Según este Neruda que añora el fulgor del huesudo Vallejo, ese interlocutor experto en amargura, para aprender a medir, a hablar, a ser y a no ser, lo mejor será darse un baño de tumba. Al poeta portentoso capaz de abarcar y absorber en impetuosa, en amorosa comunión al cosmos, se le estrecha el universo, se vuelve carente, vacilante, temeroso («Tengo miedo de todo el mundo, / del agua fría, de la muerte»), declara su endeblez, su azoro, su desconcierto. No exhibe como antes la firme personalidad del convencido, del programático y protagónico, del que persigue objetivos claros, sino del dubitativo que cada día sabe menos («No me pregunten por aquello. / No sé de lo que están hablando. / No supe yo lo que pasó»). Es el que extravaga, el errático, el extraviado (no el extravío lírico del rapsoda sino el del desorientado). El hablante de *Estravagario* no sabe ya quién es, qué puede ser:

> Ahora ya no sé qué ser,
> si olvidadizo o respetuoso,
> si continuar aconsejado
> o reprocharles su delirio:
> no sirvo para independiente,
> me pierdo entre tanto follaje,
> y no sé si salir o entrar,
> si caminar o detenerme,
> si comprar gatos o tomates.

> («Partenogénesis»)

La enunciación del *Estravagario* enflaquece y se ahuesa, se despoja de galas, rechaza el matiz, la sugerencia adjetival, la tentación del vuelo lírico, del milagro metafórico. Tiende al decir directo, a una sintaxis y una elocución prosarias, a una literalidad austera de conseja o vieja trova, pero la lengua que usa Neruda nada tiene de arcaica, no rescata ruralismos o términos en desuso, es familiar y actual. Por la reducción retórica, *Estravagario* se asemeja a las odas, pero el tono es más seco (se trata de una parodia, de un simulacro) y el espíritu, como el vallejiano de *Poemas humanos*, es el de un humorista que aborda lo serio, de un bromista de lo meduloso, bromista ontológico o metafísico. Neruda acierta a situarse en esa zona intermedia entre lo cómico y lo trágico, en esa frontera ambigua del vaivén o del doblez, de lo relativo y lo reversible humorísticos. Opera a distancia variable entre un

polo lírico de predominio subjetivo, irrealista, y otro prosai-
co, de realismo sentencioso. Se sitúa en una zona de transición y transacción entre la sensible y afectiva subjetividad que
busca imponer sus íntimos mandatos, sobrepasar y subvertir
el fijo y limitativo orden de lo real evidente para acomodarlo
a su desmedida ensoñación, y el humor que frustra todo éx-
tasis, todo arrobo, toda apasionada posesión, toda evasión
quimérica, todo remonte hacia lo inconmensurable. El humor
de *Estravagario* retrotrae a lo sólito, desbarata lo sublime,
reduce a la pedestre condición y a la humana miseria el deseo
deífico, el omnímodo dominio del sueño. Aquí el sueño es refugio de poca monta contra el orden restrictivo:

> Casi pensé durmiendo,
> casi soñé en el polvo,
> en la lluvia del sueño.
> Sentí los dientes viejos
> al dormirme, tal vez
> poco a poco me voy
> transformando en caballo.

(«Escapatoria»)

Libro en solfa, *Estravagario* es un autorretrato contradicto-
rio, en negativo, pleno de dislates, asociaciones disparatadas,
efectos de divertida sorpresa, grotescos rebajamientos, burlas
de sí mismo y empedernida puesta en ridículo. Nada hay de
reconocida y clara identidad. Toda grandeza padece aquí
su desmedro. En vez del inteligente, muestra al tonto que
lleva escondido; en vez del bombero, le sale el incendiario;
en vez del intrépido, el viejo perezoso; se duerme en cualquier
velada, ignora los códigos de urbanidad; se ausenta cuando
no debe, su caso no tiene remedio:

> [...]
> Me gustaría tocar un timbre
> y sacar el mí verdadero

porque si yo me necesito
no debo desaparecerme.

(«Muchos somos»)

El magnífico modelo de hombre y de vida que proyecta el poeta del *Canto general*, el preclaro benefactor que preside el orbe de las odas se aliena, se chifla y achispa; no corresponde a la norma social, cobra carices de loco: «Tengo estas costumbres de loco. / Hablo, no hay nadie y no me escucho, / me pregunto y no me respondo». Los esplendores pretéritos son irrecuperables; sólo queda un remanente de melancólica nostalgia. En *Estravagario*, todo repaso de vida es inconexo, dispar desfile de sombras que se desvanecen, un trayecto incierto, una deambulación de alguien que fue y que se va perdiendo en las tinieblas:

Por qué, por qué tantos caminos,
tantas ciudades hostiles?
Qué saqué de tantos mercados?
Cuál es la flor que yo buscaba?
Por qué me moví de mi silla
y me vestí de tempestuoso?

(«Itinerarios»)

A diferencia de las odas, el epicentro de *Estravagario* es la persona del poeta. Neruda, alternativamente evocador embargado o malévolo humorista, ya sentimental ya burlesco, refleja estados mudables y temperamentos dispares, expresa un yo plural donde anidan contradictorias personalidades, dice la multiplicidad inasible del ser.

OTOÑAL REPASO DE VIDA

Mientras *Estravagario* incluye una autobiografía descosida y en broma (no por ello menos válida), en *Memorial de Isla Negra* (1964) Neruda rememora ordenadamente sus concatenados recuerdos de vida, comenzando por el primer día, el de su nacimiento. Todo en *Memorial* dice los rumbos del poeta, dice génesis y condiciones, formación y destino. Da la versión poética de una trayectoria humana y artística, consigna y fundamenta cómo Neftalí Ricardo Reyes Basoalto se transforma en Pablo Neruda. Es la misma materia existencial que luego Neruda prosifica en sus memorias, en esa narración de menos vuelo y menor intensidad que titula *Confieso que he vivido*.

Memorial de Isla Negra empieza con el prematuro traslado de Parral, tierra de viñas en el centro de Chile, a Temuco, región de bosques y lluvias en el corazón de la Araucanía. Mientras que Parral, pueblo borrado por un terremoto, vuelve al polvo sin dejar, como su madre Rosa Neftalí Basoalto, recuerdo vivo, Temuco brinda el abrigo maternal de Trinidad Marverde, la abnegada «mamadre» que corta del saco de harina los calzoncillos de Pablo, brinda arraigo en esa naturaleza maderera donde ojos se confunden con hojas y labios con raíces. Temuco se imprime entrañablemente hasta constituir humus y matriz de la imaginación nerudiana. El *Memorial* consigna los hitos de vida en tanto modeladores íntimos de la conciencia y de la fantasía de un poeta: el padre conductor de locomotoras – «capitán de su tren, del alba fría» –, el descubrimiento del mar en la desembocadura del Carahue, ilimitud que rompe el confinamiento de los bosques, el descubrimiento del sexo, de la eléctrica y hambrienta flor del deseo, Rosita y Josefina que lo desnudan y auscultan a cambio de un nido con cinco huevos de avecilla, la adolescencia en la espesura del monte barroso con luz volcánica, entre germinaciones, zumbido de aserradero y humo de palos quemados, el descubrimiento de la injusticia social y la rebeldía ante la ley de la desdicha impuesta al hombre pobre:

> [...]
> Pero, ¿por qué? Y entonces yo era
> delgado como filo y más oscuro
> que un pez de aguas nocturnas, y no pude,
> no pude más, de un golpe quise cambiar la tierra.
> [...]
>
> («Los abandonados»)

Naturaleza genitora, mundo familiar, impresiones indelebles, primeras letras, sociedad despiadada y sobre todo, como fermento de poesía, el amor carnal con la apodada Terusa que ahíja el primer cancionero erótico, *Veinte poemas de amor y una canción desesperada.* Son, dice Neruda, «como veinte olas de mujer y mar». Esta pasión captura cuerpo y alma, confunde en un mismo impulso erótico tierra, mujer y palabra, funda la poesía nerudiana, plasma una enunciación elegíaca generada por efusivas transfusiones entre deseo carnal y cosmos:

> Terusa
> abierta entre las amapolas,
> centella
> negra
> del primer dolor,
> estrella entre los peces,
> a la luz
> de la pura corriente genital,
> ave morada del primer abismo
> [...]

El amor con Terusa es pastoral – «de la primera luz del alba» –, la encarnación de una inocencia edénica. En 1923, en Santiago, Rosaura personifica un amor empantanado, de cuarto de conventillo, de muros de adobe en un arrabal ennegrecido, mísero, excrementicio. Es un rescate ardoroso en medio del desamparo letal, de un mundo de náufragos donde todo apesadumbra. Pero, paradójicamente, ese universo degradado que rae y herrumbra, ese «pesado ácido devorante», ese amor ganado al hundimiento procrean el prodigio, la poesía del diurno doliente, del débil del alba de *Residencia en la tierra.*

Comienza entonces la larga errancia, el deshabitado sale al mundo, pasa por París en 1927 y sólo registra mundo exangüe, condenado a la pérdida (en «Adiós a París» de *Estravagario,* en cambio, alaba la belleza armoniosa del otoño a orillas del Sena). Luego en el Lejano Oriente, en Singapur, en el imperio del opio, en Rangún y en Ceilán, Neruda sólo experimenta la extranjería, el rechazo. En aquellas ciudades con monzones, con pagodas doradas y feroces dioses de alabastro, sólo intima consigo mismo. Pero conocerá allí el paroxismo sensual, la máxima incandescencia erótica, aquella que provoca la eurásica Josie Bliss, lascivamente convocada en el *Memorial*:

> Tus ojos aguerridos,
> tus pies desnudos
> dibujando un rayo,
> tu rencor de puñal, tu beso duro,
> como los frutos del desfiladero,
> ayer, ayer
> viviendo
> en el ruido del fuego
> [...]

(«Amores: Josie Bliss [II]»)

También en el *Memorial*, Josie Bliss a la que amó con furia, con sangre, con jazmines deja llaga viva en el recuerdo, lo enciende hasta quemar, desata un lírico lamento, el más punzante y elegíaco del libro.

Poco más tarde, en 1936, Neruda es cónsul en Madrid. Participa de la euforia republicana, del entusiasmo renovador y la fraternidad con los poetas españoles más avanzados. Halla en la generación del 27 su comunidad cultural y estética, se regocija con el gracejo y la jocundia del Madrid popular, confirma su raigambre en la lengua castellana, su vínculo umbilical con esa remota madre que le otorgó la palabra. También vive el estallido de la guerra civil, la lucha de los esclarecidos contra los obscurantistas, la humana hermandad de la entereza y el arrojo, los hombres sin pan y sin fusil contra «la muerte blindada». La guerra de España le abre los ojos de la conciencia política y social, lo hace mirar hacia abajo y hacia el fondo («y vi donde vivía / el hacendado / envuelto por madera rota, / tierra podrida, latas oxidadas / y dije "yo no aguanto"») y se mancomuna con los despojados, con «el pobre ángel oscuro, / el pobre remendado». Neruda organiza el rescate de los milicianos, la partida de un contingente del pueblo derrotado en el *Winnipeg* rumbo a Chile, «y era mi poesía la bandera», poesía que desde entonces congrega y mancomuna, poesía de denuncia y de combate al servicio de los intereses del proletariado.

Elegido senador de la república, Neruda sufre el desafuero y, perseguido en su tierra, parte otra vez al exilio. De nuevo el Oriente, Partenón, Mar de Sotchi, edénica y amorosa etapa en Capri con Matilde Urrutia, el *Memorial* registra memoriosas trazas de una errancia enriquecedora que va moldeando y modulando la envergadura de un poeta ahora planetario, que lo convierte en el más universal del siglo XX.

El *Memorial* es una cita con el otoño de la vida. Presagia apocamiento y extinción, desnuda al ser y lo devuelve a un poder central y obscuro, al tenebroso seno de la tierra natal. Y es también «Sonata crítica» que declara su amor a hombres y mujeres del pueblo, a los destinatarios del canto y a la tierra generatriz («Madre materia, germen, / tierra germinadora, / arcilla / tempestuosa / de la fecundación»). El *Memorial* concluye con el balance poético y político. En la etapa otoñal de su vida, Neruda, después de haber atravesado mucha historia (guerras, revoluciones, caídas, desvíos), procura justificar sus posiciones como escritor comunista. El devoto estalinista del «Canto a Stalingrado», después del vigésimo congreso del Partido Comunista Soviético, hace la autocrítica, condena el culto a la personalidad, impugna la fría y distante efigie de ese mandatario de la muerte que para gobernar la vida impuso la más despótica crueldad.

Neruda alterna entre los raptos y los deberes, entre una escritura clara, a menudo de intención política, expositiva, de reducido instrumental expresivo y amplia legibilidad, y la escritura obscura, la del inspirado efluvio metafórico, la de los sueños primordiales, la del anclaje imaginario en el seno y centro de la materia viva. Pero sobre todo, el *Memorial*, monopolizado por la omnipresente presencia del poeta, por su voz en primera persona, vuelve a refrendar la comunión placentaria con la naturaleza nativa; estremecedoramente dice la persistente, poderosa transubstanciación entre Neruda y el agreste dominio de la geografía austral:

Embriaguez de los ríos,
márgenes de espesuras y fragancias,
súbitas piedras, árboles quemados,
y tierra plena y sola.
Hijo de aquellos ríos
me mantuve
corriendo por la tierra,
por las mismas orillas
hacia la misma espuma
[...]

(«El primer mar»)

El apego por ese mar, sostén, sustento e impulsión poéticos,
lleva a Neruda a afincarse en Isla Negra, en cotidiano trato
con espumas, monte silvestre, arena, pájaros y tempestad. La
costa está allí plagada de colosales piedras que infunden
fascinación y reverencia. Neruda se afana por descifrar los
signos de esos seres rocosos, «un lenguaje ronco y mojado,
mezcla de gritos marinos y advertencias primordiales». Aso-
ciándose con el fotógrafo Antonio Quintana concibe un libro
ilustrado, *Las piedras de Chile*. En ese confín remoto, en el desierto tutelar del sur, de arenas no holladas, de naturaleza virgen, Neruda interpreta y transcribe el sueño mineral de las
monumentales moles:

[...]
hermanas paralelas,
atalantes inmóviles
detenidas
por la pausa del frío,
agrupadas dentro de su fuerza
como leonas en rocas convertidas,
como proas que siguen sin océano
la dirección del tiempo,
la cristalina eternidad del viaje.

(«Los náufragos»)

Atravesando eras geológicas, remonta al origen meteórico de las rocas y sus metamorfosis: liquefacción ígnea, plegamientos, cristalizaciones y roturas («debo contar la desdentada estrella / que aquí se hizo pedazos, / recoger los fragmentos»). Busca la identificación visceral con las piedras asimilándolas a su propio cuerpo hasta sentirse erosionado y sumergido por los embates del mar. Con alma pétrea, instalado en el baluarte de la roca habita y personifica esa estatuaria esculpida por el tiempo, dioses, hombres y animales inmóviles, estrellas destrozadas, naves y monasterios de granito.

MATILDE, AMOROSA MATERIA, TIERRA NATAL

Neruda se declara, por excelencia, poeta de la soledad y del amor, soledad en el seno de esa naturaleza cerril y oceánica identificada como su oriundez, amor a ese mundo originario a menudo representado por la mujer que se confunde con la tierra porque es su más plena y atractiva encarnación. Todo lo que Neruda venera se asimila a naturaleza creadora, inspiradora y pródiga. Ninguna como Matilde Urrutia, en la que canta el Bío Bío, personifica de modo tan intenso e integral las virtudes y los beneficios telúricos. Está presente en las odas y presente en *Estravagario* («me acerqué al antiguo follaje / y besé mi sangre en tu boca, / corazón mío, mi araucana», «Te debo el otoño marino / con la humedad de las raíces / y la niebla como una uva»). A Matilde, con ojos de Sur a Sur y gusto salobre, Neruda ofrenda dos libros celebratorios: *Los versos del Capitán* (1952) y *Cien sonetos de amor* (1959).

En *Los versos del Capitán*, Neruda fabula una historia romántica y novelesca para enmascarar transfigurando sus clandestinos amores con la pasajera de Capri. Revive y alegoriza los pasionales inicios de su relación con Matilde. Para instalar la ficción que posibilita el traslado al nimbo de la ensoñación voluptuosa, libre del cepo de lo real limitativo, se finge rojo miliciano que pelea en la guerra de España, combatiente revolucionario que vuelve a Centroamérica a proseguir la lucha por la causa del pueblo y que en este retorno conoce a una

artista habanera en gira por Europa. Nace entre ambos una
pasión arrebatadora, fulminante, cuyas alternativas el Capitán registra en poemas evocativos que envía a su amada. Sus
ojos son el cielo y su boca la tierra, Neruda magnifica a esa
mujer que afoga la palabra y que reclama al poseso de amor
aposentarse carnalmente en su canto. Como el alfarero mol-
dea su arcilla, el amador con lujuria modela a su amada:

> Tu cintura y tus pechos,
> la duplicada púrpura
> de tus pezones,
> la caja de tus ojos
> que recién han volado,
> tu ancha boca de fruta,
> tu cabellera roja,
> pequeña torre mía.

(«Tus pies»)

Matilde es barro primordial, tierra patria, su cuerpo tiene la
forma de América. Greda color de trigo y sabor de agua marina y uva morada, propicia todos los contactos e intercambios
con las substancias madres, reintegra al seno de la naturaleza
originaria. En una de sus lascivas metamorfosis Neruda se sueña insecto que explora las prominencias y bajíos del cuerpo
apetecido:

> Aquí hay una montaña.
> No saldré nunca de ella.
> Oh qué musgo gigante!
> Y un cráter, una rosa
> de fuego humedecido!

(«El insecto»)

Los inefables prodigios de la adorada sólo pueden traslati-
ciamente adivinarse mediante la racha ardiente de metáforas
de nexo extraordinario. Pero no todo es exaltación sensual,
el deseo aquiescente es contradicho por las furias, celos, recla-
mos de completa sumisión, resistencias, rencores. *Los versos
del Capitán* son como sismógrafo sentimental, un cardiograma

que inscribe todas las alternativas de esta relación amatoria. El Capitán exige la entrega absoluta, compartir el pináculo del gozo y compartir las privaciones, que ambos se embanderen en la misma cruzada, batallar juntos por la justicia social.

Manzana carnal, algosa, gredosa, mujer frutal, trigal que aprendió del pan el idioma y el aroma, cuerpo de vasija, cabellos de medusa, cintura y boca de guitarra, Matilde promueve una centena de sonetos de amor y en ellos reina. Es ella la solicitada que atiza «el fuego genital»:

> Estoy hambriento de tu risa resbalada,
> de tus manos color de furioso granero,
> tengo hambre de la pálida piedra de tus uñas,
> quiero comer tu piel como una intacta almendra.
>
> (XI)

En la dedicatoria a su Señora a quien ensalza, Neruda parodia en prosa la galanura del Siglo de Oro. Al renunciar a la prosodia canónica, a los endecasílabos con rima consonante, se propone ofrendar a Matilde una centuria de «sonetos de madera». Así los califica, refrendando su amor maderero, porque les opaca o amortigua la sonoridad para evitar la altisonante orquestación barroca, la verbosidad plateresca con resonancias de cristalería o con rimbombantes salvas de cañón. A esta altura de su trabajo poético, en esta etapa carpintera, Neruda quiere medirse con la disciplina de una forma fija. Reasume así la más perdurable tradición de las líricas en lengua romance, la del soneto que cada época literaria instrumenta, sin alterar la estructura, según su sensibilidad. Si bien preponderan en este centenar los sonetos en alejandrinos blancos, sin rima, Neruda es llevado por el ritmo, la retórica y la casuística del soneto gongorino o quevedesco que admira, hasta dejarse con fiel observancia tentar por el módulo clásico:

> No te quiero sino porque te quiero
> y de quererte a no quererte llego
> y de esperarte cuando no te espero
> pasa mi corazón del frío al fuego.
>
> (LXVI)

Maderero o cristalero, naturalista o conceptista, Neruda adapta el soneto, que practicó con dejos modernistas en *Crepusculario*, a una enunciación más prosaria, sosegada y sin hiperbatones, a una imaginería actualizada, propensa a las osadías metafóricas. Como sus amigos, Rafael Alberti en *Cal y canto* y, sobre todo, Miguel Hernández en *El rayo que no cesa*, Neruda combina el módulo tradicional (dos cuartetos y dos tercetos) con otra métrica, otra escansión, otro lenguaje. Como Miguel Hernández – «inundado por gérmenes de trigo y primavera, / arrugado y oscuro como el metal innato», dice de él en el *Canto general*–, Neruda aprovecha de la tensión intensificadora entre forma fija, retenida, y una fantasía desbordante a la cual el amor arrebola, impulsa a desordenar el mundo para que aflore el subjetivo, el arbitrario, el lascivo orden del deseo:

Irnos! Hoy! Adelante, ruedas, naves, campanas,
aviones acerados por el diurno infinito
hacia el olor nupcial del archipiélago,
por longitudinales harinas de usufructo!

(LXXII)

Matilde es sobre todo la cordillerana, mujer del sur andino, modelada en la arcilla de Chillán. Poblada y coronada por plumas y maderas, con perfume de orégano y laurel, es la reina del apio, la amante y ama de casa, es la deidad doméstica, la jardinera, la cocinera, la costurera, encarna el arraigo terrestre, la chilenidad, los poderes y virtudes de la naturaleza matricia. En Matilde confluyen, se vuelven materia amorosa madera, lluvia, fruta, viento, vino, piedra, greda y mar.

SAÚL YURKIEVICH
París, abril de 1999

Nota a esta edición

Esta nueva edición de las *Obras completas* de Pablo Neruda reúne en cuatro volúmenes todos los escritos del poeta chileno, incluyendo los publicados tras su muerte y algunos inéditos de particular interés. Se trata verdaderamente de una *nueva* edición, en primer lugar porque recoge la producción nerudiana que no alcanzó a ser incluida en la cuarta y última edición de Losada de *Obras completas* (Buenos Aires, 1973, tres volúmenes), o que el autor excluyó en su momento, como fue el caso de *Canción de gesta* (1960), y porque además recupera una tan considerable cantidad de textos dispersos que se hizo necesario destinarles un volumen entero.

Pero la presente edición es *nueva* sobre todo por la ambición del proyecto que la sostiene y que la ha hecho posible. La idea de incluir a Pablo Neruda en el amplio programa de obras completas de Círculo de Lectores y Galaxia Gutenberg –que cuenta ya con las de Federico García Lorca, Ramón Gómez de la Serna, Octavio Paz, Pío Baroja o Franz Kafka– se remonta a 1993. A los editores no les interesaba retomar la edición de Losada sólo para completarla. El objetivo era una edición *diversa* que implicara, además de la recopilación total –tarea ya en sí misma difícil cuanto urgente–, el reexamen completo de la producción nerudiana con ánimo de establecer y fijar, hasta donde los límites humanos lo permitieran, un texto de máxima fiabilidad si no definitivo. Lo cual suponía una perspectiva filológica nada frecuente en empresas editoriales de gran volumen, al menos en nuestra lengua. Un tal proyecto de obras completas honra pues a Círculo de Lectores y a Galaxia Gutenberg. Y es ciertamente un desafío para quien dirige su realización.

El profesor Saúl Yurkievich abre y presenta el conjunto de estas *Obras completas* con una lectura panorámica de Neruda que consigue focalizar –con la brillante eficacia a que nos ha habituado su autor – los aspectos y niveles que definen una escritura tan extensa cuanto compleja. Cada volumen viene prologado además por un especialista: Enrico Mario Santí se ocupa del primero (desde *Crepusculario*, 1923, a *Las uvas y el viento*, 1954), Saúl Yurkievich del segundo (desde *Odas elementales*, 1954, a *Memorial de Isla Negra*, 1964), Joaquín Marco del tercero (desde *Arte de pájaros*, 1966, hasta los libros póstumos, 1973-1974) y yo del cuarto (compilaciones en prosa y textos dispersos, desde la tarjeta de saludo a la «Mamadre», 1915, hasta las póstumas memorias). Asumí por mi parte la dirección general de la edición, y en particular la fijación del Texto nerudiano, con las respectivas notas para los cuatro volúmenes. En la formulación general del proyecto me fueron de gran utilidad la experiencia, los consejos, la amigable y docta asesoría del profesor Yurkievich, que aquí agradezco. Así como agradezco y celebro el trabajo de Nicanor Vélez, porque sus expertos cuidados de editor supieron resolver de modo fino e inteligente –como puede verificar el lector– los abundantes problemas que plantearon la disposición tipográfica y algunos aspectos textuales de estas nuevas *Obras completas*.

Para la disposición del material he operado a partir de una básica distinción entre «nerudiana orgánica», es decir, los libros que Neruda individualizó y tituló como tales (volúmenes I, II y III), y «nerudiana dispersa» (volumen IV). Al establecer el orden de sucesión de los libros preferí –en los casos dudosos– la cronología de las escrituras a la no siempre coincidente datación de las publicaciones.

Para la fijación del texto utilicé como referente básico la cuarta edición Losada de *Obras completas* (1973), cotejándola y corrigiéndola –las no pocas veces que fue necesario– con las ediciones príncipe y con otras de reconocida autoridad, y las primeras ediciones de los libros postreros. He respetado y generalizado la eliminación de los signos abre-interrogativos y abre-exclamativos, temprana característica de la escritura de Neruda, así como la eliminación de las comas tras los módulos interrogativos y exclamativos dispuestos en serie y la oscilación de los textos con relación a las grafías etimológicas (del tipo *obscuro/oscuro, substancia/sustancia...*).

Cada uno de los libros de Neruda incluidos en este volumen remite a un aparato de notas con: una breve historia de la escritura y constitución del libro; un elenco de sus principales ediciones, totales y parciales; observaciones, correcciones y noticias varias sobre los textos; un registro de *anticipaciones* (las publicaciones fragmentarias, anteriores a la primera edición del libro); la recuperación, en notas, de los textos –o fragmentos de textos– que las ediciones definitivas sustituyeron o eliminaron y un registro de *variantes* notables.

AGRADECIMIENTOS

Declaro mi gratitud y reconocimiento a la Fundación Pablo Neruda y, en especial, a Tamara Waldspurger, directora de Archivos y Bibliotecas de la Fundación, Santiago, por su constante envío de datos bibliográficos y aclaraciones textuales; a Gladys Sanhueza, responsable de la Colección Neruda del Archivo Central de la Universidad de Chile, y a Darío Oses, director de ese mismo Archivo, Santiago; a Luis Íñigo Madrigal, Ginebra; a Robert Pring-Mill, Oxford; a René de Costa, Chicago; a Pedro Gutiérrez Revuelta, Houston; a Juan Loveluck, Columbia, South Carolina; a Enrique Robertson, Bielefeld; a Elena Mayorga, Concepción, Chile: a todos ellos por el envío –a lo largo y ancho de los años– de materiales indispensables a esta edición. Al mismo Robert en su campiña de Brill, entre Aylesbury y Oxford; a Volodia Teitelboim y a José Miguel Varas en nuestro Santiago; a Jaime Concha en La Jolla, California; a Alain Sicard en su Poitiers: a ellos por la amistad reconfortante. Y no por último a mi profesor Juan Uribe Echevarría, porque en años ya muy lejanos me incitó al estudio de la obra de Neruda.

HERNÁN LOYOLA
Sássari, noviembre de 1999

Odas elementales

[1952-1954]

El hombre invisible

Yo me río,
me sonrío
de los viejos poetas,
yo adoro toda
la poesía escrita,
todo el rocío,
luna, diamante, gota
de plata sumergida
que fue mi antiguo hermano
agregando a la rosa,
pero
me sonrío,
siempre dicen «yo»,
a cada paso
les sucede algo,
es siempre «yo»,
por las calles
sólo ellos andan
o la dulce que aman,
nadie más,
no pasan pescadores,
ni libreros,
no pasan albañiles,
nadie se cae
de un andamio,
nadie sufre,
nadie ama,
sólo mi pobre hermano,
el poeta,
a él le pasan
todas las cosas
y a su dulce querida,

nadie vive
sino él solo,
nadie llora de hambre
o de ira,
nadie sufre en sus versos
porque no puede
pagar el alquiler,
a nadie en poesía
echan a la calle
con camas y con sillas
y en las fábricas
tampoco pasa nada,
no pasa nada,
se hacen paraguas, copas,
armas, locomotoras,
se extraen minerales
rascando el infierno,
hay huelga,
vienen soldados,
disparan,
disparan contra el pueblo,
es decir,
contra la poesía,
y mi hermano
el poeta
estaba enamorado,
o sufría
porque sus sentimientos
son marinos,
ama los puertos
remotos, por sus nombres,
y escribe sobre océanos
que no conoce,
junto a la vida, repleta
como el maíz de granos,
él pasa sin saber
desgranarla,
él sube y baja

sin tocar la tierra,
o a veces
se siente profundísimo
y tenebroso,
él es tan grande
que no cabe en sí mismo,
se enreda y desenreda,
se declara maldito,
lleva con gran dificultad la cruz
de las tinieblas,
piensa que es diferente
a todo el mundo,
todos los días come pan
pero no ha visto nunca
un panadero
ni ha entrado a un sindicato
de panificadores,
y así mi pobre hermano
se hace oscuro,
se tuerce y se retuerce
y se halla
interesante,
interesante,
ésta es la palabra,
yo no soy superior
a mi hermano
pero sonrío,
porque voy por las calles
y sólo yo no existo,
la vida corre
como todos los ríos,
yo soy el único
invisible,
no hay misteriosas sombras,
no hay tinieblas,
todo el mundo me habla,
me quieren contar cosas,
me hablan de sus parientes,

de sus miserias
y de sus alegrías,
todos pasan y todos
me dicen algo,
y cuántas cosas hacen!
cortan maderas,
suben hilos eléctricos,
amasan hasta tarde en la noche
el pan de cada día,
con una lanza de hierro
perforan las entrañas
de la tierra
y convierten el hierro
en cerraduras,
suben al cielo y llevan
cartas, sollozos, besos,
en cada puerta
hay alguien,
nace alguno,
o me espera la que amo,
y yo paso y las cosas
me piden que las cante,
yo no tengo tiempo,
debo pensar en todo,
debo volver a casa,
pasar al Partido,
qué puedo hacer,
todo me pide
que hable,
todo me pide
que cante y cante siempre,
todo está lleno
de sueños y sonidos,
la vida es una caja
llena de cantos, se abre
y vuela y viene
una bandada
de pájaros

que quieren contarme algo
descansando en mis hombros,
la vida es una lucha
como un río que avanza
y los hombres
quieren decirme,
decirte,
por qué luchan,
si mueren,
por qué mueren,
y yo paso y no tengo
tiempo para tantas vidas,
yo quiero
que todos vivan
en mi vida
y canten en mi canto,
yo no tengo importancia,
no tengo tiempo
para mis asuntos,
de noche y de día
debo anotar lo que pasa,
y no olvidar a nadie.
Es verdad que de pronto
me fatigo
y miro las estrellas,
me tiendo en el pasto, pasa
un insecto color de violín,
pongo el brazo
sobre un pequeño seno
o bajo la cintura
de la dulce que amo,
y miro el terciopelo
duro
de la noche que tiembla
con sus constelaciones congeladas,
entonces
siento subir a mi alma
la ola de los misterios,

la infancia,
el llanto en los rincones,
la adolescencia triste,
y me da sueño,
y duermo
como un manzano,
me quedo dormido
de inmediato
con las estrellas o sin las estrellas,
con mi amor o sin ella,
y cuando me levanto
se fue la noche,
la calle ha despertado antes que yo,
a su trabajo
van las muchachas pobres,
los pescadores vuelven
del océano,
los mineros
van con zapatos nuevos
entrando en la mina,
todo vive,
todos pasan,
andan apresurados,
y yo tengo apenas tiempo
para vestirme,
yo tengo que correr:
ninguno puede
pasar sin que yo sepa
adónde va, qué cosa
le ha sucedido.
No puedo
sin la vida vivir,
sin el hombre ser hombre
y corro y veo y oigo
y canto,
las estrellas no tienen
nada que ver conmigo,
la soledad no tiene

flor ni fruto.
Dadme para mi vida
todas las vidas,
dadme todo el dolor
de todo el mundo,
yo voy a transformarlo
en esperanza.
Dadme
todas las alegrías,
aun las más secretas,
porque si así no fuera,
cómo van a saberse?
Yo tengo que contarlas,
dadme
las luchas
de cada día
porque ellas son mi canto,
y así andaremos juntos,
codo a codo,
todos los hombres,
mi canto los reúne:
el canto del hombre invisible
que canta con todos los hombres.

Oda al aire

Andando en un camino
encontré al aire,
lo saludé y le dije
con respeto:
«Me alegro
de que por una vez
dejes tu transparencia,
así hablaremos».
El incansable

bailó, movió las hojas,
sacudió con su risa
el polvo de mis suelas,
y levantando toda
su azul arboladura,
su esqueleto de vidrio,
sus párpados de brisa,
inmóvil como un mástil
se mantuvo escuchándome.
Yo le besé su capa
de rey del cielo,
me envolví en su bandera
de seda celestial
y le dije:
monarca o camarada,
hilo, corola o ave,
no sé quién eres, pero
una cosa te pido,
no te vendas.
El agua se vendió
y de las cañerías
en el desierto
he visto
terminarse las gotas
y el mundo pobre, el pueblo
caminar con su sed
tambaleando en la arena.
Vi la luz de la noche
racionada,
la gran luz en la casa
de los ricos.
Todo es aurora en los
nuevos jardines suspendidos.
Todo es oscuridad
en la terrible
sombra del callejón.
De allí la noche,
madre madrastra,

sale
con un puñal en medio
de sus ojos de búho,
y un grito, un crimen,
se levantan y apagan
tragados por la sombra.
No, aire,
no te vendas,
que no te canalicen,
que no te entuben,
que no te encajen
ni te compriman,
que no te hagan tabletas,
que no te metan en una botella,
cuidado!
llámame
cuando me necesites,
yo soy el poeta hijo
de pobres, padre, tío,
primo, hermano carnal
y concuñado
de los pobres, de todos,
de mi patria y las otras,
de los pobres que viven junto al río
y de los que en la altura
de la vertical cordillera
pican piedra,
clavan tablas,
cosen ropa,
cortan leña,
muelen tierra,
y por eso
yo quiero que respiren,
tú eres lo único que tienen,
por eso eres
transparente,
para que vean
lo que vendrá mañana,

por eso existes,
aire,
déjate respirar,
no te encadenes,
no te fíes de nadie
que venga en automóvil
a examinarte,
déjalos,
ríete de ellos,
vuélales el sombrero,
no aceptes
sus proposiciones,
vamos juntos
bailando por el mundo,
derribando las flores
del manzano,
entrando en las ventanas,
silbando juntos,
silbando
melodías
de ayer y de mañana,
ya vendrá un día
en que libertaremos
la luz y el agua,
la tierra, el hombre,
y todo para todos
será, como tú eres.
Por eso, ahora,
cuidado!
y ven conmigo,
nos queda mucho
que bailar y cantar,
vamos
a lo largo del mar,
a lo alto de los montes,
vamos
donde esté floreciendo
la nueva primavera

y en un golpe de viento
y canto
repartamos las flores,
el aroma, los frutos,
el aire
de mañana.

Oda a la alcachofa

La alcachofa
de tierno corazón
se vistió de guerrero,
erecta, construyó
una pequeña cúpula,
se mantuvo
impermeable
bajo
sus escamas,
a su lado
los vegetales locos
se encresparon,
se hicieron
zarcillos, espadañas,
bulbos conmovedores,
en el subsuelo
durmió la zanahoria
de bigotes rojos,
la viña
resecó los sarmientos
por donde sube el vino,
la col
se dedicó
a probarse faldas,
el orégano
a perfumar el mundo,

y la dulce
alcachofa
allí en el huerto,
vestida de guerrero,
bruñida
como una granada,
orgullosa,
y un día
una con otra
en grandes cestos
de mimbre, caminó
por el mercado
a realizar su sueño:
la milicia.
En hileras
nunca fue tan marcial
como en la feria,
los hombres
entre las legumbres
con sus camisas blancas
eran
mariscales
de las alcachofas,
las filas apretadas,
las voces de comando,
y la detonación
de una caja que cae,
pero
entonces
viene
María
con su cesto,
escoge
una alcachofa,
no le teme,
la examina, la observa
contra la luz como si fuera un huevo,
la compra,

la confunde
en su bolsa
con un par de zapatos,
con un repollo y una
botella
de vinagre
hasta
que entrando a la cocina
la sumerge en la olla.
Así termina
en paz
esta carrera
del vegetal armado
que se llama alcachofa,
luego
escama por escama
desvestimos
la delicia
y comemos
la pacífica pasta
de su corazón verde.

Oda a la alegría

Alegría,
hoja verde
caída en la ventana,
minúscula
claridad
recién nacida,
elefante sonoro,
deslumbrante
moneda,
a veces
ráfaga quebradiza,

pero
más bien
pan permanente,
esperanza cumplida,
deber desarrollado.
Te desdeñé, alegría.
Fui mal aconsejado.
La luna
me llevó por sus caminos.
Los antiguos poetas
me prestaron anteojos
y junto a cada cosa
un nimbo oscuro
puse,
sobre la flor una corona negra,
sobre la boca amada
un triste beso.
Aún es temprano.
Déjame arrepentirme.
Pensé que solamente
si quemaba
mi corazón
la zarza del tormento,
si mojaba la lluvia
mi vestido
en la comarca cárdena del luto,
si cerraba
los ojos a la rosa
y tocaba la herida,
si compartía todos los dolores,
yo ayudaba a los hombres.
No fui justo.
Equivoqué mis pasos
y hoy te llamo, alegría.

Como la tierra
eres
necesaria.

Como el fuego
sustentas
los hogares.

Como el pan
eres pura.

Como el agua de un río
eres sonora.

Como una abeja
repartes miel volando.

Alegría,
fui un joven taciturno,
hallé tu cabellera
escandalosa.

No era verdad, lo supe
cuando en mi pecho
desató su cascada.

Hoy, alegría,
encontrada en la calle,
lejos de todo libro,
acompáñame:

contigo
quiero ir de casa en casa,
quiero ir de pueblo en pueblo,
de bandera en bandera.
No eres para mí solo.
A las islas iremos,
a los mares.
A las minas iremos,
a los bosques.
No sólo leñadores solitarios,
pobres lavanderas

o erizados, augustos
picapedreros,
me van a recibir con tus racimos,
sino los congregados,
los reunidos,
los sindicatos de mar o madera,
los valientes muchachos
en su lucha.

Contigo por el mundo!
Con mi canto!
Con el vuelo entreabierto
de la estrella,
y con el regocijo
de la espuma!

Voy a cumplir con todos
porque debo
a todos mi alegría.

No se sorprenda nadie porque quiero
entregar a los hombres
los dones de la tierra,
porque aprendí luchando
que es mi deber terrestre
propagar la alegría.
Y cumplo mi destino con mi canto.

Oda a las Américas

Américas purísimas,
tierras que los océanos
guardaron
intactas y purpúreas,
siglos de colmenares silenciosos,

pirámides, vasijas,
ríos de ensangrentadas mariposas,
volcanes amarillos
y razas de silencio,
formadoras de cántaros,
labradoras de piedra.

Y hoy, Paraguay, turquesa
fluvial, rosa enterrada,
te convertiste en cárcel.
Perú, pecho del mundo,
corona
de las águilas,
existes?
Venezuela, Colombia,
no se oyen
vuestras bocas felices.
Dónde ha partido el coro
de plata matutina?
Sólo los pájaros
de antigua vestidura,
sólo las cataratas
mantienen su diadema.
La cárcel ha extendido
sus barrotes.
En el húmedo reino
del fuego y la esmeralda,
entre
los ríos paternales,
cada día
sube un mandón y con su sable corta,
hipoteca y remata tu tesoro.
Se abre la cacería
del hermano.
Suenan tiros perdidos en los puertos.
Llegan de Pensylvania
los expertos,
los nuevos

conquistadores,
mientras tanto
nuestra sangre
alimenta
las pútridas
plantaciones o minas subterráneas,
los dólares resbalan
y
nuestras locas muchachas
se descaderan aprendiendo el baile
de los orangutanes.
Américas purísimas,
sagrados territorios,
qué tristeza!
Muere un Machado y un Batista nace.
Permanece un Trujillo.
Tanto espacio
de libertad silvestre,
Américas,
tanta
pureza, agua
de océano,
pampas de soledad, vertiginosa
geografía
para que se propaguen los minúsculos
negociantes de sangre.
Qué pasa?
Cómo puede
continuar el silencio
entrecortado
por sanguinarios loros
encaramados en las enramadas
de la codicia panamericana?
Américas heridas
por la más ancha espuma,
por los felices mares
olorosos
a la pimienta de los archipiélagos,

Américas
oscuras,
inclinada
hacia nosotros surge
la estrella de los pueblos,
nacen héroes, se cubren
de victoria
otros caminos,
existen otra vez
viejas naciones,
en la luz más radiante
se traspasa el otoño,
el viento se estremece
con las nuevas banderas.
Que tu voz y tus hechos,
América,
se desprendan
de tu cintura verde,
termine
tu amor encarcelado,
restaures el decoro
que te dio nacimiento
y eleves tus espigas sosteniendo
con otros pueblos
la irresistible aurora.

Oda al amor

Amor, hagamos cuentas.
A mi edad
no es posible
engañar o engañarnos.
Fui ladrón de caminos,
tal vez,
no me arrepiento.

Un minuto profundo,
una magnolia rota
por mis dientes
y la luz de la luna
celestina.
Muy bien, pero, el balance?
La soledad mantuvo
su red entretejida
de fríos jazmineros
y entonces
la que llegó a mis brazos
fue la reina rosada
de las islas.
Amor,
con una gota,
aunque caiga
durante toda y toda
la nocturna
primavera
no se forma el océano
y me quedé desnudo,
solitario, esperando.

Pero, he aquí que aquella
que pasó por mis brazos
como una ola,
aquella
que sólo fue un sabor
de fruta vespertina,
de pronto
parpadeó como estrella,
ardió como paloma
y la encontré en mi piel
desenlazándose
como la cabellera de una hoguera.
Amor, desde aquel día
todo fue más sencillo.
Obedecí las órdenes

que mi olvidado corazón me daba
y apreté su cintura
y reclamé su boca
con todo el poderío
de mis besos,
como un rey que arrebata
con un ejército desesperado
una pequeña torre donde crece
la azucena salvaje de su infancia.

Por eso, Amor, yo creo
que enmarañado y duro
puede ser tu camino,
pero que vuelves
de tu cacería
y cuando enciendes
otra vez el fuego,
como el pan en la mesa,
así, con sencillez,
debe estar lo que amamos.
Amor, eso me diste.
Cuando por vez primera
ella llegó a mis brazos
pasó como las aguas
en una despeñada primavera.
Hoy
la recojo.
Son angostas mis manos y pequeñas
las cuencas de mis ojos
para que ellas reciban
su tesoro,
la cascada
de interminable luz, el hilo de oro,
el pan de su fragancia
que son sencillamente, Amor, mi vida.

Oda al átomo

Pequeñísima
estrella,
parecías
para siempre
enterrada
en el metal: oculto,
tu diabólico
fuego.
Un día
golpearon
en la puerta
minúscula:
era el hombre.
Con una
descarga
te desencadenaron,
viste el mundo,
saliste
por el día,
recorriste
ciudades,
tu gran fulgor llegaba
a iluminar las vidas,
eras
una fruta terrible,
de eléctrica hermosura,
venías
a apresurar las llamas
del estío,
y entonces
llegó
armado
con anteojos de tigre

y armadura,
con camisa cuadrada,
sulfúricos bigotes,
cola de puerco espín,
llegó el guerrero
y te sedujo:
duerme,
te dijo,
enróllate,
átomo, te pareces
a un dios griego,
a una primaveral
modista de París,
acuéstate
en mi uña,
entra en esta cajita,
y entonces
el guerrero
te guardó en su chaleco
como si fueras sólo
píldora
norteamericana,
y viajó por el mundo
dejándote caer
en Hiroshima.

Despertamos.

La aurora
se había consumido.
Todos los pájaros
cayeron calcinados.
Un olor
de ataúd,
gas de las tumbas,
tronó por los espacios.
Subió horrenda
la forma del castigo

sobrehumano,
hongo sangriento, cúpula,
humareda,
espada
del infierno.
Subió quemante el aire
y se esparció la muerte
en ondas paralelas,
alcanzando
a la madre dormida
con su niño,
al pescador del río
y a los peces,
a la panadería
y a los panes,
al ingeniero
y a sus edificios,
todo
fue polvo
que mordía,
aire
asesino.

La ciudad
desmoronó sus últimos alvéolos,
cayó, cayó de pronto,
derribada,
podrida,
los hombres
fueron súbitos leprosos,
tomaban
la mano de sus hijos
y la pequeña mano
se quedaba en sus manos.
Así, de tu refugio,
del secreto
manto de piedra
en que el fuego dormía

te sacaron,
chispa enceguecedora,
luz rabiosa,
a destruir las vidas,
a perseguir lejanas existencias,
bajo el mar,
en el aire,
en las arenas,
en el último
recodo de los puertos,
a borrar
las semillas,
a asesinar los gérmenes,
a impedir la corola,
te destinaron, átomo,
a dejar arrasadas
las naciones,
a convertir el amor en negra pústula,
a quemar amontonados corazones
y aniquilar la sangre.

Oh chispa loca,
vuelve
a tu mortaja,
entiérrate
en tus manos minerales,
vuelve a ser piedra ciega,
desoye a los bandidos,
colabora
tú, con la vida, con la agricultura,
suplanta los motores,
eleva la energía,
fecunda los planetas.
Ya no tienes
secreto,
camina
entre los hombres
sin máscara

terrible,
apresurando el paso
y extendiendo
los pasos de los frutos,
separando
montañas,
enderezando ríos,
fecundando,
átomo,
desbordada
copa
cósmica,
vuelve
a la paz del racimo,
a la velocidad de la alegría,
vuelve al recinto
de la naturaleza,
ponte a nuestro servicio
y en vez de las cenizas
mortales
de tu máscara,
en vez de los infiernos desatados
de tu cólera,
en vez de la amenaza
de tu terrible claridad, entréganos
tu sobrecogedora
rebeldía
para los cereales,
tu magnetismo desencadenado
para fundar la paz entre los hombres,
y así no será infierno
tu luz deslumbradora,
sino felicidad,
matutina esperanza,
contribución terrestre.

Oda a las aves de Chile

Aves de Chile, de plumaje negro,
nacidas
entre la cordillera y las espumas,
aves hambrientas,
pájaros sombríos,
cernícalos, halcones,
águilas de las islas,
cóndores coronados por la nieve,
pomposos buitres enlutados,
devoradores de carroña,
dictadores del cielo,
aves amargas,
buscadoras de sangre,
nutridas con serpientes,
ladronas,
brujas del monte,
sangrientas
majestades,
admiro
vuestro vuelo.
Largo rato interrogo
el espacio extendido
buscando el movimiento
de las alas:
allí estáis,
naves negras
de aterradora altura,
silenciosas estirpes
asesinas,
estrellas sanguinarias.
En la costa
la espuma sube al ala.
Ácida luz

salpica
el vuelo
de las aves marinas,
rozando el agua cruzan
migratorias,
cierran de pronto
el vuelo
y caen como flechas
sobre el volumen verde.

Yo navegué sin tregua
las orillas,
el desdentado litoral, la calle
entre las islas
del océano,
el grande mar Pacífico,
rosa azul de pétalos rabiosos,
y en el Golfo de Penas
el cielo
y el albatros,
la soledad del aire y su medida,
la ola negra del cielo.
Más allá,
sacudido
por olas y por alas,
cormoranes,
gaviotas y piqueros,
el océano vuela,
las abruptas
rocas golpeadas por el mar se mueven
palpitantes de pájaros,
se desborda la luz, el crecimiento,
atraviesa los mares hacia el norte
el vuelo de la vida.

Pero no sólo mares
o tempestuosas
cordilleras andinas

procreadoras
de pájaros terribles,
eres,
oh delicada patria mía:
entre tus brazos verdes se deslizan
las diucas matutinas,
van a misa
vestidas con sus mantos diminutos,
tordos ceremoniales
y metálicos loros,
el minúsculo
siete colores de los pajonales,
el queltehue
que al elevar el vuelo
despliega su abanico
de nieve blanca y negra,
el canastero y el matacaballo,
el fringilo dorado,
el jacamar y el huilque,
la torcaza,
el chincol y el chirigüe,
la tenca cristalina,
el zorzal suave,
el jilguero que danza sobre el hilo
de la música pura,
el cisne austral, nave
de plata
y enlutado terciopelo,
la perdiz olorosa y el relámpago
de los fosforescentes picaflores.
En la suave cintura de mi patria,
entre las monarquías iracundas
del volcán y el océano,
aves de la dulzura,
tocáis el sol, el aire,
sois el temblor de un vuelo en el verano
del agua a mediodía,
rayos de luz violeta en la arboleda,

campanitas redondas,
pequeños aviadores polvorientos
que regresan del polen,
buzos en la espesura de la alfalfa.

Oh vivo vuelo!

Oh viviente hermosura!

Oh multitud del trino!

Aves de Chile, huracanadas
naves carniceras
o dulces y pequeñas
criaturas
de la flor y las uvas,
vuestros nidos construyen
la fragante unidad del territorio:
vuestras vidas errantes
son el pueblo del cielo
que nos canta,
vuestro vuelo
reúne las estrellas de la patria.

Oda al caldillo de congrio

En el mar
tormentoso
de Chile
vive el rosado congrio,
gigante anguila
de nevada carne.
Y en las ollas
chilenas,
en la costa,

nació el caldillo
grávido y suculento,
provechoso.
Lleven a la cocina
el congrio desollado,
su piel manchada cede
como un guante
y al descubierto queda
entonces
el racimo del mar,
el congrio tierno
reluce
ya desnudo,
preparado
para nuestro apetito.
Ahora
recoges
ajos,
acaricia primero
ese marfil
precioso,
huele
su fragancia iracunda,
entonces
deja el ajo picado
caer con la cebolla
y el tomate
hasta que la cebolla
tenga color de oro.
Mientras tanto
se cuecen
con el vapor
los regios
camarones marinos
y cuando ya llegaron
a su punto,
cuando cuajó el sabor
en una salsa

formada por el jugo
del océano
y por el agua clara
que desprendió la luz de la cebolla,
entonces
que entre el congrio
y se sumerja en gloria,
que en la olla
se aceite,
se contraiga y se impregne.
Ya sólo es necesario
dejar en el manjar
caer la crema
como una rosa espesa,
y al fuego
lentamente
entregar el tesoro
hasta que en el caldillo
se calienten
las esencias de Chile,
y a la mesa
lleguen recién casados
los sabores
del mar y de la tierra
para que en ese plato
tú conozcas el cielo.

Oda a una castaña en el suelo

Del follaje erizado
caíste
completa,
de madera pulida,
de lúcida caoba,
lista

como un violín que acaba
de nacer en la altura,
y cae
ofreciendo sus dones encerrados,
su escondida dulzura,
terminada en secreto
entre pájaros y hojas,
escuela de la forma,
linaje de la leña y de la harina,
instrumento ovalado
que guarda en su estructura
delicia intacta y rosa comestible.
En lo alto abandonaste
el erizado erizo
que entreabrió sus espinas
en la luz del castaño,
por esa partidura
viste el mundo,
pájaros
llenos de sílabas,
rocío
con estrellas,
y abajo
cabezas de muchachos
y muchachas,
hierbas que tiemblan sin reposo,
humo que sube y sube.
Te decidiste,
castaña,
y saltaste a la tierra,
bruñida y preparada,
endurecida y suave
como un pequeño seno
de las islas de América.
Caíste
golpeando
el suelo
pero

nada pasó,
la hierba
siguió temblando, el viejo
castaño susurró como las bocas
de toda una arboleda,
cayó una hoja del otoño rojo,
firme siguieron trabajando
las horas en la tierra.
Porque eres
sólo
una semilla,
castaño, otoño, tierra,
agua, altura, silencio
prepararon el germen,
la harinosa espesura,
los párpados maternos
que abrirán, enterrados,
de nuevo hacia la altura
la magnitud sencilla
de un follaje,
la oscura trama húmeda
de unas nuevas raíces,
las antiguas y nuevas dimensiones
de otro castaño en la tierra.

Oda a la cebolla

Cebolla,
luminosa redoma,
pétalo a pétalo
se formó tu hermosura,
escamas de cristal te acrecentaron
y en el secreto de la tierra oscura
se redondeó tu vientre de rocío.
Bajo la tierra

fue el milagro
y cuando apareció
tu torpe tallo verde,
y nacieron
tus hojas como espadas en el huerto,
la tierra acumuló su poderío
mostrando tu desnuda transparencia,
y como en Afrodita el mar remoto
duplicó la magnolia
levantando sus senos,
la tierra
así te hizo,
cebolla,
clara como un planeta,
y destinada
a relucir,
constelación constante,
redonda rosa de agua,
sobre
la mesa
de las pobres gentes.

Generosa
deshaces
tu globo de frescura
en la consumación
ferviente de la olla,
y el jirón de cristal
al calor encendido del aceite
se transforma en rizada pluma de oro.

También recordaré cómo fecunda
tu influencia el amor de la ensalada
y parece que el cielo contribuye
dándote fina forma de granizo
a celebrar tu claridad picada
sobre los hemisferios de un tomate.
Pero al alcance

de las manos del pueblo,
regada con aceite,
espolvoreada
con un poco de sal,
matas el hambre
del jornalero en el duro camino.
Estrella de los pobres,
hada madrina
envuelta
en delicado
papel, sales del suelo,
eterna, intacta, pura
como semilla de astro,
y al cortarte
el cuchillo en la cocina
sube la única lágrima
sin pena.
Nos hiciste llorar sin afligirnos.

Yo cuanto existe celebré, cebolla,
pero para mí eres
más hermosa que un ave
de plumas cegadoras,
eres para mis ojos
globo celeste, copa de platino,
baile inmóvil
de anémona nevada

y vive la fragancia de la tierra
en tu naturaleza cristalina.

Oda a la claridad

La tempestad dejó
sobre la hierba
hilos de pino, agujas,

y el sol en la cola del viento.
Un azul dirigido
llena el mundo.

Oh día pleno,
oh fruto
del espacio,
mi cuerpo es una copa
en que la luz y el aire
caen como cascadas.
Toco
el agua marina.
Sabor
de fuego verde,
de beso ancho y amargo
tienen las nuevas olas
de este día.
Tejen su trama de oro
las cigarras
en la altura sonora.
La boca de la vida
besa mi boca.
Vivo,
amo
y soy amado.
Recibo
en mi ser cuanto existe.
Estoy sentado
en una piedra:
en ella
tocan
las aguas y las sílabas
de la selva,
la claridad sombría
del manantial que llega
a visitarme.
Toco
el tronco de cedro

cuyas arrugas me hablan
del tiempo y de la tierra.
Marcho
y voy con los ríos
cantando
con los ríos,
ancho, fresco y aéreo
en este nuevo día,
y lo recibo,
siento
cómo
entra en mi pecho, mira con mis ojos.

Yo soy,
yo soy el día,
soy
la luz.
Por eso
tengo
deberes de mañana,
trabajos de mediodía.
Debo
andar
con el viento y el agua,
abrir ventanas,
echar abajo puertas,
romper muros,
iluminar rincones.

No puedo
quedarme sentado.
Hasta luego.
Mañana
nos veremos.
Hoy tengo muchas
batallas que vencer.
Hoy tengo muchas sombras
que herir y terminar.

Hoy no puedo
estar contigo, debo
cumplir mi obligación
de luz:
ir y venir por las calles,
las casas y los hombres
destruyendo
la oscuridad. Yo debo
repartirme
hasta que todo sea día,
hasta que todo sea claridad
y alegría en la tierra.

Oda al cobre

El cobre ahí
dormido.
Son los cerros del Norte
desolado.
Desde arriba
las cumbres
del cobre,
cicatrices hurañas,
mantos verdes,
cúpulas carcomidas
por el ímpetu
abrasador del tiempo,
cerca
de nosotros
la mina:
la mina es sólo el hombre,
no sale
de la tierra
el mineral,
sale

del pecho humano,
allí
se toca
el bosque muerto,
las arterias
del volcán
detenido,
se averigua
la veta,
se perfora
y
estalla
la dinamita,
la roca se derrama,
se purifica:
va naciendo
el cobre.
Antes nadie sabrá
diferenciarlo
de la piedra materna.
Ahora
es hombre,
parte del hombre,
pétalo pesado
de su gloria.
Ahora
ya no es verde,
es rojo,
se ha convertido en sangre,
en sangre dura,
en corazón terrible.

Veo
caer los montes,
abrirse
el territorio
en iracundas
cavidades pardas,

el desierto, las casas
transitorias.
El mineral
a fuego
y golpe
y mano
se convirtió en lingotes militares,
en batallones de mercaderías.
Se fueron los navíos.
A donde llegue
el cobre,
utensilio o alambre,
nadie
que lo toque
verá las escarpadas
soledades de Chile,
o las pequeñas casas a la orilla
del desierto,
o los picapedreros orgullosos,
mi pueblo, los mineros
que bajan a la mina.
Yo sufro.
Yo conozco.
Sucede
que de tanta dureza,
de las excavaciones,
herida y explosión, sudor y sangre,
cuando el hombre,
mi pueblo,
Chile,
dominó la materia,
apartó de la piedra
el mineral yacente,
éste se fue a Chicago
de paseo,
el cobre
se convirtió en cadenas,
en maquinaria tétrica

del crimen,
después de tantas luchas
para que mi patria lo pariera,
después de su glorioso,
virginal nacimiento,
lo hicieron ayudante de la muerte,
lo endurecieron y lo designaron
asesino.

Pregunto
a la empinada cordillera,
al desértico
litoral sacudido
por la espuma
del desencadenado mar de Chile:
para eso
el cobre nuestro
dormía
en el útero verde
de la piedra?
Nació para la muerte?
Al hombre
mío,
a mi hermano
de la cumbre erizada,
le pregunto:
para eso
le diste nacimiento entre dolores?
Para que fuera
ciclón amenazante,
tempestuosa desgracia?
Para que demoliera
las vidas
de los pobres,
de otros pobres,
de tu propia familia
que tal vez no conoces
y que está derramada
en todo el mundo?

Es hora
de dar el mineral
a los tractores,
a la fecundidad
de la tierra futura,
a la paz del sonido,
a la herramienta,
a la máquina clara
y a la vida.
Es hora
de dar
la huraña
mano abierta del cobre
a todo ser humano.
Por eso,
cobre,
serás nuestro,
no seguirán jugando
contigo
a los dados
los tahúres
de la carnicería!
De los cerros
abruptos,
de la altura
verde,
saldrá el cobre de Chile,
la cosecha
más dura
de mi pueblo,
la corola
incendiada,
irradiando
la vida
y no la muerte,
propagando la espiga
y no la sangre,
dando a todos los pueblos

nuestro amor
desenterrado,
nuestra montaña verde
que al contacto
de la vida y el viento
se transforma
en corazón sangrante,
en piedra roja.

Oda a la crítica

Yo escribí cinco versos:
uno verde,
otro era un pan redondo,
el tercero una casa levantándose,
el cuarto era un anillo,
el quinto verso era
corto como un relámpago
y al escribirlo
me dejó en la razón su quemadura.

Y bien, los hombres,
las mujeres,
vinieron y tomaron
la sencilla materia,
brizna, viento, fulgor, barro, madera
y con tan poca cosa
construyeron
paredes, pisos, sueños.
En una línea de mi poesía
secaron ropa al viento.
Comieron
mis palabras,
las guardaron
junto a la cabecera,

vivieron con un verso,
con la luz que salió de mi costado.
Entonces,
llegó un crítico mudo
y otro lleno de lenguas,
y otros, otros llegaron
ciegos o llenos de ojos,
elegantes algunos
como claveles con zapatos rojos,
otros estrictamente
vestidos de cadáveres,
algunos partidarios
del rey y su elevada monarquía,
otros se habían
enredado en la frente
de Marx y pataleaban en su barba,
otros eran ingleses,
sencillamente ingleses,
y entre todos
se lanzaron
con dientes y cuchillos,
con diccionarios y otras armas negras,
con citas respetables,
se lanzaron
a disputar mi pobre poesía
a las sencillas gentes
que la amaban:
y la hicieron embudos,
la enrollaron,
la sujetaron con cien alfileres,
la cubrieron con polvo de esqueleto,
la llenaron de tinta,
la escupieron con suave
benignidad de gatos,
la destinaron a envolver relojes,
la protegieron y la condenaron,
le arrimaron petróleo,
le dedicaron húmedos tratados,

la cocieron con leche,
le agregaron pequeñas piedrecitas,
fueron borrándole vocales,
fueron matándole
sílabas y suspiros,
la arrugaron e hicieron
un pequeño paquete
que destinaron cuidadosamente
a sus desvanes, a sus cementerios,
luego
se retiraron uno a uno
enfurecidos hasta la locura
porque no fui bastante
popular para ellos
o impregnados de dulce menosprecio
por mi ordinaria falta de tinieblas,
se retiraron
todos
y entonces,
otra vez,
junto a mi poesía
volvieron a vivir
mujeres y hombres,
de nuevo
hicieron fuego,
construyeron casas,
comieron pan,
se repartieron la luz
y en el amor unieron
relámpago y anillo.
Y ahora,
perdonadme, señores,
que interrumpa este cuento
que les estoy contando
y me vaya a vivir
para siempre
con la gente sencilla.

Oda a Ángel Cruchaga

Ángel, recuerdo
en mi infancia
austral y sacudida
por la lluvia y el viento,
de pronto,
tus alas,
el vuelo
de tu centelleante poesía,
la túnica
estrellada
que llenaba la noche, los caminos,
con un fulgor fosfórico,
eras
un palpitante río
lleno de peces,
eras
la cola plateada
de una sirena verde
que atravesaba el cielo
de oeste
a este,
la forma de la luz
se reunía
en tus alas, y el viento
dejaba caer lluvia y hojas negras
sobre tu vestidura.
Así era
allá lejos,
en mi infancia,
pero tu poesía,
no sólo
paso de muchas alas,
no sólo

piedra errante,
meteoro
vestido de amaranto y azucena,
ha sido y sigue siendo,
sino planta florida,
monumento
de la ternura humana,
azahar
con raíces
en el hombre.
Por eso,
Ángel,
te canto,
te he cantado
como canté todas las cosas puras,
metales,
aguas,
viento!
Todo lo que es lección para las vidas,
crecimiento
de dureza o dulzura,
como es tu poesía, el infinito
pan impregnado en llanto
de tu pasión, las nobles
maderas olorosas
que tus divinas manos elaboran.
Ángel,
tú, propietario
de los más extendidos jazmineros,
permite que tu hermano
menor deje en tu pecho
esta rama con lluvias
y raíces.
Yo la dejo en tu libro
para que así se impregne
de paz, de transparencia y de hermosura,
viviendo en la corola
de tu naturaleza diamantina.

Oda al día feliz

Esta vez dejadme
ser feliz,
nada ha pasado a nadie,
no estoy en parte alguna,
sucede solamente
que soy feliz
por los cuatro costados
del corazón, andando,
durmiendo o escribiendo.
Qué voy a hacerle, soy
feliz.
Soy más innumerable
que el pasto
en las praderas,
siento la piel como un árbol rugoso
y el agua abajo,
los pájaros arriba,
el mar como un anillo
en mi cintura,
hecha de pan y piedra la tierra
el aire canta como una guitarra.

Tú a mi lado en la arena
eres arena,
tú cantas y eres canto,
el mundo
es hoy mi alma,
canto y arena,
el mundo
es hoy tu boca,
dejadme
en tu boca y en la arena
ser feliz,

ser feliz porque sí, porque respiro
y porque tú respiras,
ser feliz porque toco
tu rodilla
y es como si tocara
la piel azul del cielo
y su frescura.

Hoy dejadme
a mí solo
ser feliz,
con todos o sin todos,
ser feliz
con el pasto
y la arena,
ser feliz
con el aire y la tierra,
ser feliz,
contigo, con tu boca,
ser feliz.

Oda al edificio

Socavando
en un sitio,
golpeando
en una punta,
extendiendo y puliendo
sube la llamarada construida,
la edificada altura
que creció para el hombre.

Oh alegría
del equilibrio y de las proporciones.
Oh peso utilizado

de huraños materiales,
desarrollo del lodo
a las columnas,
esplendor de abanico
en las escalas.
De cuántos sitios
diseminados en la geografía
aquí bajo la luz vino a elevarse
la unidad vencedora.

La roca fragmentó su poderío,
se adelgazó el acero, el cobre vino
a mezclar su salud con la madera
y ésta, recién llegada de los bosques,
endureció su grávida fragancia.

Cemento, hermano oscuro,
tu pasta los reúne,
tu arena derramada
aprieta, enrolla, sube
venciendo piso a piso.
El hombre pequeñito
taladra,
sube y baja.
Dónde está el individuo?
Es un martillo, un golpe
de acero en el acero,
un punto del sistema
y su razón se suma
al ámbito que crece.
Debió dejar caídos
sus pequeños orgullos
y elevar con los hombres una cúpula,
erigir entre todos
el orden
y compartir la sencillez metálica
de las inexorables estructuras.
Pero

todo sale del hombre.
A su llamado
acuden piedras y se elevan muros,
entra la luz a las salas,
el espacio se corta y se reparte.

El hombre
separará la luz de las tinieblas
y así
como venció su orgullo vano
e implantó su sistema
para que se elevara el edificio,
seguirá construyendo
la rosa colectiva,
reunirá en la tierra
el material huraño de la dicha
y con razón y acero
irá creciendo
el edificio de todos los hombres.

Oda a la energía

En el carbón tu planta
de hojas negras
parecía dormida,
luego
excavada
anduvo,
surgió,
fue
lengua loca
de fuego
y vivió adentro
de la locomotora
o de la nave,

rosa roja escondida,
víscera del acero,
tú que de los secretos
corredores
oscuros
recién llegada, ciega,
te entregabas
y motores
y ruedas,
maquinarias,
movimiento,
luz y palpitaciones,
sonidos,
de ti, energía,
de ti, madre energía,
fueron naciendo,
a golpes
los pariste,
quemaste los fogones
y las manos
del azul fogonero,
derribaste distancias
aullando adentro
de tu jaula
y hasta donde tú fuiste
devorándote,
donde alcanzó tu fuego,
llegaron los racimos,
crecieron
las ventanas,
las páginas se unieron como plumas
y volaron las alas de los libros:
nacieron hombres y cayeron árboles,
fecunda fue la tierra.
Energía, en la uva
eres redonda gota
de azúcar enlutado,
transparente

planeta,
llama líquida, esfera
de frenética púrpura
y aún multiplicado
grano de especie,
germen del trigo,
estrella cereal, piedra viviente
de imán o acero, torre
de los hilos eléctricos,
aguas en movimiento,
concentrada
paloma
sigilosa
de la energía, fondo
de los seres, te elevas
en la sangre del niño,
creces como una planta que florece en su ojos,
endureces sus manos
golpeándolo, extendiéndolo
hasta que se hace hombre.

Fuego que corre y canta,
agua que crea,
crecimiento,
transforma nuestra vida,
saca
pan de las piedras,
oro del cielo,
ciudades del desierto,
danos,
energía,
lo que guardas,
extiende tus dones de fuego
allá
sobre la estepa,
fragua la fruta, enciende
el tesoro del trigo,
rompe la tierra, aplana

montes, extiende
las nuevas
fecundaciones
por la tierra
para que desde entonces,
desde allí,
desde donde
cambió la vida,
ahora
cambie la tierra,
toda
la tierra,
las islas,
el desierto
y cambie el hombre.

Entonces, oh energía,
espada ígnea,
no serás
enemiga,
flor y fruto completo
será tu dominada
cabellera,
tu fuego
será paz, estructura,
fecundidad, paloma,
extensión de racimos,
praderas de pan fresco.

Oda a la envidia

Yo vine
del Sur, de la Frontera.
La vida era lluviosa.
Cuando llegué a Santiago

me costó mucho
cambiar de traje.
Yo venía vestido
de riguroso invierno.
Flores de la intemperie
me cubrían.
Me desangré mudándome
de casa.
Todo estaba repleto,
hasta el aire tenía
olor a gente triste.
En las pensiones
se caía el papel
de las paredes.
Escribí, escribí sólo
para no morirme.
Y entonces
apenas
mis versos de muchacho
desterrado
ardieron
en la calle
me ladró Teodorico
y me mordió Ruibarbo.
Yo me hundí
en el abismo
de las casas más pobres,
debajo de la cama,
en la cocina,
adentro del armario,
donde nadie pudiera examinarme,
escribí, escribí sólo
para no morirme.

Todo fue igual. Se irguieron
amenazantes
contra mi poesía,
con ganchos, con cuchillos,
con alicates negros.

Crucé entonces
los mares
en el horror del clima
que susurraba fiebre con los ríos,
rodeado de violentos
azafranes y dioses,
me perdí en el tumulto
de los tambores negros,
en las emanaciones
del crepúsculo,
me sepulté y entonces
escribí, escribí sólo
para no morirme.

Yo vivía tan lejos, era grave
mi total abandono,
pero aquí los caimanes
afilaban
sus dentelladas verdes.

Regresé de mis viajes.
Besé a todos,
las mujeres, los hombres
y los niños.
Tuve partido, patria.
Tuve estrella.
Se colgó de mi brazo
la alegría.
Entonces en la noche,
en el invierno,
en los trenes, en medio
del combate,
junto al mar o las minas,
en el desierto o junto
a la que amaba
o acosado, buscándome
la policía,
hice sencillos versos

para todos los hombres
y para no morirme.

Y ahora
otra vez ahí están.
Son insistentes
como los gusanos,
son invisibles
como los ratones
de un navío,
van navegando
donde yo navego,
me descuido y me muerden
los zapatos,
existen porque existo.
Qué puedo hacer?
Yo creo
que seguiré cantando
hasta morirme.
No puedo en este punto
hacerles concesiones.
Puedo, si lo desean,
regalarles
una paquetería,
comprarles un paraguas
para que se protejan
de la lluvia inclemente
que conmigo llegó de la Frontera,
puedo enseñarles a andar a caballo,
o darles por lo menos
la cola de mi perro,
pero quiero que entiendan
que no puedo
amarrarme la boca
para que ellos
sustituyan mi canto.
No es posible.
No puedo.

Con amor o tristeza,
de madrugada fría,
a las tres de la tarde,
o en la noche,
a toda hora,
furioso, enamorado,
en tren, en primavera,
a oscuras o saliendo
de una boda,
atravesando el bosque
o la oficina,
a las tres de la tarde
o en la noche,
a toda hora,
escribiré no sólo
para no morirme,
sino para ayudar
a que otros vivan,
porque parece que alguien
necesita mi canto.
Seré,
seré implacable.
Yo les pido
que sostengan sin tregua el estandarte
de la envidia.
Me acostumbré a sus dientes.
Me hacen falta.
Pero quiero decirles
que es verdad:
me moriré algún día
(no dejaré de darles
esa satisfacción postrera),
no hay duda,
pero
me moriré cantando.
Y estoy casi seguro,
aunque no les agrade esta noticia,
que seguirá

mi canto
más acá de la muerte,
en medio
de mi patria,
será mi voz, la voz
del fuego o de la lluvia
o la voz de otros hombres,
porque con lluvia o fuego quedó escrito
que la simple
poesía
vive
a pesar de todo,
tiene una eternidad que no se asusta,
tiene tanta salud
como una ordeñadora
y en su sonrisa tanta dentadura
como para arruinar las esperanzas
de todos los reunidos
roedores.

Oda a la esperanza

Crepúsculo marino,
en medio
de mi vida,
las olas como uvas,
la soledad del cielo,
me llenas
y desbordas,
todo el mar,
todo el cielo,
movimiento
y espacio,
los batallones blancos
de la espuma,

la tierra anaranjada,
la cintura
incendiada
del sol en agonía,
tantos
dones y dones,
aves
que acuden a sus sueños,
y el mar, el mar,
aroma
suspendido,
coro de sal sonora,
mientras tanto,
nosotros,
los hombres,
junto al agua,
luchando
y esperando
junto al mar,
esperando.

Las olas dicen a la costa firme:
«Todo será cumplido».

Oda a la fertilidad de la tierra

A ti, fertilidad, entraña
verde,
madre materia, vegetal tesoro,
fecundación, aumento,
yo canto,
yo, poeta,
yo, hierba,
raíz, grano, corola,
sílaba de la tierra,

yo agrego mis palabras a las hojas,
yo subo a las ramas y al cielo.
Inquietas
son
las semillas,
sólo parecen
dormidas.
Las besa el fuego, el agua
las toca con su cinta
y se agitan,
largamente se mueven,
se interrogan,
abajo lanzan ojos,
encrespadas volutas,
tiernas derivaciones,
movimiento, existencia.
Hay que ver un granero
colmado,
allí todo reposa
pero
los fuegos de la vida,
los fermentos
llaman,
fermentan,
arden
con hilos invisibles.
Uno siente en los ojos
y en los dedos
la presión, la paciencia,
el trabajo
de gérmenes y bocas,
de labios y matrices.
El viento lleva ovarios.
La tierra entierra rosas.
El agua brota y busca.
El fuego hierve y canta.
Todo
nace.

Y eres,
fertilidad, una campana,
bajo tu círculo
la humedad y el silencio desarrollan
sus lenguas de verdura,
sube la savia,
estalla
la forma de la planta,
crece
la línea de la vida
y en su extremo se agrupan
la flor y los racimos.
Tierra, la primavera
se elabora en mi sangre,
siento
como si fuera
árbol, territorio,
cumplirse en mí los ciclos
de la tierra,
agua, viento y aroma
fabrican mi camisa,
en mi pecho terrones
que allí olvidó el otoño
comienzan a moverse,
salgo y silbo en la lluvia,
germina el fuego en mis manos,
y entonces
enarbolo
una bandera verde
que me sale del alma,
soy semilla, follaje,
encino que madura,
y entonces todo el día,
toda la noche canto,
sube de las raíces el susurro,
canta en el viento la hoja.
Fertilidad, te olvido.
Dejé tu nombre escrito

con la primera sílaba
de este canto,
eres tú más extensa,
más húmeda y sonora,
no puedo describirte,
ven a mí,
fertilízame,
dame sabor de fruto cada día,
dame
la secreta
tenacidad de las raíces,
y deja que mi canto
caiga en la tierra y suban
en cada primavera sus palabras.

Oda a la flor

Flores
de pobre
en las
ventanas
pobres,
pétalos
de sol pobre
en las desmoronadas
casas de la pobreza.

Yo veo cómo
la flor, su cabellera,
su satinado pecho,
su apostura
relucen en la tienda.
Veo
cómo de allí el color, la luz de seda,
la torre de turgencia,

el ramo de oro,
el pétalo violeta de la aurora,
el pezón encendido de la rosa,
vestidos y desnudos
se preparan
para entrar a la casa de los ricos.

La geografía desbordó sus dones,
el océano
se transformó en camino,
la tierra entremezcló sus latitudes
y así la flor remota
navegó con su fuego,
y así llegó a tu puerta,
desde donde una mano presurosa
la retiró: «Tú no eres
flor de pobre, le dijo,
a ti te toca, flor,
brillar en medio
de la sala encerada,
no te metas en esa calle oscura,
incorpórate
a nuestro monopolio de alegría».

Y así voy por las calles
mirando las ventanas
donde el carmín caído
de un geranio
canta allí, en medio de las pobres vidas,
donde un clavel eleva
su flecha de papel y de perfume
junto a los vidrios rotos,
o donde una azucena
dejó su monasterio
y se vino a vivir con la pobreza.

Oh flor, no te condeno,
flor alta de encrespada investidura,

no te niego el derecho
de llevar el relámpago
que la tierra elevó con tu hermosura,
hasta la casa de los ricos.
Yo estoy seguro
que mañana
florecerás en todas
las moradas del hombre.
No tendrás miedo de la calle oscura,
ni habrá sobre la tierra
guarida tenebrosa
donde no pueda entrar la primavera.

Flor, no te culpo, estoy seguro de esto
que te digo
y para que florezcas donde debes
florecer, en todas las ventanas,
flor,
yo lucho
y canto desde ahora, como canto,
en forma tan sencilla,
para todos,
porque yo distribuyo
las flores de mañana.

Oda a la flor azul

Caminando hacia el mar
en la pradera
–es hoy noviembre–,
todo ha nacido ya,
todo tiene estatura,
ondulación, fragancia.
Hierba a hierba
entenderé la tierra,

paso a paso
hasta la línea loca
del océano.
De pronto una ola
de aire agita y ondula
la cebada salvaje:
salta
el vuelo de un pájaro
desde mis pies, el suelo
lleno de hilos de oro,
de pétalos sin nombre,
brilla de pronto como rosa verde,
se enreda con ortigas que revelan
su coral enemigo,
esbeltos tallos, zarzas
estrelladas,
diferencia infinita
de cada vegetal que me saluda
a veces con un rápido
centelleo de espinas
o con la pulsación de su perfume
fresco, fino y amargo.
Andando a las espumas
del Pacífico
con torpe paso por la baja hierba
de la primavera escondida,
parece
que antes de que la tierra se termine
cien metros antes del más grande océano
todo se hizo delirio,
germinación y canto.
Las minúsculas hierbas
se coronaron de oro,
las plantas de la arena
dieron rayos morados
y a cada pequeña hoja de olvido
llegó una dirección de luna o fuego.
Cerca del mar, andando,

en el mes de noviembre,
entre los matorrales que reciben
luz, fuego y sal marinas
hallé una flor azul
nacida en la durísima pradera.
De dónde, de qué fondo
tu rayo azul extraes?
Tu seda temblorosa
debajo de la tierra
se comunica con el mar profundo?
La levanté en mis manos
y la miré como si el mar viviera
en una sola gota,
como si en el combate
de la tierra y las aguas
una flor levantara
un pequeño estandarte
de fuego azul, de paz irresistible,
de indómita pureza.

Oda al fuego

Descabellado fuego,
enérgico,
ciego y lleno de ojos,
deslenguado,
tardío, repentino,
estrella de oro,
ladrón de leña,
callado bandolero,
cocedor de cebollas,
célebre pícaro de las chispitas,
perro rabioso de un millón de dientes,
óyeme,
centro de los hogares,

rosal incorruptible,
destructor de las vidas,
celeste padre del pan y del horno,
progenitor ilustre
de ruedas y herraduras,
polen de los metales,
fundador del acero,
óyeme,
fuego.

Arde tu nombre,
da gusto
decir fuego,
es mejor
que decir piedra
o harina.
Las palabras son muertas
junto a tu rayo amarillo,
junto a tu cola roja,
junto a tus crines de luz amaranto,
son frías las palabras.
Se dice fuego,
fuego, fuego, fuego,
y se enciende
algo en la boca:
es tu fruta que quema,
es tu laurel que arde.

Pero sólo palabra
no eres,
aunque toda palabra
si no tiene
brasa
se desprende y se cae
del árbol del tiempo.
Tú eres
flor,
vuelo,

consumación, abrazo,
inasible substancia,
destrucción y violencia,
sigilo, tempestuosa
ala de muerte y vida,
creación y ceniza,
centella deslumbrante,
espada llena de ojos,
poderío,
otoño, estío súbito,
trueno seco de pólvora,
derrumbe de los montes,
río de humo,
oscuridad, silencio.

Dónde estás, qué te hiciste?
Sólo el polvo impalpable
recuerda tus hogueras,
y en las manos la huella
de flor o quemadura.
Al fin te encuentro
en mi papel vacío,
y me obligo a cantarte,
fuego,
ahora
frente a mí,
tranquilo
quédate mientras busco
la lira en los rincones,
o la cámara
con relámpagos negros
para fotografiarte.

Al fin estás
conmigo
no para destruirme,
ni para usarte
en encender la pipa,

sino para tocarte,
alisarte
la cabellera, todos
tus hilos peligrosos,
pulirte un poco, herirte,
para que conmigo
te atrevas,
toro escarlata.
Atrévete,
quémame
ahora,
entra
en mi canto,
sube
por mis venas,
sal
por mi boca.

Ahora
sabes
que no puedes
conmigo:
yo te convierto en canto,
yo te subo y te bajo,
te aprisiono en mis sílabas,
te encadeno, te pongo
a silbar,
a derramarte en trinos,
como si fueras
un canario enjaulado.

No me vengas
con tu famosa túnica
de ave de los infiernos.
Aquí
estás condenado
a vida y muerte.
Si me callo

te apagas.
Si canto
te derramas
y me darás la luz que necesito.

De todos
mis amigos,
de todos
mis enemigos,
eres
el difícil.
Todos
te llevan amarrado,
demonio de bolsillo,
huracán escondido
en cajas y decretos.
Yo no.
Yo te llevo a mi lado
y te digo:
es hora
de que me muestres
lo que sabes hacer.
Ábrete, suéltate
el pelo
enmarañado,
sube y quema
las alturas del cielo.

Muéstrame
tu cuerpo
verde y anaranjado,
levanta
tus banderas,
arde
encima del mundo
o junto a mí, sereno
como un pobre topacio,
mírame y duerme.

Sube las escaleras
con tu pie numeroso.
Acéchame,
vive,
para dejarte escrito,
para que cantes
con mis palabras
a tu manera,
ardiendo.

Oda a Guatemala

Guatemala,
hoy
te
canto.

Sin razón,
sin objeto,
esta mañana
amaneció
tu nombre
enredado
a mi boca,
verde rocío,
frescura matutina,
recordé
las lianas
que atan
con su cordel silvestre
el tesoro sagrado
de tu selva.

Recordé en las alturas
los cauces invisibles

de tus aguas,
sonora
turbulencia secreta,
corolas amarradas
al follaje,
un ave
como súbito zafiro,
el cielo desbordado,
lleno como una copa
de paz y transparencia.
Arriba
un lago
con un nombre de piedra.
Amatitlán se llama.
Aguas, aguas del cielo
lo llenaron,
aguas, aguas de estrellas
se juntaron
en la profundidad aterradora
de su esmeralda oscura.
En sus márgenes
las tribus
del Mayab
sobreviven.

Tiernos, tiernos
idólatras
de la miel, secretarios
de los astros,
vencidos
vencedores
del más antiguo enigma.

Hermoso es ver
el vestido esplendor
de sus aldeas,
ellos se atrevieron
a continuar llevando

resplandecientes túnicas,
bordados amarillos,
calzones escarlatas,
colores
de la aurora.
Antaño
los soldados
de Castilla enlutada
sepultaron América,
y el hombre
americano
hasta ahora
se pone la levita
del notario extremeño,
la sotana
de Loyola.
España
inquisitiva,
purgatoria,
enfundó los sonidos
y colores,
las estirpes de América,
el polen, la alegría,
y nos dejó su traje
de salmantino luto,
su armadura
de trapo inexorable.

El color sumergido
sólo en ti sobrevive,
sobreviven, radiosos,
los plumajes,
sobrevive
tu frescura de cántaro,
profunda
Guatemala,
no te enterró la ola
sucesiva

de la muerte,
las invasoras alas
extranjeras,
los paños funerarios
no lograron
ahogar tu corola
de flor resplandeciente.

Yo vi en Quetzaltenango
la muchedumbre
fértil
del mercado,
los cestos
con el amor trenzados,
con antiguos
dolores,
las telas
de color turbulento,
raza roja,
cabezas de vasija,
perfiles
de metálica azucena,
graves miradas, blancas
sonrisas como vuelos
de garzas en el río,
pies de color de cobre,
gentes
de la tierra,
indios
dignos como
monarcas de baraja.

Tanto
humo cayó
sobre sus rostros, tanto
silencio
que no hablaron
sino con el maíz, con el tabaco,

con el agua,
estuvieron
amenazados por la tiranía
hasta en sus erizados territorios,
o en la costa
por invasores norteamericanos
que arrasaron la tierra,
llevándose los frutos.

Y ahora
Arévalo elevaba
un puñado de tierra
para ellos,
sólo un puñado
de polvo germinal, y es eso,
sólo eso, Guatemala,
un minúsculo
y fragante
fragmento de la tierra,
unas cuantas semillas
para sus pobres gentes,
un arado
para los campesinos.
Y por eso
cuando Arbenz
decidió la justicia,
y con la tierra repartió fusiles,
cuando los
cafeteros
feudales
y los aventureros de Chicago
encontraron
en la casa de gobierno
no un títere despótico,
sino un hombre,
entonces
fue la furia,
se llenaron

los periódicos
de comunicados:
ardía Guatemala.

Guatemala no ardía.
Arriba el lago
Amatitlán, quieto como mirada
de los siglos,
hacia el sol y la luna relucía,
el río Dulce
acarreaba
sus aguas primordiales,
sus peces y sus pájaros,
su selva,
su latido
desde el aroma original de América,
los pinos en la altura
murmuraban,
y el pueblo simple
como arena o harina
pudo, por vez primera,
cara a cara
conocer la esperanza.

Guatemala,
hoy te canto,
hoy a las desventuras del pasado
y a tu esperanza canto.
A tu belleza canto.
Pero quiero
que mi amor te defienda.
Yo conozco
a los que te preparan una tumba
como la que cavaron a Sandino.
Los conozco. No esperes
piedad de los verdugos.
Hoy se preparan
matando pescadores,
asesinando peces de las islas.

Son implacables. Pero
tú, Guatemala, eres
un puño y un puñado
de polvo americano con semillas,
un pequeño puñado
de esperanza.
Defiéndelo, defiéndenos,
nosotros
hoy sólo con mi canto,
mañana con mi pueblo y con mi canto
acudiremos
a decirte «aquí estamos»,
pequeña hermana,
corazón caluroso,
aquí estamos dispuestos
a desangrarnos para
defenderte,
porque en la hora oscura
tú fuiste
el honor, el orgullo,
la dignidad de América.

Oda al hilo

Éste es el hilo
de la poesía.
Los hechos como ovejas
van cargados
de lana
negra
o blanca.
Llámalos y vendrán
prodigiosos rebaños,
héroes y minerales,
la rosa del amor,

la voz del fuego,
todo vendrá a tu lado.
Tienes a tu merced
una montaña,
si te pones
a cruzarla a caballo
te crecerá la barba,
dormirás en el suelo,
tendrás hambre
y en la montaña todo
será sombra.
No lo puedes hacer,
tienes que hilarla,
levanta un hilo,
súbelo:
interminable y puro
de tantos sitios sale,
de la nieve,
del hombre,
es duro porque todos
los metales lo hicieron,
es frágil porque el humo
lo dibujó temblando,
así es el hilo
de la poesía.
No tienes
que enredarlo de nuevo,
volverlo a confundir
con el tiempo y la tierra.
Al contrario,
es tu cuerda,
colócalo en tu cítara
y hablará con la boca
de los montes sonoros,
trénzalo
y será enredadera
de navío,
desarróllalo,

cárgalo de mensajes,
electrízalo,
entrégalo
al viento, a la intemperie,
que de nuevo, ordenado,
en una larga línea
envuelva al mundo,
o bien, enhébralo,
fino, fino,
sin descuidar el manto
de las hadas.

Necesitamos mantas
para todo el invierno.
Ahí vienen
los campesinos,
traen
para el poeta
una gallina, sólo
una pobre gallina.
Qué vas a darles tú,
qué vas a darles?
Ahora,
ahora,
el hilo,
el hilo
que se irá haciendo ropa
para los que no tienen
sino harapos,
redes
para los pescadores,
camisas
de color
escarlata
para los fogoneros
y una bandera
para todos.
Entre los hombres,

entre sus dolores
pesados como piedras,
entre sus victorias
aladas como abejas,
allí está el hilo
en medio
de lo que está pasando
y lo que viene,
abajo
entre carbones,
arriba
en la miseria,
con los hombres,
contigo,
con tu pueblo,
el hilo,
el hilo
de la poesía.
No se trata
de consideraciones:
son órdenes,
te ordeno,
con la cítara al brazo,
acompáñame.
Hay muchos
oídos esperando,
hay
un terrible
corazón enterrado,
es nuestra
familia, nuestro pueblo.
Al hilo!
Al hilo!
A sacarlo
de la montaña oscura!
A transmitir relámpagos!
A escribir la bandera!
Así es el hilo

de la poesía,
simple, sagrado, eléctrico,
fragante y necesario
y no termina en nuestras pobres manos:
lo revive la luz de cada día.

Oda al hombre sencillo

Voy a contarte en secreto
quién soy yo,
así, en voz alta,
me dirás quién eres,
quiero saber quién eres,
cuánto ganas,
en qué taller trabajas,
en qué mina,
en qué farmacia,
tengo una obligación terrible
y es saberlo,
saberlo todo,
día y noche saber
cómo te llamas,
ése es mi oficio,
conocer una vida
no es bastante
ni conocer todas las vidas
es necesario,
verás,
hay que desentrañar,
rascar a fondo
y como en una tela
las líneas ocultaron,
con el color, la trama
del tejido,
yo borro los colores

y busco hasta encontrar
el tejido profundo,
así también encuentro
la unidad de los hombres,
y en el pan
busco
más allá de la forma:
me gusta el pan, lo muerdo,
y entonces
veo el trigo,
los trigales tempranos,
la verde forma de la primavera,
las raíces, el agua,
por eso
más allá del pan,
veo la tierra,
la unidad de la tierra,
el agua,
el hombre,
y así todo lo pruebo
buscándote
en todo,
ando, nado, navego
hasta encontrarte,
y entonces te pregunto
cómo te llamas,
calle y número,
para que tú recibas
mis cartas,
para que yo te diga
quién soy y cuánto gano,
dónde vivo,
y cómo era mi padre.
Ves tú qué simple soy,
qué simple eres,
no se trata
de nada complicado,
yo trabajo contigo,

tú vives, vas y vienes
de un lado a otro,
es muy sencillo:
eres la vida,
eres tan transparente
como el agua,
y así soy yo,
mi obligación es ésa:
ser transparente,
cada día
me educo,
cada día me peino
pensando como piensas,
y ando
como tú andas,
como, como tú comes,
tengo en mis brazos a mi amor
como a tu novia tú,
y entonces
cuando esto está probado,
cuando somos iguales
escribo,
escribo con tu vida y con la mía,
con tu amor y los míos,
con todos tus dolores
y entonces
ya somos diferentes
porque, mi mano en tu hombro,
como viejos amigos
te digo en las orejas:
no sufras,
ya llega el día,
ven,
ven conmigo,
ven
con todos
los que a ti se parecen,
los más sencillos,

ven,
no sufras,
ven conmigo,
porque aunque no lo sepas,
eso yo sí lo sé:
yo sé hacia dónde vamos,
y es ésta la palabra:
no sufras
porque ganaremos,
ganaremos nosotros,
los más sencillos,
ganaremos,
aunque tú no lo creas,
ganaremos.

Oda a la intranquilidad

Madre intranquilidad, bebí en tus senos
electrizada leche,
acción severa!
No me enseñó la luna
el movimiento.
Es la intranquilidad la que sostiene
el estático vuelo
de la nave,
la sacudida del motor decide
la suavidad del ala
y la miel dormiría en la corola
sin la inquietud insigne de la abeja.
Yo no quiero escaparme
a soledad ninguna.
Yo no quiero
que mis palabras aten a los hombres.
Yo no quiero
mar sin marea, poesía

sin hombre,
pintura
deshabitada, música
sin viento!
Intranquila es la noche
y su hermosura,
todo palpita bajo
sus banderas
y el sol
es encendido movimiento,
ráfaga de alegría!
Se pudren en la charca
las estrellas,
y canta en la cascada
la pureza!
La razón intranquila
inauguró los mares,
y del desorden hizo
nacer el edificio.
No es inmutable
la ciudad, ni tu vida
adquirió la materia de la muerte.
Viajero, ven conmigo.
Daremos
magnitud a los dones de la tierra.
Cambiaremos la espiga.
Llevaremos la luz al más remoto
corazón castigado.
Yo creo
que bajo la intranquila primavera
la claridad
del fruto
se consume,
se extiende
el desarrollo del aroma,
combate el movimiento con la muerte.
Y así llega a tu boca la dulzura
de los frutos gloriosos,

la victoria
de la luz intranquila
que levanta los labios de la tierra.

Oda al invierno

Invierno, hay algo
entre nosotros,
cerros bajo la lluvia,
galopes
en el viento,
ventanas
donde se acumuló tu vestidura,
tu camisa de fierro,
tu pantalón mojado,
tu cinturón de cuero transparente.
Invierno,
para otros
eres bruma
en los malecones,
clámide clamorosa,
rosa blanca,
corola de la nieve,
para mí, invierno,
eres
un caballo,
niebla te sube del hocico,
gotas de lluvia caen
de tu cola,
electrizadas ráfagas
son tus crines,
galopas
interminablemente
salpicando de lodo
al transeúnte,

miramos
y has pasado,
no te vemos la cara,
no sabemos
si son de agua de mar
o cordillera
tus ojos, has pasado
como la cabellera
de un relámpago,
no quedó indemne un árbol,
las hojas
se reunieron
en la tierra,
los nidos
quedaron como harapos
en la altura,
mientras tú galopabas
en la luz moribunda del planeta.

Pero eres frío, invierno;
y tus racimos
de nieve negra y agua
en el tejado
atraviesan
las casas
como agujas,
hieren
como cuchillos oxidados.
Nada
te detiene.
Comienzan
los ataques de tos, salen los niños
con zapatos mojados,
en las camas la fiebre
es como
la vela de un navío
navegando a la muerte,
la ciudad de los pobres

que se quema,
la mina
resbalosa,
el combate del viento.

Desde entonces,
invierno, yo conozco
tu agujereada ropa
y el silbato
de tu bocina entre las araucarias
cuando clamas
y lloras,
racha en la lluvia loca,
trueno desenrollado
o corazón de nieve.

El hombre
se agigantó en la arena,
se cubrió de intemperie,
la sal y el sol vistieron
con seda salpicada
el cuerpo de la nueva nadadora.
Pero
cuando viene el invierno
el hombre
se hace un pequeño ovillo
que camina
con mortuorio paraguas,
se cubre
de alas impermeables,
se humedece
y se ablanda
como una miga, acude
a las iglesias,
o lee tonterías enlutadas.
Mientras tanto,
arriba,
entre los robles,

en la cabeza de los ventisqueros,
en la costa,
tú reinas
con tu espada,
con tu violín helado,
con las plumas que caen
de tu pecho indomable.

Algún día
nos reconoceremos,
cuando
la magnitud
de tu belleza
no caiga
sobre el hombre,
cuando
ya no perfores
el techo
de mi hermano,
cuando
pueda acudir a la más alta
blancura de tu espacio
sin que puedas morderme,
pasaré saludando
tu monarquía desencadenada.
Me sacaré el sombrero
bajo la misma lluvia
de mi infancia
porque estaré seguro
de tus aguas:
ellas lavan el mundo,
se llevan los papeles,
trituran la pequeña
suciedad de los días,
lavan,
lavan tus aguas
el rostro de la tierra
y bajan hasta el fondo

donde
la primavera
duerme.
Tú la estremeces, hieres
sus piernas transparentes,
la despiertas, la mojas,
comienza a trabajar,
barre las hojas muertas,
reúne su fragante
mercancía,
sube las escaleras
de los árboles
y de pronto la vemos
en la altura
con su nuevo vestido
y sus antiguos ojos
verdes.

Oda al laboratorista

Hay un hombre
escondido,
mira
con un solo ojo
de cíclope eficiente,
son minúsculas cosas,
sangre,
gotas de agua,
mira
y escribe o cuenta,
allí en la gota
circula el universo,
la vía láctea tiembla
como un pequeño río,
mira

el hombre
y anota,
en la sangre
mínimos puntos rojos,
movedizos
planetas
o invasiones
de fabulosos regimientos blancos,
el hombre
con su ojo
anota,
escribe
allí encerrado
el volcán de la vida,
la esperma
con su titilación de firmamento,
cómo aparece
el rápido tesoro
tembloroso,
las semillitas de hombre,
luego
en su círculo pálido
una gota
de orina
muestra países de ámbar
o en tu carne
montañas de amatista,
temblorosas praderas,
constelaciones verdes,
pero
él anota, escribe,
descubre
una amenaza,
un punto
dividido,
un nimbo negro,
lo identifica, encuentra
su prontuario,

ya no puede escaparse,
pronto
en tu cuerpo será la cacería,
la batalla
que comenzó en el ojo
del laboratorista:
será de noche, junto
a la madre la muerte,
junto al niño las alas
del invisible espanto,
la batalla en la herida,
todo
comenzó
con el hombre
y su ojo
que buscaba
en el cielo
de la sangre
una estrella maligna.
Allí con blusa blanca
sigue
buscando
el signo,
el número,
el color
de la muerte
o la vida,
descifrando
la textura
del dolor, descubriendo
la insignia de la fiebre
o el primer síntoma
del crecimiento humano.
Luego
el descubridor
desconocido,
el hombre
que viajó por tus venas

o denunció
un viajero enmascarado
en el sur o en el norte
de tus vísceras,
el temible
hombre con ojo
descuelga su sombrero,
se lo pone,
enciende un cigarrillo
y entra en la calle,
se mueve, se desprende,
se reparte en las calles,
se agrega a la espesura de los hombres,
por fin desaparece
como el dragón
el diminuto y circulante monstruo
que se quedó olvidado en una gota
en el laboratorio.

Oda a Leningrado

Suave tu piedra pura,
ancho tu cielo blanco,
hermosa
rosa gris, espaciosa
Leningrado,
con qué tranquilidad
puse en tu antigua tierra
mis zapatos,
de otra tierra
venían,
de la virgen América,
mis pies habían pisado
lodo de manantiales
en la altura,

fragancias indecibles
en la gran cordillera
de mi patria,
habían
tocado mis zapatos
otra nieve,
las ráfagas
de los Andes hirsutos
y ahora,
Leningrado,
tu nieve,
tu ilustre
sombra blanca,
el río con sus gradas sumergiéndose
en la corriente blanca,
la luz como una rama de durazno
dándote su blancura,
oh nave,
nave blanca,
navegando en invierno,
cuántas cosas
vivieron,
se movieron
conmigo
cuando entre tus cordajes
y tus velas de piedra
anduve,
cuando pisé las calles
que conocí en los libros,
me saturó la esencia
de la niebla y los mares,
el joven Pushkin
me tomó de la mano
con su mano enguantada
y en las solemnes edificaciones
del pasado,
en las colmenas
de la nueva vida,

entró mi corazón
americano
latiendo con respeto
y alegría,
escuchando los ecos
de mis pasos
como si despertaran
existencias
que dormían envueltas en la nieve
y de pronto vinieran
a caminar conmigo
pisando fuertemente en el silencio
como sobre las tablas de un navío.

Cuántas
antiguas noches,
allá lejos:
mi libro,
la lluvia
desde el cielo de la isla,
en Chiloé marino,
y ahora
la misma
sombra blanca
acompañándome,
Netochka Nezvanova,
la Perspectiva Nevsky,
ancha, durmiendo,
un coro ahogado
y un violín perdido.
Antiguo tiempo, antiguo
dolor blanco,
terribles seres de otra
ciudad, que aquí vivían,
tormentos desangrados,
pálida
rosa
de neblina y nieve,

Netochka Nezvanova,
un insensato
movimiento
en la niebla,
en la nieve,
entrecortados
sufrimientos,
las vidas
como pozos,
el alma,
el alma,
ciénaga
de peces ciegos,
el alma,
lago
de alcoholes dormidos,
de pronto
enloquecidas
ventanas
delirando
en la noche,
sonatas
de una sola cuerda
enroscándose
a la cola
del diablo,
crímenes
largamente contados
y contados.
Honor al alba fría!
Cambió el mundo!
Es de noche,
clara
soledad nocturna,
mañana
el día
se poblará de cantos
y rostros encendidos,

de seres
que navegan
en la nave
de la nueva
alegría,
de manos que golpean
los ardientes talleres,
de blusas que acrecientan
la luz blanca,
de asuntos compartidos
como los panes de oro
por escuelas unánimes,
es eso,
ahora
los seres solitarios
de los libros
vienen a acompañarme
pero
la soledad no viene,
no existe,
arden
en la corola
de la vida,
viven
la organizada
dignidad
del trabajo,
la antigua angustia
separó sus hojas
como un árbol que el viento
inclinó, rechazando
la tormenta,
ahora
el caballo de bronce,
el caballero,
no están a punto de emprender el viaje,
regresaron,
el Neva no se va,

viene llegando
con noticias de oro,
con sílabas de plata.
Se fueron
los antiguos
personajes
enfundados
en niebla,
provistos de elevados
sombreros de humo,
las mujeres
talladas en la nieve
llorando en un pañuelo
sobre el río,
emigraron,
cayeron de los libros
y corrieron
los estudiantes locos
que esperaban
con un hacha en la mano
a la puerta
de una anciana,
aquel mundo
de frenéticos popes
y carcajadas muertas en la copa,
trineos
que raptaban la inocencia,
sangre y lobos oscuros en la nieve,
todo aquello
se cayó de los libros,
se fugó de la vida
como un maligno sueño,
ahora
las cúpulas deslizan
el anillo
de la luna creciente,
y otra vez una noche
clarísima

navega
junto con la ciudad,
subieron
las dos pesadas anclas
a los portones del Almirantazgo,
navega Leningrado,
aquellas sombras
se dispersaron, frías,
asustadas,
cuando en la escalinata
del Palacio de Invierno,
subió la Historia
con los pies del pueblo.
Más tarde a la ciudad
llegó la guerra,
la guerra con sus dientes
desmoronando
la belleza antigua,
glotona,
comiéndose una torta
de piedra gris y nieve
y sangre,
la guerra
silbando entre los muros,
llevándose a los hombres,
acechando a los hijos,
la guerra
con su saco vacío
y su tambor terrible,
la guerra
con los vidrios quebrados
y la muerte
en la cama,
rígida bajo el frío.
Y el valor alto,
más alto que un abeto,
redondo
como las graves cúpulas,

erguido
como
las serenas columnas,
la resistencia
grave
como la simetría
de la piedra,
el coraje
como una llama viva
en medio
de la nieve
fue
una hoguera
indomable,
en Leningrado
el corazón
soviético.
Y hoy todo vive
y duerme,
la noche
de Leningrado cubre
no sólo
los palacios,
las verjas enrejadas,
las cornisas platónicas,
el esplendor antiguo,
no sólo
los motores
y las innumerables
casas frescas,
la vida
justa y ancha,
la construcción del mundo,
la noche, sombra clara
se unió a la antigua noche,
como el día,
como el olor del agua,
Pedro el Gigante y Lenin

el Gigante
se hicieron
unidad,
el tiempo
hizo una rosa,
una torre invencible.
Huele
a fuego
enterrado,
a flor inquebrantable,
circula por las calles
viva sangre sin tiempo,
lo que fue
y lo que viene
se unieron
en la rosa espaciosa,
y navega
la nave,
perfuma
la torre gris del Norte,
ancha y celeste, firme
en su reino de nieve,
poblada no por sombras
sino por la grandeza
de su sangre,
coronada
por el rumor marino
de su Historia,
brillando con orgullo, preparada
con toda su belleza
como un salón ilustre
para las reuniones de su pueblo.

Oda al libro (I)

Libro, cuando te cierro
abro la vida.
Escucho
entrecortados gritos
en los puertos.
Los lingotes del cobre
cruzan los arenales,
bajan a Tocopilla.
Es de noche.
Entre las islas
nuestro océano
palpita con sus peces.
Toca los pies, los muslos,
las costillas calcáreas
de mi patria.
Toda la noche pega en sus orillas
y con la luz del día
amanece cantando
como si despertara una guitarra.

A mí me llama el golpe
del océano. A mí
me llama el viento,
y Rodríguez me llama,
José Antonio,
recibí un telegrama
del sindicato «Mina»
y ella, la que yo amo
(no les diré su nombre),
me espera en Bucalemu.

Libro, tú no has podido
empapelarme,

no me llenaste
de tipografía,
de impresiones celestes,
no pudiste
encuadernar mis ojos,
salgo de ti a poblar las arboledas
con la ronca familia de mi canto,
a trabajar metales encendidos
o a comer carne asada
junto al fuego en los montes.
Amo los libros
exploradores,
libros con bosque o nieve,
profundidad o cielo,
pero
odio
el libro araña
en donde el pensamiento
fue disponiendo alambre venenoso
para que allí se enrede
la juvenil y circundante mosca.
Libro, déjame libre.
Yo no quiero ir vestido
de volumen,
yo no vengo de un tomo,
mis poemas
no han comido poemas,
devoran
apasionados acontecimientos,
se nutren de intemperie,
extraen alimento
de la tierra y los hombres.
Libro, déjame andar por los caminos
con polvo en los zapatos
y sin mitología:
vuelve a tu biblioteca,
yo me voy por las calles.

He aprendido la vida
de la vida,
el amor lo aprendí de un solo beso,
y no pude enseñar a nadie nada
sino lo que he vivido,
cuanto tuve en común con otros hombres,
cuanto luché con ellos:
cuanto expresé de todos en mi canto.

Oda al libro (II)

Libro
hermoso,
libro,
mínimo bosque,
hoja
tras hoja,
huele
tu papel
a elemento,
eres
matutino y nocturno,
cereal,
oceánico,
en tus antiguas páginas
cazadores de osos,
fogatas
cerca del Mississipi,
canoas
en las islas,
más tarde
caminos
y caminos,
revelaciones,
pueblos

insurgentes,
Rimbaud como un herido
pez sangriento
palpitando en el lodo,
y la hermosura
de la fraternidad,
piedra por piedra
sube el castillo humano,
dolores que entretejen
la firmeza,
acciones solidarias,
libro
oculto
de bolsillo
en bolsillo,
lámpara
clandestina,
estrella roja.

Nosotros
los poetas
caminantes
exploramos
el mundo,
en cada puerta
nos recibió la vida,
participamos
en la lucha terrestre.
Cuál fue nuestra victoria?
Un libro,
un libro lleno
de contactos humanos,
de camisas,
un libro
sin soledad, con hombres
y herramientas,
un libro
es la victoria.

Vive y cae
como todos los frutos,
no sólo tiene luz,
no sólo tiene
sombra,
se apaga,
se deshoja,
se pierde
entre las calles,
se desploma en la tierra.
Libro de poesía
de mañana,
otra vez
vuelve
a tener nieve o musgo
en tus páginas
para que las pisadas
o los ojos
vayan grabando
huellas:
de nuevo
descríbenos el mundo,
los manantiales
entre la espesura,
las altas arboledas,
los planetas
polares,
y el hombre
en los caminos,
en los nuevos caminos,
avanzando
en la selva,
en el agua,
en el cielo,
en la desnuda soledad marina,
el hombre
descubriendo
los últimos secretos,

el hombre
regresando
con un libro,
el cazador de vuelta
con un libro,
el campesino
arando
con un libro.

Oda a la lluvia

Volvió la lluvia.
No volvió del cielo
o del oeste.
Ha vuelto de mi infancia.
Se abrió la noche, un trueno
la conmovió, el sonido
barrió las soledades,
y entonces,
llegó la lluvia,
regresó la lluvia
de mi infancia,
primero
en una ráfaga
colérica,
luego
como la cola
mojada
de un planeta,
la lluvia
tic tac mil veces tic
tac mil
veces un trineo,
un espacioso golpe
de pétalos oscuros

en la noche,
de pronto
intensa
acribillando
con agujas
el follaje,
otras veces
un manto
tempestuoso
cayendo
en el silencio,
la lluvia,
mar de arriba,
rosa fresca,
desnuda,
voz del cielo,
violín negro,
hermosura,
desde niño
te amo,
no porque seas buena,
sino por tu belleza.
Caminé
con los zapatos rotos
mientras los hilos
del cielo desbocado
se destrenzaban sobre
mi cabeza,
me traían
a mí y a las raíces
las comunicaciones
de la altura,
el oxígeno húmedo,
la libertad del bosque.
Conozco
tus desmanes,
el agujero
en el tejado

cayendo
su gotario
en las habitaciones
de los pobres:
allí desenmascaras
tu belleza,
eres hostil
como una
celestial
armadura,
como un puñal de vidrio,
transparente,
allí
te conocí de veras.
Sin embargo,
enamorado
tuyo
seguí
siendo,
en la noche
cerrando la mirada
esperé que cayeras
sobre el mundo,
esperé que cantaras
sólo para mi oído,
porque mi corazón guardaba toda
germinación terrestre
y en él se precipitan los metales
y se levanta el trigo.
Amarte, sin embargo
me dejó en la boca
gusto amargo,
sabor amargo de remordimiento.
Anoche solamente
aquí en Santiago
las poblaciones
de la Nueva Legua
se desmoronaron,

las viviendas
callampas,
hacinados
fragmentos de ignominia,
al peso de tu paso
se cayeron,
los niños
lloraban en el barro
y allí días y días
en las camas mojadas,
sillas rotas,
las mujeres,
el fuego, las cocinas,
mientras tú, lluvia negra,
enemiga,
continuabas cayendo
sobre nuestras desgracias.
Yo creo
que algún día,
que inscribiremos en el calendario,
tendrán techo seguro,
techo firme,
los hombres en su sueño,
todos
los dormidos,
y cuando en la noche
la lluvia
regrese
de mi infancia
cantará en los oídos
de otros niños
y alegre
será el canto
de la lluvia en el mundo,
también trabajadora,
proletaria,
ocupadísima
fertilizando montes

y praderas,
dando fuerza a los ríos,
engalanando
el desmayado arroyo
perdido en la montaña,
trabajando
en el hielo
de los huracanados
ventisqueros,
corriendo sobre el lomo
de la ganadería,
dando valor al germen
primaveral del trigo,
lavando las almendras
escondidas,
trabajando
con fuerza
y con delicadeza fugitiva,
con manos y con hilos
en las preparaciones de la tierra.

Lluvia
de ayer,
oh triste
lluvia
de Loncoche y Temuco,
canta,
canta,
canta sobre los techos
y las hojas,
canta en el viento frío,
canta en mi corazón, en mi confianza,
en mi techo, en mis venas,
en mi vida,
ya no te tengo miedo,
resbala
hacia la tierra
cantando con tu canto

y con mi canto,
porque los dos tenemos
trabajo en las semillas
y compartimos
el deber cantando.

Oda a la madera

Ay, de cuanto conozco
y reconozco
entre todas las cosas
es la madera
mi mejor amiga.
Yo llevo por el mundo
en mi cuerpo, en mi ropa,
aroma
de aserradero,
olor de tabla roja.
Mi pecho, mis sentidos
se impregnaron
en mi infancia
de árboles que caían
de grandes bosques llenos
de construcción futura.
Yo escuché cuando azotan
el gigantesco
alerce,
el laurel alto de cuarenta metros.
El hacha y la cintura
del hachero minúsculo
de pronto picotean
su columna arrogante,
el hombre vence y cae
la columna de aroma,
tiembla la tierra, un trueno

sordo, un sollozo negro
de raíces, y entonces
una ola
de olores forestales
inundó mis sentidos.
Fue en mi infancia, fue sobre
la húmeda tierra, lejos
en las selvas del Sur,
en los fragantes, verdes
archipiélagos,
conmigo
fueron naciendo vigas,
durmientes
espesos como el hierro,
tablas
delgadas y sonoras.
La sierra rechinaba
cantando
sus amores de acero,
aullaba el hilo agudo,
el lamento metálico
de la sierra cortando
el pan del bosque
como madre en el parto,
y daba a luz en medio
de la luz
y la selva
desgarrando la entraña
de la naturaleza,
pariendo
castillos de madera,
viviendas para el hombre,
escuelas, ataúdes,
mesas y mangos de hacha.
Todo
allí en el bosque
dormía bajo las hojas mojadas
cuando

un hombre
comienza
torciendo la cintura
y levantando el hacha
a picotear la pura
solemnidad del árbol
y éste
cae,
trueno y fragancia caen
para que nazca de ellos
la construcción, la forma,
el edificio,
de las manos del hombre.
Te conozco, te amo,
te vi nacer, madera.
Por eso
si te toco
me respondes
como un cuerpo querido,
me muestras
tus ojos y tus fibras,
tus nudos, tus lunares,
tus vetas
como inmóviles ríos.
Yo sé
lo que ellos
cantaron
con la voz del viento,
escucho
la noche tempestuosa,
el galope
del caballo en la selva,
te toco y te abres
como una rosa seca
que sólo para mí resucitara
dándome
el aroma y el fuego
que parecían muertos.

Debajo
de la pintura sórdida
adivino tus poros,
ahogada me llamas
y te escucho,
siento
sacudirse
los árboles
que asombraron mi infancia,
veo
salir de ti,
como un vuelo de océano
y palomas,
las alas de los libros,
el papel
de mañana
para el hombre,
el papel puro para el hombre puro
que existirá mañana
y que hoy está naciendo
con un ruido de sierra,
con un desgarramiento
de luz, sonido y sangre.
Es el aserradero
del tiempo,
cae
la selva oscura, oscuro
nace
el hombre,
caen las hojas negras
y nos oprime el trueno,
hablan al mismo tiempo
la muerte y la vida,
como un violín se eleva
el canto o el lamento
de la sierra en el bosque,
y así nace y comienza
a recorrer el mundo

la madera,
hasta ser constructora silenciosa
cortada y perforada por el hierro,
hasta sufrir y proteger
construyendo
la vivienda
en donde cada día
se encontrarán el hombre, la mujer
y la vida.

Oda a la malvenida

Planta de mi país, rosa de tierra,
estrella trepadora,
zarza negra,
pétalo de la luna en el océano
que amé con sus desgracias y sus olas,
con sus puñales y sus callejones,
amapola
erizada,
clavel de nácar negro,
por qué
cuando mi copa
desbordó y cuando
mi corazón cambió de luto a fuego,
cuando no tuve para ti, para ofrecerte,
lo que toda la vida te esperaba,
entonces
tú llegaste,
cuando letras quemantes
van ardiendo en mi frente,
por qué la línea pura
de tu nupcial contorno
llegó como un anillo
rodando por la tierra?

No debías
de todas y de todas
llegar a mi ventana
como un jazmín tardío.
No eras, oh llama oscura,
la que debió tocarme
y subir con mi sangre
hasta mi boca.
Ahora
qué puedo contestarte?
Consúmete,
no esperes,
no hay espera
para tus labios de piedra nocturna.
Consúmete,
tú en tu llama,
yo en mi fuego,
y ámame
por el amor que no pudo esperarte,
ámame en lo que tú y yo
tenemos de piedra o de planta:
seguiremos viviendo
de lo que no nos dimos:
del hombro en que no pudo reclinarse una rosa,
de una flor que su propia quemadura ilumina.

Oda al mar

Aquí en la isla
el mar
y cuánto mar
se sale de sí mismo
a cada rato,
dice que sí, que no,
que no, que no, que no,

dice que sí, en azul,
en espuma, en galope,
dice que no, que no.
No puede estarse quieto,
me llamo mar, repite
pegando en una piedra
sin lograr convencerla,
entonces
con siete lenguas verdes
de siete perros verdes,
de siete tigres verdes,
de siete mares verdes,
la recorre, la besa,
la humedece
y se golpea el pecho
repitiendo su nombre.
Oh mar, así te llamas,
oh camarada océano,
no pierdas tiempo y agua,
no te sacudas tanto,
ayúdanos,
somos los pequeñitos
pescadores,
los hombres de la orilla,
tenemos frío y hambre,
eres nuestro enemigo,
no golpees tan fuerte,
no grites de ese modo,
abre tu caja verde
y déjanos a todos
en las manos
tu regalo de plata:
el pez de cada día.

Aquí en cada casa
lo queremos
y aunque sea de plata,
de cristal o de luna,

nació para las pobres
cocinas de la tierra.
No lo guardes,
avaro,
corriendo frío como
relámpago mojado
debajo de tus olas.
Ven, ahora,
ábrete
y déjalo
cerca de nuestras manos,
ayúdanos, océano,
padre verde y profundo,
a terminar un día
la pobreza terrestre.
Déjanos
cosechar la infinita
plantación de tus vidas,
tus trigos y tus uvas,
tus bueyes, tus metales,
el esplendor mojado
y el fruto sumergido.

Padre mar, ya sabemos
cómo te llamas, todas
las gaviotas reparten
tu nombre en las arenas:
ahora, pórtate bien,
no sacudas tus crines,
no amenaces a nadie,
no rompas contra el cielo
tu bella dentadura,
déjate por un rato
de gloriosas historias,
danos a cada hombre,
a cada
mujer y a cada niño,
un pez grande o pequeño

cada día.
Sal por todas las calles
del mundo
a repartir pescado
y entonces
grita,
grita
para que te oigan todos
los pobres que trabajan
y digan,
asomando a la boca
de la mina:
«Ahí viene el viejo mar
repartiendo pescado».
Y volverán abajo,
a las tinieblas,
sonriendo, y por las calles
y los bosques
sonreirán los hombres
y la tierra
con sonrisa marina.

Pero
si no lo quieres,
si no te da la gana,
espérate,
espéranos,
lo vamos a pensar,
vamos en primer término
a arreglar los asuntos
humanos,
los más grandes primero,
todos los otros después,
y entonces
entraremos en ti,
cortaremos las olas
con cuchillo de fuego,
en un caballo eléctrico

saltaremos la espuma,
cantando
nos hundiremos
hasta tocar el fondo
de tus entrañas,
un hilo atómico
guardará tu cintura,
plantaremos
en tu jardín profundo
plantas
de cemento y acero,
te amarraremos
pies y manos,
los hombres por tu piel
pasearán escupiendo,
sacándote racimos,
construyéndote arneses,
montándote y domándote,
dominándote el alma.
Pero eso será cuando
los hombres
hayamos arreglado
nuestro problema,
el grande,
el gran problema.
Todo lo arreglaremos
poco a poco:
te obligaremos, mar,
te obligaremos, tierra,
a hacer milagros,
porque en nosotros mismos,
en la lucha,
está el pez, está el pan,
está el milagro.

Oda a mirar pájaros

Ahora
a buscar pájaros!
Las altas ramas férreas
en el bosque,
la espesa
fecundidad del suelo,
está mojado
el mundo,
brilla
lluvia o rocío, un astro
diminuto
en las hojas:
fresca
es la matutina
tierra madre,
el aire
es como un río
que sacude
el silencio,
huele a romero,
a espacio
y a raíces.
Arriba
un canto loco,
una cascada,
es un pájaro.
Cómo
de su garganta
más pequeña que un dedo
pueden caer las aguas
de su canto?

Facultad luminosa!
Poderío
invisible,
torrente
de la música
en las hojas,
conversación sagrada!

Limpio, lavado, fresco
es este día,
sonoro
como cítara verde,
yo entierro
los zapatos
en el lodo,
salto los manantiales,
una espina
me muerde y una ráfaga
de aire como una ola
cristalina
se divide en mi pecho.
Dónde
están los pájaros?
Fue tal vez
ese
susurro en el follaje
o esa huidiza bola
de pardo terciopelo
o ese desplazamiento
de perfume? Esa hoja
que desprendió el canelo
fue un pájaro? Ese polvo
de magnolia irritada
o esa fruta
que cayó resonando,
eso fue un vuelo?
Oh pequeños cretinos
invisibles,

pájaros del demonio,
váyanse
al diablo
con su sonajera,
con sus plumas inútiles!
Yo que sólo quería
acariciarlos,
verlos resplandeciendo,
no quiero
en la vitrina
ver los relámpagos embalsamados,
quiero verlos vivientes,
quiero tocar sus guantes
de legítimo cuero,
que nunca olvidan en las ramas,
y conversar con ellos
en los hombros
aunque me dejen como a ciertas estatuas
inmerecidamente blanqueado.

Imposible.
No se tocan,
se oyen
como un celeste
susurro o movimiento,
conversan
con precisión,
repiten
sus observaciones,
se jactan
de cuanto hacen,
comentan
cuanto existe,
dominan
ciertas ciencias
como la hidrografía
y a ciencia cierta saben
dónde están cosechando
cereales.

Ahora bien,
pájaros
invisibles
de la selva, del bosque,
de la enramada pura,
pájaros de la acacia
y de la encina,
pájaros
locos, enamorados,
sorpresivos,
cantantes
vanidosos,
músicos migratorios,
una palabra
última
antes
de volver
con zapatos mojados, espinas
y hojas secas
a mi casa:
vagabundos,
os amo
libres,
lejos de la escopeta y de la jaula,
corolas
fugitivas,
así
os amo,
inasibles,
solidaria y sonora
sociedad de la altura,
hojas
en libertad,
campeones
del aire,
pétalos
del humo,
libres,

alegres
voladores y cantores,
aéreos y terrestres,
navegantes del viento,
felices
constructores
de suavísimos nidos,
incesantes
mensajeros del polen,
casamenteros
de la flor, tíos
de la semilla,
os amo,
ingratos:
vuelvo
feliz de haber vivido con vosotros
un minuto
en el viento.

Oda al murmullo

Versos de amor, de luto,
de cólera o de luna,
me atribuyen:
de los que con trabajos,
manzanas y alegría,
voy haciendo,
dicen que no son míos,
que muestran la influencia
de Pitiney, de Papo,
de Sodostes.
Ay qué vamos a hacerle!
La vida
fue poniendo en mi mano
una paloma

y otra.
Aprendí el vuelo
y enseñé
volando.
Desde el cielo celeste
comprendí los deberes
de la tierra,
vi más grandes los hechos
de los hombres
que el vuelo
encarnizado
de los pájaros.
Amé la tierra, puse
en mi corazón la transparencia
del agua que camina,
formé
de barro y viento la vasija
de mi constante canto,
y entonces
por los pueblos,
las casas,
los puertos
y las minas,
fui conquistando una familia humana,
resistí con los pobres
la pobreza,
viví con mis hermanos.

Entonces
cada ataque de ola negra,
cada
pesado
manotón de la vida
contra mis pobres huesos
fue sonoro sonido de campana,
y me hice campanero,
campanero
de la tierra

y los hombres.
Ahora
soy campanero,
me agarro
con el alma
a los cordeles,
tiembla
la tierra
con mi corazón en el sonido,
subo, recorro montes,
bajo,
reparto
la alarma, la alegría,
la esperanza.
Por qué
cuando
tal vez estoy cansado,
cuando duermo,
cuando salgo a beber con mis amigos
el vino
de las tierras que amo y que defiendo,
por qué
me persigues, desquiciado
con una piedra,
con una
quijada de borrico
quieres amedrentarme,
si nadie
pudo
antes
hacer que me callara?
Tú crees
que poniendo en la calle
una resbaladiza
cáscara de manzana
o tu remota
producción de saliva
puedes

terminar con mi canto de campana
y con mi vocación de campanero?
Es hora
de que nos comprendamos:
acuéstate temprano,
preocúpate
de que paguen tu sastre
tu madre o tu cuñado,
déjame
subir por la escalera a mi campana:
arde el sol en el frío,
aún está caliente
el pan
en los mesones,
es fragante la tierra,
amanece,
y yo con mi campana,
con mi canto,
despierto y te despierto.
Ése es mi oficio
–aunque no quieras–,
despertarte
a ti y a los que duermen,
convencer
al nocturno
de que llegó la luz,
y esto
es tan sencillo
de hacer,
tan agradable como
repartir panes en la vía pública,
que hasta yo puedo hacerlo,
cantando como canto,
sonoro como el agua que camina,
y como un campanero,
inexorable.

Oda a la noche

Detrás
del día,
de cada piedra y árbol,
detrás de cada libro,
noche,
galopas y trabajas,
o reposas,
esperando
hasta que tus raíces recogidas
desarrollan tu flor y tu follaje.
Como
una bandera
te agitas en el cielo
hasta llenar no sólo
los montes y los mares,
sino las más pequeñas cavidades,
los ojos
férreos del campesino fatigado,
el coral negro
de las bocas humanas
entregadas al sueño.
Libre corres
sobre el curso salvaje
de los ríos,
secretas sendas cubres, noche,
profundidad de amores constelados
por los cuerpos desnudos,
crímenes que salpican
con un grito de sombra,
mientras tanto los trenes
corren, los fogoneros
tiran carbón nocturno al fuego rojo,
el atareado empleado de estadística

se ha metido en un bosque
de hojas petrificadas,
el panadero amasa
la blancura.
La noche también duerme
como un caballo ciego.
Llueve
de norte a sur,
sobre los grandes
árboles de mi patria,
sobre los techos
de metal corrugado,
suena
el canto de la noche,
lluvia y oscuridad son los metales
de la espada que canta,
y estrellas o jazmines
vigilan
desde la altura negra,
señales
que poco a poco
con lentitud de siglos
entenderemos.
Noche,
noche mía,
noche de todo el mundo,
tienes algo
dentro de ti, redondo
como un niño
que va a nacer, como una
semilla
que revienta,
es el milagro,
es el día.
Eres más bella
porque alimentas con tu sangre oscura
la amapola que nace,
porque trabajas con ojos cerrados

para que se abran ojos,
para que cante el agua,
para que resuciten
nuestras vidas.

Oda a los números

Qué sed
de saber cuánto!
Qué hambre
de saber
cuántas
estrellas tiene el cielo!

Nos pasamos
la infancia
contando piedras, plantas,
dedos, arenas, dientes,
la juventud contando
pétalos, cabelleras.
Contamos
los colores, los años,
las vidas y los besos,
en el campo
los bueyes, en el mar
las olas. Los navíos
se hicieron cifras que se fecundaban.
Los números parían.
Las ciudades
eran miles, millones,
el trigo centenares
de unidades que adentro
tenían otros números pequeños,
más pequeños que un grano.
El tiempo se hizo número.

La luz fue numerada
y por más que corrió con el sonido
fue su velocidad un 37.
Nos rodearon los números.
Cerrábamos la puerta,
de noche, fatigados,
llegaba un 800,
por debajo,
hasta entrar con nosotros en la cama,
y en el sueño
los 4000 y los 77
picándonos la frente
con sus martillos o sus alicates.
Los 5
agregándose
hasta entrar en el mar o en el delirio,
hasta que el sol saluda con su cero
y nos vamos corriendo
a la oficina,
al taller,
a la fábrica,
a comenzar de nuevo el infinito
número 1 de cada día.

Tuvimos, hombre, tiempo
para que nuestra sed
fuera saciándose,
el ancestral deseo
de enumerar las cosas
y sumarlas,
de reducirlas hasta
hacerlas polvo,
arenales de números.
Fuimos
empapelando el mundo
con números y nombres,
pero
las cosas existían,

se fugaban
del número,
enloquecían en sus cantidades,
se evaporaban
dejando
su olor o su recuerdo
y quedaban los números vacíos.

Por eso,
para ti
quiero las cosas.
Los números
que se vayan a la cárcel,
que se muevan
en columnas cerradas
procreando
hasta darnos la suma
de la totalidad del infinito.
Para ti sólo quiero
que aquellos
números del camino
te defiendan
y que tú los defiendas.
La cifra semanal de tu salario
se desarrolle hasta cubrir tu pecho.
Y del número 2 en que se enlazan
tu cuerpo y el de la mujer amada
salgan los ojos pares de tus hijos
a contar otra vez
las antiguas estrellas
y las innumerables
espigas
que llenarán la tierra transformada.

Oda al otoño

Ay cuánto tiempo
tierra
sin otoño,
cómo
pudo vivirse!
Ah qué opresiva
náyade
la primavera
con sus escandalosos
pezones
mostrándolos en todos
los árboles del mundo,
y luego
el verano,
trigo,
trigo,
intermitentes
grillos,
cigarras,
sudor desenfrenado.
Entonces
el aire
trae por la mañana
un vapor de planeta.
Desde otra estrella
caen gotas de plata.
Se respira
el cambio
de fronteras,
de la humedad al viento,
del viento a las raíces.
Algo sordo, profundo,
trabaja bajo la tierra

almacenando sueños.
La energía se ovilla,
la cinta
de las fecundaciones
enrolla
sus anillos.

Modesto es el otoño
como los leñadores.
Cuesta mucho
sacar todas las hojas
de todos los árboles
de todos los países.
La primavera
las cosió volando
y ahora
hay que dejarlas
caer como si fueran
pájaros amarillos.
No es fácil.
Hace falta tiempo.
Hay que correr por todos
los caminos,
hablar idiomas,
sueco,
portugués,
hablar en lengua roja,
en lengua verde.
Hay que saber
callar en todos
los idiomas
y en todas partes,
siempre
dejar caer,
caer,
dejar caer,
caer,
las hojas.

Difícil
es
ser otoño,
fácil ser primavera.
Encender todo
lo que nació
para ser encendido.
Pero apagar el mundo
deslizándolo
como si fuera un aro
de cosas amarillas,
hasta fundir olores,
luz, raíces,
subir vino a las uvas,
acuñar con paciencia
la irregular moneda
del árbol en la altura
derramándola luego
en desinteresadas
calles desiertas,
es profesión de manos
varoniles.

Por eso,
otoño,
camarada alfarero,
constructor de planetas,
electricista,
preservador de trigo,
te doy mi mano de hombre
a hombre
y te pido me invites
a salir a caballo,
a trabajar contigo.
Siempre quise
ser aprendiz de otoño,
ser pariente pequeño
del laborioso

mecánico de altura,
galopar por la tierra
repartiendo
oro,
inútil oro.
Pero, mañana,
otoño,
te ayudaré a que cobren
hojas de oro
los pobres del camino.

Otoño, buen jinete,
galopemos,
antes que nos ataje
el negro invierno.
Es duro
nuestro largo trabajo.
Vamos
a preparar la tierra
y a enseñarla
a ser madre,
a guardar las semillas
que en su vientre
van a dormir cuidadas
por dos jinetes rojos
que corren por el mundo:
el aprendiz de otoño
y el otoño.

Así de las raíces
oscuras y escondidas
podrán salir bailando
la fragancia
y el velo verde de la primavera.

Oda al pájaro sofré

Te enterré en el jardín:
una fosa
minúscula
como una mano abierta,
tierra
austral,
tierra fría
fue cubriendo
tu plumaje,
los rayos amarillos,
los relámpagos negros
de tu cuerpo apagado.
Del Matto Grosso,
de la fértil Goiania,
te enviaron
encerrado.
No podías.
Te fuiste.
En la jaula
con las pequeñas
patas tiesas,
como agarradas
a una rama invisible,
muerto,
un pobre atado
de plumas
extinguidas,
lejos
de los fuegos natales,
de la madre
espesura,
en tierra fría,
lejos.

Ave
purísima,
te conocí viviente,
eléctrico,
agitado,
rumoroso,
una flecha
fragante
era tu cuerpo,
por mi brazo y mis hombros
anduviste
independiente, indómito,
negro de piedra negra
y polen amarillo.
Oh salvaje
hermosura,
la dirección erguida
de tus pasos,
en tus ojos
la chispa
del desafío, pero
así
como una flor es desafiante,
con la entereza
de una terrestre integridad, colmado
como un racimo, inquieto
como un descubridor,
seguro
de su débil arrogancia.

Hice mal, al otoño
que comienza
en mi patria,
a las hojas
que ahora desfallecen
y se caen,
al viento Sur, galvánico,
a los árboles duros, a las hojas

que tú no conocías,
te traje,
hice viajar tu orgullo
a otro sol ceniciento
lejos del tuyo
quemante
como cítara escarlata,
y cuando
al aeródromo metálico
tu jaula
descendió,
ya no tenías
la majestad del viento,
ya estabas despojado
de la luz cenital que te cubría,
ya eras
una pluma de la muerte,
y luego,
en mi casa,
fue tu mirada última
a mi rostro, el reproche
de tu mirada indomable.
Entonces,
con las alas cerradas,
regresaste
a tu cielo,
al corazón extenso,
al fuego verde,
a la tierra encendida,
a las vertientes,
a las enredaderas,
a las frutas,
al aire, a las estrellas,
al sonido secreto
de los desconocidos manantiales,
a la humedad
de las fecundaciones en la selva,
regresaste

a tu origen,
al fulgor amarillo,
al pecho oscuro,
a la tierra y al cielo de tu patria.

Oda al pan

Pan,
con harina,
agua
y fuego
te levantas.
Espeso y leve,
recostado y redondo,
repites
el vientre
de la madre,
equinoccial
germinación
terrestre.
Pan,
qué fácil
y qué profundo eres:
en la bandeja blanca
de la panadería
se alargan tus hileras
como utensilios, platos
o papeles,
y de pronto,
la ola
de la vida,
la conjunción del germen
y del fuego,
creces, creces
de pronto

como
cintura, boca, senos,
colinas de la tierra,
vidas,
sube el calor, te inunda
la plenitud, el viento
de la fecundidad,
y entonces
se inmoviliza tu color de oro,
y cuando se preñaron
tus pequeños vientres
la cicatriz morena
dejó su quemadura
en todo tu dorado
sistema
de hemisferios.
Ahora,
intacto,
eres
acción de hombre,
milagro repetido,
voluntad de la vida.

Oh pan de cada boca,
no
te imploraremos,
los hombres
no somos
mendigos
de vagos dioses
o de ángeles oscuros:
del mar y de la tierra
haremos pan,
plantaremos de trigo
la tierra y los planetas,
el pan de cada boca,
de cada hombre,
en cada día,

llegará porque fuimos
a sembrarlo
y a hacerlo,
no para un hombre sino
para todos,
el pan, el pan
para todos los pueblos
y con él lo que tiene
forma y sabor de pan
repartiremos:
la tierra,
la belleza,
el amor,
todo eso
tiene sabor de pan,
forma de pan,
germinación de harina,
todo
nació para ser compartido,
para ser entregado,
para multiplicarse.

Por eso, pan,
si huyes
de la casa del hombre,
si te ocultan,
te niegan,
si el avaro
te prostituye,
si el rico
te acapara,
si el trigo
no busca surco y tierra,
pan,
no rezaremos,
pan,
no mendigaremos,
lucharemos por ti con otros hombres,

con todos los hambrientos,
por todos los ríos y el aire
iremos a buscarte,
toda la tierra la repartiremos
para que tú germines,
y con nosotros
avanzará la tierra:
el agua, el fuego, el hombre
lucharán con nosotros.
Iremos coronados
con espigas,
conquistando
tierra y pan para todos,
y entonces
también la vida
tendrá forma de pan,
será simple y profunda,
innumerable y pura.
Todos los seres
tendrán derecho
a la tierra y la vida,
y así será el pan de mañana
el pan de cada boca,
sagrado,
consagrado,
porque será el producto
de la más larga y dura
lucha humana.

No tiene alas
la victoria terrestre:
tiene pan en sus hombros,
y vuela valerosa
liberando la tierra
como una panadera
conducida en el viento.

Oda a la pareja

I

Reina, es hermoso ver
marcando mi camino
tu pisada pequeña
o ver tus ojos
enredándose
en todo lo que miro,
ver despertar tu rostro
cada día,
sumergirse
en el mismo
fragmento
de sombra
cada noche.
Hermoso
es ver
el tiempo
que corre
como el mar
contra una sola proa
formada por tus senos y mi pecho,
por tus pies y mis manos.
Pasan por tu perfil
olas del tiempo,
las mismas que me azotan
y me encienden,
olas como furiosas
dentelladas de frío
y olas como los granos
de la espiga.
Pero
estamos juntos,

resistimos,
guardando
tal vez
espuma negra o roja
en la memoria,
heridas
que palpitaron como labios o alas.
Vamos andando juntos
por calles y por islas,
bajo el violín quebrado
de las ráfagas,
frente a un dios enemigo,
sencillamente juntos
una mujer y un hombre.

II

Aquellos
que no han sentido cada
día del mundo
caer
sobre la doble
máscara del navío,
no la sal sino el tiempo,
no la sombra
sino el paso desnudo
de la dicha,
cómo podrán cerrar
los ojos,
los ojos solitarios y dormir?

No me gusta
la casa sin tejado,
la ventana sin vidrios.
No me gusta
el día sin trabajo,
ni la noche sin sueño.

No me gusta
el hombre
sin mujer,
ni la mujer
sin hombre.

Complétate,
hombre o mujer, que nada
te intimide.
En algún sitio
ahora
están esperándote.
Levántate:
tiembla
la luz en las campanas,
nacen
las amapolas,
tienes
que vivir
y amasar
con barro y luz tu vida.

Si sobre dos cabezas
cae la nieve
es dulce el corazón
caliente de la casa.
De otra manera,
en la intemperie, el viento
te pregunta:
dónde está
la que amaste?
Y te empuja, mordiéndote, a buscarla.
Media mujer es una
y un hombre es medio hombre.
En media casa viven,
duermen en medio lecho.

Yo quiero
que las vidas se integren
encendiendo los besos
hasta ahora apagados.
Yo soy el buen poeta
casamentero. Tengo
novias
para todos los hombres.
Todos los días veo
mujeres solitarias
que por ti me preguntan.
Te casaré, si quieres,
con la hermana
de la sirena reina de las islas.
Por desgracia, no puedes
casarte con la reina,
porque me está esperando.
Se casará conmigo.

Oda al pasado

Hoy, conversando,
se salió de madre
el pasado,
mi pasado.
Con indulgencia
las pequeñas
cosas sucias,
episodios
vacíos,
harina negra,
polvo.
Te agachas
suavemente
inclinado

en ti mismo,
sonríes,
te celebras,
pero
si se trata
de otro, de tu amigo,
de tu enemigo,
entonces
te tornas despiadado,
frunces el ceño:
Qué cosas hizo ese hombre!
Esa mujer, qué cosas
hizo!
Te tapas
la nariz,
visiblemente
te desagradan mucho
los pasados ajenos.
De lo nuestro miramos
con nostalgia
los peores días,
abrimos
con precaución el cofre
y enarbolamos,
para que nos admiren,
la proeza.
Olvidemos el resto.
Sólo es mala memoria.
Escucha, aprende:
el tiempo
se divide
en dos ríos:
uno
corre hacia atrás, devora
lo que vives,
el otro
va contigo adelante
descubriendo

tu vida.
En un solo minuto
se juntaron.
Es éste.
Ésta es la hora,
la gota de un instante
que arrastrará el pasado.
Es el presente.
Está en tus manos.
Rápido, resbalando,
cae como cascada.
Pero eres dueño de él.
Constrúyelo
con amor, con firmeza,
con piedra y ala,
con rectitud
sonora,
con cereales puros,
con el metal más claro
de tu pecho,
andando
a mediodía,
sin temer
a la verdad, al bien, a la justicia.
Compañeros de canto,
el tiempo que transcurre
tendrá forma
y sonido
de guitarra,
y cuando quieras
inclinarte al pasado,
el manantial del tiempo
transparente
revelará tu integridad cantando.
El tiempo es alegría.

Oda a la pereza

Ayer sentí que la oda
no subía del suelo.
Era hora, debía
por lo menos
mostrar una hoja verde.
Rasqué la tierra: «Sube,
hermana oda
– le dije –,
te tengo prometida,
no me tengas miedo,
no voy a triturarte,
oda de cuatro hojas,
oda de cuatro manos,
tomarás té conmigo.
Sube,
te voy a coronar entre las odas,
saldremos juntos, por la orilla
del mar, en bicicleta».
Fue inútil.

Entonces,
en lo alto de los pinos,
la pereza
apareció desnuda,
me llevó deslumbrado
y soñoliento,
me descubrió en la arena
pequeños trozos rotos
de substancias oceánicas,
maderas, algas, piedras,
plumas de aves marinas.
Busqué sin encontrar
ágatas amarillas.

El mar
llenaba los espacios
desmoronando torres,
invadiendo
las costas de mi patria,
avanzando
sucesivas catástrofes de espuma.
Sola en la arena
abría un rayo
una corola.
Vi cruzar los petreles plateados
y como cruces negras
los cormoranes
clavados en las rocas.
Liberté una abeja
que agonizaba en un velo de araña,
metí una piedrecita
en un bolsillo,
era suave, suavísima
como un pecho de pájaro,
mientras tanto en la costa,
toda la tarde,
lucharon sol y niebla.
A veces
la niebla se impregnaba
de luz
como un topacio,
otras veces caía
un rayo de sol húmedo
dejando caer gotas amarillas.

En la noche,
pensando en los deberes de mi oda
fugitiva,
me saqué los zapatos
junto al fuego,
resbaló arena de ellos
y pronto fui quedándome
dormido.

Oda a la pobreza

Cuando nací,
pobreza,
me seguiste,
me mirabas
a través
de las tablas podridas
por el profundo invierno.
De pronto
eran tus ojos
los que miraban desde los agujeros.
Las goteras,
de noche,
repetían
tu nombre y apellido
o a veces
el salero quebrado,
el traje roto,
los zapatos abiertos,
me advertían.
Allí estaban
acechándome
tus dientes de carcoma,
tus ojos de pantano,
tu lengua gris
que corta
la ropa, la madera,
los huesos y la sangre,
allí estabas
buscándome,
siguiéndome
desde mi nacimiento
por las calles.

Cuando alquilé una pieza
pequeña, en los suburbios,
sentada en una silla
me esperabas,
o al descorrer las sábanas
en un hotel oscuro,
adolescente,
no encontré la fragancia
de la rosa desnuda,
sino el silbido frío
de tu boca.
Pobreza,
me seguiste
por los cuarteles y los hospitales,
por la paz y la guerra.
Cuando enfermé tocaron
a la puerta:
no era el doctor, entraba
otra vez la pobreza.
Te vi sacar mis muebles
a la calle:
los hombres
los dejaban caer como pedradas.
Tú, con amor horrible,
de un montón de abandono
en medio de la calle y de la lluvia
ibas haciendo
un trono desdentado
y mirando a los pobres
recogías
mi último plato haciéndolo diadema.
Ahora,
pobreza,
yo te sigo.
Como fuiste implacable,
soy implacable.
Junto
a cada pobre

me encontrarás cantando,
bajo
cada sábana
de hospital imposible
encontrarás mi canto.
Te sigo,
pobreza,
te vigilo,
te cerco,
te disparo,
te aíslo,
te cerceno las uñas,
te rompo
los dientes que te quedan.
Estoy
en todas partes:
en el océano con los pescadores,
en la mina
los hombres
al limpiarse la frente,
secarse el sudor negro,
encuentran
mis poemas.
Yo salgo cada día
con la obrera textil.
Tengo las manos blancas
de dar el pan en las panaderías.
Donde vayas,
pobreza,
mi canto
está cantando,
mi vida
está viviendo,
mi sangre
está luchando.
Derrotaré
tus pálidas banderas
en donde se levanten.

Otros poetas
antaño te llamaron
santa,
veneraron tu capa,
se alimentaron de humo
y desaparecieron.
Yo
te desafío,
con duros versos te golpeo el rostro,
te embarco y te destierro.
Yo con otros,
con otros, muchos otros,
te vamos expulsando
de la tierra a la luna
para que allí te quedes
fría y encarcelada
mirando con un ojo
el pan y los racimos
que cubrirán la tierra
de mañana.

Oda a la poesía

Cerca de cincuenta años
caminando
contigo, Poesía.
Al principio
me enredabas los pies
y caía de bruces
sobre la tierra oscura
o enterraba los ojos
en la charca
para ver las estrellas.
Más tarde te ceñiste
a mí con los dos brazos de la amante

y subiste
en mi sangre
como una enredadera.
Luego
te convertiste en copa.

Hermoso
fue
ir derramándote sin consumirte,
ir entregando tu agua inagotable,
ir viendo que una gota
caía sobre un corazón quemado
y desde sus cenizas revivía.
Pero
no me bastó tampoco.
Tanto anduve contigo
que te perdí el respeto.
Dejé de verte como
náyade vaporosa,
te puse a trabajar de lavandera,
a vender pan en las panaderías,
a hilar con las sencillas tejedoras,
a golpear hierros en la metalurgia.
Y seguiste conmigo
andando por el mundo,
pero tú ya no eras
la florida
estatua de mi infancia.
Hablabas
ahora
con voz férrea.
Tus manos
fueron duras como piedras.
Tu corazón
fue un abundante
manantial de campanas,
elaboraste pan a manos llenas,
me ayudaste

a no caer de bruces,
me buscaste
compañía,
no una mujer,
no un hombre,
sino miles, millones.
Juntos, Poesía,
fuimos
al combate, a la huelga,
al desfile, a los puertos,
a la mina,
y me reí cuando saliste
con la frente manchada de carbón
o coronada de aserrín fragante
de los aserraderos.
Ya no dormíamos en los caminos.
Nos esperaban grupos
de obreros con camisas
recién lavadas y banderas rojas.

Y tú, Poesía,
antes tan desdichadamente tímida,
a la cabeza
fuiste
y todos
se acostumbraron a tu vestidura
de estrella cuotidiana,
porque aunque algún relámpago delató tu familia
cumpliste tu tarea,
tu paso entre los pasos de los hombres.
Yo te pedí que fueras
utilitaria y útil,
como metal o harina,
dispuesta a ser arado,
herramienta,
pan y vino,
dispuesta, Poesía,
a luchar cuerpo a cuerpo
y a caer desangrándote.

Y ahora,
Poesía,
gracias, esposa,
hermana o madre
o novia,
gracias, ola marina,
azahar y bandera,
motor de música,
largo pétalo de oro,
campana submarina,
granero
inextinguible,
gracias,
tierra de cada uno
de mis días,
vapor celeste y sangre
de mis años,
porque me acompañaste
desde la más enrarecida altura
hasta la simple mesa
de los pobres,
porque pusiste en mi alma
sabor ferruginoso
y luego frío,
porque me levantaste
hasta la altura insigne
de los hombres comunes,
Poesía,
porque contigo
mientras me fui gastando
tú continuaste
desarrollando tu frescura firme,
tu ímpetu cristalino,
como si el tiempo
que poco a poco me convierte en tierra
fuera a dejar corriendo eternamente
las aguas de mi canto.

Oda a los poetas populares

Poetas naturales de la tierra,
escondidos en surcos,
cantando en las esquinas,
ciegos de callejón, oh trovadores
de las praderas y los almacenes,
si al agua
comprendiéramos
tal vez como vosotros hablaría,
si las piedras
dijeran su lamento
o su silencio,
con vuestra voz, hermanos,
hablarían.
Numerosos
sois, como las raíces.
En el antiguo corazón
del pueblo
habéis nacido
y de allí viene
vuestra voz sencilla.
Tenéis la jerarquía
del silencioso cántaro de greda
perdido en los rincones,
de pronto canta
cuando se desborda
y es sencillo
su canto,
es sólo tierra y agua.

Así quiero que canten
mis poemas,
que lleven
tierra y agua,

fertilidad y canto,
a todo el mundo.
Por eso,
poetas
de mi pueblo,
saludo
la antigua luz que sale
de la tierra.
El eterno
hilo en que se juntaron
pueblo
y
poesía,
nunca
se cortó
este profundo
hilo de piedra,
viene
desde tan lejos
como
la memoria
del hombre.
Vio
con los ojos ciegos
de los vates
nacer la tumultuosa
primavera,
la sociedad humana,
el primer beso,
y en la guerra
cantó sobre la sangre,
allí estaba mi hermano
barba roja,
cabeza ensangrentada
y ojos ciegos,
con su lira,
allí estaba
cantando

entre los muertos,
Homero
se llamaba
o Pastor Pérez,
o Reinaldo Donoso.
Sus endechas
eran allí y ahora
un vuelo blanco,
una paloma,
eran la paz, la rama
del árbol del aceite,
y la continuidad de la hermosura.
Más tarde
los absorbió la calle,
la campiña,
los encontré cantando
entre las reses,
en la celebración
del desafío,
relatando las penas
de los pobres,
llevando las noticias
de las inundaciones,
detallando las ruinas
del incendio
o la noche nefanda
de los asesinatos.

Ellos,
los poetas
de mi pueblo,
errantes,
pobres entre los pobres,
sostuvieron
sobre sus canciones
la sonrisa,
criticaron con sorna
a los explotadores,

contaron la miseria
del minero
y el destino implacable
del soldado.
Ellos,
los poetas
del pueblo,
con guitarra harapienta
y ojos conocedores
de la vida,
sostuvieron
en su canto
una rosa
y la mostraron en los callejones
para que se supiera
que la vida
no será siempre triste.
Payadores, poetas
humildemente altivos,
a través
de la historia
y sus reveses,
a través
de la paz y de la guerra,
de la noche y la aurora,
sois vosotros
los depositarios,
los tejedores
de la poesía,
y ahora
aquí en mi patria
está el tesoro,
el cristal de Castilla,
la soledad de Chile,
la pícara inocencia,
y la guitarra contra el infortunio,
la mano solidaria
en el camino,

la palabra
repetida en el canto
y transmitida,
la voz de piedra y agua
entre raíces,
la rapsodia del viento,
la voz que no requiere librerías,
todo lo que debemos aprender
los orgullosos:
con la verdad del pueblo
la eternidad del canto.

Oda a la primavera

Primavera
temible,
rosa
loca,
llegarás,
llegas
imperceptible,
apenas
un temblor de ala, un beso
de niebla con jazmines,
el sombrero
lo sabe,
los caballos,
el viento
trae una carta verde
que los árboles leen
y comienzan
las hojas
a mirar con un ojo,
a ver de nuevo el mundo,
se convencen,

todo está preparado,
el viejo sol supremo,
el agua que habla,
todo,
y entonces
salen todas las faldas
del follaje,
la esmeraldina,
loca
primavera,
luz desencadenada,
yegua verde,
todo
se multiplica,
todo
busca
palpando
una materia
que repita su forma,
el germen mueve
pequeños pies sagrados,
el hombre
ciñe
el amor de su amada,
y la tierra se llena
de frescura,
de pétalos que caen
como harina,
           la tierra
brilla recién pintada
mostrando
su fragancia
en sus heridas,
los besos de los labios de claveles,
la marea escarlata de la rosa.
Ya está bueno!
Ahora,
primavera,

dime para qué sirves
y a quién sirves.
Dime si el olvidado
en su caverna
recibió tu visita,
si el abogado pobre
en su oficina
vio florecer tus pétalos
sobre la sucia alfombra,
si el minero
de las minas de mi patria
no conoció
más que la primavera negra
del carbón
o el viento envenenado
del azufre!

Primavera,
muchacha,
te esperaba!
Toma esta escoba y barre
el mundo!
Limpia
con este trapo
las fronteras,
sopla
los techos de los hombres,
escarba
el oro
acumulado
y reparte
los bienes
escondidos,
ayúdame
cuando
ya
el
hombre

esté libre
de miseria,
polvo,
harapos,
deudas,
llagas,
dolores,
cuando
con tus transformadoras manos de hada
y las manos del pueblo,
cuando sobre la tierra
el fuego y el amor
toquen tus bailarines
pies de nácar,
cuando
tú, primavera,
entres
a todas
las casas de los hombres,
te amaré sin pecado,
desordenada dalia,
acacia loca,
amada,
contigo, con tu aroma,
con tu abundancia, sin remordimiento,
con tu desnuda nieve
abrasadora,
con tus más desbocados manantiales,
sin descartar la dicha
de otros hombres,
con la miel misteriosa
de las abejas diurnas,
sin que los negros tengan
que vivir apartados
de los blancos,
oh primavera
de la noche sin pobres,
sin pobreza,

primavera
fragante,
llegarás,
llegas,
te veo
venir por el camino:
ésta es mi casa,
entra,
tardabas,
era hora,
qué bueno es florecer,
qué trabajo
tan bello:
qué activa
obrera eres,
primavera,
tejedora,
labriega,
ordeñadora,
múltiple abeja,
                    máquina
transparente,
molino de cigarras,
entra
en todas las casas,
adelante,
trabajaremos juntos
en la futura y pura
fecundidad florida.

Oda a un reloj en la noche

En la noche, en tu mano
brilló como luciérnaga
mi reloj.

Oí
su cuerda:
como un susurro seco
salía
de tu mano invisible.
Tu mano entonces
volvió a mi pecho oscuro
a recoger mi sueño y su latido.

El reloj
siguió cortando el tiempo
con su pequeña sierra.
Como en un bosque
caen
fragmentos de madera,
mínimas gotas, trozos
de ramajes o nidos,
sin que cambie el silencio,
sin que la fresca oscuridad termine,
así
siguió el reloj cortando
desde tu mano invisible,
tiempo, tiempo,
y cayeron
minutos como hojas,
fibras de tiempo roto,
pequeñas plumas negras.

Como en el bosque
olíamos raíces,
el agua en algún sitio desprendía
una gotera gruesa
como uva mojada.
Un pequeño molino
molía noche,
la sombra susurraba
cayendo de tu mano
y llenaba la tierra.

Polvo,
tierra, distancia
molía y molía
mi reloj en la noche,
desde tu mano.

Yo puse
mi brazo
bajo tu cuello invisible,
bajo su peso tibio
y en mi mano
cayó el tiempo,
la noche,
pequeños ruidos
de madera y de bosque,
de noche dividida,
de fragmentos de sombra,
de agua que cae y cae:
entonces
cayó el sueño
desde el reloj y desde
tus dos manos dormidas,
cayó como agua oscura
de los bosques,
del reloj
a tu cuerpo,
de ti hacia los países,
agua oscura,
tiempo que cae
y corre
adentro de nosotros.

Y así fue aquella noche,
sombra y espacio, tierra
y tiempo,
algo que corre y cae
y pasa.
Y así todas las noches
van por la tierra,

no dejan sino un vago
aroma negro,
cae una hoja,
una gota
en la tierra
apaga su sonido,
duerme el bosque, las aguas,
las praderas,
las campanas,
los ojos.

Te oigo y respiras,
amor mío,
dormimos.

Oda a Río de Janeiro

Río de Janeiro, el agua
es tu bandera,
agita tus colores,
sopla y suena en el viento,
ciudad,
náyade negra,
de claridad sin fin,
de hirviente sombra,
de piedra con espuma
es tu tejido,
el lúcido balance
de tu hamaca marina,
el azul movimiento
de tus pies arenosos,
el encendido ramo
de tus ojos.
Río, Río de Janeiro,
los gigantes

salpicaron tu estatua
con puntos de pimienta,
dejaron
en tu boca
lomos de mar, aletas
turbadoramente tibias,
promontorios
de la fertilidad, tetas del agua,
declives de granito,
labios de oro,
y entre la piedra rota
el sol marino
iluminando
espumas estrelladas.

Oh Belleza,
oh ciudadela
de piel fosforescente,
granada
de carne azul, oh diosa
tatuada en sucesivas
olas de ágata negra,
de tu desnuda estatua
sale un aroma de jazmín mojado
por el sudor, un ácido
relente
de cafetales y de fruterías
y poco a poco bajo tu diadema,
entre la duplicada maravilla
de tus senos,
entre cúpula y cúpula
de tu naturaleza
asoma el diente de la desventura,
la cancerosa cola
de la miseria humana,
en los cerros leprosos
el racimo inclemente
de las vidas,

luciérnaga terrible,
esmeralda
extraída
de la sangre,
tu pueblo hacia los límites
de la selva se extiende
y un rumor oprimido,
pasos y sordas voces,
migraciones de hambrientos,
oscuros pies con sangre,
tu pueblo,
más allá de los ríos,
en la densa
amazonia,
olvidado,
en el norte
de espinas,
olvidado
con sed en las mesetas,
olvidado,
en los puertos, mordido
por la fiebre,
olvidado,
en la puerta
de la casa de donde lo expulsaron,
pidiéndote
una sola mirada,
y olvidado.

En otras tierras,
reinos, naciones,
islas,
la ciudad capital,
la coronada,
fue colmena
de trabajos humanos,
muestra de la desdicha
y del acierto,

hígado de la pobre monarquía,
cocina de la pálida república.
Tú eres el cegador
escaparate
de una sombría noche,
la garganta
cubierta
de aguas marinas
y oro
de un cuerpo
abandonado,
eres
la puerta
delirante
de una casa vacía,
eres
el antiguo pecado,
la salamandra
cruel,
intacta
en el brasero
de los largos dolores de tu pueblo,
eres
Sodoma,
sí,
Sodoma
deslumbrante,
con un fondo sombrío
de terciopelo verde,
rodeada
de crespa sombra, de aguas
ilimitadas, duermes
en los brazos
de la desconocida
primavera
de un planeta salvaje.
Río, Río de Janeiro,
cuántas cosas

debo decirte. Nombres
que no olvido,
amores
que maduran su perfume,
citas contigo, cuando
de tu pueblo
una ola
agregue a tu diadema
la ternura,
cuando
a tu bandera de aguas
asciendan las estrellas
del hombre,
no del mar,
no del cielo,
cuando
en el esplendor
de tu aureola
yo vea
al negro, al blanco, al hijo
de tu tierra y de tu sangre,
elevados
hasta la dignidad de tu hermosura,
iguales en tu luz resplandeciente,
propietarios
humildes y orgullosos
del espacio y de la alegría,
entonces, Río de Janeiro,
cuando
alguna vez
para todos tus hijos,
no sólo para algunos,
des tu sonrisa, espuma
de náyade morena,
entonces
yo seré tu poeta,
llegaré con mi lira
a cantar en tu aroma

y dormiré en tu cinta
de platino,
en tu arena
incomparable,
en la frescura azul del abanico
que abrirás en mi sueño
como las alas de una
gigantesca
mariposa marina.

Oda a la sencillez

Sencillez, te pregunto,
me acompañaste siempre?
O te vuelvo a encontrar
en mi silla, sentada?
Ahora
no quieren aceptarme
contigo,
me miran de reojo,
se preguntan quién es
la pelirroja.
El mundo,
mientras nos encontrábamos
y nos reconocíamos,
se llenaba de tontos
tenebrosos,
de hijos de fruta tan repletos
de palabras
como los diccionarios,
tan llenos de viento
como una tripa que nos quiere hacer
una mala jugada
y ahora que llegamos
después de tantos viajes

desentonamos
en la poesía.
Sencillez, qué terrible lo que nos pasa:
no quieren recibirnos
en los salones,
los cafés están llenos
de los más exquisitos
pederastas,
y tú y yo nos miramos,
no nos quieren.
Entonces
nos vamos
a la arena,
a los bosques,
de noche
la oscuridad es nueva,
arden recién lavadas
las estrellas, el cielo
es un campo de trébol
turgente, sacudido
por su sangre
sombría.
En la mañana
vamos
a la panadería,
tibio está el pan como un seno,
huele
el mundo a esta frescura
de pan recién salido.
Romero, Ruiz, Nemesio,
Rojas, Manuel Antonio,
panaderos.
Qué parecidos son
el pan y el panadero,
qué sencilla es la tierra
en la mañana,
más tarde es más sencilla,
y en la noche
es transparente.

Por eso
busco
nombres
entre la hierba.
Cómo te llamas?
le pregunto
a una corola
que de pronto
pegada al suelo entre las piedras pobres
ardió como un relámpago.
Y así, sencillez, vamos
conociendo
los escondidos seres, el secreto
valor de otros metales,
mirando la hermosura de las hojas,
conversando con hombres y mujeres
que por sólo ser eso
son insignes,
y de todo,
de todos,
sencillez, me enamoras.
Me voy contigo,
me entrego a tu torrente
de agua clara.
Y protestan entonces:
Quién es ésa
que anda con el poeta?
Por cierto
que no queremos nada
con esa provinciana.
Pero si es aire, es ella
el cielo que respiro.
Yo no la conocía o recordaba.
Si me vieron
antes
andar con misteriosas
odaliscas,
fueron sólo deslices

tenebrosos.
Ahora,
amor mío,
agua,
ternura,
luz luminosa o sombra
transparente,
sencillez,
vas conmigo ayudándome a nacer,
enseñándome
otra vez a cantar,
verdad, virtud, vertiente,
victoria cristalina.

Oda a la soledad

Oh soledad, hermosa
palabra, hierbas
silvestres
brotan entre tus sílabas!
Pero eres sólo pálida
palabra, oro
falso,
moneda traidora!
Yo describí la soledad con letras
de la literatura,
le puse la corbata
sacada de los libros,
la camisa
del sueño,
pero
sólo la conocí cuando fui solo.
Bestia no vi ninguna
como aquélla:
a la araña peluda

se parece
y a la mosca
de los estercoleros,
pero en sus patas de camello tiene
ventosas de serpiente submarina,
tiene una pestilencia de bodega
en donde se pudrieron por los siglos
pardos cueros de focas y ratones.
Soledad, ya no quiero
que sigas
mintiendo por la boca de los libros.
Llega el joven poeta tenebroso
y para seducir
así a la soñolienta señorita
se busca mármol negro y te levanta
una pequeña estatua
que olvidará
en la mañana de su matrimonio.
Pero
a media luz de la primera vida
de niños la encontramos
y la creemos una diosa negra
traída de las islas,
jugamos con su torso y le ofrendamos
la reverencia pura de la infancia.
No es verdad
la soledad creadora.
No está sola
la semilla en la tierra.
Multitudes de gérmenes mantienen
el profundo concierto de las vidas
y el agua es sólo madre transparente
de un invisible coro sumergido.

Soledad de la tierra
es el desierto. Y estéril
es como él
la soledad

del hombre. Las mismas
horas, noches y días,
toda la tierra envuelven
con su manto
pero no dejan nada en el desierto.
La soledad no recibe semillas.

No es sólo su belleza
el barco en el océano:
su vuelo de paloma sobre el agua
es el producto
de una maravillosa compañía
de fuego y fogoneros,
de estrella y navegantes,
de brazos y banderas congregados,
de comunes amores y destinos.

La música
buscó para expresarse
la firmeza coral del oratorio
y escrita fue
no sólo por un hombre
sino por una línea
de ascendientes sonoros.

Y esta palabra
que aquí dejo en la rama suspendida,
esta canción que busca
ninguna soledad sino tu boca
para que la repitas
la escribe el aire junto a mí, las vidas
que antes que yo vivieron,
y tú que lees mi oda
contra tu soledad la has dirigido
y así tus propias manos la escribieron
sin conocerme, con las manos mías.

Oda al tercer día

Eres el lunes, jueves,
llegarás o pasaste.
Agosto en medio
de su red escarlata
de pronto te levanta,
o junio,
junio,
cuando menos pensábamos
un pétalo
con llamas
surge
en medio
de la semana fría,
un pez rojo recorre
como un escalofrío,
de repente,
el invierno,
y comienzan las flores
a vestirse,
a llenarse de luna,
a caminar por la calle,
a embarcarse
en el viento,
es un día
cualquiera,
color de muro,
pero
algo sube a la cima
de un minuto, oriflama
o sal silvestre,
oro de abeja sube a las banderas,
miel escarlata desarrolla el viento,
es un día sin nombre,

pero
con patas de oro
camina en la semana,
el polen se le pega
en el bigote,
la argamasa celeste
se adelanta en sus ojos,
y bailamos
contentos,
cantamos persiguiendo
las flores del cerezo,
levantamos la copa
enamorados,
saludamos la hora
que se acerca, el minuto
que transcurrió,
que nace
o que fermenta.
Diosa del día,
amapola
inconsciente,
rosa descabellada,
súbita primavera,
jueves,
rayo escondido en medio
de la ropa,
te amo,
soy
tu novio.
Comprendo, pasajera,
pasajero
que pasas: debemos
despedirnos,
pero una gota
de esplendor,
una uva
de sol imaginario
llegó a la sangre ciega

de cada día,
y guardaremos
este destello rojo
de fuego y ambrosía,
guardaremos
este día insurgente
ardiendo
inolvidable
con su llama
en medio del polvo y del tiempo.

Oda al tiempo

Dentro de ti tu edad
creciendo,
dentro de mí mi edad
andando.
El tiempo es decidido,
no suena su campana,
se acrecienta, camina,
por dentro de nosotros,
aparece
como un agua profunda
en la mirada
y junto a las castañas
quemadas de tus ojos
una brizna, la huella
de un minúsculo río,
una estrellita seca
ascendiendo a tu boca.
Sube el tiempo
sus hilos
a tu pelo,
pero en mi corazón
como una madreselva

es tu fragancia,
viviente como el fuego.
Es bello
como lo que vivimos
envejecer viviendo.
Cada día
fue piedra transparente,
cada noche
para nosotros fue una rosa negra,
y este surco en tu rostro o en el mío
son piedra o flor,
recuerdo de un relámpago.
Mis ojos se han gastado en tu hermosura,
pero tú eres mis ojos.
Yo fatigué tal vez bajo mis besos
tu pecho duplicado,
pero todos han visto en mi alegría
tu resplandor secreto.
Amor, qué importa
que el tiempo,
el mismo que elevó como dos llamas
o espigas paralelas
mi cuerpo y tu dulzura,
mañana los mantenga
o los desgrane
y con sus mismos dedos invisibles
borre la identidad que nos separa
dándonos la victoria
de un solo ser final bajo la tierra.

Oda a la tierra

Yo no la tierra pródiga
canto,
la desbordada

madre de las raíces,
la despilfarradora,
espesa de racimos y de pájaros,
lodos y manantiales,
patria de los caimanes,
sultana de anchos senos
y diadema erizada,
no al origen
del tigre en el follaje
ni a la grávida tierra de labranza
con su semilla como
un minúsculo nido
que cantará mañana,
no, yo alabo
la tierra mineral, la piedra andina,
la cicatriz severa
del desierto lunar, las espaciosas
arenas de salitre,
yo canto
el hierro,
la encrespada cabeza
del cobre y sus racimos
cuando emerge
envuelto en polvo y pólvora
recién desenterrado
de la geografía.
Oh tierra, madre dura,
allí escondiste
los metales profundos,
de allí los arañamos
y con fuego
el hombre,
Pedro,
Rodríguez o Ramírez
los convirtió de nuevo
en luz original, en lava líquida,
y entonces
duro contigo, tierra,

colérico metal,
te hiciste por la fuerza
de las pequeñas manos de mi tío,
alambre o herradura,
nave o locomotora,
esqueleto de escuela,
velocidad de bala.
Árida tierra, mano
sin signos en la palma,
a ti te canto,
aquí no diste trinos
ni te nutrió la rosa
de la corriente que canta
seca, dura y cerrada,
puño enemigo, estrella
negra,
a ti te canto
porque el hombre
te hará parir, te llenará de frutos,
buscará tus ovarios,
derramará en tu copa secreta
los rayos especiales,
tierra de los desiertos,
línea pura,
a ti las escrituras de mi canto
porque pareces muerta
y te despierta
el ramalazo de la dinamita,
y un penacho de humo sangriento
anuncia el parto
y saltan los metales hacia el cielo.
Tierra, me gustas
en la arcilla y la arena,
te levanto y te formo,
como tú me formaste,
y ruedas de mis dedos
como yo desprendido
voy a volver a tu matriz extensa.

Tierra, de pronto
me parece tocarte
en todos tus contornos
de medalla porosa,
de jarra diminuta,
y en tu forma paseo
mis manos
hallando la cadera de la que amo,
los pequeñitos senos,
el viento como un grano
de suave y tibia avena
y a ti me abrazo, tierra,
junto a ti, duermo,
en tu cintura se atan mis brazos y mis labios,
duermo contigo y siembro mis más profundos besos.

Oda al tomate

La calle
se llenó de tomates,
mediodía,
verano,
la luz
se parte
en dos
mitades
de tomate,
corre
por las calles
el jugo.
En diciembre
se desata
el tomate,
invade
las cocinas,

entra por los almuerzos,
se sienta
reposado
en los aparadores,
entre los vasos,
las mantequilleras,
los saleros azules.
Tiene
luz propia,
majestad benigna.
Debemos, por desgracia,
asesinarlo:
se hunde
el cuchillo
en su pulpa viviente,
es una roja
víscera,
un sol
fresco,
profundo,
inagotable,
llena las ensaladas
de Chile,
se casa alegremente
con la clara cebolla,
y para celebrarlo
se deja
caer
aceite,
hijo
esencial del olivo,
sobre sus hemisferios entreabiertos,
agrega
la pimienta
su fragancia,
la sal su magnetismo:
son las bodas
del día,

el perejil
levanta
banderines,
las papas
hierven vigorosamente,
el asado
golpea
con su aroma
en la puerta,
es hora!
vamos!
y sobre
la mesa, en la cintura
del verano,
el tomate,
astro de tierra,
estrella
repetida
y fecunda,
nos muestra
sus circunvoluciones,
sus canales,
la insigne plenitud
y la abundancia
sin hueso,
sin coraza,
sin escamas ni espinas,
nos entrega
el regalo
de su color fogoso
y la totalidad de su frescura.

Oda a la tormenta

Anoche
vino
ella,
rabiosa,
azul, color de noche,
roja, color de vino,
la tempestad
trajo
su cabellera de agua,
ojos de frío fuego,
anoche quiso
dormir sobre la tierra.
Llegó de pronto
recién desenrollada
desde su astro furioso,
desde su cueva celeste,
quería dormir
y preparó su cama,
barrió selvas, caminos,
barrió montes,
lavó piedras de océano,
y entonces
como si fueran plumas
removió los pinares
para hacerse su cama.
Sacó relámpagos
de su saco de fuego,
dejó caer los truenos
como grandes barriles.
De pronto
fue silencio:
una hoja
iba sola en el aire,

como un violín volante,
entonces,
antes
de que llegara al suelo,
tempestad, en tus manos
la tomaste,
pusiste todo el viento
a soplar su bocina,
la noche entera
a andar con sus caballos,
todo el hielo a silbar,
los árboles
salvajes
a expresar la desdicha
de los encadenados,
la tierra
a gemir como madre
pariendo,
de un solo soplo
escondiste
el rumor de la hierba
o las estrellas,
rompiste
como un lienzo
el silencio inactivo,
se llenó el mundo
de orquesta y furia y fuego,
y cuando los relámpagos
caían como cabellos
de tu frente fosfórica,
caían como espadas
de tu cintura guerrera,
y cuando ya creíamos
que terminaba el mundo,
entonces,
lluvia,
lluvia,
sólo

lluvia,
toda la tierra, todo
el cielo
reposaban,
la noche
se desangró cayendo
sobre el sueño del hombre,
sólo lluvia,
agua
del tiempo y del cielo:
nada había caído,
sino una rama rota,
un nido abandonado.

Con tus dedos
de música,
con tu fragor de infierno,
con tu fuego
de volcanes nocturnos,
jugaste
levantando una hoja,
diste fuerza a los ríos,
enseñaste
a ser hombres
a los hombres,
a temer a los débiles,
a llorar a los dulces,
a estremecerse
a las ventanas,
pero
cuando
ibas a destruirnos, cuando
como cuchilla
bajaba del cielo la furia,
cuando temblaba
toda la luz y la sombra
y se mordían los pinos
aullando

junto al mar en tinieblas,
tú, delicada
tempestad, novia mía,
furiosa,
no nos hiciste daño:
regresaste
a tu estrella
y lluvia,
lluvia verde,
lluvia llena
de sueños y de gérmenes,
lluvia
preparadora
de cosechas,
lluvia que lava el mundo,
lo enjuga
y lo recrea,
lluvia para nosotros
y para las semillas,
lluvia
para el olvido
de los muertos
y para
nuestro pan de mañana,
eso sólo
dejaste,
agua y música,
por eso,
tempestad,
te amo,
cuenta conmigo,
vuelve,
despiértame,
ilumíname,
muéstrame tu camino
para que a ti se junte y cante con tu canto
la decidida voz
tempestuosa de un hombre.

Oda al traje

Cada mañana esperas,
traje, sobre una silla
que te llene
mi vanidad, mi amor,
mi esperanza, mi cuerpo.
Apenas
salgo del sueño,
me despido del agua,
entro en tus mangas,
mis piernas buscan
el hueco de tus piernas
y así abrazado
por tu fidelidad infatigable
salgo a pisar el pasto,
entro en la poesía,
miro por las ventanas,
las cosas,
los hombres, las mujeres,
los hechos y las luchas
me van formando,
me van haciendo frente
labrándome las manos,
abriéndome los ojos,
gastándome la boca
y así,
traje,
yo también voy formándote,
sacándote los codos,
rompiéndote los hilos,
y así tu vida crece
a imagen de mi vida.
Al viento
ondulas y resuenas

como si fueras mi alma,
en los malos minutos
te adhieres
a mis huesos
vacíos, por la noche
la oscuridad, el sueño
pueblan con sus fantasmas
tus alas y las mías.
Yo pregunto
si un día
una bala
del enemigo
te dejará una mancha de mi sangre
y entonces
te morirás conmigo
o tal vez
no sea todo
tan dramático
sino simple,
y te irás enfermando,
traje,
conmigo,
envejeciendo
conmigo, con mi cuerpo
y juntos
entraremos
a la tierra.
Por eso
cada día
te saludo
con reverencia y luego
me abrazas y te olvido,
porque uno solo somos
y seguiremos siendo
frente al viento, en la noche,
las calles o la lucha
un solo cuerpo
tal vez, tal vez, alguna vez inmóvil.

Oda a la tranquilidad

Ancho
reposo,
agua
quieta,
clara, serena sombra,
saliendo
de la acción como salen
lagos de las cascadas,
merecida merced,
pétalo justo,
ahora
boca arriba
miro
correr el cielo,
se desliza
su cuerpo azul profundo,
adónde
se dirige
con sus peces, sus islas,
sus estuarios?
El cielo
arriba,
abajo
un rumor
de rosa seca,
crujen
pequeñas cosas, pasan
insectos como números:
es la tierra,
debajo
trabajan
raíces,
metales,

aguas,
penetran
nuestro cuerpo,
germinan en nosotros.

Inmóviles un día,
bajo un árbol,
no lo sabíamos:
todas las hojas hablan,
se cuentan
noticias de otros árboles,
historias de la patria,
de los árboles,
algunos aún recuerdan
la forma sigilosa
del leopardo
cruzando entre sus ramas,
como dura
neblina,
otros
la nieve huracanada,
el cetro
del tiempo tempestuoso.
Debemos
dejar que hable
no sólo
la boca de los árboles,
sino todas las bocas,
callar, callar en medio
del canto innumerable.
Nada es mudo en la tierra:
cerramos
los ojos
y oímos
cosas que se deslizan,
criaturas que crecen,
crujidos
de madera invisible,

y luego
el mundo,
tierra, celestes aguas,
aire,
todo
suena
a veces como un trueno,
otras veces
como un río remoto.
Tranquilidad, reposo
de un minuto, de un día,
de tu profundidad recogeremos
metales,
de tu apariencia muda
saldrá la luz sonora.
Así será la acción purificada.
Así dirán los hombres, sin saberlo,
la opinión de la tierra.

Oda a la tristeza

Tristeza, escarabajo
de siete patas rotas,
huevo de telaraña,
rata descalabrada,
esqueleto de perra:
Aquí no entras.
No pasas.
Ándate.
Vuelve
al Sur con tu paraguas,
vuelve
al Norte con tus dientes de culebra.
Aquí vive un poeta.
La tristeza no puede

entrar por estas puertas.
Por las ventanas
entra el aire del mundo,
las rojas rosas nuevas,
las banderas bordadas
del pueblo y sus victorias.
No puedes.
Aquí no entras.
Sacude
tus alas de murciélago,
yo pisaré las plumas
que caen de tu manto,
yo barreré los trozos
de tu cadáver hacia
las cuatro puntas del viento,
yo te torceré el cuello,
te coseré los ojos,
cortaré tu mortaja
y enterraré tus huesos roedores
bajo la primavera de un manzano.

Oda a Valparaíso

Valparaíso,
qué disparate
eres,
qué loco,
puerto loco,
qué cabeza
con cerros,
desgreñada,
no acabas
de peinarte,
nunca
tuviste

tiempo de vestirte,
siempre
te sorprendió
la vida,
te despertó la muerte,
en camisa,
en largos calzoncillos
con flecos de colores,
desnudo
con un nombre
tatuado en la barriga,
y con sombrero,
te agarró el terremoto,
corriste
enloquecido,
te quebraste las uñas,
se movieron
las aguas y las piedras,
las veredas,
el mar,
la noche,
tú dormías
en tierra,
cansado
de tus navegaciones,
y la tierra,
furiosa,
levantó su oleaje
más tempestuoso
que el vendaval marino,
el polvo
te cubría
los ojos,
las llamas
quemaban tus zapatos,
las sólidas
casas de los banqueros
trepidaban

como heridas ballenas,
mientras arriba
las casas de los pobres
saltaban
al vacío
como aves
prisioneras
que probando las alas
se desploman.

Pronto,
Valparaíso,
marinero,
te olvidas
de las lágrimas,
vuelves
a colgar tus moradas,
a pintar puertas
verdes,
ventanas
amarillas,
todo
lo transformas en nave,
eres
la remendada proa
de un pequeño,
valeroso
navío.
La tempestad corona
con espuma
tus cordeles que cantan
y la luz del océano
hace temblar camisas
y banderas
en tu vacilación indestructible.

Estrella
oscura

eres
de lejos,
en la altura de la costa
resplandeces
y pronto
entregas
tu escondido fuego,
el vaivén
de tus sordos callejones,
el desenfado
de tu movimiento,
la claridad
de tu marinería.
Aquí termino, es esta
oda,
Valparaíso,
tan pequeña
como una camiseta
desvalida,
colgando
en tus ventanas harapientas,
meciéndose
en el viento
del océano,
impregnándose
de todos
los dolores
de tu suelo,
recibiendo
el rocío
de los mares, el beso
del ancho mar colérico
que con toda su fuerza
golpeándose en tu piedra
no pudo
derribarte,
porque en tu pecho austral
están tatuadas

la lucha,
la esperanza,
la solidaridad
y la alegría
como anclas
que resisten
las olas de la tierra.

Oda a César Vallejo

A la piedra en tu rostro,
Vallejo,
a las arrugas
de las áridas sierras
yo recuerdo en mi canto,
tu frente
gigantesca
sobre tu cuerpo frágil,
el crepúsculo negro
en tus ojos
recién desenterrados,
días aquéllos,
bruscos,
desiguales,
cada hora tenía
ácidos diferentes
o ternuras
remotas,
las llaves
de la vida
temblaban
en la luz polvorienta
de la calle,
tú volvías
de un viaje

lento, bajo la tierra,
y en la altura
de las cicatrizadas cordilleras
yo golpeaba las puertas,
que se abrieran
los muros,
que se desenrollaran
los caminos,
recién llegado de Valparaíso
me embarcaba en Marsella,
la tierra
se cortaba
como un limón fragante
en frescos hemisferios amarillos,
te quedabas
tú
allí, sujeto
a nada,
con tu vida
y tu muerte,
con tu arena
cayendo,
midiéndote
y vaciándote,
en el aire,
en el humo,
en las callejas rotas
del invierno.

Era en París, vivías
en los descalabrados
hoteles de los pobres.
España
se desangraba.
Acudíamos.
Y luego
te quedaste
otra vez en el humo

y así cuando
ya no fuiste, de pronto,
no fue la tierra
de las cicatrices,
no fue
la piedra andina
la que tuvo tus huesos,
sino el humo,
la escarcha
de París en invierno.

Dos veces desterrado,
hermano mío,
de la tierra y el aire,
de la vida y la muerte,
desterrado
del Perú, de tus ríos,
ausente
de tu arcilla.
No me faltaste en vida,
sino en muerte.
Te busco
gota a gota,
polvo a polvo,
en tu tierra,
amarillo
es tu rostro,
escarpado
es tu rostro,
estás lleno
de viejas pedrerías,
de vasijas
quebradas,
subo
las antiguas
escalinatas,
tal vez
estés perdido,

enredado
entre los hilos de oro,
cubierto
de turquesas,
silencioso,
o tal vez
en tu pueblo,
en tu raza,
grano
de maíz extendido,
semilla
de bandera.
Tal vez, tal vez ahora
transmigres
y regreses,
vienes
al fin
de viaje,
de manera
que un día
te verás en el centro
de tu patria,
insurrecto,
viviente,
cristal de tu cristal, fuego en tu fuego,
rayo de piedra púrpura.

Oda al verano

Verano, violín rojo,
nube clara,
un zumbido
de sierra
o de cigarra
te precede,

el cielo
abovedado,
liso, luciente como
un ojo,
y bajo su mirada,
verano,
pez del cielo
infinito,
élitro lisonjero,
perezoso
letargo,
barriguita
de abeja,
sol
endiablado,
sol terrible y paterno,
sudoroso
como un buey trabajando,
sol seco
en la cabeza
como un inesperado
garrotazo,
sol de la sed
andando
por la arena,
verano,
mar desierto,
el minero
de azufre
se llena
de sudor amarillo,
el aviador
recorre
rayo a rayo
el sol celeste,
sudor
negro
resbala

de la frente
a los ojos
en la mina
de Lota,
el minero
se restriega
la frente
negra,
arden
las sementeras,
cruje
el trigo,
insectos
azules
buscan
sombra,
tocan
la frescura,
sumergen
la cabeza
en un diamante.

Oh verano
abundante,
carro
de
manzanas
maduras,
boca
de fresa
en la verdura, labios
de ciruela salvaje,
caminos
de suave polvo
encima
del polvo,
mediodía,
tambor

de cobre rojo,
y en la tarde
descansa
el fuego,
el aire
hace bailar
el trébol, entra
en la usina desierta,
sube
una estrella
fresca
por el cielo
sombrío,
crepita
sin quemarse
la noche
del verano.

Oda a la vida

La noche entera
con una hacha
me ha golpeado el dolor,
pero el sueño
pasó lavando como un agua oscura
piedras ensangrentadas.
Hoy de nuevo estoy vivo.
De nuevo
te levanto,
vida,
sobre mis hombros.

Oh vida,
copa clara,
de pronto

te llenas
de agua sucia,
de vino muerto,
de agonía, de pérdidas,
de sobrecogedoras telarañas,
y muchos creen
que ese color de infierno
guardarás para siempre.

No es cierto.

Pasa una noche lenta,
pasa un solo minuto
y todo cambia.
Se llena
de transparencia
la copa de la vida.
El trabajo espacioso
nos espera.
De un solo golpe nacen las palomas.
Se establece la luz sobre la tierra.

Vida, los pobres
poetas
te creyeron amarga,
no salieron contigo
de la cama
con el viento del mundo.

Recibieron los golpes
sin buscarte,
se barrenaron
un agujero negro
y fueron sumergiéndose
en el luto
de un pozo solitario.

No es verdad, vida,
eres

bella
como la que yo amo
y entre los senos tienes
olor a menta.

Vida,
eres
una máquina plena,
felicidad, sonido
de tormenta, ternura
de aceite delicado.

Vida,
eres como una viña:
atesoras la luz y la repartes
transformada en racimo.

El que de ti reniega
que espere
un minuto, una noche,
un año corto o largo,
que salga
de su soledad mentirosa,
que indague y luche, junte
sus manos a otras manos,
que no adopte ni halague
a la desdicha,
que la rechace dándole
forma de muro,
como a la piedra los picapedreros,
que corte la desdicha
y se haga con ella
pantalones.
La vida nos espera
a todos
los que amamos
el salvaje
olor a mar y menta
que tiene entre los senos.

Oda al vino

Vino color de día,
vino color de noche,
vino con pies de púrpura
o sangre de topacio,
vino,
estrellado hijo
de la tierra,
vino, liso
como una espada de oro,
suave
como un desordenado terciopelo,
vino encaracolado
y suspendido,
amoroso,
marino,
nunca has cabido en una copa,
en un canto, en un hombre,
coral, gregario eres,
y cuando menos, mutuo.
A veces
te nutres de recuerdos
mortales,
en tu ola
vamos de tumba en tumba,
picapedrero de sepulcro helado,
y lloramos
lágrimas transitorias,
pero
tu hermoso
traje de primavera
es diferente,
el corazón sube a las ramas,
el viento mueve el día,

nada queda
dentro de tu alma inmóvil.
El vino
mueve la primavera,
crece como una planta la alegría,
caen muros,
peñascos,
se cierran los abismos,
nace el canto.
Oh tú, jarra de vino, en el desierto
con la sabrosa que amo,
dijo el viejo poeta.
Que el cántaro de vino
al beso del amor sume su beso.

Amor mío, de pronto
tu cadera
es la curva colmada
de la copa,
tu pecho es el racimo,
la luz del alcohol tu cabellera,
las uvas tus pezones,
tu ombligo sello puro
estampado en tu vientre de vasija,
y tu amor la cascada
de vino inextinguible,
la claridad que cae en mis sentidos,
el esplendor terrestre de la vida.

Pero no sólo amor,
beso quemante
o corazón quemado
eres, vino de vida,
sino
amistad de los seres, transparencia,
coro de disciplina,
abundancia de flores.
Amo sobre una mesa,

cuando se habla,
la luz de una botella
de inteligente vino.
Que lo beban,
que recuerden en cada
gota de oro
o copa de topacio
o cuchara de púrpura
que trabajó el otoño
hasta llenar de vino las vasijas
y aprenda el hombre oscuro,
en el ceremonial de su negocio,
a recordar la tierra y sus deberes,
a propagar el cántico del fruto.

Nuevas odas elementales

[1955]

La casa de las odas

Escribiendo
estas
odas
en este
año mil
novecientos
cincuenta y cinco,
desplegando y tañendo
mi lira obligatoria y rumorosa,
sé lo que soy
y adónde va mi canto.

Comprendo
que el comprador de mitos
y misterios
entre
en mi casa de odas,
hecha
con adobe y madera,
y odie
los utensilios,
los retratos
de padre y madre y patria
en las paredes,
la sencillez
del pan
y del salero.
Pero es así la casa de mis odas.

Yo destroné la negra monarquía,
la cabellera inútil de los sueños,
pisé la cola

del reptil mental,
y dispuse las cosas
—agua y fuego—
de acuerdo con el hombre y con la tierra.
Quiero que todo
tenga
empuñadura,
que todo sea
taza o herramienta.
Quiero que por la puerta de mis odas
entre la gente a la ferretería.

Yo trabajo
cortando
tablas frescas,
acumulando miel
en las barricas,
disponiendo
herraduras, arneses,
tenedores:
que entre aquí todo el mundo,
que pregunte,
que pida lo que quiera.

Yo soy del Sur, chileno,
navegante
que volvió
de los mares.

No me quedé en las islas,
coronado.

No me quedé sentado
en ningún sueño.

Regresé a trabajar sencillamente
con todos los demás
y para todos.

Para que todos vivan
en ella
hago mi casa
con odas
transparentes.

Oda al aceite

Cerca del rumoroso
cereal, de las olas
del viento en las avenas,

el olivo

de volumen plateado,
severo en su linaje,
en su torcido
corazón terrestre:
las gráciles
olivas
pulidas
por los dedos
que hicieron
la paloma
y el caracol
marino:
verdes,
innumerables,
purísimos
pezones
de la naturaleza,
y allí
en
los secos
olivares,

donde
tan sólo
cielo azul con cigarras,
y tierra dura
existen,
allí
el prodigio,
la cápsula
perfecta
de la oliva
llenando
con sus constelaciones el follaje:
más tarde
las vasijas,
el milagro,
el aceite.

Yo amo
las patrias del aceite,
los olivares
de Chacabuco, en Chile,
en la mañana
las plumas de platino
forestales
contra las arrugadas
cordilleras,
en Anacapri, arriba,
sobre la luz tirrena,
la desesperación de los olivos,
y en el mapa de Europa,
España,
cesta negra de aceitunas
espolvoreada por los azahares
como por una ráfaga marina.

Aceite,
recóndita y suprema
condición de la olla,

pedestal de perdices,
llave celeste de la mayonesa,
suave y sabroso
sobre las lechugas
y sobrenatural en el infierno
de los arzobispales pejerreyes.
Aceite, en nuestra voz, en
nuestro coro,
con
íntima
suavidad poderosa
cantas:
eres idioma
castellano:
hay sílabas de aceite,
hay palabras
útiles y olorosas
como tu fragante materia.
No sólo canta el vino,
también canta el aceite,
vive en nosotros con su luz madura
y entre los bienes de la tierra
aparto,
aceite,
tu inagotable paz, tu esencia verde,
tu colmado tesoro que desciende
desde los manantiales del olivo.

Oda al alambre de púa

En mi país
alambre, alambre...

Tú recorres
el largo

hilo de Chile,
pájaros,
soledades,
y a lo largo,
a lo ancho,
extensiones baldías,
alambre,
alambre...

En otros sitios
del planeta
los
cereales
desbordan,
trémulas olas
hace el viento
sobre el trigo.
En otras
tierras
muge
nutricia y poderosa
en las praderas
la ganadería:
aquí,
montes desiertos,
latitudes,
no hay hombres,
no hay caballos,
sólo cercados,
púas,
y la tierra
vacía.

En otras partes
cunden
los repollos,
los quesos,
se multiplica

el pan,
el humo
asoma
su penacho
en los techos
como el tocado
de la codorniz,
aldeas
que ocultan,
como la gallina
sus huevos,
un nido de tractores:
la esperanza.
Aquí
tierras
y tierras,
tierras enmudecidas,
tierras ciegas,
tierras sin corazón,
tierras sin surco.

En otras partes pan,
arroz, manzanas...

En Chile alambre, alambre...

Oda a la araucaria araucana

Alta sobre la tierra
te pusieron,
dura, hermosa araucaria
de los australes
montes,
torre de Chile, punta
del territorio verde,

pabellón del invierno,
nave
de la fragancia.

Ahora, sin embargo,
no por bella
te canto,
sino por el racimo de tu especie,
por tu fruta cerrada,
por tu piñón abierto.

Antaño,
antaño fue
cuando
sobre los indios
se abrió
como una rosa de madera
el colosal puñado
de tu puño,
y dejó
sobre
la mojada tierra
los piñones:
harina, pan silvestre
del indomable
Arauco.

Ved la guerra:
armados
los guerreros
de Castilla
y sus caballos
de galvánicas
crines
y frente
a ellos
el grito
de los

desnudos
héroes,
voz del fuego, cuchillo
de dura piedra parda,
lanzas enloquecidas
en el bosque,
tambor,
tambor
sagrado,
y adentro
de la selva
el silencio,
la muerte
replegándose,
la guerra.

Entonces, en el último
bastión verde,
dispersas
por la fuga,
las lanzas
de la selva
se reunieron
bajo las araucarias
espinosas.

La cruz,
la espada,
el hambre
iban diezmando
la familia salvaje.
Terror,
terror de un golpe
de herraduras,
latido de una hoja,
viento,
dolor
y lluvia.

De pronto
se estremeció allá arriba
la araucaria
araucana,
sus ilustres
raíces,
las espinas
hirsutas
del poderoso
pabellón
tuvieron
un movimiento
negro
de batalla:
rugió como una ola
de leones
todo el follaje
de la selva
dura
y entonces
cayó
una marejada
de piñones:
los anchos
estuches
se rompieron
contra la tierra, contra
la piedra defendida
y desgranaron
su fruta, el pan postrero
de la patria.

Así la Araucanía
recompuso
sus lanzas de agua y oro,
zozobraron los bosques
bajo el silbido
del valor

resurrecto
y avanzaron
las cinturas
violentas como rachas,
las
plumas
incendiarias del Cacique:
piedra quemada
y flecha voladora
atajaron
al invasor de hierro
en el camino.

Araucaria,
follaje
de bronce con espinas,
gracias
te dio
la ensangrentada estirpe,
gracias
te dio
la tierra defendida,
gracias,
pan de valientes,
alimento
escondido
en la mojada aurora
de la patria:
corona verde,
pura
madre de los espacios,
lámpara
del frío
territorio,
hoy
dame
tu
luz sombría,

la imponente
seguridad
enarbolada
sobre tus raíces
y abandona en mi canto
la herencia
y el silbido
del viento que te toca,
del antiguo
y huracanado viento
de mi patria.

Deja caer
en mi alma
tus granadas
para que las legiones
se alimenten
de tu especie en mi canto.
Árbol nutricio, entrégame
la terrenal argolla que te amarra
a la entraña lluviosa
de la tierra,
entrégame
tu resistencia, el rostro
y las raíces
firmes
contra la envidia,
la invasión, la codicia,
el desacato.
Tus armas deja y vela
sobre mi corazón,
sobre los míos,
sobre los hombros
de los valerosos,
porque a la misma luz de hojas y aurora,
arenas y follajes,
yo voy con las banderas
al llamado

profundo de mi pueblo!
Araucaria araucana,
aquí me tienes!

Oda a la arena

Arena pura, cómo
se acumuló, impalpable,
tu grano dividido
y cinturón del mar, copa del mundo,
pétalo planetario,
fuiste reuniendo frente al alarido
de olas y aves salvajes
tu anillo eterno y tu unidad oscura?

Arena, madre
eres
del océano,
él en tu piedra innumerable
depositó el racimo de la especie,
hiriendo
con sus gritos seminales
de toro verde tu naturaleza.
Desnudo sobre
tu fragmentaria piel
siento
tu beso, tu susurro
recorriéndome
más ceñidos que el agua,
el aire, el tiempo,
plegándose
a las líneas de mi cuerpo,
volviéndome a formar
y cuando
sigo errando

por la playa marina
el hueco de mi ser queda un instante
en tu memoria, arena,
hasta que aire,
ola
o noche
borren mi peso gris en tu dominio.

Sílice demolida,
mármol disperso, aro
desgranado,
polen
de la profundidad,
polvo marino,
te elevas
en las dunas
plateadas
como
gargantas
de paloma,
te extiendes
en el desierto,
arena
de la luna,
sin límite,
circular y brillante
como un anillo,
muerta,
sólo silencio
hasta que el viento silba
y aterrador acude
sacudiendo
la piedra demolida,
la sábana
de sal y soledad,
y entonces
la enfurecida arena
suena como un castillo

atravesado
por una racha de violines,
por una tumultuosa
velocidad de espada en movimiento.

Caes
hasta que el hombre
te recoge
en su pala
y a la mezcla
del edificio
serenamente acudes
regresando
a la piedra,
a la forma,
construyendo
una
morada
reunida de nuevo
para servir
la voluntad del hombre.

Oda a su aroma

Suave mía, a qué hueles,
a qué fruto,
a qué estrella, a qué hoja?

Cerca
de tu pequeña oreja
o en tu frente
me inclino,
clavo
la nariz entre el pelo
y la sonrisa

buscando, conociendo
la raza de tu aroma:
es suave, pero
no es flor, no es cuchillada
de clavel penetrante
o arrebatado aroma
de violentos
jazmines,
es algo, es tierra,
es
aire,
maderas o manzanas,
olor
de la luz en la piel,
aroma
de la hoja
del árbol
de la vida
con polvo
de camino
y frescura
de matutina sombra
en las raíces,
olor de piedra y río,
pero
más cerca
de un durazno,
de la tibia
palpitación secreta
de la sangre,
olor
a casa pura
y a cascada,
fragancia
de paloma
y cabellera,
aroma
de mi mano

que recorrió la luna
de tu cuerpo,
las estrellas
de tu piel estrellada,
el oro,
el trigo,
el pan de tu contacto,
y allí
en la longitud
de tu luz loca,
en tu circunferencia de vasija,
en la copa,
en los ojos de tus senos,
entre tus anchos párpados
y tu boca de espuma,
en todo
dejó,
dejó mi mano
olor de tinta y selva,
sangre y frutos perdidos,
fragancia
de olvidados planetas,
de puros
papeles vegetales,
allí
mi propio cuerpo
sumergido
en la frescura de tu amor, amada,
como en un manantial
o en el sonido
de un campanario
arriba
entre el olor del cielo
y el vuelo
de las últimas aves,
amor,
olor,
palabra

de tu piel, del idioma
de la noche en tu noche,
del día en tu mirada.

Desde tu corazón
sube
tu aroma
como desde la tierra
la luz hasta la cima del cerezo:
en tu piel yo detengo
tu latido
y huelo
la ola de luz que sube,
la fruta sumergida
en su fragancia,
la noche que respiras,
la sangre que recorre
tu hermosura
hasta llegar al beso
que me espera
en tu boca.

Oda a la bella desnuda

Con casto corazón, con ojos
puros,
te celebro, belleza,
reteniendo la sangre
para que surja y siga
la línea, tu contorno,
para
que te acuestes en mi oda
como en tierra de bosques o en espuma:
en aroma terrestre
o en música marina.

Bella desnuda,
igual
tus pies arqueados
por un antiguo golpe
del viento o del sonido
que tus orejas,
caracolas mínimas
del espléndido mar americano.
Iguales son tus pechos
de paralela plenitud, colmados
por la luz de la vida,
iguales son
volando
tus párpados de trigo
que descubren
o cierran
dos países profundos en tus ojos.

La línea que tu espalda
ha dividido
en pálidas regiones
se pierde y surge
en dos tersas mitades
de manzana
y sigue separando
tu hermosura
en dos columnas
de oro quemado, de alabastro fino,
a perderse en tus pies como en dos uvas,
desde donde otra vez arde y se eleva
el árbol doble de tu simetría,
fuego florido, candelabro abierto,
turgente fruta erguida
sobre el pacto del mar y de la tierra.

Tu cuerpo, en qué materia,
ágata, cuarzo, trigo,
se plasmó, fue subiendo

como el pan se levanta
de la temperatura,
y señaló colinas
plateadas,
valles de un solo pétalo, dulzuras
de profundo terciopelo,
hasta quedar cuajada
la fina y firme forma femenina?

No sólo es luz que cae
sobre el mundo
la que alarga en tu cuerpo
su nieve sofocada,
sino que se desprende
de ti la claridad como si fueras
encendida por dentro.

Debajo de tu piel vive la luna.

Oda al cactus de la costa

Pequeña
masa pura
de espinas estrelladas,
cactus de las arenas,
enemigo,
el poeta
saluda
tu salud erizada:
en invierno
te he visto:
la bruma carcomiendo
el roquerío,
los truenos
del oleaje

caían
contra Chile,
la sal tumbando estatuas,
el espacio
ocupado
por las arrolladoras
plumas de la tormenta,
y tú,
pequeño
héroe
erizado,
tranquilo
entre dos piedras,
inmóvil,
sin ojos y sin hojas,
sin nidos y sin nervios,
duro, con tus raíces
minerales
como argollas terrestres
metidas
en el hierro del planeta,
y encima
una cabeza,
una minúscula
y espinosa cabeza
inmóvil,
firme, pura,
sola en la trepidante oceanía,
en el huracanado territorio.

Más tarde agosto llega,
la primavera duerme
confundida en el frío
del hemisferio negro,
todo en la costa tiene
sabor negro,
las olas
se repiten

como pianos,
el cielo
es una nave
derribada, enlutada,
el mundo es un naufragio,
y entonces
te escogió la primavera
para volver
a ver
la luz sobre la tierra
y asoman
dos gotas de la sangre
de su parto
en dos de tus espinas solitarias,
y nace
allí
entre piedras,
entre tus alfileres,
nace
de nuevo
la marina
primavera,
la celeste y terrestre
primavera.

Allí, de todo
lo que existe, fragante,
aéreo, consumado,
lo que tiembla en las hojas
del limonero o entre
los aromas dormidos
de la imperial magnolia,
de todo lo que espera
su llegada,
tú, cactus de las arenas,
pequeño bruto inmóvil,
solitario,
tú fuiste el elegido

y pronto
antes de que otra flor te desafiara
los botones
de sangre
de tus sagrados dedos
se hicieron flor rosada,
pétalos milagrosos.

Así es la historia,
y ésta
es la moral
de mi poema:
donde
estés, donde vivas,
en la última
soledad de este mundo,
en el azote
de la furia terrestre,
en el rincón
de las humillaciones,
hermano,
hermana,
espera,
trabaja
firme
con tu pequeño ser y tus raíces.

Un día
para ti,
para todos,
saldrá
desde tu corazón un rayo rojo,
florecerás también una mañana:
no te ha olvidado, hermano,
hermana,
no te ha olvidado,
no,
la primavera:

yo te lo digo,
yo te lo aseguro,
porque el cactus terrible,
el erizado
hijo de las arenas,
conversando
conmigo
me encargó este mensaje
para tu corazón desconsolado.

Y ahora
te lo digo
y me lo digo:
hermano, hermana,
espera,
estoy seguro:
No nos olvidará la primavera.

Oda a los calcetines

Me trajo Maru Mori
un par
de calcetines
que tejió con sus manos
de pastora,
dos calcetines suaves
como liebres.
En ellos
metí los pies
como en
dos
estuches
tejidos
con hebras del
crepúsculo
y pellejo de ovejas.

Violentos calcetines,
mis pies fueron
dos pescados
de lana,
dos largos tiburones
de azul ultramarino
atravesados
por una trenza de oro,
dos gigantescos mirlos,
dos cañones:
mis pies
fueron honrados
de este modo
por
estos
celestiales
calcetines.
Eran
tan hermosos
que por primera vez
mis pies me parecieron
inaceptables
como dos decrépitos
bomberos, bomberos
indignos
de aquel fuego
bordado,
de aquellos luminosos
calcetines.

Sin embargo
resistí
la tentación aguda
de guardarlos
como los colegiales
preservan
las luciérnagas,
como los eruditos
coleccionan

documentos sagrados,
resistí
el impulso furioso
de ponerlos
en una jaula
de oro
y darles cada día
alpiste
y pulpa de melón rosado.
Como descubridores
que en la selva
entregan el rarísimo
venado verde
al asador
y se lo comen
con remordimiento,
estiré
los pies
y me enfundé
los
bellos
calcetines
y
luego los zapatos.

Y es ésta
la moral de mi oda:
dos veces es belleza
la belleza
y lo que es bueno es doblemente
bueno
cuando se trata de dos calcetines
de lana
en el invierno.

Oda a la cascada

De pronto, un día
me levanté temprano
y te di una cascada.
De todo
lo que existe
sobre la tierra,
piedras,
edificios,
claveles,
de todo
lo que vuela en el aire,
nubes,
pájaros,
de todo
lo que existe
bajo la tierra,
minerales,
muertos,
no hay
nada tan fugitivo,
nada que cante
como una cascada.

Ahí la tienes:
ruge
como leona blanca,
brilla
como la flor del fósforo,
sueña
con cada uno de tus sueños,
canta
en mi canto
dándome

pasajera platería.
Pero
trabaja
y mueve
la rueda
de un molino
y no sólo
es herido crisantemo,
sino realizadora
de la harina,
madre del pan que comes
cada día.

Nunca
te pesará lo que te he dado
porque siempre
fue tuyo
lo que te di, la flor o la madera,
la palabra o el muro
que sostienen
todo el amor errante que reposa
ardiendo en nuestras manos,
pero de cuanto
te di,
te doy,
te entrego,
será esta
secreta
voz
del agua
la que un día
dirá en su idioma cuanto
tú y yo callamos,
contará nuestros besos
a la tierra,
a la harina,
seguirá
moliendo

trigo,
noche,
silencio,
palabras,
cuentos,
canto.

Oda a la cordillera andina

De nuevo desde arriba,
desde el cielo
volando,
apareciste, cordillera
blanca y oscura de la patria mía.
Antes el grande avión
cruzó los grandes mares,
las selvas, los desiertos.
Todo fue simetría,
todo sobre la tierra
preparado,
todo desde la altura
era camino
hasta que en medio
de la tierra y del cielo
se interpuso
tu nieve planetaria
congelando las torres de la tierra.
Volcanes, cicatrices,
socavones,
nieves ferruginosas,
titánicas alturas
desolladas,
cabezas de los montes,
pies del cielo,
abismos del abismo,

cuchilladas
que cortaron
la cáscara terrestre
y el sol
a siete mil
metros de altura,
duros como un diamante
sobre
las venas, los ramales
de la sombra y la nieve
sobre la enfurecida
tormenta de los mundos
que se detuvo hirviendo
y en el silencio
colosal
impuso
sus mares de granito.

Patria, puso la tierra
en tus manos delgadas
su más duro estandarte,
la cordillera andina,
hierro nevado, soledades puras,
piedra y escalofrío,
y en tu costado
como flor infinita el mar te ofrece
su derramada espuma.
Oh mar, oh nieve,
oh cielo
de mi pequeña patria,
al hombre, al compatriota,
al camarada
darás,
darás un día
el pan de tu grandeza,
lo unirás al destino
de la nieve,
al esplendor sagrado
del mar y su energía.

Dura morada,
un día
te abrirás
entregando
la secreta
fecundidad,
el rayo de tus dones,
y entonces
mi pequeño
compatriota,
malherido en su reino,
desdichado
en su propia fortaleza,
harapiento en su ámbito de oro,
recibirá
el tesoro
conquistándolo,
defendiendo la nieve de su estrella,
multiplicando el mar y sus racimos,
extendiendo el silencio de los frutos.
Cordillera, colegio
de piedra,
en esta hora
tu magnitud
celebro,
tu dureza,
el candelabro frío
de tus altas
soledades de nieve,
la noche,
estuario inmóvil,
navegando
sobre
las piedras de tu sueño,
el día
transparente
en tu cabeza
y en ella, en la nevada

cabellera
del mundo,
el cóndor
levantando
sus alas
poderosas,
su vuelo
digno
de las acérrimas alturas.

Oda al cráneo

No lo sentí
sino
cuando caía,
cuando perdí
existencia
y rodé
fuera
de mi ser como el hueso
de una fruta
aplastada:
no supe
sino sueño
y oscuridad,
luego
sangre y camino,
súbita
luz
aguda:
los viajeros
que levantan tu sombra.
Más tarde el lienzo de la cama
blanca como la luna
y el sueño al fin pegándose

a tu herida
como un algodón negro.

Esta mañana
extendí un dedo sigiloso,
bajé por las costillas
al cuerpo
maltratado
y únicamente
encontré
firme
como un casco
mi pobre
cráneo.
Cuánto
en mi edad, en viajes, en amores,
me miré cada pelo,
cada arruga
de mi frente,
sin ver la magnitud
de la cabeza,
la huesuda
torre del pensamiento,
el coco duro,
la bóveda de calcio
protectora
como una caja de reloj
cubriendo
con su espesor de muro
minúsculos tesoros,
vasos, circulaciones
increíbles,
pulsos de la razón, venas del sueño,
gelatinas del alma,
todo
el pequeño océano
que eres,
el penacho profundo

del cerebro,
las circunvoluciones arrugadas
como una cordillera sumergida
y en ellas
la voluntad, el pez del movimiento,
la eléctrica corola
del estímulo,
las algas del recuerdo.

Me toqué la cabeza,
descubriéndola,
como en la geología
de un monte
ya sin hojas,
sin temblorosa melodía de aves,
se descubre
el duro
mineral,
la osamenta
de la tierra,
y
herido aún,
en este
canto alabo
el cráneo, el tuyo,
el mío,
el cráneo,
la espesura
protectora,
la caja fuerte, el casco
de la vida,
la nuez de la existencia.

Oda a la crítica (II)

Toqué mi libro:
era
compacto,
firme,
arqueado
como una nave blanca,
entreabierto
como una nueva rosa,
era
para mis ojos
un molino,
de cada hoja
la flor del pan crecía
sobre mi libro:
me cegué con mis rayos,
me sentí demasiado
satisfecho,
perdí tierra,
comencé a caminar
envuelto en nubes
y entonces,
camarada,
me bajaste
a la vida,
una sola palabra
me mostró de repente
cuanto dejé de hacer
y cuanto pude
avanzar con mi fuerza y mi ternura,
navegar con la nave de mi canto.

Volví más verdadero,
enriquecido,

tomé cuanto tenía
y cuanto tienes,
cuanto anduviste tú
sobre la tierra,
cuanto vieron
tus ojos,
cuanto
luchó tu corazón día tras día
se dispuso a mi lado,
numeroso,
y levanté la harina
de mi canto,
la flor del pan acrecentó su aroma.

Gracias te digo,
crítica,
motor claro del mundo,
ciencia pura,
signo
de la velocidad, aceite
de la eterna rueda humana,
espada de oro,
piedra
de la estructura.
Crítica, tú no traes
la espesa gota
sucia
de la envidia,
la personal guadaña
o el ambiguo, encrespado
gusanillo
del café rencoroso:
no eres tampoco el juego
del viejo tragasables y su tribu,
ni la pérfida
cola
de la feudal serpiente
siempre enroscada en su exquisita rama.

Crítica, eres
mano
constructora,
burbuja del nivel, línea de acero,
palpitación de clase.

Con una sola vida
no aprenderé bastante.

Con la luz de otras vidas
vivirán otras vidas en mi canto.

Oda a la Cruz del Sur

Hoy 14 de abril,
viento
en la costa,
noche
y viento,
noche
sombría
y viento,
se conmovió la sombra,
se enarboló el ciprés
de las estrellas,
las hojas de la noche
volcaron
polvo muerto
en el espacio
y todo quedó limpio
y tembloroso.

Árbol
de espadas
frías

fue la sombra
estrellada,
copa
del
universo,
cosecha
de
platino,
todo
ardía
en las altas
soledades
marinas,
en Isla Negra
andando
del brazo
de mi amada,
y ella
entonces
levantó un brazo apenas
sumergido
en la sombra
y como un rayo de ámbar
dirigido
desde la tierra al cielo
me mostró
cuatro estrellas:
la Cruz del Sur inmóvil
sobre nuestras cabezas.

En un instante
se apagaron todos
los ojos
de la noche
y sólo vi clavadas
al cielo solitario
cuatro rosas azules,
cuatro piedras heladas,

y le dije,
tomando
mi lira
de poeta
frente al viento
oceánico, entre las dentelladas
de la ola:
Cruz
del Sur, olvidado
navío
de mi patria,
prendedor
sobre el pecho
de la noche turgente,
constelación marina,
luz
de las casas pobres,
lámpara errante, rombo
de lluvia y terciopelo,
tijera de la altura,
mariposa,
posa tus cuatro labios
en mi frente
y llévame
en tu nocturno
sueño
y travesía
a las islas del cielo,
a las vertientes
del agua de la noche,
a la roca
magnética,
madre de las estrellas,
al tumulto
del sol, al viejo carro
de la aurora
cubierto de limones.

Y no me respondió
la Cruz del Sur:
siguió, siguió viajando
barrida
por el viento.
Dejé la lira entonces
a un lado,
en el camino,
y abracé a mi amada
y al acercar mis ojos
a sus ojos,
vi en ellos,
en su cielo,
cuatro puntas
de diamante encendido.

La noche y su navío
en su amor
palpitaban
y besé una por una
sus estrellas.

Oda al día inconsecuente

Plateado pez
de cola
anaranjada,
día del mar,
cambiaste
en cada hora
de vestido,
la arena
fue celeste,
azul
fue tu corbata,

en una nube
tus pies
eran espuma
y luego
total
fue el vuelo verde
de la lluvia
en los pinos:
una racha de acero
barrió
las esperanzas
del oeste,
la última o la primera
golondrina
brilló blanca y azul
como un revólver,
como un reloj nocturno
el cielo sólo
conservó un minutero
de platino,
turgente y negro el mar
cubrió su corazón
con terciopelo
mostrando de repente
la nevada sortija
o la encrespada
rosa de su radiante desvarío.

Todo esto
lo miré
inquietamente fijo
en mi ventana
cambiando de zapatos
para ir por la arena
llena de oro
o hundirme en la humedad, entre las hojas
del eucaliptus rojo,
corvas como puñales de Corinto,

y no pude
saber
si el Arco Iris,
que como una bandera mexicana
creció hacia Cartagena,
era anuncio
de dulce luz
o torre de tinieblas.
Un fragmento
de nube
como resto volante
de camisa
giraba
en el último umbral
del pánico celeste.

El día
tembló de lado a lado,
un relámpago
corrió como un lagarto
entre las vestiduras
de la selva
y de golpe cayó todo el rocío
perdiéndose en el polvo
la diadema salvaje.
Entre las nubes y la tierra
de pronto
el sol
depositó su huevo duro,
blanco, liso, obstinado,
y un gallo verde
y alto
como un pino
cantó, cantó
como si desgranara
todo el maíz del mundo:
un río,
un río rubio

entró por las ventanas
más oscuras
y no la noche, no la tempestuosa
claridad indecisa
se estableció en la tierra,
sino sencillamente
un día más,
un día.

Oda al diccionario

Lomo de buey, pesado
cargador, sistemático
libro espeso:
de joven
te ignoré, me vistió
la suficiencia
y me creí repleto,
y orondo como un
melancólico sapo
dictaminé: «Recibo
las palabras
directamente
del Sinaí bramante.
Reduciré
las formas a la alquimia.
Soy mago».

El gran mago callaba.

El Diccionario,
viejo y pesado, con su chaquetón
de pellejo gastado,
se quedó silencioso
sin mostrar sus probetas.

Pero un día,
después de haberlo usado
y desusado,
después
de declararlo
inútil y anacrónico camello,
cuando por largos meses, sin protesta,
me sirvió de sillón
y de almohada,
se rebeló y plantándose
en mi puerta
creció, movió sus hojas
y sus nidos,
movió la elevación de su follaje:
árbol
era,
natural,
generoso
manzano, manzanar o *manzanero*,
y las palabras,
brillaban en su copa inagotable,
opacas o sonoras,
fecundas en la fronda del lenguaje,
cargadas de verdad y de sonido.

Aparto una
sola de
sus
páginas:
Caporal
Capuchón
qué maravilla
pronunciar estas sílabas
con aire,
y más abajo
Cápsula
hueca, esperando aceite o ambrosía,
y junto a ellas

Captura Capucete Capuchina
Caprario Captatorio
palabras
que se deslizan como suaves uvas
o que a la luz estallan
como gérmenes ciegos que esperaron
en las bodegas del vocabulario
y viven otra vez y dan la vida:
una vez más el corazón las quema.

Diccionario, no eres
tumba, sepulcro, féretro,
túmulo, mausoleo,
sino preservación,
fuego escondido,
plantación de rubíes,
perpetuidad viviente
de la esencia,
granero del idioma.
Y es hermoso
recoger en tus filas
la palabra
de estirpe,
la severa
y olvidada
sentencia,
hija de España,
endurecida
como reja de arado,
fija en su límite
de anticuada herramienta,
preservada
con su hermosura exacta
y su dureza de medalla.
O la otra
palabra
que allí vimos perdida
entre renglones

y que de pronto
se hizo sabrosa y lisa en nuestra boca
como una almendra
o tierna como un higo.

Diccionario, una mano
de tus mil manos, una
de tus mil esmeraldas,
una
sola
gota
de tus vertientes virginales,
un grano
de
tus
magnánimos graneros
en el momento
justo
a mis labios conduce,
al hilo de mi pluma,
a mi tintero.
De tu espesa y sonora
profundidad de selva,
dame,
cuando lo necesite,
un solo trino, el lujo
de una abeja,
un fragmento caído
de tu antigua madera perfumada
por una eternidad de jazmineros,
una
sílaba,
un temblor, un sonido,
una semilla:
de tierra soy y con palabras canto.

Oda a don Diego de la Noche

Don Diego
de la Noche,
buenos días,
don Diego,
buenas noches:
Yo soy
un poeta perdido.
Aquella puerta
era
un agujero.
La noche
me golpeó la nariz
con esa rama
que yo tomé por una
criatura excelente.
La oscuridad es madre
de la muerte
y en ella
el poeta perdido
navegaba
hasta
que una estrella de fósforo
subió o bajó —no supe—
en las tinieblas.
Estaba yo en el cielo,
fallecido?
A quién
debía dirigirme,
entonces?
Mi único
amigo celestial
murió hace tanto tiempo
y anda con armadura:

Garcilaso.
En el infierno,
como dos lechuzas,
Baudelaire y Edgar Poe,
tal vez
ignorarán mi nombre!

Miré la estrella
y ella
me miraba:
la toqué
y era flor,
era don Diego,
y en la mano
su aroma
se me quedó prendido
traspasándome
el alma.

Terrestre
estrella,
gracias
por
tus
cuatro
pétalos
de claridad fragante,
gracias
por
tu blancura
en las tinieblas,
gracias, estrella, por tus cuatro rayos,
gracias, flor,
por tus pétalos,
y gracias
por tus cuatro
espadas,
Caballero.

Oda a la erosión en la provincia de Malleco

Volví a mi tierra verde
y ya no estaba,
ya no
estaba
la tierra,
se había ido.
Con el agua
hacia el mar
se había marchado.
Espesa
madre
mía,
trémulos, vastos bosques,
provincias montañosas,
tierra y fragancia y humus:
un pájaro que silba,
una gruesa
gota
cae,
el viento
en su caballo
transparente,
maitenes, avellanos,
tempestuosos raulíes,
cipreses
plateados,
laureles que en el cielo
desataron su aroma,
pájaros de plumaje
mojado por la lluvia
que un grito negro
daban
en la

fecundidad
de la espesura,
hojas
puras, compactas,
lisas como lingotes,
duras como cuchillos,
delgadas
como lanzas,
arañas
de la selva,
arañas mías,
escarabajos
cuyo
pequeño
fuego errante
duplicaba una gota
de rocío,
patria
mojada, cielo
grande, raíces,
hojas, silencio verde,
universo
fragante,
pabellón
del planeta:
ahora,
ahora
siente
y toca
mi corazón
tus cicatrices,
robada
la capa germinal
del territorio,
como si lava o muerte
hubieran roto
tu sagrada substancia
o una guadaña

en tu materno rostro
hubiera escrito
las iniciales del infierno.

Tierra,
qué darás a tus hijos,
madre mía,
mañana,
así
destruida,
así arrasada
tu naturaleza,
así deshecha
tu matriz materna,
qué
pan
repartirás
entre los hombres?

Los pájaros cantores,
en tu selva
no sólo
deletreaban
el hilo
sempiterno
de la gracia,
eran preservadores
del tesoro,
hijos de la madera,
rapsodas emplumados
del perfume.
Ellos
te previnieron.
Ellos
en su
canto
vaticinaron
la agonía.

Sordo
y cerrado
como
pared
de muertos
es el cerril oído
del
hacendado
inerte.
Vino
a quemar
el bosque,
a incendiar las entrañas
de la tierra,
vino
a sembrar
un
saco
de frejoles
y a dejarnos
una herencia
helada:
la eternidad del hambre.
Rozó con fuego
el alto
nivel
de los mañíos,
el baluarte
del roble,
la ciudad del raulí, la rumorosa
colmena de los ulmos,
y ahora
desde las raíces quemadas,
se va la tierra,
nada la defiende,
bruscos
socavones,
heridas

que ya nada ni nadie
puede borrar del suelo:
asesinada
fue la tierra
mía,
quemada fue la copa originaria.

Vamos
a contener la muerte!

Chilenos de hoy,
araucas
de la lejanía,
ahora,
ahora mismo, ahora,
a detener el hambre
de mañana,
a renovar la selva
prometida,
el pan
futuro
de la patria
angosta!
Ahora
a establecer raíces,
a plantar la esperanza,
a sujetar la rama
al territorio!

Es ésa
tu
conducta de soldado,
son ésos
tus deberes rumorosos
de poeta,
tu plenitud profunda
de ingeniero,
raíces,

copas verdes,
otra vez
las iglesias del follaje,
y con
el canto
de la pajarería,
que volverá del cielo,
regresará a la boca de tus hijos
el pan que ahora huye con la tierra.

Oda al espacio marino

Húmedo el corazón, la ola
golpea
pura, certera, amarga.
Dentro de ti la sal,
la transparencia,
el agua se repiten:
la multitud del mar
lava tu vida
y no sólo la playa
sino tu corazón es coronado
por la insistente espuma.
Diez años o quince años,
no recuerdo,
llegué a estas soledades,
fundé
mi casa
en la perdida arena,
y como arena fui desmenuzando
las horas de mi vida
grano a grano:
luz, sombra, sangre, trigo,
repulsión o dulzura.

Los muros,
las ventanas,
los ladrillos, las puertas de la casa,
no sólo
se gastaron
con la humedad y el paso
del viajero,
sino que con mi canto
y con la espuma
que insiste en las arenas.
Con mi canto y el viento
se gastaron
los muros
y del mar y las piedras
de la costa
recogí resistencia,
espacio y alas
para el sonido,
recogí la sustancia
de la noche marina.

Aquí primero
de la arena,
extasiado,
levanté el alga fría
ondulada en la ola
o el caracol de Chile,
rosa dura,
sumergida cadera
de paloma,
o el ágata
marina,
translúcida
como vino amarillo.
Luego
busqué
las plantas procelarias,
el firmamento fino

de las flores
perdidas en la duna,
en la calcárea
virginidad rocosa:
amé la flora
de la ardiente arena,
gruesas hojas, espinas,
flores de la intemperie,
diminutas
estrellas
invariables
pegadas a la tierra.

Sí, las flores,
las algas,
las arenas,
pero detrás de todo
el mar como un caballo
desbocado
en el viento,
caballo azul, caballo
de cabellera blanca,
siempre
galopando,
el mar,
marmita
siempre
cocinando,
el mar
mucho más ancho
que las islas,
cinturón frenético
de tierra y cielo.
En las orillas
piedras
a puñados,
edificios
de roca

dispuestos contra el mar y su batalla
socavados por una misma gota
repetida en los siglos.

Contra el granito gris
el mar estalla:
invasiones de espuma,
ejércitos de sal,
soldados verdes
derribando racimos invisibles.
Espesos buzos
bajan,
militantes
de la profundidad:
la nave espera
en el vaivén del seno de la ola,
vuelven
con
un puñado
de palpitantes
frutos
submarinos,
góticas caracolas,
erizados erizos:
el buzo
emerge
de la mitología
en su escafandra, pudo
bailar con las medusas,
quedarse
en el profundo hotel
de las sirenas,
pero ha vuelto: un pequeño
pescador de la orilla
sale de sus zapatos
y es aéreo
como un papel o un pájaro.
Rápida raza

de mis compañeros,
más que el mar es la tos
quien los golpea
y como en redes rotas
sus difíciles vidas
sin unidad, resbalan
a la muerte.

El hombre
de la costa
se ve minúsculo
como pulga marina.
No es verdad.
Ha colgado
como araña
en las piedras, en
el erial marino
su mansión miserable,
el hombre
de las tierras desdentadas
con trozos de latón, con tablas rotas
puso el techo sobre los hijos
y salió cada día
al martillo, al cemento,
a los navíos.
Aquí están
los puertos,
las casas, las aduanas:
el hombrecito
de la costa elevó las estructuras
y regresó a los cerros,
a su cueva.

Sí, océano, solemne
es tu insistente
vaticinio, la eternidad
del canto en movimiento,
tu coro

entra en mi corazón, barre las hojas
del fallecido otoño.
Océano,
tu desbordante copa
abre
como en la roca
su agujero
en mi pequeña frente de poeta,
y arena, flores duras, aves
de tempestad, silbante cielo,
rodean mi existencia.
Pero el minúsculo
hombre de las arenas
es para mí más grande.
Ahora, vedlo:
pasa con su mujer, con cinco perros
hambrientos, con su carga
de mar, algas, pescados.

Yo no soy mar, soy hombre.

Yo no conozco al viento.

Qué dicen estas olas?

Y cierro mi ventana.

Océano,
bella es tu voz, de sal y sol tu estatua,
pero
para el hombre es mi canto.

Oda a las estrellas

Serenas piedras puras
de la noche, cubiertas
de soledad, vacías
para el hombre,
agujeros
horadados
en el diamante negro,
flechas
del terciopelo
tembloroso,
cereal
de platino
espolvoreado
en la sombra,
y bueno,
basta!
Ahora
qué uso,
de qué manera,
cómo y cuándo
serviréis para algo?
Estoy cansado,
estamos,
de tanta
inútil
y magnánima
hermosura.
Sois las más primorosas
doncellas
de los setenta cielos,
con zapatos de raso,
con ojos de diamante,
muchachas

que no saben
cocinar,
ni manejar tractores,
estatuas
de lejano
corazón,
hasta cuándo?

Queremos
que
estéis
llenas de racimos,
radiantes,
pero embarazadas,
magnéticas,
sí,
pero queremos una
llena como un tonel
de milenario vino,
otra
que sea
usina
cargada
de relojes,
otra
con olor a camello,
a buey, a vaca,
otra
repleta
de pescados,
otra
con los ladrillos que se necesitan
en la tierra
para construir casas a las viudas
de los obreros muertos,
otra
estrella
con panes,

si es posible
con mantequilla en medio.
No te olvides, poeta,
me gritan,
de una estrella
con corderos,
de otra
con ensaladas,
con colchones,
de una con mobiliario,
otra con libros!

Estrellas:
no por eso
me creáis
tonto,
insistiendo,
como en las oficinas,
con
vagas
peticiones.
Escuchadme:
la tierra
es nuestra estrella.
Primero
la fecundaremos
hasta que esté colmada
como un canasto verde
con los dones
que
le sacaremos
y entonces,
arriba!
A las otras estrellas!
Al aire!
Al sol!
Al viento!
A la espléndida costa

de los nuevos espacios
llegaremos,
a la remota estrella,
con una pala
y un profundo libro,
con corazones simples,
descartada
la antigua astronomía
vendrá la agricultura
de los astros,
ordeñaremos
los senos de la estrella,
y en la noche
mugirá en la distancia
de los cielos
nuestra ganadería.
Inútiles
estrellas,
cada noche
de mi creciente vida
más hermosas
me parecéis, más altas:
contempladlas
a través de la fría transparencia
de la noche de Chile.
A medida
que mis años crecen
duermo más con vosotras
o vigilo
bajo vuestra
belleza
innumerable,
por eso
en esta intimidad
de los
amores,
dejadme a mí,
polígamo

del espacioso tálamo
nocturno,
dejadme
levantar
a la más alta altura
mi mano de poeta
y dejar
a la sombra constelada,
a las remotas, a las temblorosas
estrellas,
una advertencia, un golpe
en sus glaciales
puertas,
una ráfaga
de semillas humanas,
una carta, una oda
que anticipe
en el cielo
la terrestre
invasión
progenitora.

Oda a la farmacia

Qué olor a bosque
tiene
la farmacia!

De cada
raíz salió la esencia
a perfumar
la paz
del boticario,
se machacaron
sales

que producen
prodigiosos ungüentos,
la seca solfatara
molió, molió, molió
el azufre
en su molino
y aquí está
junto
con la resina
del copal fabuloso:
todo
se hizo cápsula,
polvo,
partícula
impalpable,
preservador
principio.
El mortero
machacó diminutos
asteriscos,
aromas,
pétalos de bismuto,
esponjas secas,
cales.

En el fondo
de su farmacia
vive
el alquimista
antiguo,
sus anteojos
encima
de una multiplicada
nariz,
su prestigio
en los frascos,
rodeado
por nombres

misteriosos:
la nuez vómica,
el álcali,
el sulfato,
la goma
de las islas,
el almizcle,
el ruibarbo,
la infernal belladona
y el arcangelical bicarbonato.
Luego las vitaminas
invadieron
con sus abecedarios
sabios anaqueles.
De la tierra,
del humus,
de los hongos,
brotaron
los bastones
de la penicilina.
De cada
víscera
fallecida
volaron
como abejas
las hormonas
y ocuparon
su sitio en la farmacia.

A medida
que en el laboratorio
combatiendo
la muerte
avanza
la bandera
de la vida,
se registra
un movimiento

en el aroma
de la vieja farmacia:
los lentos
bálsamos
del pasado
dejan
sitio
a la instantánea caja
de inyecciones
y concentra una cápsula la nueva
velocidad
en la carrera
del hombre con la muerte.

Farmacia, qué sagrado
olor a bosque
y a conocimiento
sale de tus
estanterías,
qué diversa
profundidad de aromas
y regiones:
la miel
de una madera,
el purísimo polvo
de una rosa
o el luto
de un veneno.
Todo
en tu ámbito claro,
en tu universidad
de frascos y cajones,
espera
la hora de la batalla en nuestro cuerpo.

Farmacia, iglesia
de los desesperados,
con un pequeño

dios
en cada píldora:
a menudo eres
demasiado cara,
el precio
de un remedio
cierra tus claras puertas
y los pobres
con la boca apretada
vuelven al cuarto oscuro del enfermo,
que llegue un día
gratis
de farmacia,
que no sigas
vendiendo
la esperanza,
y que sean
victorias
de la vida,
de toda
vida
humana
contra
la poderosa
muerte,
tus victorias.
Y así serán mejores
tus laureles,
serán más olorosos los sulfatos,
más azul el azul de metileno
y más dulce la paz de la quinina.

Oda a las flores de la costa

Han abierto las flores
silvestres de Isla Negra,
no tienen nombre, algunas
parecen azahares de la arena,
otras
encienden
en el suelo un relámpago amarillo.

Soy pastoral poeta.
Me alimento
como los cazadores,
hago fuego
junto al mar, en la noche.

Sólo esta flor, sólo estas
soledades marinas
y tú, alegre,
y simple como rosa de la tierra.

La vida
me pidió que combatiera
y organicé mi corazón luchando
y levantando la esperanza:
hermano
del hombre soy, de todos.
Deber y amor se llaman
mis dos manos.

Mirando
entre las piedras
de la costa
las flores que esperaron
a través del olvido

y del invierno
para elevar un rayo diminuto
de luz y de fragancia,
al despedirme
una vez más
del fuego,
de la leña,
del bosque,
de la arena,
me duele dar un paso,
aquí
me quedaría,
no en las calles.
Soy pastoral poeta.

Pero deber y amor son mis dos manos.

Oda a la gaviota

A la gaviota
sobre
los pinares
de la costa,
en el viento
la sílaba
silbante de mi oda.

Navega,
barca lúcida,
bandera de dos alas,
en mi verso,
cuerpo de plata,
sube
tu insignia atravesada
en la camisa

del firmamento frío,
oh voladora,
suave
serenata del vuelo,
flecha de nieve, nave
tranquila en la tormenta transparente
elevas tu equilibrio
mientras
el ronco viento barre
las praderas del cielo.

Después del largo viaje,
tú, magnolia emplumada,
triángulo sostenido
por el aire en la altura,
con lentitud regresas
a tu forma
cerrando
tu plateada vestidura,
ovalando tu nítido tesoro,
volviendo a ser
botón blanco del vuelo,
germen
redondo,
huevo de la hermosura.

Otro poeta
aquí
terminaría
su victoriosa oda.
Yo no puedo
permitirme
sólo
el lujo blanco
de la inútil espuma.
Perdóname,
gaviota,
soy

poeta
realista,
fotógrafo del cielo.
Comes,
comes,
comes,
no hay
nada que no devores,
sobre el agua del puerto
ladras
como perro de pobre,
corres
detrás del último
pedazo de intestino
de pescado,
picoteas
a tus hermanas blancas,
robas
la despreciable presa,
el desarmado cúmulo
de basura marina,
acechas los
tomates
decaídos,
las descartadas
sobras de la caleta.
Pero
todo
lo transformas
en ala limpia,
en blanca geometría,
en la estática línea de tu vuelo.

Por eso,
ancla nevada,
voladora,
te celebro completa:
con tu voracidad abrumadora,

con tu grito en la lluvia
o tu descanso
de copo desprendido
a la tormenta,
con tu paz o tu vuelo,
gaviota,
te consagro
mi palabra terrestre,
torpe ensayo de vuelo,
a ver si tú desgranas
tu semilla de pájaro en mi oda.

Oda al hígado

Modesto,
organizado
amigo,
trabajador
profundo,
déjame darte el ala
de mi canto,
el golpe
de aire,
el salto
de mi oda:
ella nace
de tu invisible
máquina,
ella vuela
desde tu infatigable
y encerrado molino,
entraña
delicada
y poderosa,
siempre

viva y oscura.
Mientras
el corazón suena y atrae
la partitura de la mandolina,
allí adentro
tú filtras
y repartes,
separas
y divides,
multiplicas
y engrasas,
subes
y recoges
los hilos y los gramos
de la vida, los últimos
licores,
las íntimas esencias.

Víscera
submarina,
medidor
de la sangre,
vives
lleno de manos
y de ojos,
midiendo y trasvasando
en tu escondida
cámara
de alquimista.
Amarillo
es tu sistema
de hidrografía roja,
buzo
de la más peligrosa
profundidad del hombre,
allí escondido
siempre,
sempiterno,

en la usina,
silencioso.
Y todo
sentimiento
o estímulo
creció en tu maquinaria,
recibió alguna gota
de tu elaboración
infatigable,
al amor agregaste
fuego o melancolía,
una pequeña
célula equivocada
o una fibra
gastada en tu trabajo
y el aviador se equivoca de cielo,
el tenor se derrumba en un silbido,
al astrónomo se le pierde un planeta.

Cómo brillan arriba
los hechiceros ojos
de la rosa,
los labios
del clavel
matutino!
Cómo ríe
en el río
la doncella!
Y abajo
el filtro y la balanza,
la delicada química
del hígado,
la bodega
de los cambios sutiles:
nadie
lo ve o lo canta,
pero,
cuando

envejece
o desgasta su mortero,
los ojos de la rosa se acabaron,
el clavel marchitó su dentadura
y la doncella no cantó en el río.
Austera parte
o todo
de mí mismo,
abuelo
del corazón,
molino
de energía:
te canto
y temo
como si fueras juez,
metro,
fiel implacable,
y si no puedo
entregarme amarrado a la pureza,
si el excesivo
manjar
o el vino hereditario de mi patria
pretendieron
perturbar mi salud
o el equilibrio de mi poesía,
de ti,
monarca oscuro,
distribuidor de mieles y venenos,
regulador de sales,
de ti espero justicia:
Amo la vida: Cúmpleme! Trabaja!
No detengas mi canto.

Oda al jabón

Acercando
el
jabón
hasta mi cara
su cándida fragancia
me enajena:
No sé
de dónde vienes,
aroma,
de la provincia
vienes?
De mi prima?
De la ropa en la artesa
entre las manos
estrelladas de frío?
De las lilas
aquéllas,
ay, de aquéllas?
De los ojos
de María campestre?
De las ciruelas verdes
en la rama?
De la cancha de fútbol
y del baño
bajo los
temblorosos
sauces?
Hueles a enramada,
a dulce amor o a torta
de onomástico? Hueles
a corazón mojado?

Qué me traes,
jabón,

a las narices
de pronto,
en la mañana,
antes de entrar al agua
matutina
y salir por las calles
entre hombres abrumados
por sus mercaderías?
Qué olor de pueblo
lejos,
qué flor
de enaguas,
miel de muchachas silvestres?
O tal vez
es el viejo
olvidado
olor del almacén
de ultramarinos
y abarrotes,
los blancos lienzos fuertes
entre las manos de los campesinos,
el espesor
feliz
de la chancaca,
o en el aparador de la casa
de mis tíos
un clavel rojo
como un rayo rojo,
como una flecha roja?

Es eso
tu agudo
olor
a tienda
barata, a colonia
inolvidable, de peluquería,
a la provincia pura,
al agua limpia?

Eso
eres,
jabón, delicia pura,
aroma transitorio
que resbala
y naufraga como un
pescado ciego
en la profundidad de la bañera.

Oda a la lagartija

Junto a la arena
una
lagartija
de cola enarenada.

Debajo
de una hoja
su cabeza
de hoja.

De qué planeta
o brasa
fría y verde,
caíste?
De la luna?
Del más lejano frío?
O desde
la esmeralda
ascendieron tus colores
en una enredadera?

Del tronco
carcomido
eres

vivísimo
retoño,
flecha
de su follaje.
En la piedra
eres piedra
con dos pequeños ojos
antiguos:
los ojos de la piedra.
Cerca
del agua
eres
légamo taciturno
que resbala.
Cerca
de la mosca
eres el dardo
del dragón que aniquila.

Y para mí,
la infancia,
la primavera
cerca
del río
perezoso,
eres
tú!
lagartija
fría, pequeña
y verde:
eres una remota
siesta
cerca de la frescura,
con los libros cerrados.

El agua corre y canta.

El cielo, arriba, es una
corola calurosa.

Oda a una lavandera nocturna

Desde el jardín, en lo alto,
miré la lavandera.
Era de noche.
Lavaba, refregaba,
sacudía,
un segundo sus manos
brillaban en la espuma,
luego
caían en la sombra.
Desde arriba
a la luz de la vela
era en la noche la única
viviente,
lo único que vivía:
aquello
sacudiéndose
en la espuma,
los brazos en la ropa,
el movimiento,
la incansable energía:
va y viene
el movimiento,
cayendo y levantándose
con precisión celeste,
van y vienen
las manos sumergidas,
las manos, viejas manos
que lavan en la noche,
hasta tarde, en la noche,
que lavan
ropa ajena,
que sacan en el agua
la huella

del trabajo,
la mancha
de los cuerpos,
el recuerdo impregnado
de los pies que anduvieron,
las camisas
cansadas,
los calzones
marchitos,
lava
y lava,
de noche.

La nocturna
lavandera
a veces
levantaba
la cabeza
y ardían en su pelo
las estrellas
porque
la sombra
confundía
su cabeza
y era la noche, el cielo
de la noche
la cabellera
de la lavandera,
y su vela
un astro
diminuto
que encendía
sus manos
que alzaban
y movían
la ropa,
subiendo
y

descendiendo,
enarbolando
el aire, el agua,
el jabón vivo,
la magnética espuma.

Yo no oía,
no oía
el susurro
de la ropa en sus manos.
Mis ojos
en la noche
la miraban
sola
como un planeta.
Ardía
la nocturna
lavandera,
lavando,
restregando
la ropa,
trabajando
en el frío,
en la dureza,
lavando en el silencio nocturno del invierno,
lava y lava,
la pobre
lavandera.

Oda a la luna

Reloj del cielo,
mides
la eternidad celeste,
una hora

blanca,
un siglo
que resbala
en tu nieve,
mientras tanto
la tierra
enmarañada,
húmeda,
calurosa:
los martillos
golpean,
arden
los altos hornos,
se estremece en su lámina
el petróleo,
el hombre busca, hambriento,
la materia,
se equivoca,
corrige
su estandarte,
se agrupan los hermanos,
caminan,
escuchan,
surgen
las ciudades,
en la altura
cantaron
las campanas,
las telas se tejieron,
saltó
la transparencia
a los cristales.
Mientras tanto
jazmín
o luz
nevada,
luna,
clarísima,

alta
acción de platino,
suave
muerta,
resbalas
por la noche
sin que sepamos
quiénes
son tus hombres,
si tienes
mariposas,
si en la mañana
vendes
pan de luna,
leche de estrella blanca,
si eres
de vidrio,
de corcho anaranjado,
si respiras,
si en tus praderas corren
serpientes biseladas,
quebradizas.

Queremos
acercarte,
miramos
hasta quedar ciegos
tu implacable
blancura,
ajustamos
al monte el telescopio
y pegamos el ojo
hasta dormirnos:
no hablas,
no te desvistes,
no enciendes
una sola fogata,
miras

hacia otro lado,
cuentas,
cuentas
el tiempo
de la noche,
tic
tac
suave,
suave
tac
tic
tac
como gota en la nieve,
redondo
reloj de agua,
corola
del tiempo
sumergida
en el cielo.

No será, no será
siempre,
prometo
en nombre
de todos
los poetas
que te amaron
inútilmente:
abriremos
tu paz de piedra pálida,
entraremos
en tu luz subterránea,
se encenderá
fuego
en tus ojos muertos,
fecundaremos
tu estatura helada,
cosecharemos

trigo
y aves
en tu frente,
navegaremos
en tu océano blanco,
y marcarás
entonces
las horas
de los hombres,
en la altura
del cielo:
serás
nuestra,
habrá en tu nieve
pétalos
de mujeres,
descubrimiento
de hombres,
y no serás inútil
reloj
nocturno,
magnolia
del árbol de la noche,
sino sólo
legumbre,
queso puro,
vaca celeste,
ubre
derramada,
manantial
de la leche,
útil
como la espiga,
desbordante,
reinante
y necesaria.

Oda a la luna del mar

Luna
de la ciudad,
me pareces
cansada,
oscura
me pareces
o amarilla,
con algo
de uña gastada
o gancho de candado,
cadavérica,
vieja,
borrascosa,
tambaleante
como una
religiosa oxidada
en el transcurso
de las metálicas
revoluciones:
luna
transmigratoria,
respetable,
impasible:
tu
palidez
ha visto
barricadas
sangrientas,
motines
del pueblo que sacude
sus cadenas,
amapolas
abiertas

sobre
la guerra
y sus
exterminados
y allí, cansada, arriba,
con tus párpados viejos
cada vez
más cansada,
más
triste,
más rellena con humo,
con sangre, con tabaco,
con infinitas interrogaciones,
con el sudor nocturno
de las panaderías,
luna
gastada
como
la única muela
del cielo
de la noche
desdentada.

De pronto
llego
al mar
y otra luna
me pareces,
blanca,
mojada
y fresca
como
yegua
reciente
que corre
en el rocío,
joven
como una perla,

diáfana
como frente
de sirena.
Luna
del mar,
te lavas
cada noche
y amaneces
mojada
por una aurora eterna,
desposándote
sin cesar con el cielo, con el aire,
con el viento marino,
desarrollado cada
nueva hora
por el interno impulso
vital de la marea,
limpia como las uñas
en la sal
del océano.

Oh, luna de los mares,
luna
mía,
cuando
de las calles
regreso,
de mi número
vuelvo,
tú me lavas
el polvo,
el sudor
y las manchas
del camino,
lavandera
marina,
lavas
mi corazón cansado,

mi camisa.
En la noche
te miro,
pura,
encendida
lámpara
del cielo,
fresca, recién nacida
entre las olas,
y me duermo
bajo tu esfera limpia,
reluciente,
de universal reloj,
de rosa blanca.
Amanezco
nuevo, recién vestido,
lavado por tus manos,
lavandera,
buena para el trabajo
y la batalla.
Tal vez tu paz, tu nimbo
nacarado,
tu nave
entre las olas,
eterna, renaciendo
con la sombra,
tienen que ver conmigo
y a tu fresca
eternidad de plata
y de marea
debe mi corazón
su levadura.

Oda a la lluvia marina

El ave grande cruza
entre agua y agua,
el cielo
se deshoja,
llueve
sobre el océano de Chile.
Dura
como roca ondulada
el agua madre
mueve
su barriga
y como desde un pino
en movimiento
caen agujas verdes
desde el cielo.
Llueve
de mar a mar,
desde los archipiélagos
hasta las osamentas amarillas
del litoral peruano,
llueve,
y es como flecha el agua
sin flechero,
la transparencia
oblicua
de los hilos,
el agua dulce
sobre el agua amarga.
En
el azul mojado,
ceniciento,
baila el albatros
en el aire puro,

nave orgullosa, clave
de la ecuación marina.
Y agitando
las plumas
en la lluvia,
la nevada paloma estercolaria,
la golondrina antártica,
el pájaro playero,
cruzan las soledades,
mientras
las olas y la espuma
combatiendo
rechazan y reciben
la inundación
celeste.

Aguacero
marino,
por tus hebras
fue bruñido y lavado
como un navío
el mundo:
la partida
se prepara en la costa,
chorros
de fuerza transparente
limpiaron la estructura,
brilló, brilló la proa
de madera
en la lluvia:
el hombre,
entre
océano
y cielo,
terso, en la luz del agua,
terminó su aspereza,
como un beso en su frente
se deshojó

la lluvia
y una racha
del mar,
una ola aguda
como un erizo de cristal salado
lo retiró del sueño
y bautizó con sal su desafío.

Aguas, en esta hora
de soledad terrestre,
activas aguas puras,
parecidas
a la verdad, eternas,
gracias
por la lección y el movimiento,
por la sal tempestuosa
y por el ritmo frío,
porque el pino del cielo
se deshoja
cristalino, en mi frente,
porque de nuevo existo,
canto, creo,
firme, recién lavado
por la lluvia marina.

Oda a tus manos

Yo en un mercado
o en un mar de manos
las tuyas
reconocería
como dos aves blancas,
diferentes
entre todas las aves:
vuelan entre las manos,

migratorias,
navegan en el aire,
transparentes,
pero
vuelven
a tu costado,
a mi costado,
se repliegan, dormidas, en mi pecho.

Diáfanas son delgadas
y desnudas,
lúcidas como
una cristalería,
y andan
como
abanicos
en el aire,
como plumas del cielo.

Al pan también y al agua se parecen,
al trigo, a los países de la luna,
al perfil de la almendra, al pez salvaje
que palpita plateado
en el camino
de los manantiales.
Tus manos van y vienen
trabajando,
lejos, suenan
tocando tenedores,
hacen fuego y de pronto chapotean
en el agua
negra de la cocina,
picotean la máquina aclarando
el matorral de mi caligrafía,
clavan en las paredes,
lavan ropa
y vuelven otra vez a su blancura.

Por algo
se dispuso en la tierra
que durmiera y volara
sobre mi corazón
este milagro.

Oda a don Jorge Manrique

Adelante, le dije,
y entró el buen caballero
de la muerte.

Era de plata verde
su armadura
y sus ojos
eran
como el agua marina.
Sus manos y su rostro
eran de trigo.

Habla, le dije, caballero
Jorge,
no puedo
oponer sino el aire
a tus estrofas.
De hierro y sombra fueron,
de diamantes
oscuros
y cortadas
quedaron
en el frío
de las torres
de España,
en la piedra, en el agua,
en el idioma.

Entonces, él me dijo:
«Es la hora
de la vida.
Ay
si pudiera
morder una manzana,
tocar la polvorosa
suavidad de la harina.
Ay si de nuevo
el canto...
No a la muerte
daría
mi palabra...
Creo
que el tiempo oscuro
nos cegó
el corazón
y sus raíces
bajaron y bajaron
a las tumbas,
comieron
con la muerte.
Sentencia y oración fueron las rosas
de aquellas enterradas
primaveras
y, solitario trovador,
anduve
callado en las moradas
transitorias:
todos los pasos iban
a una solemne
eternidad
vacía.
Ahora
me parece
que no está solo el hombre.
En sus manos
ha elaborado

como si fuera un duro
pan, la esperanza,
la terrestre
esperanza».

Miré y el caballero
de piedra
era de aire.

Ya no estaba en la silla.

Por la abierta ventana
se extendían las tierras,
los países,
la lucha, el trigo,
el viento.

Gracias, dije, don Jorge, caballero.

Y volví a mi deber de pueblo y canto.

Oda al niño de la liebre

A la luz del otoño
en el camino
el niño
levantaba en sus manos
no una flor
ni una lámpara,
sino una liebre muerta.

Los motores rayaban
la carretera fría,
los rostros no miraban
detrás

de los cristales,
eran ojos
de hierro,
orejas
enemigas,
rápidos dientes
que relampagueaban
resbalando
hacia el mar y las ciudades,
y el niño
del otoño
con su liebre,
huraño
como un cardo,
duro
como una piedrecita,
allí
levantando
una mano
hacia la exhalación
de los viajeros.
Nadie
se detenía.

Eran pardas
las altas cordilleras,
cerros
color de puma
perseguido,
morado
era
el silencio
y como
dos ascuas
de diamante
negro
eran
los ojos

del niño con su liebre,
dos puntas
erizadas
de cuchillo,
dos cuchillitos negros,
eran los ojos
del niño,
allí perdido
ofreciendo su liebre
en el inmenso
otoño
del camino.

Oda al ojo

Poderoso eres, pero
una arenilla,
una pata de mosca,
la mitad de un miligramo
de polvo
entró en tu ojo derecho
y el mundo
se hizo negro y borroso,
las calles
se volvieron escaleras,
los edificios se cubrieron de humo,
tu amor, tu hijo, tu plato
cambiaron de color, se transformaron
en palmeras o arañas.

Cuida el ojo!

El ojo,
globo de maravilla,
pequeño

pulpo de nuestro abismo
que extrae
la luz de las tinieblas,
perla
elaboradora,
magnético
azabache,
maquinita
rápida
como nada o como nadie,
fotógrafo
vertiginoso,
pintor francés,
revelador de asombro.
Ojo,
diste nombre
a la luz de la esmeralda,
sigues
el crecimiento
del naranjo
y controlas
las leyes de la aurora,
mides,
adviertes el peligro,
te encuentras con el rayo
de otros ojos
y arde en el corazón la llamarada,
como un
milenario molusco,
te sobrecoges
al ataque del ácido,
lees,
lees
números de banqueros,
alfabetos
de tiernos colegiales de Turquía,
de Paraguay, de Malta,
lees

nóminas
y novelas,
abarcas olas, ríos,
geografías,
exploras,
reconoces
tu bandera
en el remoto mar, entre los barcos,
guardas al náufrago
el retrato
más azul del cielo
y de noche
tu pequeña
ventana
que se cierra
se abre por otro lado como un túnel
a la indecisa patria de los sueños.

Yo vi un muerto
en la pampa
salitrera,
era
un hombre del salitre,
hermano de la arena.
En una huelga
mientras
comía
con sus compañeros
lo derribaron, luego
en su sangre
que otra vez
volvía a las arenas,
los hombres
empaparon
sus banderas
y por la dura pampa
caminaron
cantando

y desafiando a sus verdugos.
Yo me incliné
para tocar su rostro
y en las pupilas
muertas,
retratada,
profunda,
vi
que se había quedado
viviente
su bandera,
la misma que llevaban
al combate
sus hermanos
cantando,
allí
como en el pozo
de toda
la eternidad humana
vi
su bandera
como fuego escarlata,
como una amapola
indestructible.

Ojo,
tú faltabas
en mi canto
y cuando una vez más hacia el océano
fui a dirigir las cuerdas de mi lira
y de mi oda,
tú delicadamente
me mostraste
qué tonto soy: vi la vida, la tierra,
todo
lo vi,
menos mis ojos.
Entonces

dejaste penetrar
bajo mis párpados
un átomo de polvo.
Se me nubló la vista.
Vi el mundo
ennegrecido.
El oculista
detrás de una escafandra
me dirigió su rayo
y me dejó caer
como a una ostra
una gota de infierno.
Más tarde,
reflexivo,
recobrando la vista y admirando
los pardos, espaciosos
ojos de la que adoro,
borré mi ingratitud con esta oda
que tus
desconocidos ojos
leen.

Oda al olor de la leña

Tarde, con las estrellas
abiertas en el frío
abrí la puerta.
                El mar
galopaba
en la noche.

Como una mano
de la casa oscura
salió el aroma
intenso
de la leña guardada.

Visible era el aroma
como
si el árbol
estuviera vivo.
Como si todavía palpitara.

Visible
como una vestidura.

Visible
como una rama rota.

Anduve
adentro
de la casa
rodeado
por aquella balsámica
oscuridad.
Afuera
las puntas
del cielo cintilaban
como piedras magnéticas
y el olor de la leña
me tocaba
el corazón
como unos dedos,
como un jazmín,
como algunos recuerdos.

No era el olor agudo
de los pinos,
no,
no era
la ruptura en la piel
del eucaliptus,
no eran
tampoco
los perfumes verdes

de la viña,
sino
algo más secreto,
porque aquella fragancia
una sola,
una sola
vez existía,
y allí, de todo lo que vi en el mundo,
en mi propia
casa, de noche, junto al mar de invierno,
allí estaba esperándome
el olor
de la rosa más profunda,
el corazón cortado de la tierra,
algo
que me invadió como una ola
desprendida
del tiempo
y se perdió en mí mismo
cuando yo abrí la puerta
de la noche.

Oda a la papa

Papa
te llamas,
papa
y no patata,
no naciste con barba,
no eres castellana:
eres oscura
como
nuestra piel,
somos americanos,
papa,

somos indios.
Profunda
y suave eres,
pulpa pura, purísima
rosa blanca
enterrada,
floreces
allá adentro
en la tierra,
en tu lluviosa
tierra
originaria,
en las islas mojadas
de Chile tempestuoso,
en Chiloé marino,
en medio de la esmeralda que abre
su luz verde
sobre el austral océano.

Papa,
materia
dulce,
almendra
de la tierra,
la madre
allí
no tuvo
metal muerto,
allí en la oscura
suavidad de las islas
no dispuso
el cobre y sus volcanes
sumergidos,
ni la crueldad azul
del manganeso,
sino que con su mano,
como en un nido
en la humedad más suave,

colocó tus redomas,
y cuando
el trueno
de la guerra
negra,
España
inquisidora,
negra como águila de sepultura,
buscó el oro salvaje
en la matriz
quemante
de la Araucanía,
sus uñas
codiciosas
fueron exterminadas,
sus capitanes,
muertos,
pero cuando a las piedras de Castilla
regresaron
los pobres capitanes derrotados,
levantaron en las manos sangrientas
no una copa de oro,
sino la papa
de Chiloé marino.

Honrada eres
como
una mano
que trabaja en la tierra,
familiar
eres
como
una gallina,
compacta como un queso
que la tierra elabora
en sus ubres
nutricias,
enemiga del hambre,

en todas
las naciones
se enterró tu bandera
vencedora
y pronto allí,
en el frío o en la costa
quemada,
apareció
tu flor
anónima
anunciando la espesa
y suave
natalidad de tus raíces.

Universal delicia,
no esperabas
mi canto
porque eres sorda
y ciega
y enterrada.
Apenas
si hablas en el infierno
del aceite
o cantas
en las freidurías
de los puertos,
cerca de las guitarras,
silenciosa,
harina de la noche
subterránea,
tesoro interminable
de los pueblos.

Oda al picaflor

Al colibrí,
volante
chispa de agua,
incandescente gota
de fuego
americano,
resumen
encendido
de la selva,
arco iris
de precisión
celeste:
al
picaflor
un arco,
un
hilo
de oro,
una fogata
verde!

Oh
mínimo
relámpago
viviente,
cuando
se sostiene
en el aire
tu
estructura
de polen,
pluma
o brasa,

te pregunto,
qué cosa eres,
en dónde
te originas?
Tal vez en la edad ciega
del diluvio,
en el lodo
de la fertilidad,
cuando
la rosa
se congeló en un puño de antracita
y se matricularon los metales,
cada uno en
su secreta
galería,
tal vez entonces
del reptil
herido
rodó un fragmento,
un átomo
de oro,
la última
escama cósmica, una
gota
del incendio terrestre
y voló
suspendiendo tu hermosura,
tu iridiscente
y rápido zafiro.

Duermes
en una nuez,
cabes en una
minúscula corola,
flecha,
designio,
escudo,
vibración

de la miel, rayo del polen,
eres
tan valeroso
que el halcón
con su negra emplumadura
no te amedrenta:
giras
como luz en la luz,
aire en el aire,
y entras
volando
en el estuche húmedo
de una flor temblorosa
sin miedo
de que su miel nupcial te decapite.

Del escarlata al oro espolvoreado,
al amarillo que arde,
a la rara
esmeralda cenicienta,
al terciopelo anaranjado y negro
de tu tornasolado corselete,
hasta el dibujo
que como
espina de ámbar
te comienza,
pequeño ser supremo,
eres milagro,
y ardes
desde
California caliente
hasta el silbido
del viento amargo de la Patagonia.
Semilla del sol
eres,
fuego
emplumado,
minúscula

bandera
voladora,
pétalo de los pueblos que callaron,
sílaba
de la sangre enterrada,
penacho
del antiguo
corazón
sumergido.

Oda a Pies de Fuego

Con esos
pies
pequeños
parecidos
a abejas,
cómo
gastas
zapatos!
Yo sé
que vas y vienes,
que corres las escalas,
que adelantas al viento.
Antes
de que
te llame
ya has llegado,
y junto a la agresiva
cintura de la costa,
arena, piedra, espinas,
vas
a mi lado,
en los bosques
pisando troncos, mudas

aguas verdes,
o en las calles
andando
intransitables
suburbios, pavimentos
de alquitrán fatigado,
a esa hora
en que la luz
del mundo
se deshilacha como
una bandera,
tú, por calles y bosques,
a mi lado
caminas,
bravía, inagotable
compañera,
pero,
Dios mío!
cómo gastas
zapatos!

Apenas
me parece
que llegaron
en su caja
y al abrirla
salieron
bruñidos
como dos
pequeñas herramientas
de combate,
intactos
como
dos monedas
de
oro,
como dos campanitas,
y hoy,

qué veo?
En tus pies
dos erizos
arrugados,
dos puños entreabiertos,
dos informes
pepinos,
dos batracios
de cuero
desteñido,
eso,
eso
han llegado
a ser
los dos luceros
hace un mes, sólo un mes
salidos
de la zapatería.

Como
flor amarilla de hermosura,
abierta en la barranca,
o enredadera viva en el ramaje,
como
la calceolaria
o el copihue
o como el amaranto electrizado,
así,
mi cristalina, mi fragante,
así tú, floreciendo, me acompañas,
y una pajarería, una cascada
de los australes
montes
es
tu corazón
cantando
junto al mío,
pero,

cómo
te comes
los zapatos,
Pies de Fuego!

Oda al presente

Este
presente
liso
como una tabla,
fresco,
esta hora,
este día
limpio
como una copa nueva
–del pasado
no hay una
telaraña–,
tocamos
con los dedos
el presente,
cortamos
su medida,
dirigimos
su brote,
está viviente,
vivo,
nada tiene
de ayer irremediable,
de pasado perdido,
es nuestra
criatura,
está creciendo
en este

momento, está llevando
arena, está comiendo
en nuestras manos,
cógelo,
que no resbale,
que no se pierda en sueños
ni palabras,
agárralo,
sujétalo
y ordénalo
hasta que te obedezca,
hazlo camino,
campana,
máquina,
beso, libro,
caricia,
corta su deliciosa
fragancia de madera
y de ella
hazte una silla,
trenza
su respaldo,
pruébala,
o bien
escalera!

Sí,
escalera,
sube
en el presente,
peldaño
tras peldaño,
firmes
los pies en la madera
del presente,
hacia arriba,
hacia arriba,
no muy alto,

tan sólo
hasta que puedas
reparar
las goteras
del techo,
no muy alto,
no te vayas al cielo,
alcanza
las manzanas,
no las nubes,
ésas
déjalas
ir por el cielo, irse
hacia el pasado.
Tú
eres
tu presente,
tu manzana:
tómala
de tu árbol,
levántala
en tu
mano,
brilla
como una estrella,
tócala,
híncale el diente y ándate
silbando en el camino.

Oda a Paul Robeson

Antes
él aún no existía.

Pero su voz
estaba
allí, esperando.

La luz
se apartó de la sombra,
el día
de la noche,
la tierra
de las primeras aguas.

Y la voz de Paul Robeson
se apartó del silencio.

Las tinieblas querían
sustentarse. Y abajo
crecían las raíces.
Peleaban
por conocer la luz
las plantas ciegas,
el sol temblaba, el agua
era una boca muda,
los animales
iban transformándose:
lenta,
lentamente
se adaptaban al viento
y a la lluvia.

La voz del hombre fuiste
desde entonces
y el canto de la tierra
que germina,
el río, el movimiento
de la naturaleza.

Desató la cascada
su inagotable trueno

sobre tu corazón, como si un río
cayera en una piedra
y la piedra cantara
con la boca
de todos los callados,
hasta que todo y todos
en tu voz
levantaron
hacia la luz su sangre,
y tierra y cielo, fuego y sombra y agua,
subieron con tu canto.

Pero
más tarde
el mundo
se oscureció de nuevo.
Terror, guerra
y dolores
apagaron
la llama verde,
el fuego
de la rosa
y sobre
las ciudades
cayó
polvo
terrible,
ceniza
de los asesinados.
Iban
hacia los hornos
con un número
en la frente
y sin cabellos,
los hombres, las mujeres,
los ancianos, los niños
recogidos
en Polonia, en Ucrania,

en Amsterdam, en Praga.
Otra vez
fueron
tristes
las ciudades
y el silencio
fue grande,
duro,
como piedra de tumba
sobre un corazón vivo,
como una mano muerta
sobre la voz de un niño.

Entonces
tú, Paul Robeson,
cantaste.

Otra vez
se oyó sobre la tierra
la poderosa
voz
del agua
sobre el fuego,
la solemne, pausada, ronca, pura
voz de la tierra
recordándonos
que aún
éramos hombres,
que compartíamos
el duelo y la esperanza.
Tu voz
nos separó del crimen,
una vez más
apartó
la luz de las tinieblas.

Luego
en Hiroshima

cayó
todo el silencio,
todo.
Nada
quedó:
ni un pájaro
equivocado en una
ventana fallecida,
ni una madre
con un
niño que llora,
ni el eco
de una usina,
ni
la
voz
de
un
violín
agonizante.
Nada.
Del cielo
cayó todo el silencio
de la muerte.

Y entonces
otra
vez,
padre,
hermano,
voz
del hombre
en su resurrección
sonora,
en su
profundidad,
en su esperanza,
Paul,
cantaste.

Otra vez
tu corazón de río
fue más alto,
más
ancho
que el silencio.

Yo sería
mezquino
si te coronara
rey de la voz
del negro,
sólo
grande en tu raza,
entre tu bella
grey
de música y marfil,
que sólo para oscuros
niños
encadenados por los amos crueles,
cantas.

No,
Paul Robeson,
tú,
junto
a Lincoln
cantabas,
cubriendo
el cielo con tu voz sagrada,
no sólo
para negros,
para los pobres negros,
sino para los pobres
blancos,
para
los pobres indios,
para todos
los pueblos.

Tú,
Paul
Robeson,
no
te quedaste mudo
cuando
a Pedro o a Juan
le pusieron los muebles
en la calle, en la lluvia,
o cuando
los milenarios sacrificadores
quemaron
el doble corazón
de los que ardieron
como cuando
en mi patria
el trigo crece en tierra de volcanes,
nunca
dejaste
tu canción: caía
el hombre y tú
lo levantabas,
eras a veces
un subterráneo
río,
algo
que apenas
sostenía la luz
en las tinieblas,
la última
espada
del honor
que moría,
el postrer rayo
herido,
el trueno inextinguible.
El pan del hombre,
honor,

lucha,
esperanza,
tú lo defiendes,
Paul
Robeson.
La luz del hombre,
hijo
del sol,
del nuestro,
sol
del suburbio
americano
y de las nieves
rojas
de los Andes:
tú
proteges nuestra luz.

Canta,
camarada,
canta,
hermano
de la tierra,
canta,
buen
padre
del fuego,
canta
para todos nosotros,
los que viven
pescando,
clavando clavos con
viejos martillos,
hilando
crueles
hilos de seda,
machacando la pulpa
del papel, imprimiendo,

para
todos
aquellos
que
apenas
pueden cerrar los ojos
en la cárcel,
despertados
a medianoche,
apenas
seres
humanos
entre dos torturas,
para los que combaten
con el cobre
en la
desnuda
soledad andina,
a cuatro
mil
metros de altura.

Canta,
amigo
mío,
no dejes
de cantar:
tú
derrotaste
el silencio
de los ríos
que no tenían voz
porque llevaban
sangre,
tu voz habla por ellos,
canta,
tu voz
reúne

a muchos hombres
que no
se conocían.
Ahora
lejos,
en los magnéticos Urales
y en la perdida
nieve
patagónica,
tú, cantando,
atraviesas
sombra,
distancia,
olores
de mar y matorrales,
y el oído
del
joven
fogonero,
del cazador errante,
del vaquero
que se quedó de pronto solo con su guitarra,
te escuchan.

Y en su prisión perdida, en Venezuela,
Jesús Faría,
el noble, el luminoso,
oyó el trueno sereno
de tu canto.

Porque tú cantas
saben que existe el mar
y que el mar canta.

Saben que es libre el mar, ancho y florido,
y así es tu voz, hermano.

Es nuestro el sol. La tierra será nuestra.
Torre del mar, tú seguirás cantando.

Oda a la rosa

A la rosa,
a esta rosa,
a la única,
a esta gallarda, abierta,
adulta rosa,
a su profundidad de terciopelo,
al estallido de su seno rojo.
Creían,
sí,
creían
que renunciaba a ti,
que no te canto,
que no eres mía, rosa,
sino ajena,
que yo
voy por el mundo
sin mirarte,
preocupado
sólo
del hombre
y su conflicto.
No es verdad, rosa,
te amo.
Adolescente
preferí las espigas,
las granadas,
preferí ásperas flores
de matorral, silvestres
azucenas.
Por elegante
desprecié tu erguida
plenitud,
el raso matinal de tu corpiño,

la indolente insolencia
de tu agonía, cuando
dejas caer un pétalo
y con los otros
continúas ardiendo
hasta que se esparció todo el tesoro.
Me perteneces,
rosa,
como todo
lo que hay sobre la tierra,
y no puede
el poeta
cerrar los ojos
a tu copa encendida,
cerrar el corazón a tu fragancia.
Rosa, eres dura:
he visto
caer la nieve en mi jardín:
el hielo
paralizó la vida,
los grandes árboles
quebraron sus ramajes,
solo,
rosal,
sobreviviste,
terco,
desnudo, allí en el frío,
parecido a la tierra,
pariente
del labrador, del barro,
de la escarcha,
y más tarde
puntual, el nacimiento
de una rosa,
el crecimiento de una llamarada.

Rosa obrera,
trabajas

tu perfume,
elaboras
tu estallido escarlata o tu blancura,
todo el invierno
buscas en la tierra,
excavas
minerales,
minera,
sacas fuego
del fondo
y luego
te abres,
esplendor de la luz, labio del fuego,
lámpara de hermosura.

A mí
me perteneces,
a mí y a todos,
aunque
apenas
tengamos
tiempo para mirarte,
vida para
dedicar a tus llamas
los cuidados,
rosa
eres nuestra,
vienes
del tiempo consumido
y avanzas,
sales de los jardines
al futuro.
Caminas
el camino
del hombre,
inquebrantable y victoriosa eres
un pequeño
capullo de bandera.

Bajo tu resistente y delicado
pabellón de fragancia
la grave tierra derrotó a la muerte
y la victoria fue tu llamarada.

Oda a Jean Arthur Rimbaud

Ahora,
en este octubre
cumplirás
cien años,
desgarrador amigo.
Me permites
hablarte?
Estoy solo,
en mi ventana
el Pacífico rompe
su eterno trueno oscuro.

Es de noche.

La leña que arde arroja
sobre el óvalo
de tu antiguo retrato
un rayo fugitivo.
Eres un niño
de mechones torcidos,
ojos semicerrados,
boca amarga.
Perdóname
que te hable
como soy, como creo
que serías ahora,
te hable de agua marina
y de leña que arde,
de simples cosas y sencillos seres.

Te torturaron
y quemaron tu alma,
te encerraron
en los muros de Europa
y golpeabas
frenético
las puertas.
Y cuando
ya pudiste
partir
ibas herido,
herido y mudo,
muerto.

Muy bien, otros poetas
dejaron
un cuervo, un cisne,
un sauce,
un pétalo en la lira,
tú dejaste un fantasma
desgarrado
que maldice
y escupe
y andas
aún
sin rumbo,
sin domicilio fijo,
sin número,
por las calles de Europa,
regresando a Marsella,
con arena africana
en los zapatos,
urgente
como un escalofrío,
sediento,
ensangrentado,
con los bolsillos rotos,
desafiante,

perdido,
desdichado.

No es verdad
que te robaste el fuego,
que corrías
con la furia celeste
y con la pedrería
ultravioleta
del infierno,
no es así,
no lo creo,
te negaban
la sencillez, la casa,
la madera,
te rechazaban,
te cerraban puertas,
y volabas entonces,
arcángel iracundo,
a las moradas
de la lejanía,
y moneda a moneda,
sudando y desangrando
tu estatura
querías
acumular el oro
necesario
para la sencillez, para la llave,
para la quieta esposa,
para el hijo,
para la silla tuya,
el pan y la cerveza.

En tu tiempo
sobre las telarañas
ancho
como un paraguas
se cerraba el crepúsculo

y el gas parpadeaba
soñoliento.
Por la Commune pasaste,
niño rojo,
y dio tu poesía
llamaradas
que aún suben castigando
las paredes
de los fusilamientos.
Con ojos
de puñal
taladraste
la sombra
carcomida,
la guerra, la errabunda
cruz de Europa.
Por eso hoy, a cien años
de distancia,
te invito
a la sencilla
verdad que no alcanzó
tu frente huracanada,
a América te invito,
a nuestros ríos,
al vapor de la luna
sobre las cordilleras,
a la emancipación
de los obreros,
a la extendida patria
de los pueblos,
al Volga
electrizado
de los racimos y de las espigas,
a cuanto el hombre
conquistó sin misterio,
con la fuerza
y la sangre,
con una mano y otra,

con millones
de manos.

A ti te enloquecieron,
Rimbaud, te condenaron
y te precipitaron
al infierno.
Desertaste la causa
del germen, descubridor
del fuego, sepultaste
la llama
y en la desierta soledad
cumpliste
tu condena.
Hoy es más simple, somos
países, somos
pueblos,
los que garantizamos
el crecimiento de la poesía,
el reparto del pan, el patrimonio
del olvidado. Ahora
no estarías
solitario.

Oda al secreto amor

Tú sabes
que adivinan
el misterio:
me ven,
nos ven,
y nada
se ha dicho,
ni tus ojos,
ni tu voz, ni tu pelo,

ni tu amor han hablado,
y lo saben
de pronto,
sin saberlo
lo saben:
me despido y camino
hacia otro lado
y saben
que me esperas.

Alegre
vivo
y canto
y sueño,
seguro
de mí mismo,
y conocen
de algún modo
que tú eres mi alegría.
Ven
a través del pantalón oscuro
las llaves
de tu puerta,
las llaves
del papel, de la luna
en los jazmines,
del canto en la cascada.
Tú, sin abrir la boca,
desbocada,
tú, cerrando los ojos,
cristalina,
tú, custodiando
entre las hojas negras
una paloma roja,
el vuelo
de un escondido corazón,
y entonces
una sílaba,

una gota
del cielo,
un sonido
suave de sombra y polen
en la oreja,
y todos
lo saben,
amor mío,
circula
entre los hombres,
en las librerías,
junto
a las mujeres,
cerca
del mercado
rueda
el anillo
de nuestro
secreto
amor
secreto.

Déjalo
que se vaya
rodando
por las calles,
que asuste
a los retratos,
a los muros,
que vaya y vuelva
y salga
con las nuevas
legumbres del mercado,
tiene
tierra,
raíces,
y arriba
una amapola:

tu boca:
una amapola.
Todo
nuestro secreto,
nuestra clave,
palabra
oculta,
sombra,
murmullo,
eso
que alguien
dijo
cuando no estábamos presentes,
es sólo una amapola,
una amapola.

Amor,
amor,
amor,
oh flor secreta,
llama
invisible,
clara
quemadura!

Oda a septiembre

Mes de banderas,
mes seco, mes
mojado,
con quince días verdes,
con quince días rojos,
a medio cuerpo
te sale humo
del techo,

después
abres de golpe las ventanas,
mes en que sale al sol
la flor de invierno
y moja una vez más
su pequeña
corola temeraria,
mes cruzado por mil
flechas de lluvia
y por mil
lanzas de sol quemante,
septiembre,
para que bailes,
la tierra
pone bajo tus pies
la hierba festival
de sus alfombras,
y en tu cabeza
un arcoiris loco,
una cinta celeste
de guitarra.

Baila, septiembre, baila
con los pies de la patria,
canta, septiembre, canta
con la voz
de los pobres:
otros
meses
son largos
y desnudos,
otros
son amarillos,
otros van a caballo hacia la guerra,
tú, septiembre,
eres un viento, un rapto,
una nave de vino.

Baila
en las calles,
baila
con mi pueblo,
baila con Chile, con
la primavera,
corónate
de pámpanos copiosos
y de pescado frito.
Saca del arca
tus
banderas
desgreñadas,
saca de tu suburbio
una camisa,
de tu mina
enlutada
un par
de rosas,
de tu abandono
una canción florida,
de tu pecho que lucha
una guitarra,
y lo demás
el sol,
el cielo puro
de la primavera,
la patria lo adelanta
para que algo
te suene en los bolsillos:
la esperanza.

Oda al sol

No conocía el sol.
Viví en invierno.
Era
en los montes australes.
Las aguas
invasoras
sostenían
la tierra,
el firmamento era
un pálido paraguas
desbordado,
una medusa
oceánica
de cabellera
verde.
Llovía
sobre el techo,
sobre las hojas negras
de la noche,
bajaba
agua celeste
desde los desdentados
ventisqueros.
Después crucé los climas.
Y en el desierto,
redondo, arriba, solo,
el sol de fuego
con sus deslumbradoras
crines rojas,
el león en su círculo
de espadas,
la flor central
del cielo.

Oh sol,
cristal paterno,
horario
y poderío,
progenitor planeta,
gigante
rosa rubia
siempre
hirviendo de fuego,
siempre
consumiéndote
encendido,
cocina
cenital,
párpado
puro,
colérico y tranquilo,
fogón y fogonero,
sol,
yo quiero
mirarte
con los viejos
ojos de América:
guanaco
huracanado,
cabeza
de maíz,
corazón amarillo,
lunar de oro,
cuerpo quemante,
zanahoria ardiente,
hermosa
es tu mirada,
apenas
tocas
la rama
nace
la primavera,

apenas,
cola de ámbar,
tocas
los trigales
y se derrama el trigo
repitiendo
tu forma,
pan,
pan del cielo,
horno sagrado,
tú no fuiste
estrella blanca,
hielo,
diamante congelado
en la mirada
de la noche:
fuiste
energía,
diurno,
fuerte fecundador, potro celeste,
seminal semillero
y bajo
tu palpitante pulso
la semilla
creció,
la tierra
desnudó su forma verde
y nosotros
levantamos
las uvas
y la tierra
en una copa
ardiendo:
te heredamos:
somos
hijos
del sol y de la tierra.

Los hombres
de América
así fuimos creados,
en nuestra sangre
tierra y sol circulan
como imanes nutricios,
y te reverenciamos,
esfera tutelar, rosa de fósforo,
volador
volcán del cielo,
padre de cordilleras,
tigre germinador,
patriarca de oro,
anillo
crepitante,
germen total, incubador profundo,
gallo del universo.

Oda a la solidaridad

Y allí qué hicieron?
Sabes?
Estás de acuerdo?
Quiénes?
Algo pasa y es tu culpa.
Pero tú no sabrás.
Ahora
yo te advierto.
No puedes
dejar así las cosas.
Dónde
tienes el corazón?
Tú tienes boca.
Me estás mirando
de manera extraña.

Parece
que de repente
sabes
que te falta una mano,
los dos ojos,
la lengua,
o la esperanza.

Pero
es posible, Pedro
o Juan o Diego,
que perdieras
algo
tan necesario
sin que te dieras cuenta?
Caminabas
dormido?
Qué comías?
No miraste
los ojos de las gentes?
No entraste
a un tren, a una barraca,
a una cocina,
no notaste la luz
enmascarada,
no has visto que las manos
del que va y viene
no sólo son sus manos:
es alguien
y algo que te buscaba?

A ti, no mires
a otro lado,
porque
no llamo a tu vecino,
a ti
te estoy hablando.
Los otros me dijeron:

«Búscalo,
estamos solos».
Las hojas
recién nacidas de la primavera
preguntaron:
«Qué hace Pedro?»
Yo no supe, no pude
contestar
y luego
el pan de cada día
y el cielo con estrellas
todo
pregunta
dónde vive
Juan,
y
si Diego
se ha perdido
y ellos,
ellos
allí solos
y cada día
solos,
entre
silencio
y muro
mientras
que tú,
que yo,
fumamos.
Humo,
círculos, arabescos,
anillos
de humo
y humo,
anillos de humo y humo,
son las vidas?
No es cierto.

No te escapes.
Ahora
me ayudarás. Un dedo,
una palabra,
un signo
tuyo
y cuando
dedos, signos, palabras
caminen y trabajen
algo
aparecerá en el aire inmóvil,
un
solidario sonido en la ventana,
una
estrella en la terrible paz nocturna,
entonces
tú dormirás tranquilo,
tú vivirás tranquilo:
serás parte
del sonido que acude a la ventana,
de la luz que rompió la soledad.

Oda a Juan Tarrea

Sí, conoce la América,
Tarrea.
La conoce.
En el desamparado
Perú, saqueó las tumbas.
Al pequeño serrano,
al indio andino,
el protector Tarrea
dio la mano,
pero la retiró con sus anillos.
Arrasó las turquesas.
A Bilbao se fue con las vasijas.

Después
se colgó de Vallejo,
le ayudó a bien morir
y luego puso
un pequeño almacén
de prólogos y epílogos.

Ahora
ha hablado con Pineda.
Es importante.
Algo andará vendiendo.
Ha «descubierto»
el Nuevo Mundo.
Descubramos nosotros
a estos descubridores!
A Pineda, muchacho
de quien leí
en su libro
verdades
y velorios,
ríos ferruginosos,
gente clara,
panes y panaderos,
caminos con caballos,
a nuestro americano
Pineda,
o a otro
desde España con boina
de sotacura y uñas
de prestamista,
Tarrea
llega
a enseñar
lo que es él, lo que soy
y lo que somos.

No sabe nada
pero
nos enseña.

«Así es América.
Éste es Rubén Darío»,
dice
poniendo sobre el mapa
la larga uña de Euzkadi.
Y escribe el pobrecillo
largamente.
Nadie puede leer
lo que repite,
pero incansable
sube
a las revistas,
se descuelga
entre los capitolios,
resbala
desde las academias,
en todas partes
sale con su discurso,
con su berenjenal
de vaguedades,
con su oscilante
nube
de tontas teorías,
su baratillo viejo
de saldos metafísicos,
de seudo magia
negra
y de mesiánica
quincallería.

Es lo que ahora llevan
por nuestras inocentes
poblaciones,
suplementos,
revistas,
los últimos
o penúltimos
filibusteros,

y al pobre americano
le muestran
una inservible y necia
baratija
con
sueños
de gusano
o mentiras
de falso Apocalipsis,
y se llevan
el oro
de Pineda,
el vapor
verde
de nuestros ríos,
la piel
pura,
la sal
de nuestras soledades espaciosas.
Tarrea,
ándate pronto.
No me toques. No toques
a Darío, no vendas
a Vallejo, no rasques
la rodilla
de Neruda.
Al español, a la española amamos,
a la sencilla gente
que trabaja y discurre,
al hijo luminoso
de la guerra
terrible,
al capitán valiente
y al labrador
sincero
deseamos. Si quieren
roturar tierra o presidir los ríos,
vengan,

sí, vengan ellos,
pero
tú,
Tarrea, vuelve
a tu cambalache
de Bilbao,
a la huesa
del monasterio pútrido,
golpea
la puerta del Caudillo,
eres su emanación,
su nimbo negro,
su viudedad vacía.
Vuelve
a tus enterrados, al osario
con ociosos lagartos,
nosotros,
simples
picapedreros, pobres
comedores de manzanas,
constructores
de una casa sencilla,
no queremos
ser descubiertos,
no,
no deseamos
la cháchara perdida
del tonto de ultramar.
Vuélvete ahora
a tu epitafio
atlántico, a la ría
mercantil, marinera,
allí sal con tu cesta
de monólogos
y grita por las calles
a ver si alguien se apiada
y consume
tu melancólica mercadería.

Yo no puedo.

No acepto baratijas.

No puedo
preocuparme de ti, pobre Tarrea.

Tengo deberes de hombre.

Y tengo canto
para tanto tiempo
que te aconsejo
ahorres
uña y lengua.

Dura
fue mi madre,
la cordillera andina,
caudaloso
fue el trueno del océano
sobre mi nacimiento,
vivo en mi territorio,
me desangro
en la luz de mi batalla,
hago los muros
de mi propia casa,
contribuyo
a la piedra con mi canto,
y no te necesito,
vendedor
de muertos, capellán
de fantasmas,
pálido sacristán
espiritista,
chalán de mulas muertas,
yo no te doy
vasija
contra baratijo:

yo, para tu desgracia,
he andado, he visto,
canto.

Oda a la tipografía

Letras largas, severas,
verticales,
hechas
de línea
pura,
erguidas
como el mástil
del navío
en medio
de la página
llena
de confusión y turbulencia,
Bodonis
algebraicos,
letras
cabales,
finas
como lebreles,
sometidas
al rectángulo blanco
de la geometría,
vocales
elzeviras
acuñadas
en el menudo acero
del taller junto al agua,
en Flandes, en el norte
acanalado,
cifras

del ancla,
caracteres de Aldus,
firmes como
la estatura
marina
de Venecia
en cuyas aguas madres,
como vela
inclinada,
navega la cursiva
curvando el alfabeto:
el aire
de los descubridores
oceánicos
agachó
para siempre el perfil de la escritura.

Desde
las manos medioevales
avanzó hasta tus ojos
esta
N
este 8
doble
esta
J
esta
R
de rey y de rocío.
Allí
se trabajaron
como si fueran
dientes, uñas,
metálicos martillos
del idioma.
Golpearon cada letra,
la erigieron,
pequeña estatua negra

en la blancura,
pétalo
o pie estrellado
del pensamiento que tomaba forma
de caudaloso río
y que al mar de los pueblos navegaba
con todo
el alfabeto
iluminando
la desembocadura.
El corazón, los ojos
de los hombres
se llenaron de letras,
de mensajes,
de palabras,
y el viento pasajero
o permanente
levantó libros
locos
o sagrados.
Debajo
de las nuevas pirámides escritas
la letra
estaba viva,
el alfabeto ardiendo,
las vocales,
las consonantes como
flores curvas.
Los ojos
del papel, los que miraron
a los hombres
buscando
sus regalos,
su historia, sus amores,
extendiendo
el tesoro
acumulado,
esparciendo de pronto

la lentitud de la sabiduría
sobre la mesa
como una baraja,
todo
el humus
secreto
de los siglos,
el canto, la memoria,
la revuelta,
la parábola ciega,
de pronto
fueron
fecundidad,
granero,
letras,
letras
que caminaron
y encendieron,
letras
que navegaron
y vencieron,
letras
que despertaron
y subieron,
letras
que libertaron,
letras
en forma de paloma
que volaron,
letras
rojas sobre la nieve,
puntuaciones,
caminos,
edificios
de letras
y Villon y Berceo,
trovadores
de la memoria

apenas
escrita sobre el cuero
como sobre el tambor
de la batalla,
llegaron
a la espaciosa nave
de los libros,
a la tipografía
navegante.

Pero
la letra
no fue sólo belleza,
sino vida,
fue paz para el soldado,
bajó a las soledades
de la mina
y el minero
leyó
el volante duro
y clandestino,
lo ocultó en los repliegues
del secreto
corazón
y arriba,
sobre la tierra,
fue otro
y otra
fue su palabra.
La letra
fue la madre
de las nuevas banderas,
las letras
procrearon
las estrellas
terrestres
y el canto, el himno ardiente
que reúne

a los pueblos,
de
una
letra
agregada
a otra
letra
y a otra,
de pueblo a pueblo fue sobrellevando
su autoridad sonora
y creció en la garganta de los hombres
hasta imponer la claridad del canto.

Pero,
tipografía,
déjame
celebrarte
en la pureza
de tus
puros perfiles,
en la redoma
de la letra
O,
en el fresco
florero
de la
Y
griega,
en la
Q
de Quevedo
(cómo puede pasar
mi poesía
frente a esa letra
sin sentir el antiguo escalofrío
del sabio moribundo?),
a la azucena
multi

multiplicada
de la
V
de victoria,
en la
E
escalonada
para subir al cielo,
en la
Z
con su rostro de rayo,
en la P
anaranjada.

Amor,
amo
las letras
de tu pelo,
la
U
de tu mirada,
las
S
de tu talle.
En las hojas
de la joven primavera
relumbra el alfabeto
diamantino,
las esmeraldas
escriben tu nombre
con iniciales frescas de rocío.
Mi amor,
tu cabellera
profunda
como selva o diccionario
me cubre
con su totalidad
de idioma

rojo.
En todo,
en la estela
del gusano
se lee,
en la rosa se lee,
las raíces
están llenas de letras
retorcidas
por la humedad del bosque
y en el cielo
de Isla Negra, en la noche,
leo,
leo
en
el firmamento frío
de la costa,
intenso,
diáfano de hermosura,
desplegado,
con estrellas capitales
y minúsculas
y exclamaciones
de diamante helado,
leo, leo
en la noche de Chile
austral, perdido
en las celestes soledades
del cielo,
como en un libro
leo
todas
las aventuras
y en la hierba
leo,
leo
la verde, la arenosa
tipografía

de la tierra agreste,
leo
los navíos, los rostros
y las manos,
leo
tu corazón
en donde
viven
entrelazados
la inicial
provinciana
de tu nombre
y
el arrecife
de mis apellidos.
Leo
tu frente,
leo
tu cabellera
y en el jazmín
las letras
escondidas
elevan
la incesante
primavera
hasta que yo descifro
la enterrada
puntuación
de la amapola
y la letra
escarlata
del estío:
son las exactas flores de mi canto.

Pero,
cuando
despliega
sus rosales

la escritura,
la letra
su esencial
jardinería,
cuando lees
las viejas y las nuevas
palabras, las verdades
y las exploraciones,
te pido
un pensamiento
para el que las ordena
y las levanta,
para el que para
el tipo,
para el linotipista
con su lámpara
como un piloto
sobre
las olas del lenguaje
ordenando
los vientos y la espuma,
la sombra y las estrellas
en el libro:
el hombre
y el acero
una vez más reunidos
contra el ala nocturna
del misterio,
navegando,
horadando,
componiendo.

Tipografía,
soy
sólo un poeta
y eres
el florido
juego de la razón,

el movimiento
de los alfiles
de la inteligencia.
No descansas
de noche
ni de invierno,
circulas
en las venas
de nuestra
anatomía
y si duermes
volando
durante
alguna noche o huelga
o fatiga o ruptura
de linotipia
bajas de nuevo al libro
o al periódico
como nube
de pájaros al nido.
Regresas
al sistema,
al orden
inapelable
de la inteligencia.

Letras,
seguid cayendo
como precisa lluvia
en mi camino.
Letras de todo
lo que vive
y muere,
letras de luz, de luna,
de silencio,
de agua,
os amo,
y en vosotras

recojo
no sólo el pensamiento
y el combate,
sino vuestros vestidos,
sentidos
y sonidos:
A
de gloriosa avena,
T
de trigo y de torre
y
M
como tu nombre
de manzana.

Oda al trigo de los indios

Lejos
nací,
más lejos
de donde tú naciste.
Yo nací
lejos,
lejos,
en la
mojada
y
roja
Araucanía,
y
en
el verano
rojo
de mi infancia
se movía la tierra:

un peñasco,
un árbol espinoso,
una quebrada:

era un indio,

un indio
que venía
en su caballo.

Fui a los cerros, crucé,
las desembocaduras,
los abruptos, heridos
territorios,
los lagos
encendidos
bajo
sus diademas nevadas,
mi tierra
verde y roja,
sonora
y pura
como
una campana,
tierra,
tierra,
canelos,
un perfume
indecible
de raíces
tan profundo
como
si la tierra
fuera una sola rosa
humedecida.

Y entonces
más arriba

estaba el trigo,
el trigo de los indios,
el último, el menguado,
el harapiento
oro
de la pobre Araucanía.
Vi llegar los caciques,
dura cara,
ralos bigotes,
ponchos
menoscabados,
y no me sonreían
porque
para el último rey
soy extranjero.
Era
la cosecha del trigo.
Paja
seca
volaba,
la trilladora
ardía
y las pobres espigas
desgranaban
el último,
el hambriento,
el raído
oro
del pan
de la pobre Araucanía.

Las indias,
sentadas
como cántaros
de greda,
miraban desde
el tiempo,
desde el agua,

remotas.
A veces
en el círculo
del trigo
un grito
o una
quemante carcajada
eran como dos piedras
que caían
en el agua.
Los sacos
se llenaban
de cereal, de pronto
la trilladora
detenía
su jadeo
y los indios
sentados
como sacos
de tierra
y los sacos
de trigo
como espectros
de la antigua Araucanía,
testigo
de la pobreza, mudos,
vigilantes,
y arriba
el cielo
duro,
la piedra azul del cielo,
y abajo
tierra pobre y lluviosa,
trigo pobre
y los sacos:
los espectros
de mi patria.

Recuerdo
aquellas tierras
saqueadas
por jueces
y ladrones,
la cosecha,
los indios
del verano
con menos tierra y trigo
en cada estío,
mirando
la terrible
trilladora,
el desgranado
pan de las sementeras,
allí arriba,
en mi tierra,
en la montaña,
y
abajo
los feudales,
sus abogados y su policía,
matándolos
con papeles,
arrinconándolos
con sentencias, providencias,
exhortos,
los curas
aconsejándoles el cielo
con mejores terrenos
para el trigo.

Aquella zona verde
y roja,
nieve, arboledas,
aquella tierra con
ramos de avellano,
que son

como los brazos de una estrella,
fue
mi cuna, mi razón,
mi nacimiento,
y ahora
les pregunto:
a quién le doy el trigo,
a quién le dejo
el oro,
de quiénes
es la tierra?

Araucanos,
padres
de la nación,
amigos enemigos
del español Ercilla:
otro
poeta
viene
cantando:
ya nunca más
la guerra,
sino el trigo,
ya nunca más la sangre,
sino el último
pan de sus hermanos,
la última
cosecha
para
su pobre
pueblo.
Otro
poeta
llega
ahora
a defender
la espiga

y sube
por los cerros
espinosos,
cruza
los lagos acostados
bajo el fuego
de los viejos volcanes
y se sienta
entre
sacos
silenciosos
esperando
la luz
de la batalla,
reclamando en su canto
la justicia,
pidiendo patria
para sus hermanos,
reconquistando
el trigo
de los indios.

Oda a Walt Whitman

Yo no recuerdo
a qué edad,
ni dónde,
si en el gran Sur mojado
o en la costa
temible, bajo el breve
grito de las gaviotas,
toqué una mano y era
la mano de Walt Whitman:
pisé la tierra
con los pies desnudos,

anduve sobre el pasto,
sobre el firme rocío
de Walt Whitman.

Durante
mi juventud
toda
me acompañó esa mano,
ese rocío,
su firmeza de pino patriarca, su extensión de pradera,
y su misión de paz circulatoria.

Sin
desdeñar
los dones
de la tierra,
la copiosa
curva del capitel,
ni la inicial
purpúrea
de la sabiduría,
tú
me enseñaste
a ser americano,
levantaste
mis ojos
a los libros,
hacia
el tesoro
de los cereales:
ancho,
en la claridad
de las llanuras,
me hiciste ver
el alto
monte
tutelar. Del eco
subterráneo,

para mí
recogiste
todo,
todo lo que nacía,
cosechaste
galopando en la alfalfa,
cortando para mí las amapolas,
visitando
los ríos,
acudiendo en la tarde
a las cocinas.

Pero no sólo
tierra
sacó a la luz
tu pala;
desenterraste
al hombre,
y el
esclavo
humillado
contigo, balanceando
la negra dignidad de su estatura,
caminó conquistando
la alegría.

Al fogonero,
abajo,
en la caldera,
mandaste
un canastito
de frutillas,
a todas las esquinas de tu pueblo
un verso
tuyo llegó de visita
y era como un trozo
de cuerpo limpio
el verso que llegaba,

como
tu propia barba pescadora
o el solemne camino de tus piernas de acacia.

Pasó entre los soldados
tu silueta
de bardo, de enfermero,
de cuidador nocturno
que conoce
el sonido
de la respiración en la agonía
y espera con la aurora
el silencioso
regreso
de la vida.

Buen panadero!
Primo hermano mayor
de mis raíces,
cúpula
de araucaria,
hace
ya
cien
años
que sobre el pasto tuyo
y sus germinaciones,
el viento
pasa
sin gastar tus ojos.

Nuevos
y crueles años en tu patria:
persecuciones,
lágrimas,
prisiones,
armas envenenadas
y guerras iracundas,

no han aplastado
la hierba de tu libro,
el manantial vital
de su frescura.
Y, ay!
los
que asesinaron
a Lincoln
ahora
se acuestan en su cama,
derribaron
su sitial
de olorosa madera
y erigieron un trono
por desventura y sangre
salpicado.

Pero
canta en
las estaciones
suburbanas
tu voz,
en
los
desembarcaderos
vespertinos
chapotea
como
un agua oscura
tu palabra,
tu pueblo
blanco
y negro,
pueblo
de pobres,
pueblo simple
como
todos

los pueblos,
no olvida
tu campana:
se congrega cantando
bajo
la magnitud
de tu espaciosa vida:
entre los pueblos con tu amor camina
acariciando
el desarrollo puro
de la fraternidad sobre la tierra.

Tercer libro de las odas

[1955-1957]

Odas de todo el mundo

Odas para el que pase
galopando
bajo ramas mojadas
en invierno.

Odas
de todos
los colores y tamaños,
seráficas, azules
o violentas,
para comer,
para bailar,
para seguir las huellas en la arena,

para ser y no ser.

Yo vendo odas
delgadas
en ovillo,
como alambre,
otras como cucharas,
vendo
algunas selváticas,
corren con pies de puma:
se deben manejar
con precaución, con rejas:
salieron
de los antiguos bosques,
tienen hambre.

También escribo
para costureras

odas
de inclinación doliente,
cubiertas por
el
aroma
enterrado
de las lilas.

Otras
tienen
silvestres minerales,
dureza de los montes
de mi patria,
o simplemente
amor ultramarino.

En fin,
decidirán ustedes
lo que llevan:
tomates
o venados
o cemento,
oscuras alegrías infundadas,
trenes
que
silban
solos
transmigrando
por regiones
con frío y aguacero.

De todo
un poco
tengo para todos.

Yo sé
que hay otras
y otras

cosas
rondando alrededor
de la noche o debajo
de los muebles o adentro
del corazón
perdido.
Sí,
pero
tengo tiempo,
tengo aún mucho tiempo
—tengo una caracola
que recoge
la tenaz melodía
del secreto
y la guarda
en su caja
convertida en martillo o mariposa—,

tiempo

para
mirar
piedras sombrías

o recoger
aún
agua olvidada

y para darte
a ti
o a quien lo quiera
la primavera larga de mi lira.

Así, pues,
en tus manos
deposito
este atado
de flores y herraduras

y adiós,

hasta más tarde:

hasta más pronto:
hasta que todo
sea
y sea canto.

Oda a la abeja

Multitud de la abeja!
Entra y sale
del carmín, del azul,
del amarillo,
de la más suave
suavidad del mundo:
entra en
una corola
precipitadamente,
por negocios,
sale
con traje de oro
y cantidad de botas
amarillas.

Perfecta
desde la cintura,
el abdomen rayado
por barrotes oscuros,
la cabecita
siempre
preocupada
y las
alas

recién hechas de agua:
entra
por todas las ventanas olorosas,
abre
las puertas de la seda,
penetra por los tálamos
del amor más fragante,
tropieza
con
una
gota
de rocío
como con un diamante
y de todas las casas
que visita
saca
miel
misteriosa,
rica y pesada
miel, espeso aroma,
líquida luz que cae en goterones,
hasta que a su
palacio
colectivo
regresa
y en las góticas almenas
deposita
el producto
de la flor y del vuelo,
el sol nupcial seráfico y secreto!

Multitud de la abeja!
Elevación
sagrada
de la unidad,
colegio
palpitante!

Zumban
sonoros
números
que trabajan
el néctar,
pasan
veloces
gotas
de ambrosía:
es la siesta
del verano en las verdes
soledades
de Osorno. Arriba
el sol clava sus lanzas
en la nieve,
relumbran los volcanes,
ancha
como
los mares
es la tierra,
azul es el espacio,
pero
hay algo
que tiembla, es
el quemante
corazón
del verano,
el corazón de miel
multiplicado,
la rumorosa
abeja,
el crepitante
panal
de vuelo y oro!

Abejas,
trabajadoras puras,
ojivales

obreras,
finas, relampagueantes
proletarias,
perfectas,
temerarias milicias
que en el combate atacan
con aguijón suicida,
zumbad,
zumbad sobre
los dones de la tierra,
familia de oro,
multitud del viento,
sacudid el incendio
de las flores,
la sed de los estambres,
el agudo
hilo
de olor
que reúne los días,
y propagad
la miel
sobrepasando
los continentes húmedos, las islas
más lejanas del cielo
del oeste.

Sí:
que la cera levante
estatuas verdes,
la miel
derrame
lenguas
infinitas,
y el océano sea
una
colmena,
la tierra
torre y túnica

de flores,
y el mundo
una cascada,
cabellera,
crecimiento
incesante
de panales!

Oda al mes de agosto

Otra vez vuelvo
al claro
de la tierra,
a mirar
y tocar
piedras silvestres,
arena, ramas, luna.
Agosto
austral,
agosto
limpio y frío,
tu columna
se eleva
desde la tierra al cielo
y te coronan
las piedras estrelladas,
la noche del zafiro.

Oh
invierno
claro,
veo
florecer tu rectángulo
en una
sola

rosa,
la nieve,
y blanco, azul, me enseña
tu pura
geometría
una lección
abierta:
el mundo está sin hojas,
sin latidos,
despojado de todo
lo que muere:
es sólo
piedra y frío,
libro desnudo de cristal en donde
las largas letras de la luz se elevan.

Agosto sin
calles, sin
números,
agosto sin zapatos
que caminan
hacia los sufrimientos,
vuelvo
a tu soledad
no
para
ahogarme
en ella,
sino
para
lavarme con tus aguas,
para que en mí
resbale
luna
fría,
y pise por los bosques
piedras, hojas
caídas

de agosto, y todo tenga
extensión limpia,
sabor de cielo, altura
de joven corazón bajo la lluvia.

Oh
plena potencia,
claridad
despojada
de la tierra,
amo
tu
abstracta
paz
en los caminos.
Quiero
estar
solo
en medio
de la luz de agosto
y ver
así
sin sangre
por una vez
la vida:
verla
como una
nave
deshabitada
y bella,
sin más aroma que el aire marino
o el invisible de un romero amargo.
Paso a paso,
sin nada:
no hay sino
luna y nieve.
Y ando
hasta sin mí,

por fin,
en la más clara
claridad de la tierra!

Oda al albañil tranquilo

El albañil
dispuso
los ladrillos.
Mezcló la cal, trabajó
con arena.

Sin prisa, sin palabras,
hizo sus movimientos
alzando la escalera,
nivelando
el cemento.

Hombros redondos, cejas
sobre unos ojos
serios.

Pausado iba y venía
en su trabajo
y de su mano
la materia
crecía.
La cal cubrió los muros,
una columna
elevó su linaje,
los techos
impidieron la furia
del sol exasperado.

De un lado a otro iba
con
tranquilas manos
el albañil
moviendo
materiales.
Y al fin
de
la semana,
las columnas, el
arco,
hijos de
cal, arena,
sabiduría y manos,
inauguraron
la sencilla firmeza
y la frescura.

Ay, qué lección
me dio con su trabajo
el albañil tranquilo!

1956

Oda a un albatros viajero

Un gran albatros
gris
murió aquel día.
Aquí cayó
en las húmedas
arenas.
                En este
mes
opaco, en
este día

de otoño plateado
y lloviznero,
parecido
a una red
con peces fríos
y agua
de mar.

      Aquí
cayó
muriendo
el ave magna.

Era
en
la muerte
como una cruz negra.
De punta a punta de ala
tres metros de plumaje
y la cabeza curva
como un gancho
con los ojos ciclónicos
cerrados.

Desde Nueva Zelandia
cruzó todo el océano
hasta
morir en Chile.

Por qué? Por qué? Qué sal,
qué ola, qué viento
buscó en el mar?
Qué levantó su fuerza
contra todo
el espacio?
Por qué su poderío
se probó en las más duras
soledades?
O fue su meta

la magnética rosa
de una estrella?
Nadie
podrá saberlo, ni decirlo.
El océano en este
ancho sendero
no tiene
isla ninguna,
y el albatros errante
en la interplanetaria
parábola
del victorioso vuelo
no encontró sino días,
noches, agua,
soledades,
espacio.

Él, con sus alas, era
la energía,
la dirección, los ojos
que vencieron
sol y sombra:
el ave
resbalaba en el cielo
hacia
la más
lejana
tierra
desconocida.

Pájaro extenso, inmóvil
parecías
volando
entre los continentes
sobre mares perdidos,
un solo
temblor de ala,
un ágil

golpe de campana y pluma:
así cambiaba apenas
tu majestad el rumbo
y triunfante seguías
fiel en el implacable,
desierto
derrotero.
Hermoso eras girando
apenas
            entre la ola y el aire,
sumergiendo la punta
de tu ala en el océano
o sentándote en medio
de la extensión marina
con las alas cerradas como un cofre
de secretas alhajas,
balanceado
por las
solitarias
espumas
como una profecía
muda
en el movimiento de los salmos.

Ave albatros, perdón,
dije, en silencio,
cuando lo vi extendido,
agarrotado
en la arena, después
de la inmensa
travesía.
Héroe, le dije, nadie
levantará sobre la tierra
en una
plaza de pueblo
tu arrobadora
estatua,
nadie.

Allí tendrán en medio
de los tristes laureles
oficiales
al hombre de bigotes
con levita o espada,
al que mató
en la guerra
a la aldeana,
al que con un solo
obús sangriento
hizo polvo
una escuela
de muchachas,
al que usurpó
las tierras
de los indios,
o al cazador
de palomas, al
exterminador
de cisnes negros.

Sí,
no esperes,
dije
al rey del viento,
al ave de los mares,
no esperes
un túmulo
erigido
a tu proeza,
y mientras
tétricos ciudadanos
congregados en torno a tus despojos
te arrancaban
una pluma, es decir,
un pétalo, un mensaje
huracanado,
yo me alejé

para que,
por lo menos,
tu recuerdo,
sin piedra, sin estatua,
en estos versos vuele
por vez postrera contra
la distancia
y quede así cerca del mar tu vuelo.

Oh, capitán oscuro,
derrotado en mi patria,
ojalá que tus alas
orgullosas
sigan volando sobre
la ola final, la ola de la muerte.

1956

Oda al algarrobo muerto

Caminábamos desde
Totoral, polvoriento
era nuestro planeta:
la pampa circundada
por el celeste cielo:
calor y clara luz en el vacío.
Atravesábamos
Barranca Yaco
hacia las soledades de Ongamira
cuando
tendido sobre la pradera
hallamos
un árbol derribado,
un algarrobo muerto.

La tempestad
de anoche

levantó sus raíces
argentinas
y las dejó crispadas
como una cabellera de frenéticas crines
clavadas en el viento.

Me acerqué y era tal
su fuerza herida,
tan heroicas sus ramas en el suelo,
irradiaba su copa
tal majestad terrestre,
que cuando
toqué su tronco
yo sentí que latía
y una ráfaga
del corazón del árbol
me hizo cerrar los ojos
y bajar
la cabeza.

Era duro y arado
por el tiempo, una firme
columna trabajada
por la lluvia y la tierra,
y como un candelabro repartía
sus redondeados
brazos de madera
desde donde
luz verde y sombra verde
prodigó a la llanura.

Al algarrobo
duro, firme
como
una copa de hierro,
llegó
la tempestad americana,
el aquilón

azul
de la pradera
y de un golpe de cielo
derribó su hermosura.

Allí quedé mirando
lo que hasta ayer
enarboló
rumor silvestre y nidos
y no lloré
porque mi hermano muerto
era tan bello en muerte como en vida.

Me despedí. Y allí quedó
acostado
sobre la tierra madre.

Dejé al viento
velándolo y llorándolo
y desde lejos vi
que
aún
acariciaba su cabeza.

Totoral, 19 enero 1956

Oda a las algas del océano

No conocéis tal vez
las desgranadas
vertientes
del océano.
En mi patria
es la luz
de cada día.
Vivimos

en el filo
de la ola,
en el olor del mar,
en su estrellado vino.

A veces
las altas
olas
traen
en la palma
de una
gran mano verde
un tejido
tembloroso:
la tela
inacabable
de las algas.
Son
los enlutados
guantes
del océano,
manos
de ahogados,
ropa
funeraria,
pero
cuando
en lo alto
del muro de la ola,
en la campana
del mar,
se transparentan,
brillan
como
collares
de las islas,
dilatan
sus rosarios

y la suave turgencia
naval de sus pezones
se balancea
al peso
del aire que las toca!

Oh despojos
del gran
torso marino
nunca desenterrado,
cabellera
del cielo submarino,
barba de los planetas
que rodaron
ardiendo
en el océano.
Flotando sobre
la noche y la marea,
tendidas
como balsas
de pura
perla y goma,
sacudidas
por un pez, por el sol, por el latido
de una sola sirena,
de pronto
en una
carcajada de furia,
el mar
entre las piedras
del litoral las deja
como jirones
pardos
de bandera,
como flores caídas de la nave.
Y allí
tus manos, tus pupilas
descubrirán

un húmedo universo de frescura,
la transparencia del
racimo
de las viñas sumergidas,
una gota
del tálamo
marino,
del ancho lecho azul
condecorado
con escudos de oro,
mejillones minúsculos,
verdes protozoarios.

Anaranjadas, oxidadas formas
de espátula, de huevo,
de palmera,
abanicos
errantes
golpeados
por el
inacabable
movimiento
del corazón
marino,
islas de los sargazos
que hasta mi puerta
llegan
con el despojo
de
los arcoiris,
dejadme
llevar en mi cuello, en mi cabeza,
los pámpanos mojados
del océano,
la cabellera muerta
de la ola.

1956

Oda al alhelí

Cuando envuelto en papeles,
devorador siniestro
de libros y libracos,
llegué a la Isla, al sol
y sal marina,
arranqué del pequeño
jardín
los alhelíes.
Los tiré a la barranca,
los increpé
contándoles
mis pasiones contrarias:
plantas de mar, espinas
coronadas
de purpúreos relámpagos:
así dispuse
mi jardín de arena.

Declaré suburbana
la fragancia
del alhelí que el viento
allí esparció con invisibles dedos.

Hoy he vuelto
después de largos
meses,
parecidos a siglos, años
de sombra, luz y sangre,
a plantar
alhelíes
en la Isla:
tímidas flores,
apenas

luz fragante,
protagonistas puras
del silencio:
ahora
os amo
porque
aprendí
la claridad
andando
y tropezando
por la tierra,
y
cuando caí con la cabeza
golpeada, un
resplandor
morado,
un rayo blanco,
un olor infinito de pañuelo
me recibió:
los pobres alhelíes
de fiel aroma, de perdida nieve
me esperaban: rodearon
mi cabeza
con estrellas o manos
conocidas,
reconocí
el aroma
provinciano,
volví a vivir aquella
intimidad fragante.

Amados alhelíes
olvidados,
perdonadme.
Ahora
vuestras
celestiales flores
crecen

en mi jardín de arena,
impregnando
mi corazón
de aromas amorosos:
en la tarde
derrama
el cristalino viento del océano
gotas de sal azul,
nieve marina.

Todo a la claridad ha regresado!
Me parece
de pronto
que el mundo
es más
sencillo,
como
si se hubiera llenado
de alhelíes.
Dispuesta
está
la tierra.
Empieza
simplemente
un nuevo día de alhelíes.

1956

Oda al aromo

Vapor o niebla o nube
me rodeaban.
Iba por San Jerónimo
hacia el puerto
casi dormido cuando
desde el invierno

una montaña
de luz amarilla,
una torre florida
salió al camino y todo
se llenó de perfume.

Era un aromo.

Su altura
de pabellón florido
se construyó
con miel y sol y aroma
y en él
yo
vi
la catedral del polen,
la profunda
ciudad
de las abejas.

Allí me quedé mudo
y eran los montes
de Chile, en el invierno,
submarinos,
remotos,
sepultados
en el agua invisible
del cielo plateado:
sólo
el árbol mimosa
daba en la sombra
gritos
amarillos
como si
de la primavera errante
se hubiera desprendido
una campana
y allí

estuviera
ardiendo
en
el
árbol sonoro,
amarillo,
amarillo
como ninguna cosa puede serlo,
ni el canario, ni el oro,
ni la piel del limón, ni la retama.

Aromo,
sol terrestre,
explosión
del perfume,
cascada,
catarata,
cabellera
de todo el amarillo
derramado
en una sola ola
de follaje,
aromo
adelantado
en el
austral
invierno
como
un
valiente
militar
amarillo,
antes de la batalla,
desnudo,
desarmado,
frente
a los batallones de la lluvia,
aromo,

torre
de
la
luz
fragante,
previa
fogata
de la
primavera,

salud

salud

pesado es tu trabajo
y un amarillo amor es tu espesura.

Te proclamo
panal
del mundo:
queremos
por un instante
ser
abejorros
silvestres,
elegantes, alcohólicas
avispas,
moscardones de miel
y terciopelo,
hundir
los ojos,
la camisa,
el corazón,
el pelo
en tu temblor fragante,
en tu copa
amarilla
hasta ser sólo aroma
en tu

planeta,
polen de honor, intimidad del oro,
pluma de tu fragancia.

1956

Oda a un gran atún en el mercado

En el mercado verde,
bala
del profundo
océano,
proyectil
natatorio,
te vi,
muerto.

Todo a tu alrededor
eran lechugas,
espuma
de la tierra,
zanahorias,
racimos,
pero
de la verdad
marina,
de lo desconocido,
de la
insondable
sombra,
agua
profunda,
abismo,
sólo tú sobrevivías
alquitranado, barnizado,
testigo
de la profunda noche.

Sólo tú, bala oscura
del abismo,
certera,
destruida
sólo en un punto,
siempre
renaciendo,
anclando en la corriente
sus aladas aletas,
circulando
en la velocidad,
en el transcurso
de
la
sombra
marina
como enlutada flecha,
dardo del mar,
intrépida aceituna.

Muerto te vi,
difunto rey
de mi propio océano,
ímpetu
verde, abeto
submarino,
nuez
de los maremotos,
allí,
despojo muerto,
en el mercado
era
sin embargo
tu forma
lo único dirigido
entre
la confusa derrota
de la naturaleza:
entre la verdura frágil

estabas
solo como una nave,
armado
entre legumbres,
con ala y proa negras y aceitadas,
como si aún tú fueras
la embarcación del viento,
la única
y pura
máquina
marina:
intacta navegando
las aguas de la muerte.

1956

Oda al barco pesquero

De pronto en noche pura
y estrellada
el corazón del barco, sus arterias,
saltaron,
y ocultas
serpentinas construyeron
en el agua
un castillo
de serpientes:
el fuego aniquiló cuanto tenía
entre sus manos
y cuando con su lengua
tocó
la cabellera
de la pólvora
estalló
como un trueno,
como aplastada cápsula,
la embarcación pesquera.

Quince
fueron los
muertos
pescadores,
diseminados
en
la noche fría.

Nunca
volvieron de este viaje.
Ni un solo dedo de hombre,
ni un solo pie desnudo.

Es poca muerte quince
pescadores
para el terrible
océano
de Chile,
pero
aquellos
muertos errantes,
expulsados
del cielo y de la tierra
por tanta soledad en movimiento,
fueron
como ceniza
inagotable,
como aguas enlutadas
que caían
sobre
las uvas de mi patria,
lluvia,
lluvia
salada,
lluvia devoradora que golpea
el corazón de Chile y sus claveles.

Muchos
son,
sí,
los muertos
de tierra y mar,
los pobres
de la mina
tragados
por la negra
marea de la tierra,
comidos
por
los sulfúricos
dientes
del mineral andino,
o en la
calle,
en la usina,
en el
tristísimo hospital
del desamparo.
Sí,
son
siempre
pobres
los elegidos
por la muerte,
los cosechados en racimo
por las manos heladas
de la cosechadora.

Pero éstos
aventados
en plena, en plena sombra,
con estrellas
hacia todas las aguas
del océano,
quince

muertos
errantes,
poco
a
poco
integrados
a la sal, a la ola,
a las espumas,
éstos
sin duda
fueron
quince
puñales
clavados
al corazón marino
de mi pobre
familia.

Sólo
tendrán el ancho
ataúd de agua negra,
la única luz
que velará
sus cuerpos
será
la eternidad
de las estrellas,
y mil años
viuda
vagará por el cielo
la noche del naufragio,
aquella noche.

Pero
del mar
y de la tierra
volverán
algún día

nuestros muertos.
Volverán
cuando
nosotros estemos
verdaderamente
vivos,
cuando
el hombre
despierte
y los pueblos
caminen,
ellos
dispersos, solos, confundidos
con el fuego y el agua,
ellos,
triturados, quemados,
en tierra o mar, tal vez
estarán reunidos
por fin
en nuestra sangre.
Mezquina
sería la victoria sólo nuestra.
Ella es la flor final de los caídos.

1956

Oda a la bicicleta

Iba
por el camino
crepitante:
el sol se desgranaba
como maíz ardiendo
y era
la tierra
calurosa

un infinito círculo
con cielo arriba
azul, deshabitado.

Pasaron
junto a mí
las bicicletas,
los únicos
insectos
de aquel
minuto
seco del verano,
sigilosas,
veloces,
transparentes:
me parecieron
sólo
movimientos del aire.

Obreros y muchachas
a las fábricas
iban
entregando
los ojos
al verano,
las cabezas al cielo,
sentados
en los
élitros
de las vertiginosas
bicicletas
que silbaban
cruzando
puentes, rosales, zarza
y mediodía.

Pensé en la tarde cuando
los muchachos

se laven,
canten, coman, levanten
una copa
de vino
en honor
del amor
y de la vida,
y a la puerta
esperando
la bicicleta
inmóvil
porque
sólo
de movimiento fue su alma
y allí caída
no es
insecto transparente
que recorre
el verano,
sino
esqueleto
frío
que sólo
recupera
un cuerpo errante
con la urgencia
y la luz,
es decir,
con
la
resurrección
de cada día.

1956

Oda al bosque de las Petras

Por la costa, entre los
eucaliptus azules
y las mansiones nuevas
de Algarrobo,
hay un bosque
solemne:
un antiguo
puñado de árboles
que olvidó la muerte.

Los siglos
retorcieron
sus troncos, cicatrices
cubrieron cada rama,
ceniza y luto
cayeron sobre sus antiguas copas,
se enmarañó el follaje
de uno y otro
como telas titánicas
de araña
y fueron los ramajes como dedos
de agonizantes verdes
anudados
unos en otros y petrificados.

El viejo bosque vive
aún, alguna nueva
hoja asoma en la altura,
un nido
palpitó
en la primavera,
una gota
de resina fragante
cae en el agua y muere.

Quieta, quieta es la sombra
y el silencio compacto
es
como
cristal negro
entre los viejos brazos
de los desfallecidos candelabros.
El suelo se levanta,
los pies nudosos se desenterraron
y son muertos de piedra,
estatuas rotas, huesos,
las raíces
que afloraron a la tierra.

De noche
allí el silencio
es un profundo lago
del que salen
sumergidas
presencias,
cabelleras
de musgos
y de lianas,
ojos
antiguos
con
luz
de turquesa,
cenicientos lagartos olvidados,
anchas mujeres locamente muertas,
guerreros
deslumbradores,
ritos
araucanos.

Se puebla el viejo bosque
de las Petras
como un salón

salvaje
y luego
sombra,
lluvia,
tiempo,
olvido
caen
apagándolo.

Los invisibles seres
se recogen
y el viejo bosque
vuelve
a su inmovilidad, a su solemne
virtud de piedra y sueño.

1956

Oda al buque en la botella

Nunca navegó
nadie
como en tu barco:
el día
transparente
no tuvo
embarcación ninguna
como
ese mínimo
pétalo
de vidrio
que aprisionó
tu forma
de rocío,
botella,
en cuyo

viento
va el velero,
botella,
sí,
o viviente
travesía,
esencia
del trayecto,
cápsula
del amor sobre las olas,
obra
de las sirenas!

Yo sé que
en tu garganta
delicada
entraron
pequeñitos
carpinteros
que volaban
en una abeja, moscas que traían
en su lomo
herramientas,
clavos, tablas,
cordeles
diminutos,
y así en una botella
el perfecto navío
fue creciendo:
el casco fue la nuez de su hermosura,
como alfileres elevó sus palos.

Entonces
a
sus
pe-
que-
ñí-

simas
islas
regresó el astillero
y para navegar
en la botella
entró
cantando
la minúscula, azul
marinería.

Así, botella,
adentro
de tu
mar, de tu cielo,
se levantó
un navío
pequeño, sí,
minúsculo
para el inmenso mar que lo esperaba:

la verdad
es que nadie
lo construyó
y no navegará sino en los sueños.

Oda al buzo

Salió el hombre de goma
de los mares.
Sentado
parecía
rey
redondo
del agua,
pulpo

secreto
y gordo,
talle
tronchado
de invisible alga.

Del oceánico bote
bajaron
pescadores
harapientos,
morados
por la noche
en el océano,
bajaron
levantando
largos peces fosfóricos
como
fuego voltaico,
los erizos cayendo
amontonaron
sobre las arenas
el rencor quebradizo
de sus púas.

El hombre
submarino
sacó sus grandes piernas,
torpemente
tambaleó entre intestinos
horribles de pescado.
Las gaviotas cortaban
el aire libre con
sus veloces tijeras,
y el buzo
como un ebrio
caminaba
en la playa,
torpe

y hosco,
enfundado
no sólo
en su vestido de cetáceo,
sino aún
medio mar
y medio tierra,
sin saber cómo
dirigir los inmensos
pies de goma.

Allí estaba naciendo.
Se desprendió
del mar
como del útero,
inocente,
y era sombrío, débil
y salvaje,
como
un
recién
nacido.
Cada vez
le tocaba
nacer
para las aguas
o la arena.
Cada día
bajando
de la proa
a las crueles
corrientes,
al frío
del Pacífico
chileno,
el buzo
tenía
que nacer,

hacerse
monstruo,
sombra,
avanzar
con cautela,
aprender
a moverse
con lentitud
de luna
submarina,
tener
apenas
pensamientos
de agua,
recoger
los hostiles
frutos, estalactitas
o tesoros
de la profunda soledad
de aquellos
mojados
cementerios,
como si recogiera
coliflores,
y cuando como un globo
de aire negro
subía
hacia
la luz, hacia
su Mercedes,
su Clara, su Rosaura,
era difícil
andar,
pensar, comer
de nuevo.
Todo
era comienzo
para

aquel hombre tan grande
todavía inconcluso,
tambaleante
entre la oscuridad
de dos abismos.

Como todas las cosas
que aprendí
en mi existencia,
viéndolas, conociendo,
aprendí que ser buzo
es un oficio
difícil? No!
Infinito.

Oda al cactus desplazado

Trajimos un gran cactus
de tierra adentro
hasta la playa verde.

Tenía las raíces
el gigante
metidas
en la piedra
y se agarraba
a aquella dura
maternidad
con subterráneos,
implacables
vínculos.

La picota
caía
alzando

polvo
y fuego,
la roca
se estremecía como
si pariera,
y apenas
se movía
el obelisco verde,
acorazado
con todas las espiras
de la tierra,
hasta
que con un lazo
lo amarramos
arriba
y tirando
entre todos
derribamos
la sagrada columna
de los montes.

Entonces
custodiado
y detenido,
envuelto en
saco y cuerdas
arrastramos
su erizada
estatura,
pero
apenas
alguien
acercó la mano
al vegetal ardiente,
éste
le clavó sus espinas
y con sangre marcó la mordedura.

Lo plantamos
mirando al mar sombrío,
alto
contra
las olas,
enemigo,
erizado por todas
las púas
del orgullo,
majestuoso
en su nueva
solemnidad de estatua.
Y allí
quedamos
repentinamente
tristes,
los hombres
de la hazaña,
mirando
el alto
cactus
de la montaña andina
trasladado
a la arena.

Él continuó
su
áspera
existencia:
nosotros
nos miramos
como humillados,
viejos
carceleros.

Viento amargo
del mar
balanceó

la delgada
silueta
del alto solitario con espinas:
Él saludó
al océano
con
un
im-
per-
cep-
ti-
ble
mo-
vi-
mien-
to
y
si-
guió
allí
ele-
va-
do
en
su
mis-
te-
rio.

1956

Oda a la calle San Diego

Por la calle
San Diego
el aire de Santiago
viaja al Sur majestuoso.

No viaja en tren el aire.

Va paso a paso
mirando
primero las ventanas,
luego los ríos,
más tarde los volcanes.

Pero,
largamente,
en la esquina
de la calle Alameda
mira un café pequeño
que parece
un autobús
cargado de viajeros.
Luego viene
un negocio
de sellos, timbres, placas.
Aquí se puede
comprar en letras blancas
y fondo azul bruñido
el título temible de «Dentista».
Me deslumbra esta tienda.
Y las que siguen tienen
ese arrebato
de lo que quiso ser
tan sólo transitorio
y se quedó formado
para siempre.
Más lejos
venden
lo imaginario, lo inimaginable,
útiles espantosos,
incógnitos bragueros,
endurecidas
flores de ortopedia,
piernas

que piden cuerpos,
gomas enlazadoras
como brazos
de bestias submarinas.

Paso mirando puertas.
Atravieso
cortinas,
compro pequeñas
cosas
inservibles.

Soy el cronista errante
de la calle San Diego.

En el número 134,
la librería Araya.
El antiguo librero
es una piedra,
parece el presidente
de una república
desmantelada,
de una bodega verde,
de una nación lluviosa.
Los libros
se acumulan. Terribles
páginas que amedrentan
al cazador de leones.
Hay geografías
de cuatrocientos tomos:
en los primeros
hay luna llena, jazmines de archipiélagos:
los últimos volúmenes
son sólo soledades:
reinos de nieve, susurrantes renos.

En el siguiente número
de la calle
venden pobres juguetes,
y desde puertas próximas
la carne asada
inunda
las narices
de la crepuscular ciudadanía.
En el hotel que sigue
las parejas
entran con cuentagotas:
es tarde
y el negocio
se apresura:
el amor busca plumas
clandestinas.
Más allá venden catres
de bronce deslumbrante,
camas descomunales
construidas
tal vez
en astilleros.
Son como
eternos barcos amarillos:
deben salir de viaje,
llenarse
con nacimientos y agonías.
Toda la calle espera
la ola del amor y su marea.
En la ventana
que sigue hay un violín
roto,
pero encrespado en su dulzura
de sol abandonado.
Habita esa ventana
incomprendido
por los zapatos que se acumularon
sobre él y las botellas

vacías
que adornan su reposo.

Ven
por la transmigratoria
calle
San Diego
de Santiago de Chile,
en este año:
olor a gas, a sombra,
olor a lluvia seca.
Al paso
de los obreros que se desgranaron
de los agonizantes autobuses
suenan
todos los tangos en todas las radios
en el mismo minuto.

Busca conmigo
una copa gigante,
con bandera,
honor y monumento
del vino y de la patria cristalina.

Mitin relámpago.

Gritan
cuatrocientos obreros
y estudiantes:

Salarios!

El cobre para Chile!
Pan y Paz!

Qué escándalo!

Se cierran
los negocios,

se oye
un disparo,
surgen de todas partes
las banderas.

La calle
corre ahora
hacia arriba,
hacia mañana:
una ola
venida
del fondo
de mi pueblo
en este río
popular
recibió sus afluentes
de toda la extensión del
territorio.

De noche, la calle
San Diego
sigue por la ciudad, la luz la llena.
Luego,
el silencio
desliza en ella su navío.

Algunos pasos más: una campana
que despierta.
Es el día que llega
ruidoso, en autobús desvencijado,
cobrando su tarifa matutina
por ver el cielo azul
sólo un minuto, apenas un minuto
antes de que las tiendas,
los sonidos,
nos traguen y trituren
en el largo intestino
de la calle.

Oda al camino

En el invierno azul
con mi caballo
al paso al paso
sin saber
recorro
la curva del planeta,
las arenas
bordadas
por una cinta mágica
de espuma,
caminos
resguardados
por acacias, por boldos
polvorientos,
lomas, cerros hostiles,
matorrales
envueltos
por el nombre del invierno.

Ay viajero!
No vas y no regresas:
eres
en los caminos,
existes
en la niebla.

Viajero
dirigido
no a un punto, no a una cita,
sino sólo
al aroma
de la tierra,
sino sólo al invierno
en los caminos.

Por eso
lentamente
voy
cruzando el silencio
y parece
que nadie
me acompaña.

No es cierto.

Las soledades cierran
sus ojos
y sus bocas
sólo
al transitorio, al fugaz, al dormido.
Yo voy despierto.
Y
como
una nave en el mar
abre
las aguas
y seres invisibles
acuden y se apartan,
así
detrás del aire,
se mueven
y reúnen
las invisibles vidas
de la tierra, las hojas
suspiran en la niebla,
el viento
oculta
su desdichado rostro
y llora
sobre
la punta de los pinos.
Llueve,
y cada gota cae

sobre una pequeñita
vasija de la tierra:
hay una copa de cristal que espera
cada gota de lluvia.

Andar alguna vez
sólo
por eso! Vivir
la temblorosa
pulsación del camino
con las respiraciones sumergidas
del campo en el invierno:
caminar para ser, sin otro
rumbo
que la propia vida,
y como, junto al árbol,
la multitud
del viento
trajo zarzas, semillas,
lianas, enredaderas,
así, junto a tus pasos,
va creciendo la tierra.

Ah viajero,
no es niebla,
ni silencio,
ni muerte,
lo que viaja contigo,
sino
tú mismo con tus muchas vidas.

Así es como, a caballo,
cruzando
colinas y praderas,
en invierno,
una vez más me equivoqué:
creía
caminar por los caminos:

no era verdad,
porque
a través de mi alma
fui viajero
y regresé
cuando no tuve
ya secretos
para la tierra
y
ella
los repetía con su idioma.

En cada hoja está mi nombre escrito.

La piedra es mi familia.

De una manera o de otra
hablamos o callamos
con la tierra.

1956

Oda a un camión colorado cargado con toneles

En impreciso
vapor, aroma o agua,
sumergió
los cabellos del día:
errante olor,
campana
o corazón de humo,
todo
fue envuelto
en ese deshabitado hangar,
todo
confundió sus colores.

Amigo, no se asuste.

Era sólo
el otoño
cerca de Melipilla,
en los caminos,
y las hojas
postreras,
como un escalofrío
de violines,
se despedían
de los altos árboles.

No pasa nada. Espere.

Las casas, los tejados,
las tapias
de cal y barro, el cielo,
eran
una sola amenaza:
eran un libro
largo
con personajes
sumamente tristes.

Esperemos. Espere.

Entonces
como un toro
atravesó el otoño
un camión colorado
cargado con toneles.
Surgió de tanta niebla
y tanto vago cielo,
rojo, repleto
como una
granada,
alegre como el fuego,

despeñando su rostro
de incendio, su cabeza
de león fugitivo.

Instantáneo, iracundo,
preciso y turbulento,
trepidante y ardiente
pasó
como una estrella colorada.
Yo apenas
pude
ver
esa sandía
de acero, fuego y oro,
el coro
musical
de los toneles:
toda esa
simetría
colorada
fue
sólo
un
grito,
un
estremecimiento
en el otoño
pero
todo cambió:
los árboles, la inmóvil
soledad, el cielo
y sus metales moribundos
volvieron a existir.

Así fue como el fuego
de un vehículo
que corría anhelante
con su carga

fue
para mí
como si desde el frío de la muerte
un meteoro
surgiera y me golpeara
mostrándome
en su esplendor colérico
la vida.

Sólo
un camión
cargado
con toneles,
desbocado, cruzando
los caminos,
cerca de Melipilla, en una
mañana,
acumuló
en mi pecho
desbordante
alegría
y energía:
me devolvió el amor y el movimiento.
Y derrotó
como una llamarada
el desmayo del mundo.

1956

Oda a la caja de té

Caja de té
de aquel
país de los elefantes,
ahora costurero
envejecido,

pequeño planetario de botones,
como de otro planeta
a la casa
trajiste
un aroma sagrado,
indefinible.
Así llegó de lejos
regresando
de las islas
mi corazón de joven fatigado.
La fiebre me tenía
sudoroso
cerca del mar, y un
ramo de palmeras
sobre mí se movía
refrescando
con aire verde y canto
mis pasiones.

Caja
de latón, primorosa,
ay
me recuerdas
las olas de otros mares,
el anuncio
del
monzón sobre el Asia,
cuando se balancean
como
navíos
los países
en las manos del viento
y Ceylán desparrama
sus olores
como una
combatida
cabellera.

Caja de té,
como mi
corazón
trajiste
letras,
escalofríos,
ojos
que contemplaron
pétalos fabulosos
y también ay!
aquel
olor perdido
a té, a jazmín, a sueños,
a primavera errante.

1955

Oda al carro de la leña

El carro de la leña
de los bosques!

Fragante atado
de madera pura!

Ninguna
mano
en este
corazón
se detuvo,
sólo
el acero
de las hachas, el
vuelo repentino
de las aves y, con
la muerte,

el beso
oscuro de la tierra!

Carros del monte,
leña
recién herida,
huraños
palos
cortados
y sangrantes,
mudos,
en orden, bellos
como héroes muertos,
recostados
en el último
viaje
hacia
la hoguera.

Quebrachos, algarrobos,
robles, pinos, espinos,
troncos bruñidos
por
el crecimiento
de la vida en la tierra,
endurecidos como minerales
y sin embargo
tiernos
padres de los follajes,
del susurro, del nido,
caísteis
derrotados
por minúsculos
hombres
que parecían
larvas y que
de pronto
levantaron sus hachas

como aguijones:
luego
cayó el árbol, la tierra
sonó
como si la golpearan en los huesos
y levantó una ola
de polvo y de perfume,
de polvoriento aroma.

A mí también
golpeaste en tu caída:
sobre
mi corazón
educado en la fría
sombra
de las montañas
el filo
de las hachas
cayó cortando ramas
y levantando vuelos y sonidos!

Ay quién
pudiera
detener
el curso
del río de la leña,
desandar el camino,
devolverlo a la selva:
enderezar
de nuevo
la majestad
antigua
sobre
la tierra asesinada
y esperar
que regresen
las aves encendidas,
el canto pleno y puro

de las hojas,
la fragante
salud
de la madera!

Oda a la casa abandonada

Casa, hasta luego!
No
puedo decirte
cuándo
volveremos:
mañana o no mañana,
tarde o mucho más tarde.

Un viaje más, pero
esta vez
yo quiero
decirte
cuánto
amamos
tu corazón de piedra:
qué generosa eres
con tu fuego
ferviente
en la cocina
y tu techo
en que cae
desgranada
la lluvia
como si resbalara
la música del cielo!

Ahora
cerramos

tus ventanas
y una opresiva
noche prematura
dejamos instalada
en las habitaciones.

Oscurecida
te quedas viviendo,
mientras
el tiempo te recorre
y la humedad gasta poco a poco tu alma.
A veces una
rata
roe, levantan los papeles
un
murmullo
ahogado,
un insecto
perdido
se golpea,
ciego, contra los muros,
y cuando
llueve en la soledad
tal vez
una gotera
suena
con voz humana,
como si allí estuviera
alguien llorando.

Sólo la sombra
sabe
los secretos
de las casas cerradas,
sólo
el viento rechazado
y en el techo la luna que florece.

Ahora,
hasta luego, ventana,
puerta, fuego,
agua que hierve, muro!
Hasta luego, hasta luego,
cocina,
hasta cuando
volvamos
y el reloj
sobre la puerta
otra vez continúe palpitando
con su viejo
corazón y sus dos
flechas inútiles
clavadas
en el tiempo.

1956

Oda a la casa dormida

Hacia adentro, en Brasil, por altas sierras
y desbocados ríos,
de noche, a plena luna...
Las cigarras
llenaban
tierra y cielo
con su telegrafía
crepitante.
Ocupada la noche
por la redonda
estatua
de la luna
y la tierra
incubando
cosas ciegas,

llenándose
de bosques,
de agua negra,
de insectos victoriosos.

Oh espacio
de la noche
en que no somos:
praderas
en que sólo
fuimos un movimiento en el camino,
algo que corre
y corre
por la sombra.

Entramos
en
la
casa nocturna,
ancha, blanca, entreabierta,
rodeada,
como una isla,
por la profundidad de los follajes
y por las olas
claras
de la luna.
Nuestros zapatos por las escaleras
despertaban
otros antiguos
pasos,
el agua
golpeando
el lavatorio
quería
decir algo.

Apenas
se apagaron las luces

las sábanas
se unieron palpitando
a nuestros sueños.
Todo
giró
en el centro
de la casa en tinieblas
despertada de súbito
por brutales
viajeros.

Alrededor
cigarras,
extensa luna,
sombra,
espacio, soledad
llena de seres,
y silencio
sonoro...

sonoro...

apagó sus ojos,
cerró todas
sus alas
y dormimos.

Oda a un cine de pueblo

Amor mío,
vamos
al cine del pueblito.

La noche transparente
gira

como un molino
mudo, elaborando
estrellas.
Tú y yo entramos
al cine
del pueblo, lleno de niños
y aroma de manzanas.
Son las antiguas cintas,
los
sueños ya gastados.
La pantalla ya tiene
color de piedra o lluvias.
La bella prisionera
del villano
tiene ojos de laguna
y voz de cisne,
corren
los más vertiginosos
caballos
de la tierra.

Los vaqueros
perforan
con sus tiros
la peligrosa luna
de Arizona.
Con el alma
en un hilo
atravesamos
estos
ciclones
de violencia,
la formidable
lucha
de los espadachines en la torre,
certeros como avispas,
la avalancha emplumada
de los indios
abriendo su abanico en la pradera.

Muchos
de los muchachos
del pueblo
se han dormido,
fatigados del día en la farmacia,
cansados de fregar en las cocinas.

Nosotros
no, amor mío.
No vamos a perdernos
este sueño
tampoco:
mientras
estemos
vivos
haremos nuestra
toda
la vida verdadera,
pero también
los sueños:
todos
los sueños
soñaremos.

1956

Oda a la ciruela

Hacia la cordillera
los caminos
viejos
iban cercados
por ciruelos,
y a través
de la pompa
del follaje,

la verde, la morada
población de las frutas
traslucía
sus ágatas ovales,
sus crecientes
pezones.
En el suelo
las charcas
reflejaban
la intensidad
del duro
firmamento:
el aire
era una
flor
total y abierta.

Yo, pequeño
poeta,
con los primeros
ojos
de la vida,
iba sobre
el caballo
balanceado
bajo la arboladura
de ciruelos.

Así en la infancia
pude
aspirar
en
un ramo,
en una rama,
el aroma del mundo,
su clavel
cristalino.

Desde entonces
la tierra, el sol, la nieve,
las rachas
de la lluvia, en octubre,
en los caminos,
todo,
la luz, el agua,
el sol desnudo,
dejaron
en mi memoria
olor
y transparencia
de ciruela:
la vida
ovaló en una copa
su claridad, su sombra,
su frescura.
Oh beso
de la boca
en la ciruela,
dientes
y labios
llenos
del ámbar oloroso,
de la líquida
luz de la ciruela!

Ramaje
de altos árboles
severos
y sombríos
cuya
negra
corteza
trepamos
hacia el nido
mordiendo
ciruelas verdes,
ácidas estrellas!

Tal vez cambie, no soy
aquel niño
a caballo
por
los
caminos de la cordillera.
Tal vez
más
de una
cicatriz
o quemadura
de la edad o la vida
me cambiaron
la frente,
el pecho,
el alma!

Pero, otra vez,
otra vez
vuelvo
a ser
aquel niño silvestre
cuando
en la mano levanto
una ciruela:
con su luz
me parece
que levanto
la luz del primer día
de la tierra,
el crecimiento
del fruto y del amor
en su delicia.

Sí,
en esta hora,
sea
cual sea, plena
como pan o paloma

o amarga
como
deslealtad de amigo,
yo para ti levanto una ciruela
y en ella, en su pequeña
copa
de ámbar morado y espesor fragante
bebo y brindo la vida
en honor tuyo,
seas quien seas, vayas donde vayas.

No sé quién eres, pero
dejo en tu corazón
una ciruela.

1956

Oda al color verde

Cuando la tierra
fue
calva y callada,
silencio y cicatrices,
extensiones
de lava seca
y piedra congelada,
apareció
el verde,
el color verde,
trébol,
acacia,
río
de agua verde.

Se derramó el cristal
inesperado

y crecieron
y se multiplicaron
los numerosos
verdes,
verdes de pasto y ojos,
verdes de amor marino,
verdes
de campanario,
verdes
delgados, para
la red, para las algas, para el cielo,
para la selva
el verde tembloroso,
para las uvas
un ácido verde.

Vestido
de la tierra,
población del follaje,
no sólo
uno
sino
la multiplicación
del ancho verde,
ennegrecido como
noche verde,
claro y agudo
como
violín verde,
espeso en la espesura,
metálico, sulfúrico
en la mina
de cobre, venenoso
en las lanzas
oxidadas,
húmedo en el abrazo
de la ciénaga,
virtud de la hermosura.

Ventana de la luna en movimiento,
cárdenos, muertos verdes
que enrojecen
a la luz del otoño
en el puñal del eucaliptus, frío
como piel de pescado,
enfermedades verdes,
neones saturnianos
que te afligen
con agobiante luz,
verde volante
de la nupcial luciérnaga,
y tierno
verde
suave
de la lechuga cuando
recibe sol en gotas
de los castos limones
exprimidos
por una mano verde.

El verde
que no tuve,
no tengo
ni tendría,
el fulgor submarino y subterráneo,
la luz
de la esmeralda,
águila verde entre las piedras, ojo
del abismo, mariposa helada,
estrella que no pudo
encontrar cielo
y enterró
su ola verde
en
la más honda
cámara terrestre,
y allí

como rosario
del infierno,
fuego del mar o corazón de tigre,
espléndida dormiste, piedra verde,
uña de las montañas,
río fatuo,
estatua hostil, endurecido verde.

1956

Oda a la cuchara

Cuchara,
cuenca
de
la más antigua
mano del hombre,
aún
se ve en tu forma
de metal o madera
el molde
de la palma
primitiva,
en donde
el agua
trasladó
frescura
y la sangre
salvaje
palpitación
de fuego y cacería.

Cuchara
pequeñita,
en la
mano

del niño
levantas
a su boca
el más
antiguo
beso
de la tierra,
la herencia silenciosa
de las primeras aguas que cantaron
en labios que después
cubrió la arena.

El hombre
agregó
al hueco desprendido
de su mano
un brazo imaginario
de madera
y
salió
la cuchara
por el mundo
cada
vez
más
perfecta,
acostumbrada
a pasar
desde el plato a unos labios clavelinos
o a volar
desde
la pobre sopa
a la olvidada boca del hambriento.

Sí,
cuchara,
trepaste
con el hombre

las montañas,
descendiste los ríos,
llenaste
embarcaciones y ciudades,
castillos y cocinas,
pero
el difícil camino
de tu vida
es juntarte
con el plato del pobre
y con su boca.

Por eso el tiempo
de la nueva vida
que
luchando y cantando
proponemos
será un advenimiento de soperas,
una panoplia pura
de cucharas,
y en un mundo
sin hambre
iluminando todos los rincones,
todos los platos puestos en la mesa,
felices flores,
un vapor oceánico de sopa
y un total movimiento de cucharas.

Oda al primer día del año

Lo distinguimos
como
si fuera
un caballito
diferente de todos

los caballos.
Adornamos
su frente
con una cinta,
le ponemos
al cuello cascabeles colorados,
y a medianoche
vamos a recibirlo
como si fuera
explorador que baja de una estrella.

Como el pan se parece
al pan de ayer,
como un anillo a todos los anillos:
los días
parpadean
claros, tintineantes, fugitivos,
y se recuestan en la noche oscura.

Veo el último
día
de este
año
en un ferrocarril, hacia las lluvias
del distante archipiélago morado,
y el hombre
de la máquina,
complicada como un reloj del cielo,
agachando los ojos
a la infinita
pauta de los rieles,
a las brillantes manivelas,
a los veloces vínculos del fuego.

Oh conductor de trenes
desbocados
hacia estaciones
negras de la noche,

este final
del año
sin mujer y sin hijos,
no es igual al de ayer, al de mañana?
Desde las vías
y las maestranzas
el primer día, la primera aurora
de un año que comienza,
tiene el mismo oxidado
color de tren de hierro:
y saludan
los seres del camino,
las vacas, las aldeas,
en el vapor del alba,
sin saber
que se trata
de la puerta del año,
de un día
sacudido
por campanas,
adornado con plumas y claveles.

La tierra
no lo
sabe:
recibirá
este día
dorado, gris, celeste,
lo extenderá en colinas,
lo mojará con
flechas
de
transparente
lluvia,
y luego
lo enrollará
en su tubo,
lo guardará en la sombra.

Así es, pero
pequeña
puerta de la esperanza,
nuevo día del año,
aunque seas igual
como los panes
a todo pan,
te vamos a vivir de otra manera,
te vamos a comer, a florecer,
a esperar.
Te pondremos
como una torta
en nuestra vida,
te encenderemos
como candelabro,
te beberemos
como
si fueras un topacio.

Día
del año
nuevo,
día eléctrico, fresco,
todas
las hojas salen verdes
del
tronco de tu tiempo.

Corónanos
con
agua,
con jazmines
abiertos,
con todos los aromas
desplegados,
sí,
aunque
sólo

seas
un día,
un pobre
día humano,
tu aureola
palpita
sobre tantos
cansados
corazones,
y eres,
oh día
nuevo,
oh nube venidera,
pan nunca visto,
torre
permanente!

Oda al diente de cachalote

Del mar vino algún día
rezumando
existencia,
sangre, sal, sombra verde,
ola que ensangrentó la cacería,
espuma acuchillada
por la erótica forma
de su dueño:
baile
de los
oscuros,
tensos,
monasteriales
cachalotes
en el sur del océano
de Chile.

Alta
mar
y marea,
latitudes
del más lejano
frío:
el aire
es una
copa
de
claridad helada
por
donde
corren
        las alas
                del albatros
como skíes del cielo.

Abajo
el mar
es una
torre
desmoronada y construida,
una paila en que hierven
grandes olas de plomo,
algas que sobre
el lomo de las aguas
resbalan
como escalofríos.
De pronto sobrevienen
la boca
de la vida
y de la muerte:
la bóveda
del semisumergido
cachalote,
el cráneo
de las profundidades,

la cúpula
que
sobre
la ola eleva
su dentellada,
todo
su
aserradero submarino.

Se encienden, centellean
las ascuas de marfil,
                    el agua
inunda
aquella atroz sonrisa,
mar y muerte navegan
junto
al navío negro que entreabre
como una catedral su dentadura.
Y cuando ya la cola
enfurecida
cayó como palmera
sobre el agua,
el animal
salido del abismo
recibió
la centella
del hombre pequeñito
(el arpón
dirigido
por la mano mojada
del chileno).

Cuando
regresó
de los
mares,
de su sangriento día,
el marinero

en uno
de los dientes
de la bestia
grabó con su cuchillo
dos retratos: una
mujer y un hombre
despidiéndose,
un navegante
por el amor
herido,
una novia en la proa
de la ausencia.

Cuántas
veces tocó mi corazón, mi mano,
aquella
luna
de miel
marina
dibujada
en el diente.
Cómo amé
la corola
del
doloroso
amor
escrita
en marfil
de ballena
carnicera,
de cachalote loco.

Suave
línea
del
beso
fugitivo,
pincel

de flor marina
tatuada
en el hocico
de la ola,
en la fauce terrible
del océano,
en el alfanje
desencadenado
desde
las tinieblas:
allí
estampado
el canto
del
amor errante,
la despedida
de los
azahares,
la niebla,
la luz
de aquel
amanecer
mojado
por tempestuosas lágrimas
de aurora ballenera.

Oh amor,
allí
a los labios
del mar,
condicionado
a
un
diente
de la ola,
con el
rumor
de

un
pétalo
genérico
(susurro de ala rota
entre el intenso
olor
de los jazmines),
(amor
de hotel
entrecerrado, oscuro,
con hiedras amarradas
al ocaso),
(y un beso
duro como
piedra que asalta),
luego
entre boca y boca
el mar
eterno,
el archipiélago,
el collar de las
islas
y las naves
cercadas
por el frío,
esperando
el animal azul
de las profundidades
australianas
del océano,
el animal nacido
del diluvio
con su ferretería
de zafiros.

Ahora aquí descansa
sobre mi mesa y frente
a las aguas de marzo.

Ya vuelve
al regazo arenoso de la costa,
el vapor del otoño, la lámpara
perdida,
el corazón de niebla.
Y el diente de la bestia,
tatuado por los dedos delicados
del amor,
es la mínima nave
de marfil que regresa.

                    Ya las vidas
del hombre y sus amores,
su arpón sangriento, todo
lo que fue carne y sal, aroma y oro
para el desconocido marinero
en el mar de la muerte se hizo polvo.
Y sólo de su vida
quedó el dibujo
hecho
por el amor
en el diente terrible
y el mar, el mar
latiendo,
igual que ayer, abriendo
su abanico de hierro,
desatando y atando
la rosa sumergida
de su espuma,
el desafío
de su vaivén eterno.

1956

Oda a la edad

Yo no creo en la edad.

Todos los viejos
llevan
en los ojos
un niño,
y los niños
a veces
nos observan
como ancianos profundos.

Mediremos
la vida
por metros o kilómetros
o meses?
Tanto desde que naces?
Cuánto
debes andar
hasta que
como todos
en vez de caminarla por encima
descansemos, debajo de la tierra?

Al hombre, a la mujer
que consumaron
acciones, bondad, fuerza,
cólera, amor, ternura,
a los que verdaderamente
vivos
florecieron
y en su naturaleza maduraron,
no acerquemos nosotros
la medida

del tiempo
que tal vez
es otra cosa, un manto
mineral, un ave
planetaria, una flor,
otra cosa tal vez,
pero no una medida.

Tiempo, metal
o pájaro, flor
de largo pecíolo,
extiéndete
a lo largo
de los hombres,
florécelos
y lávalos
con
agua
abierta
o con sol escondido.
Te proclamo
camino
y no mortaja,
escala
pura
con peldaños
de aire,
traje sinceramente
renovado
por longitudinales
primaveras.

Ahora,
tiempo, te enrollo,
te deposito en mi
caja silvestre
y me voy a pescar
con tu hilo largo
los peces de la aurora!

Oda a la vieja Estación Mapocho,
en Santiago de Chile

Antiguo hangar echado
junto al río,
puerta del mar,
vieja Estación rosada,
bajo cuyas
ferruginosas cavidades
sueños y trenes
saliendo desbocados
trepidaron
hacia las olas y las ciudades.
El humo, el sueño, el hombre
fugitivo,
el movimiento,
el llanto,
el humo, la alegría
y el invierno
carcomieron tus muros,
corroyeron tus arcos,
y eres hoy una pobre
catedral que agoniza.

Se fugaron los dioses
y entran como ciclones
los trenes ahuyentando las distancias.
De otro tiempo gentil
y miserable
eres
y tu nave de hierro
alimentó las crinolinas
y los sombreros altos,
mientras
sórdida era la vida de los pobres

que como un mar amargo
te rodeaba.
Era el pasado, el pueblo
sin banderas,
y tú resplandecías
luminosa
como una jaula nueva:
con su cinta de barro
el río Mapocho
rascaba tus
paredes,
y los niños dormían
en las alas del hambre.

Vieja Estación, no sólo
transcurrían
las aguas del Mapocho
hacia el océano,
sino también
el tiempo.
Las elegantes
aves
que
partían
envejecieron o
murieron en París, de alcoholismo.
Otra gente
llegó,
llenó los trenes,
mal vestidos viajeros,
con canastos,
banderas
sobre amenazadoras multitudes,
y la vieja Estación
reaccionaria
se marchitó. La vida
creció y multiplicó su poderío
alrededor de todos los viajeros,

y ella, inmóvil, sagrada,
envejeció, dormida
junto al río.

Oh antigua
Estación,
fresca como un túnel,
fueron
contigo
hacia los siete océanos
mis sueños,
hacia Valparaíso,
hacia las islas
puras,
hacia el escalofrío de la espuma
bajo
la rectitud
de las palmeras!

En tus andenes
no sólo
los viajeros olvidaron
pañuelos,
ramos
de rosas apagadas,
llaves,
sino
secretos, vidas,
esperanzas.
Ay, Estación,
no sabe
tu silencio
que fuiste
las puntas de una estrella
derramada
hacia la magnitud
de las mareas,
hacia

la lejanía
en los caminos!

Te acostumbró
la noche
a su vestido
y el día
fue
terrible
para tu viejo rostro
allí
pintado falsamente
para una fiesta,
mientras tu subterráneo
corazón
se nutría
de distantes adioses
y raíces.

Te amo,
vieja Estación
que junto
al río oscuro,
a la corriente turbia
del Mapocho,
fundaste,
con sombras pasajeras,
tu propio río
de amor intermitente, interminable.

Oda a una estrella

Asomando a la noche
en la terraza
de un rascacielos altísimo y amargo

pude tocar la bóveda nocturna
y en un acto de amor extraordinario
me apoderé de una celeste estrella.

Negra estaba la noche
y yo me deslizaba
por la calle
con la estrella robada en el bolsillo.
De cristal tembloroso
parecía
y era
de pronto
como si llevara
un paquete de hielo
o una espada de arcángel en el cinto.

La guardé
temeroso
debajo de la cama
para que no la descubriera nadie,
pero su luz
atravesó
primero
la lana del colchón,
luego
las tejas,
el techo de mi casa.

Incómodos
se hicieron
para mí
los más privados menesteres.

Siempre con esa luz
de astral acetileno
que palpitaba como si quisiera
regresar a la noche,
yo no podía

preocuparme de todos
mis deberes
y así fue que olvidé pagar mis cuentas
y me quedé sin pan ni provisiones.

Mientras tanto, en la calle,
se amotinaban
transeúntes, mundanos
vendedores
atraídos sin duda
por el fulgor insólito
que veían salir de mi ventana.

Entonces
recogí
otra vez mi estrella,
con cuidado
la envolví en mi pañuelo
y enmascarado entre la muchedumbre
pude pasar sin ser reconocido.
Me dirigí al oeste,
al río Verde,
que allí bajo los sauces
es sereno.

Tomé la estrella de la noche fría
y suavemente
la eché sobre las aguas.

Y no me sorprendió
que se alejara
como un pez insoluble
moviendo
en la noche del río
su cuerpo de diamante.

Oda a unas flores amarillas

Contra el azul moviendo sus azules,
el mar, y contra el cielo,
unas flores amarillas.

Octubre llega.

Y aunque sea
tan importante el mar desarrollando
su mito, su misión, su levadura,
estalla
sobre la arena el oro
de una sola
planta amarilla
y se amarran
tus ojos
a la tierra,
huyen del magno mar y sus latidos.

Polvo somos, seremos.

Ni aire, ni fuego, ni agua
sino
tierra,
sólo tierra
seremos
y tal vez
unas flores amarillas.

Oda a las flores de Datitla

Bajo los pinos la tierra prepara
pequeñas cosas puras:
hierbas delgadas
desde cuyos hilos
se suspenden minúsculos faroles,
cápsulas misteriosas
llenas de aire perdido,
y es otra allí
la sombra,
filtrada
y floreada,
largas agujas verdes esparcidas
por el viento que ataca y desordena
el pelo de los pinos.
En la arena
suceden
pétalos fragmentarios,
calcinadas cortezas,
trozos azules
de madera muerta,
hojas que la paciencia
de los escarabajos
leñadores
cambia de sitio, miles
de copas mínimas
el eucaliptus deja
caer
sobre
su
fría y fragante
sombra
y hay
hierbas

afraneladas
y plateadas
con suavidad
de guantes,
varas
de orgullosas espinas,
hirsutos pabellones
de acacia oscura
y flor color de vino,
espadañas, espigas,
matorrales,
ásperos tallos reunidos como
mechones de la arena,
hojas
redondas
de sombrío verde
cortado con tijeras,
y entre el alto amarillo
que de pronto
eleva
una silvestre
circunferencia de oro
florece la tigridia
con tres
lenguas de amor
ultravioleta.

Arenas de Datitla
junto
al abierto estuario
de La Plata, en las primeras
olas del gris Atlántico,
soledades amadas,
no sólo
al penetrante
olor y movimiento
de pinares marinos
me devolvéis,

no sólo
a la miel del amor y su delicia,
sino a las circunstancias
más puras de la tierra:
a la seca y huraña
Flora del Mar, del Aire,
del Silencio.

Oda al gallo

Vi un gallo
de plumaje
castellano:
de tela negra y blanca
cortaron
su camisa,
sus pantalones cortos
y las plumas arqueadas
de su cola.
Sus patas enfundadas
en botas amarillas
dejaban
brillar los espolones
desafiantes
y arriba
la soberbia
cabeza
coronada
de sangre
mantenía
toda aquella apostura:
la estatua
del orgullo.

Nunca
sobre
la tierra
vi tal seguridad,
tal gallardía:
era
como si el fuego
enarbolara
la precisión final
de su hermosura:
dos oscuros
destellos
de azabache
eran
apenas
los desdeñosos ojos
del gallo
que caminaba como
si danzara
pisando casi sin tocar la tierra.

Pero apenas
un grano
de maíz, un fragmento
de pan vieron sus ojos,
los levantó en el pico
como un joyero
eleva
con dedos delicados un diamante,
luego
llamó con guturales oratorias
a sus gallinas
y desde lo alto les dejó caer
el alimento.

Presidente no he visto
con galones y estrellas
adornado

como este
gallo
repartiendo
trigo,
ni he visto
inaccesible
tenor
como este puro
protagonista de oro
que desde
el trono
central de su universo
protegió a las mujeres
de su tribu
sin dejarse en la boca
sino orgullo,
mirando a todos lados,
buscando
el alimento
de la tierra
sólo
para su ávida
familia,
dirigiendo los pasos
al sol, a las vertientes,
a otro grano
de trigo.

Tu dignidad de torre,
de guerrero
benigno,
tu himno
hacia las alturas
levantado,
tu rápido
amor, rapto
de sombras emplumadas,
celebro,

gallo
negro
y blanco,
erguido,
resumen
de la viril integridad campestre,
padre
del huevo frágil, paladín
de la aurora,
ave de la soberbia,
ave sin nido,
que al hombre
destinó su sacrificio
sin someter
su estirpe,
ni derrumbar su canto.

No necesita vuelo
tu apostura,
mariscal del amor
y meteoro
a tantas excelencias
entregado,
que si
esta
oda
cae
al gallinero
la picarás con displicencia suma
y la repartirás a tus gallinas.

Oda al globo terráqueo

Redondo y liso,
como
una manzana,

globo
purificado...

En tu tersura
las cordilleras
ásperas, las puntas
del planeta, se hicieron
suavidad, las cavidades
que golpea el océano
o perpetra en la piedra
la cascada,
en ti contorno verde,
piel satinada son,
redonda cápsula
de suaves continentes y contactos.

Nadie divisa
en tus bruñidos hemisferios,
en el latón pulido
del globo de la tierra,
los terribles trabajos de los hombres.
Nadie respira
polvo mortal, azufre
en el desierto,
alquitrán en las charcas, cieno
de la naturaleza pestilente.
No vemos quién camina
en el ovario turbio
de los ríos
con lentitud pesada,
paso a paso, rodeado
por hojas y vapores
y raíces.

Cuando en la nieve
el frío
te acuchilla,
o en el mar
una ola

se descarga
como
repentina, violenta
dinamita,
no eres,
tierra,
redonda y tersa
uva,
sino
ferruginosa
cabellera,
látigo del abismo!

Y cuando los volcanes
abren
su caja
de
secreto
fuego,
y la montaña
es
sangre,
ceniza,
cicatrices,
trueno,
oh mapa mundi,
no eres
un globo
de
piel pura,
sino
un hirviente y hórrido
manantial
del infierno.

En tu papel,
verdes, rosados,
los países

se acuestan
transparentes
como algas,
pero
allí mismo,
graves
multitudes,
movimientos
del hombre, mitos,
sangre,
razón,
oscuridad,
historia,
tiemblan, se desarrollan
con movimiento eterno.

En cada una
de las verdes praderas
del mapa y sus regiones
se encienden
y se apagan
las vidas,
se reúnen,
se agotan,
y retornan después
a las
ásperas
manos
de la tierra.

Las ciudades
elevan
sus ladrillos,
sus lanzas,
sus signos
orgullosos,
sus
erizados

odios,
sus capas de miseria,
de abandono,
de lágrimas
y luchas,
y en tu redondo
vientre
planetario
no pasa
nada,
no germina
trigo,
ni se despeña
el agua
desmedida
de las inundaciones.

Tú, mapa mundi,
objeto,
eres
bello como
una paloma verde opulenta,
o como una
trascendente cebolla,
pero
no
eres
la tierra, no
tienes
frío, sangre,
fuego, fertilidades.
Una mujer, un hombre,
o la pequeña mano
de un niño
pobre o una
sencillísima
castaña,
representan

más que tu redondez
nuestro planeta.
No tienen paralelos,
nombres ni meridianos:
todo es estrella,
menos tu fría forma:
globo
bello,
todo tiene la tierra
que no tienes.

No sigas
engañando
con tu convexa piel, con tu tersura.
Yo quiero ver
el mundo
áspero
y verdadero
porque no somos
puntos,
líneas,
signos,
de papel planetario.
Somos los hombres
gérmenes
oscuros
de claridad que desde nuestras manos
inundará la tierra.

Oda a la jardinera

Sí, yo sabía que tus manos eran
el alhelí florido, la azucena
de plata:
algo que ver tenías

con el suelo,
con el florecimiento de la tierra,
pero
cuando
te vi cavar, cavar,
apartar piedrecitas
y manejar raíces
supe de pronto,
agricultora mía,
que
no sólo
tus manos
sino tu corazón
eran de tierra,
que allí
estabas
haciendo
cosas tuyas,
tocando
puertas
húmedas
por donde
circulan
las
semillas.

Así, pues,
de una a otra
planta
recién
plantada,
con el rostro
manchado
por un beso
del barro,
ibas
y regresabas
floreciendo,

ibas
y de tu mano
el tallo
de la alstromeria
elevó su elegancia solitaria,
el jazmín
aderezó
la niebla de tu frente
con estrellas de aroma y de rocío.
Todo
de ti crecía
penetrando
en la tierra
y haciéndose
inmediata
luz verde,
follaje y poderío.
Tú le comunicabas
tus semillas,
amada mía,
jardinera roja:
tu mano
se tuteaba
con la tierra
y era instantáneo
el claro crecimiento.

Amor, así también
tu mano
de agua,
tu corazón de tierra,
dieron
fertilidad
y fuerza a mis canciones.

Tocas
mi pecho
mientras duermo

y los árboles brotan
de mi sueño.
Despierto, abro los ojos,
y has plantado
dentro de mí
asombradas estrellas
que suben
con mi canto.

Es así, jardinera:
nuestro amor
es
terrestre:
tu boca es planta de la luz, corola,
mi corazón trabaja en las raíces.

1956

Oda al libro de estampas

Libro de estampas puras!

Mariposas,
navíos,
formas del mar, corolas,
torres que se inclinaron,
ojos oscuros, húmedos,
redondos como uvas,
libro
liso
como
un
pez
resbaloso,
libro
de mil

escamas,
cada página
corre
como
un corcel
buscando
lejanas cosas, flores
olvidadas!

Otras páginas son
hogueras o claveles,
rojas ramas de piedras
encendidas
por el rubí secreto
o nos revelan
la nieve,
las palomas
de Noruega,
la arquitectura clara del rocío.

Cómo pudieron
unirse
en tu papel
tantas bellezas,
tantas
expediciones
infinitas?

Cómo
llegó
a fulgurar en ti
la inaccesible
luz
de
la mariposa
sambucaria
con sus fosforescentes
poblaciones de orugas,

y al mismo
tiempo
aquella
dulce
locomotora
que cruza las praderas
como un
pequeño
toro
ardiente
y duro,
y tantas
plantas del sol lejano,
elegantes
avispas,
serpientes submarinas,
increíbles
camellos?

Mundo de los milagros!

Espiral
insaciable
o cabellera
de todos
los caminos,
diccionario
del viento,
libro
lleno de adoraciones estrelladas
de magnánimas
frutas y regiones,
tesorero
embarcado
en su tesoro,
granada
desgranada,
libro
errante!

Oda al limón

De aquellos azahares
desatados
por la luz de la luna,
de aquel
olor de amor
exasperado,
hundido en la fragancia,
salió
del limonero el amarillo,
desde su planetario
bajaron a la tierra los limones.

Tierna mercadería!
Se llenaron las costas,
los mercados,
de luz, de oro
silvestre,
y abrimos
dos mitades
de milagro,
ácido congelado
que corría
desde los hemisferios
de una estrella,
y el licor más profundo
de la naturaleza,
intransferible, vivo,
irreductible,
nació de la frescura
del limón,
de su casa fragante,
de su ácida, secreta simetría.

En el limón cortaron
los cuchillos
una pequeña
catedral,
el ábside escondido
abrió a la luz los ácidos vitrales
y en gotas
resbalaron los topacios,
los altares,
la fresca arquitectura.

Así, cuando tu mano
empuña el hemisferio
del cortado
limón sobre tu plato,
un universo de oro
derramaste,
una
copa amarilla
con milagros,
uno de los pezones olorosos
del pecho de la tierra,
el rayo de la luz que se hizo fruta,
el fuego diminuto de un planeta.

1956

Oda a la luz encantada

La luz bajo los árboles,
la luz del alto cielo.
La luz
verde
enramada
que fulgura
en la hoja

y cae como fresca
arena blanca.

Una cigarra eleva
su son de aserradero
sobre la transparencia.

Es una copa llena
de agua
el mundo.

Oda a la luz marina

Otra vez, espaciosa
luz marina
cayendo de los cántaros
del cielo,
subiendo de la espuma,
de la arena,
luz agitada sobre
la extensión del océano,
como un
combate de cuchillos
y relámpagos,
luz de la sal caliente,
luz del cielo
elevado
como torre del mar sobre las aguas.

Dónde
están las tristezas?

El pecho se abre
convertido
en rama,

la luz sacude
en nuestro
corazón
sus amapolas,
brillan
en el día del mar
las cosas
puras,
las piedras
visitadas
por la ola,
los fragmentos
vencidos
de botellas,
vidrios
del agua,
suaves,
alisados
por sus dedos
de estrella.
Brillan
los
cuerpos
de los hombres salobres,
de las mujeres
verdes,
de los niños
como algas,
como
peces que saltan
en el cielo,
y cuando
una ventana
clausurada, un traje,
un monte oscuro,
se atreven
a competir
manchando la blancura,

llega la claridad a borbotones,
la luz
extiende sus mangueras
y ataca la insolente
sombra
con brazos blancos,
con manteles,
con talco y olas de oro,
con estupenda espuma,
con carros de azucena.

Poderío
de la luz madurando en el espacio,
ola que nos traspasa
sin mojarnos, cadera
del universo,
                    rosa
renacedora, renacida:
abre
cada día tus pétalos,
tus párpados,
que la velocidad de tu pureza
extienda nuestros ojos
y nos enseñe a ver ola por ola
el mar
y flor a flor la tierra.

1956

Oda a la magnolia

Aquí en el fondo
del Brasil profundo,
una magnolia.

Se levantaban
como
boas negras
las raíces,
los troncos de los árboles
eran
inexplicables
columnas con espinas.
Alrededor
las copas
de los mangos
eran
ciudades
anchas, con balcones,
habitadas por
pájaros
y estrellas.
Caían
entre las hojas
cenicientas, antiguas
cabelleras,
flores terribles
con bocas voraces.
Alrededor subía
el silencioso
terror
de animales, de dientes
que mordían:
patria desesperada
de sangre y sombra verde!

Una magnolia
pura,
redonda como un círculo
de nieve,
subió hasta mi ventana
y me reconcilió con la hermosura.
Entre sus lisas hojas

—ocre y verde—
cerrada,
era perfecta
como un huevo
celeste,
abierta
era la piedra
de la luna,
afrodita fragante,
planeta de platino.
Sus grandes pétalos me recordaron
las sábanas
de la primera luna
enamorada,
y su pistilo
erecto
era torre nupcial
de las abejas.

Oh blancura
entre
todas las blancuras,
magnolia inmaculada,
amor resplandeciente,
olor de nieve blanca
con limones,
secreta secretaria
de la aurora,
cúpula
de los cisnes,
aparición radiante!

Cómo
cantarte sin
tocar
tu
piel purísima,
amarte

sólo
al pie
de tu hermosura,
y llevarte
dormida
en el árbol de mi alma,
resplandeciente, abierta,
deslumbrante,
sobre la selva oscura
de los sueños!

Oda al maíz

América, de un grano
de maíz te elevaste
hasta llenar
de tierras espaciosas
el espumoso
océano.
Fue un grano de maíz tu geografía.
El grano
adelantó una lanza verde,
la lanza verde se cubrió de oro
y engalanó la altura
del Perú con su pámpano amarillo.

Pero, poeta, deja
la historia en su mortaja
y alaba con tu lira
al grano en sus graneros:
canta al simple maíz de las cocinas.

Primero suave barba
agitada en el huerto
sobre los tiernos dientes

de la joven mazorca.
Luego se abrió el estuche
y la fecundidad rompió sus velos
de pálido papiro
para que se desgrane
la risa del maíz sobre la tierra.

A la piedra
en tu viaje, regresabas.
No a la piedra terrible,
al sanguinario
triángulo de la muerte mexicana,
sino a la piedra de moler,
sagrada
piedra de nuestras cocinas.
Allí leche y materia,
poderosa y nutricia
pulpa de los pasteles
llegaste a ser movida
por milagrosas manos
de mujeres morenas.

Donde caigas, maíz,
en la olla ilustre
de las perdices o entre los fréjoles
campestres, iluminas
la comida y le acercas
el virginal sabor de tu substancia.

Morderte,
panocha de maíz, junto al océano
de cantata remota y vals profundo.
Hervirte
y que tu aroma
por las sierras azules
se despliegue.

Pero, dónde
no llega
tu tesoro?

En las tierras marinas
y calcáreas,
peladas, en las rocas
del litoral chileno,
a la mesa desnuda
del minero
a veces sólo llega
la claridad de tu mercadería.

Puebla tu luz, tu harina, tu esperanza,
la soledad de América,
y el hambre
considera tus lanzas
legiones enemigas.

Entre tus hojas como
suave guiso
crecieron nuestros graves corazones
de niños provincianos
y comenzó la vida
a desgranarnos.

1956

Oda a la manzana

A ti, manzana,
quiero
celebrarte
llenándome
con tu nombre
la boca,
comiéndote.

Siempre
eres nueva como nada
o nadie,
siempre
recién caída
del Paraíso:
plena
y pura
mejilla arrebolada
de la aurora!

Qué difíciles
son
comparados
contigo
los frutos de la tierra,
las celulares uvas,
los mangos
tenebrosos,
las huesudas
ciruelas, los higos
submarinos:
tú eres pomada pura,
pan fragante,
queso
de la vegetación.

Cuando mordemos
tu redonda inocencia
volvemos
por un instante
a ser
también recién creadas criaturas:
aún tenemos algo de manzana.

Yo quiero
una abundancia
total, la multiplicación

de tu familia,
quiero
una ciudad,
una república,
un río Mississipi
de manzanas,
y en sus orillas
quiero ver
a toda
la población
del mundo
unida, reunida,
en el acto más simple de la tierra:
mordiendo una manzana.

1956

Oda a la mariposa

A la de Muzo, aquella
mariposa
colombiana,
hoguera azul, que al aire
agregó metal vivo
y a la otra
de las lejanas islas,
Morpho, Monarca, Luna,
plateadas como peces,
dobles como tijeras,
alas abrasadoras,
presencias amarillas,
azufradas en las minas del cielo,
eléctricas, efímeras
que el viento lleva en lo alto de la frente
y deja como lluvias o pañuelos
caer entre las flores!

Oh celestes
espolvoreadas con humo de oro,
de pronto
elevan
un ojo de diamante negro
sobre la luz del ala
a una
calavera anunciatoria
de la fugacidad, de las tinieblas.
Aquella
que recuerdo
llega de las más lejanas zonas,
formada por la espuma,
nacida
en la claridad de la esmeralda,
lanzada al corto cielo
de la rápida aurora
y en ella
tú, mariposa, fuiste
centro
vivo,
volante agua marina,
monja verde.

Pero un día
sobre el camino
volaba otro camino.
Eran las mariposas de la pampa.
Galopábamos desde
Venado Tuerto
hacia las alturas
de la caliente Córdoba.
Y contra los caballos
galopaban
las mariposas,
millones de alas blancas y amarillas,
oscureciendo el aire, palpitando
como una red que nos amenazaba.

Era espesa
la pared
temblorosa
de polen y papel, de estambre y luna,
de alas y alas y alas,
y contra
la voladora masa
apenas avanzaban
nuestras cabalgaduras.

Quemaba el día con un rayo rojo
apuntado al camino
y contra el río aéreo,
contra la inundación
de mariposas
cruzábamos las pampas argentinas.

Ya habían devorado
la alfalfa de las vacas,
y a lo largo del ancho territorio
eran sólo esqueleto
las verdes plantaciones:
hambre para el vacuno
iba en el río de las mariposas.
Fumígalas, incéndialas!
dije al paisano Aráoz,
barre el cielo
con una escoba grande,
reunamos
siete millones de alas,
incendiemos
el cauce de malignas
mariposas,
carbonízalas, dije,
que la pompa del aire
ceniza de oro sea,
que vuelvan, humo al cielo,
y gusano a la tierra.

Mariposa serás,
tembloroso
milagro de las flores,
pero
hasta aquí llegaste:
no atacarás al hombre y a su herencia,
al campesino y a sus animales,
no te conviene
ese papel de tigre
y así como celebro
tu radiante
hermosura,
contra
la multiplicación devoradora
yo llevaré el incendio, sin tristeza,
yo llevaré la chispa del castigo
a la montaña de las mariposas.

Oda a la migración de los pájaros

Por la línea
del mar
hacia el Gran Norte
un
río
derramado
sobre el cielo:
son los pájaros
del Sur, del ventisquero,
que vienen de las islas,
de la nieve:
los halcones antárticos,
los cormoranes vestidos
de luto,
los australes petreles del exilio.

Y hacia
las rocas amarillas
del Perú, hacia las
aguas encendidas
de Baja California
el incesante río
de los pájaros
vuela.

Aparece
uno,
es
un
punto
perdido
en el espacio abierto de la niebla:
detrás son las cohortes
silenciosas, la masa
del plumaje,
el tembloroso triángulo
que corre sobre
el océano frío,
el cauce
sagrado
que palpita,
la flecha
de la nave
migratoria.

Cadáveres de pájaros marinos
cayeron
en la arena,
pequeños
bultos
negros
encerrados
por las alas bruñidas
como ataúdes

hechos
en el cielo.
Y junto
a las
falanges
crispadas sobre
la inútil
arena,
el mar,
el mar que continúa
el trueno blanco y verde de las olas,
la eternidad borrascosa del cielo.

Pasan
las aves, como
el amor,
buscando fuego,
volando desde
el desamparo
hacia la luz y las germinaciones,
unidas en el vuelo
de la vida,
y sobre
la línea y las espumas de la costa
los pájaros que cambian de planeta
llenan
el mar
con su silencio de alas.

Oda a un millonario muerto

Conocí a un millonario.
Era estanciero, rey
de llanuras grises
en donde se perdían
los caballos.

Paseábamos su casa,
sus jardines,
la piscina con una torre blanca
y aguas
como para bañar a una ciudad.
Se sacó los zapatos,
metió los pies
con cierta
severidad sombría
en la piscina verde.

No sé por qué
una a una
fue descartando
todas sus mujeres.
Ellas
bailaban en Europa
o atravesaban rápidas la nieve
en trineo, en Alaska.

S. me contó cómo
cuando niño
vendía diarios
y robaba panes.
Ahora sus periódicos
asaltaban las calles temblorosas,
golpeaban a la gente con noticias
y decían con énfasis
sólo sus opiniones.

Tenía bancos, naves,
pecados y tristezas.

A veces con papel,
pluma, memoria,
se hundía en su dinero,
contaba,
sumando, dividiendo,

multiplicando cosas,
hasta que se dormía.

Me parece
que el hombre nunca pudo
salir de su riqueza
–lo impregnaba,
le daba
aire, color abstracto–,
y él se veía
adentro
como un molusco ciego
rodeado
de un muro impenetrable.

A veces, en sus ojos,
vi un fuego
frío, lejos,
algo desesperado que moría.

Nunca supe si fuimos enemigos.

Murió una noche
cerca de Tucumán.
En la catástrofe
ardió su poderoso Rolls
como cerca del río
el catafalco
de una
religión oscura.

Yo sé
que todos
los muertos son iguales,
pero no sé, no sé,
pienso
que aquel
hombre, a su modo, con la muerte
dejó de ser un pobre prisionero.

Oda al nacimiento de un ciervo

Se recostó la cierva
detrás
de la alambrada.
Sus ojos eran
dos oscuras almendras.
El gran ciervo velaba
y a mediodía
su corona de cuernos
brillaba
como
un altar encendido.

Sangre y agua,
una bolsa turgente,
palpitante,
y en ella
un nuevo ciervo
inerme, informe.

Allí quedó en sus turbias
envolturas
sobre el pasto manchado.
La cierva lo lamía
con su lengua de plata.
No podía moverse,
pero
de aquel confuso,
vaporoso envoltorio,
sucio, mojado, inerte,
fue asomando
la forma,
el hociquillo agudo
de la real

estirpe,
los ojos más ovales
de la tierra,
las finas
piernas,
flechas
naturales del bosque.
Lo lamía la cierva
sin cesar, lo limpiaba
de oscuridad, y limpio
lo entregaba a la vida.

Así se levantó,
frágil, pero perfecto,
y comenzó a moverse,
a dirigirse, a ser,
a descubrir las aguas en el monte.
Miró el mundo radiante.

El cielo sobre
su pequeña cabeza
era como una uva
transparente,
y se pegó a las ubres de la cierva
estremeciéndose como si recibiera
sacudidas de luz del firmamento.

Oda a la naranja

A semejanza tuya,
a tu imagen,
naranja,
se hizo el mundo:
redondo el sol, rodeado
por cáscaras de fuego:

la noche consteló con azahares
su rumbo y su navío.
Así fue y así fuimos,
oh tierra,
descubriéndote,
planeta anaranjado.
Somos los rayos de una sola rueda
divididos
como lingotes de oro
y alcanzando con trenes y con ríos
la insólita unidad de la naranja.

Patria
mía,
amarilla
cabellera,
espada del otoño,
cuando
a tu luz
retorno,
a la desierta
zona
del salitre lunario,
a las aristas
desgarradoras
del metal andino,
cuando
penetro
tu contorno, tus aguas,
alabo
tus mujeres,
miro cómo los bosques
balancean
aves y hojas sagradas,
el trigo se derrama en los graneros
y las naves navegan
por oscuros estuarios,
comprendo que eres,

planeta,
una naranja,
una fruta del fuego.

En tu piel se reúnen
los países
unidos
como sectores de una sola fruta,
y Chile, a tu costado,
eléctrico,
encendido
sobre
los follajes azules
del Pacífico
es un largo recinto de naranjos.

Anaranjada sea
la luz
de cada
día,
y el corazón del hombre,
sus racimos,
ácido y dulce sea:
manantial de frescura
que tenga y que preserve
la misteriosa
sencillez
de la tierra
y la pura unidad
de una naranja.

1956

Oda con nostalgias de Chile

En tierras argentinas
vivo y muero
penando por mi patria,
escogiendo
de día lo que a Chile me recuerda,
de noche las estrellas
que arden al otro lado de la nieve.

Andando las llanuras,
extraviado en la palma del espacio,
descifrando las hierbas
de la pampa, verbenas,
matorrales, espinas,
me parece que el cielo los aplasta:
el cielo, única flor de la pradera.

Grande es el aire vivo, la intemperie
total y parecemos
desnudos, solos en el infinito
y oloroso silencio.
Plana es la tierra como
tirante cuero de tambor: galopes,
hombre, historia,
desaparecen en la lejanía.

A mí dadme los verdes
laberintos,
las esbeltas
vertientes
de los Andes, y bajo los parrones,
amada, tu cintura
de guitarra!

A mí dadme las olas
que sacuden
el cuerpo cristalino
de mi patria,
dejadme al este ver cómo se eleva
la majestad del mundo
en un collar altivo de volcanes
y a mis pies sólo el sello
de la espuma,
nieve del mar, eterna platería!

Americano
soy
y se parece
a la pampa extendida
mi corazón, lo cruzan
los caminos
y me gusta
que en él enciendan fuego
y vuelen y galopen
pájaros y viajeros.

Pero mi cuerpo, Patria,
reclama tu substancia:
metálicas montañas desde donde
el habitante baja, enamorado,
entre vegetaciones minerales
hacia el susurro de los valles verdes.

Amor de mis amores,
tierra pura,
cuando vuelva
me amarraré a tu proa
de embarcación terrestre,
y así navegaremos
confundidos
hasta que tú me cubras
y yo pueda, contigo, eternamente,

ser vino que regresa en cada otoño,
piedra de tus alturas,
ola de tu marino movimiento!

1956

Oda a las nubes

Nubes del cielo Sur,
nubes aladas,
nubes
de impecable vapor, trajes del cielo,
pétalos, peces puros
del estío,
boca arriba en el pasto, en las arenas
de todo el cielo sois
las muchachas celestes,
la seda al sol, la primavera blanca,
la juventud del cielo.
Derramadas, corriendo
apenas
sostenidas
por el aire,
plumones
de la luz, nidos
del agua!
Ahora un solo
ribete
de combustión, de ira
enciende
las praderas
celestiales
y los almendros
en flor,
la equinoccial
lavandería

es devorada
por leopardos
verdes,
cortadas por alfanjes,
atacadas por
bocas
incendiarias.
Nubes desesperadas
y puntuales
en el fallecimiento
del sol
de cada día,
baile
ritual
de todo
el horizonte,
apenas
si cruzan el espacio
lentas aves del mar, vuelos
sobre la perspectiva,
se desgarran las nubes,
se disuelve
la luz del abanico delirante,
vida y fuego no existen, eran sólo
ceremonias del cielo.

Pero a ti, nubarrona
de tempestad, reservo
aquel espacio
de monte o mar, de sombra,
de pánico y tinieblas sobre el mundo,
sea sobre las haces
de la espuma
en la noche iracunda
del océano
o sobre la callada
cabellera
de los bosques nocturnos,

nube, tinta de acero
desparramas,
algodones de luto en que se ahogan
las pálidas estrellas.

De tu paraguas cae
con densidad de plomo
la oscuridad y pronto
agua eléctrica y humo
tiemblan como banderas
oscuras, sacudidas
por el miedo.

Riegas
y unes
tu oscuridad al sueño
de las negras raíces,
y así de la tormenta
sale a la luz
de nuevo
el esplendor terrestre.

Nube
de primavera, nave
olorosa, pura
azucena
del cielo,
manto de viuda desdichada,
negra madre del trueno,
quiero un traje de nube,
una camisa
de vuestros materiales,
y llevadme en el hilo
de la luz o en el
caballo de la sombra
a recorrer el cielo, todo el cielo.

Así tocaré bosques, arrecifes,
cruzaré cataratas y ciudades,
veré la intimidad del universo,
hasta que con la lluvia
regresaré a la tierra
a conversar en paz con las raíces.

Oda a la ola

Otra vez a la ola
va mi verso.

No puedo
dejar mil veces mil,
mil veces, ola,
de cantarte,
oh novia fugitiva del océano,
delgada
venus
verde
levantas
tu campana
y en lo alto
derribas
azucenas.

Oh
lámina
incesante
sacudida
por
la
soledad
del viento,
erigida como una

estatua
transparente
mil veces mil
cristalizada, cristalina,
y luego
toda la sal al suelo:
el movimiento
se convierte
en espuma
y de la espuma el mar
se reconstruye
y de nuevo resurge la turgencia.

Otras veces,
caballo,
yegua pura,
ciclónica
y alada,
con las crines
ardiendo de blancura
en la ira del aire
en movimiento,
resbalas, saltas, corres
conduciendo el trineo
de la nieve marina.

Ola, ola, ola,
mil veces mil
vencida, mil
veces mil erecta
y derramada:
viva
la ola,
mil veces siempreviva
la ola.

                    1956

Oda al doble otoño

Está viviendo el mar mientras la tierra
no tiene movimiento:
el grave otoño
de la costa
cubre
con su muerte
la luz inmóvil
de la tierra,
pero
el mar errante, el mar
sigue viviendo.

No hay
una
sola
gota
de
sueño,
muerte
o
noche
en su
combate:
todas
las máquinas
del agua, las azules
calderas,
las crepitantes fábricas
del viento
coronando
las olas
con
sus violentas flores,

todo
vivo
como
las vísceras
del toro,
como
el fuego
en la música,
como
el acto
de la unión amorosa.

Siempre fueron oscuros
los
trabajos
del otoño
en la tierra:
inmóviles
raíces, semillas
sumergidas
en el tiempo
y arriba
sólo
la corola del frío,
un vago
aroma de hojas
disolviéndose
en
oro:
nada.
Un hacha
en el bosque
rompe
un tronco de cristales,
luego
cae
la tarde
y la tierra

pone sobre su rostro
una máscara
negra.

Pero
el mar
no descansa, no duerme, no se ha muerto.
Crece en la noche
su barriga
que combaron
las estrellas
mojadas, como trigo en el alba,
crece,
palpita
y llora
como un niño
perdido
que sólo con el golpe
de la aurora,
como un tambor, despierta,
gigantesco,
y se mueve.
Todas sus manos mueve,
su incesante organismo,
su dentadura extensa,
sus negocios
de sal, de sol, de plata,
todo
lo mueve, lo remueve
con sus arrasadores
manantiales,
con el combate
de su movimiento,
mientras
transcurre
el triste
otoño
de la tierra.

1956

Oda a la pantera negra

Hace treinta y un años,
no lo olvido,
en Singapur, la lluvia
caliente como sangre
caía
sobre
antiguos muros blancos
carcomidos
por la humedad que en ellos
dejó besos leprosos.
La multitud oscura
relucía
de pronto en un relámpago,
los dientes
o los ojos
y el sol de hierro arriba
como
lanza implacable.
Vagué por calles inundadas
de olor,
betel, las nueces rojas
elevándose
sobre
camas de hojas fragantes,
y el fruto *Dorian*
pudriéndose en la siesta bochornosa.
De pronto estuve
frente a una mirada,
desde una jaula
en medio de la calle
dos círculos
de frío,
dos imanes,

dos electricidades enemigas,
dos ojos
que entraron en los míos
clavándome
a la tierra
y a la pared leprosa.
Vi entonces
el cuerpo que ondulaba
y era
sombra de terciopelo,
elástica pureza,
noche pura.
Bajo la negra piel
espolvoreados
apenas la irisaban
no supe bien
si rombos de topacio
o hexágonos de oro
que se traslucían
cuando
la presencia
delgada
se movía.
La pantera
pensando
y palpitando
era
una
reina
salvaje
en un cajón
en medio
de la calle
miserable.
De la selva perdida,
del engaño,
del espacio robado,
del agridulce olor

a ser humano
y casas polvorientas
ella
sólo expresaba
con ojos
minerales
su desprecio, su ira
quemadora,
y eran sus ojos
dos
sellos
impenetrables
que cerraban
hasta la eternidad
una puerta salvaje.

Anduvo
como el fuego, y, como el humo,
cuando cerró los ojos
se hizo invisible, inabarcable noche.

Oda de mis pesares

Tal vez algún, algunos
quieren saber
de mí.

Yo me prohíbo
hablar de mis pesares.
Aún joven, casi viejo
y caminando
no puedo
sin
espinas
coronar

mi corazón
que tanto
ha trabajado,
mis ojos
que exploraron la tristeza
y volvieron sin llanto
de las embarcaciones
y las islas.

Voy a contarles cómo
cuando nací
los hombres, mis amigos,
amaban
la soledad, el aire
más lejano,
la ola de las sirenas.

Yo volví
de los
archipiélagos,
volví de los jazmines,
del desierto,
a ser,
a ser,
a ser
con otros seres,
y cuando fui no sombra,
ni evadido,
humano, recibí los cargamentos
del corazón humano,
las alevosas piedras
de la envidia,
la ingratitud servil de cada día.

Regresa, Don, susurran
cada vez más lejanas las sirenas:
golpean las espumas
y cortan con sus colas

plateadas
el transparente
mar
de los recuerdos.

Nácar y luz mojados
como frutas gemelas
a la luz de la luna embriagadora.

Ay, y cierro los ojos!

El susurro del cielo se despide.

Voy a mi puerta a recibir espinas.

Oda al pícaro ofendido

Yo sólo de la bruma,
de las
banderas
del invierno
marino, con su niebla,
traspasado
por la soberanía
de las olas,
hablé,
sólo de aquellas cosas
que acompañaron
mi destino.

El pícaro elevó
su nariz verde,
clavó su picotazo
y todo siguió como
había sido,

la bruma, el mar,
mi canto.
Al amor, a su caja
de palomas,
al alma y a la boca
de la que amo,
consagré
toda palabra, todo
susurro, toda tierra,
todo fuego en mi canto,
porque el amor
sostengo
y me sostiene
y he de morir amándote,
amor mío.

El pícaro esperaba
en las esquinas turbias
y eruditas
para clavar su infame
dentadura
en
el
panal
abierto
y rumoroso.

Todo siguió como era, como deben
ser las cosas eternas,
la mujer
con su ramo
de rocío,
el hombre con su canto.
En el camino
el pueblo
iba desnudo
y me mostró
sus manos

desgarradas
por aguas y por minas.
Eran
aquellos
caminantes
miembros de mi familia:
no era mi sangre,
sol,
ni flor,
ni cielo:
eran aquellos hombres
mis hermanos
y para ellos
fue
la inquebrantable
materia de mi canto.

El pícaro con otros
adheridos
cocinó en una marmita
sus resabios,
los preparó con odio,
con recortes
de garras,
estableció oficinas
con
amigos
amargos
y produjo
sangrienta y polvorienta
picardía.

Entre olas
que llenaban
de claridad y canto el universo,
de pronto me detuve
y dediqué una línea
de mi oda,

una sola
sentencia,
apenas
una
sílaba,
al contumaz y pícaro
enemigo
– en tantos años un solo saludo –,
el golpe de la espuma
de una ola.
Y enloqueció
de pronto
el pícaro
famoso,
el viejo ofendedor
se declaró
ofendido,
corrió por las esquinas
con su lupa
clavada
al
mínimo meñique de mi oda,
clamó ante los autores
y las autoridades
para que todo el mundo
me
desautorizara,
y cuando
nadie
se
hizo parte
de sus lamentaciones
enfermó de tristeza,
se hundió en la más letárgica
de las melancolías
y sólo de su cueva
sale a veces
a llenar oficinas con suspiros.

Moraleja:
no ofendas al poeta distraído
semana por semana, siglo a siglo,
porque de pronto puede
dedicarte un minuto peligroso.

1956

Oda a la piedra

América elevada
por la piedra
andina:
de piedra libre
y
solitario viento
fuiste,
torre oscura
del mundo,
desconocida madre
de los ríos,
hasta que desató el picapedrero
su cintura morena
y las antiguas manos
cortaron piedra
como
si cortaran luna,
granito espolvoreado
por las olas,
sílice trabajada por el viento.

Plutónico
esqueleto
de aquel
mundo,
cumbres ferruginosas,

alturas de diamante,
todo
el
anillo
de la
furia
helada,
allá arriba durmiendo
entre sábana y sábana
de nieve,
entre soplo y silbido
de huracanes.

Arriba
cielo
y piedra,
lomos grises,
nuestra
terrible
herencia encarnizada,
trenzas,
molinos,
torres,
palomas y banderas
de piedra verde,
de
agua endurecida,
de rígidas
catástrofes,
piedra nevada,
cielo nevado
y nieve.

La piedra fue la proa,
se adelantó al latido de la tierra,
el ancho continente
americano
avanzó a cada lado

del granito,
los ríos
en la cuenca
de la roca
nacieron.
Las águilas oscuras
y los pájaros de oro
soltaron sus destellos,
cavaron
un duro nido abierto
a picotazos
en la nave de piedra.
Polvo y arena frescos
cayeron
como plumas
sobre
las playas del planeta
y la humedad
fue un beso.
El beso de la vida
venidera
fue colmando la copa
de la tierra.
Creció el maíz y derramó su especie.
Los mayas estudiaron sus estrellas.
Celestes edificios
hoy
en el polvo abiertos
como antiguas
granadas
cuyos granos
cayeron,
cuyos viejos destellos de amaranto
en la tierra profunda se gastaron.
Casas talladas en
piedra peruana,
dispuestas en el filo
de las cumbres

como hachas de la noche
o nidos de obsidiana,
casa desmoronadas en que aún
la roca es una estrella
dividida,
un fulgor que palpita
sobre la destrucción de su sarcófago.
Constelas
todo
nuestro
territorio,
luz
de la piedra,
estrella vertebrada,
frente de nieve en donde
golpea el aire andino.

América,
boca
de piedra muda,
aún hablas con tu lengua perdida,
aún hablarás, solemne,
con nueva
voz
de piedra.

1956

Oda al viejo poeta

Me dio la mano
como si un árbol viejo
alargara un gancho
sin
hojas y sin frutos.
Su

mano
que escribió desenlazando
los hilos y las hebras
del
destino
ahora estaba
minuciosamente
rayada
por los días, los meses y los años.
Seca en su rostro
era
la escritura
del tiempo,
diminuta
y errante
como
si allí estuvieran
dispuestos
las líneas y los signos
desde su nacimiento
y poco a poco
el aire
los hubiera erigido.

Largas líneas profundas,
capítulos cortados
por la edad en su cara,
signos interrogantes,
fábulas misteriosas,
asteriscos,
todo lo que olvidaron las sirenas
en la extendida
soledad de su alma,
lo que cayó del
estrellado cielo,
allí estaba en su rostro
dibujado.
Nunca el antiguo

bardo
recogió
con pluma y papel duro
el río derramado
de la vida
o el dios desconocido
que cortejó su verso,
y ahora,
en sus mejillas,
todo
el misterio
diseñó
con frío
el álgebra
de sus revelaciones
y las pequeñas,
invariables
cosas
menospreciadas
dejaron
en su frente
profundísimas
páginas
y
en su
nariz
delgada,
como pico
de cormorán errante,
los viajes y las olas
depositaron
su letra
ultramarina.
Sólo
dos piedrecitas
intratables,
dos ágatas
marinas

en aquel
combate,
eran
sus ojos
y sólo a través de ellos
vi la apagada
hoguera,
una rosa
en las manos
del poeta.

Ahora
el traje
le quedaba grande
como si ya viviera
en una
casa
vacía,
y los huesos
de todo
su cuerpo se acercaban
a la piel
levantándola
y era
de hueso,
de hueso que advertía
y enseñaba,
un pequeño
árbol, al fin, de hueso,
era el poeta
apagado
por la caligrafía
de la lluvia,
por los inagotables
manantiales del tiempo.

Allí le dejé andando
presuroso a su muerte

como
si lo esperara
también casi desnuda
en un parque sombrío
y de la mano
fueran
hasta
un desmantelado dormitorio
y en él durmieran
como dormiremos
todos
los hombres:
con
una rosa
seca
en
una
mano
que también cae
convertida en polvo.

1956

Oda a un ramo de violetas

Crespo ramo en la sombra
sumergido:
gotas de agua violeta
y luz salvaje
subieron con tu aroma:
una fresca hermosura
subterránea
trepó con tus capullos
y estremeció mis ojos y mi vida.

Una por una, flores
que alargaron
metálicos pedúnculos,
acercando en la sombra
rayo tras rayo de una luz oscura
hasta que coronaron
el misterio
con su masa profunda de perfume,
y unidas
fueron una sola estrella
de olor remoto y corazón morado.

Ramo profundo,
íntimo
olor
de la naturaleza,
pareces
la onda, la cabellera,
la mirada
de una náyade rota
y submarina,
pero de cerca,
en plena
temeridad azul de tu fragancia,
tierra, flor de la tierra,
olor terrestre
desprendes, y tu rayo
ultravioleta
es combustión lejana de volcanes.

Sumerjo en tu hermosura
mi viejo rostro tantas
veces hostilizado por el polvo
y algo desde la tierra
me transmites,
y no es sólo un perfume,
no es sólo el grito puro
de tu color total, es más bien

una palabra con rocío,
una humedad florida con raíces.

Frágil haz de violetas
estrelladas,
pequeño, misterioso
planetario
de fósforo marino,
nocturno ramo entre las hojas verdes,
la verdad es
que no hay palabra azul para expresarte:

más que toda palabra
te describe un latido de tu aroma.

1956

Oda para regar

Sobre la tierra, sobre los pesares,
agua desde tu mano
para el riego
y parece que caen
arqueándose
otras aguas,
no las de la ciudad para las bocas,
para las ollas, sino que
regando
la manguera
trae aguas escondidas
del oculto, del fresco
corazón enramado de la tierra.

De allí
sale este hilo,
se desarrolla en agua,

se multiplica en gotas,
se dirige a la sed de las lechugas.

Del polvo y de las plantas
un nuevo aroma
crece
con el agua.
Es un olor mojado
de astro verde,
es la resurrección de la frescura,
la fragancia perdida
del corazón remoto
huérfano de los bosques,
y crece el agua
como
la música en tus manos:
con fuerza cristalina
construyes una lanza
transparente
que ataca, empapa y mueve
su comunicación con las raíces.

La acción del agua silba,
chisporrotea, canta,
desenreda
secretas fibras, sube
y cae como copa
desbordada,
limpia las hojas hasta
que parecen campanas
en la lluvia,
atormenta los viajes
del insecto,
deja caer sobre la cabecita
de un ave sorprendida
un chaparrón de plata,
y vuela
y baja

hasta que tu jardín o tu sembrado,
el rayo de tus rosas
o la piel genital de la magnolia,
agradecen
el don
recto
del agua
y tú, con tu manguera,
rodeado
por las emanaciones de tu huerto,
por la humedad del suelo, coronado
como el rey de una isla
por la lluvia,
dominador de todos
los elementos,
sabes,
al guardar la manguera,
                                    y enrollarla
como una
purísima serpiente,
sabes que por sobre ti, sobre tus ramas
de roble polvoriento,
agua de riego, aroma,
cayó mojando tu alma:
y agradeces el riego que te diste.

Oda a la sal

Esta sal
del salero
yo la vi en los salares.
Sé que
no
van a creerme,
pero

canta,
canta la sal, la piel
de los salares,
canta
con una boca ahogada
por la tierra.
Me estremecí en aquellas
soledades
cuando escuché
la voz
de
la sal
en el desierto.
Cerca de Antofagasta
toda
la pampa salitrosa
suena:
es una
voz
quebrada,
un lastimero
canto.

Luego en sus cavidades
la sal gema, montaña
de una luz enterrada,
catedral transparente,
cristal del mar, olvido
de las olas.

Y luego en cada mesa
de ese mundo,
sal,
tu substancia
ágil
espolvoreando
la luz vital
sobre

los alimentos.
Preservadora
de las antiguas
bodegas del navío,
descubridora
fuiste
en el océano,
materia
adelantada
en los desconocidos, entreabiertos
senderos de la espuma.

Polvo del mar, la lengua
de ti recibe un beso
de la noche marina:
el gusto funde en cada
sazonado manjar tu oceanía
y así la mínima,
la minúscula
ola del salero
nos enseña
no sólo su doméstica blancura,
sino el sabor central del infinito.

1956

Oda al serrucho

Entre las nobles
herramientas,
el esbelto
martillo,
la hoz recién cortada de la luna,
el biselado, recio
formón, la generosa
pala,

eres, serrucho,
el pez, el pez
maligno,
el tiburón de aciaga dentadura.

Sin embargo, la hilera
de tus
mínimos dientes
cortan cantando
el sol
en la madera,
la miel del pino, la acidez
metálica del roble.
Alegremente
cortas
y cantando
el aserrín esparce tus proezas
que el viento mueve y que la lluvia hostiga.

No asumiste apostura
como la del insólito martillo
que decoró con dos plumas de gallo
su cabeza de acero,
sino que
como un pez
de la profunda
plenitud submarina,
luego de tu tarea natatoria
te inmovilizas y desapareces
como en el lecho oscuro del océano.

Serrucho, pez amigo
que canta,
no devoras
el manjar que cortó tu dentadura,
sino que lo derramas
en migas de madera.

Serrucho azul, delgado
trabajador, cantando
cortaste
para mí
las tablas del ropero,
para todos
marcos
para que en ellos
fulgure la pintura
o penetre a la casa
el río de la luz por la ventana.
Por toda la tierra
con sus ríos
y sus navegaciones,
por los
puertos,
en las embarcaciones del océano,
en lo alto
de aldeas suspendidas
en la nieve,
aún
lejos, más lejos:
en
el
secreto
de los institutos,
en la casa florida
de la amante,
y también
en el patio abandonado
donde murió un Ignacio, un Saturnino,
así como
en las profundas herrerías,
en todas partes
un serrucho
vigila,
un serrucho
delgado, con sus

pequeños dientes
de pescado casero y su vestido
de mar, de mina azul, de florete olvidado.

Así, serrucho,
quiero
aserrar
las cosas amarillas de este mundo,
cortar,
maderas puras,
cortezas de la tierra y de la vida,
encinas, robles, sándalos
sagrados,
otoño
en largas leguas extendido.
Yo quiero
tu escondida
utilidad, tu fuerza
y tu frescura,
la segura modestia
de tu dentado acero,
tu lámina de luna!

Me despido
de ti,
benéfico
serrucho,
astral
y submarino,
diciéndote
que
me quedaría
siempre con tu metálica victoria

en los aserraderos,
violín del bosque, pájaro
del aserrín, tenaz
tiburón de la madera!

1956

Oda al tiempo venidero

Tiempo, me llamas. Antes
eras
espacio puro,
ancha pradera.
Hoy
hilo o gota
eres,
luz delgada
que corre como liebre hacia las zarzas
de la cóncava noche.

Pero,
ahora
me dices, tiempo, aquello
que ayer no me dijiste:

tus pasos apresura,
tu corazón reposa,
desarrolla tu canto.

El mismo soy. No soy? Quién, en el cauce
de las aguas que corren
identifica el río?

Sólo sé que allí mismo,
en una sola
puerta
mi corazón golpea,
desde ayer, desde lejos,
desde entonces,
desde mi nacimiento.

Allí
donde responde

el eco oscuro
del mar
que canta y canto
y que
conozco
sólo
por un ciego silbido,
por un rayo
en las olas,
por sus anchas espumas en la noche.

Así, pues, tiempo, en vano
me has medido,
en vano transcurriste
adelantando
caminos al errante.

Junto a una sola puerta
pasé toda la noche,
solitario, cantando.

Y ahora
que tu luz se adelgaza
como animal que corre
perdiéndose en la sombra
me dices,
al oído,
lo que no me enseñaste
y supe siempre.

Oda a las tijeras

Prodigiosas
tijeras
(parecidas

a pájaros,
a peces),
bruñidas sois como las armaduras
de la caballería.

De dos cuchillos largos
y alevosos,
casados y cruzados
para siempre,
de dos
pequeños ríos
amarrados,
resultó una cortante criatura,
un pez que nada en tempestuosos lienzos,
un pájaro que vuela
en
las peluquerías.

Tijeras
olorosas
a
mano
de la tía
costurera,
cuando con su metálico
ojo blanco
miraron
nuestra
arrinconada
infancia
contando
a los vecinos
nuestros robos de besos y ciruelas.

Allí
en la casa
y dentro de su nido
las tijeras cruzaron

nuestras vidas
y luego
cuánta
tela
cortaron y cortaron
para novias y muertos,
para recién nacidos y hospitales
cortaron,
y cortaron,
y el pelo
campesino
duro
como planta en la piedra,
y las banderas
que luego
fuego y sangre
mancharon y horadaron,
y el tallo
de las viñas en invierno,
el hilo
de la
voz
en el teléfono.

Unas tijeras olvidadas
cortaron en tu ombligo
el hilo
de la madre
y te entregaron para siempre
tu separada parte de existencia:
otras, no necesariamente
oscuras,
cortarán algún día
tu traje de difunto.

Las tijeras
fueron
a todas partes:

exploraron
el mundo
cortando
por igual
alegría
y tristeza:
todo fue paño
para las tijeras:
titánicas
tijeras
de sastrería,
bellas como cruceros,
minúsculas
que cortan uñas
dándoles forma de menguante luna,
delgadas,
submarinas tijeras
del cirujano
que cortan el enredo
o el nudo equivocado en tu intestino.

Y aquí con las tijeras
de la razón
corto mi oda,
para que no se alargue y no se encrespe,
para que
pueda
caber en tu bolsillo
plegada y preparada
como
un par
de tijeras.

1956

Oda a las tormentas de Córdoba

El pleno mediodía
refulgente
es una
espada de oro,
de pronto
cae un trueno
como una
piedra
sobre un tambor de cuero rojo,
se raja el aire
como
una bandera,
se agujerea el cielo
y toda su agua verde
se desploma
sobre la tierra tierra
tierra tierra
tachonada
por las ganaderías.
Ruidosa es la aventura
del agua desbocada
en las alturas:
parece que corrieran
caballos en el cielo,
caen montañas blancas,
caen sillas, sillones
y entonces
las centellas
arden, huyen, estallan,
el campo tiembla a cada
latigazo celeste,
el rayo
quema

solitarios
árboles
con fósforo de infierno
mientras
el agua
convertida en granizo
derriba muros, mata
gallineros,
corre asustada la perdiz, se esconde
en su recámara el hornero,
la víbora atraviesa
como lento relámpago
el páramo buscando
un agujero, cae
un halcón
golpeado
por la piedra celeste
y ahora
el viento de la sierra,
gigantesco,
rabioso,
corre
por la llanura
desatado.
Es un
gigantesco demente
que se escapó de un cuento
y con brazos en cruz
atraviesa, gritando, las aldeas:
el viento loco
ataca
los duros algarrobos,
rompe
la cabellera
de los dulces sauces,
suena
como
una

catarata
verde,
que arrastrara
barricas y follajes,
carretas de cristal, camas de plomo.
De pronto,
vertical
regresa
el día
puro,
azul es su madeja,
redonda la medalla
del sol encarnizado,
no se mueve
una hoja,
las cigarras
zumban como sopranos,
el cartero
de Totoral reparte
palomas de papel en bicicleta,
alguien sube
a un caballo,
un toro muge,
es verano,
aquí, señores,
no ha
pasado
nada.

Oda al vals sobre las olas

Viejo vals, estás vivo
latiendo
suavemente
no a la manera

de un
corazón enterrado,
sino como el olor
de una planta profunda,
tal vez como el aroma
del olvido.

No conozco
los
signos
de la música,
ni sus libros sagrados,
soy un
pobre poeta
de las calles
y sólo
vivo y muero
cuando
de los sonidos enlutados
emerge sobre un mar de madreselva
la miel
antigua,
el baile coronado
por un ramo celeste de palmeras.

Oh, por las enramadas,
en la arena
de aquella costa, bajo
aquella luna,
bailar contigo el vals
de las espumas
apretando tu talle
y a la sombra
del cielo y su navío
besar sobre tus párpados tus ojos
despertando
el rocío
dormido en el jazmín fosforescente!

Oh, vals de labios puros
entreabiertos
al vaivén
amoroso
de las olas,
oh corazón
antiguo
levantado
en la nave
de la música,
oh vals
hecho
de
humo,
de palomas,
de nada,
que vives
sin embargo
como una cuerda fina,
indestructible,
trenzada con
recuerdos
imprecisos,
con soledad, con tierra,
con jardines!

Bailar contigo, amor,
a la fragante
luz
de aquella luna,
de aquella antigua
luna,
besar, besar tu frente
mientras rueda
aquella
música
sobre las olas!

Oda al viaje venturoso

Oh, viaje venturoso!
Dejé la primavera
trabajando en mi patria.
Los motores
del ave de aluminio
trepidaron
y fueron fuerza pura
resbalando en el cielo.
Así las cordilleras y los ríos
crucé, las extensiones argentinas,
los volcanes, las ciénagas, las selvas:
nuestro planeta verde.
Luego lanzó el avión sobre las nubes
su rectitud de plata
cruzando agua infinita, noches
cortadas
como copas o cápsulas azules,
días desconocidos cuya llama
se deslizó en el viento,
hasta que descendimos
en nuestra estrella errante
sobre la antigua nieve de Finlandia.
Sólo unos días
en
la rosa blanca, reclinada
en su nave de madera,
y Moscú
abrió sus calles:
me esperaba
su claridad nocturna,
su vino transparente.
Viva es la luz del aire
y encendida es la tierra

a toda hora,
aunque el invierno
cierre con espadas
los mares y los ríos,
alguien espera, nos reconocemos:
arde la vida en medio de la nieve.

Y cuando
de regreso
brilló tu boca bajo los pinares
de Datitla y arriba
silbaron, crepitaron
y cantaron
extravagantes
pájaros,
bajo la luna de Montevideo,
entonces
a tu amor he regresado,
a la alegría
de tus anchos ojos:
bajé, toqué la tierra
amándote y amando
mi viaje venturoso!

Estravagario

[1957-1958]

                    tan
                  si
                ce
              ne
            se
          cielo
        al
      subir
  Para

dos alas,
un violín,
y cuántas cosas
sin numerar, sin que se hayan nombrado,
certificados de ojo largo y lento,
inscripción en las uñas del almendro,
títulos de la hierba en la mañana.

Pido silencio

Ahora me dejen tranquilo.
Ahora se acostumbren sin mí.

Yo voy a cerrar los ojos.

Y sólo quiero cinco cosas,
cinco raíces preferidas.

Una es el amor sin fin.

Lo segundo es ver el otoño.
No puedo ser sin que las hojas
vuelen y vuelvan a la tierra.

Lo tercero es el grave invierno,
la lluvia que amé, la caricia
del fuego en el frío silvestre.

En cuarto lugar el verano
redondo como una sandía.

La quinta cosa son tus ojos,
Matilde mía, bienamada,
no quiero dormir sin tus ojos,
no quiero ser sin que me mires:

yo cambio la primavera
por que tú me sigas mirando.

Amigos, eso es cuanto quiero.
Es casi nada y casi todo.

Ahora si quieren se vayan.

He vivido tanto que un día
tendrán que olvidarme por fuerza,
borrándome de la pizarra:
mi corazón fue interminable.

Pero porque pido silencio
no crean que voy a morirme:
me pasa todo lo contrario:
sucede que voy a vivirme.

Sucede que soy y que sigo.

No será, pues, sino que adentro
de mí crecerán cereales,
primero los granos que rompen
la tierra para ver la luz,
pero la madre tierra es oscura:
y dentro de mí soy oscuro:
soy como un pozo en cuyas aguas
la noche deja sus estrellas
y sigue sola por el campo.

Se trata de que tanto he vivido
que quiero vivir otro tanto.

Nunca me sentí tan sonoro,
nunca he tenido tantos besos.

Ahora, como siempre, es temprano.
Vuela la luz con sus abejas.

Déjenme solo con el día.
Pido permiso para nacer.

Y cuánto vive

Cuánto vive el hombre, por fin?

Vive mil días o uno solo?

Una semana o varios siglos?

Por cuánto tiempo muere el hombre?

Qué quiere decir «Para siempre»?

Preocupado por este asunto
me dediqué a aclarar las cosas.

Busqué a los sabios sacerdotes,
los esperé después del rito,
los aceché cuando salían
a visitar a Dios y al diablo.

Se aburrieron con mis preguntas.
Ellos tampoco sabían mucho,
eran sólo administradores.

Los médicos me recibieron,
entre una consulta y otra,
con un bisturí en cada mano,
saturados de aureomicina,
más ocupados cada día.
Según supe por lo que hablaban
el problema era como sigue:
nunca murió tanto microbio,

toneladas de ellos caían,
pero los pocos que quedaron
se manifestaban perversos.

Me dejaron tan asustado
que busqué a los enterradores.
Me fui a los ríos donde queman
grandes cadáveres pintados,
pequeños muertos huesudos,
emperadores recubiertos
por escamas aterradoras,
mujeres aplastadas de pronto
por una ráfaga de cólera.
Eran riberas de difuntos
y especialistas cenicientos.

Cuando llegó mi oportunidad
les largué unas cuantas preguntas,
ellos me ofrecieron quemarme:
era todo lo que sabían.

En mi país los enterradores
me contestaron, entre copas:
– «Búscate una moza robusta,
y déjate de tonterías».

Nunca vi gentes tan alegres.

Cantaban levantando el vino
por la salud y por la muerte.
Eran grandes fornicadores.

Regresé a mi casa más viejo
después de recorrer el mundo.

No le pregunto a nadie nada.

Pero sé cada día menos.

Ya se fue la ciudad

Cómo marcha el reloj sin darse prisa
con tal seguridad que se come los años:
los días son pequeñas y pasajeras uvas,
los meses se destiñen descolgados del tiempo.
Se va, se va el minuto hacia atrás, disparado
por la más inmutable artillería
y de pronto nos queda sólo un año para irnos,
un mes, un día, y llega la muerte al calendario.

Nadie pudo parar el agua que huye,
no se detuvo con amor mi pensamiento,
siguió, siguió corriendo entre el sol y los seres,
y nos mató su estrofa pasajera.

Hasta que al fin caemos en el tiempo, tendidos,
y nos lleva, y ya nos fuimos, muertos,
arrastrados sin ser, hasta no ser ni sombra,
ni polvo, ni palabra, y allí se queda todo
y en la ciudad en donde no viviremos más
se quedaron vacíos los trajes y el orgullo.

A callarse

Ahora contaremos doce
y nos quedamos todos quietos.

Por una vez sobre la tierra
no hablemos en ningún idioma,
por un segundo detengámonos,
no movamos tanto los brazos.

Sería un minuto fragante,
sin prisa, sin locomotoras,
todos estaríamos juntos
en una inquietud instantánea.

Los pescadores del mar frío
no harían daño a las ballenas
y el trabajador de la sal
miraría sus manos rotas.

Los que preparan guerras verdes,
guerras de gas, guerras de fuego,
victorias sin sobrevivientes,
se pondrían un traje puro
y andarían con sus hermanos
por la sombra, sin hacer nada.

No se confunda lo que quiero
con la inacción definitiva:
la vida es sólo lo que se hace,
no quiero nada con la muerte.

Si no pudimos ser unánimes
moviendo tanto nuestras vidas,
tal vez no hacer nada una vez,
tal vez un gran silencio pueda
interrumpir esta tristeza,
este no entendernos jamás
y amenazarnos con la muerte,
tal vez la tierra nos enseñe
cuando todo parece muerto
y luego todo estaba vivo.

Ahora contaré hasta doce
y tú te callas y me voy.

Regreso a una ciudad

A qué he venido? les pregunto.

Quién soy en esta ciudad muerta?

No encuentro la calle ni el techo
de la loca que me quería.

Los cuervos, no hay duda, en las ramas,
el monzón verde y furibundo,
el escupitajo escarlata
en las calles desmoronadas,
el aire espeso, pero dónde,
pero dónde estuve, quién fui?
No entiendo sino las cenizas.

El vendedor de betel mira
sin reconocer mis zapatos,
mi rostro recién resurrecto.
Tal vez su abuelo me diría:
«Salam» pero sucede
que se cayó mientras volaba,
se cayó al pozo de la muerte.

En tal edificio dormí
catorce meses y sus años,
escribí desdichas,
mordí
la inocencia de la amargura,
y ahora paso y no está la puerta:
la lluvia ha trabajado mucho.

Ahora me doy cuenta que he sido
no sólo un hombre sino varios

y que cuantas veces he muerto,
sin saber cómo he revivido,
como si cambiara de traje
me puse a vivir otra vida
y aquí me tienen sin que sepa
por qué no reconozco a nadie,
por qué nadie me reconoce,
si todos fallecieron aquí
y yo soy entre tanto olvido
un pájaro sobreviviente
o al revés la ciudad me mira
y sabe que yo soy un muerto.

Ando por bazares de seda
y por mercados miserables,
me cuesta creer que las calles
son las mismas, los ojos negros
duros como puntos de clavo
golpean contra mis miradas,
y la pálida Pagoda de Oro
con su inmóvil idolatría
ya no tiene ojos, ya no tiene
manos, ya no tiene fuego.
Adiós, calles sucias del tiempo,
adiós, adiós, amor perdido,
regreso al vino de mi casa,
regreso al amor de mi amada,
a lo que fui y a lo que soy,
agua y sol, tierras con manzanas,
meses con labios y con nombres,
regreso para no volver,
o nunca más quiero equivocarme,
es peligroso caminar
hacia atrás porque de repente
es una cárcel el pasado.

Baraja

Dentro del Lunes caben
todos los días juntos,
hacen una baraja
que resplandece y silba
cortando el tiempo con
copas, bastones, oros.

Martes maligno, sota
del amor desdichado,
llega bailando
con
el filo de una espada.
Imparcial, vestido
de rey distante el Miércoles
sale de la semana
con la señora Jueves,
se disimulan, arden
entre el agua y la arena,
clandestinos, se encuentran
siempre del brazo arriba,
siempre juntos abajo,
siempre acostados juntos.

El Viernes con su copa
galopa en la semana
como dentro de un aro
angosto, azul, eterno.

Sábado, dama negra
nocturna, coronada
con corazones rojos,
danza, bella, en el trono
de las cervecerías,

moja los pies del naipe
cantando en las esquinas:
cubre con un paraguas
tus alhajas bermejas
y canta hasta que caigas
en el Domingo blanco,
como un regalo de oro,
como un huevo en un plato.

Se van, se van, se fueron.

Se bajaron hasta
ser sólo cartulinas,
hebras de luz, perfiles.
Y el Lunes aparece.

Se van, se van, volvieron.

Fábula de la sirena y los borrachos

Todos estos señores estaban dentro
cuando ella entró completamente desnuda
ellos habían bebido y comenzaron a escupirla
ella no entendía nada recién salía del río
era una sirena que se había extraviado
los insultos corrían sobre su carne lisa
la inmundicia cubrió sus pechos de oro
ella no sabía llorar por eso no lloraba
no sabía vestirse por eso no se vestía
la tatuaron con cigarrillos y con corchos quemados
y reían hasta caer al suelo de la taberna
ella no hablaba porque no sabía hablar
sus ojos eran color de amor distante
sus brazos construidos de topacios gemelos
sus labios se cortaron en la luz del coral

y de pronto salió por esa puerta
apenas entró al río quedó limpia
relució como una piedra blanca en la lluvia
y sin mirar atrás nadó de nuevo
nadó hacia nunca más hacia morir.

Repertorio

Yo te buscaré a quién amar
antes de que no seas niño:
después te toca abrir tu caja
y comerte tus sufrimientos.

Yo tengo reinas encerradas,
como abejas, en mi dominio,
y tú verás una por una
cómo ellas se peinan la miel
para vestirse de manzanas,
para trepar a los cerezos,
para palpitar en el humo.

Te guardo estas novias salvajes
que tejerán la primavera
y que no conocen el llanto.
En el reloj del campanario
escóndete mientras desfilan
las encendidas de amaranto,
las últimas niñas de nieve,
las perdidas, las victoriosas,
las coronadas de amarillo,
las infinitamente oscuras,
y unas, pausadamente tiernas,
harán su baile transparente
mientras otras pasan ardiendo,
fugaces como meteoros.

Dime cuál quieres aún ahora,
más tarde ya sería tarde.

Hoy crees todo lo que cuento.

Mañana negarás la luz.

Yo soy el que fabrica sueños
y en mi casa de pluma y piedra
con un cuchillo y un reloj
corto las nubes y las olas,
con todos estos elementos
ordeno mi caligrafía
y hago crecer seres sin rumbo
que aún no podían nacer.

Lo que yo quiero es que te quieran,
y que no conozcas la muerte.

El gran mantel

Cuando llamaron a comer
se abalanzaron los tiranos
y sus cocotas pasajeras,
y era hermoso verlas pasar
como avispas de busto grueso
seguidas por aquellos pálidos
y desdichados tigres públicos.

Su oscura ración de pan
comió el campesino en el campo,
estaba solo y era tarde,
estaba rodeado de trigo,
pero no tenía más pan,
se lo comió con dientes duros,
mirándolo con ojos duros.

En la hora azul del almuerzo,
la hora infinita del asado,
el poeta deja su lira,
toma el cuchillo, el tenedor
y pone su vaso en la mesa,
y los pescadores acuden
al breve mar de la sopera.
Las papan ardiendo protestan
entre las lenguas del aceite.
Es de oro el cordero en las brasas
y se desviste la cebolla.
Es triste comer de frac,
es comer en un ataúd,
pero comer en los conventos
es comer ya bajo la tierra.
Comer solos es muy amargo
pero no comer es profundo,
es hueco, es verde, tiene espinas
como una cadena de anzuelos
que cae desde el corazón
y que te clava por adentro.

Tener hambre es como tenazas,
es como muerden los cangrejos,
quema, quema y no tiene fuego:
el hambre es un incendio frío.
Sentémonos pronto a comer
con todos los que no han comido,
pongamos los largos manteles,
la sal en los lagos del mundo,
panaderías planetarias,
mesas con fresas en la nieve,
y un plato como la luna
en donde todos almorcemos.

Por ahora no pido más
que la justicia del almuerzo.

Con ella

Como es duro este tiempo, espérame:
vamos a vivirlo con ganas.
Dame tu pequeñita mano:
vamos a subir y sufrir,
vamos a sentir y saltar.

Somos de nuevo la pareja
que vivió en lugares hirsutos,
en nidos ásperos de roca.
Como es largo este tiempo, espérame
con una cesta, con tu pala,
con tus zapatos y tu ropa.

Ahora nos necesitamos
no sólo para los claveles,
no sólo para buscar miel:
necesitamos nuestras manos
para lavar y hacer el fuego,
y que se atreva el tiempo duro
a desafiar el infinito
de cuatro manos y cuatro ojos.

No tan alto

De cuando en cuando y a lo lejos
hay que darse un baño de tumba.

Sin duda todo está muy bien
y todo está muy mal, sin duda.

Van y vienen los pasajeros,
crecen los niños y las calles,
por fin compramos la guitarra
que lloraba sola en la tienda.

Todo está bien, todo está mal.

Las copas se llenan y vuelven
naturalmente a estar vacías
y a veces en la madrugada,
se mueren misteriosamente.

Las copas y los que bebieron.

Hemos crecido tanto que ahora
no saludamos al vecino
y tantas mujeres nos aman
que no sabemos cómo hacerlo.

Qué ropas hermosas llevamos!
Y qué importantes opiniones!

Conocí a un hombre amarillo
que se creía anaranjado
y a un negro vestido de rubio.

Se ven y se ven tantas cosas.

Vi festejados los ladrones
por caballeros impecables
y esto se pasaba en inglés.
Y vi a los honrados, hambrientos,
buscando pan en la basura.

Yo sé que no me cree nadie.
Pero lo he visto con mis ojos.

Hay que darse un baño de tumba
y desde la tierra cerrada
mirar hacia arriba el orgullo.

Entonces se aprende a medir.
Se aprende a hablar, se aprende a ser.
Tal vez no seremos tan locos,
tal vez no seremos tan cuerdos.
Aprenderemos a morir.
A ser barro, a no tener ojos.
A ser apellido olvidado.

Hay unos poetas tan grandes
que no caben en una puerta
y unos negociantes veloces
que no recuerdan la pobreza.
Hay mujeres que no entrarán
por el ojo de una cebolla
y hay tantas cosas, tantas cosas,
y así son, y así no serán.

Si quieren no me crean nada.

Sólo quise enseñarles algo.

Yo soy profesor de la vida,
vago estudiante de la muerte
y si lo que sé no les sirve
no he dicho nada, sino todo.

Punto

No hay espacio más ancho que el dolor,
no hay universo como aquel que sangra.

El miedo

Todos me piden que dé saltos,
que tonifique y que futbole,
que corra, que nade y que vuele.
Muy bien.

Todos me aconsejan reposo,
todos me destinan doctores,
mirándome de cierta manera.
Qué pasa?

Todos me aconsejan que viaje,
que entre y que salga, que no viaje,
que me muera y que no me muera.
No importa.

Todos ven las dificultades
de mis vísceras sorprendidas
por radioterribles retratos.
No estoy de acuerdo.

Todos pican mi poesía
con invencibles tenedores
buscando, sin duda, una mosca.
Tengo miedo.

Tengo miedo de todo el mundo,
del agua fría, de la muerte.
Soy como todos los mortales,
inaplazable.

Por eso en estos cortos días
no voy a tomarlos en cuenta,
voy a abrirme y voy a encerrarme

con mi más pérfido enemigo,
Pablo Neruda.

Para la luna diurna

Luna del día, temblorosa
como una medusa en el cielo,
qué andas haciendo tan temprano?

Andas navegando o bailando?

Y ese traje de novia triste
deshilachado por el viento,
esas guirnaldas transparentes
de naufragios o de atavíos,
como si no hubieras llegado
aún a la casa de la noche
y cerca de la puerta buscaras
perdida, en el río del cielo
una llave color de estrella?

Y sigue el día y desvanece
tu corola martirizada
y arde el día como una casa
del Sur quemante y maderero.
El sol con sus crines atómicas
hierve y galopa enfurecido
mientras pasa tu cola blanca
como un pescado por el cielo.

Vuélvete a la noche profunda,
luna de los ferrocarriles,
luna del tigre tenebroso,
luna de las cervecerías,
vuelve al salón condecorado

de las altas noches fluviales,
sigue deslizando tu honor
sobre la paciencia del cielo.

Cierto cansancio

No quiero estar cansado solo,
quiero que te canses conmigo.

Cómo no sentirse cansado
de cierta ceniza que cae
en las ciudades en otoño,
algo que ya no quiere arder,
y que en los trajes se acumula
y poco a poco va cayendo
destiñendo los corazones.

Estoy cansado del mar duro
y de la tierra misteriosa.
Estoy cansado de las gallinas:
nunca supimos lo que piensan,
y nos miran con ojos secos
sin concedernos importancia.

Te invito a que de una vez
nos cansemos de tantas cosas,
de los malos aperitivos
y de la buena educación.

Cansémonos de no ir a Francia,
cansémonos de por lo menos
uno o dos días en la semana
que siempre se llaman lo mismo
como los platos en la mesa,
y que nos levantan, a qué?
y que nos acuestan sin gloria.

Digamos la verdad al fin,
que nunca estuvimos de acuerdo
con estos días comparables
a las moscas y a los camellos.

He visto algunos monumentos
erigidos a los titanes,
a los burros de la energía.
Allí los tienen sin moverse
con sus espadas en la mano
sobre sus tristes caballos.
Estoy cansado de las estatuas.
No puedo más con tanta piedra.

Si seguimos así llenando
con los inmóviles el mundo,
cómo van a vivir los vivos?

Estoy cansado del recuerdo.

Quiero que el hombre cuando nazca
respire las flores desnudas,
la tierra fresca, el fuego puro,
no lo que todos respiraron.

Dejen tranquilos a los que nacen!
Dejen sitio para que vivan!
No les tengan todo pensado,
no les lean el mismo libro,
déjenlos descubrir la aurora
y ponerle nombre a sus besos.

Quiero que te canses conmigo
de todo lo que está bien hecho.
De todo lo que nos envejece.
De lo que tienen preparado
para fatigar a los otros.
Cansémonos de lo que mata
y de lo que no quiere morir.

Cuánto pasa en un día

Dentro de un día nos veremos.

Pero en un día crecen cosas,
se venden uvas en la calle,
cambia la piel de los tomates,
la muchacha que te gustaba
no volvió más a la oficina.

Cambiaron de pronto el cartero.
Las cartas ya no son las mismas.

Varias hojas de oro y es otro:
este árbol es ahora un rico.

Quién nos diría que la tierra
con su vieja piel cambia tanto?
Tiene más volcanes que ayer,
el cielo tiene nuevas nubes,
los ríos van de otra manera.

Además, cuánto se construye!
Yo he inaugurado centenares
de carreteras, de edificios,
de puentes puros y delgados
como navíos o violines.

Por eso cuando te saludo
y beso tu boca florida
nuestros besos son otros besos
y nuestras bocas otras bocas.

Salud, amor, salud por todo
lo que cae y lo que florece.

Salud por ayer y por hoy,
por anteayer y por mañana.

Salud por el pan y la piedra,
salud por el fuego y la lluvia.

Por lo que cambia, nace, crece,
se consume y vuelve a ser beso.

Salud por lo que tenemos de aire
y lo que tenemos de tierra.

Cuando se seca nuestra vida
nos quedan sólo las raíces
y el viento es frío como el odio.

Entonces cambiamos de piel,
de uñas, de sangre, de mirada,
y tú me besas y yo salgo
a vender luz por los caminos.

Salud por la noche y el día
y las cuatro estaciones del alma.

Vamos saliendo

El hombre dijo sí sin que supiera
determinar de lo que se trataba,
y fue llevado, y fue sobrellevado,
y nunca más salió de su envoltorio,
y es así: nos vamos cayendo
dentro del pozo de los otros seres
y un hilo viene y nos envuelve el cuello
y otro nos busca el pie y ya no se puede,
ya no se puede andar sino en el pozo:
nadie nos saca de los otros hombres.

Parece que no sabemos hablar,
parece que hay palabras que huyen,
que no están, que se fueron y nos dejaron
a nosotros con trampas y con hilos.

Y de pronto ya está, ya no sabemos
de qué se trata pero estamos dentro
y ya no volveremos a mirar
como cuando jugábamos de niños,
ya se nos terminaron estos ojos,
ya nuestras manos salen de otros brazos.

Por eso cuando duermes sueñas solo
y corres libre por las galerías
de un solo sueño que te pertenece,
y ay que no vengan a robarnos sueños,
ay que no nos enreden en la cama.
Guardémonos la sombra
a ver si desde nuestra oscuridad
salimos y tanteamos las paredes,
acechamos la luz para cazarla
y de una vez por todas
nos pertenece el sol de cada día.

Soliloquio en tinieblas

Entiendo que ahora tal vez
estamos gravemente solos,
me propongo preguntar cosas:
nos hablaremos de hombre a hombre.

Contigo, con aquel que pasa,
con los que nacieron ayer,
con todos los que se murieron
y con los que nacerán mañana

quiero hablar sin que nadie escuche,
sin que estén susurrando siempre,
sin que se transformen las cosas
en las orejas del camino.

Bueno, pues, de dónde y adónde?
Por qué se te ocurrió nacer?
Sabes que la tierra es pequeña,
apenas como una manzana,
como una piedrecita dura,
y que se matan los hermanos
por un puñado de polvo?

Para los muertos hay tierra!

Ya sabes o vas a saber
que el tiempo es apenas un día
y un día es una sola gota?
Cómo andarás, cómo anduviste?
Social, gregario o taciturno?
Vas a caminar adelante
de los que nacieron contigo?
O con un trabuco en la mano
vas a amenazar sus riñones?

Qué vas a hacer con tantos días
que te sobran, y sobre todo
con tantos días que te faltan?

Sabes que en las calles no hay nadie
y adentro de las casas tampoco?

Sólo hay ojos en las ventanas.
Si no tienes dónde dormir
toca una puerta y te abrirán,
te abrirán hasta cierto punto
y verás que hace frío adentro,
que aquella casa está vacía,

y no quiere nada contigo,
no valen nada tus historias,
y si insistes con tu ternura
te muerden el perro y el gato.

Hasta luego, hasta que me olvides!

Me voy porque no tengo tiempo
de hacer más preguntas al viento.

Tengo tanta prisa que apenas
puedo caminar con decoro,
en alguna parte me esperan
para acusarme de algo, y tengo
yo que defenderme de algo:
nadie sabe de qué se trata
pero se sabe que es urgente
y si no llego está cerrado,
y cómo voy a defenderme
si toco y no me abren la puerta?

Hasta luego, hablaremos antes.
O hablamos después, no recuerdo,
o tal vez no nos hemos visto,
no podemos comunicarnos.
Tengo estas costumbres de loco,
hablo, no hay nadie y no me escucho,
me pregunto y no me respondo.

V.

Sufro de aquel amigo que murió
y que era como yo buen carpintero.
Íbamos juntos por mesas y calles,
por guerras, por dolores y por piedras.

Cómo se le agrandaba la mirada
conmigo, era un fulgor aquel huesudo,
y su sonrisa me sirvió de pan,
nos dejamos de ver y V. se fue enterrando
hasta que lo obligaron a la tierra.

Desde entonces los mismos,
los que lo acorralaron mientras vivió
lo visten, lo sacuden,
lo condecoran, no lo dejan muerto,
y al pobre tan dormido
lo arman con sus espinas
y contra mí lo tiran, a matarme,
a ver quién mide más, mi pobre muerto
o yo, su hermano vivo.

Y ahora busco a quién contar las cosas
y no hay nadie que entienda estas miserias,
esta alimentación de la amargura:
hace falta uno grande,
y aquél ya no sonríe.
Ya se murió y no hallo a quién decirle
que no podrán, que no lograrán nada:
él, en el territorio de su muerte,
con sus obras cumplidas
y yo con mis trabajos
somos sólo dos pobres carpinteros
con derecho al honor entre nosotros,
con derecho a la muerte y a la vida.

Partenogénesis

Todos los que me daban consejos
están más locos cada día.
Por suerte no les hice caso

y se fueron a otra ciudad,
en donde viven todos juntos
intercambiándose sombreros.

Eran sujetos estimables,
políticamente profundos,
y cada falta que yo hacía
les causaba tal sufrimiento
que encanecieron, se arrugaron,
dejaron de comer castañas,
y una otoñal melancolía
por fin los dejó delirantes.

Ahora yo no sé qué ser,
si olvidadizo o respetuoso,
si continuar aconsejado
o reprocharles su delirio:
no sirvo para independiente,
me pierdo entre tanto follaje,
y no sé si salir o entrar,
si caminar o detenerme,
si comprar gatos o tomates.

Voy a tratar de comprender
lo que no debo hacer y hacerlo,
y así poder justificar
los caminos que se me pierdan,
porque si yo no me equivoco
quién va a creer en mis errores?
Si continúo siendo sabio
nadie me va a tomar en cuenta.

Pero trataré de cambiar:
voy a saludar con esmero,
voy a cuidar las apariencias
con dedicación y entusiasmo
hasta ser todo lo que quieran
que uno sea y que uno no sea,
hasta no ser sino los otros.

Y entonces si me dejan tranquilo
me voy a cambiar de persona,
voy a discrepar de pellejo,
y cuando ya tenga otra boca,
otros zapatos, otros ojos,
cuando ya sea diferente
y nadie pueda conocerme
seguiré haciendo lo mismo
porque no sé hacer otra cosa.

Caballos

Vi desde la ventana los caballos.

Fue en Berlín, en invierno. La luz
era sin luz, sin cielo el cielo.

El aire blanco como un pan mojado.

Y desde mi ventana un solitario circo
mordido por los dientes del invierno.

De pronto, conducidos por un hombre,
diez caballos salieron a la niebla.

Apenas ondularon al salir, como el fuego,
pero para mis ojos ocuparon el mundo
vacío hasta esa hora. Perfectos, encendidos,
eran como diez dioses de largas patas puras,
de crines parecidas al sueño de la sal.

Sus grupas eran mundos y naranjas.

Su color era miel, ámbar, incendio.

Sus cuellos eran torres
cortadas en la piedra del orgullo,
y a los ojos furiosos se asomaba
como una prisionera, la energía.

Y allí en silencio, en medio
del día, del invierno sucio y desordenado,
los caballos intensos eran la sangre,
el ritmo, el incitante tesoro de la vida.

Miré, miré y entonces reviví: sin saberlo
allí estaba la fuente, la danza de oro, el cielo,
el fuego que vivía en la belleza.

He olvidado el invierno de aquel Berlín oscuro.

No olvidaré la luz de los caballos.

No me pregunten

Tengo el corazón pesado
con tantas cosas que conozco,
es como si llevara piedras
desmesuradas en un saco,
o la lluvia hubiera caído,
sin descansar, en mi memoria.

No me pregunten por aquello.
No sé de lo que están hablando.
No supe yo lo que pasó.

Los otros tampoco sabían
y así anduve de niebla en niebla
pensando que nada pasaba,
buscando frutas en las calles,

pensamientos en las praderas
y el resultado es el siguiente:
que todos tenían razón
y yo dormía mientras tanto.
Por eso agreguen a mi pecho
no sólo piedras sino sombra,
no sólo sombra sino sangre.

Así son las cosas, muchacho,
y así también no son las cosas,
porque, a pesar de todo, vivo,
y mi salud es excelente,
me crecen el alma y las uñas,
ando por las peluquerías,
voy y vengo de las fronteras,
reclamo y marco posiciones,
pero si quieren saber más
se confunden mis derroteros
y si oyen ladrar la tristeza
cerca de mi casa, es mentira:
el tiempo claro es el amor,
el tiempo perdido es el llanto.

Así, pues, de lo que recuerdo
y de lo que no tengo memoria,
de lo que sé y de lo que supe,
de lo que perdí en el camino
entre tantas cosas perdidas,
de los muertos que no me oyeron
y que tal vez quisieron verme,
mejor no me pregunten nada:
toquen aquí, sobre el chaleco,
y verán cómo me palpita
un saco de piedras oscuras.

Aquellos días

Las brumas del Norte y del Sur
me dejaron un poco Oeste
y así pasaron aquellos días.
Navegaban todas las cosas.
Me fui sin duda a titular
de caballero caminante,
me puse todos los sombreros,
conocí muchachas veloces,
comí arena, comí sardinas,
y me casé de cuando en cuando.

Pero sin querer presumir
de emperador o marinero
debo confesar que recuerdo
los más amables huracanes,
y que me muero de codicia
al recordar lo que no tengo:
lo rico que fui y que no fui,
el hambre que me mantenía,
y aquellos zapatos intrusos
que no golpeaban a la puerta.

Lo grande de las alegrías
es el doble fondo que tienen.
Y no se vive sólo de hoy:
el presente es una valija
con un reloj de contrabando,
nuestro corazón es futuro
y nuestro placer es antiguo.

Así pues fui de rumbo en rumbo
con calor, con frío y con prisa
y todo lo que no vi

lo estoy recordando hasta ahora,
todas las sombras que nadé,
todo el mar que me recibía:
me anduve pegando en las piedras,
me acostaba con las espinas,
y tuve el honor natural
de los que no son honorables.

No sé por qué cuento estas cosas,
estas tierras, estos minutos,
este humo de aquellas hogueras.
A nadie le importa temblar
con los terremotos ajenos
y en el fondo a nadie le gusta
la juventud de los vecinos.
Por eso no pido perdón.
Estoy en mi sitio de siempre.
Tengo un árbol con tantas hojas
que aunque no me jacto de eterno
me río de ti y del otoño.

Muchos somos

De tantos hombres que soy, que somos,
no puedo encontrar a ninguno:
se me pierden bajo la ropa,
se fueron a otra ciudad.

Cuando todo está preparado
para mostrarme inteligente
el tonto que llevo escondido
se toma la palabra en mi boca.

Otras veces me duermo en medio
de la sociedad distinguida

y cuando busco en mí al valiente,
un cobarde que no conozco
corre a tomar con mi esqueleto
mil deliciosas precauciones.

Cuando arde una casa estimada
en vez del bombero que llamo
se precipita el incendiario
y ése soy yo. No tengo arreglo.
Qué debo hacer para escogerme?

Cómo puedo rehabilitarme?
Todos los libros que leo
celebran héroes refulgentes
siempre seguros de sí mismos:
me muero de envidia por ellos,
y en los filmes de vientos y balas
me quedo envidiando al jinete,
me quedo admirando al caballo.

Pero cuando pido al intrépido
me sale el viejo perezoso,
y así yo no sé quién soy,
no sé cuántos soy o seremos.
Me gustaría tocar un timbre
y sacar el mí verdadero
porque si yo me necesito
no debo desaparecerme.

Mientras escribo estoy ausente
y cuando vuelvo ya he partido:
voy a ver si a las otras gentes
les pasa lo que a mí me pasa,
si son tantos como soy yo,
si se parecen a sí mismos
y cuando lo haya averiguado
voy a aprender tan bien las cosas
que para explicar mis problemas
les hablaré de geografía.

Al pie desde su niño

El pie del niño aún no sabe que es pie,
y quiere ser mariposa o manzana.

Pero luego los vidrios y las piedras,
las calles, las escaleras,
y los caminos de la tierra dura
van enseñando al pie que no puede volar,
que no puede ser fruto redondo en una rama.
El pie del niño entonces
fue derrotado, cayó
en la batalla,
fue prisionero,
condenado a vivir en un zapato.

Poco a poco sin luz
fue conociendo el mundo a su manera,
sin conocer el otro pie, encerrado,
explorando la vida como un ciego.

Aquellas suaves uñas
de cuarzo, de racimo,
se endurecieron, se mudaron
en opaca substancia, en cuerno duro,
y los pequeños pétalos del niño
se aplastaron, se desequilibraron,
tomaron formas de reptil sin ojos,
cabezas triangulares de gusano.
Y luego encallecieron,
se cubrieron
con mínimos volcanes de la muerte,
inaceptables endurecimientos.

Pero este ciego anduvo
sin tregua, sin parar
hora tras hora,
el pie y el otro pie,
ahora de hombre
o de mujer,
arriba,
abajo,
por los campos, las minas,
los almacenes y los ministerios,
atrás,
afuera, adentro,
adelante,
este pie trabajó con su zapato,
apenas tuvo tiempo
de estar desnudo en el amor o el sueño,
caminó, caminaron
hasta que el hombre entero se detuvo.

Y entonces a la tierra
bajó y no supo nada,
porque allí todo y todo estaba oscuro,
no supo que había dejado de ser pie,
si lo enterraban para que volara
o para que pudiera
ser manzana.

Aquí vivimos

Yo soy de los que viven
a medio mar y cerca del crepúsculo,
más allá de esas piedras.

Cuando yo vine
y vi lo que pasaba
me decidí de pronto.

El día ya sé había repartido,
ya era todo de luz
y el mar peleaba
como un león de sal,
con muchas manos.

La soledad abierta allí cantaba,
y yo, perdido y puro,
mirando hacia el silencio
abrí la boca, dije:
«Oh madre de la espuma,
soledad espaciosa,
fundaré aquí mi propio regocijo,
mi singular lamento».

Desde entonces jamás
me defraudó una ola,
siempre encontré sabor central de cielo
en el agua, en la tierra,
y la leña y el mar ardieron juntos
durante los solitarios inviernos.

Gracias doy a la tierra
por haberme
esperado
a la hora en que el cielo y el océano
se unen como dos labios,
porque no es poco, no es así? haber vivido
en una soledad y haber llegado a otra,
sentirse multitud y revivirse solo.

Amo todas las cosas,
y entre todos los fuegos
sólo el amor no gasta,
por eso voy de vida en vida,
de guitarra en guitarra,
y no le tengo miedo
a la luz ni a la sombra,

y porque casi soy de tierra pura
tengo cucharas para el infinito.

Así, pues, nadie puede equivocarse
no hallar mi casa sin puertas ni número,
allí entre las piedras oscuras
frente al destello
de la sal violenta,
allí vivimos mi mujer y yo,
allí nos quedaremos.
Auxilio, auxilio! Ayuden!
Ayúdennos a ser más tierra cada día!
Ayúdennos a ser
más espuma sagrada, más aire de la ola!

Escapatoria

Casi pensé durmiendo,
casi soñé en el polvo,
en la lluvia del sueño.
Sentí los dientes viejos
al dormirme, tal vez
poco a poco me voy
transformando en caballo.

Sentí el olor del pasto
duro, de cordilleras,
y galopé hacia el agua,
hacia las cuatro puntas
tempestuosas del viento.

Es bueno ser caballo
suelto en la luz de junio
cerca de Selva Negra
donde corren los ríos

socavando espesura:
el aire peina allí
las alas del caballo
y circula en la sangre
la lengua del follaje.

Galopé aquella noche
sin fin, sin patria, solo,
pisando barro y trigo,
sueños y manantiales.
Dejé atrás como siglos
los bosques arrugados,
los árboles que hablaban,
las capitales verdes,
las familias del suelo.

Volví de mis regiones,
regresé a no soñar
por las calles, a ser
este viajero gris
de las peluquerías,
este yo con zapatos,
con hambre, con anteojos,
que no sabe de dónde
volvió, que se ha perdido,
que se levanta sin
pradera en la mañana,
que se acuesta sin ojos
para soñar sin lluvia.

Apenas se descuiden
me voy para Renaico.

La desdichada

La dejé en la puerta esperando
y me fui para no volver.

No supo que no volvería.

Pasó un perro, pasó una monja,
pasó una semana y un año.

Las lluvias borraron mis pasos
y creció el pasto en la calle,
y uno tras otro como piedras,
como lentas piedras, los años
cayeron sobre su cabeza.

Entonces la guerra llegó,
llegó como un volcán sangriento.
Murieron los niños, las casas.

Y aquella mujer no moría.

Se incendió toda la pradera.
Los dulces dioses amarillos
que hace mil años meditaban
salieron del templo en pedazos.
No pudieron seguir soñando.

Las casas frescas y el *verandah*
en que dormí sobre una hamaca,
las plantas rosadas, las hojas
con formas de manos gigantes,
las chimeneas, las marimbas,
todo fue molido y quemado.

En donde estuvo la ciudad
quedaron cosas cenicientas,
hierros torcidos, infernales
cabelleras de estatuas muertas
y una negra mancha de sangre.

Y aquella mujer esperando.

Pastoral

Voy copiando montañas, ríos, nubes,
saco mi pluma del bolsillo, anoto
un pájaro que sube
o una araña en su fábrica de seda,
no se me ocurre nada más: soy aire,
aire abierto, donde circula el trigo
y me conmueve un vuelo, la insegura
dirección de una hoja, el redondo
ojo de un pez inmóvil en el lago,
las estatuas que vuelan en las nubes,
las multiplicaciones de la lluvia.

No se me ocurre más que el transparente
estío, no canto más que el viento,
y así pasa la historia con su carro
recogiendo mortajas y medallas,
y pasa, y yo no siento sino ríos,
me quedo solo con la primavera.

Pastor, pastor, no sabes
que te esperan?

Lo sé, lo sé, pero aquí junto al agua,
mientras crepitan y arden las cigarras
aunque me esperen yo quiero esperarme,

yo también quiero verme,
quiero saber al fin cómo me siento,
y cuando llegue donde yo me espero
voy a dormirme muerto de la risa.

Sobre mi mala educación

Cuál es el cuál, cuál es el cómo?
Quién sabe cómo conducirse?

Qué naturales son los peces!
Nunca parecen inoportunos.
Están en el mar invitados
y se visten correctamente
sin una escama de menos,
condecorados por el agua.

Yo todos los días pongo
no sólo los pies en el plato,
sino los codos, los riñones,
la lira, el alma, la escopeta.

No sé qué hacer con las manos
y he pensado venir sin ellas,
pero dónde pongo el anillo?
Qué pavorosa incertidumbre!

Y luego no conozco a nadie.
No recuerdo sus apellidos.

—Me parece conocer a usted.
—No es usted un contrabandista?
—Y usted, señora, no es la amante
del alcohólico poeta
que se paseaba sin cesar,

sin rumbo fijo por las cornisas?
—Voló porque tenía alas.
—Y usted continúa terrestre.
—Me gustaría haberla entregado
como india viuda a un gran brasero.
No podríamos quemarla ahora?
Resultaría palpitante!

Otra vez en una Embajada
me enamoré de una morena,
no quiso desnudarse allí,
y yo se lo increpé con dureza:
estás loca, estatua silvestre,
cómo puedes andar vestida?

Me desterraron duramente
de ésa y de otras reuniones,
si por error me aproximaba
cerraban ventanas y puertas.

Anduve entonces con gitanos
y con prestidigitadores,
con marineros sin buque,
con pescadores sin pescado,
pero todos tenían reglas,
inconcebibles protocolos
y mi educación lamentable
me trajo malas consecuencias.

Por eso no voy y no vengo,
no me visto ni ando desnudo,
eché al pozo los tenedores,
las cucharas y los cuchillos.
Sólo me sonrío a mí solo,
no hago preguntas indiscretas
y cuando vienen a buscarme,
con gran honor, a los banquetes,
mando mi ropa, mis zapatos,

mi camisa con mi sombrero,
pero aun así no se contentan:
iba sin corbata mi traje.

Así, para salir de dudas
me decidí a una vida honrada
de la más activa pereza,
purifiqué mis intenciones,
salí a comer conmigo solo
y así me fui quedando mudo.
A veces me saqué a bailar,
pero sin gran entusiasmo,
y me acuesto solo, sin ganas,
por no equivocarme de cuarto.

Adiós, porque vengo llegando.

Buenos días, me voy de prisa.

Cuando quieran verme ya saben:
búsquenme donde no estoy
y si les sobra tiempo y boca
pueden hablar con mi retrato.

Olvidado en otoño

Eran las siete y media
del otoño
y yo esperaba
no importa a quién.
El tiempo,
cansado de estar allí conmigo,
poco a poco se fue
y me dejó solo.

Me quedé con la arena
del día, con el agua,
sedimentos
de una semana triste, asesinada.

−Qué pasa? −me dijeron
las hojas de París−, a quién esperas?

Y así fui varias veces humillado
primero por la luz que se marchaba,
luego por perros, gatos y gendarmes.

Me quedé solo
como un caballo solo
cuando en el pasto no hay noche ni día,
sino sal del invierno.

Me quedé
tan sin nadie, tan vacío
que lloraban las hojas,
las últimas, y luego
caían como lágrimas.

Nunca antes
ni después
me quedé tan de repente solo.
Y fue esperando a quién,
no me recuerdo,
fue tontamente,
pasajeramente,
pero aquello
fue la instantánea soledad,
aquella
que se había perdido en el camino
y que de pronto como propia sombra
desenrolló su infinito estandarte.

Luego me fui de aquella
esquina loca
con los pasos más rápidos que tuve,
fue como si escapara
de la noche
o de una piedra oscura y rodadora.
No es nada lo que cuento
pero eso me pasó cuando esperaba
a no sé quién un día.

Las viejas del océano

Al grave mar vienen las viejas
con anudados pañolones,
con frágiles pies quebradizos.

Se sientan solas en la orilla
sin cambiar de ojos ni de manos,
sin cambiar de nube o silencio.

El mar obsceno rompe y rasga,
desciende montes de trompetas,
sacude sus barbas de toro.

Las suaves señoras sentadas
como en un barco transparente
miran las olas terroristas.

Dónde irán y dónde estuvieron?
Vienen de todos los rincones,
vienen de nuestra propia vida.

Ahora tienen el océano,
el frío y ardiente vacío,
la soledad llena de llamas.

Vienen de todos los pasados,
de casas que fueron fragantes,
de crepúsculos quemados.

Miran o no miran el mar,
con el bastón escriben signos,
y borra el mar su caligrafía.

Las viejas se van levantando
con sus frágiles pies de pájaro,
mientras las olas desbocadas
viajan desnudas en el viento.

Estación inmóvil

Quiero no saber ni soñar.
Quién puede enseñarme a no ser,
a vivir sin seguir viviendo?

Cómo continúa el agua?
Cuál es el cielo de las piedras?

Inmóvil, hasta que detengan
las migraciones su apogeo
y luego vuelen con sus flechas
hacia el archipiélago frío.

Inmóvil, con secreta vida
como una ciudad subterránea
para que resbalen los días
como gotas inabarcables:
nada se gasta ni se muere
hasta nuestra resurrección,
hasta regresar con los pasos
de la primavera enterrada,

de lo que yacía perdido,
inacabablemente inmóvil
y que ahora sube desde no ser
a ser una rama florida.

Pobres muchachos

Cómo cuesta en este planeta
amarnos con tranquilidad:
todo el mundo mira las sábanas,
todos molestan a tu amor.
Y se cuentan cosas terribles
de un hombre y de una mujer
que después de muchos trajines
y muchas consideraciones
hacen algo insustituible,
se acuestan en una sola cama.

Yo me pregunto si las ranas
se vigilan y se estornudan,
si se susurran en las charcas
contra las ranas ilegales,
contra el placer de los batracios.
Yo me pregunto si los pájaros
tienen pájaros enemigos
y si el toro escucha a los bueyes
antes de verse con la vaca.

Ya los caminos tienen ojos,
los parques tienen policía,
son sigilosos los hoteles,
las ventanas anotan nombres,
se embarcan tropas y cañones
decididos contra el amor,
trabajan incesantemente

las gargantas y las orejas,
y un muchacho con su muchacha
se obligaron a florecer
volando en una bicicleta.

Así salen

Era bueno el hombre, seguro
con el azadón y el arado.
No tuvo tiempo siquiera
para soñar mientras dormía.

Fue sudorosamente pobre.
Valía un solo caballo.

Su hijo es hoy muy orgulloso
y vale varios automóviles.

Habla con boca de ministro,
se pasea muy redondo,
olvidó a su padre campestre
y se descubrió antepasados,
piensa como un diario grueso,
gana de día y de noche:
es importante cuando duerme.

Los hijos del hijo son muchos
y se casaron hace tiempo,
no hacen nada pero devoran,
valen millares de ratones.

Los hijos del hijo del hijo
cómo van a encontrar el mundo?
Serán buenos o serán malos?
Valdrán moscas o valdrán trigo?

Tú no me quieres contestar.

Pero no mueren las preguntas.

Balada

Vuelve, me dijo una guitarra
cerca de Rancagua, en otoño.
Todos los álamos tenían
color y temblor de campana:
hacía frío y era redondo
el cielo sobre la tristeza.

Entró a la cantina un borracho
tambaleando bajo las uvas
que le llenaban el sombrero
y le salían por los ojos.
Tenía barro en los zapatos,
había pisado la estatua
del otoño y había aplastado
todas sus manos amarillas.

Yo nunca volví a las praderas.
Pero apenas suenan las horas
claudicantes y deshonradas,
cuando al corazón se le caen
los botones y la sonrisa,
cuando dejan de ser celestes
los numerales del olvido,
aquella guitarra me llama,
y ya ha pasado tanto tiempo
que ya tal vez no exista nada,
ni la pradera ni el otoño,
y yo llegaría de pronto
como un fantasma en el vacío

con el sombrero lleno de uvas
preguntando por la guitarra,
y como allí no habría nadie
nadie entendería nada
y yo volvería cerrando
aquella puerta que no existe.

Laringe

Ahora va de veras, dijo
la Muerte y a mí me parece
que me miraba, me miraba.

Esto pasaba en hospitales,
en corredores agobiados
y el médico me averiguaba
con pupilas de periscopio.
Entró su cabeza en mi boca,
me rasguñaba la laringe:
allí tal vez había caído
una semilla de la muerte.

En un principio me hice humo
para que la cenicienta
pasara sin reconocerme.
Me hice el tonto, me hice el delgado,
me hice el sencillo, el transparente:
sólo quería ser ciclista
y correr donde no estuviera.

Luego la ira me invadió
y dije: Muerte, hija de puta,
hasta cuándo nos interrumpes?
No te basta con tantos huesos?
Voy a decirte lo que pienso:

no discriminas, eres sorda
e inaceptablemente estúpida.

Por qué pareces indagarme?
Qué te pasa con mi esqueleto?
Por qué no te llevas al triste,
al cataléptico, al astuto,
al amargo, al infiel, al duro,
al asesino, a los adúlteros,
al juez prevaricador,
al mentiroso periodista,
a los tiranos de las islas,
a los que incendian las montañas,
a los jefes de policía
con carceleros y ladrones?
Por qué vas a llevarme a mí?
Qué tengo que ver con el cielo?
El infierno no me conviene
y me siento bien en la tierra.

Con estas vociferaciones
mentales me sostenía
mientras el doctor intranquilo
se paseaba por mis pulmones:
iba de bronquio en bronquio como
pajarillo de rama en rama:
yo no sentía mi garganta,
mi boca se abría como
el hocico de una armadura
y entraba y salía el doctor
por mi laringe en bicicleta
hasta que adusto, incorregible,
me miró con su telescopio
y me separó de la muerte.

No era lo que se creía.
Esta vez sí no me tocaba.

Si les digo que sufrí mucho,
que quería al fin el misterio,
que Nuestro Señor y Señora
me esperaban en su palmera,
si les digo mi desencanto,
y que la angustia me devora
de no tener muerte cercana,
si digo como la gallina
que muero porque no muero
denme un puntapié en el culo
como castigo a un mentiroso.

Galopando en el Sur

A caballo cuarenta leguas:
las cordilleras de Malleco,
el campo está recién lavado,
el aire es eléctrico y verde.
Regiones de rocas y trigo,
un ave súbita se quiebra,
el agua resbala y escribe
cifras perdidas en la tierra.

Llueve, llueve con lenta lluvia,
llueve con agujas eternas
y el caballo que galopaba
se fue disolviendo en la lluvia:
luego se reconstruyó
con las gotas sepultureras
y voy galopando en el viento
sobre el caballo de la lluvia.

Sobre el caballo de la lluvia
voy dejando atrás las regiones,
la gran soledad mojada,
las cordilleras de Malleco.

Sonata con algunos pinos

Al semisol de largos días
arrimemos los huesos cansados

olvidemos a los infieles
a los amigos sin piedad

el sol vacila entre los pinos
olvidemos a los que no saben

hay tierras dentro de la tierra
pequeñas patrias descuidadas

no recordemos a los felices
olvidemos sus dentaduras

que se duerman los delicados
en sus divanes extrapuros

hay que conocer ciertas piedras
llenas de rayos y secretos

amanecer con luz verde
con trenes desesperados

y tocar ese fin del mundo
que siempre viajó con nosotros

olvidemos al ofendido
que come una sola injusticia

los árboles dejan arriba
un semicielo entrecruzado

por alambres de pino y sombra
por el aire que se deshoja

olvidemos sin arrogancia
a los que no pueden querernos

a los que buscan fuego y caen
como nosotros al olvido

no hay nada mejor que las ocho
de la mañana en la espuma

se acerca un perro y huele el mar
no tiene confianza en el agua

mientras tanto llegan las olas
vestidas de blanco a la escuela

hay un sabor de sol salado
y sube en las algas mortuorias
olor a parto y pudridero

cuál es la razón de no ser?
a dónde te llevaron los otros?

es bueno cambiar de camisa
de piel de pelos de trabajo

conocer un poco la tierra
dar a tu mujer nuevos besos

pertenecer al aire puro
desdeñar las oligarquías

cuando me fui de bruma en bruma
navegando con mi sombrero

no encontré a nadie con caminos
todos estaban preocupados

todos iban a vender cosas
nadie me preguntó quién era

hasta que fui reconociéndome
hasta que toqué una sonrisa

al semicielo y la enramada
acudamos con el cansancio

conversemos con las raíces
y con las olas descontentas

olvidemos la rapidez
los dientes de los eficaces

olvidemos la tenebrosa
miscelánea de los malignos

hagamos profesión terrestre
toquemos tierra con el alma.

Amor

Tantos días, ay tantos días
viéndote tan firme y tan cerca,
cómo lo pago, con qué pago?

La primavera sanguinaria
de los bosques se despertó,
salen los zorros de sus cuevas,
las serpientes beben rocío,
y yo voy contigo en las hojas,

entre los pinos y el silencio,
y me pregunto si esta dicha
debo pagarla cómo y cuándo.

De todas las cosas que he visto
a ti quiero seguirte viendo,
de todo lo que he tocado,
sólo tu piel quiero ir tocando:
amo tu risa de naranja,
me gustas cuando estás dormida.

Qué voy a hacerle, amor, amada,
no sé cómo quieren los otros,
no sé cómo se amaron antes,
yo vivo viéndote y amándote,
naturalmente enamorado.

Me gustas cada tarde más.

Dónde estará? Voy preguntando
si tus ojos desaparecen.
Cuánto tarda! pienso y me ofendo.
Me siento pobre, tonto y triste,
y llegas y eres una ráfaga
que vuela desde los duraznos.

Por eso te amo y no por eso,
por tantas cosas y tan pocas,
y así debe ser el amor
entrecerrado y general,
particular y pavoroso,
embanderado y enlutado,
florido como las estrellas
y sin medida como un beso.

Sueño de gatos

Qué bonito duerme un gato,
duerme con patas y peso,
duerme con sus crueles uñas,
y con su sangre sanguinaria,
duerme con todos los anillos
que como círculos quemados
construyeron la geología
de una cola color de arena.

Quisiera dormir como un gato
con todos los pelos del tiempo,
con la lengua del pedernal,
con el sexo seco del fuego
y después de no hablar con nadie,
tenderme sobre todo el mundo,
sobre las tejas y la tierra
intensamente dirigido
a cazar las ratas del sueño.

He visto cómo ondulaba,
durmiendo, el gato: corría
la noche en él como agua oscura,
y a veces se iba a caer,
se iba tal vez a despeñar
en los desnudos ventisqueros,
tal vez creció tanto durmiendo
como un bisabuelo de tigre
y saltaría en las tinieblas
tejados, nubes y volcanes.
Duerme, duerme, gato nocturno
con tus ceremonias de obispo,
y tu bigote de piedra:
ordena todos nuestros sueños,

dirige la oscuridad
de nuestras dormidas proezas
con tu corazón sanguinario
y el largo cuello de tu cola.

Recuerdos y semanas

Como es redondo el mundo
las noches se desploman
y caen hacia abajo.
Y todas se acumulan
y son sólo tinieblas,
abajo, abajo, abajo.

I

Seguí un día cualquiera,
quise saber qué se hacen,
dónde van, dónde mueren.

Por el mar, por las islas,
por ácidas praderas
se perdió, y yo seguía,
escondido detrás
de un árbol o una piedra.

Fue azul, fue anaranjado,
corrió como una rueda,
bajó en la tarde como
bandera de navío,
y más allá en los límites
del silencio y la nieve
se enrolló crepitando
como un hilo de fuego

y se apagó cubierto
por la fría blancura.

2

Las semanas se enrollan,
se hacen nubes, se pierden,
se esconden en el cielo,
allí depositadas
como luz desteñida.

Es largo el tiempo, Pedro,
es corto el tiempo, Rosa,
y las semanas, justas,
en su papel, gastadas,
se hacinan como granos,
dejan de palpitar.

Hasta que un día el viento
rumoroso, ignorante,
las abre, las extiende,
las golpea y ahora
suben como banderas
derrotadas que vuelven
a la patria perdida.

Así son los recuerdos.

Por fin se fueron

Todos golpeaban a la puerta
y se llevaban algo mío,
eran gente desconocida
que yo conocía muchísimo,

eran amigos enemigos
que esperaban desconocerme.

Qué podía hacer sin herirlos?

Abrí cajones, llené platos,
destapé versos y botellas:
ellos masticaban con furia
en un comedor descubierto.

Registraban con gran cuidado
los rincones buscando cosas,
yo los encontré durmiendo
varios meses entre mis libros,
mandaban a la cocinera,
caminaban en mis asuntos.

Pero cuando me atormentaron
las brasas de un amor misterioso,
cuando por amor y piedad
padecí dormido y despierto,
la caravana se rompió,
se mudaron con sus camellos.

Se juntaron a maldecirme.
Éstos pintorescamente puros
se solazaron, reunidos,
buscando medios con afán
para matarme de algún modo:
el puñal propuso una dama,
el cañón prefirió un valiente,
pero con nocturno entusiasmo
se decidieron por la lengua.

Con intensidad trabajaron,
con ojos, con boca y con manos.
Quién era yo, quién era ella?
Con qué derecho y cuándo y cómo?

Con castos ojos revelaban
interioridades supuestas
y decidían protegerme
contra una incesante vampira.
Adelgazaron gravemente.
Exiliados de mi conciencia
se alimentaban con suspiros.

Pasó el tiempo y no estuve solo.

Como siempre en estas historias
mata el amor al enemigo.

Ahora no sé quiénes son:
desapareciendo un minuto
se borraron de mis recuerdos:
son como incómodos zapatos
que al fin me dejaron tranquilo.

Yo estoy con la miel del amor
en la dulzura vespertina.
Se los llevó la sombra a ellos,
malos amigos enemigos,
conocidos desconocidos
que no volverán a mi casa.

Itinerarios

En tantas ciudades estuve
que ya la memoria me falta
y no sé ni cómo ni cuándo.

Aquellos perros de Calcuta
que ondulaban y que sonaban
todo el día como campanas,
y en Durango, qué anduve haciendo?

Para qué me casé en Batavia?

Fui caballero sin castillo,
improcedente pasajero,
persona sin ropa y sin oro,
idiota puro y errante.

Qué anduve buscando en Toledo,
en esa pútrida huesera
que tiene sólo cascarones
con fantasmas de medio pelo?

Por qué viví en Rangoon de Birmania,
la capital excrementicia
de mis navegantes dolores?

Y que me digan los que saben
qué se me perdió en Veracruz,
por qué estuve cincuenta veces
refregándome y maldiciendo
en esa tutelar estufa
de borrachos y de jazmines.

También estuve en Capri amando
como los sultanes caídos,
mi corazón reconstruyó
sus camas y sus carreteras,
pero, la verdad, por qué allí?
Qué tengo que ver con las islas?

Aquella noche me esperaban
con fuego y velas encendidas,
los pinos susurraban cosas
en su melancólico idioma
y allí reuní mi razón
con mi corazón desbordado.

Recuerdo días de Colombo
excesivamente fragantes,
embriagadoramente rojos.
Se perdieron aquellos días
y en el fondo de mi memoria
llueve la lluvia de Carahue.

Por qué, por qué tantos caminos,
tantas ciudades hostiles?
Qué saqué de tantos mercados?
Cuál es la flor que yo buscaba?
Por qué me moví de mi silla
y me vestí de tempestuoso?

Nadie lo sabe ni lo ignora:
es lo que pasa a todo el mundo:
se mueve la sombra en la tierra
y el alma del hombre es de sombra,
por eso se mueve.

Muchas veces cuando despierto
no sé dónde estoy acostado
y aguzo el oído hasta que llegan
los frescos rumores del día:
voy reconociendo las olas
o el golpe del picapedrero,
los gritos de los desdentados,
el silbido de la corriente,
y si me equivoco de sueños
como una nave equivocada
busco la tierra que amanece
para confirmar mi camino.

De pronto cuando voy andando
sale de pronto de algún sitio
un olor a piedra o a lluvia,
algo infinitamente puro
que sube yo no sé de dónde

y me conversa sin palabras,
y yo reconozco la boca
que no está allí, que sigue hablando.
Busco de dónde es ese aroma,
de qué ciudad, de qué camino,
sé que alguien me está buscando,
alguien perdido en las tinieblas.
Y no sé, si alguien me ha besado,
qué significan esos besos.

Tal vez debo arreglar mis cosas
comenzando por mi cabeza:
voy a numerar con cuadritos
mi cerebro y mi cerebelo
y cuando me salga un recuerdo
diré «número ciento y tantos».
Entonces reconoceré
el muro y las enredaderas
y tal vez voy a entretenerme
poniendo nombres al olvido.

De todas maneras aquí
me propongo terminar esto,
y antes de volver al Brasil
pasando por Antofagasta
en Isla Negra los espero,
entre ayer y Valparaíso.

Adiós a París

Qué hermoso el Sena, río abundante
con sus árboles cenicientos,
con sus torres y sus agujas.

Y yo qué vengo a hacer aquí?

Todo es más bello que una rosa,
una rosa descabellada,
una rosa desfalleciente.
Es crepuscular esta tierra,
el atardecer y la aurora
son las dos naves del río,
y pasan y se entrecruzan
sin saludarse, indiferentes,
porque hace mil veces mil años
se conocieron y se amaron.

Hace ya demasiado tiempo.

Se arrugó la piedra y crecieron
las catedrales amarillas,
las usinas extravagantes,
y ahora el otoño devora cielo,
se nutre de nubes y de humo,
se establece como un rey negro
en un litoral vaporoso.

No hay tarde más dulce en el mundo.
Todo se recogió a tiempo,
el color brusco, el vago grito,
se quedó sólo la neblina
y la luz envuelta en los árboles
se puso su vestido verde.

Tengo tanto que hacer en Chile,
me esperan Salinas y Laura,
a todos debo algo en mi patria,
y a esta hora está la mesa puesta
esperándome en cada casa,
otros me aguardan para herirme,
y además son aquellos árboles
de follaje ferruginoso
los que conocen mis desdichas,
mi felicidad, mis dolores,

aquellas alas son las mías,
ésa es el agua que yo quiero,
el mar pesado como piedra,
más alto que estos edificios,
duro y azul como una estrella.

Y yo qué vengo a hacer aquí?

Cómo llegué por estos lados?

Tengo que estar donde me llaman
para bautizar los cimientos,
para mezclar arena y hombre,
tocar las palas y la tierra
porque tenemos que hacerlo todo
allí en la tierra en que nacimos,
tenemos que fundar la patria,
el canto, el pan y la alegría,
tenemos que limpiar el honor
como las uñas de una reina
y así flotarán en el viento
las banderas purificadas
sobre las torres cristalinas.

Adiós, otoño de París,
navío azul, mar amoroso,
adiós ríos, puentes, adiós
pan crepitante y fragante,
profundo y suave vino, adiós
y adiós, amigos que me amaron,
me voy cantando por los mares
y vuelvo a respirar raíces.
Mi dirección es vaga, vivo
en alta mar y en alta tierra:
mi ciudad es la geografía:
la calle se llama «Me Voy»,
el número «Para No Volver».

Ay qué sábados más profundos!

Ay qué sábados más profundos!
Es interesante el planeta
con tanta gente en movimiento:
olas de pies en los hoteles,
urgentes motociclistas,
ferrocarriles hacia el mar
y cuántas muchachas inmóviles
raptadas por rápidas ruedas.

Todas las semanas terminan
en hombres, mujeres y arena,
y hay que correr, no perder nada,
vencer inútiles colinas,
masticar música insoluble,
volver cansados al cemento.

Yo bebo por todos los sábados
sin olvidar al prisionero
detrás de las paredes crueles:
ya no tienen nombre sus días
y este rumor que cruza y corre
lo rodea como el océano
sin conocer cuál es la ola,
la ola del húmedo sábado.

Ay qué sábados irritantes
armados de bocas y piernas
desenfrenadas, de carrera,
bebiendo más de lo prudente:
no protestemos del bullicio
que no quiere andar con nosotros.

Sueños de trenes

Estaban soñando los trenes
en la estación, indefensos,
sin locomotoras, dormidos.

Entré titubeando en la aurora:
anduve buscando secretos,
cosas perdidas en los vagones,
en el olor muerto del viaje.
Entre los cuerpos que partieron
me senté solo en el tren inmóvil.

Era compacto el aire, un bloque
de conversaciones caídas
y fugitivos desalientos.
Almas perdidas en los trenes
como llaves sin cerraduras
caídas bajo los asientos.

Pasajeras del Sur cargadas
de ramilletes y gallinas,
tal vez fueron asesinadas,
tal vez volvieron y lloraron,
tal vez gastaron los vagones
con el fuego de sus claveles:
tal vez yo viajo, estoy con ellas,
tal vez el vapor de los viajes,
los rieles mojados, tal vez
todo vive en el tren inmóvil
y yo un pasajero dormido
desdichadamente despierto.

Yo estuve sentado y el tren
andaba dentro de mi cuerpo

aniquilando mis fronteras,
de pronto era el tren de la infancia,
el humo de la madrugada,
el verano alegre y amargo.

Eran otros trenes que huían,
carros repletos de dolores,
cargados como con asfalto,
y así corría el tren inmóvil
en la mañana que crecía
dolorosa sobre mis huesos.

Yo estaba solo en el tren solo,
pero no sólo estaba solo,
sino que muchas soledades
allí se habrán congregado
esperando para viajar
como pobres en los andenes.
Y yo en el tren como humo muerto
con tantos inasibles seres,
por tantas muertes agobiado
me sentí perdido en un viaje
en el que nada se movía,
sino mi corazón cansado.

Dónde estará la Guillermina?

Dónde estará la Guillermina?

Cuando mi hermana la invitó
y yo salí a abrirle la puerta,
entró el sol, entraron estrellas,
entraron dos trenzas de trigo
y dos ojos interminables.

Yo tenía catorce años
y era orgullosamente oscuro,
delgado, ceñido y fruncido,
funeral y ceremonioso:
yo vivía con las arañas,
humedecido por el bosque,
me conocían los coleópteros
y las abejas tricolores,
yo dormía con las perdices
sumergido bajo la menta.

Entonces entró la Guillermina
con dos relámpagos azules
que me atravesaron el pelo
y me clavaron como espadas
contra los muros del invierno.
Esto sucedió en Temuco.
Allá en el Sur, en la frontera.

Han pasado lentos los años
pisando como paquidermos,
ladrando como zorros locos,
han pasado impuros los años
crecientes, raídos, mortuorios,
y yo anduve de nube en nube,
de tierra en tierra, de ojo en ojo,
mientras la lluvia en la frontera
caía, con el mismo traje.

Mi corazón ha caminado
con intransferibles zapatos,
y he digerido las espinas:
no tuve tregua donde estuve:
donde yo pegué me pegaron,
donde me mataron caí
y resucité con frescura,
y luego y luego y luego y luego,
es tan largo contar las cosas.

No tengo nada que añadir.

Vine a vivir en este mundo.

Dónde estará la Guillermina?

Vuelve el amigo

Cuando muere tu amigo
en ti vuelve a morirse.

Te busca hasta encontrarte
para que tú lo mates.

Tomemos nota, andando,
conversando, comiendo,
de su fallecimiento.

Poco importante es lo que le ha pasado.
Todo el mundo sabía sus dolores.
Ya se murió, y apenas se le nombra.
Pasó su nombre y nadie lo detuvo.

Sin embargo él llegó después de muerto
para que sólo aquí lo recordáramos.
Él buscó nuestros ojos implorando.
No lo quisimos ver y no lo vimos.
Entonces ya se fue y ahora no vuelve.
No vuelve más, ya no lo quiere nadie.

Sucedió en invierno

No había nadie en aquella casa.
Yo estaba invitado y entré.
Me había invitado un rumor,
un peregrino sin presencia,
y el salón estaba vacío
y me miraban con desdén
los agujeros de la alfombra.

Los estantes estaban rotos.

Era el otoño de los libros
que volaban hoja por hoja.
En la cocina dolorosa
revoloteaban cosas grises,
tétricos papeles cansados,
alas de cebolla muerta.

Alguna silla me siguió
como un pobre caballo cojo
desprovisto de cola y crines,
con tres únicas, tristes patas,
y en la mesa me recliné
porque allí estuvo la alegría,
el pan, el vino, el estofado,
las conversaciones con ropa,
con indiferentes oficios,
con casamientos delicados:
pero estaba muda la mesa
como si no tuviera lengua.
Los dormitorios se asustaron
cuando yo traspuse el silencio.

Allí quedaron encallados
con sus desdichas y sus sueños,
porque tal vez los durmientes
allí se quedaron despiertos:
desde allí entraron en la muerte,
se desmantelaron las camas
y murieron los dormitorios
con un naufragio de navío.

Me senté en el jardín mojado
por gruesas goteras de invierno
y me parecía imposible
que debajo de la tristeza,
de la podrida soledad,
trabajaran aún las raíces
sin el estímulo de nadie.

Sin embargo entre vidrios rotos
y fragmentos sucios de yeso
iba a nacer una flor:
no renuncia, por desdeñada,
a su pasión, la primavera.

Cuando salí crujió una puerta
y sacudidas por el viento
relincharon unas ventanas
como si quisieran partir
a otra república, a otro invierno,
donde la luz y las cortinas
tuvieran color de cerveza.

Y yo apresuré mis zapatos
porque si me hubiera dormido
y me cubrieran tales cosas
no sabría lo que no hacer.
Y me escapé como un intruso
que vio lo que no debió ver.

Por eso a nadie conté nunca
esta visita que no hice:
no existe esa casa tampoco
y no conozco aquellas gentes
y no hay verdad en esta fábula:

son melancolías de invierno.

Dulce siempre

Por qué esas materias tan duras?
Por qué para escribir las cosas
y los hombres de cada día
se visten los versos con oro,
con antigua piedra espantosa?

Quiero versos de tela o pluma
que apenas pesen, versos tibios
con la intimidad de las camas
donde la gente amó y soñó.
Quiero poemas mancillados
por las manos y el cada día.

Versos de hojaldre que derritan
leche y azúcar en la boca,
el aire y el agua se beben,
el amor se muerde y se besa,
quiero sonetos comestibles,
poemas de miel y de harina.

La vanidad anda pidiéndonos
que nos elevemos al cielo
o que hagamos profundos túneles
inútiles bajo la tierra.
Y así olvidamos menesteres

deliciosamente amorosos,
se nos olvidan los pasteles,
no damos de comer al mundo.

En Madrás hace un tiempo largo
vi una pirámide azucarada,
una torre de dulcería.
Cada unidad sobre otra y otra
y en la arquitectura, rubíes,
y otras delicias sonrosadas,
medioevales y amarillas.

Alguien se ensució las manos
amasando tanta dulzura.
Hermanos poetas de aquí,
de allá, de la tierra y del cielo,
de Medellín, de Vera Cruz,
de Abisinia, de Antofagasta,
con qué se hicieron los panales?

Dejémonos de tanta piedra!

Que tu poesía desborde
la equinoccial pastelería
que quieren devorar nuestras bocas,
todas las bocas de los niños
y todos los pobres adultos.
No sigan solos sin mirar,
sin apetecer ni entender
tantos corazones de azúcar.

No tengan miedo a la dulzura.

Sin nosotros o con nosotros
lo dulce seguirá viviendo
y es infinitamente vivo,
eternamente redivivo,
porque en plena boca del hombre

para cantar o para comer
está situada la dulzura.

Diurno con llave nocturna

Son las nueve de la mañana
de un día enteramente puro,
a rayas azules y blancas,
recién lavado y estirado,
justo como una camiseta.

Todas las briznas olvidadas
de leña, de algas diminutas,
las patas de los insectos,
las pálidas plumas errantes,
los clavos que caen del pino,
todo reluce como puede,
el mundo tiene olor a estrella.

Pero ya viene el cartero
escupiendo cartas terribles,
cartas que debemos pagar,
que nos recuerdan deudas duras,
cartas en que alguien murió
y algún hermano cayó preso
y además alguien nos enreda
en sus profesiones de araña,
y luego traen un periódico
blanco y negro como la muerte
y todas las noticias lloran.
Mapa del mundo y del sollozo!
Diario mojado cada noche
y quemado cada mañana
por la guerra y por los dolores,
oh geografía dolorosa!

Ya la tarde rota se arruga
y vuela como papel muerto,
de calle en calle en calle va,
la orinan los perros errantes,
la persiguen los basureros,
le añaden aliños atroces,
tripas de gallos, excrementos,
zapatos irreconocibles
y es como un fardo el viejo día:
sucio papel y vidrios rotos
hasta que lo tiran afuera,
lo acuestan en los arrabales.

Llega la noche con su copa
de enredaderas estrelladas,
el sueño sumerge a los hombres,
los acumula en su subsuelo
y se lava el mundo otra vez,
otra vez regresa la luna,
la sombra sacude sus guantes
mientras trabajan las raíces.

Y nace de nuevo otro día.

Pacaypallá

Ya está la tierra en torno
de mí dándome vueltas
como el metal al son de la campana.

Ya está de cuanto amé
mi pequeño universo,
el sistema estrellado de las olas,
el desorden abrupto de las piedras.
Lejos, una ciudad con sus harapos,

llamándome, pobre sirena,
para que nunca, no, se desamore
mi corazón de sus duros deberes,
y yo con cielo y lira
en la luz de lo que amo,
inmóvil, indeciso,
levantando la copa de mi canto.

Oh aurora desprendida
de la sombra y la luna en el océano,
siempre vuelvo a tu sal abrasadora,
siempre es tu soledad la que me incita
y llegado otra vez no sé quién soy,
toco la arena dura, miro el cielo,
paseo sin saber dónde camino,
hasta que de la noche
suben y bajan flores indecibles:
en el ácido aroma
del litoral palpitan las estrellas.

Errante amor, retorno
con este corazón fresco y cansado
que pertenece al agua y a la arena,
al territorio seco de la orilla,
a la batalla blanca de la espuma.

Desconocidos en la orilla

He vuelto y todavía el mar
me dirige extrañas espumas,
no se acostumbra con mis ojos,
la arena no me reconoce.

No tiene sentido volver
sin anunciarse, al océano:

él no sabe que uno volvió
ni sabe que uno estuvo ausente
y está tan ocupada el agua
con tantos asuntos azules
que uno ha llegado y no se sabe:
las olas mantienen su canto
y aunque el mar tiene muchas manos,
muchas bocas y muchos besos
no te ha dado nadie la mano,
no te besa ninguna boca
y hay que darse cuenta de pronto
de la poca cosa que somos:
ya nos creíamos amigos,
volvemos abriendo los brazos
y aquí está el mar, sigue su baile
sin preocuparse de nosotros.

Tendré que esperar la neblina,
la sal aérea, el sol disperso,
que el mar respire y me respire,
porque no sólo es agua el agua
sino invasiones vaporosas,
y en el aire siguen las olas
como caballos invisibles.
Por eso tengo que aprender
a nadar dentro de mis sueños,
no vaya a venir el mar
a verme cuando esté dormido!
Si así sucede estará bien
y cuando despierte mañana,
las piedras mojadas, la arena
y el gran movimiento sonoro
sabrán quién soy y por qué vuelvo
me aceptarán en su instituto.

Y yo seré otra vez feliz
en la soledad de la arena,
desarrollado por el viento
y estimado por la marina.

Carta para que me manden madera

Ahora para hacer la casa,
tráiganme maderas del Sur,
tráiganme tablas y tablones,
vigas, listones, tejuelas,
quiero ver llegar el perfume,
quiero que suenen descargando
el sonido del Sur que traen.

Cómo puedo vivir tan lejos
de lo que amé, de lo que amo?
De las estaciones envueltas
por vapor y por humo frío?
Aunque murió hace tantos años
por allí debe andar mi padre
con el poncho lleno de gotas
y la barba color de cuero.

La barba color de cebada
que recorría los ramales,
el corazón del aguacero,
y que alguien se mida conmigo
a tener padre tan errante,
a tener padre tan llovido:
su tren iba desesperado
entre las piedras de Carahue,
por los rieles de Colli-Pulli,
en las lluvias de Puerto Varas.
Mientras yo acechaba perdices
o coleópteros violentos,
buscaba el color del relámpago,
buscaba un aroma indeleble,
flor arbitraria o miel salvaje,
mi padre no perdía el tiempo:

sobre el invierno establecía
el sol de sus ferrocarriles.

Yo perdí la lluvia y el viento
y qué he ganado, me pregunto?
Porque perdí la sombra verde
a veces me ahogo y me muero:
es mi alma que no está contenta
y busca bajo mis zapatos
cosas gastadas o perdidas.
Tal vez aquella tierra triste
se mueve en mí como un navío:
pero yo cambié de planeta.

La lluvia ya no me conoce.

Y ahora para las paredes,
para las ventanas y el suelo,
para el techo, para las sábanas,
para los platos y la mesa
tráiganme maderas oscuras
secretas como la montaña,
tablas claras y tablas rojas,
alerce, avellano, mañío,
laurel, raulí y ulmo fragante,
todo lo que fue creciendo
secretamente en la espesura,
lo que fue creciendo conmigo:
tienen mi edad esas maderas,
tuvimos las mismas raíces.

Cuando se abra la puerta y entren
los fragmentos de la montaña
voy a respirar y tocar
lo que yo tal vez sigo siendo:
madera de los bosques fríos,
madera dura de Temuco,
y luego veré que el perfume

irá construyendo mi casa,
se levantarán las paredes
con los susurros que perdí,
con lo que pasaba en la selva,
y estaré contento de estar
rodeado por tanta pureza,
por tanto silencio que vuelve
a conversar con mi silencio.

El ciudadano

Entré en las ferreterías
con mi corazón inocente
a comprar un simple martillo
o unas tijeras abstractas:
nunca debiera haberlo hecho,
desde entonces y sin reposo
dedico mi tiempo al acero,
a las más vagas herramientas:
los azadones me someten,
me avasallan las herraduras.

Me inquieto toda la semana
buscando nubes de aluminio,
tornillos atormentados,
barras de níquel taciturno,
innecesarios aldabones,
y ya las ferreterías
conocen mi deslumbramiento:
me ven entrar con ojos locos
de maniático en su caverna
y se ve que acaricio cosas
tan enigmáticas y ahumadas
que nadie podría comprar
y que sólo miro y admiro.

Porque en el sueño del injusto
surgen flores inoxidables,
innúmeras palas de hierro,
cuentagotas para el aceite,
fluviales cucharas de cinc,
serruchos de estirpe marina.
Es como el interior de una estrella
la luz de las ferreterías:
allí con sus propios fulgores
están los clavos esenciales,
los invencibles picaportes,
la burbuja de los niveles
y los enredos del alambre.

Tienen corazón de ballena
las ferreterías del Puerto:
se tragaron todos los mares,
todos los huesos del navío:
allí se reúnen las olas,
la antigüedad de las mareas,
y depositan en su estómago
barriles que rodaron mucho,
cuerdas como arterias de oro,
anclas de peso planetario,
largas cadenas complicadas
como intestinos de la Bestia
y arpones que tragó nadando
al este del Golfo de Penas.

Cuando entré ya no salí más,
ya nunca dejé de volver
y nunca me dejó de envolver
un olor de ferreterías:
me llama como mi provincia,
me aconseja inútiles cosas,
me cubre como la nostalgia.

Qué voy a hacerle! Hay hombres solos
de hotel, de habitación soltera,
hay otros con patria y tambor,
hay infinitos aviadores
que suben y bajan del aire.

Estoy perdido para ustedes.
Yo soy ciudadano profundo,
patriota de ferreterías.

No me hagan caso

Entre las cosas que echa el mar
busquemos las más calcinadas,
patas violetas de cangrejos,
cabecitas de pez difunto,
sílabas suaves de madera,
pequeños países de nácar,
busquemos lo que el mar deshizo
con insistencia y sin lograrlo,
lo que rompió y abandonó
y lo dejó para nosotros.

Hay pétalos ensortijados,
algodones de la tormenta,
inútiles joyas del agua,
y dulces huesos de pájaro
en aún actitud de vuelo.

El mar arrojó su abandono,
el aire jugó con las cosas,
el sol abrazó cuanto había,
y el tiempo vive junto al mar
y cuenta y toca lo que existe.
Yo conozco todas las algas,

los ojos blancos de la arena,
las pequeñas mercaderías
de las mareas en otoño
y ando como grueso pelícano
levantando nidos mojados,
esponjas que adoran el viento,
labios de sombra submarina,
pero nada más desgarrador
que el síntoma de los naufragios:
el suave madero perdido
que fue mordido por las olas
y desdeñado por la muerte.

Hay que buscar cosas oscuras
en alguna parte en la tierra,
a la orilla azul del silencio
o donde pasó como un tren
la tempestad arrolladora:
allí quedan signos delgados,
monedas del tiempo y del agua,
detritus, ceniza celeste
y la embriaguez intransferible
de tomar parte en los trabajos
de la soledad y la arena.

Demasiados nombres

Se enreda el lunes con el martes
y la semana con el año:
no se puede cortar el tiempo
con tus tijeras fatigadas,
y todos los nombres del día
los borra el agua de la noche.

Nadie puede llamarse Pedro,
ninguna es Rosa ni María,
todos somos polvo o arena,
todos somos lluvia en la lluvia.
Me han hablado de Venezuelas,
de Paraguayes y de Chiles,
no sé de lo que están hablando:
conozco la piel de la tierra
y sé que no tiene apellido.

Cuando viví con las raíces
me gustaron más que las flores,
y cuando hablé con una piedra
sonaba como una campana.

Es tan larga la primavera
que dura todo el invierno:
el tiempo perdió los zapatos:
un año tiene cuatro siglos.

Cuando duermo todas las noches,
cómo me llamo o no me llamo?
Y cuando me despierto quién soy
si no era yo cuando dormía?

Esto quiere decir que apenas
desembarcamos en la vida,
que venimos recién naciendo,
que no nos llenemos la boca
con tantos nombres inseguros,
con tantas etiquetas tristes,
con tantas letras rimbombantes,
con tanto tuyo y tanto mío,
con tanta firma en los papeles.

Yo pienso confundir las cosas,
unirlas y recién nacerlas,
entreverarlas, desvestirlas,

hasta que la luz del mundo
tenga la unidad del océano,
una integridad generosa,
una fragancia crepitante.

Las estatuas verdes sobre el techo de Notre Dame

Contra los techos negros,
contra la luz lechosa
estas largas mujeres,
estas estatuas verdes,
qué hacen, qué hicieron antes,
qué harán el año próximo?
Son frutos del invierno?
De las edades rotas
contra la piedra, son
ángeles, santas, reinas
o simplemente
estatuas
perdidas, arrancadas
a parques ya sin árboles,
a plazas que murieron?

Por qué, por qué en la altura
solitaria, mujeres
de verde hierro, de agua,
muertas bajo la lluvia,
indefensas, delgadas,
como peces inmóviles,
nadando sin moverse
como el aire en el agua?
Pienso que sin embargo
trabajan en la altura,
son normas, normas frías,

inmóviles hogueras,
letras de luz gastadas
por otra luz oscura,
por un temblor sin besos,
por las olas del cielo.

Monedas, sí, monedas
golpeadas contra el
semiduro infinito,
entre el techo y el alba,
erectas, solitarias
viviendo de aire y humo
como en un desafío,
atolondradas vírgenes
que se quedaron fuera,
que Dios no dejó entrar
al recinto «cerrado»
y así sin desnudarse
viven bajo la lluvia.

Tráiganlo pronto

Aquel enemigo que tuve
estará vivo todavía?
Era un barrabás vitalicio,
siempre ferviente y fermentando.

Es melancólico no oír
sus tenebrosas amenazas,
sus largas listas de lamentos.

Debo llamarle la atención,
que no olvide sus andanadas,
me gustaría un nuevo libro
con aplastantes argumentos
que al fin terminara conmigo.

Qué voy a hacer sin forajido?
Nadie me va a tomar en cuenta.

Este provechoso sujeto
acechaba mi nacimiento
y apenas quise respirar
él se decidió a exterminarme
siguiéndome con alevosía
por tierra y mar, en prosa y verso.

Cargó sus años y los míos
con perseverancia encomiable
y sobre su alma picaresca
anotó todos mis pecados,
los que tuve y los que no tuve,
los que tendré probablemente,
los que no pienso cometer
y allí el pobre hombre con su lista,
con su pesado cartapacio
sólo preocupado de mí
y de mis acciones funestas.

Ay qué prójimo tan ocioso!

En esta singular tarea
prostituyó a sus descendientes,
contrajo deudas espantosas,
y las cárceles lo acechaban.
Pero el infeliz no cejó:
su obligación era importante
y caminaba con su saco
como un extraño jorobado
vaticinando mi extravío
y mi descalabro inminente.

Produjo yernos entusiastas
de parecida trayectoria
y mientras ellos combatían

él perforaba sus bolsillos.
Hoy qué pasa que no lo escucho?
De pronto no silba el tridente
y las mandíbulas del odio
guardan silencio putrefacto.

Caimán y yerno de caimán,
ferruginosos policías,
no puede ser, aquí estoy vivo,
activo en la luz duradera,
–qué se hicieron aquellos dientes?
Cómo pueden dejarme solo?
Es éste el momento mejor
para saltar a las revistas
con pinches, combos y cuchillos!
Por favor acumulen algo!
A la batalla los tambores!

Aquel enemigo que tuve
ha sacado los pies del plato
con un silencio pernicioso!
Yo estaba habituado a esta sombra,
a su envidia desgarradora,
a sus torpes dedos de ahogado.

A ver si lo ven y lo encuentran
bebiendo bencina y vinagre
y que resucite su furia
sin la cual sufro, palidezco
y no puedo comer perdices.

Por boca cerrada entran las moscas

Por qué con esas llamas rojas
se han dispuesto a arder los rubíes?

Por qué el corazón del topacio
tiene panales amarillos?

Por qué se divierte la rosa
cámbiando el color de sus sueños?

Por qué se enfría la esmeralda
como una ahogada submarina?

Y por qué palidece el cielo
sobre las estrellas de junio?

Dónde compra pintura fresca
la cola de la lagartija?

Dónde está el fuego subterráneo
que resucita los claveles?

De dónde saca la sal
esa mirada transparente?

Dónde durmieron los carbones
que se levantaron oscuros?

Y dónde, dónde compra el tigre
rayas de luto, rayas de oro?

Cuándo comenzó a conocer
la madreselva su perfume?

Cuándo se dio cuenta el pino
de su resultado oloroso?

Cuándo aprendieron los limones
la misma doctrina del sol?

Cuándo aprendió a volar el humo?
Cuándo conversan las raíces?

Cómo es el agua en las estrellas?
Por qué el escorpión envenena,
por qué el elefante es benigno?

En qué medita la tortuga?
Dónde se retira la sombra?
Qué canto repite la lluvia?
Dónde van a morir los pájaros?
Y por qué son verdes las hojas?

Es tan poco lo que sabemos
y tanto lo que presumimos
y tan lentamente aprendemos,
que preguntamos, y morimos.
Mejor guardemos orgullo
para la ciudad de los muertos
en el día de los difuntos
y allí cuando el viento recorra
los huecos de tu calavera
te revelará tanto enigma,
susurrándote la verdad
donde estuvieron tus orejas.

Furiosa lucha de marinos con pulpo
de colosales dimensiones

I

LA LLEGADA Los navegantes que volvieron
A de combatir con el octopus
VALPARAÍSO luego ya no se acostumbraron:
no querían andar en tren,
le tenían miedo a los rieles,
vivían buscando ventosas
en el aro de los neumáticos,

entre las piernas y los árboles.
Le tenían miedo a la luna!

Vivían tristes encogiéndose
entre tabernas y barriles,
las barbas negras crecían
simultáneas, incontrolables,
y ellos debajo de sus barbas
eran cada vez más hostiles
como si el animal remoto
los hubiera llenado de agua.

Los encontré en Valparaíso
enredados en sus cabellos,
arañosos, indelicados,
y parecían ofendidos
no por el monstruo del océano,
sino por los cigarrillos,
por las vagas conversaciones,
por las bebidas transparentes.
Leían diarios increíbles,
El Mercurio, El Diario Ilustrado,
periódicos prostibulantes
con fotografías de diosas
de fascinadores ombligos,
pero ellos leían más lejos,
lo que no volverá a pasar,
lo que ya no sucede más:
las batallas del cefalópodo
que se nutre de balleneros,
y como no se mencionaban
estos asuntos en el diario
escupían furiosamente
y se estremecían de olvido.

II

EL COMBATE En el mar dormía el velero
entre los dientes de la noche,
roncaban los duros muchachos
condecorados por la luna
y el cachalote desangrándose
llevaba clavado el orgullo
por las latitudes del agua.

El hombre despertó con ocho
escalofríos pestilentes,
ocho mangueras del abismo,
ocho vísceras del silencio,
y tambaleó el puro navío,
se derribó su firmamento:
un gran marisco lo envolvió
como en una mano gigante
y entró en el sueño del marino
un regimiento de ventosas.

La lucha fue desenfrenada
y tales proporciones tuvo
que los mástiles se quebraron:
las hachas cortaban pedazos
de dura goma submarina,
las bocas del monstruo chupaban
con largas cadenas de labios,
mientras sus pupilas sin párpados
fosforeciendo vigilaban.

Aquello fue carnicería,
resbalaban los pies en sangre,
y cuando caían cortados
los dedos fríos de la Bestia
otra mano infernal subía
enrollándose en la cintura
de los desdichados chilenos.

Cuando llegó con su mantel
la aurora helada del Antártico
encontró la muerte en el mar:
aquel velero destronado
por el octopus moribundo
y siete balleneros vivos
entre las olas y la ausencia.

La aurora lloró hasta empapar
su mantel de aguas amarillas.

Pasaron entonces los pájaros,
los interminables enjambres,
las colmenas del archipiélago,
y sobre las crueles heridas
de la Bestia y sobre los muertos
iba la luz indiferente
y las alas sobre la espuma.

III

LA PARTIDA   Roberto López se embarcó en el *Aurora*.
Arturo Soto en el *Antartic Star*.
Olegario Ramírez en el *Maipo*.
Justino Pérez murió en una riña.
Sinfín Carrasco es soldado en Iquique.
Juan de Dios González es campesino y corta
troncos de alerce en las
                              islas del Sur.

Contraciudad

La triste ciudad de Santiago
extiende piernas polvorientas,
se alarga como un queso gris
y desde el cielo puro y duro
se ve como una araña muerta.

La cortaron de adobe triste
los tétricos conquistadores
y luego las moscas, el humo,
los vehículos aplastantes,
los chilenos pelando papas,
los olores del Matadero,
las tristezas municipales
enterraron a mi ciudad,
la abandonaron lentamente,
la sepultaron en ceniza.

Luego los hijos de Chicago
hicieron pálidos cajones
y cada vez era más triste
la pobre ciudad en invierno:
destartalados automóviles
la martirizaban con furia
y en las esquinas oscilaban
las noticias abrumadoras
de los periódicos sangrientos.

Todos los ricos escaparon
con muebles y fotografías
lejos, a la cordillera,
y allí dormían entre rosas,
pero en la mañana volvían
al centro de la ciudad pobre
con dientes duros de pantera.

Los pobres no pudieron irse,
ni los cabarets desahuciados
en que bailaban con decoro
los jóvenes sobrevivientes,
y aquí el hombre se acostumbró
a pasar entre los harapos
como corre un escalofrío
por las paredes del invierno.

La cárcel la tienen en medio
de la pobre ciudad golpeada
y es una cárcel con caries,
con negras muelas pustulentas
y oprime a la ciudad, le agrega
su salpicadura de sangre,
su capital de los dolores.

Qué puedo hacer, mi pobre patria?
Vienen y van los presidentes
y el corazón se llena de humo:
se petrifican los gobiernos
y la ciudad no se conmueve,
todos susurran sin hablar,
se cruzan relámpagos de odio.

Yo crecí en estas calles tristes
mirando las ferreterías,
los mercados de la verdura,
y cuando la ciudad envejece
se prostituye, se desangra,
y se muere de polvorienta:
cuando el verano sin follaje,
el pobre otoño sin monedas,
el invierno color de muerte
cubren la ciudadanía,
sufro lo mismo que una calle:
y cumpliendo con mis pesares
me pongo a bailar de tristeza.

Porque supongo que algún día
verán árboles, verán aguas
los desdichados caminantes:
sabrán cómo cae la lluvia
no sólo sobre los sombreros
y podrán conocer la luz
y el equilibrio del otoño.

Cantasantiago

No puedo negar tu regazo,
ciudad nutricia, no puedo
negar ni renegar las calles
que alimentaron mis dolores,
y el crepúsculo que caía
sobre los techos de Mapocho
con un color de café triste
y luego la ciudad ardía,
crepitaba como una estrella,
y que se sepa que sus rayos
prepararon mi entendimiento:
la ciudad era un barco verde
y partí a mis navegaciones.

No se termina tu fragancia.
Porque tal vez la enredadera
que se perdió en aquella esquina
creció hacia abajo, hacia otro mundo,
mientras se abren sobre su muerte
los pétalos de un edificio.

Santiago, no niego tu nieve,
tu sol de abril, tus dones negros,
San Francisco es un almanaque
lleno de fechas gongorinas,

la Estación Central es un león,
la Moneda es una paloma.

Amo la virgen ovalada
que ilumina sin entusiasmo
los sueños de la zoología
encarcelada y desdeñosa,
y tus parques llenos de manos,
llenos de bocas y de besos.

De cuando en cuando peina el viento
las curvas de una callejuela
que se apartó sin decir nada
de tu implacable geometría,
pero los montes coronaron
la rectitud de tus rectángulos
con solitaria sal salvaje,
estatuas desnudas de nieve,
desmoronados desvaríos.

Qué olvidé en tus calles que vuelvo
de todas partes a tus calles?
Como si vaya donde vaya
recuerde de pronto una cita
y me apresuro y vuelo y corro
hasta tocar tu pavimento!
Y entonces sé que sé que soy,
entonces sé qué me esperaba
y por fin me encuentro conmigo.

La nieve que cae en tu frente
comenzó a nevar en la mía:
envejezco con mi ciudad
pero los sueños no envejecen:
crían tejas y crían plumas,
suben las casas y los pájaros
y así, Santiago, nos veremos
dormidos por la eternidad
y profundamente despiertos.

Santiago, no olvides que soy
jinete de tu crecimiento:
llegué galopando a caballo
del Sur, de mi salvajería,
y me quedé inmóvil en ti
como un caballero de bronce:
y desde entonces soy ciudad
sin olvidar mis territorios,
sin abandonar los caminos:
tengo el pecho pavimentado,
mi poesía es la Alameda,
mi corazón es un teléfono.

Sí, Santiago, soy una esquina
de tu amor siempre movedizo
como entusiasmos de bandera
y en el fondo te quiero tanto
que sufro si no me golpeas,
que si no me matas me muero
y no sólo cuento contigo
sino que no cuento sintigo.

El perezoso

Continuarán viajando cosas
de metal entre las estrellas,
subirán hombres extenuados,
violentarán la suave luna
y allí fundarán sus farmacias.

En este tiempo de uva llena
el vino comienza su vida
entre el mar y las cordilleras.

En Chile bailan las cerezas,
cantan las muchachas oscuras
y en las guitarras brilla el agua.

El sol toca todas las puertas
y hace milagros con el trigo.
El primer vino es rosado,
es dulce como un niño tierno,
el segundo vino es robusto
como la voz de un marinero
y el tercer vino es un topacio,
una amapola y un incendio.

Mi casa tiene mar y tierra,
mi mujer tiene grandes ojos
color de avellana silvestre,
cuando viene la noche el mar
se viste de blanco y de verde
y luego la luna en la espuma
sueña como novia marina.

No quiero cambiar de planeta.

Bestiario

Si yo pudiera hablar con pájaros,
con ostras y con lagartijas,
con los zorros de Selva Oscura,
con los ejemplares pingüinos,
si me entendieran las ovejas,
los lánguidos perros lanudos,
los caballos de carretela,
si discutiera con los gatos,
si me escucharan las gallinas!

Nunca se me ha ocurrido hablar
con animales elegantes:
no tengo curiosidad
por la opinión de las avispas
ni de las yeguas de carrera:
que se las arreglen volando,
que ganen vestidos corriendo!
Yo quiero hablar con las moscas,
con la perra recién parida
y conversar con las serpientes.

Cuando tuve pies para andar
en noches triples, ya pasadas,
seguí a los perros nocturnos,
esos escuálidos viajeros
que trotan viajando en silencio
con gran prisa a ninguna parte
y los seguí por muchas horas:
ellos desconfiaban de mí,
ay, pobres perros insensatos,
perdieron la oportunidad
de narrar sus melancolías,
de correr con pena y con cola
por las calles de los fantasmas.

Siempre tuve curiosidad
por el erótico conejo:
quiénes lo incitan y susurran
en sus genitales orejas?
Él va sin cesar procreando
y no hace caso a San Francisco,
no oye ninguna tontería:
el conejo monta y remonta
con organismo inagotable.
Yo quiero hablar con el conejo,
amo sus costumbres traviesas.

Las arañas están gastadas
por páginas bobaliconas
de simplistas exasperantes
que las ven con ojos de mosca,
que la describen devoradora,
carnal, infiel, sexual, lasciva.
Para mí esta reputación
retrata a los reputadores:
la araña es una ingeniera,
una divina relojera,
por una mosca más o menos
que la detesten los idiotas,
yo quiero conversar con la araña:
quiero que me teja una estrella.

Me interesan tanto las pulgas
que me dejo picar por horas,
son perfectas, antiguas, sánscritas,
son máquinas inapelables.
No pican para comer,
sólo pican para saltar,
son las saltarinas del orbe,
las delicadas, las acróbatas
del circo más suave y profundo:
que galopen sobre mi piel,
que divulguen sus emociones,
que se entretengan con mi sangre,
pero que alguien me las presente,
quiero conocerlas de cerca,
quiero saber a qué atenerme.

Con los rumiantes no he podido
intimar en forma profunda:
sin embargo soy un rumiante,
no comprendo que no me entiendan.
Tengo que tratar este tema
pastando con vacas y bueyes,
planificando con los toros.

De alguna manera sabré
tantas cosas intestinales
que están escondidas adentro
como pasiones clandestinas.

Qué piensa el cerdo de la aurora?
No cantan pero la sostienen
con sus grandes cuerpos rosados,
con sus pequeñas patas duras.

Los cerdos sostienen la aurora.

Los pájaros se comen la noche.

Y en la mañana está desierto
el mundo: duermen las arañas,
los hombres, los perros, el viento:
los cerdos gruñen, y amanece.

Quiero conversar con los cerdos.

Dulces, sonoras, roncas ranas,
siempre quise ser rana un día,
siempre amé la charca, las hojas
delgadas como filamentos,
el mundo verde de los berros
con las ranas dueñas del cielo.

La serenata de la rana
sube en mi sueño y lo estimula,
sube como una enredadera
a los balcones de mi infancia,
a los pezones de mi prima,
a los jazmines astronómicos
de la negra noche del Sur,
y ahora que ha pasado el tiempo
no me pregunten por el cielo:
pienso que no he aprendido aún
el ronco idioma de las ranas.

Si es así, cómo soy poeta?
Qué sé yo de la geografía
multiplicada de la noche?

En este mundo que corre y calla
quiero más comunicaciones,
otros lenguajes, otros signos,
quiero conocer este mundo.
Todos se han quedado contentos
con presentaciones siniestras
de rápidos capitalistas
y sistemáticas mujeres.
Yo quiero hablar con muchas cosas
y no me iré de este planeta
sin saber qué vine a buscar,
sin averiguar este asunto,
y no me bastan las personas,
yo tengo que ir mucho más lejos
y tengo que ir mucho más cerca.
Por eso, señores, me voy
a conversar con un caballo,
que me excuse la poetisa
y que el profesor me perdone,
tengo la semana ocupada,
tengo que oír a borbotones.
Cómo se llamaba aquel gato?

Testamento de otoño

EL POETA ENTRA   *Entre morir y no morir*
A CONTAR SU   *me decidí por la guitarra*
CONDICIÓN Y   *y en esta intensa profesión*
PREDILECCIONES   *mi corazón no tiene tregua,*
                   porque donde menos me esperan
                   yo llegaré con mi equipaje

a cosechar el primer vino
en los sombreros del otoño.

Entraré si cierran la puerta
y si me reciben me voy,
no soy de aquellos navegantes
que se extravían en el hielo:
yo me acomodo como el viento,
con las hojas más amarillas,
con los capítulos caídos
de los ojos de las estatuas
y si en alguna parte descanso
es en la propia nuez del fuego,
en lo que palpita y crepita
y luego viaja sin destino.

A lo largo de los renglones
habrás encontrado tu nombre,
lo siento muchísimo poco,
no se trataba de otra cosa
sino de muchísimas más,
porque eres y porque no eres
y esto le pasa a todo el mundo,
nadie se da cuenta de todo
y cuando se suman las cifras
todos éramos falsos ricos:
ahora somos nuevos pobres.

HABLA DE SUS *He sido cortado en pedazos*
ENEMIGOS Y *por rencorosas alimañas*
LES PARTICIPA *que parecían invencibles.*
SU HERENCIA *Yo me acostumbré en el mar*
a comer pepinos de sombra,
extrañas variedades de ámbar
y a entrar en ciudades perdidas
con camiseta y armadura
de tal manera que te matan
y tú te mueres de la risa.

Dejo pues a los que ladraron
mis pestañas de caminante,
mi predilección por la sal,
la dirección de mi sonrisa
para que todo lo lleven
con discreción, si son capaces:
ya que no pudieron matarme
no puedo impedirles después
que no se vistan con mi ropa,
que no aparezcan los domingos
con trocitos de mi cadáver,
certeramente disfrazados.
Si no dejé tranquilo a nadie
no me van a dejar tranquilo,
y se verá y eso no importa:
publicarán mis calcetines.

SE DIRIGE   Dejé mis bienes terrenales
A OTROS   a mi Partido y a mi pueblo,
SECTORES   ahora se trata de otras cosas,
cosas tan oscuras y claras
que son sin embargo una sola.
Así sucede con las uvas,
y sus dos poderosos hijos,
el vino blanco, el vino rojo,
toda la vida es roja y blanca,
toda claridad es oscura,
y no todo es tierra y adobe,
hay en mi herencia sombra y sueños.

CONTESTA   Me preguntaron una vez
A ALGUNOS   por qué escribía tan oscuro,
BIEN   pueden preguntarlo a la noche,
INTENCIONADOS   al mineral, a las raíces.
Yo no supe qué contestar
hasta que luego y después
me agredieron dos desalmados
acusándome de sencillo:

que responda el agua que corre,
y me fui corriendo y cantando.

DESTINA
SUS PENAS

A quién dejo tanta alegría
que pululó por mis venas
y este ser y no ser fecundo
que me dio la naturaleza?
He sido un largo río lleno
de piedras duras que sonaban
con sonidos claros de noche,
con cantos oscuros de día
y a quién puedo dejarle tanto,
tanto que dejar y tan poco,
una alegría sin objeto,
un caballo solo en el mar,
un telar que tejía viento?

DISPONE DE
SUS REGOCIJOS

Mis tristezas se las destino
a los que me hicieron sufrir,
pero me olvidé cuáles fueron,
y no sé dónde las dejé,
si las ven en medio del bosque
son como las enredaderas:
suben del suelo con sus hojas
y terminan donde terminas,
en tu cabeza o en el aire,
y para que no suban más
hay que cambiar de primavera.

SE PRONUNCIA
EN CONTRA
DEL ODIO

Anduve acercándome al odio,
son serios sus escalofríos,
sus nociones vertiginosas.
El odio es un pez espada,
se mueve en el agua invisible
y entonces se le ve venir,
y tiene sangre en el cuchillo:
lo desarma la transparencia.

Entonces para qué odiar
a los que tanto nos odiaron?
Allí están debajo del agua
acechadores y acostados
preparando espada y alcuza,
telarañas y telaperros.
No se trata de cristianismos,
no es oración ni sastrería,
sino que el odio perdió:
se le cayeron las escamas
en el mercado del veneno,
y mientras tanto sale el sol
y uno se pone a trabajar
y a comprar su pan y su vino.

PERO LO   Al odio le dejaré
CONSIDERA EN   mis herraduras de caballo,
SU TESTAMENTO   mi camiseta de navío,
mis zapatos de caminante,
mi corazón de carpintero,
todo lo que supe hacer
y lo que me ayudó a sufrir,
lo que tuve de duro y puro,
de indisoluble y emigrante,
para que se aprenda en el mundo
que los que tienen bosque y agua
pueden cortar y navegar,
pueden ir y pueden volver,
pueden padecer y amar,
pueden temer y trabajar,
pueden ser y pueden seguir,
pueden florecer y morir,
pueden ser sencillos y oscuros,
pueden no tener orejas,
pueden aguantar la desdicha,
pueden esperar una flor,
en fin, podemos existir,
aunque no acepten nuestras vidas
unos cuantos hijos de puta.

FINALMENTE, SE   *Matilde Urrutia, aquí te dejo*
DIRIGE CON   *lo que tuve y lo que no tuve,*
ARROBAMIENTO   *lo que soy y lo que no soy.*
A SU AMADA   *Mi amor es un niño que llora,*
                  no quiere salir de tus brazos,
                  yo te lo dejo para siempre:
                  eres para mí la más bella.

Eres para mí la más bella,
la más tatuada por el viento,
como un arbolito del sur,
como un avellano en agosto,
eres para mí suculenta
como una panadería,
es de tierra tu corazón
pero tus manos son celestes.

Eres roja y eres picante,
eres blanca y eres salada
como escabeche de cebolla,
eres un piano que ríe
con todas las notas del alma
y sobre mí cae la música
de tus pestañas y tu pelo,
me baño en tu sombra de oro
y me deleitan tus orejas
como si las hubiera visto,
en las mareas de coral:
por tus uñas luché en las olas
contra pescados pavorosos.

De sur a sur se abren tus ojos,
y de este a oeste tu sonrisa,
no se te pueden ver los pies,
y el sol se entretiene estrellando
el amanecer en tu pelo.
Tu cuerpo y tu rostro llegaron
como yo, de regiones duras,

de ceremonias lluviosas,
de antiguas tierras y martirios,
sigue cantando el Bío Bío
en nuestra arcilla ensangrentada,
pero tú trajiste del bosque
todos los secretos perfumes
y esa manera de lucir
un perfil de flecha perdida,
una medalla de guerrero.
Tú fuiste mi vencedora
por el amor y por la tierra,
porque tu boca me traía
antepasados manantiales,
citas en bosques de otra edad,
oscuros tambores mojados:
de pronto oí que me llamaban:
era de lejos y de cuando:
me acerqué al antiguo follaje
y besé mi sangre en tu boca,
corazón mío, mi araucana.

Qué puedo dejarte si tienes,
Matilde Urrutia, en tu contacto
ese aroma de hojas quemadas,
esa fragancia de frutillas
y entre tus dos pechos marinos
el crepúsculo de Cauquenes
y el olor de peumo de Chile?

En el alto otoño del mar
lleno de niebla y cavidades,
la tierra se extiende y respira,
se le caen al mes las hojas.
Y tú inclinada en mi trabajo
con tu pasión y tu paciencia
deletreando las patas verdes,
las telarañas, los insectos
de mi mortal caligrafía,

oh leona de pies pequeñitos,
qué haría sin tus manos breves?
dónde andaría caminando
sin corazón y sin objeto?
en qué lejanos autobuses,
enfermo de fuego o de nieve?

Te debo el otoño marino
con la humedad de las raíces,
y la niebla como una uva,
y el sol silvestre y elegante:
te debo este cajón callado
en que se pierden los dolores
y sólo suben a la frente
las corolas de la alegría.
Todo te lo debo a ti,
tórtola desencadenada,
mi codorniza copetona,
mi jilguero de las montañas,
mi campesina de Coihueco.

Alguna vez si ya no somos,
si ya no vamos ni venimos
bajo siete capas de polvo
y los pies secos de la muerte,
estaremos juntos, amor,
extrañamente confundidos.
Nuestras espinas diferentes,
nuestros ojos maleducados,
nuestros pies que no se encontraban
y nuestros besos indelebles,
todo estará por fin reunido,
pero de qué nos servirá
la unidad en un cementerio?
Que no nos separe la vida
y se vaya al diablo la muerte!

RECOMENDACIONES
FINALES

Aquí me despido, señores,
después de tantas despedidas
y como no les dejo nada
quiero que todos toquen algo:
lo más inclemente que tuve,
lo más insano y más ferviente
vuelve a la tierra y vuelve a ser:
los pétalos de la bondad
cayeron como campanadas
en la boca verde del viento.

Pero yo recogí con creces
la bondad de amigos y ajenos.
Me recibía la bondad
por donde pasé caminando
y la encontré por todas partes
como un corazón repartido.

Qué fronteras medicinales
no destronaron mi destierro
compartiendo conmigo el pan,
el peligro, el techo y el vino?
El mundo abrió sus arboledas
y entré como Juan por su casa
entre dos filas de ternura.
Tengo en el Sur tantos amigos
como los que tengo en el Norte,
no se puede poner el sol
entre mis amigos del Este,
y cuántos son en el Oeste?
No puedo numerar el trigo.
No puedo nombrar ni contar
los Oyarzunes fraternales:
en América sacudida
por tanta amenaza nocturna
no hay luna que no me conozca
ni caminos que no me esperen:
en los pobres pueblos de arcilla

o en las ciudades de cemento
hay algún Arce remoto
que no conozco todavía
pero que nacimos hermanos.

En todas partes recogí
la miel que devoran los osos,
la sumergida primavera,
el tesoro del elefante,
y eso se lo debo a los míos,
a mis parientes cristalinos.
El pueblo me identificó
y nunca dejé de ser pueblo.
Tuve en la palma de la mano
el mundo con sus archipiélagos
y como soy irrenunciable
no renuncié a mi corazón,
a las ostras ni a las estrellas.

TERMINA SU
LIBRO EL POETA
HABLANDO DE
SUS VARIADAS
TRANSFORMACIONES
Y CONFIRMANDO
SU FE EN
LA POESÍA

De tantas veces que he nacido
tengo una experiencia salobre
como criatura del mar
con celestiales atavismos
y con destinación terrestre.
Y así me muevo sin saber
a qué mundo voy a volver
o si voy a seguir viviendo.
Mientras se resuelven las cosas
aquí dejé mi testimonio,
mi navegante estravagario
para que leyéndolo mucho
nadie pudiera aprender nada,
sino el movimiento perpetuo
de un hombre claro y confundido,
de un hombre lluvioso y alegre,
enérgico y otoñabundo.

Y ahora detrás de esta hoja
me voy y no desaparezco:
daré un salto en la transparencia
como un nadador del cielo,
y luego volveré a crecer
hasta ser tan pequeño un día
que el viento me llevará
y no sabré cómo me llamo
y no seré cuando despierte:

entonces cantaré en silencio.

Navegaciones y regresos

[1957-1959]

PRÓLOGO

A mis obligaciones

Cumpliendo con mi oficio
piedra con piedra, pluma a pluma,
pasa el invierno y deja
sitios abandonados,
habitaciones muertas:
yo trabajo y trabajo,
debo substituir
tantos olvidos,
llenar de pan las tinieblas,
fundar otra vez la esperanza.

No es para mí sino el polvo,
la lluvia cruel de la estación,
no me reservo nada
sino todo el espacio
y allí trabajar, trabajar,
manifestar la primavera.

A todos tengo que dar algo
cada semana y cada día,
un regalo de color azul,
un pétalo frío del bosque,
y ya de mañana estoy vivo
mientras los otros se sumergen
en la pereza, en el amor,
yo estoy limpiando mi campana,
mi corazón, mis herramientas.

Tengo rocío para todos.

Oda al ancla

Estuvo allí, un pesado
fragmento fugitivo,
cuando murió la nave
la dejaron
allí, sobre la arena,
ella no tiene muerte:
polvo de sal en su esqueleto,
tiempo en la cruz de su esperanza,
se fue oxidando como la herradura
lejos de su caballo,
cayó el olvido en su soberanía.

La bondad de un amigo
la levantó de la perdida arena
y creyó de repente
que el temblor de un navío
la esperaba,
que cadenas sonoras
la esperaban
y a la ola infinita,
al trueno de los mares volvería.

Atrás quedó la luz de Antofagasta,
ella iba por los mares pero herida,
no iba atada a la proa,
no resbalaba por el agua amarga.
Iba, herida y dormida
pasajera,
iba hacia el Sur, errante
pero muerta,
no sentía su sangre,
su corriente,
no palpitaba al beso del abismo.

Y al fin en San Antonio
bajó, subió colinas,
corrió un camión con ella,
era en el mes de octubre, y orgullosa
cruzó sin penetrarse
el río,
el reino de la primavera,
el caudaloso aroma
que se ciñe a la costa
como la red sutil de la fragancia,
como el vestido claro de la vida.
En mi jardín reposa
de las navegaciones
frente al perdido océano
que cortó como espada,
y poco a poco las enredaderas
subirán su frescura
por los brazos de hierro,
y alguna vez florecerán claveles
en su sueño terrestre,
porque llegó para dormir
y ya no puedo restituirla al mar.

Ya no navegará nave ninguna.

Ya no anclará sino en mis duros sueños.

A Louis Aragon

I

Aragon, déjame darte algunas flores de Chile,
algunas hojas cubiertas de rocío salvaje,
algunas raíces inesperadamente ciegas.
Andando entre la clara cordillera del oeste

y el desencadenado material del océano
hay, allá lejos, una tierra terrible,
hermosa como la piel palpitante del puma.
Allí cada mañana saludo a la soledad.
Las piedras esperaron millares de siglos solas
y ni una sola mano las tocó para herirlas,
entonces ellas solas alzaron su estructura,
ellas edificaron sus castillos amargos.
Pero la luz marina abrió los ojos
allí, y en las desnudas
soledades
una flor y otra flor en este mes de octubre:
el azul oceánico arde sobre las piedras.

2

De aquella solitaria primavera,
poeta, hermano de cabeza pálida,
con respeto y amor, te traigo una corona.
Mira la flor del cactus eléctrico y la espina
del ágave, iglesia de la arena,
mira los cuatro pétalos del trébol procelario,
el sol abandonado del clavel,
la gota de agua y sangre del copihue,
la acacia errante cerca de la espuma.
Todo bajo la copa,
del cielo lento y largo como un río.
No hay nadie allí: los pasos que escuchaste
son los pasos del mar, de sus caballos.

3

Todo esto para tu noble frente generosa.
Estas flores lejanas para ti, distante.
Estas espinas para tu batalla.
Estas gotas de océano para el agua

de tu mirada, clara como ninguna.
Esta amistad para tu corazón de cristal.
Estas manos para tus manos, oh solitario único,
acompañado por todas las manos del pasado
y todo el pan que el hombre amasará mañana.
Estas palabras para ti, propietario,
castellano, señor
de todas las palabras, las de color de plata,
las que se derramaron como asfalto quemante
sobre los enemigos de la bondad, las palabras
hechas de trigo, espadas, cuarzo de Francia, vino,
razón, valor, encinas,
palabras que cantaron como sólo tú cantas,
palabras con sombra y miel, palabras puras
que de pronto amenazan, se equivocan, se pierden,
directas se dirigen como flechas
al tiempo invisible, a la primavera escondida,
llevando las simientes a través de la niebla.

4

Capitán del amor, a dónde ibas,
la zarza errante, el fuego
de unos ojos
de la mujer amada,
bienamada,
cayó sobre tu rostro
y te otorgó sus dones,
y en ti florece y se abre esta mirada,
en plena multitud, en paz o en guerra.
Estás vestido
de mar, de flor salvaje,
de ola profunda
o de celeste aurora,
eres el novio con
una carta sobre el corazón,
con una inicial siempre latiendo

en tu navío.
Fidelidad se llama
tu navío,
fidelidad fecunda,
amor como un granero,
dulzura lacerante
y enseñanza,
porque eres el antiguo, antiguo, antiguo
enamorado de guantes puros,
la llama
del caballero
errante
que a través de la guerra,
de las olas,
del áspero rencor,
de las victorias,
del viento cruel, del día
amargo,
lleva en su mano de acero
contra la tempestad sólo una rosa.

5

Hermano separado por tantas tierras y aguas,
por el desorden y la inteligencia,
nos encontramos en la hora, ya distante,
de España, en su copa de laurel y cenizas,
y aunque pasan los años como abejas
con dolores y luchas que se apagan y aclaran,
año y año, aquí estamos, en la proa
del tiempo,
del tiempo que tú cantas, que tú vaticinaste.
No sólo la razón, no sólo el amor extenso,
sino los pueblos vivos, los pueblos amarillos,
blancos, negros, del sur, del este, del oeste,
nos piden cada día los deberes del canto.
Y tú, delgado como las espadas,

conoces tu deber de mediodía,
y la amenaza no puede contigo:
la duda no devora tu claridad sagrada
porque eres parte pura de la aurora.

6

Estas hojas de la lejana Araucanía,
estas flores nacidas en un silencio apenas
interrumpido por el mar desbordante,
son para ti, Aragon, para ti, hermano.
Allí las recogí donde nací, en mi patria,
y desde tanta soledad las traigo
para ti y para todo lo que cantas.

Oda a las alas de septiembre

He visto entrar a todos los tejados
las tijeras del cielo:
van y vienen y cortan transparencia:
nadie se quedará sin golondrinas.

Aquí era todo
ropa, el aire espeso
como frazada y un vapor de sal
nos empapó el otoño
y nos acurrucó contra la leña.

Es en la costa de Valparaíso,
hacia el sur de la Planta Ballenera:
allí todo el invierno se sostuvo
intransferible con su cielo amargo.

Hasta que hoy al salir
volaba el vuelo,
no paré mientes al principio, anduve
aún entumido, con dolor de frío,
y allí estaba volando,
allí volvía
la primavera a repartir el cielo.

Golondrinas de agosto y de la costa,
tajantes, disparadas
en el primer azul,
saetas del aroma:
de pronto respiré las acrobacias
y comprendí que aquello
era la luz que volvía a la tierra,
las proezas del polen en el vuelo,
y la velocidad volvió a mi sangre.
Volví a ser piedra de la primavera.

Buenos días, señoras golondrinas
o señoritas o alas o tijeras,
buenos días al vuelo del cielo
que volvió a mi tejado:
he comprendido al fin
que las primeras flores
son plumas de septiembre.

Oda a las aguas de puerto

Nada del mar flota en los puertos
sino cajones rotos,
desvalidos sombreros
y fruta fallecida.
Desde arriba
las grandes aves negras

inmóviles, aguardan.
El mar se ha resignado
a la inmundicia,
las huellas digitales del aceite
se quedaron impresas en el agua
como
si alguien hubiera andado
sobre las olas
con pies oleaginosos,
la espuma
se olvidó de su origen:
ya no es sopa de diosa
ni jabón de Afrodita,
es la orilla enlutada
de una cocinería
con flotantes, oscuros,
derrotados repollos.

Las altas aves negras
de sutiles
alas como puñales
esperan
en la altura,
pausadas, ya sin vuelo,
clavadas
a una nube,
independientes
y secretas
como
litúrgicas tijeras,
y el mar que se olvidó de su marina,
el espacio del agua
que desertó
y se hizo
puerto,
sigue solemnemente examinado
por un comité frío
de alas negras

que vuela sin volar,
clavado al cielo
blindado, indiferente,
mientras el agua sucia balancea
la herencia vil caída de las naves.

El barco

Pero si ya pagamos nuestros pasajes en este mundo
por qué, por qué no nos dejan sentarnos y comer?
Queremos mirar las nubes,
queremos tomar el sol y oler la sal,
francamente no se trata de molestar a nadie,
es tan sencillo: somos pasajeros.

Todos vamos pasando y el tiempo con nosotros:
pasa el mar, se despide la rosa,
pasa la tierra por la sombra y por la luz,
y ustedes y nosotros pasamos, pasajeros.

Entonces, qué les pasa?
Por qué andan tan furiosos?
A quién andan buscando con revólver?

Nosotros no sabíamos
que todo lo tenían ocupado,
las copas, los asientos,
las camas, los espejos,
el mar, el vino, el cielo.

Ahora resulta
que no tenemos mesa.
No puede ser, pensamos.
No pueden convencernos.
Estaba oscuro cuando llegamos al barco.

Estábamos desnudos.
Todos llegábamos del mismo sitio.
Todos veníamos de mujer y de hombre.
Todos tuvimos hambre y pronto dientes.
A todos nos crecieron las manos y los ojos
para trabajar y desear lo que existe.

Y ahora nos salen con que no podemos,
que no hay sitio en el barco,
no quieren saludarnos,
no quieren jugar con nosotros.

Por qué tantas ventajas para ustedes?
Quién les dio la cuchara cuando no habían nacido?

Aquí no están contentos,
así no andan las cosas.

No me gusta en el viaje
hallar, en los rincones, la tristeza,
los ojos sin amor o la boca con hambre.

No hay ropa para este creciente otoño
y menos, menos, menos para el próximo invierno.
Y sin zapatos cómo vamos a dar la vuelta
al mundo, a tanta piedra en los caminos?
Sin mesa dónde vamos a comer,
dónde nos sentaremos si no tenemos silla?
Si es una broma triste, decídanse, señores,
a terminarla pronto,
a hablar en serio ahora.

Después el mar es duro.

Y llueve sangre.

Oda al último viaje de «La Bretona»

La barca se quebró contra la roca,
una pequeña barca
de formación errante,
la curva de una quilla que fue nube,
un pecho de paloma marinera.

El mar alzó su brío
y trituró la forma,
fue sólo un haz de espuma,
un rayo de magnolia que golpeaba
y allí quedó el despojo
de la despedazada vencedora:
cuatro tablas heridas
pequeñas como plumas
y junto a las inmóviles maderas
la eternidad del mar en movimiento.

Mi amigo las condujo
a su elevada casa sobre el monte
y un alto fuego coronó la muerte
de la pequeña embarcación amada.
Una por una las tablas reunidas,
aquellas que absorbieron
la libertad marina,
ardieron en la noche,
y allí de pronto
se hicieron milagro:
con un extraño azul se despidieron,
con un anaranjado indescriptible,
con lenguas de agua verde que salían
a devolver la sal que consumieron.

Y nos quedamos mudos:
era la última fiesta,
la luz mortal de la pequeña nave
que allí partía desplegando su alma.

Y así fue su postrer navegación:
así se fue alejando y encendiendo
con fosfóricos fuegos extraviados
en el viaje final su arboladura.

Oda al caballo

Aquel caballo solo y amarrado
en un pobre potrero
de mi patria,
aquel pobre caballo
es un recuerdo,
y ahora
cuando todos los caballos
acuden al relámpago,
a la luz repentina de mi oda,
el olvidado viene,
el apaleado,
el que acarreó la leña de los montes,
las piedras
crueles
de cantera y costa,
él,
no viene galopando
con incendiarias crines
ondulando en el viento,
no llega
intacta grupa como
manzana de la nieve,
no,

así no llega.
Llega rengueando, apenas
sus cuatro patas andan
y su cabeza inmóvil
es torre
de tristeza,
y así
llega a mi oda,
así el caballo llega a que lo cante.

Trotó por todos los caminos duros,
comió mal con sus muelas amarillas,
bebió poco –su dueño
usaba más palo que pozo–,
está seco mi amigo
de lomo
puntiagudo,
y tiene un alma flaca de violín,
un corazón cansado,
el pelo de una alfombra suburbana.

Ay viéndolo, tocándolo,
se ven sus muchos huesos,
el arca que protegen las costillas,
los agobiados fémures caídos
en los trabajadores metatarsos
y el cráneo, catedral de hueso puro,
en cuyos dos altares
viven dos santos ojos de caballo.

Entonces me miraron con la prueba
de un extenso, de un ancho sufrimiento,
de un sufrimiento grave como el Asia,
caminando con sed y con arena,
y era aquel pobre y nómade caballo
con su bondad algo que yo buscaba,
tal vez
su religión sin ilusiones.

Desde entonces me buscó su mirada
dentro de mí, contra tantos dolores
padecidos por hombres y caballos,
y no me gusta, no, la suave liebre,
ni el león, ni el halcón,
ni los puñales de los tiburones,
sino aquella mirada,
aquellos ojos fijos
en la tranquilidad de la tristeza.

Tal vez alguien pregunte
por la forma
del alado y elástico
caballo, del puro
corcel de cabalgata,
orgullo del desfile,
bala de la carrera:
y bien, celebro
su donaire de avispa,
la flecha que con líneas lo dibuja
desde el belfo a la cola
y baja por metálicos tobillos
hasta nerviosos cascos presurosos.

Sí, tal vez es la vela del velero,
la claridad de una cadera amada,
la curva de la gruta de una ola,
lo que puede acercarse a la belleza,
al veloz arabesco de un caballo,
a su estampa acuñada sobre un vuelo,
dibujada en el sello del rocío.

Pero no va mi oda
a volar con el viento,
a correr con la guerra
ni con los regocijos:
mi poesía se hizo paso a paso,
trotando por el mundo,

devorando caminos pedregosos,
comiendo con
los miserables
en el mesón glacial de la pobreza,
y me debo
a esas piedras
del camino,
a la sed, al castigo del errante,
y si un nimbo saqué de aquella aurora,
si rescaté el dolor para cantar victoria,
ahora la corona
de laurel fresco para el sufrimiento,
la luz que conquisté
para las vidas
la doy para esa gloria de un caballo,
de uno que aguantó peso, lluvia y golpe,
hambre y remota soledad y frío
y que no sabe, no, para qué vive,
pero anda y anda y trae carga y lleva,
como nosotros, apaleados hombres,
que no tenemos dioses sino tierra,
tierra que arar, que caminar, y cuando
ya está bastante arada y caminada
se abre para los huesos del caballo
y para nuestros huesos.
                              Ay caballo
de pobre, caminante,
caminemos
juntos en este espacio duro
y aunque no sepas ni sabrás que sirva
mi razón para amarte, pobre hermano,
mi corazón para esta oda,
mis manos para pasarlas sobre tu suave hocico!

Escrito en el tren cerca de Cautín, en 1958

Otra vez, otra mil vez retorno
al Sur y voy viajando
la larga línea dura,
la interminable patria custodiada
por la estatua infinita de la nieve,
hacia el huraño Sur donde hace años
me esperaban las manos y la miel.

Y, ahora,
nadie en los pueblos de madera. Bajo
la lluvia tan tenaz como la yedra,
no hay ojos para mí, ni aquella boca,
aquella boca en que nació mi sangre.
Ya no hay más techo, mesa, copa, muros
para mí en la que fue mi geografía,
y eso se llama irse, no es un viaje.

Irse es volver cuando sólo la lluvia,

sólo la lluvia espera.

Y ya no hay puerta, ya no hay pan. No hay nadie.

Oda a la cama

De cama en cama en cama
es este viaje
el viaje de la vida.
El que nace, el herido
y el que muere,

el que ama y el que sueña
vinieron y se van de cama en cama,
vinimos y nos vamos
en este tren, en esta nave, en este
río común
a toda
vida,
común
a toda muerte.
La tierra es una cama
florida por amor, sucia de sangre,
las sábanas del cielo
se secan
desplegando
el cuerpo de septiembre y su blancura,
el mar
cruje
golpeado
por la
cúpula
verde
del
abismo
y mueve ropa blanca y ropa negra.

Oh mar, cama terrible,
agitación perpetua
de la muerte y la vida,
del aire encarnizado y de la espuma,
duermen en ti los peces,
la noche,
las ballenas,
yace en ti la ceniza
centrífuga y celeste
de los agonizantes meteoros:
palpitas, mar, con todos
tus dormidos,
construyes y destruyes
el tálamo incesante de los sueños.

De pronto sale un rayo
con dos ojos de puro nomeolvides,
con nariz de marfil o de manzana,
y te muestra el sendero
a suaves sábanas
como estandartes claros de azucena
por donde resbalamos
al enlace.
Luego
viene a la cama
la muerte con sus manos oxidadas
y su lengua de yodo
y levanta su dedo
largo como un camino
mostrándonos la arena,
la puerta de los últimos dolores.

Oda a la campana caída

Se cayó el campanario.
Se cayó la campana
un día sin orgullo,
un día
que llegó como otros jueves
y se fue,
se fue, se fue con ella,
con la campana que cayó de bruces,
con el sonido sepultado.

Por qué cayó aquel día?

Por qué no fue anteayer ni ayer ni nunca,
por qué no fue mañana,
sino entonces?
Por qué tenía que caer de pronto

una campana entera,
firme, fiel y madura?
Qué pasó en el metal, en la madera,
en el suelo, en el cielo?
Qué pasó por la sombra,
por el día,
por el agua?
Quién llegó a respirar y no lo vimos?
Qué iras del mar alzaron su atributo
hasta que derribaron
el profundo
eco
que contuvo en su cuerpo la campana?
Por qué se doblegó la estrella?
Quiénes quebraron su soberanía?

El daño yace ahora.
Mordió el espacio
la campana
con su labio redondo,
ya nadie puede tocar su abismo,
todas las manos son impuras:
ella era del aire,
y cada mano nuestra
tiene uñas,
y las uñas del hombre
tienen polvo,
polvo de ayer, ceniza,
y duerme
porque
nadie puede alcanzar su voz perdida,
su alma
que ella manifestó en la transparencia,
el sonido
enterrado
en cada campanada y en el aire.

Y así fue la campana:

cantó cuando vivía
y ahora está en el polvo
su sonido.
El hombre y la campana
cantaron victoriosos en el aire,
después enmudecieron en la tierra.

A Chile, de regreso

Patria, otra vez regreso a mi destino.
Vengo de las ciudades y los bosques,
vengo del mar, de todos los idiomas.
Lo que vi lo guardé bajo mis ojos.
Lo que toqué lo escondieron mis manos.
Lo que escuché lo traigo
escrito en las arrugas de mi frente.

Más joven y más viejo
esta vez como siempre he regresado:
más joven por amor, amor, amor,
más viejo porque sí, porque me muerden
los relojes, los meses, los agudos
dientes del calendario.

Lo que yo fui allá lejos, lo que supe,
aquí lo traigo, aquí
lo dejaré a tus pies, lo entregaré a tu pelo,
áspera y dulce amada, pequeña patria mía.
Nunca hice más que darte,
darte lo que yo tuve y lo que no era mío,
gastarme para ti como las herramientas
que devuelven al fin su metal a la tierra.

Anduve entre los hombres,
los mercados,

en la electricidad de las usinas,
recogí pensamientos, piedras, flores,
y cuánto más, y cuanto
amé, pequeña patria, cuanto gané o me dieron
fue sólo para ti, para adornarte,
para cantar tu tierra de delgada cintura.

A donde fui ya estaban esperándome
la amistad, el amor y la dulzura.
A donde fui me honraron,
me levantaron en la plaza,
me llenaron de mariposas,
me constelaron con canciones,
me condecoraron con besos.

Y yo les dije: yo no soy, no existo,
si me tocan verán, soy sólo tierra,
piedra pobre de Chile, de sus ríos,
canto rodante, corazón rodado.
A través de mi canto
los ojos extranjeros
vieron la larga cinta, el territorio,
las arenas de Arica,
la noche de navío que constela
el sueño gris de Antofagasta,
más lejos,
la población morada de las uvas,
el carbón submarino y subterráneo,
luego, enredada a las regiones verdes,
pura de sol, la multitud del trigo.

De tu tiempo y tu vida,
de tu aurora,
de los hombres y de las mujeres
conté y canté, de todos.
Los héroes procelosos
los coloqué con viento y con espada
en sus acrisolados

capiteles
de sangre y de rocío,
pero,
andando con ellos
y luchando,
yo preferí a mi pueblo, a los que rompen
con sus manos la tierra,
y cobre, sal, cebollas,
peces del mar, sulfatos,
zapatos, vino, trenes,
sacan y mueven, suben
y bajan
interminablemente.

Aquí nadie se queda inmóvil.

Mi pueblo es movimiento.

Mi patria es un camino.

Así, pues, a mi tierra
regreso con mi canto
y sé lo que me espera.
Antipatriota, me dirá el ministro,
repetirán los tontos su impostura,
y el Pachacho ratón que, pluma en bilis,
disemina su M en El Mercurio
salpicará mi nombre con su estilo.
El joven que quería
crecer, al que di pan y palabra,
se afanará diciendo:
«Hay que unir a los muertos
contra su canto vivo»,
y así junto a mi sombra una ola impura
nutre el árbol amargo de la envidia.

Patria, esta vez, perdóname
el laurel que te traigo desde lejos:

entiérralo en tu claro territorio,
guárdalo en la raíz de tus banderas.
Piensa que no salí, que no he llegado,
disimula mi voz, cubre mi boca,
para que no me toquen ni me vean.

Escogí otra batalla:

sólo para mi pueblo

quiero intacto mi amor invulnerable.

Oda al buen ciego

La luz del ciego era su compañera.
Tal vez sus manos de artesano ciego
elaboraron con piedra perdida
aquel rostro de torre,
aquellos ojos que por él miraban.

Me vino a ver y en él
la luz del mar caía
cubriéndolo de miel, dando a su cuerpo
la pureza como una vestidura,
y su mirada no tenía fondo,
ni peces crueles en su abismo.

Tal vez aquella vez perdió la luz
como un hijo a su madre, pero siguió viviendo.
El hijo ciego de la luz mantuvo
la integridad del hombre con la sombra
y no fue soledad la oscuridad,
sino raíz del ser y fruta clara.

Ella con él venía,
bienamada,
esposa, amante
del muchacho ciego,
y cuando vacilaba su ternura,
ella tomó sus manos
y las puso en su rostro
y fue como violetas el minuto,
toda la tierra allí se hizo fragante.
Oh hermosura
de ver alto y florido el infortunio,
de ver completo el hombre
con flor y con dolor, y ver de pronto
al héroe ciego
levantando el mundo,
haciéndolo de nuevo,
anunciándolo,
nacido otra vez él en sus dolores
entero y estrellado
con infinita luz de cielo oscuro.

Cuando se fue, a su lado
ella era sombra pura
que acompaña a los árboles de enero,
la rumorosa sombra,
la frescura,
el vuelo de la miel y sus abejas,
y se fueron
a todos sus trabajos,
capaces de la vida,
profesores
de sol, de luna, de madera, de agua,
de cuanto él abarcaba sin sus ojos,
dándote, ciego, inquebrantable luz
para que tú camines.

Oda al mal ciego

Oh ciego sin guitarra
y con envidia,
cocido
en
tu
veneno,
desdeñado
como
esos
zapatos
entreabiertos y raídos
que a veces
abren la boca como si quisieran
ladrar, ladrar desde la acequia sucia.
Oh atado
de lo que nunca fue, no pudo serlo,
de lo que no será, no tendrá boca,
ni voz, ni voto,
ni recuerdo,
porque así suma y resta
la vida en su pizarra:
al inocente el don,
al nudo ciego
su cuerda y su castigo.

Yo pasé y no sabía
que allí estaba esperando
con su brasa,
y como no podía
quemarme
y me buscaba
adentro de su sombra,
me fui

con mis canciones
a la luz
de la vida.

Pobre!
Allí transcurre,
allí está transcurrido,
preparando
su sopa de vinagre,
su queso de escorbuto,
cociéndose
en su nata corrosiva,
en esa oscura olla
en que cayó
y fue condenado
a consumir su propio
vitalicio brebaje.

Oda a las cosas

Amo las cosas loca,
locamente.
Me gustan las tenazas,
las tijeras,
adoro
las tazas,
las argollas,
las soperas,
sin hablar, por supuesto,
del sombrero.

Amo
todas las cosas,
no sólo
las supremas,

sino
las
infinita-
mente
chicas,
el dedal,
las espuelas,
los platos,
los floreros.

Ay, alma mía,
hermoso
es el planeta,
lleno
de pipas
por la mano
conducidas
en el humo,
de llaves,
de saleros,
en fin,
todo
lo que se hizo
por la mano del hombre, toda cosa:
las curvas del zapato,
el tejido,
el nuevo nacimiento
del oro
sin la sangre,
los anteojos,
los clavos,
las escobas,
los relojes, las brújulas,
las monedas, la suave
suavidad de las sillas.

Ay cuántas
cosas

puras
ha construido
el hombre:
de lana,
de madera,
de cristal,
de cordeles,
mesas
maravillosas,
navíos, escaleras.

Amo
todas
las cosas,
no porque sean
ardientes
o fragantes,
sino porque
no sé,
porque
este océano es el tuyo,
es el mío:
los botones,
las ruedas,
los pequeños
tesoros
olvidados,
los abanicos en
cuyos plumajes
desvaneció el amor
sus azahares,
las copas, los cuchillos,
las tijeras,
todo tiene
en el mango, en el contorno,
la huella
de unos dedos,
de una remota mano

perdida
en lo más olvidado del olvido.

Yo voy por casas,
calles,
ascensores,
tocando cosas,
divisando objetos
que en secreto ambiciono:
uno porque repica,
otro porque
es tan suave
como la suavidad de una cadera,
otro por su color de agua profunda,
otro por su espesor de terciopelo.

Oh río
irrevocable
de las cosas,
no se dirá
que sólo
amé
los peces,
o las plantas de selva y de pradera,
que no sólo
amé
lo que salta, sube, sobrevive, suspira.
No es verdad:
muchas cosas
me lo dijeron todo.
No sólo me tocaron
o las tocó mi mano,
sino que acompañaron
de tal modo
mi existencia
que conmigo existieron
y fueron para mí tan existentes
que vivieron conmigo media vida
y morirán conmigo media muerte.

El indio

El indio entremuriéndose en las calles
del Perú, de Bolivia,
por los montes de América,
con tantos hilos de oro en el museo,
con tanta ropita en la historia,
y aquí va el pobre y viene
ya sin voz y sin trigo y sin zapatos.

Levántate, grandulón, vamos.
Ándate de una vez a tu agujero
en la tierra, ya sabes
que tú no tienes cielo.
Vamos! Vive!

Yo te exijo que dejes de ser piedra,
que dejes de ser río,
pluma de pájaro que ya no existe,
que voló con los años.
Ahora,
vamos, quítate la polvorienta
máscara que confunde
tu viejo corazón con los caminos,
con los muros que ya cayeron.
Ponte los pantalones y vamos!
Yo sé de qué se trata, y no hay destino.

No hay más destino que el que nos haremos
a pura sangre, a mano,
y no es hacia abajo ni hacia atrás la vida,
no hay carretera en el silencio,
no tienes, no tenemos nada que recordar.

Para que no te pierdas
no te mires, ni mires tanto el polvo:

el mundo fue creciendo desde entonces,
desde que te mataron, y ahora hay sitio
para que te retrates resurrecto.

Ay si solamente
no hubieras nunca sido
qué limpios andaríamos viéndote
perder, perderlo todo cada día,
perder el reino, perder los pies, perder a cada rato,
y quedarte solo con tu mortaja, andando,
con los ojos más tristes de la tierra.

De repente sabemos
que estás ahí, en la puerta,
esperando, o adentro de nosotros,
también, en todas partes, esperando,
bajo la lluvia y sin comer.

Ahora
todos golpean, todos, menos tú.
Todos piden, hacen cuentas en sus libretas,
se enojan mucho, gritan o no aguantan,
no aguantan más, eso se sabe,
y tú, sin patria, con tu gallinita
esperando que por fin te la compren
para volver a donde ya no vives,
para soñar ya ni siquiera sueños.

Vamos, tontón, no creas
que todos son tan listos,
que sólo tigres hay en la casa del justo.
Es difícil contarte,
pero ha cambiado todo:
ahora tienen miedo
estos señores con bigote y bala,
todos estos señores con cadena,
estos señores con sillón eléctrico,
esta gente tan rica,

tienen miedo.
De pronto se despiertan,
corren a la ventana,
sólo es de noche afuera,
no pasa nada
pero tienen miedo,
tienen miedo de todo y, parece mentira,
también a ti te tienen miedo,
olvidado
de los Andes, también
temen a tus harapos,
y ahora recuerdan que ellos te los dieron
y tienen miedo y no comen tranquilos.

Ellos saben
que las cosas cambiaron,
y se sabe
que ahora en alguna parte
se sienta el indio
como todo el mundo,
y entra y sale y sonríe,
tiene escuela y sonrisa,
tiene pan y figura,
y eso, amigo, no sucede en el cielo,
porque en el cielo no sucede nada.

Ya se sabe,
se sabe,
que esto pasa en la tierra.

Oda a las cosas rotas

Se van rompiendo cosas
en la casa
como empujadas por un invisible

quebrador voluntario:
no son las manos mías,
ni las tuyas,
no fueron las muchachas
de uña dura
y pasos de planeta:
no fue nada ni nadie,
no fue el viento,
no fue el anaranjado mediodía
ni la noche terrestre,
no fue ni la nariz ni el codo,
la creciente cadera,
el tobillo
ni el aire:
se quebró el plato, se cayó la lámpara,
se derrumbaron todos los floreros
uno por uno, aquél
en pleno octubre
colmado de escarlata,
fatigado por todas las violetas,
y otro vacío
rodó, rodó, rodó
por el invierno
hasta ser sólo harina
de florero,
recuerdo roto, polvo luminoso.
Y aquel reloj
cuyo sonido
era
la voz de nuestras vidas,
el secreto
hilo
de las semanas,
que una a una
ataba tantas horas
a la miel, al silencio,
a tantos nacimientos y trabajos,
aquel reloj también

cayó y vibraron
entre los vidrios rotos
sus delicadas vísceras azules,
su largo corazón
desenrollado.

La vida va moliendo
vidrios, gastando ropas,
haciendo añicos,
triturando
formas,
y lo que dura con el tiempo es como
isla o nave en el mar,
perecedero,
rodeado por los frágiles peligros,
por implacables aguas y amenazas.

Pongamos todo de una vez, relojes,
platos, copas talladas por el frío,
en un saco y llevemos
al mar nuestros tesoros:
que se derrumben nuestras posesiones
en un solo alarmante quebradero,
que suene como un río
lo que se quiebra
y que el mar reconstruya
con su largo trabajo de mareas
tantas cosas inútiles
que nadie rompe
pero se rompieron.

Encuentro en el mar con las aguas de Chile

A medio mar te vuelvo a ver, mar mío,
en medio de las aguas otras aguas,
otro azul entre azules, otra espuma.

Siento de pronto como si tocaran
mi corazón con una luz profunda,
siento el aire en mi boca y son tus besos,
algo en mi sangre y es tu sal nutricia.

Océano perdido
por mi razón errante,
vuelvo a encontrar sin tregua
rodeándome,
abrazando en tu círculo mi vida
y de vuelta a la patria abandonada
ya te desconocía entre los mares
cuando sin ver me tocas
y es en mi frente un golpe
de pájaro, de viento, de ala fría.

Oh desnudo elemento
sin huella de palabras ni de naves,
esencia sola, espuma,
movimiento, distancia,
a ningún mar, a ninguna medida,
a planeta ninguno te comparas.

Aquí creciste, grave
rosal del infinito,
aquí junto a las tierras minerales
se colmaron tus copas cristalinas
e inabarcable se extendió en el tiempo
tu desarrollo azul, tu idolatría.

Los Andes elevaron
sus edificios, sus ojos de nieve,
la soledad, la sombra con sus pumas,
el desorden huraño de la roca.
Aquí a los pies de la tierra estrellada
la piel del mar creció como ninguna
y entre el aire más alto y el abismo
se extendió tu pradera,

tu paz azul, tu movimiento blanco,
interminable esposo de la tierra.

Vuelvo de largos viajes,
amé a lo largo de la larga vida
todas las calles y todo el silencio,
la costa y el zafiro
de las islas distantes,
olor a miel y a corazón de abeja
tuvo la lejanía
y crepitantes acontecimientos
me hicieron ciudadano donde estuve.
No fui extranjero de ojos muertos:
compartí el pan y todas sus banderas.

Pero es el mar de Chile
que entre otras olas sube
penetrando el océano del norte:
en estas aguas viene
mi desesperación y mi esperanza.
Estas aguas del frío
elaboradas bajo las estrellas
más heladas del cielo,
este mar que en los pies del mundo
estableció su estado tempestuoso
y subió con el viento,
fugaz, frío y frenético,
corriendo como potro de la nieve
sobre las olas y entre las ballenas:
este mar, en la ausencia,
me llama con sus truenos
y antes de tocar patria
me sacude
con su respiración y sus espumas.

A medio mar, de pronto, en el camino,
entre las otras aguas extendidas,
anchas como las manos de la luna,
el mar, mi mar, me dedicó su beso.

Lo recibí en la frente y en la boca
y estalló la salmuera y la frescura
en todos los caminos de mi sangre,
desperté de la noche y de la ausencia,
creció mi corazón como una ola,
y a pleno sol sentí que me empujaba
a cumplir con mi tierra y con los míos.

Por eso estoy aquí y ésta es mi casa.
Por eso voy por todos los caminos.
Cumplo lo que me dijo el mar de Chile
a medio mar, cuando venía lejos.

Oda al elefante

Espesa bestia pura,
San Elefante,
animal santo
del bosque sempiterno,
todo materia fuerte,
fina
y equilibrada,
cuero
de
talabartería planetaria,
marfil
compacto, satinado,
sereno
como
la carne de la luna,
ojos mínimos
para mirar, no para ser mirados,
y trompa
tocadora,
corneta

del contacto,
manguera
del
animal
gozoso
en
su
frescura,
máquina movediza,
teléfono del bosque,
y así
pasa tranquilo
y bamboleante
con su vieja envoltura,
con su ropaje
de árbol arrugado,
su pantalón
caído
y su colita.

No nos equivoquemos.
La dulce y grande bestia de la selva
no es el *clown*,
sino el padre,
el padre en la luz verde,
es el antiguo
y puro
progenitor terrestre.

Total fecundación,
tantálica
codicia,
fornicación
y piel
mayoritaria,
costumbres
en la lluvia
rodearon

el reino
de los elefantes,
y fue
con sal
y sangre
la genérica guerra
en el silencio.

Las escamosas formas,
el lagarto león,
el pez montaña,
el milodonto cíclope,
cayeron,
decayeron,
fueron fermento verde en el pantano,
tesoro
de las tórridas moscas,
de escarabajos crueles.
Emergió el elefante
del miedo destronado.
Fue casi vegetal, oscura torre
del firmamento verde,
y de hojas dulces, miel
y agua de roca
se alimentó su estirpe.

Iba pues por la selva
el elefante con su paz profunda.
Iba condecorado
por
las órdenes más claras
del rocío,
sensible
a la
humedad
de su universo,
enorme, triste y tierno
hasta que lo encontraron

y lo hicieron
bestia de circo envuelta
por el olor humano,
sin aire para su intranquila trompa,
sin tierra para sus terrestres patas.
Lo vi entrar aquel día,
y lo recuerdo como a un moribundo,
lo vi entrar al Kraal, al perseguido.
Fue en Ceylán, en la selva.
Los tambores,
el fuego,
habían desviado
su ruta de rocío,
y allí fue rodeado.
Entre el aullido y el silencio entró
como un inmenso rey. No comprendía.
Su reino era una cárcel, sin embargo
era el sol como siempre, palpitaba
la luz libre, seguía verde el mundo,
con lentitud tocó la empalizada,
no las lanzas, y a mí,
a mí entre todos,
no sé, tal vez no pudo ser, no ha sido,
pero a mí me miró
con sus ojos secretos
y aún me duelen
los ojos
de aquel encarcelado,
de aquel inmenso rey preso en su selva.

Por eso hoy rememoro tu mirada,
elefante perdido
entre las duras lanzas
y las hojas
y en tu honor, bestia pura,
levanto los collares
de mi oda
para que te pasees

por el mundo
con mi infiel poesía
que entonces no podía defenderte,
pero que ahora
junta
en el recuerdo
la empalizada en donde aprisionaron
el honor animal de tu estatura
y aquellos dulces ojos de elefante
que allí perdieron todo lo que habían amado.

Oda al gato

Los animales fueron
imperfectos,
largos de cola, tristes
de cabeza.
Poco a poco se fueron
componiendo,
haciéndose paisaje,
adquiriendo lunares, gracia, vuelo.
El gato,
sólo el gato
apareció completo
y orgulloso:
nació completamente terminado,
camina solo y sabe lo que quiere.

El hombre quiere ser pescado y pájaro,
la serpiente quisiera tener alas,
el perro es un león desorientado,
el ingeniero quiere ser poeta,
la mosca estudia para golondrina,
el poeta trata de imitar la mosca,
pero el gato

quiere ser sólo gato
y todo gato es gato
desde bigote a cola,
desde presentimiento a rata viva,
desde la noche hasta sus ojos de oro.

No hay unidad
como él,
no tienen
la luna ni la flor
tal contextura:
es una sola cosa
como el sol o el topacio,
y la elástica línea en su contorno
firme y sutil es como
la línea de la proa de una nave.
Sus ojos amarillos
dejaron una sola
ranura
para echar las monedas de la noche.

Oh pequeño
emperador sin orbe,
conquistador sin patria,
mínimo tigre de salón, nupcial
sultán del cielo
de las tejas eróticas,
el viento del amor
en la intemperie
reclamas
cuando pasas
y posas
cuatro pies delicados
en el suelo,
oliendo,
desconfiando
de todo lo terrestre,
porque todo

es inmundo
para el inmaculado pie del gato.

Oh fiera independiente
de la casa, arrogante
vestigio de la noche,
perezoso, gimnástico
y ajeno,
profundísimo gato,
policía secreta
de las habitaciones,
insignia
de un
desaparecido terciopelo,
seguramente no hay
enigma
en tu manera,
tal vez no eres misterio,
todo el mundo te sabe y perteneces
al habitante menos misterioso,
tal vez todos lo creen,
todos se creen dueños,
propietarios, tíos
de gatos, compañeros,
colegas,
discípulos o amigos
de su gato.

Yo no.
Yo no suscribo.
Yo no conozco al gato.
Todo lo sé, la vida y su archipiélago,
el mar y la ciudad incalculable,
la botánica,
el gineceo con sus extravíos,
el por y el menos de la matemática,
los embudos volcánicos del mundo,
la cáscara irreal del cocodrilo,

la bondad ignorada del bombero,
el atavismo azul del sacerdote,
pero no puedo descifrar un gato.
Mi razón resbaló en su indiferencia,
sus ojos tienen números de oro.

Las gaviotas de Antofagasta

Tú no conoces tierra estéril,
tú no conoces cordilleras secas,
techumbres de infinitas cicatrices,
y el ocre muerto en la mitad del día
junto al color mortuorio del tungsteno,
junto al intransferible
montón de un mundo muerto,
alturas y catástrofes peladas,
la luz más cruel del páramo arenoso.

Así de duro fue para acogerme
el norte calcinado de mi patria.

Y entonces en la línea
de cielo azul metálico
y del mar insurgente,
contra crueles montañas minerales
detrás de mi navío,
vi levantarse el hombre y el amor
en una despedida de gaviotas.

Triangulares y grises
aparecieron sobre
la desaparición de Antofagasta
y en el vuelo cortaban
rectángulos fugaces,
entrecruzaban luz y geometría,

se acercaban inmóviles,
se levantaban en su propia espuma,
y eran de pronto líneas de la sal,
ojos del cielo o cejas de la nieve.
Por el mar, el más largo,
dejando atrás la cáscara calcárea
de las cumbres de Antofagasta,
vino el racimo de aves
agrupadas,
el purísimo ciclo de su vuelo,
la música sin voz de las gaviotas,
y sobre el mundo horrendo,
sobre la muerte seca del desierto lunario,
con el mar
levantaron
un vuelo interrumpido de azahares,
un acompañamiento
de equilibrio y blancura,
y era en el fin del día desolado
la danza suspendida,
el repertorio más puro del aire,
el capítulo de la dulzura.

Adiós, adiós gaviotas,
hacia atrás, hacia
los crueles, infernales poderíos
de la naturaleza calcinada,
hacia la noche oscura,
hacia lo que se fue cuando cerraba
el círculo del mar sobre el navío
mientras que yo en mi viaje
sin llegar, sin razón, sin infortunio,
por toda noche y día navegando
me detengo y pregunto
por la valiente luz de aquellas rocas,
por las alas errantes que siguieron
a pleno mar mi pecho peregrino.

Adiós, adiós,
únicas almas de la luna muerta,
altas preguntas de la luz marina,
adiós, hasta perder
en el espacio
lo que me acompañó en la travesía,
la luz de las gaviotas que elevaron
detrás de mí su vuelo
y en sus alas
–honor del mar– la población más pura.

Oda a las gracias

Gracias a la palabra
que agradece.
Gracias a *gracias*
por
cuanto esta palabra
derrite nieve o hierro.

El mundo parecía amenazante
hasta que suave
como pluma
clara,
o dulce como pétalo de azúcar,
de labio en labio
pasa,
gracias,
grandes a plena boca
o susurrantes,
apenas murmulladas,
y el ser volvió a ser hombre
y no ventana,
alguna claridad
entró en el bosque:
fue posible cantar bajo las hojas.

Gracias, eres la píldora
contra
los óxidos cortantes del desprecio,
la luz contra el altar de la dureza.

Tal vez
también tapiz
entre los más distantes hombres
fuiste.
Los pasajeros
se diseminaron
en la naturaleza
y entonces
en la selva
de los desconocidos,
merci,
mientras el tren frenético
cambia de patria,
borra las fronteras,
spasivo,
junto a los puntiagudos
volcanes, frío y fuego,
thanks, sí, *gracias*, y entonces
se transforma la tierra en una mesa:
una palabra la limpió,
brillan platos y copas,
suenan los tenedores
y parecen manteles las llanuras.

Gracias, *gracias*,
que viajes y que vuelvas,
que subas
y que bajes.
Está entendido, no
lo llenas todo,
palabra *gracias*,
pero
donde aparece

tu pétalo pequeño
se esconden los puñales del orgullo,
y aparece un centavo de sonrisa.

Oda a la gran muralla en la niebla

Lo cierto es que estas piedras
duraron y duraron,
los minutos murieron como insectos,
el sol creció, fue rojo,
verde,
azul,
negro,
amaranto,
la nieve unió los ojos de los hombres
y esta serpiente inútil
no comió sino tiempo.

Hoy la niebla
la cubre:
esta mañana el mundo,
las montañas, los asnos
que transportan las mismas piedras duras,
todo
es vapor,
temblor,
neblina,
y sólo el prodigioso
son de flauta
de un pastor escondido
sube como una espada
por los desfiladeros:
es el hombre que vive y come y canta
junto a la muerta serpiente.

Pero ella
cumplió con su destino.
Inmóvil, con la edad,
se olvidó de los hombres que la hicieron:
nació del artificio,
luego fue natural como la luna,
quedó desenterrada
como un cadáver demasiado grande.
Asciendo la osamenta, la costilla
del reino antiguo, de la luz secreta,
la cola del león de garras muertas.

Silencio, tiempo y niebla,
montes verdes, mojados,
y hacia la altura huraña
la Muralla,
la Muralla vacía.

Qué eres, muro?
Qué fuiste?
Oh gran separadora
de países,
fuiste siempre
inmutable
signo
que divisaron los planetas?
Quisiste ser camino?
La sangre derramada,
el silencio, la lluvia,
te convirtieron en reptil de piedra?

Oscuras mariposas entrevuelan,
se persiguen en la húmeda mañana,
la soledad es grande y sigue sobre
tu cinta interminable,
Gran Muralla.
Me parece que allí donde creciste
como un río inhumano

se espantaron los nómades,
se estableció el silencio,
y un largo escalofrío
quedó sobre los montes
durando, duradero.

Oda a la guitarra

Delgada
        línea pura
de corazón sonoro,
eres la claridad cortada al vuelo:
cantando sobrevives:
todo se irá menos tu forma.

No sé si el llanto ronco
que de ti se desploma,
tus toques de tambor, tu
                      enjambre de alas,
será de ti lo mío,
o si eres
en silencio
más decididamente arrobadora,
sistema de paloma
o de cadera,
molde que de su espuma
resucita
y aparece, turgente, reclinada
y resurrecta rosa.

Debajo de una higuera,
cerca del ronco y raudo Bío Bío,
guitarra,
saliste de tu nido como un ave
y a unas manos

morenas
entregaste
las citas enterradas,
los sollozos oscuros,
la cadena sin fin de los adioses.
De ti salía el canto,
el matrimonio
que el hombre
consumó con su guitarra,
los olvidados besos,
la inolvidable ingrata,
y así se transformó
                    la noche entera
en estrellada caja
de guitarra,
temblando el firmamento
con su copa sonora
y el río
sus infinitas cuerdas
afinaba
arrastrando hacia el mar
una marea pura
de aromas y lamentos.

Oh soledad sabrosa
con noche venidera,
soledad como el pan terrestre,
soledad con un río de guitarras!
El mundo se recoge
en una sola gota
de miel, en una estrella,
todo es azul entre las hojas,
toda la altura temblorosa
                    canta.

Y la mujer que toca
la tierra y la guitarra
lleva en su voz

el duelo
y la alegría
de la profunda hora.
El tiempo y la distancia
caen a la guitarra:
somos un sueño,
un canto
entrecortado:
el corazón campestre
se va por los caminos a caballo:
sueña y sueña la noche y su silencio,
canta y canta la tierra y su guitarra.

Oda frente a la isla de Ceylán

Otra vez en los mares,
envuelto
en lluvia,
en oro,
en vago amanecer,
en ceniciento
vapor de soledades calurosas.

Y allí
surgiendo
como
una nueva ola verde,
oh Ceylán,
oh isla
sagrada,
cofre
en donde palpitó
mi joven, mi perdido
corazón
desterrado!

Yo el solitario
fui
de la floresta,
el testigo
de cuanto no pasaba,
el director
de sombras
que sólo
en mí
existían.
Oh tiempos,
oh tristezas,
oh loca noche de agua
y luna
roja
con un
olor
de sangre y de jazmines,
mientras allá,
más lejos,
la sombra redoblaba
sus tambores,
trepidaba la tierra,
entre las hojas
bailaban los guerreros.

Y, ahora,
acompañado
por tus pequeñas manos
que van y van secando
el sudor
y las penas
de mi frente,
ahora
con otra voz
segura,
con otro canto
hecho

por la luz de la vida,
aquí
vengo a parar
de nuevo junto
al mar que sólo fuera
soledad rumorosa,
al viento
de la noche
sobre los cocoteros
estrellados:
y nadie sabe ahora
lo que fui, lo que supe,
lo que sufrí,
sin nadie,
desangrándome.

Piso la calle
mía:
manchas de ausencia
o de humedad,
las plantas
se transformaron
en sombría espesura
y hay una sola
casa
que agoniza,
vacía.
Era mi casa, y hace
treinta años,
treinta
años. Toco
la puerta
de mis sueños,
los muros
carcomidos,
el tiempo
me esperaba,
el tiempo aquel

girando
con su rueda.
Aquí,
en la pobre calle
de la isla
me
esperó, todo:
palmeras, arrecifes,
siempre supieron
que yo volvería,
sólo yo no lo supe
y, de pronto,
todo volvió, las mismas
olas en las arenas,
la humedad, el rumor
del baile entre las hojas,
y supe, entonces,
supe
que sí, existí, que no era
mentira mi existencia,
que aquí estaba la casa,
el mar, la ausencia
y tú, amor, a mi lado.

Perdóname la vida,
perdóname las vidas.

Por esta calle
se fue al mar la tristeza.
Y tú y yo llevaremos
en nuestros labios
como un largo beso,
el retrato,
el sonido,
el color palpitante
de la isla,
y ahora, sí,
pasó, pasó

el pasado,
cerraremos el cofre
vacío
en donde
sólo
vivirá todavía
un viejo
olor
de mar y de jazmines.

Oda a Lenin

La revolución tiene 40 años.
Tiene la edad de una joven madura.
Tiene la edad de las madres hermosas.

Cuando nació,
en el mundo
la noticia se supo
en forma diferente.

—Qué es esto? —se preguntaban los obispos—
se ha movido la tierra,
no podremos seguir vendiendo cielo.
Los gobiernos de Europa,
de América ultrajada,
los dictadores turbios,
leían en silencio
las alarmantes comunicaciones.
Por suaves, por profundas
escaleras
subía un telegrama,
como sube la fiebre
en el termómetro:
ya no cabía duda,

el pueblo había vencido,
se transformaba el mundo.

I

Lenin, para cantarte
debo decir adiós a las palabras;
debo escribir con árboles, con ruedas,
con arados, con cereales.
Eres concreto como
los hechos y la tierra.
No existió nunca
un hombre más terrestre
que V. Uliánov.
Hay otros hombres altos
que como las iglesias acostumbran
conversar con las nubes,
son altos hombres solitarios.

Lenin sostuvo un pacto con la tierra.

Vio más lejos que nadie.
Los hombres,
los ríos, las colinas,
las estepas,
eran un libro abierto
y él leía,
leía más lejos que todos,
más claro que ninguno.
Él miraba profundo
en el pueblo, en el hombre,
miraba al hombre como a un pozo,
lo examinaba como
si fuera un mineral desconocido
que hubiera descubierto.
Había que sacar las aguas del pozo,
había que elevar la luz dinámica,

el tesoro secreto
de los pueblos,
para que todo germinara y naciera,
para ser dignos del tiempo y de la tierra.

II

Cuidad de confundirlo con un frío ingeniero,
cuidad de confundirlo con un místico ardiente.
Su inteligencia ardió sin ser jamás cenizas,
la muerte no ha helado aún su corazón de fuego.

III

Me gusta ver a Lenin pescando en la transparencia
del lago Razliv, y aquellas aguas son
como un pequeño espejo perdido entre la hierba
del vasto norte frío y plateado:
soledades aquellas, hurañas soledades,
plantas martirizadas por la noche y la nieve,
el ártico silbido del viento en su cabaña.
Me gusta verlo allí solitario escuchando
el aguacero, el tembloroso vuelo
de las tórtolas,
la intensa pulsación del bosque puro.
Lenin atento al bosque y a la vida,
escuchando los pasos del viento y de la historia
en la solemnidad de la naturaleza.

IV

Fueron algunos hombres sólo estudio,
libro profundo, apasionada ciencia,
y otros hombres tuvieron
como virtud del alma el movimiento.

Lenin tuvo dos alas:
el movimiento y la sabiduría.
Creó en el pensamiento,
descifró los enigmas,
fue rompiendo las máscaras
de la verdad y el hombre
y estaba en todas partes,
estaba al mismo tiempo en todas partes.

V

Así, Lenin, tus manos trabajaron
y tu razón no conoció el descanso
hasta que desde todo el horizonte
se divisó una nueva forma:
era una estatua ensangrentada,
era una victoriosa con harapos,
era una niña bella como la luz,
llena de cicatrices, manchada por el humo.
Desde remotas tierras los pueblos la miraron:
era ella, no cabía duda,
era la Revolución.

El viejo corazón del mundo latió de otra manera.

VI

Lenin, hombre terrestre,
tu hija ha llegado al cielo.
Tu mano
mueve ahora
claras constelaciones.
La misma mano
que firmó decretos
sobre el pan y la tierra
para el pueblo,

la misma mano
se convirtió en planeta:
el hombre que tú hiciste me construyó una estrella.

VII

Todo ha cambiado, pero
fue duro el tiempo
y ásperos los días.
Durante cuarenta años aullaron
los lobos junto a las fronteras:
quisieron derribar la estatua viva,
quisieron calcinar sus ojos verdes,
por hambre y fuego
y gas y muerte
quisieron que muriera
tu hija, Lenin,
la victoria,
la extensa, firme, dulce, fuerte y alta
Unión Soviética.

No pudieron.
Faltó el pan, el carbón,
faltó la vida,
del cielo cayó lluvia, nieve, sangre,
sobre las pobres casas incendiadas,
pero entre el humo
y a la luz del fuego
los pueblos más remotos vieron la estatua viva
defenderse y crecer crecer crecer
hasta que su valiente corazón
se transformó en metal invulnerable.

VIII

Lenin, gracias te damos los lejanos.

Desde entonces, desde tus decisiones,
desde tus pasos rápidos y tus rápidos ojos
no están los pueblos solos
en la lucha por la alegría.
La inmensa patria dura,
la que aguantó el asedio,
la guerra, la amenaza,
es torre inquebrantable.
Ya no pueden matarla.
Y así viven los hombres
otra vida,
y comen otro pan
con esperanza,
porque en el centro de la tierra existe
la hija de Lenin, clara y decisiva.

IX

Gracias, Lenin,
por la energía y la enseñanza,
gracias por la firmeza,
gracias por Leningrado y las estepas,
gracias por la batalla y por la paz,
gracias por el trigo infinito,
gracias por las escuelas,
gracias por tus pequeños
titánicos soldados,
gracias por este aire que respiro en tu tierra
que no se parece a otro aire:
es espacio fragante,
es electricidad de enérgicas montañas.

Gracias, Lenin,
por el aire y el pan y la esperanza.

Oda a una mañana del Brasil

Ésta es una mañana
del Brasil. Vivo adentro
de un violento diamante,
toda la transparencia
de la tierra
se materializó
sobre
mi frente,
apenas si se mueve
la bordada verdura,
el rumoroso cinto
de la selva:
ancha es la claridad, como una nave
del cielo, victoriosa.

Todo crece,
los árboles,
el agua,
los insectos,
el día.
Todo termina en hoja.
Se unieron
todas
las cigarras
que nacieron, vivieron
y murieron
desde que existe el mundo,
y aquí cantan
en un solo congreso
con voz de miel,
de sal,
de aserradero,
de violín delirante.

Las mariposas
bailan
rápidamente
un
baile
rojo
negro
naranja
verde
azul
blanco
granate
amarillo
violeta
en el aire,
en las flores,
en la nada,
volantes,
sucesivas
y remotas.

Deshabitadas
tierras,
cristal
verde
del mundo,
en alguna
región
un ancho río
se despeña
en plena soledad,
los saurios cruzan
las aguas pestilentes,
miles de seres lentos
aplastados
por la
ciega espesura
cambian de planta, de agua,

de pantano, de cueva,
y atraviesan el aire
aves abrasadoras.

Un grito, un canto,
un vuelo,
una cascada
cruzan desde una copa
de palmera
hasta
la arboladura
del bambú innumerable.

El mediodía
llega
sosegado,
se extiende
la luz como si hubiera
nacido un nuevo río
que corriera y cantara
llenando el universo:
de pronto
todo
queda
inmóvil,
la tierra, el cielo, el agua
se hicieron transparencia,
el tiempo se detuvo
y todo entró en su caja de diamante.

Oda a una mañana en Stokholmo

Por los días del norte,
amor, nos deslizamos.
Leningrado quedó

nevado, azul, acero
debajo de sus nubes
las columnas, las cúpulas,
el oro viejo, el rosa,
la luz ancha del río,
todo se fue en el viaje,
se quedó atrás llorando.

Se come al mar la tierra?

La tierra al firmamento?

Diviso el cielo blanco
de Stokholmo, el tridente
de una iglesia en las nubes,
ácidas copas verdes
son cúpulas, son senos
de ciudad oxidada,
y lo demás es vago,
noche sin sombra o día
sin luz, cristal opaco.

Amor mío, a estas islas
dispersas en la bruma,
a los acantilados
de nieve y alas negras,
mi corazón te trajo.

Y ahora como naves
silenciosas pasamos,
sin saber dónde fuimos
ni dónde iremos, solos
en un mundo de perlas
e implacables ladrillos.

Apágate hasta ser
sólo nieve o neblina,
clausuremos los ojos,

cerremos los sentidos
hasta salir al sol
a morder las naranjas.

Oda a la mesa

Sobre las cuatro patas de la mesa
desarrollo mis odas,
despliego el pan, el vino
y el asado
(la nave negra
de los sueños),
o dispongo tijeras, tazas, clavos,
claveles y martillos.

La mesa fiel
sostiene
sueño y vida,
titánico cuadrúpedo.

Es
la encaracolada
y refulgente
mesa del rico un fabuloso buque
cargado con racimos.
Es hermosa la mesa de la gula,
rebosante de góticas langostas,
y hay una mesa
sola, en el comedor de nuestra tía
en verano. Corrieron
las cortinas
y un solo rayo agudo del estío
penetra como espada
a saludar sobre la mesa oscura
la transparente paz de las ciruelas.

Y hay una mesa lejos, mesa pobre,
donde están preparando
una corona
para
el minero muerto,
y sube de la mesa el frío aroma
del último dolor desbaratado.
Y cerca está la mesa
de aquella alcoba umbría
que hace arder el amor con sus incendios.
Un guante de mujer quedó temblando
allí, como la cáscara del fuego.

El mundo
es una mesa
rodeada por la miel y por el humo,
cubierta de manzanas o de sangre.
La mesa preparada
y ya sabemos cuando
nos llamaron:
si nos llaman a guerra o a comida
y hay que elegir campana,
hay que saber ahora
cómo nos vestiremos
para sentarnos
en la larga mesa,
si nos pondremos pantalones de odio
o camisa de amor recién lavada:
pero hay que hacerlo pronto,
están llamando:
muchachas y muchachos,
a la mesa!

Tres niñas bolivianas

Palomas de Bolivia, hijas de greda,
doradas de la altura,
cántaras de aire, ahora
sentémonos en el camino,
contemos cuarenta centavos,
una manta, una vela, una olla,
sentémonos en la pobreza.
Arriba muerde el aire frío
y es un paraguas en el cielo
el cóndor oscuro y sangriento.

Yo toqué el espinazo andino
con mis manos y tengo el alma
atónita y ferruginosa.
Ahora estoy sentado con las
taciturnas novias de arcilla
y es lejos en todo horizonte,
es solitaria toda vida,
sólo celeste cielo y nieve,
cumbres raídas, lluvia férrea
como las espadas de Dios,
como las lanzas del diablo,
como los látigos del hombre.

Sólo yo puedo sentarme
tan elevadamente puro
en este trono de la muerte,
de la muerte color de estaño.

Sólo yo, rey de soledades,
rey harapiento de la altura,
pude llegar, beber un trago,
masticar las sagradas hojas

y sentarme sin decir nada
con mi familia terrestre.

Juana Pachucutanga,
María Sandoval Chacuya
y Rosita Flor Puna Puna.
Allí estuvimos sin decir
una sola palabra blanca,
una sola palabra impura,
porque éramos tierra, éramos agua,
éramos el aire de arriba.

Esta vez no quiero contar
ciertas amarguras pesadas
como el peñón de Apac Chaimún.
No quiero hablar de la sangre
inútil, volcada en el cuenco
de aquellas piedras inhumanas.
Yo quiero que cante el silencio
como si fuera transparente
y tuviera la voz del agua:
que cuente lo que calla tanto,
que descifre las cordilleras.

Silenciosas hermanas, ahora
despidámonos de esta tarde
color de sangre y de azufre:
yo por aquí me voy a Chile,
ustedes suban al planeta.
Ya volveré, ya nos veremos,
ya podremos andar un día
y contar bienes más extensos:
repartiremos la verdad,
viviremos en una estrella.

El olvido

Cómo te llamas, me preguntó aquel árbol,
y cuáles son tus hojas?
La torre preguntó:
qué altura tienes?

Me recosté en la tierra
y nada preguntó, nada me dijo:
todo lo sabe porque está esperando
y aprendió todo de los que esperaban:
ya sabe tanto que es como el olvido,
eso es, no tiene término,
no hay fin, no hay
fin, no hay punto en el olvido.

Oda a las papas fritas

Chisporrotea
en el aceite
hirviendo
la alegría
del mundo:
las papas
fritas
entran
en la sartén
como nevadas
plumas
de cisne matutino
y salen
semidoradas por el crepitante
ámbar de las olivas.

El ajo
les añade
su terrenal fragancia,
la pimienta,
polen que atravesó los arrecifes,
y
vestidas
de nuevo
con traje de marfil, llenan el plato
con la repetición de su abundancia
y su sabrosa sencillez de tierra.

A las aguas del norte europeo

Aguas del norte
donde se lava el cielo.
Todo se resolvió
en opaca blancura,
en horizontes sucios
y espacio ceniciento.

La nave cruza y corta
los cabellos del agua
y sigue sigue sigue
resbalando en la bruma,
sin peso, como un ave
destinada al silencio...

Oda al perro

El perro me pregunta
y no respondo.

Salta, corre en el campo y me pregunta
sin hablar
y sus ojos
son dos preguntas húmedas, dos llamas
líquidas que interrogan
y no respondo,
no respondo porque
no sé, no puedo nada.

A campo pleno vamos
hombre y perro.

Brillan las hojas como
si alguien
las hubiera besado
una por una,
suben del suelo
todas las naranjas
a establecer
pequeños planetarios
en árboles redondos
como la noche, y verdes,
y perro y hombre vamos
oliendo el mundo, sacudiendo el trébol,
por el campo de Chile,
entre los dedos claros de septiembre.
El perro se detiene,
persigue las abejas,
salta el agua intranquila,
escucha lejanísimos
ladridos,
orina en una piedra
y me trae la punta de su hocico,
a mí, como un regalo.
Es su frescura tierna,
la comunicación de su ternura,
y allí me preguntó
con sus dos ojos,

por qué es de día, por qué vendrá la noche,
por qué la primavera
no trajo en su canasta
nada
para perros errantes,
sino flores inútiles,
flores, flores y flores.
Y así pregunta
el perro
y no respondo.

Vamos
hombre y perro reunidos
por la mañana verde,
por la incitante soledad vacía
en que sólo nosotros
existimos,
esta unidad de perro con rocío
y el poeta del bosque,
porque no existe el pájaro escondido,
ni la secreta flor,
sino trino y aroma
para dos compañeros,
para dos cazadores compañeros:
un mundo humedecido
por las destilaciones de la noche,
un túnel verde y luego
una pradera,
una ráfaga de aire anaranjado,
el susurro de las raíces,
la vida caminando,
respirando, creciendo,
y la antigua amistad,
la dicha
de ser perro y ser hombre
convertida
en un solo animal
que camina moviendo

seis patas
y una cola
con rocío.

A mi pueblo, en enero

Cuando el año
nacía,
recio, oloroso a pan de cordillera
y a manzano marino,
cuando mi patria pobre
su poncho de racimos desplegaba,
abrió la tiranía
el viejo hocico
de saurio desdentado
y mordió el corazón del territorio.

Pasó la ráfaga, volvió
por su camino
la simple vida amarga
o la alegría.
Muchos han olvidado,
han muerto muchos
y otros que hoy tienen boca no sufrieron
porque no eran nacidos.

No he olvidado ni he muerto.

Soy el árbol de enero
en la selva quemada:
la llama cruel que bailó en el follaje,
tal vez se fue, se fue la quemadura,
la ceniza voló,
se retorció
en la muerte la madera.

No hay hojas en los palos.
Sólo en mi corazón las cicatrices
florecen y recuerdan.

Soy el último ramo del castigo.

Oda al piano

Estaba triste el piano
en el concierto,
olvidado en su frac sepulturero,
y luego abrió la boca,
su boca de ballena:
entró el pianista al piano
volando como un cuervo,
algo pasó como si cayera
una piedra
de plata
o una mano
a un estanque
escondido:
resbaló la dulzura
como la lluvia
sobre una campana,
cayó la luz al fondo
de una casa cerrada,
una esmeralda recorrió el abismo
y sonó el mar,
la noche,
las praderas,
la gota del rocío,
el altísimo trueno,
cantó la arquitectura de la rosa,
rodó el silencio al lecho de la aurora.

Así nació la música
del piano que moría,
subió la vestidura
de la náyade
del catafalco
y de su dentadura
hasta que en el olvido
cayó el piano, el pianista
y el concierto,
y todo fue sonido,
torrencial elemento,
sistema puro, claro campanario.

Entonces volvió el hombre
del árbol de la música.
Bajó volando como
cuervo perdido
o caballero loco:
cerró su boca de ballena el piano
y él anduvo hacia atrás,
hacia el silencio.

Oda al plato

Plato,
disco central
del mundo,
planeta y planetario:
a mediodía, cuando
el sol, plato de fuego,
corona
el
alto
día,
plato, aparecen

sobre
las mesas en el mundo
tus estrellas,
las pletóricas
constelaciones,
y se llena de sopa
la tierra, de fragancia
el universo,
hasta que los trabajos
llaman de nuevo
a los trabajadores
y otra vez
el comedor es un vagón vacío,
mientras vuelven los platos
a la profundidad de las cocinas.

Suave, pura vasija,
te inventó el manantial en una piedra
luego la mano humana
repitió
el hueco puro
y copió el alfarero su frescura
para
que el tiempo con su hilo
lo pusiera
definitivamente
entre el hombre y la vida:
el plato, el plato, el plato,
cerámica esperanza,
cuenco santo,
exacta luz lunar en su aureola,
hermosura redonda de diadema.

Oda a Ramón Gómez de la Serna

Ramón
está escondido,
vive en su gruta
como un oso de azúcar.
Sale sólo de noche
y trepa por las ramas
de la ciudad, recoge
castañas tricolores,
piñones erizados,
clavos de olor, peinetas de tormenta,
azafranados abanicos muertos,
ojos perdidos en las bocacalles,
y vuelve con su saco
hasta su madriguera trasandina
alfombrada con largas cabelleras
y orejas celestiales.

Vuelve lleno de miedo
al golpe de la puerta,
al ímpetu
espacial
de los aviones,
al frío que se cuela
desde España,
a las enredaderas, a los hombres,
a las banderas, a la ingeniería.
Tiene miedo de todo.
Allí en su cueva
reunió los alimentos
migratorios
y se nutre
de claridad sombría
y de naranjas.

De pronto
sale un fulgor, un rayo
de su faro
y el haz ultravioleta
que encerraba
su frente
nos ilumina el diámetro y la fiesta,
nos muestra el calendario
con Viernes más profundos,
con Jueves como el mar vociferante,
todo repleto, todo
maduro con sus orbes,
porque el revelador del universo
Ramón se llama y cuando
sopla en su flor de losa, en su trompeta,
acuden manantiales,
muestra el silencio sus categorías.

Oh rey Ramón,
monarca
mental,
director
ditirámbico
de la interrogadora poesía,
pastor de las parábolas
secretas, autor
del alba y su
desamparado
cataclismo,
poeta
presuroso
y espacioso,
con tantos sin embargos,
con tantos ojos ciegos,
porque
viéndolo todo
Ramón se irrita
y se desaparece,

se confunde en la bruma
del calamar lunario
y el que todo lo dice
y puede
saludar lo que va y lo que viene,
de pronto
se inclina hacia anteayer, da un cabezazo
contra el sol de la historia,
y de ese encuentro salen chispas negras
sin la electricidad de su insurgencia.

Escribo en Isla Negra,
construyo
carta y canto.
El día estaba roto
como la antigua estatua
de una diosa marina
recién sacada de su lecho frío
con lágrimas y légamo,
y junto al movimiento
descubridor
del mar y sus arenas,
recordé los trabajos
del Poeta,
la insistencia radiante de su espuma,
el venidero viento de sus olas.
Y a Ramón
dediqué
mis himnos matinales,
la culebra
de mi caligrafía,
para cuando
salga
de su prolija torre de carpincho
reciba la serena
magnitud de una ráfaga de Chile
y que le brille al mago el cucurucho
y se derramen todas sus estrellas.

Regreso

Hostiles cordilleras,
cielo duro,
extranjeros, ésta es,
ésta es mi patria,
aquí nací y aquí viven mis sueños.

El barco se desliza
por el azul, por todos los azules,
la costa es la más larga
línea de soledad del universo,
pasan y pasan las arenas blancas,
suben y bajan los montes desnudos,
y corre junto al mar la tierra sola,
dormida o muerta en paz ferruginosa.

Cuando cayeron las vegetaciones
y el dulce verde abandonó estas tierras
el sol las calcinó desde su altura,
la sal las abrasó desde sus piedras.

Desde entonces se desenterraron
las antiguas estrellas minerales:
allí yacen los huesos de la tierra,
compacto como piedra es el silencio.

Perdonad, extranjeros,
perdonad la medida desolada
de nuestra soledad,
y lo que damos en la lejanía.

Sin embargo,
aquí están las raíces de mi sueño,
ésta es la dura luz que amamos,

y de algún modo, con distante orgullo,
como en los minerales de la noche,
vive el honor en esta larga arena.

Oda a la sandía

El árbol del verano
intenso,
invulnerable,
es todo cielo azul,
sol amarillo,
cansancio a goterones,
es una espada
sobre los caminos,
un zapato quemado
en las ciudades:
la claridad, el mundo
nos agobian,
nos pegan
en los ojos
con polvareda,
con súbitos golpes de oro,
nos acosan
los pies
con espinitas,
con piedras calurosas,
y la boca
sufre
más que todos los dedos:
tienen sed
la garganta,
la dentadura,
los labios y la lengua:
queremos
beber las cataratas,

la noche azul,
el polo,
y entonces
cruza el cielo
el más fresco de todos
los planetas,
la redonda, suprema
y celestial sandía.

Es la fruta del árbol de la sed.
Es la ballena verde del verano.

El universo seco
de pronto
tachonado
por este firmamento de frescura
deja caer
la fruta
rebosante:
se abren sus hemisferios
mostrando una bandera
verde, blanca, escarlata,
que se disuelve
en cascada, en azúcar,
en delicia!

Cofre del agua, plácida
reina
de la frutería,
bodega
de la profundidad, luna
terrestre!
Oh pura,
en tu abundancia
se deshacen rubíes
y uno
quisiera
morderte

hundiendo
en ti
la cara,
el pelo,
el alma!
Te divisamos
en la sed
como
mina o montaña
de espléndido alimento,
pero
te conviertes
entre la dentadura y el deseo
en sólo
fresca luz
que se deslíe,
en manantial
que nos tocó
cantando.
Y así
no pesas
en la siesta
abrasadora,
no pesas,
sólo
pasas
y tu gran corazón de brasa fría
se convirtió en el agua
de una gota.

Oda a la silla

Una silla en la selva:
bajo las lianas duras
cruje un tronco sagrado,

sube una enredadera,
aúllan en la sombra
bestias ensangrentadas,
del cielo verde caen grandes hojas,
suenan los cascabeles
secos de la serpiente,
como un flechazo contra una bandera
atravesó un pájaro el follaje,
las ramas levantaron sus violines,
rezan inmóviles
los insectos
sentados en sus flores,
se hunden los pies
en
el sargazo negro
de la selva marina,
en las nubes caídas de la selva,
y sólo pido
para el extranjero,
para el explorador desesperado
una silla
en el árbol de las sillas,
un trono
de felpa desgreñada,
el terciopelo de un sillón profundo
carcomido por las enredaderas.
Sí,
una silla,
la silla
que ama el universo
para el hombre que anda,
la fundación
segura,
la dignidad
suprema
del reposo!

Atrás tigres sedientos,
muchedumbre de moscas sanguinarias,

atrás negra espesura
de fantasmales hojas,
atrás aguas espesas,
hojas ferruginosas,
sempiternas serpientes,
en medio
de los truenos,
una silla,
una silla
para mí, para todos,
una silla no sólo
para alivio
del cuerpo fatigado,
sino
que para todo
y para todos,
para la fuerza perdida
y para el pensamiento.

La guerra es ancha como selva oscura.
La paz
comienza
en
una sola
silla.

Oda a un solo mar

Es vertical el día
como una lanza azul. Entro en el agua.

Es el agua del Asia,
el mar de China.

No reconozco sierras ni horizontes,
sin embargo este mar, esta ola viene

de tierra americana: esta marea,
este abismo, esta sal,
son una cinta pura de infinito
que enlaza dos estrellas:
los volcanes lejanos
de mi patria,
la agricultura diáfana de China.

Qué sereno sería
si yo te navegara,
si mi cuerpo o mi nave
condujera
a través de las olas y la luna,
mar doblemente mío,
hasta llegar donde me está esperando
mi casa junto al manantial marino.

Qué azul, qué transmigrante,
qué dorado sería
si caminara el mar con pies desnudos,
si el mar, mi propio mar, me transportara.

Vería el vuelo
de las hambrientas aves oceánicas,
contaría tortugas,
resbalaría sobre los pescados,
y en el gran instituto
de la aurora
mi corazón mojado
como un marisco se deslizaría.

Hasta que tú, sirena,
junto a mí, transparente
nadadora,
con sal de mar mezclaras
tus amorosos besos
y saliéramos juntos del océano
a comprar pan y despertar la leña.

Un sueño, sí, pero
qué es el mar sino un sueño?

Ven a soñar, nadando,
el mar de China y Chile,
ven a nadar el sueño,
ven a soñar el agua que nos une.
Amor o mar o sueño,
hicimos juntos esta travesía,
de tierra a tierra un solo mar soñando,
de mar a mar un solo sueño verde.

Soledades de la tierra china

Tierra china, quiero decirte
sólo palabras de tierra,
palabras verdes de arroz,
palabras de rojo quemado:
lo que los hombres hicieron y hacen:
guerras, estatuas, epopeyas
(de dolores, de alegrías, de sangre,
de paz, de laureles, de libros),
todo eso será escrito y borrado.
Y ni la muerte ni la vida
dependen de mi amor o mi canto.
Yo sólo quiero pasar mis manos
sobre tus grandes senos verdes:
que tu barro me modifique,
que me constituya tu viento!
Quiero ser un hijo salvaje
formado por tu barro y tu viento.

Cerca de Kunming las montañas
se coronan de plata y palomas,
el aire en la altura está vivo

como un pez helado y eléctrico,
el lago mira sólo hacia arriba:
sólo hacia las flores del cielo.

Allí los más antiguos dioses
se hicieron una ciudad de piedra
y yo anduve errante sintiendo
sobre mí golpes de granito,
lenguas de sal, almenas de oro,
explosiones que inmovilizan
en pleno cielo su estallido.

Desde hace mil veces mil años
se mueven las aguas del río,
se contradicen, se revuelven,
se agitan como cabelleras
y hay agujeros en el agua
como hechos por puntas de lanzas.
Es el Yang Tsé, padre del agua.
Y es ancho como una ciudad
este camino palpitante.

En las gargantas se abrió paso
gastando con besos la piedra.
Y corre el río como el tiempo.
La roca rompe cielo azul
y grandes águilas fluviales
construyen sus nidos salvajes
en las verticales alturas.

Yo soy de otra patria, la nieve
dejó una estrella en mi bandera
y allí el mar es un león sonoro
con hocico de sal furiosa.
En Chile viven mis parientes.
Y la lluvia cae sin tregua
sobre mis padres enterrados.

Mi país es claro y delgado
como uno solo de tus ríos.
Sin embargo en tus manos anchas
me siento seguro y camino,
cruzo desiertos y arrozales,
nieve de montañas amargas,
montes de antigua piedra y pinos.
Yo canto con los manantiales,
recojo flores increíbles,
recorro sin respeto y cantando
tu planetaria geografía.

Desde arriba eres, tierra china,
multitud verde de terrazas,
jardinería de esmeraldas
o dulce agricultura de abejas.
Eres un pleno panal verde.
Y el hombre sube las semillas
entre las rocas, a las nubes,
a las islas, entre las olas.

(El hombre chino trabaja la tierra
y la tierra china lo trabaja,
aguza sus manos pacientes,
dibuja surcos en su cara.
Luego la tierra espera al hombre
y él se confunde con el polvo
como una pálida semilla.)

Oh tierra magnética, rostro
del mundo, antigua y nueva luna,
como el tiempo, germinadora,
como el océano, infinita:
nación eterna de raíces,
plantación copiosa de seres:
las nubes te envuelven y naces
millones de veces al día.

Pasan los pueblos y tú eres.

Permaneces, madre fecunda.

Creces, gigante piedra de oro.

Que no se atrevan a tocar
tu antigua frente dura y pura.

Tus montes, tus ríos, tus rocas,
tus nubes, tu cielo y tus hombres
son una sola fortaleza.

Pero yo sólo con amor,
con simple amor y simple tierra
escribo para ti este canto.

No es para los héroes, es para
la antigua madre de los héroes.

Oda a los trenes del Sur

Trenes del Sur, pequeños
entre
los volcanes,
deslizando
vagones
sobre
rieles
mojados
por la lluvia vitalicia
entre montañas
crespas
y pesadumbre
de palos quemados.

Oh
frontera
de bosques goteantes,
de anchos helechos, de agua,
de coronas.
Oh territorio
fresco
recién salido del lago,
del río,
del mar o de la lluvia
con el pelo mojado,
con la cintura llena
de lianas portentosas,
y entonces
en el medio
de las vegetaciones,
en la raya
de la multiplicada cabellera,
un penacho perdido,
el plumero
de una locomotora fugitiva
con un tren arrastrando
cosas vagas
en la solemnidad aplastadora
de la naturaleza,
lanzando
un grito
de ansia,
de humo,
como un escalofrío
en el paisaje!

Así
desde sus olas
los trigales
con el tren pasajero
conversan como
si fuera

sombra, cascada o ave
de aquellas latitudes,
y el tren
su chisperío
de carbón abrasado
reparte
con oscura
malignidad
de diablo
y sigue,
sigue,
sigue,
trepa el alto viaducto
del río Malleco
como subiendo
por una guitarra
y canta
en las alturas
del equilibrio azul
de la ferretería,
silba el vibrante tren
del fin del mundo
como
si
se despidiera
y se fuera a caer donde
termina
el espacio terrestre,
se fuera a despeñar entre las islas
finales del océano.

Yo voy contigo,
tren, trepidante
tren
de la frontera:
voy a Renaico,
espérame,
tengo que comprar lana en Collipulli,

espérame, que tengo
que descender en Quepe,
en Loncoche, en Osorno,
buscar piñones, telas
recién tejidas, con olor
a oveja y lluvia...
Corre,
tren, oruga, susurro,
animalito longitudinal,
entre las hojas
frías
y la tierra fragante,
corre
con
taciturnos
hombres de negra manta,
con monturas,
con silenciosos sacos
de papas de las islas,
con la madera
del alerce rojo,
del oloroso coigue,
del roble sempiterno.

Oh tren
explorador
de soledades,
cuando vuelves
al hangar de Santiago,
a las colmenas
del hombre y su cruzado poderío,
duermes tal vez
por una noche triste
un sueño sin perfume,
sin nieves, sin raíces,
sin islas que te esperan en la lluvia,
inmóvil
entre anónimos
vagones.

Pero
yo, entre un océano
de trenes,
en el cielo
de las locomotoras,
te reconocería
por
cierto aire
de lejos, por tus ruedas
mojadas allá lejos,
y por tu traspasado
corazón que conoce
la indecible, salvaje,
lluviosa,
azul fragancia!

Oda a un tren en China

La tierra va rodando,
el tren rodando,
sólo el cielo está quieto.
Llanuras y banderas,
maíz, maíz de cabellera verde,
de cuando en cuando una bandera roja,
flor fugaz, amapola del camino.

El tren cruza corriendo
hacia Tsing Tao,
voy hacia el mar, hacia mi mar, el mismo,
el mismo convertido en misteriosa
arena y sal que no conoce mi alma.

El aire inmóvil recubierto
por escamosas nubes, por vapores
de lluvia gris, por silenciosas cintas

que circundan y cubren
la claridad, la soledad del cielo.
Oh viaje de mi vida,
una vez más plena luz,
en plena proporción y poesía
voy con el tren rodando,
como ayer en la infancia más lluviosa
voy con el tren aprendiendo la tierra
hacia donde el océano me llama.

Oda a la Tierra (II)

Tierra, quién
te midió y te puso
muros,
alambre,
cierros?
Naciste dividida?
Cuando los meteoros te cruzaron
y tu rostro crecía
desmoronando mares y peñascos,
quién repartió tus dones
entre unos cuantos seres?

Yo te acuso,
tuviste
sacudidas de muerte,
temblores de catástrofe,
hiciste polvo
las ciudades, los pueblos,
las pobres casas ciegas
de Chillán, destruiste
los arrabales de Valparaíso,
fuiste cólera
de iracunda potra

contra los apacibles habitantes
de mi patria,
y en cambio
soportaste
la división injusta
de tus predios,
no crepitó la lanza
del volcán encendido
contra el usurpador de territorio,
y en ti cayó no sólo el muerto justo,
el que cumplió sus días,
sino el acribillado
perseguido
a quien robaron campos y caballos,
y que por fin se desangró cayendo
sobre tu piel impasible.

Tu duro invierno al pobre diste,
la mina negra al buscador herido,
la cueva fue para el abandonado,
el quemante calor al hijo del desierto,
y así tu sombra injusta no dio consuelo a todos,
y tu fuego no fue bien repartido.

Tierra, escucha y medita
estas palabras,
las doy al viento para que vuelen,
caerán en tu vientre a germinar,
no más batallas, basta,
no queremos pagar tierra con sangre:
te queremos amar,
madre fecunda,
madre del pan y del hombre,
pero
madre de todo el pan y de todos los hombres.

Tempestad con silencio

Truena sobre los pinos.
La nube espesa desgranó sus uvas,
cayó el agua de todo el cielo vago,
el viento dispersó su transparencia,
se llenaron los árboles de anillos,
de collares, de lágrimas errantes.

Gota a gota
la lluvia se reúne
otra vez en la tierra.

Un solo trueno vuela
sobre el mar y los pinos,
un movimiento sordo:
un trueno opaco, oscuro,
son los muebles del cielo
que se arrastran.

De nube en nube caen
los pianos de la altura,
los armarios azules,
las sillas y las camas cristalinas.

Todo lo arrastra el viento.

Canta y cuenta la lluvia.

Las letras de agua caen
rompiendo las vocales
contra los techos. Todo
fue crónica perdida,
sonata dispersada gota a gota:
el corazón del agua y su escritura.

Terminó la tormenta.
Pero el silencio es otro.

Oda al violín de California

Como piedra en la costa
de California, un día
caí, desamparado:
la mañana era un látigo amarillo,
la tarde era una ráfaga
y llegaba la noche
como una copa limpia
colmada por estrellas y frescura.

Oh firmamento
grávido, tembloroso
pecho de estatua azul
sobre los arrabales mexicanos,
y allí en la costa
con
aquella tristeza transeúnte,
con una soledad de palo seco,
consumido y quemado,
tirado en el vaivén
de la marea
a la siniestra sal de California.

Entonces, en la noche
subió la voz
de un violín
flaco
y pobre:
era como un aullido
de perro vagabundo
que me lloraba y me buscaba,

era
la compañía,
el hombre que aullaba,
era otra soledad sobre la arena.

Busqué el violín nocturno
calle por calle negra,
casa por casa oxidada,
estrella por estrella:
se perdía,
callaba,
y era de pronto un surtidor,
                              un fuego
de Bengala en la noche salobre,
era una red de fósforo sonoro,
una espiral de dimensión sonora,
y yo por calle y calle
buscando
el hilo
del violín oscuro,
la raíz sumergida en el silencio
hasta que en una
puerta
de taberna
el hombre estaba con su
                              violín pobre.

Ya el último borracho
tambaleaba
hacia los dormitorios del navío,
las mesas ultrajadas
despedían las copas:
tampoco allí
esperaba nada a nadie:
el vino había partido,
la cerveza dormía,
y en la puerta
el violín con su raído

compañero,
volando,
volando
sobre la noche sola,
con una sola escala
de plata y de lamento,
con una sola red que sacaba
                              del cielo
fuego errante, cometas, trovadores,
y yo semidormido,
tragado por la boca
del estuario
toqué el violín, las cuerdas
madres de aquellos solitarios
                              llantos,
la madera gastada
por tantos dedos sumergidos,
reconocí la suavidad, el tacto
del instrumento puro, construido,
aquel violín de pobre
era familia,
era pariente mío,
no sólo por sonoro,
no sólo porque pudo levantar
su aullido
entre hostiles estrellas,
sino porque aprendió
desde su nacimiento
a acompañar perdidos,
a cantar para errantes.

Oda a los nombres de Venezuela

Los llanos requemados
de febrero,
ardiente es Venezuela

y el camino divide
su extensa llamarada,
la luz fecundadora
despojó el poderío
de la sombra.
Cruzo por el camino,
mientras crece
el planeta a cada lado,
desde Barquisimeto
hacia Acarigua.
Como un martillo
el sol
pega
en las ramas,
clava
clavos celestes
a la tierra,
estudia los rincones
y como un gallo encrespa
su plumaje
sobre las tejas verdes de Barinas,
sobre los párpados de Suruguapo.

Tus nombres, Venezuela,
los ritos
enterrados,
el agua, las batallas,
el sombrío
enlace de jaguar y cordilleras,
los plumajes
de las desconocidas
aves condecoradas
por la selva,
las palabras
apenas
entreabiertas
como de pluma o polen,
o los duros

nombres de lanza o piedra:
Aparurén, Guasipati, Canaima,
Casiquiare, Mavaca,
o más lejos, Maroa,
donde los ríos bajo las tinieblas
combaten como espadas,
arrastran tu existencia,
madera, espacio, sangre,
hacia la espuma férrea del Atlántico.

Nombres de Venezuela
fragantes y seguros
corriendo como el agua
sobre la tierra seca,
iluminando
el rostro
de la tierra
como el aranguaney cuando levanta
su pabellón de besos amarillos.

Ocumare,
eres ojo, espuma y perla,
Tocuyo, hijo de harina,
Siquisique, resbalas
como un jabón mojado y oloroso
y, si escogiera, el sol
nacería en el nombre de Carora,
el agua nacería en Cabudare,
la noche dormiría en Sabaneta.

En Chiriguare, en Guay, en Urucure,
en Coro, en Bucarai, en Moroturo,
en todas las regiones
de Venezuela desgranada
no recogí sino éste,
este tesoro:
las semillas ardientes de esos nombres,
que sembraré en la tierra mía, lejos.

Adiós a Venezuela

Antes, y para mí, sierras hostiles,
cordilleras oscuras
y pequeños soldados
de traje cruel y bala en boca,
me apartaron,
me dijeron: «No pases»,
«No veas», «No presencies».

Ahora regreso
de la anchura insigne,
de la espaciosa miel venezolana,
y fui, fuimos felices:
he tocado y he visto,
he presenciado,
hablé con la palmera,
conversé con el hombre,
me senté solo en las lejanas plazas,
hablé con el silencio,
toqué las tierras incendiadas,
suelo
de petróleo profundo:
nada estaba cerrado,
se abrió una puerta y no vi a nadie
porque allí estaban todos,
y no me dieron nada,
sino toda la tierra y todo el hombre.

Yo caminé la Venezuela dura,
las piedras del calvario,
la sangre de caminos y prisiones,
la camisa infernal que le cosieron
sus antiguos dolores
y vi una Venezuela
clara como la arepa,

firme y pura,
recién salida, intacta, del tormento.

Ay cuando hacia las islas
palpitantes pasaron
los corocoros como si pasara
volando el fuego vivo,
comprendí que nacía,
que por primera vez miraba el mundo
y que los ibis rojos esparcían
la semilla del sol sobre la tierra.

Me convidaste, patria calurosa,
a comer frente al mar o entre los montes
en tu mesa de pobres y de ricos,
y eras allí
perpetua y generosa
como si derramándote entregaras
no sólo el parto de la geología,
sino tu corazón interminable.

Por tus calles rosadas
subí a la rosa gris de la Charneca
y allí vi a los valientes,
a los pequeños hombres,
y mujeres, y niños,
que con fulgor, con piedras,
con corazón y palo
restauraron
la luz, tu luz, tu vida, nuestra vida.
Por esa luz pude llegar tan lejos
y tan cerca, a la piel de tus llanuras,
a la infinita línea de tus ríos
y ahora me voy, y a todo
le digo adiós, me voy con mi guitarra.
A mi patria regreso
con mi mujer, Matilde, y con mi canto.
No sé si volveremos.
Mientras tanto nos vamos con tu estrella.

EPÍLOGO

Deberes de mañana

Odas sin fin, mañana
y ayer (hoy es temprano)
nacen, nacieron, nacerán, sirviendo
la sed del caminante y del camino,
y caerán como la lluvia cae,
como el otoño cae
derramando
la claridad del riego
o un resumen errante y amarillo.

Todo a la luz serena de la noche,
a la sombra del día,
todo el viento que actúa
en la vacilación de las espigas,
toda el agua, en su idioma,
a la que dice tantas cosas claras
y al agua de la hondura,
agua secreta que no canta.

A todo sol, a toda luna vengo,
a todo perro, pájaro, navío,
a todo mueble, a todo ser humano.

Quién es? Ya voy! Espera!
Espera, rosa clara,
espera, trigo verde,
mineral de la tierra, espera,
nos queda tiempo para ser campana.

A toda rueda digo,
espera, rueda, espera:
ya voy, ya vengo, un solo
minuto
y rodaremos.

Sí, rueda, rodaremos,
insecto, insectaremos,
sí, fuego, fuegaremos,
sí, corazón,
lo sé,
lo sé,
y se sabe:
es a vida, es a muerte
este destino.

Cantando moriremos.

Cien sonetos de amor

[1957-1959]

A Matilde Urrutia

Señora mía muy amada, gran padecimiento tuve al escribirte estos mal llamados sonetos y harto me dolieron y costaron, pero la alegría de ofrecértelos es mayor que una pradera. Al proponérmelo bien sabía que al costado de cada uno, por afición electiva y elegancia, los poetas de todo tiempo dispusieron rimas que sonaron como platería, cristal o cañonazo. Yo, con mucha humildad hice estos sonetos de madera, les di el sonido de esta opaca y pura substancia y así deben llegar a tus oídos. Tú y yo caminando por bosques y arenales, por lagos perdidos, por cenicientas latitudes, recogimos fragmentos de palo puro, de maderos sometidos al vaivén del agua y la intemperie. De tales suavizadísimos vestigios construí con hacha, cuchillo, cortaplumas, estas madererías de amor y edifiqué pequeñas casas de catorce tablas para que en ellas vivan tus ojos que adoro y canto. Así establecidas mis razones de amor te entrego esta centuria: sonetos de madera que sólo se levantaron porque tú les diste la vida.

Octubre de 1959

MAÑANA

I

Matilde, nombre de planta o piedra o vino,
de lo que nace de la tierra y dura,
palabra en cuyo crecimiento amanece,
en cuyo estío estalla la luz de los limones.

En ese nombre corren navíos de madera
rodeados por enjambres de fuego azul marino,
y esas letras son el agua de un río
que desemboca en mi corazón calcinado.

Oh nombre descubierto bajo una enredadera
como la puerta de un túnel desconocido
que comunica con la fragancia del mundo!

Oh invádeme con tu boca abrasadora,
indágame, si quieres, con tus ojos nocturnos,
pero en tu nombre déjame navegar y dormir.

II

Amor, cuántos caminos hasta llegar a un beso,
qué soledad errante hasta tu compañía!
Siguen los trenes solos rodando con la lluvia.
En Taltal no amanece aún la primavera.

Pero tú y yo, amor mío, estamos juntos,
juntos desde la ropa a las raíces,
juntos de otoño, de agua, de caderas,
hasta ser sólo tú, sólo yo juntos.

Pensar que costó tantas piedras que lleva el río,
la desembocadura del agua de Boroa,
pensar que separados por trenes y naciones

tú y yo teníamos que simplemente amarnos,
con todos confundidos, con hombres y mujeres,
con la tierra que implanta y educa los claveles.

III

Áspero amor, violeta coronada de espinas,
matorral entre tantas pasiones erizado,
lanza de los dolores, corola de la cólera,
por qué caminos y cómo té dirigiste a mi alma?

Por qué precipitaste tu fuego doloroso,
de pronto, entre las hojas frías de mi camino?
Quién te enseñó los pasos que hasta mí te llevaron?
Qué flor, qué piedra, qué humo mostraron mi morada?

Lo cierto es que tembló la noche pavorosa,
el alba llenó todas las copas con su vino
y el sol estableció su presencia celeste,

mientras que el cruel amor me cercaba sin tregua
hasta que lacerándome con espadas y espinas
abrió en mi corazón un camino quemante.

IV

Recordarás aquella quebrada caprichosa
a donde los aromas palpitantes treparon,
de cuando en cuando un pájaro vestido
con agua y lentitud: traje de invierno.

Recordarás los dones de la tierra:
irascible fragancia, barro de oro,
hierbas del matorral, locas raíces,
sortílegas espinas como espadas.

Recordarás el ramo que trajiste,
ramo de sombra y agua con silencio,
ramo como una piedra con espuma.

Y aquella vez fue como nunca y siempre:
vamos allí donde no espera nada
y hallamos todo lo que está esperando.

V

No te toque la noche ni el aire ni la aurora,
sólo la tierra, la virtud de los racimos,
las manzanas que crecen oyendo el agua pura,
el barro y las resinas de tu país fragante.

Desde Quinchamalí donde hicieron tus ojos
hasta tus pies creados para mí en la Frontera
eres la greda oscura que conozco:
en tus caderas toco de nuevo todo el trigo.

Tal vez tú no sabías, araucana,
que cuando antes de amarte me olvidé de tus besos
mi corazón quedó recordando tu boca

y fui como un herido por las calles
hasta que comprendí que había encontrado,
amor, mi territorio de besos y volcanes.

VI

En los bosques, perdido, corté una rama oscura
y a los labios, sediento, levanté su susurro:
era tal vez la voz de la lluvia llorando,
una campana rota o un corazón cortado.

Algo que desde tan lejos me parecía
oculto gravemente, cubierto por la tierra,
un grito ensordecido por inmensos otoños,
por la entreabierta y húmeda tiniebla de las hojas.

Pero allí, despertando de los sueños del bosque,
la rama de avellano cantó bajo mi boca
y su errabundo olor trepó por mi criterio

como si me buscaran de pronto las raíces
que abandoné, la tierra perdida con mi infancia,
y me detuve herido por el aroma errante.

VII

«Vendrás conmigo» –dije, sin que nadie supiera
dónde y cómo latía mi estado doloroso,

y para mí no había clavel ni barcarola,
nada sino una herida por el amor abierta.

Repetí: ven conmigo, como si me muriera,
y nadie vio en mi boca la luna que sangraba,
nadie vio aquella sangre que subía al silencio.
Oh amor, ahora olvidemos la estrella con espinas!

Por eso cuando oí que tu voz repetía
«Vendrás conmigo» – fue como si desataras
dolor, amor, la furia del vino encarcelado

que desde su bodega sumergida subiera
y otra vez en mi boca sentí un sabor de llama,
de sangre y de claveles, de piedra y quemadura.

VIII

Si no fuera porque tus ojos tienen color de luna,
de día con arcilla, con trabajo, con fuego,
y aprisionada tienes la agilidad del aire,
si no fuera porque eres una semana de ámbar,

si no fuera porque eres el momento amarillo
en que el otoño sube por las enredaderas
y eres aún el pan que la luna fragante
elabora paseando su harina por el cielo,

oh, bienamada, yo no te amaría!
En tu abrazo yo abrazo lo que existe,
la arena, el tiempo, el árbol de la lluvia,

y todo vive para que yo viva:
sin ir tan lejos puedo verlo todo:
veo en tu vida todo lo viviente.

IX

Al golpe de la ola contra la piedra indócil
la claridad estalla y establece su rosa
y el círculo del mar se reduce a un racimo,
a una sola gota de sal azul que cae.

Oh radiante magnolia desatada en la espuma,
magnética viajera cuya muerte florece
y eternamente vuelve a ser y a no ser nada:
sal rota, deslumbrante movimiento marino.

Juntos tú y yo, amor mío, sellamos el silencio,
mientras destruye el mar sus constantes estatuas
y derrumba sus torres de arrebato y blancura,

porque en la trama de estos tejidos invisibles
del agua desbocada, de la incesante arena,
sostenemos la única y acosada ternura.

X

Suave es la bella como si música y madera,
ágata, telas, trigo, duraznos transparentes,
hubieran erigido la fugitiva estatua.
Hacia la ola dirige su contraria frescura.

El mar moja bruñidos pies copiados
a la forma recién trabajada en la arena
y es ahora su fuego femenino de rosa
una sola burbuja que el sol y el mar combaten.

Ay, que nada te toque sino la sal del frío!
Que ni el amor destruya la primavera intacta.
Hermosa, reverbero de la indeleble espuma,

deja que tus caderas impongan en el agua
una medida nueva de cisne o de nenúfar
y navegue tu estatua por el cristal eterno.

XI

Tengo hambre de tu boca, de tu voz, de tu pelo
y por las calles voy sin nutrirme, callado,
no me sostiene el pan, el alba me desquicia,
busco el sonido líquido de tus pies en el día.

Estoy hambriento de tu risa resbalada,
de tus manos color de furioso granero,
tengo hambre de la pálida piedra de tus uñas,
quiero comer tu piel como una intacta almendra.

Quiero comer el rayo quemado en tu hermosura,
la nariz soberana del arrogante rostro,
quiero comer la sombra fugaz de tus pestañas

y hambriento vengo y voy olfateando el crepúsculo
buscándote, buscando tu corazón caliente
como un puma en la soledad de Quitratúe.

XII

Plena mujer, manzana carnal, luna caliente,
espeso aroma de algas, lodo y luz machacados,

qué oscura claridad se abre entre tus columnas?
Qué antigua noche el hombre toca con sus sentidos?

Ay, amar es un viaje con agua y con estrellas,
con aire ahogado y bruscas tempestades de harina:
amar es un combate de relámpagos
y dos cuerpos por una sola miel derrotados.

Beso a beso recorro tu pequeño infinito,
tus imágenes, tus ríos, tus pueblos diminutos,
y el fuego genital transformado en delicia

corre por los delgados caminos de la sangre
hasta precipitarse como un clavel nocturno,
hasta ser y no ser sino un rayo en la sombra.

XIII

La luz que de tus pies sube a tu cabellera,
la turgencia que envuelve tu forma delicada,
no es de nácar marino, nunca de plata fría:
eres de pan, de pan amado por el fuego.

La harina levantó su granero contigo
y creció incrementada por la edad venturosa,
cuando los cereales duplicaron tu pecho
mi amor era el carbón trabajando en la tierra.

Oh, pan tu frente, pan tus piernas, pan tu boca,
pan que devoro y nace con luz cada mañana,
bienamada, bandera de las panaderías,

una lección de sangre te dio el fuego,
de la harina aprendiste a ser sagrada,
y del pan el idioma y el aroma.

XIV

Me falta tiempo para celebrar tus cabellos.
Uno por uno debo contarlos y alabarlos:
otros amantes quieren vivir con ciertos ojos,
yo sólo quiero ser tu peluquero.

En Italia te bautizaron Medusa
por la encrespada y alta luz de tu cabellera.
Yo te llamo chascona mía y enmarañada:
mi corazón conoce las puertas de tu pelo.

Cuando tú te extravíes en tus propios cabellos,
no me olvides, acuérdate que te amo,
no me dejes perdido ir sin tu cabellera

por el mundo sombrío de todos los caminos
que sólo tiene sombra, transitorios dolores,
hasta que el sol sube a la torre de tu pelo.

XV

Desde hace mucho tiempo la tierra te conoce:
eres compacta como el pan o la madera,
eres cuerpo, racimo de segura substancia,
tienes peso de acacia, de legumbre dorada.

Sé que existes no sólo porque tus ojos vuelan
y dan luz a las cosas como ventana abierta,
sino porque de barro te hicieron y cocieron
en Chillán, en un horno de adobe estupefacto.

Los seres se derraman como aire o agua o frío
y vagos son, se borran al contacto del tiempo,
como si antes de muertos fueran desmenuzados.

Tú caerás conmigo como piedra en la tumba
y así por nuestro amor que no fue consumido
continuará viviendo con nosotros la tierra.

XVI

Amo el trozo de tierra que tú eres,
porque de las praderas planetarias
otra estrella no tengo. Tú repites
la multiplicación del universo.

Tus anchos ojos son la luz que tengo
de las constelaciones derrotadas,
tu piel palpita como los caminos
que recorre en la lluvia el meteoro.

De tanta luna fueron para mí tus caderas,
de todo el sol tu boca profunda y su delicia,
de tanta luz ardiente como miel en la sombra

tu corazón quemado por largos rayos rojos,
y así recorro el fuego de tu forma besándote,
pequeña y planetaria, paloma y geografía.

XVII

No te amo como si fueras rosa de sal, topacio
o flecha de claveles que propagan el fuego:

te amo como se aman ciertas cosas oscuras,
secretamente, entre la sombra y el alma.

Te amo como la planta que no florece y lleva
dentro de sí, escondida, la luz de aquellas flores,
y gracias a tu amor vive oscuro en mi cuerpo
el apretado aroma que ascendió de la tierra.

Te amo sin saber cómo, ni cuándo, ni de dónde,
te amo directamente sin problemas ni orgullo:
así te amo porque no sé amar de otra manera,

sino así de este modo en que no soy ni eres,
tan cerca que tu mano sobre mi pecho es mía,
tan cerca que se cierran tus ojos con mi sueño.

XVIII

Por las montañas vas como viene la brisa
o la corriente brusca que baja de la nieve
o bien tu cabellera palpitante confirma
los altos ornamentos del sol en la espesura.

Toda la luz del Cáucaso cae sobre tu cuerpo
como en una pequeña vasija interminable
en que el agua se cambia de vestido y de canto
a cada movimiento transparente del río.

Por los montes el viejo camino de guerreros
y abajo enfurecida brilla como una espada
el agua entre murallas de manos minerales,

hasta que tú recibes de los bosques de pronto
el ramo o el relámpago de unas flores azules
y la insólita flecha de un aroma salvaje.

XIX

Mientras la magna espuma de Isla Negra,
la sal azul, el sol en las olas te mojan,
yo miro los trabajos de la avispa
empeñada en la miel de su universo.

Va y viene equilibrando su recto y rubio vuelo
como si deslizara de un alambre invisible
la elegancia del baile, la sed de su cintura,
y los asesinatos del aguijón maligno.

De petróleo y naranja es su arco iris,
busca como un avión entre la hierba,
con un rumor de espiga vuela, desaparece,

mientras que tú sales del mar, desnuda,
y regresas al mundo llena de sal y sol,
reverberante estatua y espada de la arena.

XX

Mi fea, eres una castaña despeinada,
mi bella, eres hermosa como el viento,
mi fea, de tu boca se pueden hacer dos,
mi bella, son tus besos frescos como sandías.

Mi fea, dónde están escondidos tus senos?
Son mínimos como dos copas de trigo.
Me gustaría verte dos lunas en el pecho:
las gigantescas torres de tu soberanía.

Mi fea, el mar no tiene tus uñas en su tienda,
mi bella, flor a flor, estrella por estrella,
ola por ola, amor, he contado tu cuerpo:

mi fea, te amo por tu cintura de oro,
mi bella, te amo por una arruga en tu frente,
amor, te amo por clara y por oscura.

XXI

Oh que todo el amor propague en mí su boca,
que no sufra un momento más sin primavera,
yo no vendí sino mis manos al dolor,
ahora, bienamada, déjame con tus besos.

Cubre la luz del mes abierto con tu aroma,
cierra las puertas con tu cabellera,
y en cuanto a mí no olvides que si despierto y lloro
es porque en sueños sólo soy un niño perdido

que busca entre las hojas de la noche tus manos,
el contacto del trigo que tú me comunicas,
un rapto centelleante de sombra y energía.

Oh, bienamada, y nada más que sombra
por donde me acompañes en tus sueños
y me digas la hora de la luz.

XXII

*Cuántas veces, amor, te amé sin verte y tal vez sin recuerdo,
sin reconocer tu mirada, sin mirarte, centaura,*

en regiones contrarias, en un mediodía quemante:
eras sólo el aroma de los cereales que amo.

Tal vez te vi, te supuse al pasar levantando una copa
en Angol, a la luz de la luna de junio,
o eras tú la cintura de aquella guitarra
que toqué en las tinieblas y sonó como el mar desmedido.

Te amé sin que yo lo supiera, y busqué tu memoria.
En las casas vacías entré con linterna a robar tu retrato.
Pero yo ya sabía cómo eras. De pronto

mientras ibas conmigo te toqué y se detuvo mi vida:
frente a mis ojos estabas, reinándome, y reinas.
Como hoguera en los bosques el fuego es tu reino.

XXIII

Fue luz el fuego y pan la luna rencorosa,
el jazmín duplicó su estrellado secreto,
y del terrible amor las suaves manos puras
dieron paz a mis ojos y sol a mis sentidos.

Oh amor, cómo de pronto, de las desgarraduras
hiciste el edificio de la dulce firmeza,
derrotaste las uñas malignas y celosas
y hoy frente al mundo somos como una sola vida.

Así fue, así es y así será hasta cuando,
salvaje y dulce amor, bienamada Matilde,
el tiempo nos señale la flor final del día.

Sin ti, sin mí, sin luz ya no seremos:
entonces más allá de la tierra y la sombra
el resplandor de nuestro amor seguirá vivo.

XXIV

Amor, amor, las nubes a la torre del cielo
subieron como triunfantes lavanderas,
y todo ardió en azul, todo fue estrella:
el mar, la nave, el día se desterraron juntos.

Ven a ver los cerezos del agua constelada
y la clave redonda del rápido universo,
ven a tocar el fuego del azul instantáneo,
ven antes de que sus pétalos se consuman.

No hay aquí sino luz, cantidades, racimos,
espacio abierto por las virtudes del viento
hasta entregar los últimos secretos de la espuma.

Y entre tantos azules celestes, sumergidos,
se pierden nuestros ojos adivinando apenas
los poderes del aire, las llaves submarinas.

XXV

Antes de amarte, amor, nada era mío:
vacilé por las calles y las cosas:
nada contaba ni tenía nombre:
el mundo era del aire que esperaba.

Yo conocí salones cenicientos,
túneles habitados por la luna,
hangares crueles que se despedían,
preguntas que insistían en la arena.

Todo estaba vacío, muerto y mudo,
caído, abandonado y decaído,
todo era inalienablemente ajeno,

todo era de los otros y de nadie,
hasta que tu belleza y tu pobreza
llenaron el otoño de regalos.

XXVI

Ni el color de las dunas terribles en Iquique,
ni el estuario del Río Dulce de Guatemala,
cambiaron tu perfil conquistado en el trigo,
tu estilo de uva grande, tu boca de guitarra.

Oh corazón, oh mía desde todo el silencio,
desde las cumbres donde reinó la enredadera
hasta las desoladas planicies del platino,
en toda patria pura te repitió la tierra.

Pero ni huraña mano de montes minerales,
ni nieve tibetana, ni piedra de Polonia,
nada alteró tu forma de cereal viajero,

como si greda o trigo, guitarras o racimos
de Chillán defendieran en ti su territorio
imponiendo el mandato de la luna silvestre.

XXVII

Desnuda eres tan simple como una de tus manos,
lisa, terrestre, mínima, redonda, transparente,

tienes líneas de luna, caminos de manzana,
desnuda eres delgada como el trigo desnudo.

Desnuda eres azul como la noche en Cuba,
tienes enredaderas y estrellas en el pelo,
desnuda eres enorme y amarilla
como el verano en una iglesia de oro.

Desnuda eres pequeña como una de tus uñas,
curva, sutil, rosada hasta que nace el día
y te metes en el subterráneo del mundo

como en un largo túnel de trajes y trabajos:
tu claridad se apaga, se viste, se deshoja
y otra vez vuelve a ser una mano desnuda.

XXVIII

Amor, de grano a grano, de planeta a planeta,
la red del viento con sus países sombríos,
la guerra con sus zapatos de sangre,
o bien el día y la noche de la espiga.

Por donde fuimos, islas o puentes o banderas,
violines del fugaz otoño acribillado,
repitió la alegría los labios de la copa,
el dolor nos detuvo con su lección de llanto.

En todas las repúblicas desarrollaba el viento
su pabellón impune, su glacial cabellera
y luego regresaba la flor a sus trabajos.

Pero en nosotros nunca se calcinó el otoño.
Y en nuestra patria inmóvil germinaba y crecía
el amor con los derechos del rocío.

XXIX

Vienes de la pobreza de las casas del Sur,
de las regiones duras con frío y terremoto
que cuando hasta sus dioses rodaron a la muerte
nos dieron la lección de la vida en la greda.

Eres un caballito de greda negra, un beso
de barro oscuro, amor, amapola de greda,
paloma del crepúsculo que voló en los caminos,
alcancía con lágrimas de nuestra pobre infancia.

Muchacha, has conservado tu corazón de pobre,
tus pies de pobre acostumbrados a las piedras,
tu boca que no siempre tuvo pan o delicia.

Eres del pobre Sur, de donde viene mi alma:
en su cielo tu madre sigue lavando ropa
con mi madre. Por eso te escogí, compañera.

XXX

Tienes del archipiélago las hebras del alerce,
la carne trabajada por los siglos del tiempo,
venas que conocieron el mar de las maderas,
sangre verde caída del cielo a la memoria.

Nadie recogerá mi corazón perdido
entre tantas raíces, en la amarga frescura
del sol multiplicado por la furia del agua,
allí vive la sombra que no viaja conmigo.

Por eso tú saliste del Sur como una isla
poblada y coronada por plumas y maderas
y yo sentí el aroma de los bosques errantes,

hallé la miel oscura que conocí en la selva,
y toqué en tus caderas los pétalos sombríos
que nacieron conmigo y construyeron mi alma.

XXXI

Con laureles del Sur y orégano de Lota
te corono, pequeña monarca de mis huesos,
y no puede faltarte esa corona
que elabora la tierra con bálsamo y follaje.

Eres, como el que te ama, de las provincias verdes:
de allá trajimos barro que nos corre en la sangre,
en la ciudad andamos, como tantos, perdidos,
temerosos de que cierren el mercado.

Bienamada, tu sombra tiene olor a ciruela,
tus ojos escondieron en el Sur sus raíces,
tu corazón es una paloma de alcancía,

tu cuerpo es liso como las piedras en el agua,
tus besos son racimos con rocío,
y yo a tu lado vivo con la tierra.

XXXII

La casa en la mañana con la verdad revuelta
de sábanas y plumas, el origen del día

sin dirección, errante como una pobre barca,
entre los horizontes del orden y del sueño.

Las cosas quieren arrastrar vestigios,
adherencias sin rumbo, herencias frías,
los papeles esconden vocales arrugadas
y en la botella el vino quiere seguir su ayer.

Ordenadora, pasas vibrando como abeja
tocando las regiones perdidas por la sombra,
conquistando la luz con tu blanca energía.

Y se construye entonces la claridad de nuevo:
Obedecen las cosas al viento de la vida
y el orden establece su pan y su paloma.

MEDIODÍA

XXXIII

Amor, ahora nos vamos a la casa
donde la enredadera sube por las escalas:
antes que llegues tú llegó a tu dormitorio
el verano desnudo con pies de madreselva.

Nuestros besos errantes recorrieron el mundo:
Armenia, espesa gota de miel desenterrada,
Ceylán, paloma verde, y el Yang-Tsé separando
con antigua paciencia los días de las noches.

Y ahora, bienamada, por el mar crepitante
volvemos como dos aves ciegas al muro,
al nido de la lejana primavera,

porque el amor no puede volar sin detenerse:
al muro o a las piedras del mar van nuestras vidas,
a nuestro territorio regresaron los besos.

XXXIV

Eres hija del mar y prima del orégano,
nadadora, tu cuerpo es de agua pura,
cocinera, tu sangre es tierra viva
y tus costumbres son floridas y terrestres.

Al agua van tus ojos y levantan las olas,
a la tierra tus manos y saltan las semillas,
en agua y tierra tienes propiedades profundas
que en ti se juntan como las leyes de la greda.

Náyade, corta tu cuerpo la turquesa
y luego resurrecto florece en la cocina
de tal modo que asumes cuanto existe

y al fin duermes rodeada por mis brazos que apartan
de la sombra sombría, para que tú descanses,
legumbres, algas, hierbas: la espuma de tus sueños.

XXXV

Tu mano fue volando de mis ojos al día.
Entró la luz como un rosal abierto.
Arena y cielo palpitaban como una
culminante colmena cortada en las turquesas.

Tu mano tocó sílabas que tintineaban, copas,
alcuzas con aceites amarillos,
corolas, manantiales y, sobre todo, amor,
amor: tu mano pura preservó las cucharas.

La tarde fue. La noche deslizó sigilosa
sobre el sueño del hombre su cápsula celeste.
Un triste olor salvaje soltó la madreselva.

Y tu mano volvió de su vuelo volando
a cerrar su plumaje que yo creí perdido
sobre mis ojos devorados por la sombra.

XXXVI

Corazón mío, reina del apio y de la artesa:
pequeña leoparda del hilo y la cebolla:
me gusta ver brillar tu imperio diminuto,
las armas de la cera, del vino, del aceite,

del ajo, de la tierra por tus manos abierta,
de la substancia azul encendida en tus manos,
de la transmigración del sueño a la ensalada,
del reptil enrollado en la manguera.

Tú, con tu podadora levantando el perfume,
tú, con la dirección del jabón en la espuma,
tú, subiendo mis locas escalas y escaleras,

tú, manejando el síntoma de mi caligrafía
y encontrando en la arena del cuaderno
las letras extraviadas que buscaban tu boca.

XXXVII

Oh amor, oh rayo loco y amenaza purpúrea,
me visitas y subes por tu fresca escalera
el castillo que el tiempo coronó de neblinas,
las pálidas paredes del corazón cerrado.

Nadie sabrá que sólo fue la delicadeza
construyendo cristales duros como ciudades
y que la sangre abría túneles desdichados
sin que su monarquía derribara el invierno.

Por eso, amor, tu boca, tu piel, tu luz, tus penas,
fueron el patrimonio de la vida, los dones
sagrados de la lluvia, de la naturaleza

que recibe y levanta la gravidez del grano,
la tempestad secreta del vino en las bodegas,
la llamarada del cereal en el suelo.

XXXVIII

Tu casa suena como un tren a mediodía,
zumban las avispas, cantan las cacerolas,
la cascada enumera los hechos del rocío,
tu risa desarrolla su trino de palmera.

La luz azul del muro conversa con la piedra,
llega como un pastor silbando un telegrama
y entre las dos higueras de voz verde,
Homero sube con zapatos sigilosos.

Sólo aquí la ciudad no tiene voz ni llanto,
ni sin fin, ni sonatas, ni labios, ni bocina,
sino un discurso de cascada y de leones,

y tú que subes, cantas, corres, caminas, bajas,
plantas, coses, cocinas, clavas, escribes, vuelves
o te has ido y se sabe que comenzó el invierno.

XXXIX

Pero olvidé que tus manos satisfacían
las raíces regando rosas enmarañadas,

hasta que florecieron tus huellas digitales
en la plenaria paz de la naturaleza.

El azadón y el agua como animales tuyos
te acompañan, mordiendo y lamiendo la tierra,
y es así cómo, trabajando, desprendes
fecundidad, fogosa frescura de claveles.

Amor y honor de abejas pido para tus manos
que en la tierra confunden su estirpe transparente,
y hasta en mi corazón abren su agricultura,

de tal modo que soy como piedra quemada
que de pronto, contigo, canta, porque recibe
el agua de los bosques por tu voz conducida.

XL

Era verde el silencio, mojada era la luz,
temblaba el mes de junio como una mariposa
y en el austral dominio, desde el mar y las piedras,
Matilde, atravesaste el mediodía.

Ibas cargada de flores ferruginosas,
algas que el viento sur atormenta y olvida,
aún blancas, agrietadas por la sal devorante,
tus manos levantaban las espigas de arena.

Amo tus dones puros, tu piel de piedra intacta,
tus uñas ofrecidas en el sol de tus dedos,
tu boca derramada por toda la alegría,

pero, para mi casa vecina del abismo,
dame el atormentado sistema del silencio,
el pabellón del mar olvidado en la arena.

XLI

Desdichas del mes de enero cuando el indiferente
mediodía establece su ecuación en el cielo,
un oro duro como el vino de una copa colmada
llena la tierra hasta sus límites azules.

Desdichas de este tiempo parecidas a uvas
pequeñas que agruparon verde amargo,
confusas, escondidas lágrimas de los días,
hasta que la intemperie publicó sus racimos.

Sí, gérmenes, dolores, todo lo que palpita
aterrado, a la luz crepitante de enero,
madurará, arderá como ardieron los frutos.

Divididos serán los pesares: el alma
dará un golpe de viento, y la morada
quedará limpia con el pan fresco en la mesa.

XLII

Radiantes días balanceados por el agua marina,
concentrados como el interior de una piedra amarilla
cuyo esplendor de miel no derribó el desorden:
preservó su pureza de rectángulo.

Crepita, sí, la hora como fuego o abejas
y es verde la tarea de sumergirse en hojas,
hasta que hacia la altura es el follaje
un mundo centelleante que se apaga y susurra.

Sed del fuego abrasadora multitud del estío
que construye un Edén con unas cuantas hojas,
porque la tierra de rostro oscuro no quiere sufrimientos,

sino frescura o fuego, agua o pan para todos,
y nada debería dividir a los hombres
sino el sol o la noche, la luna o las espigas.

XLIII

Un signo tuyo busco en todas las otras,
en el brusco, ondulante río de las mujeres,
trenzas, ojos apenas sumergidos,
pies claros que resbalan navegando en la espuma.

De pronto me parece que diviso tus uñas
oblongas, fugitivas, sobrinas de un cerezo,
y otra vez es tu pelo que pasa y me parece
ver arder en el agua tu retrato de hoguera.

Miré, pero ninguna llevaba tu latido,
tu luz, la greda oscura que trajiste del bosque,
ninguna tuvo tus diminutas orejas.

Tú eres total y breve, de todas eres una,
y así contigo voy recorriendo y amando
un ancho Mississippi de estuario femenino.

XLIV

Sabrás que no te amo y que te amo
puesto que de dos modos es la vida,

la palabra es un ala del silencio,
el fuego tiene una mitad de frío.

Yo te amo para comenzar a amarte,
para recomenzar el infinito
y para no dejar de amarte nunca:
por eso no te amo todavía.

Te amo y no te amo como si tuviera
en mis manos las llaves de la dicha
y un incierto destino desdichado.

Mi amor tiene dos vidas para amarte.
Por eso te amo cuando no te amo
y por eso te amo cuando te amo.

XLV

No estés lejos de mí un solo día, porque cómo,
porque, no sé decirlo, es largo el día,
y te estaré esperando como en las estaciones
cuando en alguna parte se durmieron los trenes.

No te vayas por una hora porque entonces
en esa hora se juntan las gotas del desvelo
y tal vez todo el humo que anda buscando casa
venga a matar aún mi corazón perdido.

Ay que no se quebrante tu silueta en la arena,
ay que no vuelen tus párpados en la ausencia:
no te vayas por un minuto, bienamada,

porque en ese minuto te habrás ido tan lejos
que yo cruzaré toda la tierra preguntando
si volverás o si me dejarás muriendo.

XLVI

De las estrellas que admiré, mojadas
por ríos y rocíos diferentes,
yo no escogí sino la que yo amaba
y desde entonces duermo con la noche.

De la ola, una ola y otra ola,
verde mar, verde frío, rama verde,
yo no escogí sino una sola ola:
la ola indivisible de tu cuerpo.

Todas las gotas, todas las raíces,
todos los hilos de la luz vinieron,
me vinieron a ver tarde o temprano.

Yo quise para mí tu cabellera.
Y de todos los dones de mi patria
sólo escogí tu corazón salvaje.

XLVII

Detrás de mí en la rama quiero verte.
Poco a poco te convertiste en fruto.
No te costó subir de las raíces
cantando con tu sílaba de savia.

Y aquí estarás primero en flor fragante,
en la estatua de un beso convertida,
hasta que sol y tierra, sangre y cielo,
te otorguen la delicia y la dulzura.

En la rama veré tu cabellera,
tu signo madurando en el follaje,
acercando las hojas a mi sed,

y llenará mi boca tu substancia,
el beso que subió desde la tierra
con tu sangre de fruta enamorada.

XLVIII

Dos amantes dichosos hacen un solo pan,
una sola gota de luna en la hierba,
dejan andando dos sombras que se reúnen,
dejan un solo sol vacío en una cama.

De todas las verdades escogieron el día:
no se ataron con hilos sino con un aroma,
y no despedazaron la paz ni las palabras.
La dicha es una torre transparente.

El aire, el vino van con los dos amantes,
la noche les regala sus pétalos dichosos,
tienen derecho a todos los claveles.

Dos amantes dichosos no tienen fin ni muerte,
nacen y mueren muchas veces mientras viven,
tienen la eternidad de la naturaleza.

XLIX

Es hoy: todo el ayer se fue cayendo
entre dedos de luz y ojos de sueño,

mañana llegará con pasos verdes:
nadie detiene el río de la aurora.

Nadie detiene el río de tus manos,
los ojos de tu sueño, bienamada,
eres temblor del tiempo que transcurre
entre luz vertical y sol sombrío,

y el cielo cierra sobre ti sus alas
llevándote y trayéndote a mis brazos
con puntual, misteriosa cortesía:

por eso canto al día y a la luna,
al mar, al tiempo, a todos los planetas,
a tu voz diurna y a tu piel nocturna.

L

Cotapos dice que tu risa cae
como un halcón desde una brusca torre
y, es verdad, atraviesas el follaje del mundo
con un solo relámpago de tu estirpe celeste

que cae, y corta, y saltan las lenguas del rocío,
las aguas del diamante, la luz con sus abejas
y allí donde vivía con su barba el silencio
estallan las granadas del sol y las estrellas,

se viene abajo el cielo con la noche sombría,
arden a plena luna campanas y claveles,
y corren los caballos de los talabarteros:

porque tú siendo tan pequeñita como eres
dejas caer la risa desde tu meteoro
electrizando el nombre de la naturaleza.

LI

Tu risa pertenece a un árbol entreabierto
por un rayo, por un relámpago plateado
que desde el cielo cae quebrándose en la copa,
partiendo en dos el árbol con una sola espada.

Sólo en las tierras altas de follaje con nieve
nace una risa como la tuya, bienamante,
es la risa del aire desatado en la altura,
costumbres de araucaria, bienamada.

Cordillerana mía, chillaneja evidente,
corta con los cuchillos de tu risa la sombra,
la noche, la mañana, la miel del mediodía,

y que salten al cielo las aves del follaje
cuando como una luz derrochadora
rompe tu risa el árbol de la vida.

LII

Cantas y a sol y a cielo con tu canto
tu voz desgrana el cereal del día,
hablan los pinos con su lengua verde:
trinan todas las aves del invierno.

El mar llena sus sótanos de pasos,
de campanas, cadenas y gemidos,
tintinean metales y utensilios,
suenan las ruedas de la caravana.

Pero sólo tu voz escucho y sube
tu voz con vuelo y precisión de flecha,
baja tu voz con gravedad de lluvia,

tu voz esparce altísimas espadas,
vuelve tu voz cargada de violetas
y luego me acompaña por el cielo.

LIII

Aquí está el pan, el vino, la mesa, la morada:
el menester del hombre, la mujer y la vida:
a este sitio corría la paz vertiginosa,
por esta luz ardió la común quemadura.

Honor a tus dos manos que vuelan preparando
los blancos resultados del canto y la cocina,
salve! la integridad de tus pies corredores,
viva! la bailarina que baila con la escoba.

Aquellos bruscos ríos con aguas y amenazas,
aquel atormentado pabellón de la espuma,
aquellos incendiarios panales y arrecifes

son hoy este reposo de tu sangre en la mía,
este cauce estrellado y azul como la noche,
esta simplicidad sin fin de la ternura.

TARDE

LIV

Espléndida razón, demonio claro
del racimo absoluto, del recto mediodía,
aquí estamos al fin, sin soledad y solos,
lejos del desvarío de la ciudad salvaje.

Cuando la línea pura rodea su paloma
y el fuego condecora la paz con su alimento
tú y yo erigimos este celeste resultado.
Razón y amor desnudos viven en esta casa.

Sueños furiosos, ríos de amarga certidumbre,
decisiones más duras que el sueño de un martillo
cayeron en la doble copa de los amantes.

Hasta que en la balanza se elevaron, gemelos,
la razón y el amor como dos alas.
Así se construyó la transparencia.

LV

Espinas, vidrios rotos, enfermedades, llanto
asedian día y noche la miel de los felices
y no sirve la torre, ni el viaje, ni los muros:
la desdicha atraviesa la paz de los dormidos,

el dolor sube y baja y acerca sus cucharas
y no hay hombre sin este movimiento,
no hay natalicio, no hay techo ni cercado:
hay que tomar en cuenta este atributo.

Y en el amor no valen tampoco ojos cerrados,
profundos lechos, lejos del pestilente herido
o del que paso a paso conquista su bandera.

Porque la vida pega como cólera o río
y abre un túnel sangriento por donde nos vigilan
los ojos de una inmensa familia de dolores.

LVI

Acostúmbrate a ver detrás de mí la sombra
y que tus manos salgan del rencor, transparentes,
como si en la mañana del mar fueran creadas:
la sal te dio, amor mío, proporción cristalina.

La envidia sufre, muere, se agota con mi canto.
Uno a uno agonizan sus tristes capitanes.
Yo digo amor, y el mundo se puebla de palomas.
Cada sílaba mía trae la primavera.

Entonces tú, florida, corazón, bienamada,
sobre mis ojos como los follajes del cielo
eres, y yo te miro recostada en la tierra.

Veo el sol transmigrar racimos a tu rostro,
mirando hacia la altura reconozco tus pasos.
Matilde, bienamada, diadema, bienvenida!

LVII

Mienten los que dijeron que yo perdí la luna,
los que profetizaron mi porvenir de arena,
aseveraron tantas cosas con lenguas frías:
quisieron prohibir la flor del universo.

«Ya no cantará más el ámbar insurgente
de la sirena, no tiene sino pueblo.»
Y masticaban sus incesantes papeles
patrocinando para mi guitarra el olvido.

Yo les lancé a los ojos las lanzas deslumbrantes
de nuestro amor clavando tu corazón y el mío,
yo reclamé el jazmín que dejaban tus huellas,

yo me perdí de noche sin luz bajo tus párpados
y cuando me envolvió la claridad
nací de nuevo, dueño de mi propia tiniebla.

LVIII

Entre los espadones de fierro literario
paso yo como un marinero remoto
que no conoce las esquinas y que canta
porque sí, porque como si no fuera por eso.

De los atormentados archipiélagos traje
mi acordeón con borrascas, rachas de lluvia loca,
y una costumbre lenta de cosas naturales:
ellas determinaron mi corazón silvestre.

Así cuando los dientes de la literatura
trataron de morder mis honrados talones,
yo pasé, sin saber, cantando con el viento

hacia los almacenes lluviosos de mi infancia,
hacia los bosques fríos del Sur indefinible,
hacia donde mi vida se llenó con tu aroma.

LIX

(G. M.)

Pobres poetas a quienes la vida y la muerte
persiguieron con la misma tenacidad sombría
y luego son cubiertos por impasible pompa
entregados al rito y al diente funerario.

Ellos –oscuros como piedrecitas– ahora
detrás de los caballos arrogantes, tendidos
van, gobernados al fin por los intrusos,
entre los edecanes, a dormir sin silencio.

Antes y ya seguros de que está muerto el muerto
hacen de las exequias un festín miserable
con pavos, puercos y otros oradores.

Acecharon su muerte y entonces la ofendieron:
sólo porque su boca está cerrada,
y ya no puede contestar su canto.

LX

A ti te hiere aquel que quiso hacerme daño,
y el golpe del veneno contra mí dirigido

como por una red pasa entre mis trabajos
y en ti deja una mancha de óxido y desvelo.

No quiero ver, amor, en la luna florida
de tu frente cruzar el odio que me acecha.
No quiero que en tu sueño deje el rencor ajeno
olvidada su inútil corona de cuchillos.

Donde voy van detrás de mí pasos amargos,
donde río una mueca de horror copia mi cara,
donde canto la envidia maldice, ríe y roe.

Y es ésa, amor, la sombra que la vida me ha dado:
es un traje vacío que me sigue cojeando
como un espantapájaros de sonrisa sangrienta.

LXI

Trajo el amor su cola de dolores,
su largo rayo estático de espinas
y cerramos los ojos porque nada,
porque ninguna herida nos separe.

No es culpa de tus ojos este llanto:
tus manos no clavaron esta espada:
no buscaron tus pies este camino:
llegó a tu corazón la miel sombría.

Cuando el amor como una inmensa ola
nos estrelló contra la piedra dura,
nos amasó con una sola harina,

cayó el dolor sobre otro dulce rostro
y así en la luz de la estación abierta
se consagró la primavera herida.

LXII

Ay de mí, ay de nosotros, bienamada,
sólo quisimos sólo amor, amarnos,
y entre tantos dolores se dispuso
sólo nosotros dos ser malheridos.

Quisimos el tú y yo para nosotros,
el tú del beso, el yo del pan secreto,
y así era todo, eternamente simple,
hasta que el odio entró por la ventana.

Odian los que no amaron nuestro amor,
ni ningún otro amor, desventurados
como las sillas de un salón perdido,

hasta que se enredaron en ceniza
y el rostro amenazante que tuvieron
se apagó en el crepúsculo apagado.

LXIII

No sólo por las tierras desiertas donde la piedra salina
es como la única rosa, la flor por el mar enterrada,
anduve, sino por la orilla de ríos que cortan la nieve.
Las amargas alturas de las cordilleras conocen mis pasos.

Enmarañada, silbante región de mi patria salvaje,
lianas cuyo beso mortal se encadena en la selva,
lamento mojado del ave que surge lanzando sus escalofríos,
oh región de perdidos dolores y llanto inclemente!

No sólo son míos la piel venenosa del cobre
o el salitre extendido como estatua yacente y nevada,
sino la viña, el cerezo premiado por la primavera,

son míos, y yo pertenezco como átomo negro
a las áridas tierras y a la luz del otoño en las uvas,
a esta patria metálica elevada por torres de nieve.

LXIV

De tanto amor mi vida se tiñó de violeta
y fui de rumbo en rumbo como las aves ciegas
hasta llegar a tu ventana, amiga mía:
tú sentiste un rumor de corazón quebrado

y allí de las tinieblas me levanté a tu pecho,
sin ser y sin saber fui a la torre del trigo,
surgí para vivir entre tus manos,
me levanté del mar a tu alegría.

Nadie puede contar lo que te debo, es lúcido
lo que te debo, amor, y es como una raíz
natal de Araucanía, lo que te debo, amada.

Es sin duda estrellado todo lo que te debo,
lo que te debo es como el pozo de una zona silvestre
en donde guardó el tiempo relámpagos errantes.

LXV

Matilde, dónde estás? Noté, hacia abajo,
entre corbata y corazón, arriba,

cierta melancolía intercostal:
era que tú de pronto eras ausente.

Me hizo falta la luz de tu energía
y miré devorando la esperanza,
miré el vacío que es sin ti una casa,
no quedan sino trágicas ventanas.

De puro taciturno el techo escucha
caer antiguas lluvias deshojadas,
plumas, lo que la noche aprisionó:

y así te espero como casa sola
y volverás a verme y habitarme.
De otro modo me duelen las ventanas.

LXVI

No te quiero sino porque te quiero
y de quererte a no quererte llego
y de esperarte cuando no te espero
pasa mi corazón del frío al fuego.

Te quiero sólo porque a ti te quiero,
te odio sin fin, y odiándote te ruego,
y la medida de mi amor viajero
es no verte y amarte como un ciego.

Tal vez consumirá la luz de enero,
su rayo cruel, mi corazón entero,
robándome la llave del sosiego.

En esta historia sólo yo me muero
y moriré de amor porque te quiero,
porque te quiero, amor, a sangre y fuego.

LXVII

La gran lluvia del Sur cae sobre Isla Negra
como una sola gota transparente y pesada,
el mar abre sus hojas frías y la recibe,
la tierra aprende el húmedo destino de una copa.

Alma mía, dame en tu beso el agua
salobre de estos meses, la miel del territorio,
la fragancia mojada por mil labios del cielo,
la paciencia sagrada del mar en el invierno.

Algo nos llama, todas las puertas se abren solas,
relata el agua un largo rumor a las ventanas,
crece el cielo hacia abajo tocando las raíces,

y así teje y desteje su red celeste el día
con tiempo, sal, susurros, crecimientos, caminos,
una mujer, un hombre, y el invierno en la tierra.

LXVIII

(Mascarón de proa)

La niña de madera no llegó caminando:
allí de pronto estuvo sentada en los ladrillos,
viejas flores del mar cubrían su cabeza,
su mirada tenía tristeza de raíces.

Allí quedó mirando nuestras vidas abiertas,
el ir y ser y andar y volver por la tierra,
el día destiñendo sus pétalos graduales.
Vigilaba sin vernos la niña de madera.

La niña coronada por las antiguas olas,
allí miraba con sus ojos derrotados:
sabía que vivimos en una red remota

de tiempo y agua y olas y sonidos y lluvia,
sin saber si existimos o si somos su sueño.
Ésta es la historia de la muchacha de madera.

LXIX

Tal vez no ser es ser sin que tú seas,
sin que vayas cortando el mediodía
como una flor azul, sin que camines
más tarde por la niebla y los ladrillos,

sin esa luz que llevas en la mano
que tal vez otros no verán dorada,
que tal vez nadie supo que crecía
como el origen rojo de la rosa,

sin que seas, en fin, sin que vinieras
brusca, incitante, a conocer mi vida,
ráfaga de rosal, trigo del viento,

y desde entonces soy porque tú eres,
y desde entonces eres, soy y somos,
y por amor seré, serás, seremos.

LXX

Tal vez herido voy sin ir sangriento
por uno de los rayos de tu vida

y a media selva me detiene el agua:
la lluvia que se cae con su cielo.

Entonces toco el corazón llovido:
allí sé que tus ojos penetraron
por la región extensa de mi duelo
y un susurro de sombra surge solo:

Quién es? Quién es? Pero no tuvo nombre
la hoja o el agua oscura que palpita
a media selva, sorda, en el camino,

y así, amor mío, supe que fui herido
y nadie hablaba allí sino la sombra,
la noche errante, el beso de la lluvia.

LXXI

De pena en pena cruza sus islas el amor
y establece raíces que luego riega el llanto,
y nadie puede, nadie puede evadir los pasos
del corazón que corre callado y carnicero.

Así tú y yo buscamos un hueco, otro planeta
en donde no tocara la sal tu cabellera,
en donde no crecieran dolores por mi culpa,
en donde viva el pan sin agonía.

Un planeta enredado por distancia y follajes,
un páramo, una piedra cruel y deshabitada,
con nuestras propias manos hacer un nido duro,

queríamos, sin daño ni herida ni palabra,
y no fue así el amor, sino una ciudad loca
donde la gente palidece en los balcones.

LXXII

Amor mío, el invierno regresa a sus cuarteles,
establece la tierra sus dones amarillos
y pasamos la mano sobre un país remoto,
sobre la cabellera de la geografía.

Irnos! Hoy! Adelante, ruedas, naves, campanas,
aviones acerados por el diurno infinito
hacia el olor nupcial del archipiélago,
por longitudinales harinas de usufructo!

Vamos, levántate, y endiadémate y sube
y baja y corre y trina con el aire y conmigo
vámonos a los trenes de Arabia o Tocopilla,

sin más que transmigrar hacia el polen lejano,
a pueblos lancinantes de harapos y gardenias
gobernados por pobres monarcas sin zapatos.

LXXIII

Recordarás tal vez aquel hombre afilado
que de la oscuridad salió como un cuchillo
y antes de que supiéramos, sabía:
vio el humo y decidió que venía del fuego.

La pálida mujer de cabellera negra
surgió como un pescado del abismo
y entre los dos alzaron en contra del amor
una máquina armada de dientes numerosos.

Hombre y mujer talaron montañas y jardines,
bajaron a los ríos, treparon por los muros,
subieron por los montes su atroz artillería.

El amor supo entonces que se llamaba amor.
Y cuando levanté mis ojos a tu nombre
tu corazón de pronto dispuso mi camino.

LXXIV

El camino mojado por el agua de agosto
brilla como si fuera cortado en plena luna,
en plena claridad de la manzana,
en mitad de la fruta del otoño.

Neblina, espacio o cielo, la vaga red del día
crece con fríos sueños, sonidos y pescados,
el vapor de las islas combate la comarca,
palpita el mar sobre la luz de Chile.

Todo se reconcentra como el metal, se esconden
las hojas, el invierno enmascara su estirpe
y sólo ciegos somos, sin cesar, solamente.

Solamente sujetos al cauce sigiloso
del movimiento, adiós, del viaje, del camino:
adiós, caen las lágrimas de la naturaleza.

LXXV

Ésta es la casa, el mar y la bandera,
errábamos por otros largos muros.

No hallábamos la puerta ni el sonido
desde la ausencia, como desde muertos.

Y al fin la casa abre su silencio,
entramos a pisar el abandono,
las ratas muertas, el adiós vacío,
el agua que lloró en las cañerías.

Lloró, lloró la casa noche y día,
gimió con las arañas, entreabierta,
se desgranó desde sus ojos negros,

y ahora de pronto la volvemos viva,
la poblamos y no nos reconoce:
tiene que florecer, y no se acuerda.

LXXVI

Diego Rivera con la paciencia del oso
buscaba la esmeralda del bosque en la pintura
o el bermellón, la flor súbita de la sangre,
recogía la luz del mundo en tu retrato.

Pintaba el imperioso traje de tu nariz,
la centella de tus pupilas desbocadas,
tus uñas que alimentan la envidia de la luna,
y en tu piel estival, tu boca de sandía.

Te puso dos cabezas de volcán encendidas
por fuego, por amor, por estirpe araucana,
y sobre los dos rostros dorados de la greda

te cubrió con el casco de un incendio bravío
y allí secretamente quedaron enredados
mis ojos en su torre total: tu cabellera.

LXXVII

Hoy es hoy con el peso de todo el tiempo ido
con las alas de todo lo que será mañana,
hoy es el Sur del mar, la vieja edad del agua
y la composición de un nuevo día.

A tu boca elevada a la luz o a la luna
se agregaron los pétalos de un día consumido
y ayer viene trotando por su calle sombría
para que recordemos tu rostro que se ha muerto.

Hoy, ayer y mañana se comen caminando,
consumimos un día como una vaca ardiente,
nuestro ganado espera con sus días contados,

pero en tu corazón el tiempo echó su harina,
mi amor construyó un horno con barro de Temuco:
tú eres el pan de cada día para mi alma.

LXXVIII

No tengo nunca más, no tengo siempre. En la arena
la victoria dejó sus pies perdidos.
Soy un hombre dispuesto a amar a sus semejantes.
No sé quién eres. Te amo. No doy, no vendo espinas.

Alguien sabrá tal vez que no tejí coronas
sangrientas, que combatí la burla,
y que en verdad llené la pleamar de mi alma.
Yo pagué la vileza con palomas.

Yo no tengo jamás porque distinto
fui, soy, seré. Y en nombre
de mi cambiante amor proclamo la pureza.

La muerte es sólo piedra del olvido.
Te amo, beso en tu boca la alegría.
Traigamos leña. Haremos fuego en la montaña.

NOCHE

LXXIX

De noche, amada, amarra tu corazón al mío
y que ellos en el sueño derroten las tinieblas
como un doble tambor combatiendo en el bosque
contra el espeso muro de las hojas mojadas.

Nocturna travesía, brasa negra del sueño
interceptando el hilo de las uvas terrestres
con la puntualidad de un tren descabellado
que sombra y piedras frías sin cesar arrastrara.

Por eso, amor, amárrame al movimiento puro,
a la tenacidad que en tu pecho golpea
con las alas de un cisne sumergido,

para que a las preguntas estrelladas del cielo
responda nuestro sueño con una sola llave,
con una sola puerta cerrada por la sombra.

LXXX

De viajes y dolores yo regresé, amor mío,
a tu voz, a tu mano volando en la guitarra,
al fuego que interrumpe con besos el otoño,
a la circulación de la noche en el cielo.

Para todos los hombres pido pan y reinado,
pido tierra para el labrador sin ventura,
que nadie espere tregua de mi sangre o mi canto.
Pero a tu amor no puedo renunciar sin morirme.

Por eso toca el vals de la serena luna,
la barcarola en el agua de la guitarra
hasta que se doblegue mi cabeza soñando:

que todos los desvelos de mi vida tejieron
esta enramada en donde tu mano vive y vuela
custodiando la noche del viajero dormido.

LXXXI

Ya eres mía. Reposa con tu sueño en mi sueño.
Amor, dolor, trabajos, deben dormir ahora.
Gira la noche sobre sus invisibles ruedas
y junto a mí eres pura como el ámbar dormido.

Ninguna más, amor, dormirá con mis sueños.
Irás, iremos juntos por las aguas del tiempo.
Ninguna viajará por la sombra conmigo,
sólo tú, siempreviva, siempre sol, siempre luna.

Ya tus manos abrieron los puños delicados
y dejaron caer suaves signos sin rumbo,
tus ojos se cerraron como dos alas grises,

mientras yo sigo el agua que llevas y me lleva:
la noche, el mundo, el viento devanan su destino,
y ya no soy sin ti sino sólo tu sueño.

LXXXII

Amor mío, al cerrar esta puerta nocturna
te pido, amor, un viaje por oscuro recinto:
cierra tus sueños, entra con tu cielo en mis ojos,
extiéndete en mi sangre como en un ancho río.

Adiós, adiós, cruel claridad que fue cayendo
en el saco de cada día del pasado,
adiós a cada rayo de reloj o naranja,
salud oh sombra, intermitente compañera!

En esta nave o agua o muerte o nueva vida,
una vez más unidos, dormidos, resurrectos,
somos el matrimonio de la noche en la sangre.

No sé quién vive o muere, quién reposa o despierta,
pero es tu corazón el que reparte
en mi pecho los dones de la aurora.

LXXXIII

Es bueno, amor, sentirte cerca de mí en la noche,
invisible en tu sueño, seriamente nocturna,
mientras yo desenredo mis preocupaciones
como si fueran redes confundidas.

Ausente, por los sueños tu corazón navega,
pero tu cuerpo así abandonado respira
buscándome sin verme, completando mi sueño
como una planta que se duplica en la sombra.

Erguida, serás otra que vivirá mañana,
pero de las fronteras perdidas en la noche,
de este ser y no ser en que nos encontramos

algo queda acercándonos en la luz de la vida
como si el sello de la sombra señalara
con fuego sus secretas criaturas.

LXXXIV

Una vez más, amor, la red del día extingue
trabajos, ruedas, fuegos, estertores, adioses,
y a la noche entregamos el trigo vacilante
que el mediodía obtuvo de la luz y la tierra.

Sólo la luna en medio de su página pura
sostiene las columnas del estuario del cielo,
la habitación adopta la lentitud del oro
y van y van tus manos preparando la noche.

Oh amor, oh noche, oh cúpula cerrada por un río
de impenetrables aguas en la sombra del cielo
que destaca y sumerge sus uvas tempestuosas,

hasta que sólo somos un solo espacio oscuro,
una copa en que cae la ceniza celeste,
una gota en el pulso de un lento y largo río.

LXXXV

Del mar hacia las calles corre la vaga niebla
como el vapor de un buey enterrado en el frío,

y largas lenguas de agua se acumulan cubriendo
el mes que a nuestras vidas prometió ser celeste.

Adelantado otoño, panal silbante de hojas,
cuando sobre los pueblos palpita tu estandarte
cantan mujeres locas despidiendo a los ríos,
los caballos relinchan hacia la Patagonia.

Hay una enredadera vespertina en tu rostro
que crece silenciosa por el amor llevada
hasta las herraduras crepitantes del cielo.

Me inclino sobre el fuego de tu cuerpo nocturno
y no sólo tus senos amo sino el otoño
que esparce por la niebla su sangre ultramarina.

LXXXVI

Oh Cruz del Sur, oh trébol de fósforo fragante,
con cuatro besos hoy penetró tu hermosura
y atravesó la sombra y mi sombrero:
la luna iba redonda por el frío.

Entonces con mi amor, con mi amada, oh diamante
de escarcha azul, serenidad del cielo,
espejo, apareciste y se llenó la noche
con tus cuatro bodegas temblorosas de vino.

Oh palpitante plata de pez pulido y puro,
cruz verde, perejil de la sombra radiante,
luciérnaga a la unidad del cielo condenada,

descansa en mí, cerremos tus ojos y los míos.
Por un minuto duerme con la noche del hombre.
Enciende en mí tus cuatro números constelados.

LXXXVII

Las tres aves del mar, tres rayos, tres tijeras,
cruzaron por el cielo frío hacia Antofagasta,
por eso quedó el aire tembloroso,
todo tembló como bandera herida.

Soledad, dame el signo de tu incesante origen,
el apenas camino de los pájaros crueles,
y la palpitación que sin duda precede
a la miel, a la música, al mar, al nacimiento.

(Soledad sostenida por un constante rostro
como una grave flor sin cesar extendida
hasta abarcar la pura muchedumbre del cielo.)

Volaban alas frías del mar, del archipiélago,
hacia la arena del noroeste de Chile.
Y la noche cerró su celeste cerrojo.

LXXXVIII

El mes de marzo vuelve con su luz escondida
y se deslizan peces inmensos por el cielo,
vago vapor terrestre progresa sigiloso,
una por una caen al silencio las cosas.

Por suerte en esta crisis de atmósfera errabunda
reuniste las vidas del mar con las del fuego,
el movimiento gris de la nave de invierno,
la forma que el amor imprimió a la guitarra.

Oh amor, rosa mojada por sirenas y espumas,
fuego que baila y sube la invisible escalera
y despierta en el túnel del insomnio a la sangre

para que se consuman las olas en el cielo,
olvide el mar sus bienes y leones
y caiga el mundo adentro de las redes oscuras.

LXXXIX

Cuando yo muera quiero tus manos en mis ojos:
quiero la luz y el trigo de tus manos amadas
pasar una vez más sobre mí su frescura:
sentir la suavidad que cambió mi destino.

Quiero que vivas mientras yo, dormido, te espero,
quiero que tus oídos sigan oyendo el viento,
que huelas el aroma del mar que amamos juntos
y que sigas pisando la arena que pisamos.

Quiero que lo que amo siga vivo
y a ti te amé y canté sobre todas las cosas,
por eso sigue tú floreciendo, florida,

para que alcances todo lo que mi amor te ordena,
para que se pasee mi sombra por tu pelo,
para que así conozcan la razón de mi canto.

XC

Pensé morir, sentí de cerca el frío,
y de cuanto viví sólo a ti te dejaba:

tu boca eran mi día y mi noche terrestres
y tu piel la república fundada por mis besos.

En ese instante se terminaron los libros,
la amistad, los tesoros sin tregua acumulados,
la casa transparente que tú y yo construimos:
todo dejó de ser, menos tus ojos.

Porque el amor, mientras la vida nos acosa,
es simplemente una ola alta sobre las olas
pero ay cuando la muerte viene a tocar la puerta

hay sólo tu mirada para tanto vacío,
sólo tu claridad para no seguir siendo,
sólo tu amor para cerrar la sombra.

XCI

La edad nos cubre como la llovizna,
interminable y árido es el tiempo,
una pluma de sal toca tu rostro,
una gotera carcomió mi traje:

el tiempo no distingue entre mis manos
o un vuelo de naranjas en las tuyas:
pica con nieve y azadón la vida:
la vida tuya que es la vida mía.

La vida mía que te di se llena
de años, como el volumen de un racimo.
Regresarán las uvas a la tierra.

Y aún allá abajo el tiempo sigue siendo,
esperando, lloviendo sobre el polvo,
ávido de borrar hasta la ausencia.

XCII

Amor mío, si muero y tú no mueres,
amor mío, si mueres y no muero,
no demos al dolor más territorio:
no hay extensión como la que vivimos.

Polvo en el trigo, arena en las arenas,
el tiempo, el agua errante, el viento vago
nos llevó como grano navegante.
Pudimos no encontrarnos en el tiempo.

Esta pradera en que nos encontramos,
oh pequeño infinito! devolvemos.
Pero este amor, amor, no ha terminado,

y así como no tuvo nacimiento
no tiene muerte, es como un largo río,
sólo cambia de tierras y de labios.

XCIII

Si alguna vez tu pecho se detiene,
si algo deja de andar ardiendo por tus venas,
si tu voz en tu boca se va sin ser palabra,
si tus manos se olvidan de volar y se duermen,

Matilde, amor, deja tus labios entreabiertos
porque ese último beso debe durar conmigo,
debe quedar inmóvil para siempre en tu boca
para que así también me acompañe en mi muerte.

Me moriré besando tu loca boca fría,
abrazando el racimo perdido de tu cuerpo,
y buscando la luz de tus ojos cerrados.

Y así cuando la tierra reciba nuestro abrazo
iremos confundidos en una sola muerte
a vivir para siempre la eternidad de un beso.

XCIV

Si muero sobrevíveme con tanta fuerza pura
que despiertes la furia del pálido y del frío,
de sur a sur levanta tus ojos indelebles,
de sol a sol que suene tu boca de guitarra.

No quiero que vacilen tu risa ni tus pasos,
no quiero que se muera mi herencia de alegría,
no llames a mi pecho, estoy ausente.
Vive en mi ausencia como en una casa.

Es una casa tan grande la ausencia
que pasarás en ella a través de los muros
y colgarás los cuadros en el aire.

Es una casa tan transparente la ausencia
que yo sin vida te veré vivir
y si sufres, mi amor, me moriré otra vez.

XCV

Quiénes se amaron como nosotros? Busquemos
las antiguas cenizas del corazón quemado

y allí que caigan uno por uno nuestros besos
hasta que resucite la flor deshabitada.

Amemos el amor que consumió su fruto
y descendió a la tierra con rostro y poderío:
tú y yo somos la luz que continúa,
su inquebrantable espiga delicada.

Al amor sepultado por tanto tiempo frío,
por nieve y primavera, por olvido y otoño,
acerquemos la luz de una nueva manzana,

de la frescura abierta por una nueva herida,
como el amor antiguo que camina en silencio
por una eternidad de bocas enterradas.

XCVI

Pienso, esta época en que tú me amaste
se irá por otra azul substituida,
será otra piel sobre los mismos huesos,
otros ojos verán la primavera.

Nadie de los que ataron esta hora,
de los que conversaron con el humo,
gobiernos, traficantes, transeúntes,
continuarán moviéndose en sus hilos.

Se irán los crueles dioses con anteojos,
los peludos carnívoros con libro,
los pulgones y los *pipipasseyros*.

Y cuando esté recién lavado el mundo
nacerán otros ojos en el agua
y crecerá sin lágrimas el trigo.

XCVII

Hay que volar en este tiempo, a dónde?
Sin alas, sin avión, volar sin duda:
ya los pasos pasaron sin remedio,
no elevaron los pies del pasajero.

Hay que volar a cada instante como
las águilas, las moscas y los días,
hay que vencer los ojos de Saturno
y establecer allí nuevas campanas.

Ya no bastan zapatos ni caminos,
ya no sirve la tierra a los errantes,
ya cruzaron la noche las raíces,

y tú aparecerás en otra estrella
determinadamente transitoria
convertida por fin en amapola.

XCVIII

Y esta palabra, este papel escrito
por las mil manos de una sola mano,
no queda en ti, no sirve para sueños,
cae a la tierra: allí se continúa.

No importa que la luz o la alabanza
se derramen y salgan de la copa
si fueron un tenaz temblor del vino,
si se tiñó tu boca de amaranto.

No quiere más la sílaba tardía,
lo que trae y retrae el arrecife
de mis recuerdos, la irritada espuma,

no quiere más sino escribir tu nombre.
Y aunque lo calle mi sombrío amor
más tarde lo dirá la primavera.

XCIX

Otros días vendrán, será entendido
el silencio de plantas y planetas
y cuántas cosas puras pasarán!
Tendrán olor a luna los violines!

El pan será tal vez como tú eres:
tendrá tu voz, tu condición de trigo,
y hablarán otras cosas con tu voz:
los caballos perdidos del otoño.

Aunque no sea como está dispuesto
el amor llenará grandes barricas
como la antigua miel de los pastores,

y tú en el polvo de mi corazón
(en donde habrán inmensos almacenes)
irás y volverás entre sandías.

C

En medio de la tierra apartaré
las esmeraldas para divisarte

y tú estarás copiando las espigas
con una pluma de agua mensajera.

Qué mundo! Qué profundo perejil!
Qué nave navegando en la dulzura!
Y tú tal vez y yo tal vez topacio!
Ya no habrá división en las campanas.

Ya no habrá sino todo el aire libre,
las manzanas llevadas por el viento,
el suculento libro en la enramada,

y allí donde respiran los claveles
fundaremos un traje que resista
la eternidad de un beso victorioso.

Canción de gesta

[1958-1968]

Primeramente medité este libro en torno a Puerto Rico, a su martirizada condición de colonia, a la lucha actual de sus patriotas insurgentes.

El libro creció después con los acontecimientos magnánimos de Cuba y se desarrolló en el ámbito Caribe.

Lo dedico, pues, a los libertadores de Cuba: Fidel Castro, a sus compañeros y al pueblo cubano.

Lo dedico a todos los que en Puerto Rico y en todo el crepitante mundo Caribe, combaten por la libertad y la verdad siempre amenazada desde los Estados Unidos de América del Norte.

Este libro no es un lamento de solitario ni una emanación de la oscuridad, sino un arma directa y dirigida, una ayuda elemental y fraternal que entrego a los pueblos hermanos para cada día de sus luchas.

Los que antes harto me reprochaban seguirán reprochándome mucho. Por mi parte aquí asumo una vez más, y con orgullo, mis deberes de poeta de utilidad pública, es decir de puro poeta. La poesía tuvo siempre la pureza del agua o del fuego que lavan o queman, sin embargo.

Ojalá que mi poesía sirva a mis hermanos del Caribe, en estos menesteres de honor. En América entera nos queda mucho que lavar y quemar.

Mucho debemos construir.

Que cada uno aporte lo suyo con sacrificio y alegría.

Tanto sufrieron nuestros pueblos que muy poco les habremos dado cuando se lo hayamos dado todo.

Pablo
Neruda

A bordo del Paquebot *Louis Lumière* entre América y Europa, 12 de abril de 1960.

[PRÓLOGO A LA TERCERA EDICIÓN URUGUAYA]

Ya se dice que escribí este libro en el año 1960. Desde enton-
ces he recorrido las Américas leyéndolo a extensas o peque-
ñas multitudes. En mi país leí sus cantos a la gesta de Cuba
desde el desierto nortino hasta más allá del Estrecho de Ma-
gallanes. México y Perú oyeron estos versos. Fueron mayo-
rías de estudiantes y obreros mi fervoroso público. Invitado
por el PEN Club de los Estados Unidos a uno de sus Con-
gresos leí mi poesía lírica, épica y antiimperialista, a muchos
y grandes auditorios en New York y California.

Algunos literatos cubanos sirvieron de redactores y divul-
gadores de una carta contra mí que pasará a la historia mo-
derna de la infamia. Impresa en Madrid, en imprentas autori-
zadas por Franco, con la efigie postal del dictador fascista, se
distribuyó por millares en América Latina. Se le dio también
enorme y costosa distribución en Europa y Asia.

Canción de gesta sigue vivo y ardiente en sus numerosas edi-
ciones. Fue el primer libro que ningún poeta −en Cuba ni en
ninguna otra parte− haya dedicado a la Revolución cubana.

Al autorizar esta nueva edición uruguaya de mi libro, creo
que los que lean estos poemas en años venideros juzgarán
nuestra época y harán sus propias meditaciones sobre la obra
y las vidas de unos y otros.

Mientras tanto mi pasión y mis trabajos seguirán, como en
este libro, fortificando y defendiendo la Revolución cubana a
pesar de sus Caínes literarios. Es el gran hecho histórico el que
tiene importancia en el camino de nuestros pueblos y la histo-
ria no se ocupará de los resentimientos ni de los resentidos.

Juro, pues, que mi poesía seguirá sirviendo y cantando a la
dignidad en contra de los indignos, a la esperanza a pesar
de los desesperados, a la justicia a pesar de los injustos, a la
igualdad en contra de los explotadores, a la verdad en contra
de los mentirosos y a la gran fraternidad de los verdaderos
combatientes.

PABLO NERUDA
Isla Negra, 1968

I

PUERTO
RICO,
PUERTO
POBRE

Es tarde, en esta edad, para un principio
y sin embargo éste es mi sentimiento:
aquí una vez como otras veces salgo
a cantar o a morir: aquí comienzo.
Y no hay fuerzas que puedan silenciarme
salvo la triste magnitud del tiempo
y su aliada: la muerte con su arado
para la agricultura de los huesos.
Tengo elegido un tema caluroso
con sangre, con palmeras y silencio,
se trata de una isla rodeada
por muchas aguas e infinitos muertos:
allí crece el dolor de los que esperan
y se desangra un río de lamentos,
es una pobre isla encarcelada,
van y vienen los días cenicientos,
vuela la luz y vuelve a las palmeras,
la noche viaja en su navío negro
y allí sigue, allí está la encarcelada,
la isla rodeada por el sufrimiento.
Y se desangra nuestra sangre en ella
porque una garra de oro la separa
de sus amores y su parentesco.

II

MUÑOZ
MARÍN

Hay un gordo gusano en estas aguas
en estas tierras un rapaz gusano:
se comió la bandera de la isla

izando la bandera de sus amos,
se nutrió de la sangre prisionera,
de los pobres patriotas enterrados.
En la corona de maíz de América
creció la gusanera del gusano
prosperando a la sombra del dinero,
sangriento de martirios y soldados,
inaugurando falsos monumentos,
haciendo de la patria que heredaron
sus padres, un terrón esclavizado,
de la isla transparente como estrella
una pequeña tumba para esclavos,
y convivió este verme con poetas
por sus propios destierros derribados,
repartió estímulo a sus profesores
pagando a pitagóricos peruanos
para que propagaran su gobierno,
y su Palacio era por fuera blanco
y adentro era infernal como Chicago
con el bigote, el corazón, las garras
de aquel traidor, de Luis Muñoz Gusano,
Muñoz Marín para la concurrencia,
Judas del territorio desangrado,
gobernador del yugo de la patria,
sobornador de sus pobres hermanos,
bilingüe traductor de los verdugos,
chofer del whisky norteamericano.

III

ESTÁ   Es alegre la flecha de estos años
PASANDO   y es triste nuestra América ofendida:
          sube a la altura el hombre con su rayo
          y establece en la luna sus espigas,
          mientras tanto se pudre Nicaragua

con los gusanos de una dinastía
deshonrando la sangre de Sandino
y de Rubén Darío la semilla:
ay Nicaragua, corazón del cisne,
estirpe de la espada enfurecida,
levanta la campana de su pecho,
la manzana iracunda de tu vida
y a sangre y fuego corta los cordeles
que coronan tu estirpe con espinas.
Y así si bien se mira la esmeralda,
la cintura central, la costa india
de la pequeña América delgada,
hasta el diamante verde de las islas,
surge una pobre patria ensangrentada:
es la mitad de una radiante isla:
los dientes de Trujillo se clavaron
por treinta años seguidos en su herida
y uno no tiene paz ni tiene luna,
no tiene sombra, sol, sino desdicha,
porque cuando un fosfórico disparo
del hombre desgranó la maravilla
y puede ser por fin toda existencia
la de un rey, estrellada y exquisita,
como una telaraña de dolores
persiste en las Américas la ira,
la cólera del pobre y del desnudo,
el desmán del tirano y su codicia,
mientras tanto Muñoz de Puerto Pobre
la firma de su patria falsifica
y bajo la bandera del pirata
vende idioma y razón, tierra y delicia,
vende el honor de nuestra pobre América,
vende padres y abuelos y cenizas.

IV

CUBA   Pero cuando torturas y tinieblas
APARECE   parecen apagar el aire libre
         y no se ve la espuma de las olas
         sino la sangre entre los arrecifes,
         surge la mano de Fidel y en ella
         Cuba, la rosa limpia del Caribe.
         Y así demuestra con su luz la Historia
         que el hombre modifica lo que existe
         y si lleva al combate la pureza
         se abre en su honor la primavera insigne:
         atrás queda la noche del tirano,
         su crueldad y sus ojos insensibles,
         el oro arrebatado por sus uñas,
         sus mercenarios, sus jueces caníbales,
         sus altos monumentos sostenidos
         por el tormento, el deshonor y el crimen:
         todo cae en el polvo de los muertos
         cuando el pueblo establece sus violines
         y mirando de frente corta y canta,
         corta el odio de sombras y mastines,
         canta y levanta estrellas con su canto
         y corta las tinieblas con fusiles.
         Y así surgió Fidel cortando sombras
         para que amanecieran los jazmines.

V

LA GESTA   Si el hondo mar callaba sus dolores
         las esperanzas levantó la tierra:
         éstas desembarcaron en la costa:

eran brazos y puños de pelea:
Fidel Castro con quince de los suyos
y con la libertad bajó a la arena.
La isla estaba oscura como el luto,
pero izaron la luz como bandera,
no tenían más armas que la aurora
y ésta dormía aún bajo la tierra:
entonces comenzaron en silencio
la lucha y el camino hacia la estrella.
Fatigados y ardientes caminaban
por honor y deber hacia la guerra,
no tenían más armas que su sangre:
iban desnudos como si nacieran.
Y así nació la libertad de Cuba,
de aquel puñado de hombres en la arena.
Luego la dignidad de los desnudos
los vistió con la ropa de la sierra,
los nutrió con el pan desconocido,
los armó con la pólvora secreta,
con ellos despertaron los dormidos,
dejaron su sepulcro las ofensas,
las madres despidieron a sus hijos,
el campesino relató su pena
y el ejército puro de los pobres
creció y creció como la luna llena:
no le quitó soldados el combate:
creció el cañaveral en la tormenta:
el enemigo le dejó sus armas
abandonadas en las carreteras:
los verdugos temblaban y caían,
desmantelados por la primavera,
con un disparo que condecoraba
con la muerte, por fin, sus camisetas,
mientras que el movimiento de los libres
movía, como el viento, las praderas,
sacudía los surcos de la isla,
surgía sobre el mar como un planeta.

VI

ANTIGUA   Ahora abro los ojos y recuerdo:
HISTORIA   brilla y se apaga, eléctrica y oscura,
con alegrías y padecimientos
la historia amarga y mágica de Cuba.
Pasaron años como pasan peces
por el azul del mar y su dulzura,
la isla vivió la libertad y el baile,
las palmeras bailaron con la espuma,
eran un solo pan blancos y negros
porque Martí amasó su levadura,
la paz cumplía su destino de oro
y crepitaba el sol en el azúcar,
mientras maduro por el sol caía
el rayo de la miel sobre las frutas:
se complacía el hombre con su reino
y la familia con su agricultura,
cuando llegó del Norte una semilla
amenazante, codiciosa, injusta,
que como araña propagó sus hilos
y extendió una metálica estructura
que hundió clavos sangrientos en la tierra
y alzó sobre los muertos una cúpula.
Era el dólar de dientes amarillos,
comandante de sangre y sepultura.

VII

TIERRA   Las Américas unen su cintura
CENTRAL   entre los dos océanos nupciales,
del Atlántico mar cobran espumas,

del Pacífico estrellas torrenciales,
vienen las naves de los polos blancos
cargadas de petróleo y azahares:
las bodegas marinas absorbieron
nuestras secretas sangres minerales
que construyen las torres del planeta
en crueles y espinosas capitales.
Por eso allí se estableció el imperio
del dólar y sus tristes familiares:
los sangrientos caníbales caribes
disfrazados de heroicos generales:
un reino de ratones despiadados,
una herencia de escupos militares,
una caverna hedionda de mandones,
una acequia de barros tropicales,
una cadena oscura de tormentos,
un rosario de penas capitales
y el dólar gobernando la impudicia
con una flota blanca por los mares,
extrayendo el aroma platanero,
el grano intenso de los cafetales,
eternizando en nuestra tierra pura
a los trujillos manchados de sangre.
Pobre América en sangre sumergida
a medio cuerpo en tantos cenagales,
clavada en una cruz y con espinas,
maniatada y mordida por los canes,
despedazada por los invasores,
herida por torturas y desmanes,
arrasada por vientos fabulosos,
ventas sacrílegas, robos colosales.
Oh delgada cadena de dolores,
oh reunión del llanto de dos mares.

VIII

TAMBIÉN
EN EL
LEJANO
SUR

Así se ha desangrado en los presidios
el clavel general de las repúblicas:
el corazón de Cuba fue apretado
por los torturadores de Batista
y antes Ubico puso en Guatemala
un trágico cerrojo de codicia.
En las tierras más anchas del planeta,
montes o patagonias amarillas,
volcanes constelados por la nieve,
ríos ecuatoriales que palpitan,
en el sur amazónico de América,
las cicatrices de la tiranía
marcan del Paraguay los muros rotos
y las piedras amargas de Bolivia.

IX

RECUERDO
A UN
HOMBRE

Hablando de las tórridas palmeras
que el mar Caribe besa y estremece
diré que de entre tantos ojos negros
los de Martí fueron los más valientes.
Aquel hombre vio lejos y vio cerca
y ahora su mirada resplandece
como si el tiempo no la sosegara:
son los ojos de Cuba que florecen.
Y entonces era duro y era oscuro
levantar el laurel independiente:
soñar la libertad era un peligro,
era cambiar la vida por la muerte:
pero Martí con sueños y disparos

despertó al soñoliento y al agreste
y construyó con sangre y pensamiento
la arquitectura de la luz naciente.

X

AQUEL Después Sandino atravesó la selva
AMIGO y despeñó su pólvora sagrada
contra marinerías bandoleras
en Nueva York crecidas y pagadas:
ardió la tierra, resonó el follaje:
el yanqui no esperó lo que pasaba:
se vestía muy bien para la guerra
brillaban sus zapatos y sus armas
pero por experiencia supo pronto
quiénes eran Sandino y Nicaragua:
todo era tumba de ladrones rubios:
el aire, el árbol, el camino, el agua,
surgían guerrilleros de Sandino
hasta del whisky que se destapaban
y enfermaban de muerte repentina
los gloriosos guerreros de Luisiana
acostumbrados a colgar los negros
mostrando valentía sobrehumana:
dos mil encapuchados ocupados
en un negro, una soga y una rama.
Aquí eran diferentes los negocios:
Sandino acometía y esperaba,
Sandino era la noche que venía
y era la luz del mar que los mataba.
Sandino era una torre con banderas,
Sandino era un fusil con esperanzas.
Eran muy diferentes las lecciones,
en West Point era limpia la enseñanza:
nunca les enseñaron en la escuela

que podía morir el que mataba:
los norteamericanos no aprendieron
que amamos nuestra pobre tierra amada
y que defenderemos las banderas
que con dolor y amor fueron creadas.
Si no aprendieron esto en Filadelfia
lo supieron con sangre en Nicaragua:
allí esperaba el capitán del pueblo:
Augusto C. Sandino se llamaba.
Y en este canto quedará su nombre
estupendo como una llamarada
para que nos dé luz y nos dé fuego
en la continuación de sus batallas.

XI

LA
TRAICIÓN
Para la paz en una noche triste
el General Sandino fue invitado
a comer, festejando su bravura,
con el Embajador «Americano»
(porque el nombre total del continente
estos filibusteros usurparon).
Alegre estaba el General Sandino:
vino y brindis subieron y bajaron:
los yanquis regresaban a su patria
desoladoramente derrotados
y el banquete sellaba con honores
la lucha de Sandino y sus hermanos.
En la mesa esperaba el asesino.
Era un oscuro ser prostibulario
y levantó la copa muchas veces
mientras en los bolsillos resonaron
los treinta horrendos dólares del crimen.
Oh banquete del vino ensangrentado!
Oh noche, oh luna falsa en los caminos!

Oh estrellas amarillas que no hablaron!
Oh tierra muda y ciega de la noche!
Tierra que no detuvo su caballo!
Oh noche de traición que abandonaste
la torre del honor en malas manos!
Oh banquete de plata y agonía!
Oh sombra de traición que prepararon!
Oh pabellón de luz que florecía,
desde entonces vencido y enlutado!

XII

LA
MUERTE

Se levantó Sandino y no sabía
que su victoria había terminado
y que el Embajador lo señalaba
cumpliendo así su parte en el contrato:
todo estaba dispuesto para el crimen
entre asesino y norteamericano.
Y allí en la puerta mientras lo abrazaban
lo despidieron y lo condenaron.
Enhorabuena! Y se alejó Sandino
con el verdugo y con la muerte andando.

XIII

MUERE EL
TRAIDOR

Se llamaba Somoza el traidor
el mercenario, el sátrapa, el verdugo.
He dicho se llamaba, porque un día
llegó el rayo a clavarlo contra el muro.
Nicaragua conoce los martirios,
el alma encadenada que mantuvo
mientras sus corifeos escribían

con plumas de barriga y voz de mulo,
comparándolo a Dios y a los planetas,
al rosicler rosado del crepúsculo,
mientras estrangulaba a Nicaragua
con manos de ladrón y dedos turbios.
Vino el valiente Rigoberto López:
lo encontró festejando sus asuntos
y le cortó la vida con la ráfaga
de un rápido relámpago iracundo.
Así cayó el Abdomen perforado
y se restituyó el honor difunto.
Murió allí el héroe que traía el fuego:
él cavó su destino con sus puños.
Semilla de la muerte fue su hazaña!
Honre su nombre el cántico del mundo!

XIV

LOS   Pero de la barriga que cayó
DINASTAS   salieron los Somozas pequeñitos:
dos payasos en sangre salpicados:
del sapo cruel dos fértiles sapitos.
Y apenas se pudría el purulento
se ascendían los dos generalitos,
se pusieron bordados con diamantes,
se hicieron presidentes vitalicios,
se repartieron todas las haciendas,
se retrataron como nuevos ricos
y del Embajador de Norte América
se hicieron los guerreros favoritos.
Así se hace la historia en nuestras tierras:
así se perpetúan los delitos:
y sigue la cadena del infame
y el pozo militar de los suplicios.

XV

VENGO Nací para cantar estas tristezas,
DEL SUR meter la luz entre las alimañas,
recorrer la impudicia con un rayo,
tocar las cicatrices inhumanas.
Americano soy de padre y madre,
nací de las cenizas araucanas,
pues cuando el invasor buscaba el oro
fuego y dolor le adelantó mi patria.
En otras tierras se vestía de oro:
allí el conquistador no conquistaba:
el insaciable Pedro de Valdivia
encontró en mi país lo que buscaba:
debajo de un canelo terminó
con oro derretido en la garganta.
Yo represento tribus que cayeron
defendiendo banderas bienamadas
y no quedó sino silencio y lluvia
después del esplendor de sus batallas,
pero yo continúo sus acciones
y por toda la tierra americana
sacudo los dolores de mis pueblos,
incito la raíz de sus espadas,
acaricio el recuerdo de los héroes,
riego las subterráneas esperanzas,
porque, de qué me serviría el canto,
el don de la belleza y la palabra
si no sirvieran para que mi pueblo
conmigo combatiera y caminara?
Y voy por las Américas oscuras,
enciendo las espigas y las lámparas,
me niegan pasaporte los tiranos
porque mi poesía los espanta:
si me cierran la puerta con cerrojos,

llego, como la luz, por las ventanas,
si incendian contra mí los territorios
voy por los ríos y entro con el agua,
baja mi poesía hasta la cárcel
a conversar con el que me esperaba,
con el oculto estoy contando estrellas
toda la noche, y parto en la mañana:
arrecifes del mar no me detienen:
las ametralladoras no me atajan:
mi poesía tiene ojos de aurora,
puños de piedras y corazón con alas.
Cuando me reconocen en la calle,
en terrenos de cobre o de cebada,
desde trenes que cruzan por el campo,
en plantaciones de dulzura amarga,
si me saludan en remotos puertos
o en infernales minas subterráneas
es porque allí pasó mi poesía
con su rueda de amor y de venganza
a establecer la claridad del mundo
y dar la luz a los que la esperaban
y a acercar la victoria a los que luchan
y a dar la tierra a los que la trabajan.

XVI

EN   Así como en los tiempos de Sandino
GUATEMALA vi en Guatemala florecer la rosa.
          Vi defender las tierras de los pobres.
          Y llegar la justicia a cada boca.
          Arbenz abría en medio de su pueblo
          su mano delicada y poderosa
          y las escuelas eran un granero
          de posibilidades victoriosas
          hasta que del Canal las uñas largas

cortaron el camino de la aurora.
Los norteamericanos incendiarios
dejaron caer dólares y bombas:
estableció la muerte su atavío,
la United Fruit desenrolló su soga.
Y así fue asesinada Guatemala:
en pleno vuelo, como una paloma.

XVII

EN
SALVADOR,
LA MUERTE

En Salvador aún ronda la muerte.
La sangre de los muertos campesinos
no se ha secado, no la seca el tiempo,
no la borra la lluvia en los caminos.
Quince mil fueron los ametrallados.
Martínez se llamaba el asesino.
Desde entonces tomó sabor de sangre
en Salvador la tierra, el pan y el vino.

XVIII

LA
LIBERTAD

Tesoros del Caribe, espuma insigne
sobre ilustres azules derramada,
costas fragantes que de plata y oro
parecen, por la arena elaboradas,
archipiélago intenso de los sueños,
comarcas de susurro y llamarada,
castillos de palmeras navegantes,
montañas como piñas perfumadas,
islas sonoras que al baile del viento
llegasteis como novias invitadas,
razas color de noche y de madera,

ojos como las noches estrelladas,
estatuas que danzaron en los bosques
como las olas por el mar amadas,
caderas de azafrán que sostuvieron
el ritmo del amor en la enramada,
senos oscuros como el humo agreste
con olor a jazmín en las cabañas,
cabelleras urdidas por la sombra,
sonrisas que la luna edificara,
cocoteros al viento concedidos,
gente sonora como las guitarras,
pobreza de las islas y la costa,
hombres sin tierra, niños sin cuchara,
muchachas musicales dirigidas
por un tambor profundo desde el África,
héroes oscuros de los cafetales,
trabajadores duros de la caña,
hijos del agua, padres del azúcar,
atletas del petróleo y las bananas,
oh Caribe de dones deslumbrantes,
oh tierra y mar de sangre salpicadas,
oh antillas destinadas para el cielo,
por el Diablo y el hombre maltratadas:
ahora llegó la hora de las horas:
la hora de la aurora desplegada
y el que pretenda aniquilar la luz
caerá con la vida cercenada:
y cuando digo que llegó la hora
pienso en la libertad reconquistada:
pienso que en Cuba crece una semilla
mil veces amada y esperada:
la semilla de nuestra dignidad,
por tanto tiempo herida y pisoteada,
cae en el surco, y suben las banderas
de la revolución americana.

XIX

A FIDEL
CASTRO Fidel, Fidel, los pueblos te agradecen
palabras en acción y hechos que cantan,
por eso desde lejos te he traído
una copa del vino de mi patria:
es la sangre de un pueblo subterráneo
que llega de la sombra a tu garganta,
son mineros que viven hace siglos
sacando fuego de la tierra helada.
Van debajo del mar por los carbones
y cuando vuelven son como fantasmas:
se acostumbraron a la noche eterna,
les robaron la luz de la jornada
y sin embargo aquí tienes la copa
de tantos sufrimientos y distancias:
la alegría del hombre encarcelado,
poblado por tinieblas y esperanzas
que adentro de la mina sabe cuándo
llegó la primavera y su fragancia
porque sabe que el hombre está luchando
hasta alcanzar la claridad más ancha.
Y a Cuba ven los mineros australes,
los hijos solitarios de la pampa,
los pastores del frío en Patagonia,
los padres del estaño y de la plata,
los que casándose con la cordillera
sacan el cobre de Chuquicamata,
los hombres de autobuses escondidos
en poblaciones puras de nostalgia,
las mujeres de campos y talleres,
los niños que lloraron sus infancias:
ésta es la copa, tómala, Fidel.
Está llena de tantas esperanzas
que al beberla sabrás que tu victoria

es como el viejo vino de mi patria:
no lo hace un hombre sino muchos hombres
y no una uva sino muchas plantas:
no es una gota sino muchos ríos:
no un capitán sino muchas batallas.
Y están contigo porque representas
todo el honor de nuestra lucha larga
y si cayera Cuba caeríamos,
y vendríamos para levantarla,
y si florece con todas sus flores
florecerá con nuestra propia savia.
Y si se atreven a tocar la frente
de Cuba por tus manos libertada
encontrarán los puños de los pueblos,
sacaremos las armas enterradas:
la sangre y el orgullo acudirán
a defender a Cuba bienamada.

XX

VOLVIENDO
A PUERTO
POBRE

Mientras sube el laurel a las victorias
de Cuba, y brilla por el orbe entero,
una saeta me atraviesa el alma
y vuelve a Puerto Rico mi desvelo.
Puerto Pobre, por qué no tienes voz?
Y ahora que cantaron nuestros pueblos
por qué de pronto fue como una herida
la cadena mortal de tu silencio?
Cuando llegó la libertad a Cuba
temblaron las banderas en el viento,
pero faltaba una bandera hermana:
faltaban los colores de tu pueblo.
Cuando cantó cada nación su canto
salido de victoria y sufrimiento
cada voz nacional dijo su estrofa.

Tú bajaste los ojos en silencio.
Muñoz Mentira envió su telegrama
de aceptación teñido por el miedo,
pero tu voz estaba encarcelada,
tu pobre corazón estaba preso.
El norteamericano puso el pie
sobre Muñoz y le dictó un decreto
y bajo ese decreto y esos pies
el Estado Asociado huele a muerto.
El Muñoz Asociado sube y baja
los corredores del Departamento
ofreciéndole al pobre Puerto Rico
un ataúd con dólares sangrientos.
Ay pobre Puerto Rico Puerto Pobre
clavado con los clavos del tormento
por tus hijos traidores que taladran
sobre una cruz de dólares tus huesos.
Sin embargo tu nuevo día anuncio:
anuncio la llegada de tu tiempo:
los mercenarios rodarán al polvo
y se coronará tu sufrimiento,
se restablecerán las dignidades,
tu propia voz, tu propio pensamiento:
expulsarás la insignia de Chicago,
y tu bandera crecerá en el viento.

XXI

LOS   Parece que estos días congregaron
EMBOSCADOS contra Cuba mentiras y venenos,
           el cable las reparte día y noche
           preparando el asalto y el momento:
           «Parece que la iglesia desconfía»
           «Hay en Cayo Benito un descontento»
           «Fidel no apareció el día 28»

Visión reúne en su oficina infame
su gang de renegados y esperpentos,
bolivianos que lamen cada dólar
y que insultan su pobre nacimiento
crucificando el hambre de Bolivia
y rematando todo nuestro reino
y se reúnen con otros «latinos»
igualmente entregados y siniestros
para mentir hilando cada día
contra Cuba los hilos del infierno:
ellos sólo preparan este guiso.
En este restaurant no mandan ellos.
Sólo agregan la salsa a la calumnia
y la sirven: son pinches y meseros.
Se prepara más lejos este plato
que contiene además un bombardeo,
la masacre de niños y mujeres,
y otro Batista con un nombre nuevo:
y aquí no pasó nada, es lo que piensan.
«Lo demás lo arreglamos con dinero.»
Pero esta vez lo pagarán con sangre.
Y no podrán vencer sino a los muertos.

XXII

ASÍ ES   Mis deberes caminan con mi canto:
MI VIDA   soy y no soy: es ése mi destino.
No soy si no acompaño los dolores
de los que sufren: son dolores míos.
Porque no puedo ser sin ser de todos,
de todos los callados y oprimidos,
vengo del pueblo y canto para el pueblo:
mi poesía es cántico y castigo.
Me dicen: perteneces a la sombra.
Tal vez, tal vez, pero a la luz camino.

Soy el hombre del pan y del pescado
y no me encontrarán entre los libros,
sino con las mujeres y los hombres:
ellos me han enseñado el infinito.

XXIII

POR   A Venezuela amé, pero no estaba.
VENEZUELA   La busqué entre los nombres que vivían:
llamé y llamé, no respondía nadie,
no respondió la patria sumergida
y sin embargo el mapa le otorgó
las esmeraldas de la geografía,
las montañas con pájaros de nieve,
un fuego azul custodiaba sus islas,
el petróleo quemaba sus caderas
y bordaba con oro su camisa,
el Orinoco era una carta eterna
escrita con caimanes y noticias,
en fin, en fin, sonaba Venezuela
como una capital ferretería
con diamantes, cascadas y tapires
y respiraba con Simón Bolívar
(mientras llegaba a Chile un caballero
a enloquecernos con su ortografía).
Y bien y bien anduve, por el mundo,
toqué puertas amigas y enemigas
y todos los países en su sitio
se colocaron para mi visita
como los vi en el mapa cuando niño:
el Asia verde, Inglaterra carnívora,
España inaugurando sus sepulcros,
Francia fragante y apenas vestida,
Suiza como un reloj entre los locos,
Alemania ensayando artillería,

Rusia cambió de nombre y apellido,
en Roma Dios alojaba y sufría,
mientras tanto buscando a Venezuela
sin encontrarla me pasé los días
hasta que Picón Salas de Caracas
llegó a explicarme lo que sucedía.

XXIV

EL TIGRE   Era Gómez el nombre del vacío
y Gómez se llamaba aquella muerte.
En media hora remató el petróleo
a norteamericanos delincuentes
y desde entonces procreó a su gusto.
Y Venezuela silenciosamente,
se hundió en la oscuridad de las prisiones,
se enfermó de presidios y de fiebres.
Los que después serían mis hermanos
iban por los caminos inclementes
cavando piedras y cargando grillos:
se desangraba Venezuela ardiente.
Gabaldón me contó cómo escuchaba
morir desde su celda a un insurgente:
se lo comieron vivo los gusanos,
y él oía gemir a su pariente
y no sabía qué estaba pasando
hasta que aquellos cortos gritos crueles
se terminaron. Y ése era el silencio
de Venezuela: nadie respondía.
Vivían los gusanos y la muerte.

XXV

PÉREZ
JIMÉNEZ

La libertad con Medina Angarita
y el decoro con Rómulo Gallegos
cruzaron fugazmente Venezuela
como aves de otras tierras en su vuelo
y volvieron las bestias del terror
a levantar sus patas y sus pelos.
La noche parturienta lo parió:
Pérez Jiménez se llamó el murciélago.
Era redondo de alma y de barriga
pestilente, ladrón y circunflejo,
era un gordo lagarto de pantano,
un mono roedor, un loro obeso,
era un prostibulario maleante
cruzamiento de rana y de cangrejo,
bastardo de Trujillo y de Somoza
procreado en el State Departamento
para uso interno de los monopolios,
de quienes fue felpudo amarillento,
ambiguo subproducto del petróleo
y voraz tiburón del excremento.
Este sapo salido de la ciénaga
se dedicó a su propio presupuesto:
por fuera charreteras y medallas,
propiedades y dólares por dentro,
este bravío militar sin guerras
se ascendió sólo a grados suculentos.
Hasta aquí la comedia que describo
en el certamen de lo pintoresco
pero Pérez Jiménez encerró
a Venezuela y le aplicó el tormento.
Se llenó de dolores su bodega,
de miembros rotos y partidos huesos
y los presidios otra vez volvieron

a ser poblados por los más honestos.
Así volvió el pasado a Venezuela
a levantar su látigo sangriento
hasta que por las calles de Caracas
las bocinas se unieron en el viento,
se rompieron los muros del tirano
y desató su majestad el pueblo.
Lo demás vuelve a ser nuevo y antiguo,
historia igual de nuestro triste tiempo:
hacia Miami el majestuoso sátrapa
corrió como sonámbulo conejo:
allí tiene palacio y lo esperaba
el Mundo Libre con los brazos abiertos.

XXVI

UN
DEMÓCRATA
EXTRAÑO

Betancourt se sentó en las esperanzas
de Venezuela como un fardo espeso,
este señor es cuadrado por fuera
y es opaco por dentro como un queso:
estudió mucho para Presidente
(para ser hombre nunca tuvo tiempo).
Al fin en Nueva York le dieron títulos
de especialista en leyes y gobiernos,
recomendado por Muñoz Marín
los gringos lo estudiaron un momento
y lo depositaron en Caracas,
empaquetado en sus conocimientos:
aprendió inglés para cumplir órdenes,
en todo fue cumplido y circunspecto:
ojos y oídos hacia Norteamérica
y para Venezuela sordo y ciego,
pedía a un sastre norteamericano
sus pantalones y sus pensamientos
hasta que hablando con la Voz del Amo

olvidó a Venezuela y a su pueblo.
Cuba le molestaba extrañamente,
por causa de Fidel perdía el sueño,
todas estas reformas, dar la tierra
a los que la trabajan, qué molesto!
y dar casas a todos los cubanos
es convertir a Cuba en un infierno!
vender azúcar a quienes la compran
es un intolerable atrevimiento!
y el pobre Betancourt fue convertido
en un triste Caín de nuestro tiempo.
Entonces en Caracas floreció
una sublevación de niños tiernos:
aquellos estudiantes insumisos
se atrincheraron en su descontento.
Betancourt, el guerrero, envió de prisa
sus policías y sus regimientos,
sus tanques, sus aviones, sus fusiles
y ametralló a los niños indefensos,
y frente a sus escuelas enlutadas
entre los pizarrones y cuadernos
este demócrata «norteamericano»
dejó docenas de pequeños muertos.
Otra vez Venezuela ensangrentada.
Herodes Betancourt guardó silencio.

XXVII

LAS   En esta breve ráfaga sin hombres
AVES DEL   a celebrar los pájaros convido,
CARIBE   el vencejo, veloz vela del viento,
la deslumbrante luz del tucusito,
el limpiacasa que bifurca el cielo,
para el garrapatero más sombrío
hasta que la sustancia del crepúsculo

teje el color del aguaitacaminos.
Oh aves piedras preciosas del Caribe,
quetzal, rayo nupcial del Paraíso,
pedrerías del aire en el follaje,
pájaros del relámpago amarillo
amasados con gotas de turquesa
y fuegos de desnudos cataclismos:
venid a mi pequeño canto humano,
turpial del agua, perdigón sencillo,
paraulatas de estilo milagroso,
chocorocay en tierra establecido,
mínimos saltarines de oro y aire,
tintora ultravioleta y cola de hilo,
gallo de rocas, pájaro paraguas,
compañeros, misteriosos amigos,
cómo la pluma superó a la flor?
Máscara de oro, carpintero invicto,
qué puedo hacer para cantar en medio
de Venezuela, junto a vuestros nidos,
fulgores del semáforo celeste,
martines pescadores del rocío,
si del Extremo Sur la voz opaca
tengo, y la voz de un corazón sombrío,
y no soy en la arena del Caribe
sino una piedra que llegó del frío?
Qué voy a hacer para cantar el canto,
el plumaje, la luz, el poderío
de lo que vi volando sin creerlo
o escuché sin creer haberlo oído?
Porque las garzas rojas me cruzaron:
iban volando como un rojo río
y contra el resplandor venezolano
del sol azul ardiendo en el zafiro
surgió como un eclipse la hermosura:
volaron estas aves desde el rito.
Si no viste el carmín del corocoro
volar en un enjambre suspendido
cuando corta la luz como guadaña

y todo el cielo vuela sacudido
y pasan los plumajes escarlata
y dejan un relámpago encendido,
si tú no viste el aire del Caribe
manando sangre sin que fuera herido,
no sabes la belleza de este mundo,
desconoces el mundo en que has vivido.
Y por eso es que cuento y es que canto
y por todos los hombres veo y vivo:
es mi deber contar lo que no sabes
y lo que sabes cantaré contigo:
tus ojos acompañan mis palabras
y se abren mis palabras en el trigo
y vuelan con las alas del Caribe
o se pelean con tus enemigos.
Tengo tantos deberes, compañeros,
que me voy a otro tema y me despido.

XXVIII

TRISTES
SUCESOS

Si Nueva York reluce como el oro
y hay edificios con quinientos bares,
aquí dejaré escrito que se hicieron
con el sudor de los cañaverales:
el bananal es un infierno verde
para que en Nueva York beban y bailen.
Y cuando a cinco mil metros de altura
van los chilenos escupiendo sangre
para mandar el cobre a Nueva York
los bolivianos se desploman de hambre
arañando las cuevas del estaño,
rompiendo las paredes de los Andes,
y el Orinoco desde sus raíces
en el lodo desgrana sus diamantes.
Por tierra panameña que robaron,

por aguas que robaron, van las naves
a Nueva York con el petróleo nuestro,
con los arrebatados minerales
que con gran reverencia les entregan
nuestros condecorados gobernantes.
El azúcar levanta las paredes,
el nitrato de Chile las ciudades,
el café del Brasil compra las camas,
el Paraguay les da universidades,
de Colombia reciben esmeraldas,
de Puerto Rico a sus batallas salen
los soldados de aquel pueblo «asociado».
(De esta manera singular combaten:
los norteamericanos dan las armas
y los portorriqueños dan su sangre.)

XXIX

NO ME
LO PIDAN

Piden algunos que este asunto humano
con nombres, apellidos y lamentos
no lo trate en las hojas de mis libros,
no le dé la escritura de mis versos:
dicen que aquí murió la poesía,
dicen algunos que no debo hacerlo:
la verdad es que siento no agradarles,
los saludo y les saco mi sombrero
y los dejo viajando en el Parnaso
como ratas alegres en el queso.
Yo pertenezco a otra categoría
y sólo un hombre soy de carne y hueso,
por eso si apalean a mi hermano
con lo que tengo a mano lo defiendo
y cada una de mis líneas lleva
un peligro de pólvora o de hierro,
que caerá sobre los inhumanos,

sobre los crueles, sobre los soberbios.
Pero el castigo de mi paz furiosa
no amenaza a los pobres ni a los buenos:
con mi lámpara busco a los que caen,
alivio sus heridas y las cierro:
y éstos son los oficios del poeta
del aviador y del picapedrero:
debemos hacer algo en esta tierra
porque en este planeta nos parieron
y hay que arreglar las cosas de los hombres
porque no somos pájaros ni perros.
Y bien, si cuando ataco lo que odio,
o cuando canto a todos los que quiero,
la poesía quiere abandonar
las esperanzas de mi manifiesto
yo sigo con las tablas de mi ley
acumulando estrellas y armamentos
y en el duro deber americano
no me importa una rosa más o menos:
tengo un pacto de amor con la hermosura:
tengo un pacto de sangre con mi pueblo.

XXX

REUNIÓN DE LA OEA

Si Ud. conoce o no la diplomacia
es asunto que no interesa a nadie,
pero esta ciencia tiene sus recodos,
sus selvas congeladas o infernales
y hoy debo abrir los ojos de los justos,
para enseñar lo que ya todos saben
y mostrar hasta dónde, reuniéndose,
pueden nuestras naciones disgregarse
y no ser sino sólo el mobiliario
para que el Tío Sam pueda sentarse.
Nuestros embajadores reunidos

le forman un cojín de seda suave
y para aquel trasero sacrosanto
la Argentina designa sus lanares,
Ecuador sus mejores guacamayos,
el Perú sus guanacos ancestrales,
Santo Domingo envía a sus sobrinos,
a sus cuñados y a otros animales.
Chile es original como ninguno
y designa para representante
una botella de vino sin vino
o un tintero sin tinta y con vinagre.
Y así preparan estos caballeros
sus largas reuniones inefables,
se equilibran el uno sobre el otro
con acrobacias muy interesantes
pelean para ser primer asiento:
«Por lo menos, a mí deben pisarme»
reclama el delegado de Colombia
escribiendo un soneto y persignándose
mientras el delegado paraguayo
con el del Salvador, sin arañarse,
quieren ser los asientos exclusivos
y así lo expresan con motivos tales
que se conmueve todo el mundo, pero
justo en ese minuto del certamen
llega su jefe norteamericano:
sobre todos se sienta sin fijarse
a quién correspondió la precedencia,
y sucede un silencio extravagante.
Dicta el acuerdo el jefe apresurado,
vuelve a sus oficinas importantes,
se incorporan nuestros embajadores,
se estiran las chaquetas elegantes
y así se terminó esta reunión.
Señores, la OEA tiene defectos
pero es deliciosamente unánime.

XXXI

EXPLOSIÓN
DEL
«LA COUBRE»
1960

Mi tema es este barco que llegaba
lleno de municiones y alegría:
en La Habana estalló su cargamento
en el fuego del mar fue su agonía.
Fueron dos Eisenhowers diferentes
los que actuaron en esta compañía,
uno que navegaba bajo el agua
y otro que en Argentina sonreía,
uno depositaba el explosivo,
y otro condecoraba al que venía,
uno apretaba el broche del torpedo
y el otro en toda América mentía,
uno nadaba como un pulpo verde
y el otro era más suave que una tía.
Estos dos personajes paralelos
aprendieron que nuestra geografía
la manejan gobiernos sin raíces
que dimitieron la soberanía:
para estos gobernantes Norteamérica
es una caja no siempre vacía:
ellos le entregan todo lo que tienen:
las esperanzas y la policía
y el primer Eisenhower se pasea
por los palacios y las avenidas
sin ver una persona verdadera:
sólo feroces tigres de oficina
que le quieren vender nuestras banderas.
Pero en U.S.A. se conocía
que con Fidel se habla de otra manera
y cuando en Cuba ven los campesinos
las letras de la luz por vez primera
y con la dignidad que han recibido
recibieron los libros y la tierra:

el Eisenhower claro se retira
la mascarilla de persona buena
y en hombre rana se convierte y nada
como los tiburones a su presa.
Entonces el «La Coubre» asesinado
se retuerce entre heridos y pavesas:
asesinan franceses y cubanos
para impedir que Cuba se defienda:
pero los pistoleros submarinos
perdieron esta vez su remolienda
porque no lograrán matar a Cuba:
vivirá, lo juramos, esta estrella:
por su revolución combatiremos
hasta la última mano que dispare
defendiendo el honor, la última piedra.

XXXII

AMÉRICAS Viva Colombia, bella y enlutada,
y Ecuador coronado por el fuego,
viva el pequeño Paraguay herido
y por desnudos héroes resurrecto,
oh Venezuela, cantas en el mapa
con todo el cielo azul en movimiento
y de Bolivia los huraños montes,
los ojos indios y la luz celebro:
yo sé que aquí y allá los que cayeron
defendiendo el honor fueron los pueblos
y amo hasta las raíces de mi tierra
desde Río Grande hasta el Polo chileno
no sólo porque están diseminados
en esta larga lucha nuestros huesos,
sino porque amo cada puerta pobre
y cada mano del profundo pueblo
y no hay belleza como esta belleza

de América extendida en sus infiernos,
en sus cerros de piedra y poderío,
y en sus ríos atávicos y eternos
y te amo en los recónditos espacios
de las ciudades con olor a estiércol,
en los trenes del alba vacilante,
en los mercados y en los mataderos,
en las flores eléctricas de Santos,
en la cruel construcción de tus cangrejos,
en tu decapitada minería
y tus pobres borrachos turbulentos:
el planeta te dio toda la nieve,
aguas mayores y volcanes nuevos
y luego el hombre fue agregando muros
y adentro de los muros sufrimiento
y es por amor que pego en tus costados:
recíbeme como si fuera el viento.
Te traigo con el canto que golpea
un amor que no puede estar contento
y la fecundación de las campanas:
la justicia que esperan nuestros pueblos.
Y no es mucho pedir, tenemos tanto,
y sin embargo tan poco tenemos
que no es posible que esto continúe.
Éste es mi canto, lo que pido es eso:
porque no pido nada sino todo,
lo pido todo para nuestros pueblos
y que se ofenda el triste presumido
enloquecido por un nombramiento,
yo sigo y me acompañan dos razones:
mi corazón y mi padecimiento.

XXXIII

HISTORIA Panamá, te otorgó la geografía
DE UN un don que no entregó a tierra ninguna:
CANAL avanzaron dos mares a tu encuentro:
se adelgazó la cordillera pura:
en vez de darte un mar te dio las aguas
de los dos soberanos de la espuma
y te besa el Atlántico con labios
acostumbrados a besar las uvas,
mientras que el mar Pacífico sacude
en tu honor su ciclónica estatura.
Y bien, pequeña Panamá, hermanita,
ahora me llegan las primeras dudas:
te las diré al oído porque creo
que hay que hablar en silencio la amargura.
Y qué pasó? hermanita, recortaron,
como si fuera un queso, tu figura
y luego te comieron y dejaron
como un hueso roído de aceituna.
Yo lo supe más tarde, estaba hecho
el canal como un río de la luna:
por ese río llegaría el mundo
derramando en tu arena la fortuna,
pero unos caballeros de otra parte
instalaron en ti sus armaduras
y no te derramaron sino whisky
desde que hipotecaron tu cintura:
y todo sigue como fue planeado
por Satanás y por sus imposturas:
con su dinero hicieron el Canal,
cavaron tierra con la sangre tuya
y ahora a Nueva York mandan los dólares
y te dejan a ti las sepulturas.

XXXIV

El agua pasa en ti como un cuchillo
y separa el amor en dos mitades
con un frío de dólares metidos
hasta la empuñadura en tus panales:
yo te digo las penas que yo siento,
si otros no ven estas calamidades
piensa que estoy perdido o que bebí
demasiadas botellas en tus bares,
pero estas construcciones, estos lagos,
estas aguas azules de dos mares
no deben ser la espada que divide
a los felices de los miserables,
debiera ser la puerta de esta espuma,
la gran unión de dos mundos nupciales:
un pequeño camino construido
para hombres y no para caimanes,
para el amor y no para el dinero,
no para el odio sino para los panes
y hay que decir que a ti te pertenece
este canal y todos los canales
que se construyan en tu territorio:
éstos son tus sagrados manantiales.
El manantial del mar que te rodea
es tuyo, es una vena de tu sangre,
y los vampiros que te la devoran
deben hacer valijas y marcharse
y sólo tu bandera de navío
debe mover al viento de la tarde:
el viento panameño que pregunta
como un chiquillo que perdió a su madre
dónde está la bandera de su patria.
Está esperando. Y Panamá lo sabe.
Y lo sabemos los americanos

desde la Patagonia al Río Grande:
una sola bandera en el Canal
debe mover su pétalo fragante,
no puede ser bandera de piratas
sino una rosa más de nuestra sangre
y el puro pabellón de Panamá
presidirá el camino de las naves.

XXXV

LA PRENSA Quiero contar en breve escalofrío,
«LIBRE» sin rencor y más bien con alegría,
cómo desde la cama en Buenos Aires
me llevó a la prisión la policía.
Era tarde, llegábamos de Chile
y sin decirnos esta boca es mía
saquearon los papeles de mi amigo,
ofendieron la casa en que dormía.
Mi mujer centelleaba su desprecio
pero eran órdenes que se cumplían
y en un carro ambulante recorrimos
la noche negra de la tiranía.
No era Perón entonces, era otro,
un nuevo mandamás de la Argentina
y por sus órdenes se abrieron puertas,
cerrojos y cerrojos que se abrían
para tragarme, los patios pasaban,
cuarenta rejas y la enfermería,
pero aún me subieron a una celda,
la más impenetrable y escondida:
sólo allí se creyeron protegidos
de los vapores de mi poesía.
Supe a través de aquella noche rota
que a tres mil encerraron ese día:
cárcel, presidio, y por si fuera poco

naves que por el mar a la deriva
se cargaron con hombres y mujeres,
orgullo de las almas argentinas.
Sólo hasta aquí debe llegar mi historia:
lo demás es historia colectiva:
porque quise leerla en el periódico
en *La Prensa* (que es tan informativa)
pero el señor Gaínza Paz no sabe
si llenan las prisiones argentinas.
Él es campeón de nuestra prensa «libre»
pero si cierran diarios comunistas
este prócer no sabe ni lo escribe,
se enferma del calzado y de la vista,
y si van los obreros a la cárcel
todo el mundo lo sabe y no Gaínza
y todo el mundo acude a los periódicos,
pero los «grandes» diarios no publican
nada de estas estúpidas historias:
La Prensa estaba preocupadísima
del último divorcio que intercambian
en Hollywood los ases de películas
y mientras se clausuran sindicatos
La Prensa y *La Nación* son metafísicas.
Ay qué silencio el de esta prensa gorda
cuando recibe el pueblo la paliza,
pero si en Cuba cae fusilado
uno de los chacales de Batista
las empresas de nuestra pobre América
confeccionan e imprimen sus salchichas,
se levantan las manos a las sienes
y entonces sí que saben y publican,
se reúne la Sip, la Sop, la Sep,
a salvar las vestales que peligran
y corriendo a la Bolsa de Nueva York
apresuradamente solicitan
estímulos sonantes y constantes
para la «libertad» que patrocinan.
Y estos palmípedos indecorosos

pululan por América Latina
se besan con Chamudes en Santiago,
Judas Ravines los espera en Lima
y luego enriquecidos y entusiastas
por esa libertad que se respira
desde Washington suena un rock and roll
y bailan con Dubois y con Gaínza.

XXXVI

BAILANDO CON LOS NEGROS

Negros del continente, al Nuevo Mundo
habéis dado la sal que le faltaba:
sin negros no respiran los tambores
y sin negros no suenan las guitarras.
Inmóvil era nuestra verde América
hasta que se movió como una palma
cuando nació de una pareja negra
el baile de la sangre y de la gracia.
Y luego de sufrir tantas miserias
y de cortar hasta morir la caña
y de cuidar los cerdos en el bosque
y de cargar las piedras más pesadas
y de lavar pirámides de ropa
y de subir cargados las escalas
y de parar sin nadie en el camino
y no tener ni plato ni cuchara
y de cobrar más palos que salario
y de sufrir la venta de la hermana
y de moler harina todo un siglo
y de comer un día a la semana
y de correr como un caballo siempre
repartiendo cajones de alpargatas,
manejando la escoba y el serrucho,
y cavando caminos y montañas,
acostarse cansados, con la muerte,

y vivir otra vez cada mañana
cantando como nadie cantaría,
cantando con el cuerpo y con el alma.
Corazón mío, para decir esto
se me parte la vida y la palabra
y no puedo seguir porque prefiero
irme con las palmeras africanas,
madrinas de la música terrestre
que ahora me incita desde la ventana:
y me voy a bailar por los caminos
con mis hermanos negros de La Habana.

XXXVII

DESAPARECE
UN
PROFESOR

En Nueva York sobre falsas gardenias
circula un extraviado olor a queso:
desde 42 hasta Long Island
cubrió todas las cosas del invierno
y la sala de clase tiritaba
de calor repentino y frío muerto.
De allí salió el amigo arrebujado
en aire amargo como su destierro,
pero la Urbe Norteamericana
ya lo envolvía con su traje nuevo
y creyó que daría rienda suelta
al papel ancestral de sus recuerdos.
Galíndez se llamaba el profesor
y aquella noche se marchó al infierno.
Le pegaron un golpe en la cabeza
y lo llevaron sin conocimiento
a través de la noche, de las calles,
de los abandonados aeropuertos
hacia Santo Domingo, donde reina
un pálido rufián de rostro viejo,
un satánico mono sostenido

allí por el State Departamento.
Y hasta el trono trajeron maniatado
al pobre profesor con sus recuerdos,
no se sabe si fue quemado vivo
o desollado con trabajo lento,
o partido en pequeños pedacitos
o cocido en la sangre de otros muertos,
pero frente a la Corte reunida
el profesor fue llevado al tormento:
allí mismo pagaron al piloto
(un norteamericano por supuesto)
y siguió el sátrapa en Santo Domingo.
En Nueva York continúa el invierno.

XXXVIII

LOS
HÉROES

En este barco de sangrienta ciénaga
muchos fueron heridos y cayeron:
se los tragó el abismo desdichado
con sus torturas y sus prisioneros.
Para esta fortaleza de los crueles
en Washington hay balas y dinero
y el hijo de Trujillo es un galán,
para Hollywood, es todo un caballero.
Pero los estudiantes que disparan
contra el mal, solitarios o dispersos,
no encontrarán asilo en Embajada
ni encontrarán navíos en el puerto
ni avión que los transporte a otro lugar
sino al que a donde esperan los tormentos.
Le negarán la visa a Nueva York
con los más contundentes argumentos
hasta que el joven héroe clandestino
es, después, delatado y descubierto:
y no le dejarán ojos en las cuencas,

uno por uno quebrarán sus huesos.
Luego se pavonean en la ONU
con este Mundo Libre que tenemos
y habla el Ministro Norteamericano
dando a Trujillo nuevos armamentos.
Y esta historia es terrible, y si han sufrido
me van a perdonar, no lo lamento.
Así se perpetúan los malvados:
ésta es la realidad, y yo no miento.

XXXIX

AL
NORTEAMERICANO
AMIGO

Al Hombre del Norte, norteamericano,
segador industrial de las manzanas,
sencillo como un pino en un pinar,
abeto geográfico de Alaska,
yanqui de las aldeas y las fábricas
con mujer, con deberes y con hijos,
fecundos ingenieros que trabajan
en la selva inmutable de los números
o en la relojería de las fábricas,
obreros anchos y altos y encorvados
entre las ruedas y sobre las llamas,
poetas desgarradores que perdisteis
la fe de Whitman en la raza humana,
yo quiero que lo que amo y lo que odio
quede con claridad en mis palabras:
contra vosotros sólo mi reproche
por un silencio que no dice nada:
no sabemos más bien lo que meditan
los norteamericanos en su casa,
comprendemos la miel de la familia,
pero amamos también la llamarada,
cuando algo sucede en este mundo
queremos compartir las enseñanzas

y encontramos que dos o tres personas
cierran las puertas norteamericanas
y sólo se oye la *Voice of America*
que es como oír a una gallina rara.
Pero por lo demás aquí celebro
vuestras proezas de hoy y de mañana
y pienso que el Satélite atrasado
que colocasteis una madrugada
es saludable para todo orgullo:
por qué estar siempre en la primera sala?
En este campeonato de la vida
quedó atrás para siempre la jactancia:
así podemos juntos ir al sol
y beber vino de la misma jarra.
Americanos sois como nosotros
y no os queremos excluir de nada,
pero queremos conservar lo nuestro,
hay mucho espacio para nuestras almas
y podemos vivir sin atropello
con simpatía subdesarrollada
hasta que con franqueza nos digamos
hasta dónde llegamos, cara a cara.
El mundo está cambiando y no creemos
que hay que vencer con bomba y con espada.
Sobre esta base nos entenderemos
sin que sufran Uds. para nada:
no vamos a explotarles el petróleo,
no les intervendremos las aduanas,
no venderemos la energía eléctrica
a las aldeas norteamericanas:
somos gentes pacíficas que pueden
contentarse con lo poco que ganan
y no queremos someter a nadie
a la codicia de las circunstancias.
Respetamos de Lincoln el espacio
y de Paul Robeson la conciencia clara.
Te aprendimos a amar con Charlie Chaplin
(aunque su autoridad fue mal pagada).

Y tantas cosas más, la geografía
que nos une en la tierra deseada,
todo me indica una vez más decir
que navegamos en la misma barca:
con el orgullo se podría hundir:
carguémosla con pan y manzanas,
carguémosla con blancos y con negros,
con el entendimiento y la esperanza.

XL

MAÑANA Jóvenes puros de este mar sangriento,
EN TODO jóvenes comunistas de este día:
EL CARIBE seréis cada vez más para limpiar
el territorio de las tiranías
y un día nos podremos encontrar,
y con la libertad mi poesía
entre vosotros volverá a cantar.
Compañeros, espero esta alegría.

XLI

UN MINUTO Si un silencio se pide despidiendo
CANTADO a los nuestros que vuelven a la tierra,
PARA voy a pedir un minuto sonoro,
SIERRA por una vez toda la voz de América,
MAESTRA sólo un minuto de profundo canto
pido en honor de la Sierra Maestra.
Olvidemos los hombres por ahora:
honremos entre tantas esta tierra
que guardó en su montaña misteriosa
la chispa que ardería en la pradera.

Yo celebro las bruscas enramadas,
el dormitorio duro de las piedras,
la noche de rumores indecisos
con la palpitación de las estrellas,
el silencio desnudo de los montes,
el enigma de un pueblo sin banderas:
hasta que todo comenzó a latir
y todo se encendió como una hoguera.
Bajaron invencibles los barbudos
a establecer la paz sobre la tierra
y ahora todo es claro pero entonces
todo era oscuro en la Sierra Maestra:
por eso pido este minuto unánime
para cantar esta *Canción de gesta*
y yo comienzo con estas palabras
para que se repitan en América:
«Abrid los ojos pueblos ofendidos,
en todas partes hay Sierra Maestra».

MEDITACIÓN SOBRE LA SIERRA MAESTRA

XLII

ESCRITO
EN EL
AÑO
2000

Quiero hablar con las últimas estrellas
ahora, elevado en este monte humano,
solo estoy con la noche compañera
y un corazón gastado por los años.
Llegué de lejos a estas soledades,
tengo derecho al sueño soberano,
a descansar con los ojos abiertos
entre los ojos de los fatigados,
y mientras duerme el hombre con su tribu,
cuando todos los ojos se cerraron,
los pueblos sumergidos de la noche,
el cielo de rosales estrellados,
dejo que el tiempo corra por mi cara
como aire oscuro o corazón mojado
y veo lo que viene y lo que nace,
los dolores que fueron derrotados,
las pobres esperanzas de mi pueblo:
los niños en la escuela con zapatos,
el pan y la justicia repartiéndose
como el sol se reparte en el verano.
Veo la sencillez desarrollada,
la pureza del hombre con su arado
y entre la agricultura voy y vuelvo
sin encontrar inmensos hacendados.
Es tan fácil la luz y no se hallaba:
el amor parecía tan lejano:
estuvo siempre cerca la razón:
nosotros éramos los extraviados

y ya creíamos en un mundo triste
lleno de emperadores y soldados
cuando se vio de pronto que se fueron
para siempre los crueles y los malos
y todo el mundo se quedó tranquilo
en su casa, en la calle, trabajando.
Y ahora ya se sabe que no es bueno
que esté la tierra en unas pocas manos,
que no hay necesidad de andar corriendo
entre gobernadores y juzgados.
Qué sencilla es la paz y qué difícil
embestirse con piedras y con palos
todos los días y todas las noches
como si ya no fuéramos cristianos.

Alta es la noche y pura como piedra
y con su frío toca mi costado
como diciéndome que duerma pronto,
que ya están mis trabajos terminados.
Pero tengo que hablar con las estrellas,
hablar en un idioma oscuro y claro
y con la noche misma conversar
con sencillez como hermana y hermano.
Me envuelve con fragancia poderosa
y me toca la noche con sus manos:
me doy cuenta que soy aquel nocturno
que dejé atrás en el tiempo lejano
cuando la primavera estudiantil
palpitaba en mi traje provinciano.
Todo el amor de aquel tiempo perdido,
el dolor de un aroma arrebatado,
el color de una calle con cenizas,
el cielo inextinguible de unas manos!
Y luego aquellos climas devorantes
donde mi corazón fue devorado,
los navíos que huían sin destino,
los países oscuros o delgados,
aquella fiebre que tuve en Birmania
y aquel amor que fue crucificado.

Soy sólo un hombre y llevo mis castigos
como cualquier mortal apesarado
de amar, amar, amar sin que lo amaran
y de no amar habiendo sido amado.
Y surgen las cenizas de una noche,
cerca del mar, en un río sagrado,
y un cadáver oscuro de mujer
ardiendo en un brasero abandonado:
el Irrawadhy desde la espesura
mueve sus aguas y su luz de escualo.
Los pescadores de Ceylán que alzaban
conmigo todo el mar y sus pescados
y las redes chorreando milagrosos
peces de terciopelo colorado
mientras los elefantes esperaban
a que les diera un fruto con mis manos.
Ay cuánto tiempo es el que en mis mejillas
se acumuló como un reloj opaco
que acarrea en su frágil movimiento
un hilo interminablemente largo
que comienza con un niño que llora
y acaba en un viajero con un saco!

Después llegó la guerra y sus dolores
y me tocan los ojos y me buscan
en la noche los muertos españoles,
los busco y no me ven y sin embargo
veo sus apagados resplandores:
Don Antonio morir sin esperanza,
Miguel Hernández muerto en sus prisiones
y el pobre Federico asesinado
por los medioevales malhechores,
por la caterva infiel de los Paneros:
los asesinos de los ruiseñores.
Ay tanta y tanta sombra y tanta sangre
me llaman esta noche por mi nombre:
ahora me tocan con alas heladas
y me señalan su martirio enorme:

nadie los ha vengado, y me lo piden.
Y sólo mi ternura los conoce.

Ay cuánta noche cabe en una noche
sin desbordar esta celeste copa,
suena el silencio de las lejanías
como una inaccesible caracola
y caen en mis manos las estrellas
llenas aún de música y de sombra.
En este espacio el tumultuoso peso
de mi vida no vence ni solloza
y despido al dolor que me visita
como si despidiera a una paloma:
si hay cuentas que sacar hay que sacarlas
con lo que va a venir y que se asoma,
con la felicidad de todo el mundo
y no con lo que el tiempo desmorona.
Y aquí en el cielo de Sierra Maestra
yo sólo alcanzo a saludar la aurora
porque se me hizo tarde en mis quehaceres,
se me pasó la vida en tantas cosas,
que dejo mis trabajos a otras manos
y mi canción la cantará otra boca.
Porque así se encadena la jornada
y floreciendo seguirá la rosa.

No se detiene el hombre en su camino:
otro toma las armas misteriosas:
no tiene fin la primavera humana,
del invierno salió la mariposa
y era mucho más frágil que una flor,
por eso su belleza no reposa
y se mueven sus alas de color
con una matemática radiosa.
Y un hombre construyó solo una puerta
y no sacó del mar sino una gota
hasta que de una vida hasta otra vida
levantaremos la ciudad dichosa

con los brazos de los que ya no viven
y con manos que no han nacido ahora.
Es ésa la unidad que alcanzaremos:
la luz organizada por la sombra,
por la continuidad de los deseos
y el tiempo que camina por las horas
hasta que ya todos estén contentos.

Y así comienza una vez más la Historia.

Y así, pues, en lo alto de estos montes,
lejos de Chile y de sus cordilleras
recibo mi pasado en una copa
y la levanto por la tierra entera,
y aunque mi patria circule en mi sangre
sin que nunca se apague su carrera
en esta hora mi razón nocturna
señala en Cuba la común bandera
del hemisferio oscuro que esperaba
por fin una victoria verdadera.
La dejo en esta cumbre custodiada,
alta, ondeando sobre las praderas,
indicando a los pueblos agobiados
la dignidad nacida en la pelea:
Cuba es un mástil claro que divisan
a través del espacio y las tinieblas,
es como un árbol que nació en el centro
del mar Caribe y sus antiguas penas:
su follaje se ve de todas partes
y sus semillas van bajo la tierra,
elevando en la América sombría
el edificio de la primavera.

XLIII

JUICIO   Si hay en la duración de los dolores
FINAL   una sofocación, un entretanto
que nos lleva y nos trae de temores
hasta llenar la copa del espanto,
hay en lo que hace el hombre y sus victorias
una rama de puro desencanto
y ésta crece sin pájaros ni pétalos:
no la riega la lluvia sino el llanto.

Este libro, primero entre los libros
que propagaron la intención cubana,
esta *Canción de gesta* que no tuvo
otro destino sino la esperanza
fue agredido por tristes escritores
que en Cuba nunca liberaron nada
sino sus presupuestos defendidos
por la chaqueta revolucionaria.

A uno conocí, cínico negro,
disfrazado hasta el fin de camarada:
éste de cabaret en cabaret
ganó en París las últimas batallas
para llegar campante como siempre
a cobrar sus laureles en La Habana.

Y a otro conocí neutral eterno,
que huyendo de los nazis como rata
se portó silencioso como un héroe
cuando era su voz más necesaria.

Y otro tan retamar que despojado
de su fernández ya no vale nada
sino lo que les cuesta a los cubanos
vendiendo elogios y comprando fama.

Ay Cuba! tu fulgor de estrella dura
lo defiende tu pueblo con sus armas!

Mientras Miami propala sus gusanos
tus propios escritores te socavan
y uno que se da cuenta de las cosas
y participa en la común batalla
distingue a los que luchan frente a frente
contra la ira norteamericana
de los que gastan tinta de su pueblo
manchando la centella solidaria.

Pero sabemos que a través del tiempo
a la envidia que escribe enmascarada
se le cae su rostro de combate
y se le ve la piel aminorada,
se le ve la mentira en la estatura
y se le ven las manos mercenarias.

En esa hora nos veremos todos.

Y desde ahora toco las campanas
para el Juicio Final de la conciencia.

Yo llegaré con mi conciencia clara.

Yo llegaré con la canción que tengo:
con lo que mi partido me enseñara:
llegaré con los mismos ojos lentos,
la misma voz, y con la misma cara,
a defender frente al insulto muerto,
Cuba, tu gesta revolucionaria.

Las piedras de Chile

[1959-1961]

ALGUNAS PALABRAS PARA ESTE LIBRO DE PIEDRAS

*Hace ya veinte años que dejé entre mis pensamientos este li-
bro pedregal, nacido en las desamparadas costas y cordilleras
de mi patria. No me fue posible escribirlo entonces por razones errantes y quehaceres de cada año y cada día.*

*Cuando yo tenía en progreso mi pequeña dedicación al ro-
querío y ya contaba con la ayuda mayor de mi buen compañero y excelso fotógrafo Antonio Quintana me llegó de Francia
un libro en todo semejante al mío. Firmaba los poemas de estupendo esplendor mi amigo Pierre Seghers y las bellas fotografías de piedras francesas eran de la venezolana Fina Gómez.*

*Así, pues, explicada esta coincidencia, la celebro como cir-
cunstancia harto feliz.*

*Deber de los poetas es cantar con sus pueblos y dar al hom-
bre lo que es del hombre: sueño y amor, luz y noche, razón y
desvarío. Pero no olvidemos las piedras! No olvidemos los
tácitos castillos, los erizados, redondos regalos del planeta.
Fortificaron ciudadelas, avanzaron a matar o morir, condecoraron la existencia sin comprometerse, manteniendo su
misteriosa materia ultraterrenal, independiente y eterna.*

*Mi compañera Gabriela Mistral dijo una vez que en Chile
nos vemos pronto el esqueleto, tanta roca tenemos en montañas y arenas. Es mucha verdad la que dijo, como casi siempre.*

*Yo vine a vivir a Isla Negra en el año 1939 y la costa esta-
ba sembrada de portentosas presencias de piedra y éstas han
conversado conmigo en un lenguaje ronco y mojado, mezcla
de gritos marinos y advertencias primordiales.*

*Por eso este libro embellecido con los retratos de los seres
de piedra es una conversación que dejo abierta para que todos los poetas de la tierra la continúen y encuentren el secreto de la piedra y de la vida.*

P. N.

Historia

Para la piedra fue la sangre,
para la piedra el llanto,
la oración, el cortejo:
la piedra era el albedrío.

Porque a sudor y a fuego hicieron
nacer los dioses de la piedra,
y luego creció San de la lluvia,
San Señor de las batallas,
para el maíz, para la tierra,
dioses pájaros, dioses serpientes,
fecundadores aciagos,
todos nacieron de la piedra:
América los levantó
con mil pequeñas manos de oro,
con ojos que ya se perdieron
borrados por sangre y olvido.

Pero mi patria era la luz,
iba y venía solo el hombre,
sin otros dioses que el trueno:

y allí creció mi corazón:
yo vengo de la Araucanía.

Era vegetal y marina,
diurna como los colibríes,
colorada como un cangrejo,
verde como el agua en octubre,
plateada como el pejerrey,
montaraz como una perdiz,
y más delgada que una flecha:

era la tierra austral, mordida
por los grandes vientos del cielo,
por las estrellas del mar.

En Chile no nacen los dioses,
Chile es la patria de los cántaros.

Por eso en las rocas crecieron
brazos y bocas, pies y manos,
la piedra se hizo monumento:
lo cortó el frío, el mes de junio
le agregó pétalos y plumas
y luego el tiempo vino y vino,
se fue y se fue, volvió y volvió,
hasta que el más deshabitado,
el reino sin sangre y sin dioses,
se llenó de puras figuras:

la piedra iluminó mi patria
con sus estatuas naturales.

Toro

El más antiguo toro cruzó el día.
Sus patas escarbaban el planeta.
Siguió, siguió hasta donde vive el mar.
Llegó a la orilla el más antiguo toro.
A la orilla del tiempo, del océano.
Cerró los ojos, lo cubrió la hierba.
Respiró toda la distancia verde.
Y lo demás lo construyó el silencio.

Los náufragos

Los náufragos de piedra cantaban en la costa
y era de sal radiante la torre que cantaban
se elevó gota a gota hasta que fue de agua,
de burbuja en burbuja hasta subir al aire.

Los náufragos que convirtió en piedra el olvido
(no un olvido, sino todo el olvido),
los que esperaron semisumergidos
terrestre auxilio, voces, brazos, vino, aspirina,
y recibieron sólo cangrejos infernales,
se hicieron duros muertos con ojos de granito
y allí están diseminadas sus estatuas,
sus informes, redondas, solitarias estatuas.

Pero aprendieron a cantar. Lentamente
surgió la voz de todos los náufragos perdidos.
Es un canto de sal como una ola,
es un faro de piedras invisibles:
las piedras paralelas
miran hacia los rayos de Oceanía,
hacia el mar erizado,
hacia el sinfín sin naves ni países.
Un sol cayó elevando
la espada verde de su luz postrera,
otro sol cayó abajo
de nube en nube hacia el invierno,
otro sol
atravesó las olas,
los penachos bravíos
que levantan la cólera y la espuma
sobre las irritadas
paredes de turquesa
y allí las moles puras:

hermanas paralelas,
atalantes inmóviles
detenidas
por la pausa del frío,
agrupadas adentro de su fuerza
como leonas en roca convertidas,
como proas que siguen sin océano
la dirección del tiempo,
la cristalina eternidad del viaje.

Soledades

Entre las piedras de la costa, andando,
por la orilla de Chile,
más lejos
mar y mar, luna y sargazo,
la extensión solitaria del planeta.

Costa despedazada
por el trueno,
carcomida
por los dientes de cada nueva aurora,
gastada por el largo movimiento
del tiempo y de las olas:
aves lentas circulan,
plumas color de hierro,
y se sabe que aquí termina el mundo.
Nadie lo dice porque
nadie existe,
no está escrito, no hay números ni letras,
nadie pisó esta arena oscura
como polen de plomo:
aquí nacieron flores desoladas,
plantas que se expresaron con espinas
y con súbitas flores

de pétalos furiosos.
Nadie ha dicho que ya no hay territorio,
que aquí comienza el vacío,
el antiguo vacío tutelar
con catástrofe, sombra
y sombra, sombra, sombra:
así es la costa dura que camino
de sur a norte a oeste, a soledades.

Bella virtud la del conflicto
que agua y espuma erigen
en este largo límite:
se edificó como una flor la ola
y repite su forma de castillo,
su torre que decae y desmenuza
para crecer de nuevo palpitando
como si pretendiera
poblar la oscuridad con su hermosura,
llenar de luz el abismo.

Caminando
desde el final antártico
por piedra y mar, apenas
diciendo una palabra,
sólo los ojos hablan y descansan.

Innumerable soledad barrida
por viento y sal, por frío,
por cadenas,
por luna y maremoto:
debo contar la desdentada estrella
que aquí se hizo pedazos,
recoger los fragmentos
de piedra, hablar
sin nadie, hablar con nadie,
ser y no ser en un solo latido:
yo soy el centinela
de un cuartel sin soldados,
de una gran soledad llena de piedras.

Piedras de Chile

Piedras locas de Chile, derramadas
desde las cordilleras,
roqueríos
negros, ciegos, opacos,
que anudan
a la tierra los caminos,
que ponen punto y piedra
a la jornada,
rocas blancas
que interrumpen los ríos
y suaves son
besadas
por una cinta
sísmica
de espuma,
granito
de la altura
centelleante
bajo
la nieve
como un monasterio,
espinazo
de la más
dura
patria
o nave
inmóvil,
proa
de la tierra terrible,
piedra, piedra infinitamente pura,
sellada
como
cósmica paloma,

dura de sol, de viento, de energía,
de sueño mineral, de tiempo oscuro,
piedras locas,
estrellas
y pabellón
dormido,
cumbres, rodados, rocas:
siga el silencio
sobre
vuestro
durísimo silencio,
bajo la investidura
antártica de Chile,
bajo
su claridad ferruginosa.

Casa

Tal vez ésta es la casa en que viví
cuando yo no existí ni había tierra,
cuando todo era luna o piedra o sombra,
cuando la luz inmóvil no nacía.
Tal vez entonces esta piedra era
mi casa, mis ventanas o mis ojos.
Me recuerda esta rosa de granito
algo que me habitaba o que habité,
cueva o cabeza cósmica de sueños,
copa o castillo o nave o nacimiento.
Toco el tenaz esfuerzo de la roca,
su baluarte golpeado en la salmuera,
y sé que aquí quedaron grietas mías,
arrugadas sustancias que subieron
desde profundidades hasta mi alma,
y piedra fui, piedra seré, por eso
toco esta piedra y para mí no ha muerto:

es lo que fui, lo que seré, reposo
de un combate tan largo como el tiempo.

La estatua ciega

Hace mil veces mil
años de piedra
yo fui picapedrero
y esto fue lo que hice,
golpeando
sin manos
ni martillo,
abriendo
sin cincel,
mirando el sol sin ojos,
sin ser,
sin existir sino en el viento,
sin otro pensamiento que una ola,
sin otras herramientas
que el tiempo,
el tiempo,
el tiempo.

Hice la estatua ciega
que no mirara,
que allí
en la desolada
arena
mantuviera su mole
como mi monumento:
la estatua
ciega
que aquel primer hombre
que salió de la piedra,
el hijo de la fuerza,

el primero
que cavó, tocó, impuso
su creación perdida,
buscó el fuego.

Y así nací, desnudo
y azul picapedrero,
a lo largo de costas en tinieblas,
de ríos aún oscuros,
en cuevas azotadas por la cola
de los saurios sombríos,
y me costó encontrarme,
hacerme manos,
ojos, dedos, buscar
mi propia sangre,
y entonces mi alegría
se hizo estatua:
mi propia forma que copié golpeando
a través de los siglos en la piedra.

El marinero muerto

El marinero herido
por los mares,
cayó al antiguo abismo,
al sueño del sargazo.
Luego lo despeñaron
desde el viento
y la sal iracunda
diseminó su muerte.

Aquí está su cabeza.

La piedra conservó sus cicatrices
cuando la noche

dura
borró su cuerpo. Ahora permanece.

Y una planta del mar besa su herida.

Buey

Animal de la espuma
caminando
por noche, día,
arena.
Animal
del otoño
andando
hacia el antiguo
olor del musgo,
buey dulce
en cuya barba
florecieron las rocas
del subsuelo
y se armó el terremoto
de truenos y pisadas
rumiando las tinieblas,
perdido
entre relámpagos,
mientras vive la espuma,
mientras el día
saca
las horas de su torre,
y desploma la noche
sobre el tiempo
su oscuro saco frío,
tembloroso.

El arpa

Iba sola la música. No había pluma, pelo,
leche, humo, nombres, no era noche ni día,
sola entre los planetas naciendo del eclipse
la música temblaba como una vestidura.
De pronto el fuego, el frío cuajaron una gota
y plasmó el universo su extenso escaparate,
lava, ceniza hirsuta, resbaladiza aurora,
todo fue transmigrando de dureza en dureza
y bajo la humedad recién celeste
estableció el diamante su helada simetría.
Entonces el sonido primordial,
la solitaria música del mundo
se congeló y cayó convertida en estrella,
en arpa, en cítara, en silencio, en piedra.

Por la costa de Chile, con frío, y en invierno,
cuando cae la lluvia lavando las semanas,
oíd: la soledad vuelve a ser música,
y no sé, me parece que el aire, que la lluvia,
que el tiempo, algo con ola y alas,
pasa, crece. Y el arpa despierta del olvido.

Teatro de dioses

Es así en esta costa.
De pronto, retorcidas,
acerbas, hacinadas,
estáticos
derrumbes
o tenaces teatros,

naves y galerías
o rodantes
muñones cercenados:
es así en esta costa
el lunar roquerío,
las uvas del granito.

Manchas anaranjadas
de óxido, vetas verdes,
sobre la paz calcárea
que golpea la espuma con sus llaves
o el alba con su rosa
y son así estas piedras:
nadie sabe
si salieron del mar o al mar regresan,
algo
las sorprendió
mientras vivían,
en la inmovilidad se desmayaron
y construyeron una ciudad muerta.

Una ciudad sin gritos,
sin cocinas,
un solemne recinto
de pureza,
formas puras caídas
en un desorden sin resurrecciones,
en una multitud que perdió la mirada,
en un gris monasterio condenado
a la verdad desnuda de sus dioses.

El león

Un gran león llegó de lejos:
era grande como el silencio,

tenía sed, buscaba sangre,
y detrás de su investidura
tenía fuego como una casa,
ardía como un monte de Osorno.

No encontró más que soledad.
Rugió de huraño, de hambriento:
sólo podía comer aire,
espuma impune de la costa,
heladas lechugas del mar,
aire de color de pájaro,
inaceptables alimentos.

Triste león de otro planeta
traído por la alta marea
a los islotes de Isla Negra,
al archipiélago de sal,
sin más que un hocico vacío,
unas garras desocupadas
y una cola como un plumero.

Fue sintiendo todo el ridículo
de su contextura marcial
y con los años que pasaban
se fue arrugando de vergüenza.
La timidez lo llevó entonces
a las arrogancias peores
y fue envejeciendo como uno
de los leones de la plaza,
se fue convirtiendo en adorno
de escalinata, de jardín,
hasta enterrar la triste frente,
clavar los ojos en la lluvia,
y quedarse quieto esperando
la justicia gris de la piedra,
la hora de la geología.

Duerme el bisonte

Suave es su sueño, sueña
con bosques ahora también petrificados
su belfo es sólo línea
su cuello es encrespado vegetal,

sus cuernos se los llevó el viento,

con ellos despierta a la aurora.

Yo volveré

Alguna vez, hombre o mujer, viajero,
después, cuando no viva,
aquí buscad, buscadme
entre piedra y océano,
a la luz procelaria
de la espuma.
Aquí buscad, buscadme,
porque aquí volveré sin decir nada,
sin voz, sin boca, puro,
aquí volveré a ser el movimiento
del agua, de

su corazón salvaje,
aquí estaré perdido y encontrado:
aquí seré tal vez piedra y silencio.

Donde cayó el sediento

Túmulos del desierto.

Aquí cayó a la muerte
el caminante,
aquí terminó el viaje
y el viajero.
Todo era sol, todo era sed y arena.
No pudo más y se volvió silencio.

Luego pasó el que sigue
y al caído
saludó
con una piedra,
con la piedra sedienta del camino.

Oh corazón de polvo espolvoreado,
en polvo del desierto convertido,
corazón caminante y compañero,
tal vez de salitrales y trabajos,
tal vez de las amargas minerías
saliste, echaste a andar por las arenas,
por la sal del desierto, con la arena.

Ahora una piedra y otra
aquí erigieron
un monumento al héroe fatigado,
al que no pudo más y dejó los dos pies,
luego las piernas, luego la mirada,
la vida en el camino de la arena.

Ahora una piedra vino,
voló un recuerdo duro,
llegó una piedra suave,
y el túmulo del hombre en el desierto
es un puño de piedra solidaria.

El retrato en la roca

Yo sí lo conocí, viví los años
con él, con su substancia de oro y piedra,
era un hombre cansado:
dejó en el Paraguay su padre y madre,
sus hijos, sus sobrinos,
sus últimos cuñados,
su puerta, sus gallinas,
y algunos libros entreabiertos.
Llamaron a la puerta.
Cuando abrió lo sacó la policía,
y lo apalearon tanto
que escupió sangre en Francia, en Dinamarca,
en España, en Italia, trajinando,
y así murió y dejé de ver su cara,
dejé de oír su hondísimo silencio,
cuando una vez, de noche con chubasco,
con nieve que tejía
el traje puro de la cordillera,
a caballo, allá lejos,
miré y allí estaba mi amigo:
de piedra era su rostro,
su perfil desafiaba la intemperie,
en su nariz quebraba el viento
un largo aullido de hombre perseguido:
allí vino a parar el desterrado:
vive en su patria convertido en piedra.

La gran mesa de piedra dura

A la mesa de piedra llegamos
los niños de Lota, de Quepe,
de Quitratúe, de Metrenco,
de Ranquilco, de Selva Oscura,
de Yumbel, de Yungay, de Osorno.

Nos sentamos junto a la mesa,
a la mesa fría del mundo,
y no nos trajo nadie nada,
todo se había terminado,
se lo habían comido todo.

Un solo plato está esperando
sobre la inmensa mesa dura
del mundo y su vasto vacío:
y todavía un niño espera,
él es la verdad de los sueños,
él es la esperanza terrestre.

La nave

Íbamos y subíamos: el mundo
era un sediento mediodía,
no temblaba el aire, no existían las hojas,
el agua estaba lejos.

La nave o proa entonces
surgió de los desiertos,
navegaba hacia el cielo:
una punta de piedra dirigida

hacia el insoportable infinito,
una basílica cerrada
por los dioses perdidos
y allí estaba la proa, flecha o nave
o torre tremebunda,
y para la fatiga,
la sed, la polvorienta,
la sudorosa estirpe
del hombre que subía
las cordilleras duras,
ni agua ni pan ni pasto,
sólo una roca grande que subía,
sólo la nave dura de la piedra y la música.

Hasta cuándo? grité, gritamos.
Ya nos mató la madrecita tierra
con su cactus férreo,
con su maternidad ferruginosa,
con todo este desierto,
sudor, viento y arena,
y cuando ya llegábamos
a descansar envueltos en vacío,
una nave de piedra
quería aún embarcarnos
hacia donde sin alas
no se puede volar
sin haber muerto.

Esto pasó cuando íbamos cansados
y la cordillera era dura,
pesada como una cadena.

Sólo hasta allí llegó mi viaje:
más allá empezaba la muerte.

La nave hirsuta

Nave de las espinas,
perforada
como el pecho del hombre
en la navegación de los dolores,
bandera
que acribilló
con su batalla
el tiempo
y luego
se trizó, dejó en las grietas
el invierno calcáreo,
nieve,
nieve de piedra,
nieve de piedra loca y solitaria:
entonces
el cactus del Pacífico
depositó sus nidos,
su cabellera eléctrica de espinas.
Y el viento amó esta nave
inmóvil y volando
le otorgó sus tesoros:
la barba de las islas,
un susurro de frío,
la convirtió en panal para las águilas,
solicitó sus velas
para que el mar sintiera
pasar la piedra pura de ola en ola.

La creación

Aquello sucedió en el gran silencio
cuando nació la hierba,
cuando recién se desprendió la luz
y creó el bermellón y las estatuas,
entonces
en la gran soledad
se abrió un aullido,
algo rodó llorando,
se entreabrieron las sombras, subió solo
como si sollozaran los planetas
y luego el eco
rodó de tumbo en tumbo
hasta que se calló lo que nacía.

Pero la piedra conservó el recuerdo.

Guardó el hocico abierto de las sombras,
la palpitante espada del aullido,
y hay en la piedra un animal sin nombre
que aún aúlla sin voz hacia el vacío.

La tumba de Victor Hugo en Isla Negra

Una piedra entre todas,
losa lisa,
intacta como el orden
de un planeta,
aquí en las soledades
se dispuso,
y la lamen las olas,

las espumas la bañan,
pero emerge
lisa, solemne, clara,
entre el abrupto y duro roquerío,
redondeada y serena,
oval, determinada
por majestuosa muerte
y nadie sabe quién duerme rodeado
por la insondable cólera marina,
nadie lo sabe, sólo
la luna del albatros,
la cruz del cormorán, la pata dura
del pelícano, sólo
lo sabe el mar, sólo lo sabe
el triste trueno verde de la aurora.
Silencio, mar! Calladas
recen su padrenuestro las espumas,
alargue el alga larga sus cabellos,
su grito húmedo
apague
la gaviota:
aquí yace,
aquí por fin tejido
por un gran monumento despeñado,
su canto se cubrió con la blancura
del incesante mar y sus trabajos,
y enterrado en la tierra,
en la fragancia
de Francia fresca y fina
navegó su materia,
entregó al mar su barba submarina,
cruzó las latitudes,
buscó entre las corrientes,
atravesó tifones y caderas
de archipiélagos puros,
hasta que las palomas torrenciales
del Sur del mar, de Chile,
atrajeron los pasos tricolores

del espectro nevado
y aquí descansa, solo
y desencadenado:
entró en la turbulenta claridad,
besado por la sal y la tormenta,
y padre de su propia eternidad
duerme por fin, extenso,
recostado en el trueno intermitente,
en el final del mar y sus cascadas,
en la panoplia de su poderío.

Los tres patitos

Hace mil
veces
mil
años
más uno
voló un patito claro
sobre el mar.
Fue a descubrir las islas.
Conversar quiso
con el abanico
de la palmera,
con las hojas
del plátano, comer
pepitas tricolores
de archipiélago,
entrar en matrimonio
y fundar
hemisferios poblados
por los patos.
En los silvestres manantiales
quiso
establecer lagunas

ennoblecidas por los asfodelos.
Se trataba sin duda
de un exótico pato
perdido
en medio
de los matorrales
espumosos de Chile.

Cuando
voló
como saeta
sus dos hermanos
lloraron
lágrimas
de piedra.
Él las oyó
caer
en su vuelo,
en la mitad del círculo
del agua,
en el ombligo
central
del gran océano
y volvió.

Pero
sus hermanos
eran
ya
sólo
dos estatuas
oscuras
de granito,
pues
cada lágrima
los hizo piedra:
el llanto
sin medida

petrificó
el dolor
en monumento.

Entonces, el errante
arrepentido
arrebujó sus alas
y sus sueños,
durmió con sus
hermanos
y poco a poco el mar,
la sal,
el cielo,
detuvieron en él su escalofrío
hasta que fue también
pato de piedra.

Y ahora
como
tres
naves
navegan
tres patos
en el tiempo.

La tortuga

La tortuga que
anduvo
tanto tiempo
y tanto vio
con
sus
antiguos
ojos,

la tortuga
que comió
aceitunas
del más profundo
mar,
la tortuga que nadó
siete siglos
y conoció
siete
mil
primaveras,
la tortuga
blindada
contra
el calor
y el frío,
contra
los rayos y las olas,
la tortuga
amarilla
y plateada,
con severos
lunares
ambarinos
y pies de rapiña,
la tortuga
se quedó
aquí
durmiendo,
y no lo sabe.

De tan vieja
se fue
poniendo dura,
dejó
de amar las olas
y fue rígida
como una plancha de planchar.

Cerró
los ojos que
tanto
mar, cielo, tiempo y tierra
desafiaron,
y se durmió
entre las otras
piedras.

El corazón de piedra

Mirad,
éste
fue el corazón
de una sirena.
Irremediablemente
dura,
venía a las orillas
a peinarse
y jugar a la baraja.
Juraba
y escupía
entre las algas.
Era la imagen
misma
de aquellas
infernales
taberneras
que
en los cuentos
asesinan
al viajero cansado.
Mataba a sus amantes
y bailaba
en las olas.

Así
fue transcurriendo
la malvada
vida de la sirena
hasta
que su feroz
amante marinero
la persiguió
con harpón y guitarra
por todas las espumas,
más allá
de los más
lejanos archipiélagos,
y cuando
ya en sus brazos
reclinó
la frente biselada,
el navegante
le dio
un último beso
y justiciera muerte.

Entonces, del navío
descendieron
los capitanes
muertos,
decapitados
por
aquella
traidora
sirena,
y con alfanje,
espada,
tenedor
y cuchillo
sacaron
el corazón de piedra
de su pecho

y junto al mar
lo dejaron
anclado,
para
que así se eduquen
las pequeñas
sirenas
y aprendan
a comportarse
bien
con
los
enamorados
marineros.

Al aire en la piedra

En la peña desnuda
y en el pelo
aire
de piedra y ola.
Todo cambió de piel hora por hora.
La sal fue luz salada,
el mar abrió
sus nubes,
el cielo
despeñó su espuma verde:
como una flor
clavada en una
lanza de oro
el día resplandece:
todo
es
campana, copa,
vacío que se eleva,

corazón transparente,
piedra
y
agua.

A una peña arrugada

Una piedra arrugada
y alisada
por el mar, por el aire,
por el tiempo.
Una piedra gigante, estremecida
por un ciclón, por un volcán,
por una
noche de espumas y guitarras negras.

Sólo una
piedra
soberana
en medio
del tiempo y de la tierra,
victoria
de la inmovilidad, de la dureza,
seria como los astros
frente
a todo
lo que se mueve,
sola,
profunda, espesa y pura.

Oh estatua solitaria
levantada
en la arena!
Oh volumen desnudo
donde trepan

lagartos cenicientos
que beben
una copa
de rocío
en el alba,
piedra
contra la espuma,
contra el cambiante cielo,
contra la primavera.

Piedra infinita levantada por
las manos puras de la soledad
en medio de la arena!

Las piedras y los pájaros

Aves del Sur del Mar,
descansad,
es la hora
de la gran soledad, la hora de piedra.
Conocí cada nido,
la habitación huraña
del errante,
amé su vuelo antártico,
la rectitud sombría de las remotas aves.

Ahora descansad
en el anfiteatro
de las islas:
no más, no puedo
conversar con vosotras,
no hay
            cartas, no hay
                        telégrafo
entre poeta y pájaro:

hay música secreta,
sólo secretas alas,
plumaje y poderío.

Cuánta distancia y ávidos
los ojos de oro cruel
acechando la plata fugitiva!

Con las alas cerradas
desciende un meteoro,
salta en su luz la espuma,
y el vuelo otra vez sube,
sube a la altura con un pez sangriento.

Desde los archipiélagos de Chile,
allí donde la lluvia
estableció su patria,
vienen cortando el cielo
las grandes alas negras,
y dominando
territorio y distancias
del invierno,
aquí en el continente
de piedra solitaria,
amor, estiércol, vida,
habéis dejado,
aves aventureras
de piedra y mar y de imposible cielo.

El caminante

No son tan tristes estas piedras,
adentro de ellas vive el oro,
tienen semillas de planetas,
tienen campanas en el fondo,

guantes de hierro, matrimonios
del tiempo con las amatistas:
por dentro ríen con rubíes,
se alimentaron de relámpagos.

Por eso, viajero, cuidado
con las tristezas del camino,
con los misterios en los muros.

Me ha costado mucho saber
que no todo vive por fuera
y no todo muere por dentro,
y que la edad escribe letras
con agua y piedra para nadie,
para que nadie sepa dónde,
para que nadie entienda nada.

La tierna mole

No tengas miedo al rostro implacable
que terremotos e intemperie
labraron, hierbas marítimas,
pequeñas plantas color de
                              estrella
subieron por el cuello duro
de la montaña desafiante.

El ímpetu, el rapto, la ira,
se detuvieron con la piedra,
y cuando fue a saltar la forma
disparada hacia los planetas,
plantas terrestres florecieron
en sus arrugas de granito
y se quedó con la ternura.

Pájaro

El pájaro, pájaro, pájaro:
pájaro, vuela, pajarón,
huye a tu nido, sube al cielo,
picotea las nubes de agua,
atraviesa la plena luna,
el plenisol y las distancias
con tu plumaje de basalto
y tu abdomen de plumapiedra.

Piedras para María

Las piedrecitas puras,
olivas ovaladas,
fueron antes
población
de las viñas
del océano,
racimos agrupados,
uvas de los panales
sumergidos:
la ola las desgranaba,
caían en el viento,
rodaban al abismo abismo abismo
entre lentos pescados,
sonámbulas medusas,
colas de lacerantes tiburones,
corvinas como balas!
las piedras transparentes,
las suavísimas piedras,
piedrecitas,

resbalaron
hacia el fondo del húmedo reinado,
más abajo, hacia donde
sale otra vez el cielo
y muere el mar sobre sus alcachofas.
Rodaron y rodaron
entre dedos y labios submarinos
hasta la suavidad inacabable,
hasta ser sólo tacto,
curva de copa suave,
pétalo de cadera.
Entonces arreció la marejada
y un golpe de ola dura,
una mano de piedra
aventó los guijarros,
los desgranó en la costa
y allí en silencio desaparecieron:
pequeños dientes de ámbar,
pasas de miel y sal, porotos de agua,
aceitunas azules de la ola,
almendras olvidadas de la arena.

Piedras para María!
Piedras de honor para su laberinto!

Ella, como una araña
de piedra transparente,
tejerá su bordado,
hará de piedra pura su bandera,
fabricará con piedras plateadas
la estructura del día,
con piedras azufradas
la raíz de un relámpago perdido,
y una por una subirá a su muro,
al sistema, al decoro, al movimiento,
la piedra fugitiva,
la uva del mar ha vuelto a los racimos,
trae la luz de su estupenda espuma.

Piedras para María!

Ágatas arrugadas de Isla Negra,
sulfúricos guijarros
de Tocopilla, como estrellas rotas,
caídas del infierno mineral,
piedras de La Serena que el océano
suavizó y luego estableció en la altura,
y de Coquimbo el negro poderío,
el basalto rodante
de Maitencillo, de Toltén, de Niebla,
del vestido mojado
de Chiloé marino,
piedras redondas, piedras como huevos
de pilpilén austral, dedos translúcidos
de la secreta sal, del congelado
cuarzo, o durísima herencia
de Los Andes, naves
y monasterios
de granito.

Alabadas
las piedras
de María,
las que coloca como abeja clara
en el panal de su sabiduría:
las piedras
de sus muros,
del libro que construye
letra por letra,
hoja por hoja
y piedra a piedra!
Hay que ver y leer esta hermosura
y amar sus manos
de cuya energía
sale, suavísima,
una
lección
de piedra.

Piedras antárticas

Allí termina todo
y no termina:
allí comienza todo:
se despiden los ríos en el hielo,
el aire se ha casado con la nieve,
no hay calles ni caballos
y el único edificio
lo construyó la piedra.
Nadie habita el castillo
ni las almas perdidas
que frío y viento frío
amedrentaron:
es sola allí la soledad del mundo,
y por eso la piedra
se hizo música,
elevó sus delgadas estaturas,
se levantó para gritar o cantar,
pero se quedó muda.
Sólo el viento,
el látigo
del Polo Sur que silba,
sólo el vacío blanco
y un sonido de pájaros de lluvia
sobre el castillo de la soledad.

Nada más

De la verdad fui solidario:
de instaurar luz en la tierra.

Quise ser común como el pan:
la lucha no me encontró ausente.

Pero aquí estoy con lo que amé,
con la soledad que perdí:
junto a esta piedra no reposo.

Trabaja el mar en mi silencio.

Cantos ceremoniales

[1959-1961]

EL SOBRINO DE OCCIDENTE

Cuando tuve quince años cumplidos llegó mi tío Manuel
con una valija pesada, camisas, zapatos y un libro.
El libro era *Simbad el Marino* y supe de pronto
que más allá de la lluvia estaba el mundo
claro como un melón, resbaloso y florido.
Me eduqué, sin embargo, a caballo, lloviendo.
En aquellas provincias, el trigo
movía el verano como una bandera amarilla
y la soledad era pura
era un libro entreabierto, un armario con sol olvidado.

Veinte años! Naufragio!
Delirante batalla,
la letra
y la letra,
el azul,
el amor,
y Simbad sin orillas,
y entonces
la noche delgada,
la luz crepitante del vino.

Pregunto libro a libro, son las puertas, hay alguien
que se asoma y responde y luego no hay
respuesta, se fueron las hojas,
se golpea a la entrada del capítulo,
se fue Pascal, huyó con los Tres Mosqueteros,
Lautréamont cayó de su tela de araña,
Quevedo, el preso prófugo, el aprendiz de muerto
galopa en su esqueleto de caballo
y, en suma, no responden en los libros:
se fueron todos, la casa está vacía.

Y cuando abres la puerta hay un espejo
en que te ves entero y te da frío.

De Occidente, sí —sí sí sí sí—,
manchado por tabaco y humedad,
desvencijado como un carro viejo
que dejó una por una sus ruedas en la luna.
Sí, sí, después de todo, el nacimiento
no sirve, lo arregla, desarregla
todo: después la vida de las calles,
el ácido oficial de oficinas y empleos,
la profesión raída del pobre intelectual.
Así entre Bach y póker de estudiantes
el alma se consume, sube y baja,
la sangre toma forma de escaleras,
el termómetro ordena y estimula.

La arena que perdimos, la piedra, los follajes,
lo que fuimos, la cinta salvaje del nonato
se va quedando atrás y nadie llora:
la ciudad se comió no sólo a la muchacha
que llegó de Toltén con un canasto claro
de huevos y gallinas, sino que a ti también,
occidental, hermano entrecruzado,
hostil, canalla de la jerarquía,
y poco a poco el mundo tiene gusto a gusano
y no hay hierba, no existe rocío en el planeta.

LA INSEPULTA DE PAITA

Elegía dedicada a la memoria de Manuela Sáenz,
amante de Simón Bolívar

Prólogo

Desde Valparaíso por el mar.

El Pacífico, duro camino de cuchillos.

Sol que fallece, cielo que navega.

Y el barco, insecto seco, sobre el agua.

Cada día es un fuego, una corona.

La noche apaga, esparce, disemina.

Oh día, oh noche,

oh naves

de la sombra y la luz, naves gemelas!

Oh tiempo, estela rota del navío!

Lento, hacia Panamá, navega el aire.

Oh mar, flor extendida del reposo!

No vamos ni volvemos ni sabemos.

Con los ojos cerrados existimos.

I

LA COSTA   Surgió como un puñal
PERUANA   entre los dos azules enemigos,
          cadena erial, silencio,
          y acompañó a la nave
          de noche interrumpida por la sombra,
          de día allí otra vez la misma,
          muda como una boca
          que cerró para siempre su secreto,
          y tenazmente sola
          sin otras amenazas
          que el silencio.

          Oh larga
          cordillera
          de arena y desdentada
          soledad, oh desnuda
          y dormida
          estatua huraña,
          a quién,
          a quiénes
          despediste
          hacia el mar, hacia los mares,
          a quién
          desde los mares
          ahora
          esperas?

          Qué flor salió,
          qué embarcación florida
          a fundar en el mar la primavera
          y te dejó los huesos
          del osario,

la cueva
de la muerte metálica,
el monte carcomido
por las sales violentas?
Y no volvió raíz ni primavera,
todo se fue en la ola y en el viento!

Cuando a través
de largas
horas
sigues,
desierto, junto al mar,
soledad arenosa,
ferruginosa muerte,
el viajero
ha gastado
su corazón errante:
no le diste
un solo
ramo
de follaje y frescura,
ni canto de vertientes,
ni un techo que albergara
hombre y mujer amándose:
sólo el vuelo salado
del pájaro del mar
que salpicaba
las rocas
con espuma
y alejaba su adiós
del frío del planeta.

Atrás, adiós,
te dejo,
costa
amarga.
En cada hombre
tiembla

una semilla
que busca
agua celeste
o fundación porosa:
cuando no vio sino una copa larga
de montes minerales
y el azul extendido
contra una inexorable
ciudadela,
cambia el hombre su rumbo,
continúa su viaje
dejando atrás la costa del desierto,
dejando
atrás
el olvido.

II

LA   En Paita preguntamos
INSEPULTA   por ella, la Difunta:
tocar, tocar la tierra
de la bella Enterrada.

No sabían.

Las balaustradas viejas,
los balcones celestes,
una vieja ciudad de enredaderas
con un perfume audaz
como una cesta
de mangos invencibles,
de piñas,
de chirimoyas profundas,
las moscas
del mercado

zumban
sobre el abandonado desaliño,
entre las cercenadas
cabezas de pescado,
y las indias sentadas
vendiendo
los inciertos despojos
con majestad bravía,
—soberanas de un reino
de cobre subterráneo —,
y el día era nublado,
el día era cansado,
el día era un perdido
caminante, en un largo
camino confundido
y polvoriento.

Detuve al niño, al hombre,

al anciano,

y no sabían dónde

falleció Manuelita,

ni cuál era su casa,

ni dónde estaba ahora

el polvo de sus huesos.

Arriba iban los cerros amarillos,
secos como camellos,
en un viaje en que nada se movía,
en un viaje de muertos,
porque es el agua
el movimiento,
el manantial transcurre,

el río crece y canta,
y allí los montes duros
continuaron el tiempo:
era la edad, el viaje inmóvil
de los cerros pelados,
y yo les pregunté por Manuelita,
pero ellos no sabían,
no sabían el nombre de las flores.

Al mar le preguntamos,
al viejo océano.
El mar peruano
abrió en la espuma viejos ojos incas
y habló la desdentada boca de la turquesa.

III

EL MAR Y   Aquí me llevó ella, la barquera,
MANUELITA   la embarcadora de Colán, la brava.
Me navegó la bella, la recuerdo,
la sirena de los fusiles,
la viuda de las redes,
la pequeña criolla traficante
de miel, palomas, piñas y pistolas.
Durmió entre las barricas,
amarrada a la pólvora insurgente,
a los pescados que recién alzaban
sobre la barca sus escalofríos,
al oro de los más fugaces días,
al fosfórico sueño de la rada.
Sí, recuerdo su piel de nardo negro,
sus ojos duros, sus férreas manos breves,

recuerdo a la perdida comandante
y aquí vivió

sobre estas mismas olas,
pero no sé dónde se fue,

no sé

dónde dejó al amor su último beso,

ni dónde la alcanzó la última ola.

IV

NO LA ENCON-
TRAREMOS

No, pero en mar no yace la terrestre,
no hay Manuela sin rumbo, sin estrella,
sin barca, sola entre las tempestades.

Su corazón era de pan y entonces
se convirtió en harina y en arena,
se extendió por los montes abrasados:
por espacio cambió su soledad.
Y aquí no está y está la solitaria.

No descansa su mano, no es posible
encontrar sus anillos ni sus senos,
ni su boca que el rayo
navegó con su largo látigo de azahares.
No encontrará el viajero
a la dormida
de Paita en esta cripta, ni rodeada
por lanzas carcomidas, por inútil
mármol en el huraño cementerio
que contra polvo y mar guarda sus muertos,
en este promontorio, no,
no hay tumba para Manuelita,
no hay entierro para la flor,
no hay túmulo para la extendida,

no está su nombre en la madera
ni en la piedra feroz del templo.

Ella se fue, diseminada,
entre las duras cordilleras
y perdió entre sal y peñascos
los más tristes ojos del mundo,
y sus trenzas se convirtieron
en agua, en ríos del Perú,
y sus besos se adelgazaron
en el aire de las colinas,
y aquí está la tierra y los sueños
y las crepitantes banderas
y ella está aquí, pero ya nadie
puede reunir su belleza.

V

FALTA EL   Amante, para qué decir tu nombre?
AMANTE   Sólo ella en estos montes
permanece.
Él es sólo silencio,
es brusca soledad que continúa.

Amor y tierra establecieron
la solar amalgama,
y hasta este sol, el último,
el sol mortuorio
busca
la integridad de la que fue la luz.
Busca
y su rayo
a veces
moribundo
corta buscando, corta como espada,

se clava en las arenas,
y hace falta la mano del Amante
en la desgarradora empuñadura.

Hace falta tu nombre,
Amante muerto,
pero el silencio sabe que tu nombre
se fue a caballo por la sierra,
se fue a caballo con el viento.

VI

RETRATO Quién vivió? Quién vivía? Quién amaba?

Malditas telarañas españolas!

En la noche la hoguera de ojos ecuatoriales,
tu corazón ardiendo en el vasto vacío:
así se confundió tu boca con la aurora.

Manuela, brasa y agua, columna que sostuvo
no una techumbre vaga sino una loca estrella.

Hasta hoy respiramos aquel amor herido,
aquella puñalada del sol en la distancia.

VII

EN VANO TE *No, nadie reunirá tu firme forma,*
BUSCAMOS *ni resucitará tu arena ardiente,*
no volverá tu boca a abrir su doble pétalo,
ni se hinchará en tus senos la blanca vestidura.

La soledad dispuso sal, silencio, sargazo,
y tu silueta fue comida por la arena,
se perdió en el espacio tu silvestre cintura,
sola, sin el contacto del jinete imperioso
que galopó en el fuego hasta la muerte.

VIII

MANUELA   Aquí en las desoladas colinas no reposas,
MATERIAL   no escogiste el inmóvil universo del polvo.
Pero no eres espectro del alma en el vacío.
Tu recuerdo es materia, carne, fuego, naranja.

No asustarán tus pasos el salón del silencio,
a medianoche, ni volverás con la luna,
no entrarás transparente, sin cuerpo y sin rumor.
no buscarán tus manos la cítara dormida.

No arrastrarás de torre en torre un nimbo verde
como de abandonados y muertos azahares,
y no tintinearán de noche tus tobillos:
te desencadenó sólo la muerte.

No, ni espectro, ni sombra, ni luna sobre el frío,
ni llanto, ni lamento, ni huyente vestidura,
sino aquel cuerpo, el mismo que se enlazó al amor,
aquellos ojos que desgranaron la tierra.

Las piernas que anidaron el imperioso fuego
del Húsar, del errante Capitán del camino,
las piernas que subieron al caballo en la selva
y bajaron volando la escala de alabastro.

Los brazos que abrazaron, sus dedos, sus mejillas,
sus senos (dos morenas mitades de magnolia),

el ave de su pelo (dos grandes alas negras),
sus caderas redondas de pan ecuatoriano.

Así, tal vez desnuda, paseas con el viento
que sigue siendo ahora tu tempestuoso amante.
Así existes ahora como entonces: materia,
verdad, vida imposible de traducir a muerte.

IX

EL JUEGO Tu pequeña mano morena,
         tus delgados pies españoles,
         tus caderas claras de cántaro,
         tus venas por donde corrían
         viejos ríos de fuego verde:
         todo lo pusiste en la mesa
         como un tesoro quemante:
         como de abandonados y muertos azahares,
         en la baraja del incendio:
         en el juego de vida o muerte.

X

ADIVINANZA *Quién está besándola ahora?*
         No es ella. No es él. No son ellos.
         Es el viento con la bandera.

XI

EPITAFIO   Ésta fue la mujer herida:
en la noche de los caminos
tuvo por sueño una victoria,
tuvo por abrazo el dolor.
Tuvo por amante una espada.

XII

ELLA   Tú fuiste la libertad,
libertadora enamorada.

Entregaste dones y dudas,
idolatrada irrespetuosa.

Se asustaba el búho en la sombra
cuando pasó tu cabellera.

Y quedaron las tejas claras,
se iluminaron los paraguas.

Las casas cambiaron de ropa.
El invierno fue transparente.

Es Manuelita que cruzó
las calles cansadas de Lima,
la noche de Bogotá,
la oscuridad de Guayaquil,
el traje negro de Caracas.

Y desde entonces es de día.

XIII

INTERROGACIONES
Por qué? ¿Por qué no regresaste?
Oh amante sin fin, coronada
no sólo por los azahares,
no sólo por el gran amor,
no sólo por luz amarilla
y seda roja en el estrado,
no sólo por camas profundas
de sábanas y madreselvas,
sino también,
oh coronada,
por nuestra sangre y nuestra guerra.

XIV

DE TODO
EL SILENCIO
Ahora quedémonos solos.
Solos, con la orgullosa.
Solos con la que se vistió
con un relámpago morado.
Con la emperatriz tricolor.
Con la enredadera de Quito.

De todo el silencio del mundo
ella escogió este triste estuario,
el agua pálida de Paita.

XV

QUIÉN SABE De aquella gloria no, no puedo hablarte.
Hoy no quiero sino la rosa
perdida, perdida en la arena.
Quiero compartir el olvido.

Quiero ver los largos minutos
replegados como banderas,
escondidos en el silencio.

A la escondida quiero ver.

Quiero saber.

XVI

EXILIOS Hay exilios que muerden y otros
son como el fuego que consume.

Hay dolores de patria muerta
que van subiendo desde abajo,
desde los pies y las raíces
y de pronto el hombre se ahoga,
ya no conoce las espigas,
ya se terminó la guitarra,
ya no hay aire para esa boca,
ya no puede vivir sin tierra
y entonces se cae de bruces,
no en la tierra, sino en la muerte.

Conocí el exilio del canto,
y ése sí tiene medicina,
porque se desangra en el canto,
la sangre sale y se hace canto.

Y aquel que perdió madre y padre,
que perdió también a sus hijos,
perdió la puerta de su casa,
no tiene nada, ni bandera,
ése también anda rodando
y a su dolor le pongo nombre
y lo guardo en mi caja oscura.

Y el exilio del que combate
hasta en el sueño, mientras come,
mientras no duerme ni come,
mientras anda y cuando no anda,
y no es el dolor exiliado
sino la mano que golpea
hasta que las piedras del muro
escuchen y caigan y entonces
sucede sangre y esto pasa:
así es la victoria del hombre.

NO   Pero no comprendo este exilio.
COMPRENDO Este triste orgullo, Manuela.

XVII

LA SOLEDAD Quiero andar contigo y saber,
saber por qué, y andar adentro
del corazón diseminado,
preguntar al polvo perdido,
al jazmín huraño y disperso.

Por qué? Por qué esta tierra miserable?

Por qué esta luz desamparada?

Por qué esta sombra sin estrellas?

Por qué Paita para la muerte?

XVIII

LA FLOR Ay amor, corazón de arena!

Ay sepultada en plena vida,

yacente sin sepultura,

niña infernal de los recuerdos,

ángela color de espada.

Oh inquebrantable victoriosa

de guerra y sol, de cruel rocío.

Oh suprema flor empuñada

por la ternura y la dureza.

Oh puma de dedos celestes,

oh palmera color de sangre,

dime por qué quedaron mudos
los labios que el fuego besó,
por qué las manos que tocaron

el poderío del diamante,
las cuerdas del violín del viento,
la cimitarra de Dios,
se sellaron en la costa oscura,
y aquellos ojos que abrieron
y cerraron todo el fulgor
aquí se quedaron mirando
cómo iba y venía la ola,
cómo iba y venía el olvido
y cómo el tiempo no volvía:
sólo soledad sin salida
y estas rocas de alma terrible
manchadas por los alcatraces.

Ay, compañera, no comprendo!

XIX

ADIÓS   *Adiós, bajo la niebla tu lenta barca cruza:*
es transparente como una radiografía,
es muda entre las sombras de la sombra:
va sola, sube sola, sin rumbo y sin barquera.

Adiós, Manuela Sáenz, contrabandista pura,
guerrillera, tal vez tu amor ha indemnizado
la seca soledad y la noche vacía.
Tu amor diseminó su ceniza silvestre.

Libertadora, tú que no tienes tumba,
recibe una corona desangrada en tus huesos,
recibe un nuevo beso de amor sobre el olvido,
adiós, adiós, adiós, Julieta huracanada.

Vuelve a la proa eléctrica de tu nave pesquera,
dirige sobre el mar la red y los fusiles,

y que tu cabellera se junte con tus ojos,
tu corazón remonte las aguas de la muerte,
y se vea otra vez partiendo la marea,
la nave, conducida por tu amor valeroso.

XX

LA
RESURRECTA

En tumba o mar o tierra, batallón o ventana,
devuélvenos el rayo de tu infiel hermosura.
Llama a tu cuerpo, busca tu forma desgranada
y vuelve a ser la estatua conducida en la proa.

(Y el Amante en su cripta temblará como un río.)

XXI

INVOCACIÓN

Adiós, adiós, adiós, insepulta bravía,
rosa roja, rosal hasta en la muerte errante,
adiós, forma calada por el polvo de Paita,
corola destrozada por la arena y el viento.

Aquí te invoco para que vuelvas a ser una
antigua muerta, rosa todavía radiante,
y que lo que de ti sobreviva se junte
hasta que tengan nombre tus huesos adorados.

El Amante en su sueño sentirá que lo llaman:
alguien, por fin aquélla, la perdida, se acerca
y en una sola barca viajará la barquera
otra vez, con el sueño y el Amante soñando,
los dos, ahora reunidos en la verdad desnuda:
cruel ceniza de un rayo que no enterró la muerte,
ni devoró la sal, ni consumió la arena.

XXII

YA NOS   Paita, sobre la costa
VAMOS   muelles podridos,
DE PAITA   escaleras
rotas,
los alcatraces tristes
fatigados,
sentados
en la madera muerta,
los fardos de algodón,
los cajones de Piura.
Soñolienta y vacía,
Paita se mueve
al ritmo
de las pequeñas olas de la rada
contra el muro calcáreo.

Parece
que aquí
alguna ausencia inmensa sacudió y quebrantó
los techos y las calles.
Casas vacías, paredones
rotos,
alguna buganvilia
echa en la luz el chorro
de su sangre morada,
y lo demás es tierra,
el abandono seco
del desierto.

Y ya se fue el navío
a sus distancias.

Paita quedó dormida
en sus arenas.

Manuelita insepulta,
desgranada
en las atroces, duras
soledades.

Regresaron las barcas, descargaron
a pleno sol negras mercaderías.

Las grandes aves calvas
se sostienen
inmóviles
sobre
piedras quemantes.

Se va el navío. Ya
no tiene ya más
nombre la tierra.

Entre los dos azules
del cielo y del océano
una línea de arena,
seca, sola, sombría.

Luego cae la noche.

Y nave y costa y mar
y tierra y canto
navegan al olvido.

EL GRAN VERANO

I

El verano es ahora más ancho que mi patria.
Hace mil años ya, cuando en Carahue
abrí las manos, extendí la frente,
y el mar, el mar abría su caballo,
entonces el verano era una espiga,
duraba apenas un amor terrible,
duraba sólo el temblor de una uva.

Y ahora que vuelvo al viejo sol que roe
las piedras de la costa, ahora que vuelvo
al estandarte de oro desatado
y veo el mar nutriendo su blancura,
la órbita de la espuma en movimiento
cuando hacia arriba cae tanto azul
que ya no queda nada sino cielo,
oh amor de aquellos pobres días, soy
aquel que no tocó la dicha
sino mucho más tarde, la campana
que se quedó vacía en el granero
y sólo un viento cruel la hizo temblar,
tarde, una noche de agua y terremoto.

Oh día, espada espléndida! Oh pez puro
que cortas con tu aguda dirección
las tinieblas, la noche, la desdicha,
y abres una naranja en el espacio,
las mitades azules de la aurora.

Entonces gota a gota se hace el cielo
y de espacioso azúcar la bandera,
todo sube a su mástil amarillo,
y la fruta convierte su desdén
en letárgico lago de dulzura.
Es un árbol violeta de relojes
el esencial verano y sus racimos,
la arena es su pradera y su alimento,
tiembla el fulgor recóndito del vino
y los decapitados cereales
se duermen en el pan de la cosecha.

Ancho, iracundo es tu vestido ahora,
hasta lejos del mar tiendes la raya
del élitro reverberante
y es arenosa tu soberanía
hasta que tu volumen gota a gota
se desploma en las venas de la vida.

II

Salud, honor del pórfido, lección
de la manzana,
dirección cristalina
del gran verano atado a su cristal.
Todo llegó a ser término, quilate,
verdad dispuesta a abrirse y terminarse,
todo es lámina pura o es cereza,
y así son los minutos de la estatua
que caerá estallando de rubíes,
y el mundo es una piedra
cuya cortada claridad madura
hasta que todo cae
y vuelve a ser de nuevo una semilla.

III

No tengo ya raíces,
he volado
de oro en oro,
de pluma a polen
sin saber volar,
con alas espaciosas
lentas
sobre
la impaciencia

de los que aquí o allá
cortaban algo:
maderas, trigo, hielo,
y vi el verano entero
redondo, oscuro, rojo,
como un higo,
vi el verano
correr o navegar
como una flecha,
examiné los hilos
del verano,
su líquida
ambrosía,
sus tenaces
sustentos,
el pabellón del día
y lo que resbalaba
de su piel transparente.

Recorrí
tiendas
de agua
recién

abiertas en la agricultura,
mercaderías
puras
de montaña,
espléndidas abejas
y aún no he regresado
del verano,
del viaje entre las algas y la menta
al corazón
mayor
de la sandía,
a la piel de las piernas, a la luz
de los cuerpos incitantes.
Aún voy por el verano
como un pez por el río,
no termina,
da vueltas,
cambia de tierra a luna,
cambia de sol,
de agua,
va mi razón nadando en el verano
sin ropa en la frescura
y no termina,
sigue,
da vueltas a la tierra
el anillo de oro
del verano,
ciñe la tierra, ciñe tu cintura,
ciñe tu sangre
y sigue,
no termina
el verano redondo,
el río puro,
la transparente
sortija del sol
y de la tierra.

IV

Todo un día dorado
y luminoso como
una cebolla,
un día
del que cuelga el verano
su tórrida bandera
donde
se pierde
cuando
la noche
lo aplastó como a una uva
y nocturno es el vino
de la sombra,
la copa de la noche se ha llenado
de sal que brilla en el cielo
y vino negro.
Dónde está el día que debe volver?
Dónde murió el navío?
Pero volvamos al número,
atemos el diamante.
En el centro del agua
como un escalofrío
se desliza
y verde es el susurro del verano
que huye de las ciudades
hacia la selva verde
y se detiene
de pronto en la arena:
tiene manos de eclipse,
cola de oro,
y sigue
hasta que el gran suspiro
de la noche lo enrolla

en su bodega:
es un tapiz
eléctrico
dormido
por un año de noches,
por un siglo
de relojes oscuros,
y cae cada día el día
del verano
en la noche abierta
y mana sangre clara
de sandía,
resucita cantando
en lengua loca
hasta que se adelgaza
y gota a gota
se llena de agujeros,
de lentas nieblas con patas de musgo,
de tardes vaporosas como vacas mojadas,
de cilindros que llenan la tierra de amarillo,
de una congoja como si alguien fuera a nacer.
Es el antiguo otoño cargado con su saco
que antes de entrar golpea la puerta y entra el humo.

TORO

I

Entre las aguas del norte y las del sur
España estaba seca,
sedienta, devorada, tensa como un tambor,
seca como la luna estaba España
y había que regar pronto antes de que ardiera,
ya todo era amarillo,
de un amarillo viejo y pisoteado,
ya todo era de tierra,
ni siquiera los ojos sin lágrimas lloraban
(ya llegará el tiempo del llanto)
desde la eternidad ni una gota de tiempo,
ya iban mil años sin lluvia,
la tierra se agrietaba
y allí en las grietas los muertos:
un muerto en cada grieta
y no llovía,
pero no llovía.

II

Entonces el toro fue sacrificado.
De pronto salió una luz roja
como el cuchillo del asesino
y esta luz se extendió desde Alicante,
se encarnizó en Somosierra.

Las cúpulas parecían geranios.
Todo el mundo miraba hacia arriba.
Qué pasa? preguntaban.
Y en medio del temor
entre susurro y silencio
alguien que lo sabía
dijo: «Ésa es la luz del toro».

III

Vistieron a un labriego pálido
de azul con fuego, con ceniza de ámbar,
con lenguas de plata, con nube y bermellón,
con ojos de esmeralda y colas de zafiro
y avanzó el pálido ser contra la ira,
avanzó el pobre vestido de rico para matar,
vestido de relámpago para morir.

IV

Entonces cayó la primera gota de sangre y floreció,
la tierra recibió sangre y la fue consumiendo
como una terrible bestia escondida que no puede saciarse,
no quiso tomar agua,
cambió de nombre su sed,
y todo se tiñó de rojo,
las catedrales se incendiaron,
en Góngora temblaban los rubíes,
en la plaza de toros roja como un clavel
se repetía en silencio y furia el rito,
y luego la gota corría boca abajo
hacia los manantiales de la sangre,

y así fue y así fue la ceremonia,
el hombre pálido, la sombra arrolladora
de la bestia y el juego
entre la muerte y la vida bajo el día sangriento.

V

Fue escogido entre todos el compacto,
la pureza rizada por olas de frescura,
la pureza bestial, el toro verde,
acostumbrado al áspero rocío,
lo designó la luna en la manada,
como se escoge un lento cacique fue escogido.
Aquí está, montañoso, caudal, y su mirada
bajo la media luna de los cuernos agudos
no sabe, no comprende si este nuevo silencio
que lo cubre es un manto genital de delicias
o sombra eterna, boca de la catástrofe.
Hasta que al fin se abre la luz como una puerta,
entra un fulgor más duro que el dolor,
un nuevo ruido como sacos de piedras que rodaran
y en la plaza infinita de ojos sacerdotales
un condenado a muerte que viste en esta cita
su propio escalofrío de turquesa,
un traje de arco iris y una pequeña espada.

VI

Una pequeña espada con su traje,
una pequeña muerte con su hombre,
en pleno circo, bajo la naranja implacable
del sol, frente a los ojos que no miran,

en la arena, perdido como un recién nacido,
preparando su largo baile, su geometría.
Luego como la sombra y como el mar
se desatan los pasos iracundos del toro
(ya sabe, ya no es sino su fuerza)
y el pálido muñeco se convierte en razón,
la inteligencia busca bajo su vestidura
de oro cómo danzar y cómo herir.

Debe danzar muriendo el soldado de seda.

Y cuando escapa es invitado en el Palacio.

Él levanta una copa recordando su espada.

Brilla otra vez la noche del miedo y sus estrellas.

La copa está vacía como el circo en la noche.

Los señores quieren tocar al que agoniza.

VII

Lisa es la femenina como una suave almendra,
de carne y hueso y pelo es la estructura,
coral y miel se agrupan en su largo desnudo
y hombre y hambre galopan a devorar la rosa.
Oh flor! La carne sube en una ola,
la blancura desciende su cascada
y en un combate blanco se desarma el jinete
cayendo al fin cubierto de castidad florida.

VIII

El caballo escapado del fuego,
el caballo del humo,
llegó a la Plaza, va como una sombra,
como una sombra espera al toro,
el jinete es un torpe
insecto oscuro,
levanta su aguijón sobre el caballo negro,
luce la lanza negra, ataca
y salta
enredado en la sombra y en la sangre.

IX

De la sombra bestial suena los suaves cuernos
regresando en un sueño vacío al pasto amargo,
sólo una gota penetró en la arena,
una gota de toro, una semilla espesa,
y otra sangre, la sangre del pálido soldado:
un esplendor sin seda atravesó el crepúsculo,
la noche, el frío metálico del alba.

Todo estaba dispuesto. Todo se ha consumido.

Rojas como el incendio son las torres de España.

CORDILLERAS

I

Yo venía por el aire desde Copiapó,
desde el norte del Hemisferio, por el aire,
metido en mis pensamientos como en un guante de mil dedos:
sentía el avión trepidar, deslizarse por su túnel vacío,
vacilar de repente dispuesto a detener su energía,
continuar una línea invisible, durmiendo y volando.

Yo venía desde el norte de Chile desierto,
cobre y piedra, silencio, herramientas, motores,
y no miré hacia afuera durante horas de cielo,
miré hacia adentro, hacia mis propios tempestuosos transcursos.

II

Era verdad, sin duda, existíamos,
aquel avión, aquella potencia sigilosa,
y las personas envueltas en su red personal,
pasajeros de tantos quehaceres, orejas
que escucharon caer el dinero de Dios,
el dinero divino, y así se amasaron
con apenas espacio para un día morir,
sin tiempo, sin duda, para escuchar
la remota lluvia, el violín del invierno ahogado.

III

De pronto vi la última luz, el estandarte
del día en su naufragio desplomándose
y cielo y luz lucharon contra luna y tinieblas
en una encarnizada riña de gallos rojos:
y vi, cerca de mí, junto a mi rostro,
cómo el monte Aconcagua disponía
sobre la soledad de su estatura,
sobre la cantidad desnuda de la nieve,
un sangriento sombrero ceñido por la noche.

IV

Pero bajé los ojos y vi,
vi el cuerpo férreo, el grande río inmóvil
en su cauce, en su día de letárgica piedra,
y era suave la suma de los pechos redondos,
cúpulas trabajadas por la boca del viento,
iglesias sostenidas en la paz del topacio,
naves de arena, formas de la materia pura.
Era un recinto seco, sin dioses, sin semanas,
y al mirarlo hacia abajo desde mi vuelo
tuve por fin bajo la nave sólo
el aire del avión, puro, recién nacido,
como burbuja o círculo junto a un pez, en el frío,
y luego no la tierra, no los negros fermentos,
ni otoño, ni verano, ni primavera impura
que se desteje y teje como húmedos amores,
sino la piedra pura del planeta,
y todo allí eran inmensas manos que descansaban
en el duro secreto de la fuerza.

Liso y seco era el gran silencio vasto,
la dignidad de las cordilleras que dormían.

V

Diré, pues, que el color no era de un solo pétalo,
ni de una sola pluma de ave ferruginosa,
ni de sólo una fruta colérica y callada,
ni de una sola ola de sal y de cristal,
ni sólo de la piel de una bestia celeste:
era más, era todo, era pólvora y uva,
era el volcán del oro y el manantial del oro,
era el color del pan amasado en la luna,
eran los resplandores del cinc y la manzana,
el humo que olvidó llorando la amatista,
el fulgor de la muerte dentro de la esmeralda,
el ataúd morado de la geología.

VI

Era mi patria y estaba desnuda.
La impalpable noche de marzo derramaba
un nuevo mineral ancho como el estaño,
y todo comenzó a revivir en el cielo:
todos los minerales del cielo despertaban
mientras mi cordillera cerraba con ceniza
aquel fuego que ardió con todo el universo.
Vi a mi lado las tres piedras de Orión cayendo
como una hoja de trébol en la sombra
y luego cuatro puntas, cuatro diamantes fríos,
cuatro besos de nieve en la distancia,
cuatro copas que ardían en la mesa

del cielo solitario:
era la Cruz del Sur que me llamaba.
Y me dormí viajando en mi destino.

ELEGÍA DE CÁDIZ

I

El más lejano de los otoños perdidos,
la sensación del frío que toca a cada puerta,
los días en que fui más pequeño que un hombre
y más ancho que un niño, lo que llaman pasado,
pasado, sí, pero pasado de la tierra y del aire,
de las germinaciones, del tiempo moribundo,
todo ha vuelto a envolverme como un solo vestido,
todo ha vuelto a enterrarme en mi luz más antigua.

Otoños, de cada hoja tal vez se levantaron
hilos desconocidos, insectos transparentes,
y se fue construyendo otro árbol invisible,
otra arboleda muerta por tiempos y distancias.

Eso es, eso será tal vez lo que me cubre,
túnica o niebla o traje de oro o muerte,
algo impalpable y lento que conoce mi puerta
está esperando un ser parecido a una hoja:
sin llave y sin secreto tembló la cerradura.

Ahora, otoño, una vez más nos encontramos,
una vez más ahora nos despedimos:
buenos días, panal de la miel temblorosa,
adiós, secreto amor de la boca amarilla.

II

Hace treinta y tres años este tren
de la Gare de Lyon a Marsella y luego, luego
más lejos... Será éste el otoño,
el mismo, repetido hoja por hoja?
O está la tierra también disminuida,
gastada y arrugada como un traje
mil veces llevado a la fiesta y más tarde a la muerte?

Hoy el rojo sobre el verde, las hayas
son los grandes violines verticales de la pradera,
las vacas echadas en el vapor de la media mañana,
la tierra
de Francia vestida con sus hojas de fiesta.

Tal vez la tierra sólo gasta sus sombras,
sólo gasta la luz que limpia su vestido,
sólo gasta el invierno que lava sus raíces,
y ella se queda intacta, sonora, fresca, pura,
como antigua medalla que canta todavía,
lisa, dorada, en medio del tiempo que envejece.

El tren corre y separa los recuerdos,
los corta como espada, los disemina, sube
por las mismas colinas, abre los mismos bosques,
deja atrás, deja atrás no sólo la distancia,
sino lo que yo fui, lo que vivió conmigo:
aquel joven errante que alguna vez sostuvo
la torre del otoño, mientras el tren violaba
como un toro morado la frescura de Francia.

III

Los elegantes barcos cerrados como tumbas
en el pequeño Puerto Viejo... Marsella de mil puntas
como estrella de mar, con ojos encendidos,
alturas amarillas, callejas desdichadas,
el más antiguo viento de Europa sacude
las íntimas banderas de las lavanderías
y un olor de mar desnudo pasea sin pudor
como si Anadiomena crepitara en su espuma
entre el semen, las algas, las colas de pescado
y la voz mercantil de los navíos.

La guerra segregó su vinagre infernal,
su inexplicable cólera contra las callejuelas
y la puerta del mar que nunca conoció
naves que se llamaran *Remordimiento* o *Sangre*.
No quiero recordar la rosa dolorosa,
la humillación de sus manos azules:
sigamos nuestro viaje porque sigue la vida
y entonces hoy y ayer y mañana y entonces
el azafrán y el vino preparan el banquete,
relucen los pescados con nupcial aderezo
y los manteles bailan en el aire africano.

IV

Amarrada a la costa como una clara nave,
Cádiz, la pobre y triste rosa de las cenizas,
azul, el mar o el cielo, algunos ojos,
rojo, el hibiscus, el geranio tímido,
y lo demás, paredes roídas, alma muerta.

Puerto de los cerrojos, de las rejas cerradas,
de los patios secretos serios como las tumbas,
la miseria manchando como sombra
la dentadura antigua de una ciudad radiante
que tuvo claridad de diamante y espada.
Oh congoja del papel sucio que el viento
enarbola y abate, recorre las calles pisoteado
y luego cae al mar, se consume en las aguas,
último documento, pabellón del olvido,
orgullo del penúltimo español.
La soberbia se fue de los pobres roperos
y ahora una mirada sin más luz que el invierno
sobre los pantalones pulcramente parchados.
Sólo la lotería grita con mentira de oro:
el 8-9-3 el 7-0-1
el esplendor de un número que sube en el silencio
como una enredadera los muros de las ruinas.
De cuando en cuando golpea la calle un palo blanco.
Un ciego y otro ciego. Luego el paño mortuorio
de seis sotanas. Vámonos. Es hora de morir.

V

Desde estas calles, desde estas piedras, desde esta luz gastada
salió hacia las Américas un borbotón de sangre,
dolor, amor, desgracia, por este mar
un día,
por esta puerta vino la claridad más verde,
hojas desconocidas, fulgor de frutos, oro,
y hoy las cáscaras sucias de patatas mojadas
por la lluvia y el viento juegan en el vacío.
Y qué más? Sí, sobre los dignos rostros pobres,
sobre la antigua estirpe desangrada,
sobre descubrimientos y crueldades,
encima las campanas de aquella misma sombra,

abajo el agujero para los mismos muertos.
Y el Caudillo, el retrato pegado a su pared:
el frío puerco mira la fuerza exterminada.

VI

De tanto ayer mis patrias andan aún apenas.

De tanta dignidad sólo quedaron ojos.

Del sueño un ceniciento *souvenir*.

América poblada por descalzos,
mi pueblo arrodillado frente a la falsa cruz,
mineros, indios pobres, galopando borrachos
al lado de los ríos inmortales. Amada mía, América,
descubierta, violada y abandonada bajo
la colérica nieve, la panoplia volcánica:
pueblos sin alfabeto, mordiendo el duro grano
del maíz, el pan de trigo amargo:
americanos, americanos del andrajo,
indios hechos de oxígeno, plantas agonizantes,
negros acostumbrados al grito del tambor,
qué habéis hecho de vuestras agonías?

Oh terribles Españas!

VII

Como dos campanadas en destierro
se responden: ahora, conquistados,
conquistadores: está la familia en la mesa,

separados y unidos en el mismo castigo,
españoles hambrientos y americanos pobres
estamos en la misma mesa pobre del mundo.
Cuando ya se sentó la familia a comer
el pan se había ido de viaje a otro país:
entonces comprendieron que sin ninguna broma
el hambre es sangre y el idioma es hambre.

VIII

Piedad para los pueblos, ayer, hoy y mañana!
A tientas por la historia, cargados de hierro y lágrimas,
crucificados en implacables raíces,
con hambre y sed, amargas enfermedades, odio,
con un saco de sal a la espalda,
de noche a noche, en campos de tierra dura y barro,
aquí y allí, en talleres tapizados de espinas,
en puertos, privilegio del desdén y el invierno,
y por fin en prisiones
sentenciados
por una cuchillada caída en el hermano.

Sin embargo, a través de la aspereza
se mueve el hombre del hierro a la rosa,
de la herida a la estrella.
Algo pasa: el silencio dará a luz.
He aquí los humillados que levantan los ojos,
cambia el hombre de manos:
el trueno y las espigas se reúnen
y sube el coro negro desde los subterráneos.

Cambia el hombre de la rosa al hierro.
Los pueblos iluminan toda la geografía.

CATACLISMO

I

La noche de mil noches y una noche,
la sombra de mil sombras y un latido,
el agua de mil aguas que cayeron,
el fuego destapando sus embudos,
la ceniza vestida de medusa,
la tierra dando un grito.

Hombre soy, por qué nací en la tierra?

Dónde está mi mortaja?

Ésta es la muerte?

II

De los cuarenta días fríos que llegaron antes
nadie supo ni vio materia diferente:
se presenta el invierno como un viajero,
como ave regular en el viaje del cielo.
Cuarenta soles con lluvias sobre los montes,
luego la luz, los dedos de la luz en sus guantes,
así es la noche del invierno oscuro como mano dormida,
y luego con la aurora los derechos
del árbol: la arboleda,
y las guerras del árbol: tenaz selva profunda,
interminable como anillo, vestida con un perfume inmenso.

III

Yo soy el sumergido de aquellas latitudes,
allí dejé mis manos, mi primera abundancia,
los tesoros vacíos más ricos que el dinero,
el fulgor de aquel mundo de hojas, raíces, sílabas
sin idioma, de hojas entrecortadas
que una a una me hicieron entender una dicha
joven y tenebrosa, y es por eso
que cuando
cayó el humo y el mar, la lava, el miedo
allí cayeron, enredándose en un nudo de espinas
que rodaba temblando sobre el día
con una cola de agua hirsuta y piedras que mordían,
y la tierra paría y moría, agonizaba y nacía,
y otra vez volvía a llamarse tierra y a tener noche
y de nuevo borraba su nombre con espanto,
ay, ay hermanos ausentes, como si el dolor fuera un sistema
   intacto,
una copa de aire amargo entre todo el aire del cielo:
allí donde yo estuve llegó a mis labios la muerte,
allí donde yo pasé se sacudió la tierra
y se quemó mi corazón con un solo relámpago.

IV

Cuéntame tú, pobre Pedro, pobre Juan,
tú, pobre, silencioso habitante de las islas,
Agustín Pescador casado con María Selva,
o tú, Martín sin olvido, sin nunca más olvido,
hijo de la memoria pedregosa,
cuéntame, cuéntame sin día ni noche, sin palabras,

solo con lo que perdiste, las redes, el arado,
la casita y el chancho, la máquina Singer comprada en Temuco
a costa de tanto tejido, de tanto trabajo lloviendo,
lloviendo, siempre con la lluvia a cuestas
y los zapatos de toda la familia
que esperan con paciencia el invierno para perforarse y podrirse.
Oh, ahora tal vez no significa nada el plazo vencido,
ni aquel caballo robado que apareció después en Nehuentúe.
Ahora la gran deuda de la vida fue pagada con miedo,
fue volcada en la tierra como una cosecha
de la que todos huían rezando, llorando y muriendo,
sin comprender por qué nacimos, ni por qué la tierra
que esperó tanto tiempo que madurara el trigo,
ahora, sin paciencia, como una brusca viuda
borracha y crepitante se hiciera pagar de golpe
amor y amor, vida y vida, muerte y muerte.

V

El cementerio de los Andwanter en la Isla,
frente a Valdivia, escondió cien años
la última gota pura del olvido. Sólo
unos cuantos fundadores muertos, el caballero rubio
y su mujer cocinante, los hijos que devoró el invierno.
Las lianas, las hiedras, las cadenas del bosque,
los hilos que desde el *drimis winterey* y el *notofagus*
altos como las catedrales que perdieron,
góticos como los sueños feroces de su natalicio,
cosieron con aguja y silencio una pequeña patria verde,
la iglesia vegetal que sus huesos querían.
Y ahora, aquellos muertos qué hicieron? Dónde viven?
De aquella taza de agua y olvido, de aquella susurrante
sombra secreta, salió también el miedo
a pasear con su ropa inundada por la soledad de Valdivia?
O también alcanzó allí la lengua del volcán,

el agua interminable que quería matar
y el grito agudo, agudo del mar contra el olvido?

VI

De Puerto Saavedra un patio de amapolas,
el no ser de los indios, la torre del verano
como un faro azotado por las olas del trigo,
duro y azul el cielo de la melancolía,
y una raíz cargada de pólvora y perfume
dentro de mí, naciendo, derribando la luna.

El viejo poeta de barba amarilla, pastor del cisne frío,
del cisne errante, cúpula, monarquía de nieve,
cápsula clara, nave de los solemnes lagos,
el antiguo poeta que me dio una mano
rápida, fugitiva, antes de irse a su tumba,
ahora qué pudo hacer con su pequeño esqueleto
cuando todo tembló sin cisnes, todo rodó en la lluvia,
y el mar del otro lado devoró el Malecón,
entró por las ventanas odio y agua enemiga,
odio sin fondo, espada de la naturaleza.
Qué pudo hacer mi amigo reducido a semilla,
vuelto a germen, recién tal vez naciendo,
cuando el odio del mar aplastó las maderas
y hasta la soledad quedó sacrificada?

VII

Volcanes! Dioses perdidos, renegados,
dioses substituidos, carnívoras corolas,
me acostumbré a mirar a nivel de agua,

a estatura de insecto o piedrecita
vuestro intacto silencio de caballos nevados,
los cuellos del volcán, los hocicos, los dientes
que sólo mordían frío, los collares
del gran dios Chillán, del Puntiagudo, del Osorno,
las plumas del Villarrica que el viento feroz
disemina en distancia y agua reconcentrada,
oh Tronador, pan recién creado en el horno frío
en mitad de la selva cerrada como una iglesia,
Llaima, con tu penacho de oro y humo,
Aconcagua, pesado padre del silencio en el mundo,
Calbuco, volcán fresco, santo de las manzanas.

En este volcán y en el otro la raza de la tierra
fundó su ser y su no ser, apoyó su familia,
formuló leyes escritas con sangre de zorro,
dictó el rapto, la sal, la guerra, la ceniza.

Así, nació de barro,
de barro de volcán
el primer hombre.

VIII

Adentro está el terror, abajo duerme el terror,
es un óvulo estriado que vive en el fuego,
es una pluma pálida que —máquina o medusa—
sube y baja, recorre las venas del volcán,
hasta que frenética saltó de su recinto
y de larva insondable se transformó en corona,
trueno terrible, tubo total de la tormenta,
rosa de azufre, y sangre sobre el dios coronado.
Y aquella paz, aquella nieve en la mentira
del agua quieta, en la paciencia del Llanquihue,
todo aquello, el verano con su paloma inmóvil,

terminó en un silbido de fuego profundo:
se rompió el cielo, galopó la tierra,
y cuando sólo el mar podía responder
se juntaron las aguas en una ola cobarde
que palpitó subiendo por la altura
y cayó con su frío en el infierno.

IX

Amor mío, amor mío, ciérrame los ojos
no sólo contra la claridad volcánica, no sólo
contra la oscuridad del miedo: no quiero tener ojos,
no quiero saber ya, ni conocer, ni ser.
Ciérrame los ojos contra todas las lágrimas,
contra mi propio llanto y el tuyo, contra el río
del llanto perpetuo que entre noche y lava
acaricia y horada como un beso sulfúrico
el último vestido de la pobre patria, sentada en una piedra
frente a la invitación insistente del mar,
bajo la inexorable conducta de la cordillera.

X

El miedo envuelve los huesos como una nueva piel,
envuelve la sangre con la piel de la noche,
bajo la planta de los pies mueve la tierra:
no es tu pelo, es el miedo en tu cabeza
como una cabellera de clavos verticales
y lo que ves no son las calles rotas
sino, dentro de ti, tus paredes caídas,
tu infinito frustrado, se desploma
otra vez la ciudad, en tu silencio sólo se oye

la amenaza del agua, y en el agua
los caballos ahogados galopan en tu muerte.

XI

Volveré a ver cuanto fue respetado
por fuego, tierra y mar, sin duda. Un día
llegaré como los emigrados antes de ser vencidos:
esto quedó, esta casa, esta piedra, este hombre.
La ternura tiene una mano de ciclón tardío
para recuperar sus miserables tesoros
y luego olvido y lluvia lavan las manchas digitales
del devorado. Seguramente todo
estará allí, los veleros
vuelven del archipiélago cargados
con erizos del mar, con tomates de yodo,
con las maderas duras de Chacao
y yo veré el mismo día antiguo con título de nieve,
con un volcán callado a plena luz
y ya el escalofrío más grande de la tierra
se alejó como el viento polar a su destino.
Y crecerá más de una flor, más de un pan, más de un hombre
de las mismas raíces olvidadas del miedo.

XII

Araucaria, quién eres? Quién soy? Sujeta!
Sufre! Sujeta! Corran! Aquí estoy! Pero llueve.
No hay nadie más. Cayó la torre. Traigan,
traigan la cuchara, la pala, el azadón,
ahora muero, dónde está la Rosa? No hay nadie,
no hay ventana, no hay luz, se fueron, se murieron.

Yo bajé al patio, entonces no hubo tierra,
todo rodaba, el fuego salía de la esquina.
Tú sabes que Alarcón subió a sus hijos
en la nave, hacia el mar, pero tampoco el mar
estaba allí, el mar se había ido,
había huido, huido, huido el mar
y volvió en una ola, en una negra ola,
en una negra ola el mar
el mar volvió volvió volvió.
En una sola ola los Alarcón murieron.

XIII

Debajo de mis alas mojadas, hijos, dormid,
amarga población de la noche inestable,
chilenos perdidos en el terror, sin nombre,
sin zapatos, sin padre, ni madre, ni sabiduría:
ahora bajo la lluvia tenderemos
el poncho y a plena muerte, bajo mis alas,
a plena noche dormiremos para despertar:
es nuestro deber eterno la tierra enemiga,
nuestro deber es abrir las manos y los ojos
y salir a contar lo que muere y lo que nace.
No hay infortunio que no reconstruya la aguja:
cose que cose el tiempo como una costurera
coserá un rosal rojo sobre las cicatrices
y ahora tenemos nuevas islas, volcanes,
nuevos ríos, océano recién nacido,
ahora seamos una vez más: existiremos,
pongámonos en la cara la única sonrisa que flotó sobre el agua,
recojamos el sombrero quemado y el apellido muerto,
vistámonos de nuevo de hombre y de mujer desnudos:
construyamos el muro, la puerta, la ciudad:
comencemos de nuevo el amor y el acero:
fundemos otra vez la patria temblorosa.

LAUTRÉAMONT RECONQUISTADO

I

Cuando llegó a París tuvo mucho que hacer.
Éstas eran las verdaderas calles del hombre.
Aquí las había taladrado como a los túneles el gusano
adentro de un queso oscuro, bajo el atroz invierno.
Las casas eran tan grandes que la sabiduría
se empequeñeció y corrió como rata al granero
y sólo fueron habitadas las casas por la sombra,
por la rutina venenosa de los que padecían.
Compró flores, pequeñas flores en el mercado des Halles
y de Clignancourt absorbió el asco militante,
no hubo piedra olvidada para el pequeño Isidoro,
su rostro se fue haciendo delgado como un diente,
delgado y amarillo como la luna menguante en la pampa,
cada vez era más parecido a la luna delgada.
La noche le robaba hora por hora el rostro.
La noche de París ya había devorado
todos los regimientos, las dinastías, los héroes,
los niños y los viejos, las prostitutas, los ricos y los pobres.
Ducasse estaba solo y cuanto tuvo de luz lo entregó cuerpo a
    cuerpo,
contra la devoradora se dispuso a luchar,
fabricó lobos para defender la luz,
acumuló agonía para salvar la vida,
fue más allá del mal para llegar al bien.

II

Lo conocí en el Uruguay cuando era tan pequeño
que se extraviaba en las guitarras del mes de julio,
aquellos días fueron de guerra y de humo,
se desbocaron los ríos, crecieron sin medida las aguas.
No había tiempo para que naciera.
Debió volver muchas veces, remontar el deseo,
viajar hasta su origen, hasta por fin llegar
cuando sangre y tambores golpeaban a la puerta,
y Montevideo ardía como los ojos del puma.
Turbulenta fue aquella época, y de color morado
como un deshilachado pabellón de asesinos.
Desde la selva el viento militar
llegaba en un confuso olor a hierba ardiendo.
Los fusiles quebrados a la vera del río
entraban en el agua y a plena medianoche
se habían convertido en guitarras, el viento
repartía sollozos y besos de las barcarolas.

III

Americano! Pequeño potro pálido
de las praderas! Hijo
de la luna uruguaya!
Escribiste a caballo, galopando
entre la dura hierba y el olor a camïno,
a soledad, a noche y herraduras!
Cada uno
de tus cantos fue un lazo,
y Maldoror sentado sobre las calaveras
de las vacas

escribe con su lazo,
es tarde, es una pieza de hotel, la muerte ronda.
Maldoror con su lazo,
escribe que te escribe su larga carta roja.
La vidalita de Maldoror, hacia el oeste,
las guitarras sin rumbo, cerca del Paraná,
terrenos bajos, el misterioso crepúsculo cayó
como una paletada de sangre sobre la tierra,
las grandes aves carnívoras se despliegan,
sube del Uruguay la noche con sus uvas.
Era tarde, un temblor unánime de ranas,
los insectos metálicos atormentan el cielo,
mientras la inmensa luna se desnuda en la pampa
extendiendo en el frío su sábana amarilla.

IV

El falso cruel de noche prueba sus uñas falsas,
de sus cándidos ojos hace dos agujeros,
con terciopelo negro su razón enmascara,
con un aullido apaga su inclinación celeste.

El sapo de París, la bestia blanda
de la ciudad inmunda lo sigue paso a paso,
lo espera y abre las puertas de su hocico:
el pequeño Ducasse ha sido devorado.

El ataúd delgado parece que llevara
un violín o un pequeño cadáver de gaviota,
son los mínimos huesos del joven desdichado,
y nadie ve pasar el carro que lo lleva,
porque en este ataúd continúa el destierro,
el desterrado sigue desterrado en la muerte.

Entonces escogió la Commune y en las calles
sangrientas, Lautréamont, delgada torre roja,
amparó con su llama la cólera del pueblo,
recogió las banderas del amor derrotado
y en las masacres Maldoror no cayó,
su pecho transparente recibió la metralla
sin que una sola gota de sangre delatara
que el fantasma se había ido volando
y que aquella masacre le devolvía el mundo:
Maldoror reconocía a sus hermanos.

Pero antes de morir volvió su rostro duro
y tocó el pan, acarició la rosa,
soy, dijo, el defensor esencial de la abeja,
sólo de claridad debe vivir el hombre.

V

Del niño misterioso recojamos
cuanto dejó, sus cantos triturados,
las alas tenebrosas de la nave enlutada,
su negra dirección que ahora entendemos.
Ha sido revelada su palabra.
Detrás de cada sombra suya el trigo.
En cada ojo sin luz una pupila.
La rosa en el espacio del honor.
La esperanza que sube del suplicio.
El amor desbordando de su copa.
El deber hijo puro de la madera.
El rocío que corre saludando a las hojas.
La bondad con más ojos que una estrella.
El honor sin medalla ni castillo.

VI

Entonces la muerte, la muerte de París cayó como una tela,
como horrendo vampiro, como alas de paraguas,
y el héroe desangrado la rechazó creyendo
que era su propia imagen, su anterior criatura,
la imagen espantosa de sus primeros sueños.
«No estoy aquí, me fui, Maldoror ya no existe.»
«Soy la alegría de la futura primavera»,
dijo, y no era la sombra que sus manos crearon,
no era el silbido del folletín en la niebla,
ni la araña nutrida por su oscura grandeza,
era sólo la muerte de París que llegaba
a preguntar por el indómito uruguayo,
por el niño feroz que quería volver,
que quería sonreír hacia Montevideo,
era sólo la muerte que venía a buscarlo.

OCEANA

I

Oceana nupcial, caderas de las islas,
aquí a mi lado, cántame los desaparecidos
cantares, signos, números del río deseado.
Quiero oír lo invisible, lo que cayó del tiempo
al palio equinoccial de las palmeras.
Dame el vino secreto que guarda cada sílaba:
ir y venir de espumas, razas de miel caídas
al cántaro marino sobre los arrecifes.

II

Yo no soy, yo perdí los días porque entonces
me faltaba, Oceana, tu guitarra florida
y era de madreperla la boca de la aurora:
entraba la marea con su trueno en las islas
y todo era fulgor, menos mi vida,
menos mi corazón sin azahares.

III

Oceana, reclina tu noche en el castillo
que aguardó sin cesar pasar tu cabellera

en cada ola que el mar elevaba en el mar
y luego no eras tú sino el mar que pasaba,
sino el mar sino el mar y yo qué pude hacer:
era tarde, otro día se abría con mi llave,
otra puerta, y el mar continuaba vacío.

IV

Entonces, fui gastando mi sonrisa y cayeron
uno a uno mis dientes en la caja de hierro.
Furioso contemplé los santos enlutados,
los ataúdes de ámbar que traía el crepúsculo,
los minerales prisioneros en su abismo,
las algas lastimeras meciéndose en la niebla
y sin tocar tus párpados, Oceana amarilla,
Oceana negra, Oceana de manos transparentes,
estiré mis sentidos hasta que sin saberlo
se desató en el mar la rosa repentina.

V

Cántame caracola, cuéntame la campana,
cántame la paciencia del trigo submarino,
el tembloroso rey coronado de vértebras,
la luna diametral que lloraba de frío.
Y si hay alguna lágrima perdida en el idioma
déjala que resbale hasta mi copa,
bebiéndola sabré lo que no supe entonces:
cántame lo que fue de labio a labio a labio
haciéndose cantar sin tocar tierra,
puro en el aire puro de los días de miel,
alto en el aire como la palma sempiterna.

VI

Sirena o palma plena, paloma de la espuma,
sosiego de guitarras en lento y alto vuelo,
repíteme el cantar que en mi sangre circula
sin que tuviera voz hasta que tú llegaste,
llegaste palpitante de espuma peregrina,
de costas que no existen, duramente doradas,
de los cuentos caídos hoja por hoja al agua
y a la tierra poblada por negros regimientos.

VII

Tengo hambre de no ser sino piedra marina,
estatua, lava, terca torre de monumento
donde se estrellan olas ya desaparecidas,
mares que fallecieron con cántico y viajero.
Por eso cuando desde lo que no existe, Oceana,
asomaron tus anchos ojos, y tus pulseras
tintineando en la lluvia me anunciaron
que llegabas, corola de los mares, tardía,
mi corazón salió perdido por las calles
y desde entonces cántame con ojos de guitarra.

Desde entonces suspírame con uvas de amatista
y manzanas y dátiles estrictamente tiernos,
frutos, frutos recién robados a la aurora,
agredidos aún por balas del rocío.
Y que la cesta de agua contenga peras puras,
mangos desarrollados a dulzura remota,
guanábanas copiosas, pomposas, olorosas,
los crímenes radiantes que esconde la granada,
la miel en la barriga de pálidos melones.

VIII

Oceana, dame las conchas del arrecife
para cubrir con sus relámpagos los muros,
los Spondylus, héroes coronados de espinas,
el esplendor morado del murex en su roca:
tú sabes cómo sobre la sal ultramarina
en su nave de nieve navega el Argonauta.

IX

Plumajes! Trae contigo el ave
que enlaza la secreta profundidad y el cielo,
ven envuelta en tu ropa natal de colibríes
hasta que pluma a pluma vuelen las esmeraldas.

X

Recuerda el corazón de pájaro que llevas
en su jaula: el debate de las alas y el canto,
y de tantos violines que vuelan y fulguran
recoge tú, recógeme sonido y pedrería.
Hasta que envueltos en aire y fuego vamos
acompañados por la sonora asamblea
a la cascada de lingotes matutinos.
Y nuestro amor palpite como un pez en el frío.

XI

Al fin, al fin no vuelvas a tu piedra marina,
Oceana, alma mía, ámbar del Sur, donaire.

En nave nuestra, en tierra recibimos
el polen y el pescado de las islas distantes,
oyendo, oyendo lejos, susurro y barcarola,
el rito matinal de los remos perdidos.

Yo soy, Oceana, sólo alguien que te esperaba
en la torre de un faro que no existe,
y éste es un cuento en donde no sube otra marea
que tus senos marinos bajo la luz nocturna.

Y sólo dos verdades hay en esta sonata:
tus dos ojos oscuros abiertos en el agua.

FIN DE FIESTA

I

Hoy es el primer día que llueve sobre marzo,
sobre las golondrinas que bailan en la lluvia,
y otra vez en la mesa está el mar,
todo está como estuvo dispuesto entre las olas,
seguramente así seguirá siendo.
Seguirá siendo, pero yo, invisible,
alguna vez ya no podré volver
con brazos, manos, pies, ojos, entendimiento,
enredados en sombra verdadera.

II

En aquella reunión de tantos invitados
uno por uno fueron regresando a la sombra
y son así las cosas después de las reuniones,
se dispersan palabras, y bocas, y caminos,
pero hacia un solo sitio, hacia no ser, de nuevo
se pusieron a andar todos los separados.

III

Fin de fiesta... Llueve sobre Isla Negra,
sobre la soledad tumultuosa, la espuma,
el polo centelleante de la sal derribada,
todo se ha detenido menos la luz del mar.
Y adónde iremos?, dicen las cosas sumergidas.
Qué soy?, pregunta por vez primera el alga,
y una ola, otra ola, otra ola responden:
nace y destruye el ritmo y continúa:
la verdad es amargo movimiento.

IV

Poemas deshabitados, entre cielo y otoño,
sin personas, sin gastos de transporte,
quiero que no haya nadie por un momento en mis versos,
no ver en la arena vacía los signos del hombre,
huellas de pies, papeles muertos, estigmas
del pasajero, y ahora
estática niebla, color de marzo, delirio
de aves del mar, petreles, pelícanos, palomas
de la sal, infinito
aire frío,
una vez más antes de meditar y dormir,
antes de usar el tiempo y extenderlo en la noche,
por esta vez la soledad marítima,
boca a boca con el húmedo mes y la agonía
del verano sucio, ver cómo crece el cristal,
cómo sube la piedra a su inexorable silencio,
cómo se derrama el océano sin matar su energía.

V

Nos pasamos la vida preguntando: cuánto?
Y vimos a nuestros padres con el cuánto en los ojos,
en la boca, en las manos, cuánto por aquello,
por esto, cuánto por la tierra, por el kilo de pan,
y también por las espléndidas uvas y por los zapatos.
Cuánto cuesta, señor, cuánto cuesta, nos habíamos
vestido de sonrisas aquel día sin duda
y los padres, con ropa remendada, inseguros
entraban al almacén como a una iglesia terrible.
Pero, después, más lejos fue lo mismo.

VI

No gusta a los estetas la moraleja, murió
cuando la poesía enseñaba al hombre a ser hombre
y además le dejaba un fulgor de violeta en el alma.
Por eso si digo dónde y cómo
y en todas partes desde el trono al petróleo
se ensangrentaba el mundo preguntando,
cuánto? y el grano de la cólera crecía
con el cuánto en las sílabas de todos los idiomas,
si digo y sigo seré un violín gastado,
un trovador que agobió la duda y la verdad.

VII

El deber crudo, como es cruda la sangre de una herida
o como es aceptable a pesar de todo el viento frío reciente,
nos hace soldados, nos hace la voz y el paso
de los guerreros, pero es con ternura indecible
que nos llaman la mesa, la silla, la cuchara,
y en plena guerra oímos cómo gritan las copas.
Pero no hay paso atrás! Nosotros escogimos,
nadie pesó en las alas de la balanza
sino nuestra razón abrumadora
y este camino se abrió con nuestra luz:
pasan los hombres sobre lo que hicimos,
y en este pobre orgullo está la vida,
es éste el esplendor organizado.

VIII

Fin de fiesta… Es tiempo de agua,
se mueven los ríos subterráneos de Chile
y horadan el fondo fino de los volcanes,
atraviesan el cuarzo y el oro, acarrean silencio.
Son grandes aguas sagradas que apenas conoce el hombre,
se dice mar, se dice Cabo de Hornos,
pero este reino no tiene mancha humana,
la especie aquí no pudo implantar sus comercios,
sus motores, sus minas, sus banderas,
es libre el agua y se sacude sola,
se mueve y lava, lava,
lava piedras, arenas, utensilios, heridos,
no se consume como el fuego sangriento,
no se convierte en polvo ni en ceniza.

IX

La noche se parece al agua, lava el cielo,
entra en los sueños con un chorro agudo
la noche
tenaz, interrumpida y estrellada,
sola,
barriendo los vestigios
de cada día muerto,
en lo alto las insignias
de su estirpe nevada
y abajo
entre nosotros
la red de sus cordeles, sueño y sombra.
De agua, de sueño, de verdad desnuda,
di piedra y sombra
somos o seremos,
y los nocturnos no tenemos luz,
bebemos noche pura,
en el reparto nos tocó la piedra
del horno: cuando fuimos
a sacar el pan
sacamos sombra
y por la vida
fuimos
divididos:
nos partió la noche,
nos educó en mitades
y anduvimos
sin tregua, traspasados
por estrellas.

X

Los desgranados, los muertos de rostro tierno,
los que amamos, los que brillan
en el firmamento, en la multitud del silencio,
hicieron temblar la espiga con su muerte,
nos pareció morir, nos llevaban con ellos
y quedamos temblando en un hilo, sintiendo la amenaza,
y así siguió la espiga desgranándose
y el ciclo de las vidas continúa.

Pero, de pronto, faltan a la mesa
los más amados muertos, y esperamos,
y no esperamos, es así la muerte,
se va acercando a cada silla y luego
allá ya no se sienta la que amamos,
se murió con violín el pobre Alberto,
y se desploma el padre hacia el abuelo.

XI

Construyamos el día que se rompe,
no demos cuerda a cada hora sino
a la importante claridad, al día,
al día que llegó con sus naranjas.
Al fin de cuentas de tantos detalles
no quedará sino un papel
marchito, masticado, que rodará en la arena
y será por inviernos devorado.

Al fin de todo no se recuerda la hoja
del bosque, pero quedan

el olor y el temblor en la memoria:
de aquella selva aún vivo impregnado,
aún susurra en mis venas el follaje,
pero ya no recuerdo día ni hora:
los números, los años son infieles,
los meses se reúnen en un túnel tan largo
que abril y octubre suenan como dos piedras locas,
y en un solo canasto se juntan las manzanas,
en una sola red la plata del pescado,
mientras la noche corta con una espada fría
el resplandor de un día que de todas maneras
vuelve mañana, vuelve si volvemos.

XII

Espuma blanca, marzo en la Isla, veo
trabajar ola y ola, quebrarse la blancura,
desbordar el océano de su insaciable copa,
el cielo estacionario dividido
por largos lentos vuelos de aves sacerdotales
y llega el amarillo,
cambia el color del mes, crece la barba
del otoño marino,
y yo me llamo Pablo,
soy el mismo hasta ahora,
tengo amor, tengo dudas,
tengo deudas,
tengo el inmenso mar con empleados
que mueven ola y ola,
tengo tanta intemperie que visito
naciones no nacidas:
voy y vengo del mar y sus países,
conozco
los idiomas de la espina,
el diente del pez duro,

escalofrío de las latitudes,
la sangre del coral, la taciturna
noche de la ballena,
porque de tierra en tierra fui avanzando
estuarios, insufribles territorios,
y siempre regresé, no tuve paz:
qué podía decir sin mis raíces?

XIII

Que podía decir sin tocar tierra?
A quién me dirigía sin la lluvia?
Por eso nunca estuve donde estuve
y no navegué más que de regreso
y de las catedrales no guardé
retrato ni cabellos: he tratado
de fundar piedra mía a plena mano,
con razón, sin razón, con desvarío,
con furia y equilibrio: a toda hora
toqué los territorios del león
y la torre intranquila de la abeja,
por eso cuando vi lo que ya había visto
y toqué tierra y lodo, piedra y espuma mía,
seres que reconocen mis pasos, mi palabra,
plantas ensortijadas que besaban mi boca,
dije: «aquí estoy», me desnudé en la luz,
dejé caer las manos en el mar,
y cuando todo estaba transparente,
bajo la tierra, me quedé tranquilo.

Plenos poderes

[1961-1962]

Deber del poeta

A quien no escucha el mar en este viernes
por la mañana, a quien adentro de algo,
casa, oficina, fábrica o mujer,
o calle o mina o seco calabozo:
a éste yo acudo y sin hablar ni ver
llego y abro la puerta del encierro
y un sin fin se oye vago en la insistencia,
un largo trueno roto se encadena
al peso del planeta y de la espuma,
surgen los ríos roncos del océano,
vibra veloz en su rosal la estrella
y el mar palpita, muere y continúa.

Así por el destino conducido
debo sin tregua oír y conservar
el lamento marino en mi conciencia,
debo sentir el golpe de agua dura
y recogerlo en una taza eterna
para que donde esté el encarcelado,
donde sufra el castigo del otoño
yo esté presente con una ola errante,
yo circule a través de las ventanas
y al oírme levante la mirada
diciendo: cómo me acercaré al océano?
Y yo transmitiré sin decir nada
los ecos estrellados de la ola,
un quebranto de espuma y arenales,
un susurro de sal que se retira,
el grito gris del ave de la costa.
Y así, por mí, la libertad y el mar
responderán al corazón oscuro.

La palabra

Nació
la palabra en la sangre,
creció en el cuerpo oscuro, palpitando,
y voló con los labios y la boca.

Más lejos y más cerca
aún, aún venía
de padres muertos y de errantes razas,
de territorios que se hicieron piedra,
que se cansaron de sus pobres tribus,
porque cuando el dolor salió al camino
los pueblos anduvieron y llegaron
y nueva tierra y agua reunieron
para sembrar de nuevo su palabra.
Y así la herencia es ésta:
éste es el aire que nos comunica
con el hombre enterrado y con la aurora
de nuevos seres que aún no amanecieron.

Aún la atmósfera tiembla
con la primera palabra
elaborada
con pánico y gemido.
Salió
de las tinieblas
y hasta ahora no hay trueno
que truene aún con su ferretería
como aquella palabra,
la primera
palabra pronunciada:
tal vez sólo un susurro fue, una gota,
y cae y cae aún su catarata.

Luego el sentido llena la palabra.
Quedó preñada y se llenó de vidas.
Todo fue nacimientos y sonidos:
la afirmación, la claridad, la fuerza,
la negación, la destrucción, la muerte:
el verbo asumió todos los poderes
y se fundió existencia con esencia
en la electricidad de su hermosura.

Palabra humana, sílaba, cadera
de larga luz y dura platería,
hereditaria copa que recibe
las comunicaciones de la sangre:
he aquí que el silencio fue integrado
por el total de la palabra humana
y no hablar es morir entre los seres:
se hace lenguaje hasta la cabellera,
habla la boca sin mover los labios:
los ojos de repente son palabras.

Yo tomo la palabra y la recorro
como si fuera sólo forma humana,
me embelesan sus líneas y navego
en cada resonancia del idioma:
pronuncio y soy y sin hablar me acerca
el fin de las palabras al silencio.

Bebo por la palabra levantando
una palabra o copa cristalina,
en ella bebo
el vino del idioma
o el agua interminable,
manantial maternal de las palabras,
y copa y agua y vino
originan mi canto
porque el verbo es origen
y vierte vida: es sangre,
es la sangre que expresa su substancia

y está dispuesto así su desarrollo:
dan cristal al cristal, sangre a la sangre,
y dan vida a la vida las palabras.

Océano

Cuerpo más puro que una ola,
sal que lava la línea,
y el ave lúcida
volando sin raíces.

Agua

Todo en la tierra se encrespó, la zarza
clavó y el hilo verde
mordía, el pétalo cayó cayendo
hasta que única flor fue la caída.
El agua es diferente,
no tiene dirección sino hermosura,
corre por cada sueño de color,
toma lecciones claras
de la piedra
y en esos menesteres elabora
los deberes intactos de la espuma.

El mar

Un solo ser, pero no hay sangre.
Una sola caricia, muerte o rosa.

Viene el mar y reúne nuestras vidas
y solo ataca y se reparte y canta
en noche y día y hombre y criatura.
La esencia: fuego y frío: movimiento.

Nace

Yo aquí vine a los límites
en donde no hay que decir nada,
todo se aprende con tiempo y océano,
y volvía la luna,
sus líneas plateadas
y cada vez se rompía la sombra
con un golpe de ola
y cada día en el balcón del mar
abre las alas, nace el fuego
y todo sigue azul como mañana.

Torre

La línea lava el mundo,
oh inmutable frescura,
oh larga espada:
cortas
el desorden,
allí queda el naufragio,
aquí la estrella,
de punto a punto a punto
circula por la línea
la pureza
y es invariable el clima,
segura la medida,

firme el muro del ángulo
mientras el aire cambia y cruza
la torre
pura
de la geometría.

Planeta

Hay piedras de agua en la luna?
Hay aguas de oro?
De qué color es el otoño?
Se unen uno a uno los días
hasta que en una cabellera
se desenlazan? Cuánto cae
–papeles, vino, manos, muertos–
de la tierra en esa comarca?

Viven allí los ahogados?

El desnudo

Esta raya es el Sur que corre,
este círculo es el Oeste,
las madejas las hizo el viento
con sus capítulos más claros
y es recto el mediodía como
un mástil que sostiene el cielo
mientras vuelan las líneas puras
de silencio en silencio hasta ser
las aves delgadas del aire,
las direcciones de la dicha.

En la torre

En esta grave torre
no hay combate:
la niebla, el aire, el día
la rodearon, se fueron
y me quedé con cielo y con papel,
solitarias dulzuras y deberes.
Pura torre de tierra
con odio y mar lejanos
removida
por la ola del cielo:
en la línea, en la palabra cuántas
sílabas? He dicho?

Bella es la incertidumbre del rocío,
en la mañana cae
separando
la noche de la aurora
y su glacial regalo
permanece
indeciso, esperando el duro sol
que lo herirá de muerte.
No se sabe
si cerramos los ojos o la noche
abre en nosotros ojos estrellados,
si cava en la pared de nuestro sueño
hasta que abre una puerta.
Pero el sueño
es el veloz vestido de un minuto:
se gastó en un latido
de la sombra
y cayó a nuestros pies, deshabitado,
cuando se mueve el día y nos navega.

Ésta es la torre desde donde veo
entre la luz y el agua sigilosa
al tiempo con su espada
y me apresuro entonces a vivir,
respiro todo el aire,
me enajena el desierto
que se construye sobre la ciudad
y hablo conmigo sin saber con quién
deshojando el silencio
de la altura.

Pájaro

Caía de un pájaro a otro
todo lo que el día trae,
iba de flauta en flauta el día,
iba vestido de verdura
con vuelos que abrían un túnel,
y por allí pasaba el viento
por donde las aves abrían
el aire compacto y azul:
por allí entraba la noche.

Cuando volví de tantos viajes
me quedé suspendido y verde
entre el sol y la geografía:
vi cómo trabajan las alas,
cómo se transmite el perfume
por un telégrafo emplumado
y desde arriba vi el camino,
los manantiales, las tejas,
los pescadores a pescar,
los pantalones de la espuma,
todo desde mi cielo verde.
No tenía más alfabeto

que el viaje de las golondrinas,
el agua pura y pequeñita
del pequeño pájaro ardiendo
que baila saliendo del polen.

Serenata

Con la mano recojo este vacío,
imponderable noche, familias estrelladas,
un coro más callado que el silencio,
un sonido de luna, algo secreto, un triángulo,
un trapecio de tiza.
Es la noche oceánica, la soledad tercera,
una vacilación abriendo puertas, alas,
la población profunda que no tiene presencia
palpita desbordando los nombres del estuario.

Noche, nombre del mar, patria, racimo, rosa!

El constructor

Yo escogí la quimera,
de sal helada construí la estatua:
fundé el reloj en plena lluvia
y vivo sin embargo.

Es verdad que mi largo poderío
subdividió los sueños
y sin que yo supiera levantaban
muros, separaciones, incesantes.

Entonces fui a la costa.

Yo vi cuando nació la embarcación,
la toqué, lisa como el pez sagrado:
tembló como la cítara de Dios,
la madera era pura,
tenía olor a miel.
Y cuando no volvía,
la nave no volvía
todos se sumergieron en sus lágrimas
mientras yo regresaba a la madera
con el hacha desnuda como estrella.

Mi religión eran aquellas naves.

No tengo más remedio que vivir.

Para lavar a un niño

Sólo el amor más viejo de la tierra
lava y peina la estatua de los niños,
endereza las piernas, las rodillas,
sube el agua, resbalan los jabones,
y el cuerpo puro sale a respirar
el aire de la flor y de la madre.

Oh vigilancia clara!
Oh dulce alevosía!
Oh tierna guerra!

Ya el pelo era un tortuoso
pelaje entrecruzado por carbones,
por aserrín y aceite,
por hollines, alambres y cangrejos,
hasta que la paciencia
del amor
estableció los cubos, las esponjas,

los peines, las toallas,
y de fregar y de peinar y de ámbar,
de antigua parsimonia y de jazmines
quedó más nuevo el niño todavía
y corrió de las manos de la madre
a montarse de nuevo en su ciclón,
a buscar lodo, aceite, orines, tinta,
a herirse y revolcarse entre las piedras.
Y así recién lavado salta el niño a vivir
porque más tarde sólo tendrá tiempo
para andar limpio, pero ya sin vida.

Oda para planchar

La poesía es blanca:
sale del agua envuelta en gotas,
se arruga y se amontona,
hay que extender la piel de este planeta,
hay que planchar el mar de su blancura
y van y van las manos,
se alisan las sagradas superficies
y así se hacen las cosas:
las manos hacen cada día el mundo,
se une el fuego al acero,
llegan el lino, el lienzo y el tocuyo
del combate de las lavanderías
y nace de la luz una paloma:
la castidad regresa de la espuma.

Los nacimientos

Nunca recordaremos haber muerto.

Tanta paciencia
para ser tuvimos
anotando
los números, los días,
los años y los meses,
los cabellos, las bocas que besamos,
y aquel minuto de morir
lo dejaremos sin anotación:
se lo damos a otros de recuerdo
o simplemente al agua,
al agua, al aire, al tiempo.
Ni de nacer tampoco
guardamos la memoria,
aunque importante y fresco fue ir naciendo:
y ahora no recuerdas un detalle,
no has guardado ni un ramo
de la primera luz.

Se sabe que nacemos.

Se sabe que en la sala
o en el bosque
o en el tugurio del barrio pesquero
o en los cañaverales crepitantes
hay un silencio enteramente extraño,
un minuto solemne de madera
y una mujer se dispone a parir.

Se sabe que nacimos.

Pero de la profunda sacudida
de no ser a existir, a tener manos,
a ver, a tener ojos,
a comer y llorar y derramarse
y amar y amar y sufrir y sufrir,
de aquella transición o escalofrío
del contenido eléctrico que asume
un cuerpo más como una copa viva,
y de aquella mujer deshabitada,
la madre que allí queda con su sangre
y su desgarradora plenitud
y su fin y comienzo, y el desorden
que turba el pulso, el suelo, las frazadas,
hasta que todo se recoge y suma
un nudo más el hilo de la vida,
nada, no quedó nada en tu memoria
del mar bravío que elevó una ola
y derribó del árbol una manzana oscura.

No tienes más recuerdo que tu vida.

Al difunto pobre

A nuestro pobre enterraremos hoy:
a nuestro pobre pobre.

Tan mal anduvo siempre
que es la primera vez
que habita este habitante.

Porque no tuvo casa, ni terreno,
ni alfabeto, ni sábanas,
ni asado,
y así de un sitio a otro, en los caminos,
se fue muriendo de no tener vida,

se fue muriendo poco a poco
porque esto le duró desde nacer.

Por suerte, y es extraño, se pusieron de acuerdo
todos desde el obispo hasta el juez
para decirle que tendrá cielo
y ahora muerto, bien muerto nuestro pobre,
ay nuestro pobre pobre
no va a saber qué hacer con tanto cielo.
Podrá ararlo y sembrarlo y cosecharlo?

Él lo hizo siempre, duro
peleó con los terrones,
y ahora el cielo es suave para ararlo,
y luego entre los frutos celestiales
por fin tendrá lo suyo, y en la mesa
a tanta altura todo está dispuesto
para que coma cielo a dos carrillos
nuestro pobre que lleva, por fortuna,
sesenta años de hambre desde abajo
para saciarla, al fin, como se debe,
sin recibir más palos de la vida,
sin que lo metan preso porque come,
bien seguro en su caja y bajo tierra
ya no se mueve para defenderse,
ya no combatirá por su salario.
Nunca esperó tanta justicia este hombre,
de pronto lo han colmado y lo agradece:
ya se quedó callado de alegría.

Qué peso tiene ahora el pobre pobre!
Era de puro hueso y de ojos negros
y ahora sabemos, por su puro peso,
ay cuántas cosas le faltaron siempre,
porque si este vigor anduvo andando,
cavando eriales, arañando piedras,
cortando trigo, remojando arcilla,
moliendo azufre, transportando leña,
si este hombre tan pesado no tenía

zapatos, oh dolor, si este hombre entero
de tendones y músculos no tuvo
nunca razón y todos le pegaron,
todos lo demolieron, y aún entonces
cumplió con sus trabajos, ahora llevándolo
en su ataúd sobre nosotros,
ahora sabemos cuánto le faltó
y no lo defendimos en la tierra.

Ahora nos damos cuenta que cargamos
con lo que no le dimos, y ya es tarde:
nos pesa y no podemos con su peso.

Cuántas personas pesa nuestro muerto?

Pesa como este mundo, y continuamos
llevando a cuestas este muerto. Es claro
que el cielo es una gran panadería.

A «La Sebastiana»

Yo construí la casa.

La hice primero de aire.
Luego subí en el aire la bandera
y la dejé colgada
del firmamento, de la estrella, de
la claridad y de la oscuridad.

Cemento, hierro, vidrio,
eran la fábula,
valían más que el trigo y como el oro,
había que buscar y que vender,
y así llegó un camión:
bajaron sacos
y más sacos,

la torre se agarró a la tierra dura
—pero, no basta, dijo el constructor,
falta cemento, vidrio, fierro, puertas—,
y no dormí en la noche.

Pero crecía,
crecían las ventanas
y con poco,
con pegarle al papel y trabajar
y arremeterle con rodilla y hombro
iba a crecer hasta llegar a ser,
hasta poder mirar por la ventana,
y parecía que con tanto saco
pudiera tener techo y subiría
y se agarrara, al fin, de la bandera
que aún colgaba del cielo sus colores.

Me dediqué a las puertas más baratas,
a las que habían muerto
y habían sido echadas de sus casas,
puertas sin muro, rotas,
amontonadas en demoliciones,
puertas ya sin memoria,
sin recuerdo de llave,
y yo dije: «Venid
a mí, puertas perdidas:
os daré casa y muro
y mano que golpea,
oscilaréis de nuevo abriendo el alma,
custodiaréis el sueño de Matilde
con vuestras alas que volaron tanto».

Entonces la pintura
llegó también lamiendo las paredes,
las vistió de celeste y de rosado
para que se pusieran a bailar.
Así la torre baila,
cantan las escaleras y las puertas,
sube la casa hasta tocar el mástil,

pero falta dinero:
faltan clavos,
faltan aldabas, cerraduras, mármol.
Sin embargo, la casa
sigue subiendo
y algo pasa, un latido
circula en sus arterias:
es tal vez un serrucho que navega
como un pez en el agua de los sueños
o un martillo que pica
como alevoso cóndor carpintero
las tablas del pinar que pisaremos.

Algo pasa y la vida continúa.

La casa crece y habla,
se sostiene en sus pies,
tiene ropa colgada en un andamio,
y como por el mar la primavera
nadando como náyade marina
besa la arena de Valparaíso,

ya no pensemos más: ésta es la casa:

ya todo lo que falta será azul,

lo que ya necesita es florecer.

Y eso es trabajo de la primavera.

Adioses

Oh adioses a una tierra y otra tierra,
a cada boca y a cada tristeza,
a la luna insolente, a las semanas

que enrollaron los días y desaparecieron,
adiós a esta y aquella voz teñida
de amaranto, y adiós
a la cama y al plato de costumbre,
al sitio vesperal de los adioses,
a la silla casada con el mismo crepúsculo,
al camino que hicieron mis zapatos.

Me difundí, no hay duda,
me cambié de existencias,
cambié de piel, de lámpara, de odios,
tuve que hacerlo
no por ley ni capricho,
sino que por cadena,
me encadenó cada nuevo camino,
le tomé gusto a tierra a toda tierra.

Y pronto dije adiós, recién llegado,
con la ternura aún recién partida
como si el pan se abriera y de repente
huyera todo el mundo de la mesa.
Así me fui de todos los idiomas,
repetí los adioses como una puerta vieja,
cambié de cine, de razón, de tumba,
me fui de todas partes a otra parte,
seguí siendo y siguiendo
medio desmantelado en la alegría,
nupcial en la tristeza,
sin saber nunca cómo ni cuándo,
listo para volver, mas no se vuelve.

Se sabe que el que vuelve no se fue,
y así la vida anduve y desanduve
mudándome de traje y de planeta,
acostumbrándome a la compañía,
a la gran muchedumbre del destierro,
a la gran soledad de las campanas.

Para todos

De pronto no puedo decirte
lo que yo te debo decir,
hombre, perdóname, sabrás
que aunque no escuches mis palabras
no me eché a llorar ni a dormir
y que contigo estoy sin verte
desde hace tiempo y hasta el fin.

Yo comprendo que muchos piensen,
y qué hace Pablo? Estoy aquí.
Si me buscas en esta calle
me encontrarás con mi violín
preparado para cantar
y para morir.

No es cuestión de dejar a nadie
ni menos a aquéllos, ni a ti,
y si escuchas bien, en la lluvia,
podrás oír
que vuelvo y voy y me detengo.
Y sabes que debo partir.

Si no se saben mis palabras
no dudes que soy el que fui.
No hay silencio que no termine.
Cuando llegue el momento, espérame,
y que sepan todos que llego
a la calle, con mi violín.

La primavera

El pájaro ha venido
a dar la luz:
de cada trino suyo
nace el agua.

Y entre agua y luz que el aire desarrollan
ya está la primavera inaugurada,
ya sabe la semilla que ha crecido,
la raíz se retrata en la corola,
se abren por fin los párpados del polen.

Todo lo hizo un pájaro sencillo
desde una rama verde.

A don Asterio Alarcón
cronometrista de Valparaíso

Olor a puerto loco
tiene Valparaíso,
olor a sombra, a estrella,
a escama de la luna
y a cola de pescado.
El corazón recibe escalofríos
en las desgarradoras escaleras
de los hirsutos cerros:
allí grave miseria y negros ojos
bailan en la neblina
y cuelgan las banderas
del reino en las ventanas:
las sábanas zurcidas,

las viejas camisetas,
los largos calzoncillos,
y el sol del mar saluda los emblemas
mientras la ropa blanca balancea
un pobre adiós a la marinería.

Calles del mar, del viento,
del día duro envuelto en aire y ola,
callejones que cantan hacia arriba
en espiral como las caracolas:
la tarde comercial es transparente,
el sol visita las mercaderías,
para vender sonríe el almacén
abriendo escaparate y dentadura,
zapatos y termómetros, botellas
que encierran noche verde,
trajes inalcanzables, ropa de oro,
funestos calcetines, suaves quesos,
y entonces llego al tema
de esta oda.

Hay un escaparate
con su vidrio
y adentro,
entre cronómetros,
don Asterio Alarcón, cronometrista.
La calle hierve y sigue,
arde y golpea,
pero detrás del vidrio
el relojero,
el viejo ordenador de los relojes,
está inmovilizado
con un ojo hacia afuera,
un ojo extravagante
que adivina el enigma,
el cardíaco fin de los relojes
y escruta con un ojo
hasta que la impalpable mariposa

de la cronometría
se detiene en su frente
y se mueven las alas del reloj.

Don Asterio Alarcón es el antiguo
héroe de los minutos
y el barco va en la ola
medido por sus manos
que agregaron
responsabilidad al minutero,
pulcritud al latido:
don Asterio en su acuario
vigiló los cronómetros del mar,
aceitó con paciencia
el corazón azul de la marina.
Durante cincuenta años,
o dieciocho mil días,
allí pasaba el río
de niños y varones y mujeres
hacia harapientos cerros o hacia el mar,
mientras el relojero,
entre relojes,
detenido en el tiempo,
se suavizó como la nave pura
contra la eternidad de la corriente,
serenó su madera,
y poco a poco el sabio
salió del artesano,
trabajando
con lupa y con aceite
limpió la envidia, descartó el temor,
cumplió su ocupación y su destino,
hasta que ahora el tiempo,
el transcurrir temible,
hizo pacto con él, con don Asterio,
y él espera su hora de reloj.

Por eso cuando paso
la trepidante calle,
el río negro de Valparaíso,
sólo escucho un sonido entre sonidos,
entre tantos relojes uno solo:
el fatigado, suave, susurrante
y antiguo movimiento
de un gran corazón puro:
el insigne y humilde
tic tac de don Asterio.

Oda a Acario Cotapos

De algún total sonoro
llegó al mundo Cotapos,
llegó con su planeta,
con su trueno,
y se puso a pasear por las ciudades
desenrollando el árbol de la música,
abriendo las bodegas del sonido.

Silencio! Caerá la ciudadela
porque de su insurrecta artillería
cuando menos se piensa y no se sabe
vuela el silencio súbito del cisne
y es tal el resplandor
que a su medida
toda el agua despierta,
todo rumor se ha convertido en ola,
todo salió a sonar con el rocío.

Pero, cuidad, cuidemos
el orden de esta oda
porque no sólo el aire se decide
a acompañar el peso de su canto

y no sólo las aves victoriosas
levantaron su vuelo en el estuario,
sino que entró y salió de las bodegas,
asimiló motores,
de la electricidad sacó la aurora
y la vistió de pompa y poderío.
Y aún más, de la tiniebla primordial
el músico regresa
con el lobo y el pasto pastoril,
con la sangre morada del centauro,
con el primer tambor de los combates
y la gravitación de las campanas.

Llega y sopla en su cuerno
y nos congrega,
nos cuenta,
nos inventa,
nos miente,
nos revela,
nos ata a un hilo sabio, a la sorpresa
de su certera lengua fabulosa,
nos equivoca y cuando
se va a apagar levanta
la mano y cae y sigue
la catarata insigne de su cuento.

Conocí de su boca
la historia natural de los enigmas,
el ave corolario,
el secreto teléfono
de los gatos, el viejo río
Mississipi con naves de madera,
el verdugo de Iván el Terrible,
la voz ancha de Boris Godunov,
las ceremonias de los ornitólogos
cuando lo condecoran en París,
el sagrado terror al hombre flaco,
el húmedo micrófono del perro,

la invocación nefasta
del señor Puga Borne,
el *fox hunting* en el condado
con chaquetilla roja y *cup of tea*,
el pavo que viajó a Leningrado
en brazos del benigno don Gregorio,
el desfile de los bolivianitos,
Ramón con su profundo calamar
y, sobre todo, la fatal historia
que Federico amaba
del Jabalí Cornúpeto
cuando
resoplando y roncando
creció y creció la bestia fabulosa
hasta que su irascible corpulencia
sobrepasó los límites de Europa
e inflada como inmenso Zeppelín
viajó al Brasil, en donde
agrimensores, ingenieros,
con peligro evidente de sus vidas,
la descendieron junto al Amazonas.

Cotapos, en tu música
se recompuso la naturaleza,
las aguas naturales,
la impaciencia del trueno,
y vi y toqué la luz en tus preludios
como si fueran hijos
de un cometa escarlata,
y en esa conmoción de tus campanas,
en esas fugas de tormenta y faro
los elementos hallan su medida
fraguando los metales de la música.

Pero hallé en tu palabra
la invicta alevosía
del destructor de mitos y de platos,
la inesperada asociación que encuentra

en su camino el zorro hacia las uvas
cuando huele aire verde o pluma errante,
y no sólo
eso, sino
más:
la sinalefa eléctrica que muda
toda visión y cambian las palomas.

Tú, poeta sin libros,
juntaste en vida el canto irrespetuoso,
la palabra que salta de su cueva
donde yació sin sueño
y transformaste para mí el idioma
en un derrumbe de cristalerías.

Maestro, compañero,
me has enseñado tantas cosas claras
que donde estoy me das tu claridad.

Ahora,
escribo un libro de lo que yo soy
y en este soy, Acario, eres conmigo.

Regresó el caminante

En plena calle me pregunto, dónde
está la ciudad? Se fue, no ha vuelto.
Tal vez ésta es la misma, y tiene casas,
tiene paredes, pero no la encuentro.
No se trata de Pedro ni de Juan,
ni de aquella mujer, ni de aquel árbol,
ya la ciudad aquella se enterró,
se metió en un recinto subterráneo
y otra hora vive, otra y no la misma,
ocupando la línea de las calles,
y un idéntico número en las casas.

El tiempo entonces, lo comprendo, existe,
existe, ya lo sé, pero no entiendo
cómo aquella ciudad que tuvo sangre,
que tuvo tanto cielo para todos,
y de cuya sonrisa a mediodía
se desprendía un cesto de ciruelas,
de aquellas casas con olor a bosque
recién cortado al alba con la sierra,
que seguía cantando junto al agua
de los aserraderos montañosos,
todo lo que era suyo y era mío,
de la ciudad y de la transparencia,
se envolvió en el amor como un secreto
y se dejó caer en el olvido.

Ahora donde estuvo hay otras vidas,
otra razón de ser y otra dureza:
todo está bien, pero por qué no existe?
Por qué razón aquel aroma duerme?
Por qué aquellas campanas se callaron
y dijo adiós la torre de madera?

Tal vez en mí cayó casa por casa
la ciudad, con bodegas destruidas
por la lenta humedad, por el transcurso,
en mí cayó el azul de la farmacia,
el trigo acumulado, la herradura
que colgó de la talabartería,
y en mí cayeron seres que buscaban
como en un pozo el agua oscura.

Entonces yo a qué vengo, a qué he venido.
Aquella que yo amé entre las ciruelas
en el violento estío, aquella clara
como un hacha brillando con la luna,
la de ojos que mordían
como ácido el metal del desamparo,
ella se fue, se fue sin que se fuese,

sin cambiarse de casa ni frontera,
se fue en sí misma, se cayó en el tiempo
hacia atrás, y no cayó en los míos
cuando abría, tal vez, aquellos brazos
que apretaron mi cuerpo, y me llamaba
a lo largo, tal vez, de tantos años,
mientras yo en otra esquina del planeta
en mi distante edad me sumergía.

Acudiré a mí mismo para entrar,
para volver a la ciudad perdida.
En mí debo encontrar a los ausentes,
aquel olor de la maderería,
sigue creciendo sólo en mí tal vez
el trigo que temblaba en la ladera
y en mí debo viajar buscando aquella
que se llevó la lluvia, y no hay remedio,
de otra manera nada vivirá,
debo cuidar yo mismo aquellas calles
y de alguna manera decidir
dónde plantar los árboles, de nuevo.

Alstromoeria

En este mes de enero la alstromoeria,
la sepultada flor, la sumergida,
de su secreto sube hacia los páramos.
Y amaneció rosado el roquerío.
Mis ojos reconocen
su marca triangular sobre la arena.
Yo me pregunto
viendo
el diente pálido
de un pétalo, el regazo
perfecto de sus íntimos lunares,

el suave fuego de su simetría,
cómo se preparó bajo la tierra?
Cómo donde no había sino polvo,
pedruscos o ceniza
surgió incitante, pura, aderezada,
encrespando en la vida su hermosura?
Cómo fue aquel trabajo subterráneo?
Cuándo se unió la forma con el polen?
Cómo a la oscuridad
llegó el rocío
y ascendió con la tierna llamarada
de la flor repentina
hasta que se tejieron gota a gota,
hilo por hilo las regiones secas
y por la luz rosada
pasó el aire esparciendo la fragancia
como si allí naciera
de pura tierra seca y abandono
fecundidad florida,
frescura por amor multiplicada?

Así pensé en enero
mirando el seco ayer mientras ahora
tímida y crespa crece
la tierna multitud de la alstromoeria:
y donde piedra y páramo
estuvieron
pasa el viento en su nave navegando
las olas olorosas.

Indagaciones

Pregunté a cada cosa
si tenía
algo más,

algo más que la estructura
y así supe que nada era vacío:
todo era caja, tren, barco cargado
de multiplicaciones,
cada pie que pasó por un sendero
dejó escrito en la piedra un telegrama
y la ropa en el agua del lavado
dejó caer en gotas su existencia:
de clima en clima fui sin saber nunca
dónde dejar mi atado que pesaba
con los conocimientos que cargué,
hasta que tanto ver y conocer,
andar y andar, pregunta que pregunta
a cada silla, a cada piedra, y luego
a tantos hombres que no respondieron,
me acostumbraron a contestar solo:
a responderme sin haber hablado:
a conversar con nadie y divertirme.
Era tal vez lo que sucede al ciego
que de tanto no ver ya lo ve todo
y a un solo punto
mira
con la insistencia sólida del buzo
que baja a un solo pozo del océano
y allí todos los peces se congregan.

Pues bien, cuando dejé
de sacudir la tierra
y mover cada cosa de su sitio
pensé que cada cual me halagaría
con un pequeño gracias o sonrisa
o parabién o paracualquier cosa,
mas no fue así y aquellos habitantes
de la ciudad terrible
alargaron un dedo,
un largo dedo muerto hacia mi vida
y con un ojo impune,
con un ojo de cíclope castrado

me vigilaron cuidadosamente:
«Disfruta de sus rentas clandestinas»,
dijo un astuto y criminal cadáver.
«Tiene automóvil», dijo una beata
con un escalofrío de dolor.
Y otro pasó vestido de poeta,
elegante y colérico conmigo
porque yo no cambiaba de camisa
y no tenía amor por su gerente.
Me dije, pues, las cosas de este modo
siguen siendo y tal vez
tienen razón:
pero de tan malvado
me resolví a seguir sin saber nada,
sin reclamar dos ojos por un ojo,
ni una mano por uña:
me decreté la dicha interminable
de que hablaran los pueblos por mi canto.

C.O.S.C.

Ha muerto éste mi amigo que se llamaba Carlos,
no importa quién, no pregunten, no saben,
tenía la bondad del buen pan en la mesa
y un aire melancólico de caballero herido.

No es él y es él, es todo, es la muerte que toca
la puerta,
de puro bueno salió a abrirle Carlos,
y entre tantos que abrieron esa noche la puerta
él solo quedó afuera,
él entre tantos hombres ahora ya no vuelve.
Y su ausencia me hiere como si me llamara,
como si continuara en la sombra esperándome.

Yo si hubiera escogido para este fin de un día
un dolor entre tantos que me acechan
no hubiera separado de la noche su rostro,
injustamente hubiera pasado sin recuerdo,
sin nombrarlo, y así no hubiera muerto
para mí, su cabeza continuaría gris
y sus tranquilos ojos que ahora ya no miran
seguirían abiertos en las torres de México.

De la muerte olvidar el más reciente ramo,
desconocer el rumbo, la proa o la bodega
en que mi amigo viaja solo o amontonado
y a esta hora creerlo aún dueño del día,
aún dueño de aquella claridad sonriente,
que repartió entre tantas tareas y personas.

Escribo estas palabras en mi libro pensando
que este desnudo adiós en que no está presente,
esta carta sencilla que no tiene respuesta,
no es nada sino polvo, nube, tinta, palabras
y la única verdad es que mi amigo ha muerto.

La noche en Isla Negra

Antigua noche y sal desordenada
golpean las paredes de mi casa:
sola es la sombra, el cielo
es ahora un latido del océano,
y cielo y sombra estallan
con fragor de combate desmedido:
toda la noche luchan
y nadie sabe el nombre
de la cruel claridad que se irá abriendo
como una torpe fruta:
así nace en la costa,

de la furiosa sombra, el alba dura,
mordida por la sal en movimiento,
barrida por el peso de la noche,
ensangrentada en su cráter marino.

Cardo

En
el
verano
del
largo
litoral,
por
polvorientas
leguas
y
caminos
sedientos
nacen las explosiones
del cardo azul de Chile.
Espolón
errabundo,
gran aguijón de moscardón morado,
pequeño pabellón de la hermosura,
todo el azul
levanta
una
copa
violeta
y,
árido,
hostil,
amargo,
el

seco
suelo
defiende
el fuego azul
con
sus
espinas,
erizado
como un
alambre
y terco,
como
cerco
de ricos,
el
cardo
se
amontona
en
la
agresiva
fecundidad
del
matorral
salvaje
y empina
hacia
la indómita belleza
del territorio seco,
circundado
por vago cielo frío,
la sedición
azul
de sus corolas
como
invitando,
como desafiando,
con un azul

más
duro
que
una
espada
a
todos
los azules
de
la
tierra.

Pasado

Tenemos que echar abajo el pasado
y como se construye
piso por piso, ventana a ventana,
y sube el edificio
así, bajando vamos
primero tejas rotas,
luego orgullosas puertas,
hasta que del pasado
sale polvo
como si se golpeara
contra el suelo,
sale humo
como si se quemara,
y cada nuevo día
reluce
como un plato
vacío:
no hay nada, no hubo nada:
hay que llenarlo
de nuevas nutriciones
espaciosas,

entonces, hacia abajo
cae el día de ayer
como en un pozo
al agua del pasado,
a la cisterna
de lo que ya no tiene voz ni fuego.
Es difícil
acostumbrar los huesos
a perderse,
los ojos
a cerrarse
pero
lo hacemos
sin saberlo:
todo era vivo,
vivo, vivo, vivo
como un pez escarlata
pero el tiempo
pasó con trapo y noche
y fue borrando
el pez y su latido:
al agua al agua al agua
va cayendo el pasado
aunque se agarre
a espinas
y raíces:
se fue se fue y no valen
los recuerdos:
ya el párpado sombrío
cubrió la luz del ojo
y aquello que vivía
ya no vive:
lo que fuimos no somos.
Y la palabra aunque las letras tengan
iguales transparencias y vocales
ahora es otra y es otra la boca:
la misma boca es otra boca ahora:
cambiaron labios, piel, circulaciones,

otro ser ocupó nuestro esqueleto:
aquel que fue en nosotros ya no está:
se fue, pero si llaman, respondemos
«Aquí estoy» y se sabe que no estamos,
que aquel que estaba, estuvo y se perdió:
se perdió en el pasado y ya no vuelve.

A E.S.S.

Cinco años
de E.,
luego seis años,
ahora nueve y medio
siempre aquí entre las algas
de Isla Negra,
entre ola y ola un niño
con la curiosidad del universo
que se abre aquí como corola verde
con todo el mar
golpeando los ojos peregrinos
y, hierba de agua y cerro,
un año más de Enrique,
de Segura,
de Salazar, el nieto de don Cloro.
Sabrás más tarde
que vi
cómo crecías
como si me mirara
una pestaña,
algo íntimo,
interno como el pulso,
y cada vez de tan largos transcursos
al ir a poner pie sobre mi arena
creciendo
apareciste

y subían tus meses,
tus años, uno a uno, de la tierra
y entrabas en la casa
con más tiempo en los ojos
y más piernas,
un centímetro más que levantaba
tu corazón de pájaro con trinos
un poco más arriba hacia el follaje,
hacia el árbol oscuro de la vida.
Y ahora con nueve años
de Enrique
aquí en el abandono de la costa
oh pequeño astronauta
te pregunto, y pregunto:
volarás en tu nave
alguna vez,
veloz como ninguno entre los ojos
de Orión que parpadean
invitándote?
Irá tu carro ardiendo
por las calles de las constelaciones,
nos traerás las algas de la luna,
de Aldebarán la piedra misteriosa,
y de la Osa Mayor una guitarra?
Ay niño
de esta arena,
Enrique de estos páramos marinos,
tal vez, no irás adonde,
ni volverás jamás del sinembargo
y entre dunas y adobes
transcurrirá la línea
de una vida, terrón de arcilla espesa
sin castillo ni luna,
línea quebrada como
el litoral
herido
que desangra entre las piedras perdidas
las llaves de la cólera, la espuma

del vaivén tumultuoso
que viene y va y se queda
convertido en la arena
del olvido.

Al mismo puerto

Valparaíso tiene hilos,
copas de largo alcance,
redes entrelazadas.
Y bajo la espesura
de todo el mar cuando se desarrolla
y crecen una a una las escamas
de solitarios peces,
o donde los arpones
ensangrentados duermen palpitando
sueños de sal y sangre.
O más allá, en el pecho
del poeta,
Valparaíso cava
y busca y halla
y abre y deja
una red emboscada
en la firmeza:
entonces vuelan imprevistas lanzas,
máquinas
amarillas,
los hambrientos fuegos petreles,
la habitación sin rumbo
entre los cerros,
sostenida
por un pétalo puro de pintura.
Y también en el cielo
el ave atardecida,
o el ciclónico avión endurecido

como bala de luna,
todo
arriba
recibe
la emanación portuaria,
y sigilosa
la estrella se dirige
a la pobre bahía,
a las casas colgadas,
al duelo, al desamparo,
a la alegría
del fin del mar, de la sirena pobre,
de la ciudad marina
que el océano atroz no desmorona
ni sepultó el castigo de la tierra.

Tiene Valparaíso
correspondencias negras con el viento,
deudas con el rocío,
agujeros que no tienen respuestas,
explícitos alcaldes que pasean
perritos tristes al atardecer,
domingos silenciosos de sarcófago:
pero no importa, todo
se comprende
cuando por tierra o mar o cielo o hilo
se siente un golpe como
cucharada:
algo llama, algo cae,
polvo frágil de sueño,
latido o luz del agua,
imperceptible
signo,
harina
o sal nocturna.
Y allí mismo doblamos
la mirada
hacia Valparaíso.

A la tristeza (II)

Tristeza, necesito
tu ala negra,
tanto sol, tanta miel en el topacio,
cada rayo sonríe
en la pradera
y todo es luz redonda en torno mío,
todo es abeja eléctrica en la altura.
Por eso
tu ala negra
dame,
hermana tristeza:
necesito que alguna vez se apague
el zafiro y que caiga
la oblicua enredadera de la lluvia,
el llanto de la tierra:
quiero
aquel madero roto en el estuario,
la vasta casa a oscuras
y mi madre
buscando
parafina
y llenando la lámpara
hasta no dar la luz sino un suspiro.

La noche no nacía.

El día resbalaba
hacia su cementerio provinciano,
y entre el pan y la sombra
me recuerdo
a mí mismo
en la ventana
mirando lo que no era,

lo que no sucedía
y un ala negra de agua que llegaba
sobre aquel corazón que allí tal vez
olvidé para siempre, en la ventana.

Ahora echo de menos
la luz negra.

Dame tu lenta sangre,
lluvia
fría,
dame tu vuelo atónito!
A mi pecho
devuélvele la llave
de la puerta cerrada,
destruida.
Por un minuto, por
una corta vida,
quítame luz y déjame
sentirme
perdido y miserable,
temblando entre los hilos
del crepúsculo,
recibiendo en el alma
las manos
temblorosas
de
la
lluvia.

Sumario

Estoy contento con tantos deberes
que me impuse, en mi vida
se amasaron extraños materiales:

tiernos fantasmas que me despeinaban,
categóricas manos minerales,
un viento sin razón que me agitaba,
la espina de unos besos lacerantes, la dura realidad
de mis hermanos,
mi deber imperioso de vigía,
mi inclinación a ser sólo yo mismo
en la debilidad de mis placeres,
por eso —agua en la piedra— fue mi vida
cantando entre la dicha y la dureza.

El pueblo

De aquel hombre me acuerdo y no han pasado
sino dos siglos desde que lo vi,
no anduvo ni a caballo ni en carroza:
a puro pie
deshizo
las distancias
y no llevaba espada ni armadura,
sino redes al hombro,
hacha o martillo o pala,
nunca apaleó a ninguno de su especie:
su hazaña fue contra el agua o la tierra,
contra el trigo para que hubiera pan,
contra el árbol gigante para que diera leña,
contra los muros para abrir las puertas,
contra la arena construyendo muros
y contra el mar para hacerlo parir.

Lo conocí y aún no se me borra.

Cayeron en pedazos las carrozas,
la guerra destruyó puertas y muros,
la ciudad fue un puñado de cenizas,

se hicieron polvo todos los vestidos,
y él para mí subsiste,
sobrevive en la arena,
cuando antes parecía
todo imborrable menos él.

En el ir y venir de las familias
a veces fue mi padre o mi pariente
o apenas si era él o si no era
tal vez aquel que no volvió a su casa
porque el agua o la tierra lo tragaron
o lo mató una máquina o un árbol
o fue aquel enlutado carpintero
que iba detrás del ataúd, sin lágrimas,
alguien en fin que no tenía nombre,
que se llamaba metal o madera,
y a quien miraron otros desde arriba
sin ver la hormiga
sino el hormiguero
y que cuando sus pies no se movían,
porque el pobre cansado había muerto,
no vieron nunca que no lo veían:
había ya otros pies en donde estuvo.

Los otros pies eran él mismo,
también las otras manos,
el hombre sucedía:
cuando ya parecía transcurrido
era el mismo de nuevo,
allí estaba otra vez cavando tierra,
cortando tela, pero sin camisa,
allí estaba y no estaba, como entonces,
se había ido y estaba de nuevo,
y como nunca tuvo cementerio,
ni tumba, ni su nombre fue grabado
sobre la piedra que cortó sudando,
nunca sabía nadie que llegaba
y nadie supo cuando se moría,

*así es que sólo cuando el pobre pudo
resucitó otra vez sin ser notado.*

*Era el hombre sin duda, sin herencia,
sin vaca, sin bandera,
y no se distinguía entre los otros,
los otros que eran él,
desde arriba era gris como el subsuelo,
como el cuero era pardo,
era amarillo cosechando trigo,
era negro debajo de la mina,
era color de piedra en el castillo,
en el barco pesquero era color de atún
y color de caballo en la pradera:
cómo podía nadie distinguirlo
si era el inseparable, el elemento,
tierra, carbón o mar vestido de hombre?*

*Donde vivió crecía
cuanto el hombre tocaba:
La piedra hostil,
quebrada
por sus manos,
se convertía en orden
y una a una formaron
la recia claridad del edificio,
hizo el pan con sus manos,
movilizó los trenes,
se poblaron de pueblos las distancias,
otros hombres crecieron,
llegaron las abejas,
y porque el hombre crea y multiplica
la primavera caminó al mercado
entre panaderías y palomas.*

*El padre de los panes fue olvidado,
él que cortó y anduvo, machacando
y abriendo surcos, acarreando arena,*

cuando todo existió ya no existía,
él daba su existencia, eso era todo.
Salió a otra parte a trabajar, y luego
se fue a morir rodando
como piedra del río:
aguas abajo lo llevó la muerte.

Yo, que lo conocí, lo vi bajando
hasta no ser sino lo que dejaba:
calles que apenas pudo conocer,
casas que nunca y nunca habitaría.

Y vuelvo a verlo, y cada día espero.

Lo veo en su ataúd y resurrecto.

Lo distingo entre todos
los que son sus iguales
y me parece que no puede ser,
que así no vamos a ninguna parte,
que suceder así no tiene gloria.

Yo creo que en el trono debe estar
este hombre, bien calzado y coronado.

Creo que los que hicieron tantas cosas
deben ser dueños de todas las cosas.

Y los que hacen el pan deben comer!

Y deben tener luz los de la mina!

Basta ya de encadenados grises!

Basta de pálidos desaparecidos!

Ni un hombre más que pase sin que reine.

Ni una sola mujer sin su diadema.

Para todas las manos guantes de oro.

Frutas de sol a todos los oscuros!

Yo conocí aquel hombre y cuando pude,
cuando ya tuve ojos en la cara,
cuando ya tuve la voz en la boca
lo busqué entre las tumbas, y le dije
apretándole un brazo que aún no era polvo:

«Todos se irán, tú quedarás viviente.

Tú encendiste la vida.

Tú hiciste lo que es tuyo».

Por eso nadie se moleste cuando
parece que estoy solo y no estoy solo,
no estoy con nadie y hablo para todos:

Alguien me está escuchando y no lo saben,
pero aquellos que canto y que lo saben
siguen naciendo y llenarán el mundo.

Plenos poderes

A puro sol escribo, a plena calle,
a pleno mar, en donde puedo canto,
sólo la noche errante me detiene
pero en su interrupción recojo espacio,
recojo sombra para mucho tiempo.

El trigo negro de la noche crece
mientras mis ojos miden la pradera
y así de sol a sol hago las llaves:
busco en la oscuridad las cerraduras
y voy abriendo al mar las puertas rotas
hasta llenar armarios con espuma.

Y no me canso de ir y de volver,
no me para la muerte con su piedra,
no me canso de ser y de no ser.

A veces me pregunto si de dónde,
si de padre o de madre o cordillera
heredé los deberes minerales,

los hilos de un océano encendido
y sé que sigo y sigo porque sigo
y canto porque canto y porque canto.

No tiene explicación lo que acontece
cuando cierro los ojos y circulo
como entre dos canales submarinos,
uno a morir me lleva en su ramaje
y el otro canta para que yo cante.

Así pues de no ser estoy compuesto
y como el mar asalta el arrecife
con cápsulas saladas de blancura
y retrata la piedra con la ola,
así lo que en la muerte me rodea
abre en mí la ventana de la vida
y en pleno paroxismo estoy durmiendo.
A plena luz camino por la sombra.

Memorial de Isla Negra

[1962-1964]

Memorial de Isla Negra

[1962-1964]

I

DONDE NACE LA LLUVIA

Nacimiento

Nació un hombre
entre muchos
que nacieron,
vivió entre muchos hombres
que vivieron,
y esto no tiene historia
sino tierra,
tierra central de Chile, donde
las viñas encresparon sus cabelleras verdes,
la uva se alimenta de la luz,
el vino nace de los pies del pueblo.

Parral se llama el sitio
del que nació
en invierno.

Ya no existen
la casa ni la calle:
soltó la cordillera
sus caballos,
se acumuló
el profundo
poderío,
brincaron las montañas
y cayó el pueblo
envuelto
en terremoto.

Y así muros de adobe,
retratos en los muros,
muebles desvencijados
en las salas oscuras,
silencio entrecortado por las moscas,
todo volvió
a ser polvo:
sólo algunos guardamos
forma y sangre,
sólo algunos, y el vino.

Siguió el vino viviendo,
subiendo hasta las uvas
desgranadas
por el otoño
errante,
bajó a lagares sordos,
a barricas
que se tiñeron con su suave sangre,
y allí bajo el espanto
de la tierra terrible
siguió desnudo y vivo.

Yo no tengo memoria
del paisaje ni tiempo,
ni rostros, ni figuras,
sólo polvo impalpable,
la cola del verano
y el cementerio en donde
me llevaron
a ver entre las tumbas
el sueño de mi madre.
Y como nunca vi
su cara
la llamé entre los muertos, para verla,
pero como los otros enterrados,
no sabe, no oye, no contestó nada,
y allí se quedó sola, sin su hijo,

huraña y evasiva
entre las sombras.
Y de allí soy, de aquel
Parral de tierra temblorosa,
tierra cargada de uvas
que nacieron
desde mi madre muerta.

Primer viaje

No sé cuándo llegamos a Temuco.
Fue impreciso nacer y fue tardío
nacer de veras, lento,
y palpar, conocer, odiar, amar,
todo esto tiene flor y tiene espinas.
Del pecho polvoriento de mi patria
me llevaron sin habla
hasta la lluvia de la Araucanía.
Las tablas de la casa
olían a bosque,
a selva pura.
Desde entonces mi amor
fue maderero
y lo que toco se convierte en bosque.
Se me confunden
los ojos y las hojas,
ciertas mujeres con la primavera
del avellano, el hombre con el árbol,
amo el mundo del viento y del follaje,
no distingo entre labios y raíces.

Del hacha y de la lluvia fue creciendo
la ciudad maderera
recién cortada como
nueva estrella con gotas de resina,

y el serrucho y la sierra
se amaban noche y día
cantando,
trabajando,
y ese sonido agudo de cigarra
levantando un lamento
en la obstinada soledad, regresa
al propio canto mío:
mi corazón sigue cortando el bosque,
cantando con las sierras en la lluvia,
moliendo frío y aserrín y aroma.

La mamadre

La mamadre viene por ahí,
con zuecos de madera. Anoche
sopló el viento del polo, se rompieron
los tejados, se cayeron
los muros y los puentes,
aulló la noche entera con sus pumas,
y ahora, en la mañana
de sol helado, llega
mi mamadre, doña
Trinidad Marverde,
dulce como la tímida frescura
del sol en las regiones tempestuosas,
lamparita
menuda y apagándose,
encendiéndose
para que todos vean el camino.

Oh dulce mamadre
—nunca pude
decir madrastra—,
ahora

mi boca tiembla para definirte,
porque apenas
abrí el entendimiento
vi la bondad vestida de pobre trapo oscuro,
la santidad más útil:
la del agua y la harina,
y eso fuiste: la vida te hizo pan
y allí te consumimos,
invierno largo a invierno desolado
con las goteras dentro
de la casa
y tu humildad ubicua
desgranando
el áspero
cereal de la pobreza
como si hubieras ido
repartiendo
un río de diamantes.

Ay mamá, cómo pude
vivir sin recordarte
cada minuto mío?
No es posible. Yo llevo
tu Marverde en mi sangre,
el apellido
del pan que se reparte,
de aquellas
dulces manos
que cortaron del saco de la harina
los calzoncillos de mi infancia,
de la que cocinó, planchó, lavó,
sembró, calmó la fiebre,
y cuando todo estuvo hecho,
y ya podía
yo sostenerme con los pies seguros,
se fue, cumplida, oscura,
al pequeño ataúd
donde por vez primera estuvo ociosa
bajo la dura lluvia de Temuco.

El padre

El padre brusco vuelve
de sus trenes:
reconocimos
en la noche
el pito
de la locomotora
perforando la lluvia
con un aullido errante,
un lamento nocturno,
y luego
la puerta que temblaba:
el viento en una ráfaga
entraba con mi padre
y entre las dos pisadas y presiones
la casa
se sacudía,
las puertas asustadas
se golpeaban con seco
disparo de pistolas,
las escalas gemían
y una alta voz
recriminaba, hostil,
mientras la tempestuosa
sombra, la lluvia como catarata
despeñada en los techos
ahogaba poco a poco
el mundo
y no se oía nada más que el viento
peleando con la lluvia.

Sin embargo, era diurno.
Capitán de su tren, del alba fría,
y apenas despuntaba

el vago sol, allí estaba su barba,
sus banderas
verdes y rojas, listos los faroles,
el carbón de la máquina en su infierno,
la Estación con los trenes en la bruma
y su deber hacia la geografía.

El ferroviario es marinero en tierra
y en los pequeños puertos sin marina
– pueblos del bosque – el tren corre que corre
desenfrenando la naturaleza,
cumpliendo su navegación terrestre.
Cuando descansa el largo tren
se juntan los amigos,
entran, se abren las puertas de mi infancia,
la mesa se sacude,
al golpe de una mano ferroviaria
chocan los gruesos vasos del hermano
y destella
el fulgor
de los ojos del vino.

Mi pobre padre duro
allí estaba, en el eje de la vida,
la viril amistad, la copa llena.
Su vida fue una rápida milicia
y entre su madrugar y sus caminos,
entre llegar para salir corriendo,
un día con más lluvia que otros días
el conductor José del Carmen Reyes
subió al tren de la muerte y hasta ahora no ha vuelto.

El primer mar

Descubrí el mar. Salía de Carahue
el Cautín a su desembocadura
y en los barcos de rueda comenzaron
los sueños y la vida a detenerme,
a dejar su pregunta en mis pestañas.
Delgado niño o pájaro,
solitario escolar o pez sombrío,
iba solo en la proa,
desligado
de la felicidad, mientras
el mundo
de la pequeña nave
me ignoraba
y desataba el hilo
de los acordeones,
comían y cantaban
transeúntes
del agua y del verano,
yo, en la proa, pequeño
inhumano,
perdido,
aún sin razón ni canto,
ni alegría,
atado al movimiento de las aguas
que iban entre los montes apartando
para mí solo aquellas soledades,
para mí solo aquel camino puro,
para mí solo el universo.

Embriaguez de los ríos,
márgenes de espesuras y fragancias,
súbitas piedras, árboles quemados,
y tierra plena y sola.

Hijo de aquellos ríos
me mantuve
corriendo por la tierra,
por las mismas orillas
hacia la misma espuma
y cuando el mar de entonces
se desplomó como una torre herida,
se incorporó encrespado de su furia,
salí de las raíces,
se me agrandó la patria,
se rompió la unidad de la madera:
la cárcel de los bosques
abrió una puerta verde
por donde entró la ola con su trueno
y se extendió mi vida
con un golpe de mar, en el espacio.

La tierra austral

La gran frontera. Desde
el Bío Bío
hasta Reloncaví, pasando
por
Renaico, Selva Oscura,
Pillanlelbún, Lautaro,
y más allá los huevos de perdices,
los densos musgos de la selva,
las hojas en el humus,
transparentes
—sólo delgados nervios—,
las arañas
de cabellera parda,
una culebra
como un escalofrío
cruza el estero oscuro,

brilla
y desaparece,
los hallazgos
del bosque,
el extravío
bajo
la bóveda, la nave,
la tiniebla del bosque,
sin rumbo,
pequeñísimo, cargado de alimañas,
de frutos, de plumajes,
voy perdido
en la más oscura
entraña de lo verde:
silban aves glaciales,
deja caer un árbol
algo que vuela y cae
sobre mi cabeza.

Estoy solo
en las selvas natales,
en la profunda
y negra Araucanía.
Hay alas
que cortan con tijeras el silencio,
una gota que cae
pesada y fría como
una herradura.
Suena y se calla el bosque:
se calla cuando escucho,
suena cuando me duermo,
entierro
los fatigados pies
en el detritus
de viejas flores, en las defunciones
de aves, hojas y frutos,
ciego, desesperado,
hasta que un punto brilla:

es una casa.
Estoy vivo de nuevo.
Pero, sólo de entonces,
de los pasos perdidos,
de la confusa soledad, del miedo,
de las enredaderas,
del cataclismo verde, sin salida,
volví con el secreto:
sólo entonces y allí pude saberlo,
en la escarpada orilla de la fiebre,
allí, en la luz sombría,
se decidió mi pacto
con la tierra.

El colegio de invierno

Colegio e invierno son dos hemisferios,
una sola manzana fría y larga,
pero bajo las salas descubrimos
subterráneos poblados por fantasmas,
y en el secreto mundo
caminamos
con respeto.

Es la sombra enterrada,
las luchas sin objeto
con espadas de palo,
bandas crepusculares
armadas de bellotas,
hijos enmascarados
del escolar subsuelo.

Luego el río y el bosque, las ciruelas
verdes, y Sandokán y Sandokana,
la aventura con ojos de leopardo,

el verano color de trigo,
la luna llena sobre los jazmines,
y
todo cambia:
algo rodó del cielo,
se desprendió una estrella
o palpitó la tierra
en tu camisa,
algo increíble se mezcló a tu arcilla
y comenzó el amor a devorarte.

El sexo

La puerta en el crepúsculo,
en verano.
Las últimas carretas
de los indios,
una luz indecisa
y el humo
de la selva quemada
que llega hasta las calles
con los aromas rojos,
la ceniza
del incendio distante.

Yo, enlutado,
severo,
ausente,
con pantalones cortos,
piernas flacas,
rodillas
y ojos que buscan
súbitos tesoros,
Rosita y Josefina
al otro lado

de la calle,
llenas de dientes y ojos,
llenas de luz y con voz como pequeñas
guitarras escondidas
que me llaman.
Y yo crucé
la calle, el desvarío,
temeroso,
y apenas
llegué
me susurraron,
me tomaron las manos,
me taparon los ojos
y corrieron conmigo,
con mi inocencia
a la Panadería.

Silencio de mesones, grave
casa del pan, deshabitada,
y allí las dos
y yo su prisionero
en manos de
la primera Rosita,
la última Josefina.
Quisieron
desvestirme,
me fugué, tembloroso,
y no podía
correr, mis piernas
no podían
llevarme. Entonces
las
fascinadoras
produjeron
ante mi vista
un milagro:
un minúsculo
nido

de avecilla salvaje
con cinco huevecitos,
con cinco uvas blancas,
un pequeño
racimo
de la vida del bosque,
y yo estiré
la mano,
mientras
trajinaban mi ropa,
me tocaban,
examinaban con sus grandes ojos
su primer hombrecito.

Pasos pesados, toses,
mi padre que llegaba
con extraños,
y corrimos
al fondo y a la sombra
las dos piratas
y yo su prisionero,
amontonados
entre las telarañas, apretados
bajo un mesón, temblando,
mientras el milagro,
el nido
de los huevecitos celestes
cayó y luego los pies de los intrusos
demolieron fragancia y estructura.
Pero, con las dos niñas
en la sombra
y el miedo,
entre el olor de la harina,
los pasos espectrales,
la tarde que se convertía en sombra,
yo sentí que cambiaba
algo
en mi sangre

y que subía a mi boca,
a mis manos,
una eléctrica
flor,
la
flor
hambrienta
y pura
del deseo.

La poesía

Y fue a esa edad... Llegó la poesía
a buscarme. No sé, no sé de dónde
salió, de invierno o río.
No sé cómo ni cuándo,
no, no eran voces, no eran
palabras, ni silencio,
pero desde una calle me llamaba,
desde las ramas de la noche,
de pronto entre los otros,
entre fuegos violentos
o regresando solo,
allí estaba sin rostro
y me tocaba.

Yo no sabía qué decir, mi boca
no sabía
nombrar,
mis ojos eran ciegos,
y algo golpeaba en mi alma,
fiebre o alas perdidas,
y me fui haciendo solo,
descifrando
aquella quemadura,

y escribí la primera línea vaga,
vaga, sin cuerpo, pura
tontería,
pura sabiduría
del que no sabe nada,
y vi de pronto
el cielo
desgranado
y abierto,
planetas,
plantaciones palpitantes,
la sombra perforada,
acribillada
por flechas, fuego y flores,
la noche arrolladora, el universo.

Y yo, mínimo ser,
ebrio del gran vacío
constelado,
a semejanza, a imagen
del misterio,
me sentí parte pura
del abismo,
rodé con las estrellas,
mi corazón se desató en el viento.

La timidez

Apenas supe, solo, que existía
y que podría ser, ir continuando,
tuve miedo de aquello, de la vida,
quise que no me vieran,
que no se conociera mi existencia.
Me puse flaco, pálido y ausente,
no quise hablar para que no pudieran

reconocer mi voz, no quise ver
para que no me vieran,
andando, me pegué contra el muro
como una sombra que se resbalara.

Yo me hubiera vestido
de tejas rotas, de humo,
para seguir allí, pero invisible,
estar presente en todo, pero lejos,
guardar mi propia identidad oscura
atada al ritmo de la primavera.

Un rostro de muchacha, el golpe puro
de una risa partiendo en dos el día
como en dos hemisferios de naranja,
y yo cambié de calle,
ansioso de la vida y temeroso,
cerca del agua sin beber el frío,
cerca del fuego sin besar la llama,
y me cubrió una máscara de orgullo,
y fui delgado, hostil como una lanza,
sin que escuchara nadie
–porque yo lo impedía–
mi lamento
encerrado
como la voz de un perro herido
desde el fondo de un pozo.

Las Pacheco

No ha pasado aquel año
sin número ni nombre,
ni su cola desierta
ha desgranado
ciruelas ni semanas:

todo quedó escondido
debajo de mi frente.
Cierro los ojos y algo está quemándose,
bosques, praderas bailan en el humo,
y entro indeciso
por
aquellas puertas
que ya no existen, torres que murieron.

Fue aquella vez del día del verano.
Después del sol fluvial, desde Carahue
llegamos a la desembocadura
de Puerto Amor
que se llamaba
Puerto
Saavedra, caserío
de pequeñitas casas
golpeadas por el puño
del invierno.
Cinc y madera, muelles desdentados,
pinos de las orillas,
almacenes
con Fagaldes, Mariettas,
casas de enredaderas y Parodis,
y una entre todas
donde
entramos
mamadre, hermana, niños y colchones.

Oh galerías ocultando
el aroma
de madreselva en quiosco, flor trepante
con miel y soledad, quiosco vacío
que llené niebla a niebla con palomas,
con la más díscola melancolía.
Casa de las Pacheco!
Oh recuerdo
florido,

y por primera vez
el patio de amapolas!
Las blancas deshojaban
la blancura
o elevaban
las manos
del invierno,
las rojas
estampaban
súbita sangre
y
bocas laceradas,
y las negras
subían
sus serpientes de seda
y estallaban
en piel nocturna, en senos
africanos.

Las Pacheco leían
en la noche *Fantomas*
en voz alta
escuchando
alrededor del fuego, en la cocina,
y yo dormía oyendo
las hazañas,
las letras del puñal, las agonías,
mientras por vez primera
el trueno del Pacífico
iba desarrollando sus barriles
sobre mi sueño.
                    Entonces
mar y voz se perdían
sobre las amapolas
y mi pequeño corazón entraba
en la total embarcación del sueño.

El lago de los cisnes

Lago Budi, sombrío, pesada piedra oscura,
agua entre grandes bosques insepulta,
allí te abrías como puerta subterránea
cerca del solitario mar del fin del mundo.
Galopábamos por la infinita arena
junto a las millonarias espumas derramadas,
ni una casa, ni un hombre, ni un caballo,
sólo el tiempo pasaba y aquella orilla verde
y blanca, aquel océano.
Luego hacia las colinas y, de pronto,
el lago, el agua dura y escondida,
compacta luz, alhaja del anillo terrestre.
Un vuelo blanco y negro: los cisnes ahuyentaron
largos cuellos nocturnos, patas de cuero rojo,
y la nieve serena volando sobre el mundo.

Oh vuelo desde el agua equivalente,
mil cuerpos destinados a la inmóvil belleza
como la transparente permanencia del lago.
De pronto todo fue carrera sobre el agua,
movimiento, sonido, torres de luna llena,
y luego alas salvajes que desde el torbellino
se hicieron orden, vuelo, magnitud sacudida,
y luego ausencia, un temblor blanco en el vacío.

El niño perdido

Lenta infancia de donde
como de un pasto largo
crece el duro pistilo,
la madera del hombre.

Quién fui? Qué fui? Qué fuimos?

No hay respuesta. Pasamos.
No fuimos. Éramos. Otros pies,
otras manos, otros ojos.
Todo se fue mudando hoja por hoja
en el árbol. Y en ti? Cambió tu piel,
tu pelo, tu memoria. Aquél no fuiste.
Aquél fue un niño que pasó corriendo
detrás de un río, de una bicicleta,
y con el movimiento
se fue tu vida con aquel minuto.
La falsa identidad siguió tus pasos.
Día a día las horas se amarraron,
pero tú ya no fuiste, vino el otro,
el otro tú, y el otro hasta que fuiste,
hasta que te sacaste
del propio pasajero,
del tren, de los vagones de la vida,
de la substitución, del caminante.
La máscara del niño fue cambiando,
adelgazó su condición doliente,
aquietó su cambiante poderío:
el esqueleto se mantuvo firme,
la construcción del hueso se mantuvo,
la sonrisa,
el paso, un gesto volador, el eco
de aquel niño desnudo
que salió de un relámpago,
pero fue el crecimiento como un traje!
Era otro el hombre y lo llevó prestado.

Así pasó conmigo.

De silvestre
llegué a ciudad, a gas, a rostros crueles
que midieron mi luz y mi estatura,
llegué a mujeres que en mí se buscaron

como si a mí se me hubieran perdido,
y así fue sucediendo
el hombre impuro,
hijo del hijo puro,
hasta que nada fue como había sido,
y de repente apareció en mi rostro
un rostro de extranjero
y era también yo mismo:
era yo que crecía,
eras tú que crecías,
era todo,
y cambiamos
y nunca más supimos quiénes éramos,
y a veces recordamos
al que vivió en nosotros
y le pedimos algo, tal vez que nos recuerde,
que sepa por lo menos que fuimos él, que hablamos
con su lengua,
pero desde las horas consumidas
aquél nos mira y no nos reconoce.

La condición humana

Detrás de mí hacia el Sur, el mar había
roto los territorios con su glacial martillo,
desde la soledad arañada el silencio
se convirtió de pronto en archipiélago,
y verdes islas fueron ciñendo la cintura
de mi patria
como polen o pétalos de una rosa marina
y, aún más, eran profundos los bosques encendidos
por luciérnagas, el lodo era fosforescente,
dejaban caer los árboles largos cordeles secos
como en un circo, y la luz iba de gota en gota
como la bailarina verde de la espesura.

Yo crecí estimulado por razas silenciosas,
por penetrantes hachas de fulgor maderero,
por fragancias secretas de tierra, ubres y vino:
mi alma fue una bodega perdida entre los trenes
en donde se olvidaron durmientes y barricas,
alambre, avena, trigo, cochayuyo, tablones,
y el invierno con sus negras mercaderías.

Así mi cuerpo fue extendiéndose, de noche
mis brazos eran nieve,
mis pies el territorio huracanado,
y crecí como un río al aguacero,
y fui fértil con todo
lo que caía en mí, germinaciones,
cantos entre hoja y hoja, escarabajos
que procreaban, nuevas
raíces que ascendieron
al rocío,
tormentas que aún sacuden
las torres del laurel, el racimo escarlata
del avellano, la paciencia
sagrada del alerce,
y así mi adolescencia
fue territorio, tuve
islas, silencio, monte, crecimiento,
luz volcánica, barro de caminos,
humo salvaje de palos quemados.

La injusticia

Quien descubre el quién soy descubrirá el quién eres.
Y el cómo, y el adónde.
Toqué de pronto toda la injusticia.
El hambre no era sólo hambre,
sino la medida del hombre.

El frío, el viento, eran también medidas.
Midió cien hambres y cayó el erguido.
A los cien fríos fue enterrado Pedro.
Un solo viento duró la pobre casa.
Y aprendí que el centímetro y el gramo,
la cuchara y la lengua medían la codicia,
y que el hombre asediado se caía de pronto
a un agujero, y ya no más sabía.
No más, y ése era el sitio,
el real regalo, el don, la luz, la vida,
eso era, padecer de frío y hambre,
y no tener zapatos y temblar
frente al juez, frente a otro,
a otro ser con espada o con tintero,
y así a empellones, cavando y cortando,
cosiendo, haciendo pan, sembrando trigo,
pegándole a cada clavo que pedía madera,
metiéndose en la tierra como en un intestino
para sacar, a ciegas, el carbón crepitante
y, aún más, subiendo ríos y cordilleras,
cabalgando caballos, moviendo embarcaciones,
cociendo tejas, soplando vidrios, lavando ropa,
de tal manera que parecería
todo esto el reino recién levantado,
uva resplandeciente del racimo,
cuando el hombre se decidió a ser feliz,
y no era, no era así. Fui descubriendo
la ley de la desdicha,
el trono de oro sangriento,
la libertad celestina,
la patria sin abrigo,
el corazón herido y fatigado,
y un rumor de muertos sin lágrimas,
secos, como piedras que caen.
Y entonces dejé de ser niño
porque comprendí que a mi pueblo
no le permitieron la vida
y le negaron sepultura.

Los abandonados

No sólo el mar, no sólo costa, espuma,
pájaros de insumiso poderío,
no sólo aquellos y estos anchos ojos,
no sólo la enlutada noche con sus planetas,
no sólo la arboleda con su alta muchedumbre,
sino dolor, dolor, el pan del hombre.
Pero, por qué? Y entonces yo era
delgado como filo y más oscuro
que un pez de aguas nocturnas, y no pude,
no pude más, de un golpe quise cambiar la tierra.
Me pareció morder de pronto la hierba más amarga,
compartir un silencio manchado por el crimen.
Pero en la soledad nacen y mueren cosas,
la razón crece y crece hasta ser desvarío,
el pétalo se extiende sin llegar a la rosa,
la soledad es el polvo inútil del mundo,
la rueda que da vueltas sin tierra, ni agua, ni hombre.
Y así fue como grité perdido
y qué se hizo aquel grito desbocado en la infancia?
Quién oyó? Qué boca respondió? Qué camino tomé?
Qué respondieron
los muros cuando los golpeó mi cabeza?
Sube y vuelve la voz del débil solitario,
gira y gira la rueda atroz de las desdichas,
subió y volvió aquel grito, y no lo supo nadie,
no lo supieron ni los abandonados.

Las supersticiones

Tío Genaro volvía
de las montañas. El hombre
no tenía un hueso completo:
todo se lo rompió la tierra,
el caballo, la bala, el toro,
la piedra, la nieve, la suerte.
Dormía, a veces, en mi cuarto.
Luchaba con sus piernas tiesas
para meterse en su cama
como montándose a un caballo.
Resoplaba, maldecía, arrastraba,
escupiendo, las botas mojadas
y al fin, fumando, abría la boca
de los sucesos de la selva.
Así supe cómo el Maligno,
echando aliento de azufre,
se le apareció a Juan Navarro
implorándole fuego. Por suerte
antes de casi condenarse
Juan Navarro divisó su rabo
infernal, eléctrico, hirsuto,
por el suelo, debajo del poncho,
y tomando el rebenque azotó
sólo el vacío porque el Diablo
se disolvió, se volvió rama,
aire, noche de viento frío.
Ay qué Demonio más mañoso!

Genaro Candia fuma y fuma
mientras la gran lluvia de julio
cae y cae sobre Temuco,
y así la raza de la lluvia
procreaba sus religiones.

Aquella voz cascada, lenta
voz de intersticios, de quebradas,
voz del boldo, del aire frío,
de la racha, de las espinas,
aquella voz que reconstruía
el paso del puma sangriento,
el estilo negro del cóndor,
la enmarañada primavera
cuando no hay flor sino volcanes,
no hay corazón sino monturas,
las bestias despiadadas que caen
a los abismos, saltó la chispa
de un abanico de herraduras,
y luego sólo la muerte,
sólo el sinfín de la selva.
Don Genaro de poca lengua
sílaba a sílaba traía
sudor, sangre, espectros, heridas,
fuma que fuma, tío Genaro.
El dormitorio se llenó
de perros, de hojas, de caminos,
y escuché cómo en las lagunas
acecha un inocente cuero
flotante que apenas lo tocas
se convierte en bestia infernal
y te atrae hacia lo profundo,
hacia las desapariciones,
allí donde viven los muertos
en el fondo no sé dónde,
los decapitados del bosque,
los succionados por murciélagos
de alas inmensas y sedosas.
Todo era resbaladizo.
Cualquier sendero, un animal
que andaba solo, un fuego
que se paseaba en las praderas,
un caminante a plena luna,
un zorro suave que cojeaba,

una hoja oscura que caía.
Apenas se alcanza a tocar
el escapulario, la cruz,
a persignarse, luego, fósforo,
cuerno quemado, azufre negro.
Pero no sólo en la intemperie
acecha el Malo, el tenebroso.
En lo profundo de las casas
un gemido, un lamento umbrío,
un arrastrarse de cadenas,
y la mujer muerta que acude
siempre a la nocturna cita,
y don Francisco Montero
que vuelve a buscar su caballo
allá abajo, junto al molino,
donde pereció con su esposa.

La noche es larga, la lluvia es larga,
diviso el fuego interminable
del cigarrillo, fuma, fuma
Genaro Candia, cuenta y cuenta.
Tengo miedo. Cae la lluvia
y entre el agua y el Diablo caigo
a una quebrada con azufre,
al infierno con sus caballos,
a las montañas desbocadas.

Me quedé dormido en el Sur
muchas veces, oyendo lluvia,
mientras mi tío Genaro
abría aquel saco oscuro
que traía de las montañas.

Los libros

Libros sagrados y sobados, libros
devorados, devoradores,
secretos,
en las faltriqueras:
Nietzsche, con olor a membrillos,
y subrepticio y subterráneo,
Gorki caminaba conmigo.
Oh aquel momento mortal
en las rocas de Victor Hugo
cuando el pastor casa a su novia
después de derrotar al pulpo,
y el Jorobado de París
sube circulando en las venas
de la gótica anatomía.
Oh María de Jorge Isaacs,
beso blanco en el día rojo
de las haciendas celestes
que allí se inmovilizaron
con el azúcar mentiroso
que nos hizo llorar de puros.

Los libros tejieron, cavaron,
deslizaron su serpentina
y poco a poco, detrás
de las cosas, de los trabajos,
surgió como un olor amargo
con la claridad de la sal
el árbol del conocimiento.

El Tren Nocturno

Oh largo Tren Nocturno,
muchas veces
desde el sur hacia el norte,
entre ponchos mojados,
cereales,
botas tiesas de barro,
en Tercera,
fuiste desenrollando geografía.
Tal vez comencé entonces
la página terrestre,
aprendí los kilómetros
del humo,
la extensión del silencio.

Pasábamos Lautaro,
robles, trigales, tierra
de luz sonora y agua
victoriosa:
los largos rieles continuaban lejos,
más lejos los caballos de la patria
iban atravesando
praderas
plateadas,
de pronto
el alto puente del Malleco,
fino
como un violín
de hierro claro,
después la noche y luego
sigue, sigue
el Tren Nocturno entre las viñas.

Otros eran los nombres
después de San Rosendo

en donde se juntaban
a dormir todas las locomotoras,
las del este y oeste,
las que venían desde el Bío Bío,
desde los arrabales,
desde el destartalado puerto de Talcahuano
hasta las que traían envuelto en vapor verde
las guitarras y el vino patricio de Rancagua.
Allí dormían
trenes
en el nudo
ferruginoso y gris de San Rosendo.

Ay, pequeño estudiante,
ibas cambiando
de tren y de planeta,
entrabas
en poblaciones pálidas de adobes,
polvo amarillo y uvas.
A la llegada ferroviaria, caras
en el sitio de los centauros,
no amarraban caballos sino coches,
primeros automóviles.
Se suavizaba el mundo
y cuando
miré hacia atrás,
llovía,
se perdía mi infancia.
Entró el Tren fragoroso
en Santiago de Chile, capital,
y ya perdí los árboles,
bajaban las valijas
rostros pálidos, y vi por vez primera
las manos del cinismo:
entré en la multitud que ganaba o perdía,
me acosté en una cama que no aprendió a esperarme,
fatigado dormí como la leña,
y cuando desperté
sentí un dolor de lluvia:

algo me separaba de mi sangre
y al salir asustado por
la calle
supe, porque sangraba,
que me habían cortado las raíces.

La pensión de la calle Maruri

Una calle Maruri.
Las casas no se miran, no se quieren,
sin embargo, están juntas.
Muro con muro, pero
sus ventanas
no ven la calle, no hablan,
son silencio.

Vuela un papel como una hoja sucia
del árbol del invierno.

La tarde quema un arrebol. Inquieto
el cielo esparce fuego fugitivo.

La bruma negra invade los balcones.

Abro mi libro. Escribo
creyéndome
en el hueco
de una mina, de un húmedo
socavón abandonado.
Sé que ahora no hay nadie,
en la casa, en la calle, en la ciudad amarga.
Soy prisionero con la puerta abierta,
con el mundo abierto,
soy estudiante triste perdido en el crepúsculo,
y subo hacia la sopa de fideos
y bajo hasta la cama y hasta el día siguiente.

II

LA LUNA EN EL LABERINTO

Amores: Terusa (I)

Y cómo, en dónde yace
aquel
antiguo amor?
Es ahora
una tumba de pájaro, una gota
de cuarzo negro,
un trozo
de madera roída por la lluvia?

Y de aquel cuerpo que como la luna
relucía en la oscura primavera
del Sur,
qué quedará?
La mano
que sostuvo
toda la transparencia y el rumor
del río sosegado,
los ojos en el bosque,
anchos, petrificados
como los minerales de la noche,
los pies
de la muchacha de mis sueños,
pies de espiga, de trigo, de cereza,
adelantados, ágiles, volantes,
entre mi infancia pálida y el mundo?
Dónde está el amor muerto?
El amor, el amor,

dónde se va a morir?
A los graneros
remotos,
al pie de los rosales que murieron
bajo los siete pies de la ceniza
de aquellas casas pobres
que se llevó un incendio de la aldea?

Oh amor
de la primera luz del alba,
del mediodía acérrimo
y sus lanzas,
amor con todo el cielo
gota a gota
cuando la noche cruza
por el mundo
en su total navío,
oh amor
de soledad
adolescente,
oh gran violeta
derramada
con aroma y rocío
y estrellada frescura
sobre el rostro:
aquellos besos
que
trepaban
por la piel, enramándose y mordiendo,
desde los puros cuerpos extendidos
hasta la piedra azul de la nave nocturna.

Terusa de ojos anchos,
a la luna
o al sol de invierno, cuando
las provincias
reciben el dolor, la alevosía
del olvido inmenso

y tú brillas, Terusa,
como el cristal quemado
del topacio,
como la quemadura
del clavel,
como el metal que estalla en el relámpago
y transmigra a los labios de la noche.

Terusa
abierta entre las amapolas,
centella
negra
del primer dolor,
estrella entre los peces,
a la luz
de la pura corriente genital,
ave morada del primer abismo,
sin alcoba, en el reino
del corazón visible
cuya miel inauguran los almendros,
el polen incendiario
de la retama agreste,
el toronjil de tentativas verdes,
la patria de los misteriosos musgos.

Sonaban las campanas de Cautín,
todos los pétalos pedían algo,
no renunciaba a nada la tierra,
el agua parpadeaba
sin cesar:
quería abrir el verano,
darle al fin una herida,
se despeñaba en furia
el río que venía de los Andes,
se convertía en una estrella dura
que clavaba la selva,
la orilla,
los peñascos:

allí no habita nadie:
sólo el agua y la tierra
y los trenes que aullaban,
los trenes del invierno
en sus ocupaciones
atravesando el mapa
solitario:
reino mío,
reino de las raíces
con fulgor de menta,
cabellera de helechos,
pubis mojado,
reino de mi perdida pequeñez
cuando yo vi nacer la tierra
y yo formaba parte
de la mojada
integridad
terrestre:
lámpara entre los gérmenes y el agua,
en el nacimiento del trigo,
patria de las maderas
que morían
aullando en el aullido
de los aserraderos:
el humo, alma balsámica
del salvaje
crepúsculo,
atado
como un peligroso prisionero
a las regiones de la selva,
a Loncoche,
a Quitratúe,
a los embarcaderos de Maullín,
y yo naciendo
con tu amor,
Terusa,
con tu amor deshojado
sobre mi piel sedienta

como
si las cascadas
del azahar, del ámbar, de la harina,
hubieran transgredido mi substancia
y yo desde esa hora te llevara,
Terusa,
inextinguible
aún en el olvido,
a través
de las edades oxidadas,
aroma
señalado,
profunda madreselva o canto
o sueño
o luna que amasaron los jazmines
o amanecer del trébol junto al agua
o amplitud de la tierra con sus ríos
o demencia de flores o tristeza
o signo del imán o voluntad
del mar radiante y su baile infinito.

Amores: Terusa (II)

Llegan los 4 números del año.
Son como 4 pájaros felices.
Se sientan en un hilo
contra el tiempo desnudo.
Pero, ahora
no cantan.
Devoraron el trigo, combatieron
aquella primavera
y corola a corola no quedó
sino este largo espacio.

Ahora que tú llegas de visita,
antigua amiga, amor, niña invisible,
te ruego que te sientes
otra vez
en la hierba.

Ahora me parece
que cambió tu cabeza.
Por qué
para venir
cubriste con ceniza
la cabellera de carbón valiente
que desplegué en mis manos, en el frío
de las estrellas de Temuco?
En dónde están tus ojos?
Por qué te has puesto esta mirada estrecha
para mirarme si yo soy el mismo?
Dónde dejaste tu cuerpo de oro?
Qué pasó con tus manos entreabiertas
y su fosforescencia de jazmín?

Entra en mi casa, mira el mar conmigo.
Una a una las olas
gastaron
nuestras vidas
y se rompía no sólo la espuma,
sino que las cerezas,
los pies,
los labios
de la edad cristalina.

Adiós, ahora te ruego
que regreses
a tu silla de ámbar
en la luna,
vuelve a la madreselva del balcón,
regresa
a la imagen ardiente,

acomoda tus ojos
a los ojos
aquellos,
lentamente dirígete
al retrato
radiante,
entra en él
hasta el fondo,
en su sonrisa,
y mírame
con su inmovilidad, hasta que yo
vuelva a verte
desde aquél,
desde entonces,
desde el que fui en tu corazón florido.

1921

La canción de la fiesta... Octubre,
premio
de la primavera:
un Pierrot de voz ancha que desata
mi poesía sobre la locura
y yo, delgado filo
de espada negra entre jazmín y máscaras
andando aún ceñidamente solo,
cortando multitud con la melancolía
del viento Sur, bajo los cascabeles
y el desarrollo de las serpentinas.
Y luego, uno por uno,
línea a línea en la casa y en la calle
germina el nuevo libro,
20 poemas de sabor salado
como veinte olas de mujer y mar,
y entre el viaje de vuelta a la provincia

con el gran río de Puerto Saavedra
y el pavoroso golpe del océano
entre una soledad y un beso apenas
arrancado al amor: hoja por hoja
como si un árbol lento despertara
nació el pequeño libro tempestuoso.
Y nunca al escribirlo
en trenes o al regreso
de la fiesta o la furia de los celos
o de la noche abierta en el costado
del verano como una herida espléndida,
atravesado por la luz del cielo
y el corazón cubierto de rocío,
nunca supuso el solitario joven,
desbocado de amor, que su cadena,
la prisión sin salida de unos ojos,
de una piel devorante, de una boca,
seguiría quemando todo aquello
y aquella intimidad y soledad
continuaría abriendo en otros seres
una rosa perpetua, un largo beso,
un fuego interminable de amapolas.

Amores: la ciudad

Estudiantil amor con mes de octubre,
con cerezos ardiendo en pobres calles
y tranvías trinando en las esquinas,
muchachas como el agua, cuerpos
en la greda de Chile, barro y nieve,
y luz y noche negra, reunidos,
madreselvas caídas en el lecho
con Rosa o Lina o Carmen ya desnudas,
despojadas tal vez de su misterio
o misteriosas al rodar

en el abrazo o espiral o torre
o cataclismo de jazmín y bocas:
fue ayer o fue mañana, dónde huyó
la fugaz primavera? Oh ritmo
de la eléctrica cintura,
oh latigazo claro de la esperma
saliendo de su túnel a la especie
y la vencida tarde con un nardo
a medio sueño y entre los papeles
mis líneas, allí escritas,
con el puro fermento, con la ola,
con la paloma y con la cabellera.
Amores de una vez, rápidos
y sedientos, llave a llave,
y aquel orgullo de ser compartidos!
Pienso que se fundó mi poesía
no sólo en soledad sino en un cuerpo
y en otro cuerpo, a plena piel de luna
y con todos los besos de la tierra.

Pampoesía

Poesía, estrellado patrimonio:
fue necesario
ir descubriendo con hambre y sin guía
tu terrenal herencia,
la luz lunar y la secreta espiga.

De soledad a multitud la llave
se perdía en las calles y en el bosque,
debajo de las piedras y en los trenes.

El primer sello es condición oscura,
grave embriaguez con una copa de agua,
el cuerpo ahíto sin haber comido,
el corazón mendigo con su orgullo.

Y mucho más que no dicen los libros
repletos de esplendor sin alegría:
ir picando una piedra que nos pesa,
ir disolviendo el mineral del alma
hasta que tú eres el que está leyendo,
hasta que el agua canta por tu boca.

Y esto es más fácil que mañana jueves
y más difícil que seguir naciendo
y es un oficio extraño que te busca
y que se esconde cuando lo buscaron
y es una sombra con el techo roto,
pero en los agujeros hay estrellas.

Locos amigos

Se abrió también la noche de repente,
la descubrí, y era una rosa oscura
entre un día amarillo y otro día.
Pero, para el que llega
del Sur, de las regiones
naturales, con fuego y ventisquero,
era la noche en la ciudad un barco,
una vaga bodega de navío.
Se abrían puertas y desde la sombra
la luz nos escupía:
bailaban hembra y hombre con zapatos
negros como ataúdes que brillaban
y se adherían uno a una como
las ventosas del mar, entre el tabaco,
el agrio vino, las conversaciones,
las carcajadas verdes del borracho.
Alguna vez una mujer cayéndose
en su pálido abismo, un rostro impuro
que me comunicaba ojos y boca.

Y allí senté mi adolescencia ardiendo
entre botellas rojas que estallaban
a veces derramando sus rubíes,
constelando fantásticas espadas,
conversaciones de la audacia inútil.
Allí mis compañeros:
Rojas Giménez extraviado
en su delicadeza,
marino de papel, estrictamente
loco, elevando
el humo en una copa
y en otra copa
su ternura errante,
hasta que así se fue de tumbo en tumbo,
como si el vino se lo hubiera llevado
a una comarca más y más lejana!
Oh hermano frágil, tantas
cosas gané contigo, tanto
perdí en tu desastrado corazón
como en un cofre roto,
sin saber que te irías con tu boca elegante,
sin saber que debías
también morir, tú que tenías
que dar lecciones a la primavera!
Y luego como un aparecido
que en plena fiesta estaba
escondido en lo oscuro
llegó Joaquín Cifuentes
de sus prisiones: pálida apostura,
rostro de mando en la lluvia,
enmarcado en las líneas del cabello
sobre la frente abierta a los dolores:
no sabía reír mi amigo nuevo:
y en la ceniza de la noche cruel
vi consumirse al Húsar de la Muerte.

«Ratón Agudo»

Entonces, tabernario y espumante,
maestro de nuevos vinos y blasfemia,
compañero Raúl *Ratón Agudo*
llegaste para enseñarme la hombría.
Y hombreando fuimos desafiantes, puros,
contra la espesa multitud del hampa
y fue tu corazón centelleante
conmigo como una buena linterna:
no hay caminos oscuros
con un buen camarada de camino
y era como contar con una espada,
contar con una mano pequeñita
como la tuya, frágil
y decidido hermano,
y era terrible tu respuesta, el ácido
resplandor de tu eléctrico lenguaje,
de la verba del barro,
de la chispa indeleble
que te brotaba
como
si fueras una fuente
cervantina:
la risotada antigua de los pícaros,
el idioma inventor de los cuchillos,
y no aprendiste en libros tu relámpago,
sino de defenderte a pura luz:
de terrenal sabías lo celeste:
de iletrado tu sal resplandecía:
eras el fruto antiguo de las calles,
uva de los racimos de mi pueblo.

Arce

De intermitentes días
y páginas nocturnas
surge Homero con apellido de árbol
y nombre coronado
y sigue siendo así, madera pura
de bosque y de pupitre
en donde cada veta
como rayo de miel hace la túnica
del corazón glorioso
y una corona de cantor callado
le da su nimbo justo de laurel.
Hermano cuya cítara impecable,
su secreto sonido,
se oye a pesar de cuerdas escondidas:
la música que llevas
resplandece,
eres tú la invisible poesía.
Aquí otra vez te doy porque has vivido
mi propia vida cual si fuera tuya,
gracias, y por los dones
de la amistad y de la transparencia,
y por aquel dinero que me diste
cuando no tuve pan, y por la mano
tuya cuando mis manos no existían,
y por cada trabajo
en que resucitó mi poesía
gracias a tu dulzura laboriosa.

Amores: Rosaura (I)

Rosaura de la rosa, de la hora
diurna, erguida
en la hora resbalante
del crepúsculo pobre, en la ciudad,
cuando brillan las tiendas
y el corazón se ahoga
en su propia región inexplorada
como el viajero perdido,
tarde, en la soledad de los pantanos.

Como un pantano es el amor:
entre número y número
de calle,
allí caímos,
nos atrapó el placer profundo,
se pega el cuerpo al cuerpo,
el pelo al pelo,
la boca al beso,
y en el paroxismo
se sacia la ola hambrienta
y se recogen
las láminas del légamo.

Oh amor de cuerpo a cuerpo,
sin palabras,
y la harina mojada que entrelaza
el frenesí de las palpitaciones,
el ronco ayer del hombre y la mujer,
un golpe en el rosal,
una oscura corola sacudida
vuelca las plumas de la oscuridad,
un circuito fosfórico,
te abrazo,

te condeno,
te muero,
y se aleja el navío del navío
haciendo las últimas señales
en el sueño del mar,
de la marea
que vuelve a su planeta intransigente,
a su preocupación, a la limpieza:
queda la cama
en medio
de la hora infiel,
crepúsculo, azucena vespertina:
ya partieron los náufragos:
allí quedaron las sábanas rotas,
la embarcación
herida,
vamos mirando el río Mapocho:
corre por él mi vida.

Rosaura de mi brazo,
va su vida en el agua,
el tiempo,
los tajamares de mampostería,
los puentes donde acuden
todos los pies cansados:
se va la ciudad por el río,
la luz por la corriente,
el corazón de barro
corre corre
corre amor por el tiempo
1923, uno
nueve
dos tres
son números
cada uno en el agua
que corría
de noche
en la sangre del río,

en el barro nocturno,
en las semanas
que cayeron al río
de la ciudad cuando yo recogí
tus manos pálidas:
Rosaura,
las habías olvidado
de tanto que volaban
en el humo:
allí se te olvidaron
en la esquina
de la calle Sazié, o en la plazuela
de Padura, en la picante rosa
del conventillo que nos compartía.

El minúsculo patio
guardó los excrementos
de los gatos errantes
y era una paz de bronce
la que surgía
entre los dos desnudos:
la calma dura de los arrabales:
entre los párpados
nos caía el silencio
como un licor oscuro:
no dormíamos:
nos preparábamos para el amor:
habíamos gastado
el pavimento,
la fatiga,
el deseo,
y allí por fin estábamos
sueltos, sin ropa, sin ir y venir,
y nuestra misión
era
derramarnos,
como si nos llenara demasiado
un silencioso líquido,

un pesado
ácido
devorante,
una substancia
que llenaba el perfil de tus caderas,
la sutileza pura de tu boca.

Rosaura,
pasajera
color de agua,
hija de Curicó, donde fallece el día
abrumado
por el peso y la nieve
de la gran cordillera:
tú eras hija
del frío
y antes de consumirte
en los adobes
de muros aplastantes
viniste a mí, a llorar o a nacer,
a quemarte en mi triste poderío
y tal vez no hubo más
fuego en tu vida,
tal vez no fuiste sino entonces.

Encendimos y apagamos el mundo,
tú te quedaste a oscuras:
yo seguí caminando los caminos,
rompiéndome las manos y los ojos,
dejé atrás el crepúsculo,
corté las amapolas vespertinas:
pasó un día que con su noche
procrearon
una nueva semana
y un año se durmió con otro año:
gota a gota
creció el tiempo,
hoja a hoja
el árbol transparente:

la ciudad polvorienta
cambió del agua al oro,
la guerra quemó pájaros y niños
en la Europa agobiada,
de Atacama el desierto
caminó con arena,
fuego y sal,
matando las raíces,
giraron en sus ácidos azules
los pálidos planetas,
tocó la luna un hombre,
cambió el pintor
y no pintó los rostros,
sino los signos y las cicatrices,
y tú qué hacías
sin el agujero
del dolor y el amor?
Y yo qué hacía
entre las hojas de la tierra?

Rosaura, otoño, lejos
luna de miel delgada,
campana taciturna:
entre nosotros dos el mismo río,
el Mapocho que huye
royendo las paredes y las casas,
invitando al olvido
como el tiempo.

Amores: Rosaura (II)

Nos dio el amor la única importancia.
La virtud física, el latido
que nace y se propaga,
la continuidad

del cuerpo
con la dicha,
y esa fracción de muerte
que nos iluminó hasta oscurecernos.

Para mí, para ti,
se abrió aquel goce
como la única
rosa
en los sordos arrabales,
en plena juventud raída,
cuando ya todo conspiró
para irnos matando poco a poco,
porque entre instituciones orinadas
por la prostitución y los engaños
no sabías qué hacer:
éramos el amor atolondrado
y la debilidad de la pureza:
todo estaba gastado por el humo,
por el gas negro,
por la enemistad
de los palacios y de los tranvías.

Un siglo entero deshojaba
su esplendor muerto,
su follaje
de cabezas degolladas,
goterones de sangre
caen de las cornisas,
no es la lluvia, no sirven
los paraguas,
se moría el tiempo
y ninguna y ninguno
se encontraron
cuando ya desde el trono los reinantes
habían decretado
la ley letal del hambre
y había que morir,

todo el mundo tenía que morir,
era una obligación,
un compromiso,
estaba escrito así:
entonces encontramos
en la rosa física
el fuego palpitante
y nos usamos
hasta el dolor:
hiriéndonos
vivíamos:
allí se confrontó la vida
con su esencia compacta:
el hombre, la mujer
y la invención del fuego.

Nos escapamos de la maldición
que pesaba
sobre el vacío, sobre la ciudad,
amor contra exterminio
y la verdad
robada
otra vez floreciendo,
mientras en la gran cruz
clavaban el amor,
lo prohibían,
nadie yo, nadie tú,
nadie nosotros,
nos defendimos brasa a brasa,
beso a beso.

Salen hojas recientes,
se pintan de azul las puertas,
hay una nube náyade,
suena un violín bajo el agua:
es así en todas partes:
es el amor victorioso.

Primeros viajes

Cuando salí a los mares fui infinito.
Era más joven yo que el mundo entero.
Y en la costa salía a recibirme
el extenso sabor del universo.

Yo no sabía que existía el mundo.

Yo creía en la torre sumergida.

Había descubierto tanto en nada,
en la perforación de mi tiniebla,
en los ay del amor, en las raíces,
que fui el deshabitado que salía:
un pobre propietario de esqueleto.

Y comprendí que iba desnudo,
que debía vestirme,
nunca había mirado los zapatos,
no hablaba los idiomas,
no sabía leer sino leerme,
no sabía vivir sino esconderme,
y comprendí que no podía
llamarme más porque no acudiría:
aquella cita había terminado:
nunca más, nunca más, decía el cuervo.

Tenía que contar con tanta nube,
con todos los sombreros de este mundo,
con tantos ríos, antesalas, puertas,
y tantos apellidos, que aprendiéndolos
me iba a pasar toda la perra vida.

Estaba lleno el mundo de mujeres,
atiborrado como escaparate,
y de las cabelleras que aprendí de repente,
de tanto pecho puro y espléndidas caderas
supe que Venus no tenía espuma:
estaba seca y firme con dos brazos eternos
y resistía con su nácar duro
la genital acción de mi impudicia.

Para mí todo era nuevo. Y caía
de puro envejecido este planeta:
todo se abría para que viviera,
para que yo mirara ese relámpago.

Y con pequeños ojos de caballo
miré el telón más agrio que subía:
que subía sonriendo a precio fijo:
era el telón de la marchita Europa.

París 1927

París, rosa magnética,
antigua obra de araña,
estaba allí, plateada,
entre el tiempo del río que camina
y el tiempo arrodillado en Notre Dame:
una colmena de la miel errante,
una ciudad de la familia humana.

Todos habían venido,
y no cuento a los nómades
de mi propio país deshabitado:
allí andaban los lentos
con las locas chilenas
dando más ojos negros a la noche
que crepitaba. Dónde estaba el fuego?

El fuego se había ido de París.

Había quedado una sonrisa clara
como una multitud de perlas tristes
y el aire dispersaba un ramo roto
de desvaríos y razonamientos.
Tal vez eso era todo:
humo y conversación. Se iba la noche
de los cafés y entraba el día
a trabajar como un gañán feroz,
a limpiar escaleras,
a barrer el amor y los suplicios.

Aún quedaban tangos en el suelo,
alfileres de iglesia colombiana,
anteojos y dientes japoneses,
tomates uruguayos,
algún cadáver flaco de chileno,
todo iba a ser barrido,
lavado por inmensas lavanderas,
todo terminaría para siempre:
exquisita ceniza para los ahogados
que ondulaban en forma incomprensible
en el olvido natural del Sena.

El opio en el Este

Ya desde Singapur olía a opio.
El buen inglés sabía lo que hacía.
En Ginebra tronaba
contra los mercaderes clandestinos
y en las Colonias cada puerto
echaba un tufo de humo autorizado
con número oficial y licencia jugosa.
El *gentleman* oficial de Londres

vestido de impecable ruiseñor
(con pantalón rayado y almidón de armadura)
trinaba contra el vendedor de sombras,
pero aquí en el Oriente
se desenmascaraba
y vendía el letargo en cada esquina.

Quise saber. Entré. Cada tarima
tenía su yacente,
nadie hablaba, nadie reía, creí
que fumaban en silencio.
Pero chasqueaba junto a mí la pipa
al cruzarse la llama con la aguja
y en esa aspiración de la tibieza
con el humo lechoso entraba al hombre
una estática dicha, alguna puerta lejos
se abría hacia un vacío suculento:
era el opio la flor de la pereza,
el goce inmóvil,
la pura actividad sin movimiento.

Todo era puro o parecía puro,
todo en aceite y gozne resbalaba
hasta llegar a ser sólo existencia,
no ardía nada, ni lloraba nadie,
no había espacio para los tormentos
y no había carbón para la cólera.

Miré: pobres caídos,
peones, *coolies* de *ricksha* o plantación,
desmedrados trotantes,
perros de calle,
pobres maltratados.
Aquí, después de heridos,
después de ser no seres sino pies,
después de no ser hombres sino brutos de carga,
después de andar y andar y sudar y sudar
y sudar sangre y ya no tener alma,

aquí estaban ahora,
solitarios,
tendidos,
los yacentes por fin, los pata dura:
cada uno con hambre había comprado
un oscuro derecho a la delicia,
y bajo la corola del letargo,
sueño o mentira, dicha o muerte, estaban
por fin en el reposo que busca toda vida,
respetados, por fin, en una estrella.

Rangoon 1927

En Rangoon era tarde para mí.
Todo lo habían hecho:
una ciudad
de sangre,
sueño y oro.
El río que bajaba
de la selva salvaje
a la ciudad caliente,
a las calles leprosas
en donde un hotel blanco para blancos
y una pagoda de oro para gente dorada
era cuanto
pasaba
y no pasaba.
Rangoon, gradas heridas
por los escupitajos
del betel,
las doncellas birmanas
apretando al desnudo
la seda
como si el fuego acompañase
con lenguas de amaranto

la danza, la suprema
danza:
el baile de los pies hacia el Mercado,
el ballet de las piernas por las calles.
Suprema luz que abrió sobre mi pelo
un globo cenital, entró en mis ojos
y recorrió en mis venas
los últimos rincones de mi cuerpo
hasta otorgarse la soberanía
de un amor desmedido y desterrado.

Fue así, la encontré cerca
de los buques de hierro
junto a las aguas sucias
de Martabán: miraba
buscando hombre:
ella también tenía
color duro de hierro,
su pelo era de hierro,
y el sol pegaba en ella como en una herradura.

Era mi amor que yo no conocía.

Yo me senté a su lado
sin mirarla
porque yo estaba solo
y no buscaba río ni crepúsculo,
no buscaba abanicos,
ni dinero ni luna,
sino mujer, quería
mujer para mis manos y mi pecho,
mujer para mi amor, para mi lecho,
mujer plateada, negra, puta o pura,
carnívora celeste, anaranjada,
no tenía importancia,
la quería para amarla y no amarla,
la quería para plato y cuchara,
la quería de cerca, tan de cerca

que pudiera morderle los dientes con mis besos,
la quería fragante a mujer sola,
la deseaba con olvido ardiente.

Ella tal vez quería
o no quería lo que yo quería,
pero allí en Martabán, junto al agua de hierro,
cuando llegó la noche, que allí sale del río,
como una red repleta de pescados inmensos,
yo y ella caminamos juntos a sumergirnos
en el placer amargo de los desesperados.

Religión en el Este

Allí en Rangoon comprendí que los dioses
eran tan enemigos como Dios
del pobre ser humano.
                        Dioses
de alabastro tendidos
como ballenas blancas,
dioses dorados como las espigas,
dioses serpientes enroscados
al crimen de nacer,
budhas desnudos y elegantes
sonriendo en el *cocktail*
de la vacía eternidad
como Cristo en su cruz horrible,
todos dispuestos a todo,
a imponernos su cielo,
todos con llagas o pistola
para comprar piedad o quemarnos la sangre,
dioses feroces del hombre
para esconder la cobardía,
y allí todo era así,
toda la tierra olía a cielo,
a mercadería celeste.

Monzones

Luego me fui a vivir a contramar.

Fue mi morada en mágicas regiones
erigida, capítulo de ola,
zona de viento y sal, párpado y ojo
de una tenaz estrella submarina.
Espléndido era el sol descabellado,
verde la magnitud de las palmeras,
bajo un bosque de mástiles y frutos
el mar más duro que una piedra azul,
por el cielo pintado cada día
nunca la frágil nave de una nube,
sino a veces la insólita asamblea
–tórrido trueno y agua destronada,
catarata y silbido de la furia–,
el preñado monzón que reventaba
desenvolviendo el saco de su fuerza.

Aquella luz

Esta luz de Ceylán me dio la vida,
me dio la muerte cuando yo vivía,
porque vivir adentro de un diamante
es solitaria escuela de enterrado,
es ser ave de pronto transparente,
araña que hila el cielo y se despide.

Esta luz de las islas me hizo daño,
me dejó para siempre circunspecto
como si el rayo de la miel remota
me sujetara al polvo de la tierra.

Llegué más extranjero que los pumas
y me alejé sin conocer a nadie
porque tal vez me trastornó los sesos
la luz occipital del paraíso.
(La luz que cae sobre el traje negro
y perfora la ropa y el decoro,
por eso desde entonces mi conflicto
es conservarme cada día desnudo.)

No entenderá tal vez el que no estuvo
tan lejos como yo para acercarse
ni tan perdido que ya parecía
un número nocturno de carbones.

Y entonces sólo pan y sólo luz.

Luz en el alma, luz en la cocina,
de noche luz y de mañana luz
y luz entre las sábanas del sueño.
Hasta que amamantado de este modo
por la cruel claridad de mi destino
no tengo más remedio que vivir
entre desesperado y luminoso
sintiéndome tal vez desheredado
de aquellos reinos que no fueron míos.

Las redes que temblaban en la luz
siguen saliendo claras del océano.

Toda la luz del tiempo permanece
y en su torre total el medio día.

Ahora todo me parece sombra.

Territorios

En donde estuve recuerdo la tierra
como si me mandara todavía.
Pasan los rostros —Patsy, Ellen, Artiyha—
los busco entre la red y huyen nadando
devueltos a su océano,
peces del frío, efímeras mujeres.
Pero, costa o nevado, piedra o río,
persiste en mí la esencia montañosa,
la dentadura de la geografía,
sigue indeleble un paso en la espesura.
Es el silencio de los cazadores.

Nada perdí, ni un día vertical,
ni una ráfaga roja de rocío,
ni aquellos ojos de los leopardos
ardiendo como alcohol enfurecido,
ni los salvajes élitros del bosque
canto total nocturno del follaje,
ni la noche, mi patria constelada,
ni la respiración de las raíces.

La tierra surge como si viviera
en mí, cierro los ojos, luego existo,
cierro los ojos y se abre una nube,
se abre una puerta al paso del perfume,
entra un río cantando con sus piedras,
me impregna la humedad del territorio,
el vapor del otoño acumulado
en las estatuas de su iglesia de oro,
y aun después de muerto ya veréis
cómo recojo aún la primavera,
cómo asumo el rumor de las espigas
y entra el mar por mis ojos enterrados.

Aquellas vidas

Este soy, yo diré, para dejar
este pretexto escrito: ésta es mi vida.
Y ya se sabe que no se podía:
que en esta red no sólo el hilo cuenta,
sino el aire que escapa de las redes,
y todo lo demás era inasible:
el tiempo que corrió como una liebre
a través del rocío de febrero
y más nos vale no hablar del amor
que se movía como una cadera
sin dejar donde estuvo tanto fuego
sino una cucharada de ceniza
y así con tantas cosas que volaban:
el hombre que esperó creyendo claro,
la mujer que vivió y que no vivirá,
todos pensaron que teniendo dientes,
teniendo pies y manos y alfabeto
era sólo cuestión de honor la vida.
Y éste sumó sus ojos a la historia,
agarró las victorias del pasado,
asumió para siempre la existencia
y sólo le sirvió para morir
la vida: el tiempo para no tenerlo.
Y la tierra al final para enterrarlo.

Pero aquello nació con tantos ojos
como planetas tiene el firmamento
y todo el fuego con que devoraba
la devoró sin tregua hasta dejarla.
Y si algo vi en mi vida fue una tarde
en la India, en las márgenes de un río:
arder una mujer de carne y hueso
y no sé si era el alma o era el humo

lo que del sarcófago salía
hasta que no quedó mujer ni fuego
ni ataúd ni ceniza: ya era tarde
y sólo noche y agua y sombra y río
allí permanecieron en la muerte.

Pleno octubre

Poco a poco y también mucho a mucho
me sucedió la vida
y qué insignificante es este asunto:
estas venas llevaron
sangre mía que pocas veces vi,
respiré el aire de tantas regiones
sin guardarme una muestra de ninguno
y a fin de cuentas ya lo saben todos:
nadie se lleva nada de su haber
y la vida fue un préstamo de huesos.
Lo bello fue aprender a no saciarse
de la tristeza ni de la alegría,
esperar el tal vez de una última gota,
pedir más a la miel y a las tinieblas.

Tal vez fui castigado:
tal vez fui condenado a ser feliz.
Quede constancia aquí de que ninguno
pasó cerca de mí sin compartirme.
Y que metí la cuchara hasta el codo
en una adversidad que no era mía,
en el padecimiento de los otros.
No se trató de palma o de partido
sino de poca cosa: no poder
vivir ni respirar con esa sombra,
con esa sombra de otros como torres,
como árboles amargos que lo entierran,
como golpes de piedra en las rodillas.

Tu propia herida se cura con llanto,
tu propia herida se cura con canto,
pero en tu misma puerta se desangra
la viuda, el indio, el pobre, el pescador,
y el hijo del minero no conoce
a su padre entre tantas quemaduras.

Muy bien, pero mi oficio
fue
la plenitud del alma:
un ay del goce que te corta el aire,
un suspiro de planta derribada
o lo cuantitativo de la acción.

Me gustaba crecer con la mañana,
esponjarme en el sol, a plena dicha
de sol, de sal, de luz marina y ola,
y en ese desarrollo de la espuma
fundó mi corazón su movimiento:
crecer con el profundo paroxismo
y morir derramándose en la arena.

Deslumbra el día

Nada para los ojos del invierno,
ni una lágrima más,
hora por hora se arma verde
la estación esencial, hoja por hoja,
hasta que con su nombre nos llamaron
para participar de la alegría.

Qué bueno es el eterno *para todos*,
el aire limpio, la promesa flor:
la luna llena deja
su carta en el follaje:

hombre y mujer vuelven del mar
con un cesto mojado
de plata en movimiento.

Como amor o medalla
yo recibo,
recibo
del sur, del norte, del violín,
del perro,
del limón, de la greda,
del aire recién puesto en libertad,
recibo máquinas de aroma oscuro,
mercaderías color de tormenta,
todo lo necesario:
azahares, cordeles,
uvas como topacios,
olor de ola:
yo acumulo
sin tregua,
sin trabajo,
respiro,
seco al viento mi traje,
mi corazón desnudo,
y cae,
cae el cielo:
en una copa
bebo
la alegría.

Las cartas perdidas

De cuanto escriben sobre mí yo leo
como sin ver, pasando,
como si no me fueran destinadas
las palabras, las justas y las crueles.

Y no es porque no acepte
la verdad buena o la mala verdad,
la manzana que quieren regalarme
o el venenoso estiércol que recibo.
Se trata de otra cosa.
De mi piel, de mi pelo,
de mis dientes,
de lo que me pasó en la desventura:
se trata de mi cuerpo y de mi sombra.

Por qué, me pregunté, me preguntaron,
otro ser sin amor y sin silencio
abre la grieta y con un clavo
a golpes
penetra en el sudor o la madera,
en la piedra o la sombra
que fueron mi substancia?

Por qué tocarme a mí que vivo lejos,
que no soy, que no salgo,
que no vuelvo,
por qué los pájaros del alfabeto
amenazan mis uñas y mis ojos?
Debo satisfacer o debo ser?
A quiénes pertenezco?
Cómo se hipotecó mi poderío
hasta llegar a no pertenecerme?
Por qué vendí mi sangre?
Y quiénes son los dueños
de mis incertidumbres, de mis manos,
de mi dolor, de mi soberanía?

A veces tengo miedo
de caminar junto al río remoto,
de mirar los volcanes
que siempre conocí y me conocieron:
tal vez arriba, abajo,
el agua, el fuego, ahora me examinan:

piensan que ya no digo la verdad,
que soy un extranjero.

Por eso, entristeciendo,
leo lo que tal vez no era tristeza,
sino adhesión o ira
o comunicación de lo invisible.
Para mí, sin embargo,
tantas palabras iban
a separarme de la soledad.
Y las pasé de largo,
sin ofenderme y sin desconocerme,
como si fueran cartas
escritas a otros hombres
parecidos a mí, pero distantes
de mí, cartas perdidas.

No hay pura luz

No hay pura luz
ni sombra en los recuerdos:
éstos se hicieron cárdena ceniza
o pavimento sucio
de calle atravesada por los pies de las gentes
que sin cesar salía y entraba en el mercado.

Y hay otros: los recuerdos buscando aún qué morder
como dientes de fiera no saciada.
Buscan, roen el hueso último, devoran
este largo silencio de lo que quedó atrás.

Y todo quedó atrás, noche y aurora,
el día suspendido como un puente entre sombras,
las ciudades, los puertos del amor y el rencor,
como si al almacén la guerra hubiera entrado

llevándose una a una todas las mercancías
hasta que a los vacíos anaqueles
llegue el viento a través de las puertas deshechas
y haga bailar los ojos del olvido.

Por eso a fuego lento surge la luz del día,
el amor, el aroma de una niebla lejana
y calle a calle vuelve la ciudad sin banderas
a palpitar tal vez y a vivir en el humo.

Horas de ayer cruzadas por el hilo
de una vida como por una aguja sangrienta
entre las decisiones sin cesar derribadas,
el infinito golpe del mar y de la duda
y la palpitación del cielo y sus jazmines.

Quién soy Aquél? Aquel que no sabía
sonreír, y de puro enlutado moría?
Aquel que el cascabel y el clavel de la fiesta
sostuvo derrocando la cátedra del frío?

Es tarde, tarde. Y sigo. Sigo con un ejemplo
tras otro, sin saber cuál es la moraleja,
porque de tantas vidas que tuve estoy ausente
y soy, a la vez soy aquel hombre que fui.

Tal vez es éste el fin, la verdad misteriosa.

La vida, la continua sucesión de un vacío
que de día y de sombra llenaban esta copa
y el fulgor fue enterrado como un antiguo príncipe
en su propia mortaja de mineral enfermo,
hasta que tan tardíos ya somos, que no somos:
ser y no ser resultan ser la vida.

De lo que fui no tengo sino estas marcas crueles,
porque aquellos dolores confirman mi existencia.

III

EL FUEGO CRUEL

El fuego cruel

EL FUEGO   Aquella guerra! El tiempo
CRUEL   un año y otro y otro
deja caer como si fueran tierra
para enterrar
aquello
que no quiere morir: claveles,
agua,
cielo,
la España, a cuya puerta
toqué, para que abrieran,
entonces, allá lejos,
y una rama cristalina
me acogió en el estío
dándome sombra y claridad,
frescura
de antigua luz que corre
desgranada
en el canto:
de antiguo canto fresco
que solicita
nueva
boca para cantarlo.
Y allí llegué para cumplir mi canto.

Ya he cantado y contado
lo que con manos llenas me dio España,
y lo que me robó con agonía,

lo que de un rato a otro
me quitó de la vida
sin dejar en el hueco
más que llanto,
llanto del viento en una cueva amarga,
llanto de sangre sobre la memoria.

Aquella guerra! No faltó la luz
ni la verdad,
no hizo falta la dicha sino el pan,
estuvo allí el amor, pero no los carbones:
había hombre, frente, ojos, valor
para la más acribillada gesta
y caían las manos como espigas cortadas
sin que se conociera la derrota,
esto es, había poder de hombre y de alma,
pero no había fusiles
y ahora les pregunto
después de tanto olvido:
qué hacer? qué hacer? qué hacer?

Respóndanme, callados,
ebrios de aquel silencio, soñadores
de aquella falsa paz y falso sueño,
qué hacer con sólo cólera en las cejas?
con sólo puños, poesía, pájaros,
razón, dolor, qué hacer con las palomas?
qué hacer con la pureza y con la ira
si delante de ti se te desgrana
el racimo del mundo
y ya la muerte
ocupa
la mesa
el lecho
la plaza
el teatro
la casa vecina
y blindada se acerca desde Albacete y Soria,

por costa y páramo, por ciudad y río,
calle por calle,
y llega,
y no hay sino la piel para pelearle,
no hay sino las banderas y los puños
y el triste honor ensangrentado
con los pies rotos,
entre polvo y piedra,
por el duro camino catalán
bajo las balas últimas
caminando
ay! hermanos valientes, al destierro!

LOS   Y luego aquellas muertes que me hicieron
MUERTOS   tanto daño y dolor
como si me golpearan hueso a hueso:
las muertes personales
en que también tú mueres.
Porque allí a Federico y a Miguel
los amarraron a la cruz de España,
les clavaron los ojos y la lengua,
los desangraron y quemaron vivos,
los blasfemaron y los insultaron,
los hicieron rodar por los barrancos
aniquilados
porque sí, porque no, porque así fue.
Así fueron heridos,
crucificados
hasta en el recuerdo
con la muerte española,
con las moscas rondando
las sotanas,
carcajada y escupo entre las lanzas,
mínimos esqueletos
de ruiseñor
para el aciago osario,
gotas de miel sangrienta
perdida
entre los muertos.

YO Doy fe!
RECUERDO Yo estuve
allí,
yo estuve
y padecí y mantengo
el testimonio
aunque no haya nadie
que recuerde
yo
soy el que recuerda,
aunque no queden ojos en la tierra
yo seguiré mirando
y aquí quedará escrita
aquella sangre,
aquel amor aquí seguirá ardiendo,
no hay olvido, señores y señoras,
y por mi boca herida
aquellas bocas seguirán cantando!

MUCHO Luego llegaron, lentos como bueyes,
TIEMPO y como veintiséis sacos de hierro,
TRANSCURRE siglos de doce meses
que cerraban España
al aire, a la palabra,
a la sabiduría,
restituyendo piedra y argamasa,
barrotes y cerrojos
a aquellas puertas que para mí se abrieron
durante el mediodía inolvidable.
Se acostumbró el dolor a la paciencia,
zozobró la esperanza en el destierro,
se desgranó la espiga
de españoles
en Caracas espléndida, en Santiago,
en Veracruz, en las arenas
de Uruguay generoso.

MISIÓN
DE AMOR

Yo los puse en mi barco.
Era de día y Francia
su vestido de lujo
de cada día tuvo aquella vez,
fue
la misma claridad de vino y aire
su ropaje de diosa forestal.
Mi navío esperaba
con su remoto nombre
Winnipeg
pegado al malecón del jardín encendido,
a las antiguas uvas acérrimas de Europa.
Pero mis españoles no venían
de Versalles,
del baile plateado,
de las viejas alfombras de amaranto,
de las copas que trinan
con el vino,
no, de allí no venían,
no, de allí no venían.
De más lejos,
de campos y prisiones,
de las arenas negras
del Sahara,
de ásperos escondrijos
donde yacieron
hambrientos y desnudos,
allí a mi barco
claro,
al navío en el mar, a la esperanza
acudieron llamados uno a uno
por mí, desde sus cárceles,
desde las fortalezas
de Francia tambaleante
por mi boca llamados
acudieron,
Saavedra, dije, y vino el albañil,
Zúñiga, dije, y allí estaba,

Roces, llamé, y llegó con severa sonrisa,
grité, Alberti! y con manos de cuarzo
acudió la poesía.
Labriegos, carpinteros,
pescadores,
torneros, maquinistas,
alfareros,
curtidores:
se iba poblando el barco
que partía a mi patria.
Yo sentía en los dedos
las semillas
de España
que rescaté yo mismo y esparcí
sobre el mar, dirigidas
a la paz
de las praderas.

YO REÚNO   Qué orgullo el mío cuando
palpitaba
el navío
y tragaba
más y más hombres, cuando
llegaban las mujeres
separadas
del hermano, del hijo, del amor,
hasta el minuto mismo
en que
yo
los reunía,
y el sol caía sobre el mar
y sobre
aquellos
seres desamparados
que entre lágrimas locas,
entrecortados nombres,
besos con gusto a sal,
sollozos que se ahogaban,

ojos que desde el fuego sólo aquí se encontraron:
de nuevo aquí nacieron
resurrectos,
vivientes,
y era mi poesía la bandera
sobre
tantas congojas
la que desde el navío los llamaba
latiendo y acogiendo
los legados
de la descubridora
desdichada,
de la madre remota
que me otorgó la sangre y la palabra.

Ay! mi ciudad perdida

Me gustaba Madrid y ya no puedo
verlo, no más, ya nunca más, amarga
es la desesperada certidumbre
como de haberse muerto uno también al tiempo
que morían los míos, como si se me hubiera
ido a la tumba la mitad del alma,
y allí yaciere entre llanuras secas,
prisiones y presidios,
aquel tiempo anterior cuando aún no tenía
sangre la flor, coágulos la luna.
Me gustaba Madrid por arrabales,
por calles que caían a Castilla
como pequeños ríos de ojos negros:
era el final de un día:
calles de cordeleros y toneles,
trenzas de esparto como cabelleras,
duelas arqueadas desde
donde

algún día
iba a volar el vino a un ronco reino,
calles de los carbones,
de las madererías,
calles de las tabernas anegadas
por el caudal
del duro Valdepeñas
y calles solas, secas, de silencio
compacto como adobe,
e ir y saltar los pies sin alfabeto,
sin guía, ni buscar, ni hallar, viviendo
aquello que vivía
callando con aquellos
terrones, ardiendo
con las piedras
y al fin callado el grito de una ventana, el canto
de un pozo, el sello
de una gran carcajada
que rompía
con vidrios
el crepúsculo, y aún
más acá,
en la garganta
de la ciudad tardía,
caballos polvorientos,
carros de ruedas rojas,
y el aroma
de las panaderías al cerrarse
la corola nocturna
mientras enderezaba mi vaga dirección
hacia Cuatro Caminos, al número
3
de la calle Wellingtonia
en donde me esperaba
bajo dos ojos con chispas azules
la sonrisa que nunca he vuelto a ver
en el rostro
—plenilunio rosado—

de Vicente Aleixandre
que dejé allí a vivir con sus ausentes.

Tal vez cambié desde entonces

A mi patria llegué con otros ojos
que la guerra me puso
debajo de los míos.
Otros ojos quemados
en la hoguera,
salpicados
por llanto mío y sangre de los otros,
y comencé a mirar y a ver más bajo,
más al fondo inclemente
de las asociaciones. La verdad
que antes no despegaba de su cielo
como una estrella fue,
se convirtió en campana,
oí que me llamaba
y que se congregaban otros hombres
al llamado. De pronto
las banderas de América,
amarillas, azules, plateadas,
con sol, estrella y amaranto y oro
dejaron a mi vista
territorios desnudos,
pobres gentes de campos y caminos,
labriegos asustados, indios muertos,
a caballo, mirando ya sin ojos,
y luego el boquerón infernal de las minas
con el carbón, el cobre y el hombre devastados,
pero eso no era todo
en las repúblicas,
sino algo sin piedad, sin amasijo:
arriba un galopante, un frío soberbio

con todas sus medallas,
manchado en los martirios
o bien los caballeros en el Club
con vaivén discursivo entre las alas
de la vida dichosa
mientras el pobre ángel oscuro,
el pobre remendado,
de piedra en piedra andaba y anda aún
descalzo y con tan poco qué comer
que nadie sabe cómo sobrevive.

Los míos

Yo dije: A ver la sangre!
Vengan a ver la sangre de la guerra!
Pero aquí era otra cosa.
No sonaban los tiros,
no escuché por la noche
un río de soldados
pasar
desembocando
hacia la muerte.
Era otra cosa aquí, en las cordilleras,
algo gris que mataba,
humo, polvo de minas o cemento,
un ejército oscuro
caminando
en un día sin banderas
y vi dónde vivía
el hacinado
envuelto por madera rota,
tierra podrida, latas oxidadas,
y dije «yo no aguanto»
dije «hasta aquí llegué en la soledad».
Hay que ver estos años desde entonces.

Tal vez cambió la piel de los países,
y se vio que el amor era posible.
Se vio que había que dar sin más remedio,
se hizo la luz y de un extremo a otro
de la aspereza
ardió la llama viva
que yo llevé en las manos.

En las minas de arriba

En las minas de arriba fui elegido,
llegué al Senado, me senté, juré,
con los distinguidos señores.
«Juro» y era vacío el juramento
de muchos, no juraban
con la sangre, sino con la corbata,
juraban con la voz, con lengua, labios
y dientes, pero allí se detenía
el juramento.

Yo traía la arena,
la pampa gris, la luna
ancha y hostil de aquellas soledades,
la noche del minero,
la sed del día duro
y la cuchara
de latón pobre de la pobre sopa:
yo traje allí el silencio,
la sangre de allá arriba,
del cavatierras casi exterminado
que aún me sonreía
con dentadura alegre,
y juré con el hombre y con su arena,
con hambre y minerales combatidos,
con la destreza y la pobreza humana.

Cuando yo dije «Juro»
no juré deserción ni compromiso,
ni por lograr honores o atavío
vine a poner la mano ardiendo
sobre el código seco
para que ardiera y se quemara con
el soplo desolado de la arena.
A veces me dormía
oyendo la cascada
invulnerable
del interés y los interesados,
porque al final algunos no eran hombres,
eran el 0, el 7, el 25,
representaban
cifras
de soborno,
el azúcar les daba la palabra
o la cotización de los frejoles,
uno era el senador por el cemento,
otro aumentaba el precio del carbón,
otro cobraba el cobre, el cuero,
la luz eléctrica, el salitre, el tren,
los automóviles, los armamentos,
las maderas del Sur pagaban votos,
y vi a un momificado caballero,
propietario de las embarcaciones:
nunca sabía cuándo
debía decir sí o exclamar no:
era como un antiguo buzo frío
que se hubiere quedado por error
debajo de la sal de la marea
y aquel hombre sin hombre
y con salmuera
determinaba por extraña suerte
la ley del yugo que se promulgaba
contra los pobres pueblos,
estipulando en cada codicilo
el hambre y el dolor

de cada día,
dando razón sólo a la muerte
y cebando el bolsillo
del negrero.
Correctos
eran
a la luz antagónica
los mercaderes lívidos
de la pobre República,
planchados,
respetables,
reunidos
en su pulcro corral de madera lustrosa,
regalando uno a otro la sonrisa,
guardando en el bolsillo
la semilla
de la creciente planta
del dinero.

Era mejor la superior planicie
o el socavón de piedra y explosiones
de los que allí me enviaron:
hirsutos camaradas,
mujercitas sin tiempo de peinarse,
hombres abandonados
de la gran minería.

Pronto estuvieron todos
de acuerdo como clavos
de un caserón
podrido:
se caían las tablas,
pero eran solidarios
de la estructura muerta.
Se dispusieron todos
a dar cárcel, tormento,
campos de prisioneros,
éxodo y muerte a aquellos

que alimentaban alguna esperanza
y vi que eran heridos
los lejanos,
asesinados
mis
ausentes compañeros
del desierto, no sólo
dispusieron para ellos
la costa cruel, Pisagua,
la soledad, el duelo, el desamparo,
como único reino, no sólo
en sudor y peligro,
hambre, frío, miseria desolada,
consistió para el compatriota pobre
el pan de cada uno de sus días:
ahora
aquí en este recinto
pude ver, escuchar,
semicerrados y sedosos peces,
sonrosados enormes calamares,
armados de camisa y de reloj,
firmando la condena
del pobre diablo oscuro,
del pobre camarada de la mina.
Todos de acuerdo
estaban
en romper la cabeza
del hambriento,
en azuzar las lanzas,
los garrotes,
en condenar la patria
a cien años de arena.
Escogieron
las costas
infernales
o el inhabitable espinazo
de los Andes,
cualquier

sitio
con muerte a plazo fijo
era escogido
con la lupa en el mapa:
un trozo
de papel amarillo,
un punto de oro, así
lo disfrazó la geografía,
pero el presidio de Pisagua, abrupta
prisión de piedra y agua,
dejó una cicatriz de mordedura
en la patria, en su pecho de paloma.

Revoluciones

Cayeron dignatarios
envueltos en sus togas
de lodo agusanado,
pueblos sin nombre levantaron lanzas,
derribaron los muros,
clavaron al tirano contra sus puertas de oro
o simplemente en mangas de camisa
acudieron
a una pequeña reunión
de fábrica, de mina o de oficio.
Fueron éstos
los
años
intermedios:
caía Trujillo con sus muelas de oro,
y en Nicaragua
un Somoza acribillado
a tiros
se desangró en su acequia pantanosa
para que sobre aquella rata muerta

subiese aún como un escalofrío
otro Somoza o rata
que no durará tanto.

Honor y deshonor, vientos contrarios
de los días terribles!
De un sitio aún escondido llevaron al poeta
algún laurel oscuro
y lo reconocieron:
las aldeas pasó
con su tambor de cuero claro,
con su clarín de piedra.
Campesinos de entrecerrados ojos
que aprendieron a oscuros en la sombra
y aprendieron el hambre como un texto sagrado
miraron al poeta que cruzaba
volcanes, aguas, pueblos y llanuras,
y supieron quién era:
lo resguardaron
bajo
sus follajes.
El poeta
allí estaba con su lira
y su bastón cortado en la montaña
de un árbol oloroso
y mientras más sufría
más sabía,
más cantaba aquel hombre:
había encontrado
a la familia humana,
a sus madres perdidas,
a sus padres,
al infinito número
de abuelos, a sus hijos,
y así se acostumbró
a tener mil hermanos.
Un hombre así no se sentía solo.
Y además con su lira

y su bastón del bosque
a la orilla
del río innumerable
se mojaba los pies,
entre las piedras.
Nada pasaba o nada parecía
pasar:
tal vez el agua que iba
resbalando en sí misma,
cantando
desde la transparencia:
la selva lo rodeaba
con su color de hierro:
allí era el punto puro,
el grado más azul, el centro inmóvil
del planeta
y él allí con su lira,
entre las peñas
y el agua
rumorosa,
y nada transcurría
sino el ancho silencio,
el pulso, el poderío
de la naturaleza
y sin embargo
a un grave amor estaba destinado,
a un honor iracundo.
Emergió de los bosques
y las aguas:
iba con él con claridad de espada
el fuego de su canto.

Soliloquio en las olas

Sí, pero aquí estoy solo.
Se levanta
una ola,
tal vez dice su nombre, no comprendo,
murmura, arrastra el peso
de espuma y movimiento
y se retira. A quién
preguntaré lo que me dijo?
A quién entre las olas
podré nombrar?
Y espero.

Otra vez se acercó la claridad,
se levantó en la espuma
el dulce número
y no supe nombrarlo.
Así cayó el susurro:
se deslizó a la boca de la arena:
el tiempo destruyó todos los labios
con la paciencia
de la sombra y el
beso anaranjado
del verano.
Yo me quedé solo
sin poder acudir a lo que el mundo,
sin duda, me ofrecía,
oyendo
cómo se desgranaba la riqueza,
las misteriosas uvas
de la sal, el amor desconocido
y quedaba en el día degradado
sólo un rumor
cada vez más distante

hasta que todo lo que pudo ser
se convirtió en silencio.

Cordilleras de Chile

Debo decir que el aire
establece una red. Y nubes, nieve,
en lo más alto andino,
se detuvieron como peces puros,
inmóviles, invictos.
Estoy rodeado
por la fortaleza
del páramo más áspero:
en sus mil torres silba
el viento venidero,
y desde cordilleras desdentadas
cae el agua metálica
en un hilo veloz
como si huyera
del cielo abandonado.
Toda palabra muere y todo muere
y es de silencio y frío la materia
del muerto y del sarcófago:
a plena luz, brillando, corre el río,
lejos de la dureza
y de morir se aleja despeñando
la nieve que el dolor endurecía
y que bajó muriendo
desde la cruel altura
en que dormía:
ayer, amortajada,
hoy, amante del viento.

El desconocido

Quiero medir lo mucho que no sé
y es así como llego
sin rumbo, toco y abren, entro y miro
los retratos de ayer en las paredes,
el comedor de la mujer y el hombre,
los sillones, las camas, los saleros,
sólo entonces comprendo
que allí no me conocen.
Salgo y no sé qué calles voy pisando,
ni cuántos hombres devoró esta calle,
cuántas pobres mujeres incitantes,
trabajadores de diversa raza
de emolumentos insatisfactorios.

La primavera urbana

Se gastó el pavimento hasta no ser
sino una red de sucios agujeros
en que la lluvia acumuló sus lágrimas,
luego llegaba el sol como invasor
sobre el gastado piso
de la ciudad sin fin acribillada
de la que huyeron todos los caballos.
Por fin cayeron algunos limones
y algún vestigio rojo de naranjas
la emparentó con árboles y plumas,
le dio un susurro falso de arboleda
que no duraba mucho,
pero probaba que en alguna parte
se desnudaba entre los azahares
la primavera impúdica y plateada.

Era yo de aquel sitio? De la fría
contextura de muro contra muro?
Pertenecía mi alma a la cerveza?
Eso me preguntaron al salir
y al entrar en mí mismo, al acostarme,
eso me preguntaban las paredes,
la pintura, las moscas, los tapices
pisados tantas veces
por otros habitantes parecidos
a mí hasta confundirse:
tenían mi nariz y mis zapatos,
la misma ropa muerta de tristeza,
las mismas uñas pálidas, prolijas,
y un corazón abierto como un mueble
en que se acumularon los racimos,
los amores, los viajes y la arena,
es decir, todo lo que sucediendo
se va y se queda inexorablemente.

Me siento triste

Tal vez yo protesté, yo protestaron,
dije, tal vez, dijeron: tengo miedo,
me voy, nos vamos, yo no soy de aquí,
no nací condenado al ostracismo,
pido disculpas a la concurrencia,
vuelvo a buscar las plumas de mi traje,
déjenme regresar a mi alegría,
a la salvaje sombra, a los caballos,
al negro olor de invierno de los bosques,
grité, gritamos, y a pesar de todo
no se abrieron las puertas
y me quedé, quedamos
indecisos,
sin vivir ni morir aniquilados

por la perversidad y el poderío,
indignos ya, expulsados
de la pureza y de la agricultura.

Recuerdo el Este

La pagoda de oro sufrí
con los otros hombres de arcilla.
Allí estaba y no se veía
de tan dorada y vertical:
con tanta luz era invisible.

Por qué reinaba en la ciudad?

Flecha, campana, embudo de oro,
el pequeñito ser la puso
en medio de sus decisiones,
en el centro de impuras calles
donde lloraba y escupía.

Calles que absorben y fermentan,
calles como velas de seda
de un desordenado navío
y luego las heces nadando
bajo la lluvia calurosa,
las colas verdes del pescado,
la pestilencia de las frutas,
todo el sudor de la tierra,
las lámparas en el detritus.
Por eso yo me pregunté
qué necesita el hombre: el pan
o la victoria misteriosa?

Bajo dos cabellos de Dios,
sobre un diente inmenso de Buda

mi hermano pequeño y huraño
de ojos oblicuos y puñal,
el birmano de piel terrestre
y corazón anaranjado,
él como los míos lejanos
(como el soldado de Tlaxcala
o el aymará de las mesetas),
establece un racimo de oro,
una Roma, una simetría,
un Partenón de piedra y miel,
y allí se prosterna el mendigo
esperando la voz de Dios
que está siempre en otra oficina.

Así fui yo por esas calles
del Asia, un joven sin sonrisa,
sin hallar comunicación
entre la pobre muchedumbre
y el oro de sus monumentos.
En el desorden de los pies,
de la sangre, de los bazares,
caía sobre mi cabeza
todo el crepúsculo maligno,
crepitantes sueños, fatiga,
melancolía colonial.
La pagoda como una espada
brillaba en la herida del cielo.

No caía sangre de arriba.

Sólo caía de la noche
oscuridad y soledad.

Amores: Josie Bliss (I)

Qué fue de la furiosa?
Fue la guerra
quemando
la ciudad dorada
la que la sumergió sin que jamás
ni la amenaza escrita,
ni la blasfemia eléctrica salieran
otra vez a buscarme, a perseguirme
como hace tantos días, allá lejos.
Como hace tantas horas
que una por una hicieron
el tiempo y el olvido
hasta por fin tal vez llamarse muerte,
muerte, mala palabra, tierra negra
en la que Josie Bliss
descansará iracunda.

Contaría agregando
a mis años ausentes
arruga tras arruga, que en su rostro
tal vez cayeron por dolores míos:
porque a través del mundo me esperaba.
Yo no llegué jamás, pero en las copas
vacías,
en el comedor muerto
tal vez se consumía mi silencio,
mis más lejanos pasos,
y ella tal vez hasta morir me vio
como detrás del agua,
como si yo nadara hecho de vidrio,
de torpes movimientos,
y no pudiera asirme
y me perdiera

cada día, en la pálida laguna
donde quedó prendida su mirada.
Hasta que ya cerró los ojos
cuándo?
hasta que tiempo y muerte la cubrieron
cuándo?
hasta que odio y amor se la llevaron
dónde?
hasta que ya la que me amó con furia,
con sangre, con venganza,
con jazmines,
no pudo continuar hablando sola,
mirando la laguna de mi ausencia.

Ahora tal vez
reposa y no reposa
en el gran cementerio de Rangoon.
O tal vez a la orilla
del Irrawadhy quemaron su cuerpo
toda una tarde, mientras
el río murmuraba
lo que llorando yo le hubiera dicho.

Amores: Josie Bliss (II)

Sí, para aquellos días
vana es la rosa: nada
creció
sino una lengua roja:
el fuego que bajaba
del verano insepulto,
el sol de siempre.

Yo me fugué de la deshabitada.

Huí como inasible marinero,
ascendí por el Golfo de Bengala
hasta las casas sucias de la orilla
y me perdí
de corazón y sombra.

Pero no bastó el mar inapelable:

Josie Bliss me alcanzó revolviendo
mi amor y su martirio.

Lanzas de ayer, espadas del pasado!

–Soy culpable, le dije
a la luciérnaga.

Y me envolvió la noche.

Quise decir que yo también
sufrí:
no es bastante:
el que hiere es herido hasta morir.

Y ésta es la historia, se escribió en la arena,
en el advenimiento de la sombra.

No es verdad! No es verdad!

También era la hora
de los dioses
–de mazapán, de luna,
de hierro, de rocío–,
dioses sangrientos cuya derramada
demencia
llenaba como el humo
las cúpulas del reino,
sí,
existía el aire

espeso, el fulgor
de los desnudos,
ay,
el olor de nardo que cerraba
mi razón con el peso del aroma
como si me encerraran en un pozo
de donde no salí para gritar,
sino para ahogarme.

Ay de mí, aquellos muros
que royeron
la humedad y el calor hasta dejarlos
como la piel partida del lagarto,
sí,
sí,
todo esto y más: la muchedumbre
abierta
por la violencia de un turbante, por
aquellos paroxismos de turquesa
de las mujeres que se desgranaban
ardiendo entre sotanas de azafrán.

Otras veces la lluvia
cayó sobre la tímida comarca:
cayó tan lenta como las medusas
sobre niños, mercados y pagodas:
era otra lluvia,
el cielo fijo
clavado como un grave vidrio opaco
a una ventana muerta
y esperábamos,
los pobres y los ricos,
los dioses,
los sacerdotes y los usureros,
los cazadores de iguanas,
los tigres que bajaban
de Assam,
hambrientos y pletóricos

de sangre:
todos
esperábamos:
sudaba el cielo del Este,
se cerraba la tierra:
no pasaba nada,
tal vez adentro
de aquellos dioses
germinaba y nacía
una vez más
el tiempo:
se ordenaba el destino:
parían los planetas.
Pero el silencio sólo recogía
plumas mojadas,
lento sudor celeste,
y de tanto esperar lloraba el mundo
hasta que un trueno
despertaba la lluvia,
la verdadera lluvia,
y entonces se desnudaba el agua
y era
sobre la tierra
el baile del cristal, los pies del cielo,
las ceremonias del viento.

Llovía como llueve Dios,
como cae el océano,
como el tambor de la batalla,
llovía el monzón verde
con ojos y con manos,
con abismos,
con nuevas cataratas
que se abrían
sobre los cocoteros y las cúpulas,
en tu cara, en tu piel, en tus recuerdos,
llovía como si saliera la lluvia
por vez primera de su jaula

y golpeaba las puertas
del mundo: Ábranme! Ábranme!
y se abría
no sólo el mundo, sino
el espacio,
el misterio,
la verdad,
todo se resolvía
en harina celeste
y la fecundación se derramaba
contra la soledad de la espesura.

Así era el mundo y ella siguió sola.

Ayer! Ayer!

Tus ojos aguerridos,
tus pies desnudos
dibujando un rayo,
tu rencor de puñal, tu beso duro,
como los frutos del desfiladero,
ayer, ayer
viviendo
en el ruido del fuego,
furiosa mía,
paloma de la hoguera,
hoy aún sin mi ausencia, sin sepulcro,
tal vez, abandonada de la muerte,
abandonada de mi amor, allí
donde el viento monzón y sus tambores
redoblan sordamente y ya no pueden
buscarme tus caderas extinguidas.

El mar

Necesito del mar porque me enseña:
no sé si aprendo música o conciencia:
no sé si es ola sola o ser profundo
o sólo ronca voz o deslumbrante
suposición de peces y navíos.
El hecho es que hasta cuando estoy dormido
de algún modo magnético circulo
en la universidad del oleaje.

No son sólo las conchas trituradas
como si algún planeta tembloroso
participara paulatina muerte,
no, del fragmento reconstruyo el día,
de una racha de sal la estalactita
y de una cucharada el dios inmenso.

Lo que antes me enseñó lo guardo! Es aire,
incesante viento, agua y arena.

Parece poco para el hombre joven
que aquí llegó a vivir con sus incendios,
y sin embargo el pulso que subía
y bajaba a su abismo,
el frío del azul que crepitaba,
el desmoronamiento de la estrella,
el tierno desplegarse de la ola
despilfarrando nieve con la espuma,
el poder quieto, allí, determinado
como un trono de piedra en lo profundo,
substituyó el recinto en que crecían
tristeza terca, amontonado olvido,
y cambió bruscamente mi existencia:
di mi adhesión al puro movimiento.

Insomnio

En medio de la noche me pregunto,
qué pasará con Chile?
Qué será de mi pobre patria oscura?

De tanto amar esta nave delgada,
estas piedras, estos terrones,
la persistente rosa
del litoral que vive con la espuma,
llegué a ser uno solo con mi tierra,
conocí a cada uno de sus hijos
y en mí las estaciones caminaban
sucesivas, llorando o floreciendo.

Siento que ahora, apenas
cruzado el año muerto de las dudas,
cuando el error que nos desangró a todos
se fue y empezamos a sumar de nuevo
lo mejor, lo más justo de la vida,
aparece de nuevo la amenaza
y en el muro el rencor enarbolado.

Adiós a la nieve

Chiaretta estaba allí,
C. con barba blanca y traje blanco
yacía en su recuerdo:
ella había llorado
malas noticias:
su hermano, en Laos, lejos
muerto, y por qué tan lejos?

Qué se le había perdido en la selva?
Pero la Isla,
piedra y perfume arriba,
como torre calcárea
se elevaba
con la certeza azul
del cielo firme
y fuerte:
un edificio inmóvil
siempre recién pintado,
con las mismas gaviotas
intrépidas, hambrientas:
la Isla
pululante
de abejas, viñas, hombres
y mujeres,
solitaria en la roca,
pura de su pequeña soledad:
aquí los locos ricos,
allí los cuerdos pobres:
hay sitio para todos:
hay demasiada luz para negarla:
sírvase un vaso de luz,
toda la miel de un día,
toda la noche con su fuego azul,
quedémonos tranquilos,
no riñamos con Luca
ni con Piero:
un pan de luz para el mundo,
dice la Isla
y allí está con la luz acumulada
inagotable como un gran cerezo
y hace diez años y subo escaleras:
es la misma,
clara de cal, colmada de verbena,
entre tiza y peñasco
las tiernas ramas tiernas,
el olor tembloroso

de las vegetaciones encrespadas:
desde arriba el silencio
del mar como un anillo,
como un anillo azul,
el mar azul,
la Isla:
las guerras ni los ricos la aplastaron:
los pobres no se fueron:
no emigraron ni el humo
ni el aroma:
zumbaban las avispas:
continuó en las botellas
el vino color de agua,
el fuego transparente
y zumbaban los élitros
de la naturaleza.

Yo volvía de lejos
para irme,
para irme de nuevo,
y supe así que así es morirse:
es irse y queda todo:
es morirse y la Isla
floreciendo,
es irse y todo intacto:
los jacintos,
la nave que circunda
como cisne abnegado
el pálido placer
de las arenas:
diez años que pudieron ser cien años,
cien años sin tocar ni oler ni ver,
ausencia, sombra, frío,
y todo allí florido,
rumoroso:
un edificio de agua
siempre,
un beso

siempre,
una naranja
siempre.

Partenón

Subiendo por las piedras arrugadas
en el calor de junio:
el horizonte, olivo y aluminio,
las colinas
como cigarras secas:
dejemos atrás al rey,
a la reina falsa,
dejemos
la ola amenazante:
acorazados:
las boas de Illinois,
saurios de Iowa,
mastines de Louisiana,
dejemos
el gusto gris,
el sabor de hierro sangriento,
la terca torre
amarga.
Al esplendor subamos,
al edificio,
al rectángulo puro
que aún sobrevive
sostenido, sin duda,
por abejas.

Rector del mundo,
canon
de la luz,
azul abuelo

de la geometría,
ahora tus columnas,
estriadas por las uñas
de los dioses perdidos,
no sostienen el techo pasajero
sino todo el azul,
azul indiferente:
así se llama
la eternidad:
azul es su apellido,
azul con vuelos grises,
nubes cortas,
azul deshabitado.

Y estas claras columnas.
La inteligencia estableció la norma,
edificó el sistema,
suspendió la medida en el espacio,
creó la luz, el triángulo.
Y los echó a volar como palomas.

Del desorden eterno,
de los grupos hostiles
de la naturaleza:
oscuridad, raíces, matorrales,
cuevas y montes terribles,
estalactitas crueles,
cortó la proporción como un zafiro.
Y el hombre entonces pudo
contar y percibir y prolongarse:
comenzó a *ser* el hombre!
subió al panal la abeja
y los ojos bajaron al problema:
el pensamiento tuvo continente
donde andar y medir, los pies tuvieron,
guiados por la línea,
la rectitud de que estaban sedientos:
el infinito para conocerlo.

El mar allí extendía su secreto.
El Partenón fue la primera nave,
la nave de la luz de proa pura
y navegó el rectángulo marino
esparciendo la fábula y la miel.
Aceptó su blancura el universo.

Cuando lo abandonaron, otra vez
creció el terror, la sombra:
volvió el hombre a vivir en la crueldad.

Allí quedó vacía,
deshabitada y pura,
la nave delicada,
olvidada y radiante,
distante en su estructura,
fría como si muerta.

Pero no era verdad, estaba viva
la casa, nave, y proa,
la dirección central de la materia.
No eran tiernas las líneas
ni la severidad de su hermosura
porque permanecía.
En la lluvia, en la guerra,
la ira o el olvido,
su terrible deber era durar.
Y el tiempo no respeta
la sonrisa:
su deber era estar, permanecer:
era lección la piedra,
era razón la luz edificada.

Y volvería el hombre,
el hombre sin su pasajero dios,
volvería:
el orden es la eternidad del alma
y el alma volvería

a vivir en el cuerpo que creó.
Estoy seguro
de la piedra inmóvil,
pero conozco el viento.
El orden es sólo una criatura.
Crece y vuelve a vivir el edificio.
Una vez y otra vez se apaga el fuego,
pero vuelve el amor a su morada.

Mareas

Crecí empapado en aguas naturales
como el molusco en fósforo marino:
en mí repercutía la sala rota
y mi propio esqueleto construía.
Cómo explicar, casi sin movimiento
de la respiración azul y amarga,
una a una las olas repitieron
lo que yo presentía y palpitaba
hasta que sal y zumo me formaron:
el desdén y el deseo de una ola,
el ritmo verde que en lo más oculto
levantó un edificio transparente,
aquel secreto se mantuvo y luego
sentí que yo latía como aquello:
que mi canto crecía con el agua.

La luz de Sotchi

En Sotchi tanta luz se desbordó
que fuera de la copa estalla y cae:
el mar no puede contener sus rayos

y una paz de reloj cuelga del cielo
hasta que como un élitro marino
desarrolla la ola su ejercicio
en plena castidad de piedra y agua,
mientras continuo sol, continua sal
se tocan como dos dioses desnudos.

Escrito en Sotchi

Viento del mar en mi cabeza, sobre
mis ojos como manos frías
ay y viene del aire removido,
otro viento, otro mar, del cielo
inmóvil, otro cielo azul,
y otro yo, desde lejos, recibiendo
de mi lejana edad, del mar distante,
una palpitación huracanada:
en una susurrante ola de Chile
un golpe de agua verde y viento azul.

No es el agua ni el viento,
ni la salobre arena combatida,
ni el pleno sol del aire iluminado
lo que yo verdaderamente veo,
sino las algas negras, la amenaza
de aquellas torres grandes del océano,
la ola que corre y sube sin medida,
el magno, arrollador trueno marino,
y por el solitario litoral
hacia Toltén camino, caminaba.

Yo fui el joven monarca
de aquellas soledades,
monarca oscuro cuyo reino fue
arena, bosque, mar y viento duro:

no tuve sueños, iba
con el espacio, a puro
beso de sal, abierto,
a golpes de aire líquido y amargo,
a seguir y seguir el infinito.

Qué más quise? Qué más pudieron darme
cuando era todo aquello que no era,
cuando todos los seres eran aire,
el mundo un vendaval enarenado,
una huella golpeada
por el vaivén del cielo poderoso
y los feroces dientes del océano?
Qué más si los minutos dilataban
su tela, y eran días,
y los días semanas, y los años
transcurren hasta ahora,
de tal modo que lejos y después
aquel amargo mar besa mi boca?

De mar a mar la vida
fue llenando
la soledad y convirtió en granero
mi conciencia vacía,
hasta que todo germinó conmigo
y el espacio entre mares,
mi edad entre las dos olas lejanas
se pobló, como un reino,
de cascabeles y padecimientos,
se llenó de banderas,
tuvo cosechas, ruinas,
heridas y batallas.

Ahora supongo el viento en mis pestañas
como si acumulara los reproches
y quisiera lavar con fuerza y frío
la patria que yo cargo,
como si el duro viento me clavara

sus lanzas transparentes
y no dejara en mí sino su peso
de rombo cristalino
y así obligara mi razón a ser
una palpitación de la pureza.

Pero de un mar a otro está la vida.

El viento limpio corre
hasta perder la sal de sus agujas
y caerá como un héroe desnudo,
muerto en una barranca, entre las hojas.

Se lo lleva la hora,
el viento corre detrás de sus pies,
de nuevo el sol, la luna se establecen,
las águilas regresan de la altura,
y es tan inmóvil la naturaleza
que sólo en mí transcurre
el tiempo transparente entre ola y ola.

Exilio

Entre castillos de piedra cansada,
calles de Praga bella,
sonrisas y abedules siberianos,
Capri, fuego en el mar, aroma
de romero amargo
y el último, el amor,
el esencial amor se unió a mi vida
en la paz generosa,
mientras tanto,
entre una mano y otra mano amiga
se iba cavando un agujero oscuro
en la piedra de mi alma

y allí mi patria ardía
llamándome, esperándome, incitándome
a ser, a preservar, a padecer.

El destierro es redondo:
un círculo, un anillo:
le dan vuelta tus pies, cruzas la tierra,
no es tu tierra,
te despierta la luz, y no es tu luz,
la noche llega: faltan tus estrellas,
hallas hermanos: pero no es tu sangre.
Eres como un fantasma avergonzado
de no amar más a los que tanto te aman,
y aún es tan extraño que te falten
las hostiles espinas de tu patria,
el ronco desamparo de tu pueblo,
los asuntos amargos que te esperan
y que te ladrarán desde la puerta.

Pero con corazón irremediable
recordé cada signo innecesario
como si sólo deliciosa miel
se anidara en el árbol de mi tierra
y esperé en cada pájaro
el más remoto trino,
el que me despertó desde la infancia
bajo la luz mojada.
Me pareció mejor la tierra pobre
de mi país, el cráter, las arenas,
el rostro mineral de los desiertos
que la copa de luz que me brindaron.
Me sentí solo en el jardín, perdido:
fui un rústico enemigo de la estatua,
de lo que muchos siglos decidieron
entre abejas de plata y simetría.

Destierros! La distancia
se hace espesa,

respiramos el aire por la herida:
vivir es un precepto obligatorio.
Así es de injusta el alma sin raíces:
rechaza la belleza que le ofrecen:
busca su desdichado territorio:
y sólo allí el martirio o el sosiego.

IV

EL CAZADOR DE RAÍCES

A la memoria de mi amigo
Alberto, escultor de Toledo,
República Española.

El cazador en el bosque

Al bosque mío entro con raíces,
con mi fecundidad: De dónde
vienes?, me pregunta
una hoja verde y ancha como un mapa.
Yo no respondo. Allí
es húmedo el terreno
y mis botas se clavan, buscan algo,
golpean para que abran,
pero la tierra calla.

Callará hasta que yo comience a ser
substancia muerta y viva, enredadera,
feroz tronco del árbol erizado
o copa temblorosa.

Calla la tierra para que no sepan
sus nombres diferentes, ni su extendido idioma,
calla porque trabaja
recibiendo y naciendo:
cuanto muere recoge
como una anciana hambrienta:
todo se pudre en ella,
hasta la sombra,

el rayo,
los duros esqueletos,
el agua, la ceniza,
todo se une al rocío,
a la negra llovizna
de la selva.

El mismo sol se pudre
y el oro interrumpido
que le arroja
cae en el saco de la selva y pronto
se fundió en la amalgama, se hizo harina,
y su contribución resplandeciente
se oxidó como un arma abandonada.

Vengo a buscar raíces,
las que hallaron
el alimento mineral del bosque,
la substancia
tenaz, el cinc sombrío,
el cobre venenoso.

Esa raíz debe nutrir mi sangre.

Otra encrespada, abajo,
es parte poderosa
del silencio,
se impone como paso de reptil:
avanza devorando,
toca el agua, la bebe,
y sube por el árbol
la orden secreta:
sombrío es el trabajo
para que las estrellas sean verdes.

Lejos, muy lejos

Me gusta cantar en el campo.

Ancha es la tierra, los follajes
palpitan, la vida
cambia sus multiplicaciones:
de abeja a polen, a ramaje,
a colmena, a rumor, a fruta,
y todo es allí tan secreto
que al respirar entre las hojas
parece que crece contigo
la economía del silencio.

Era tan lejos de mi tierra
aquel campo, la misma noche
caminaba con otros pasos,
con sangrientos pasos de fósforo.

De dónde venía el río
Irrawadhy con sus raíces?

De tan lejos, entre los tigres,

Allá en la sombra carcomida
las plumas eran un incendio
en el resplandor de las alas
y volaba el verde insepulto
entre las ráfagas del fuego.

Ay yo vi el redondo relámpago
del leopardo en el camino
y aún estoy viendo los anillos
de humo olvidado en la piel de oro,
el brusco salto y el asalto
de aquella cólera estrellada.

Elefantes que acompañaron
mi camino en las soledades,
trompas grises de la pureza,
pantalones pobres del tiempo,
oh bestias de la neblina
acorraladas en la cárcel
de las taciturnas tinieblas
mientras algo se acerca y huye,
tambor, pavor, fusil o fuego.

Hasta que rueda entre las hojas
el elefante asesinado
en su atónita monarquía.

De aquellos recuerdos recuerdo
la espaciosa selva en la noche,
el gran corazón crepitante.

Era como vivir adentro
del útero de la tierra:
un silbido veloz, un golpe
de algo sombrío que cayó:
el albedrío del follaje
esperando su desarrollo
y los insectos torrenciales,
las larvas que crujen y crecen,
las agonías devoradas,
la nocturna cohabitación
de las vidas y de las muertes.

Ay me guardo lo que viví
y es tal el peso del aroma
que aún prevalece en mis sentidos
el pulso de la soledad,
los latidos de la espesura!

La hermana cordillera

El fraile dijo sólo «hermana agua»,
«hermano fuego»,
también «hermano pájaro».
Allí no hay cordilleras.
Pero debió decirlo porque ella
es agua, fuego y pájaro.
Bien le hubiera quedado
«hermana cordillera».

Gracias, hermana grande
porque existes.
Por esta brizna que como una espada
entró en tu corazón de piedra
y continuó su filo.
Todas tus hierbas muerden,
tienen hambre,
tu viento llora de furia,
tiene hambre,
tus grandes rocas calladas
guardan el fuego muerto
que no pudo saciarse.
Allá, allá arriba,
no es cielo verde,
no,
es el volcán que espera,
todo lo destruyó y lo hizo de nuevo,
cayó con todos sus dientes rojos,
tronó con todas sus gargantas negras,
y luego
saltó el semen ardiente,
las quebradas,
la tierra,
guardaron

el espeso tesoro,
el sulfúrico vino
de fuego, muerte y vida,
y se detuvo todo movimiento:
sólo el humo ascendía
del conflicto.

Luego tocamos cada piedra,
decimos:
—Ésta es anaranjada.
—Ésta es ferruginosa.
—Ésta es el arcoiris.
—Ésta es de puro imán.
—Ésta tiene verrugas.
—Ésta es una paloma.
—Ésta tiene ojos verdes.

Porque así son las piedras
y cayeron de arriba:
tenían sed y aquí descansan
esperando la nieve.
Así nació esta piedra
agujereada,
estos montes hirsutos
así nacieron,
estas salas de cobre
verticales,
estas heridas rojas
de las frentes andinas
y el agua que salió de sus prisiones
y cantando se rompe y continúa.
Más, ahora
blanco y verde
es el pasto
crecido en las alturas,
rígido como lanza vencedora,
las plateadas espinas.
Ni árbol, ni sombra, todo

se presenta a la luz como la sal:
vive de un solo golpe su existencia.
Es la patria desnuda,
la acción del fuego,
de la piedra, del agua,
del viento
que limpió la creación,
y aquí por fin nos sentimos desnudos,
por fin llegamos sin morirnos
al sitio donde nace el aire,
por fin conocimos la tierra
y la tocamos en su origen.

Por todas estas cosas tan ásperas
y por la nieve, de materia suave,
gracias te doy, hermana cordillera.

El río que nace de las cordilleras

No sabe el río que se llama río.
Aquí nació, las piedras lo combaten
y así en el ejercicio
del primer movimiento
aprende música y establece espumas.
No es sino un vago hilo
nacido de la nieve
entre las circunstancias
de roca verde y páramo:
es un pobre relámpago
perdido
que comienza a cortar
con su destello
la piedra del planeta,
pero aquí
tan delgado

y oscuro
es
como si no pudiera
sobrevivir cayendo
buscando en la dureza su destino
y da vueltas la cima,
clava el costado mineral del monte
como aguijón y vuelan sus abejas
hacia la libertad de la pradera.

Las plantas de la piedra
enderezan contra él sus alfileres,
la tierra hostil lo tuerce,
le da forma de flecha o de herradura,
lo disminuye hasta hacerlo invisible,
pero resiste y sigue,
diminuto,
traspasando el umbral ferruginoso
de la noche volcánica,
taladrando, royendo,
surgiendo intacto y duro como espada,
convertido en estrella contra el cuarzo,
lento más tarde, abierto a la frescura,
río por fin, constante y abundante.

El rey maldito

La vieja selva llora tanto
que ya está podrida la tierra.
Es la madre del tigre y de los escarabajos.
Es también la madre del dios que duerme.
El dios que duerme
no duerme porque tiene sueño
sino porque sus pies son de piedra.
Lloraba con todas sus hojas,

con todos sus párpados negros.
Cuando bajó a beber el tigre
tenía sangre en el hocico
y el lomo lleno de lágrimas.
La iguana bajó por el llanto
como una nave resbalosa
y con las gotas que caían
multiplicó sus amatistas.
Un pájaro de vuelo escarlata, violeta, amarillo,
volcó el cargamento que el cielo
dejó en las ramas, suspendido.

Ay lo que ha comido la selva!

Sus propios árboles, los sueños
de las lianas y las raíces,
lo que quedó de la torcaza
después de que fue asesinada,
los vestidos de la serpiente,
las torres locas del follaje,
el pico cruel de las tortugas,
todo se lo come la selva.
Los minutos que con lentitud
se fueron convirtiendo en siglos,
en polvo de ramas inútiles,
los días abrasadores,
las noches negras, sin otra luz
que el fósforo de los leopardos,
todo
se lo comió
la selva.

La luz,
la muerte,
el agua,
el sol,
el trueno,
las cosas que huyen,

los insectos
que arden y mueren, consumidos
en sus pequeñas vidas de oro,
el tórrido estío y su cesta
de innumerables frutos rojos,
el tiempo
con su cabellera,
todo es alimento que cae
en la antigua, en la verde boca
de la selva devoradora.

Allí llegó el rey con su lanza.

Lo que nace conmigo

Canto a la hierba que nace conmigo
en este instante libre, a los fermentos
del queso, del vinagre, a la secreta
floración del primer semen, canto
al canto de la leche que ahora cae
de blancura en blancura a los pezones,
canto a los crecimientos del establo,
al fresco estiércol de las grandes vacas
de cuyo aroma vuelan muchedumbres
de alas azules, hablo
sin transición de lo que ahora sucede
al abejorro con su miel, al liquen
con sus germinaciones silenciosas:
como un tambor eterno
suenan las sucesiones, el transcurso
de ser a ser, y nazco, nazco, nazco
con lo que está naciendo, estoy unido
al crecimiento, al sordo alrededor
de cuanto me rodea, pululando,
propagándose en densas humedades,
en estambres, en tigres, en jaleas.

Yo pertenezco a la fecundidad
y creceré mientras crecen las vidas:
soy joven con la juventud del agua,
soy lento con la lentitud del tiempo,
soy puro con la pureza del aire,
oscuro con el vino de la noche
y sólo estaré inmóvil cuando sea
tan mineral que no vea ni escuche,
ni participe en lo que nace y crece.

Cuando escogí la selva
para aprender a ser,
hoja por hoja,
extendí mis lecciones
y aprendí a ser raíz, barro profundo,
tierra callada, noche cristalina,
y poco a poco más, toda la selva.

El pescador

Con larga lanza el pescador desnudo
ataca al pez pegado al roquerío
el mar el aire el hombre están inmóviles
tal vez como una rosa la piedad
se abre al borde del agua y sube lenta
deteniendo en silencio la dureza
parece que uno a uno los minutos
se replegaron como un abanico
y el corazón del pescador desnudo
tranquilizó en el agua su latido
pero cuando la roca no miraba
y la ola olvidaba sus poderes
en el centro de aquel planeta mudo
se descargó el relámpago del hombre
contra la vida inmóvil de la piedra

clavó la lanza en la materia pura
el pez herido palpitó en la luz
cruel bandera del mar indiferente
mariposa de sal ensangrentada.

Cita de invierno

I

He esperado este invierno como ningún invierno
se esperó por un hombre antes de mí,
todos tenían citas con la dicha:
sólo yo te esperaba, oscura hora.
Es éste como los de antaño, con padre y madre, con fuego
de carbón y el relincho de un caballo en la calle?
Es este invierno como el del año futuro,
el de la inexistencia, con el frío total
y la naturaleza no sabe que nos fuimos?
No. Reclamé la soledad circundada
por un gran cinturón de pura lluvia
y aquí en mi propio océano me encontró con el viento
volando como un pájaro entre dos zonas de agua.
Todo estaba dispuesto para que llore el cielo.
El fecundo cielo de un solo suave párpado
dejó caer sus lágrimas como espadas glaciales
y se cerró como una habitación de hotel
el mundo: cielo, lluvia y espacio.

II

Oh centro, oh copa sin latitud ni término!
Oh corazón celeste del agua derramada!
Entre el aire y la arena baila y vive
un cuerpo destinado

a buscar su alimento transparente
mientras yo llego y entro con sombrero,
con cenicientas botas
gastadas por la sed de los caminos.
Nadie había llegado
para la solitaria ceremonia.
Me siento apenas solo
ahora que la pureza es perceptible.
Sé que no tengo fondo, como el pozo
que nos llenó de espanto cuando niños,
y que rodeado por la transparencia
y la palpitación de las agujas
hablo con el invierno,
con la dominación y el poderío
de su vago elemento,
con la extensión y la salpicadura
de su rosa tardía
hasta que pronto no había luz
y bajo el techo
de la casa oscura
yo seguiré sin que nadie responda
hablando con la tierra.

III

Quién no desea un alma dura?
Quién no se practicó en el alma un filo?
Cuando a poco de ver vimos el odio
y de empezar a andar nos tropezaron
y de querer amar nos desamaron
y sólo de tocar fuimos heridos,
quién no hizo algo por armar sus manos
y para subsistir hacerse duro
como el cuchillo, y devolver la herida?
El delicado pretendió aspereza,
el más tierno buscaba empuñadura,
el que sólo quería que lo amaran

con un tal vez, con la mitad de un beso,
pasó arrogante sin mirar a aquella
que lo esperaba abierta y desdichada:
no hubo nada que hacer: de calle en calle
se establecieron mercados de máscaras
y el mercader probaba a cada uno
un rostro de crepúsculo o de tigre,
de austero, de virtud, de antepasado,
hasta que terminó la luna llena
y en la noche sin luz fuimos iguales.

IV

Yo tuve un rostro que perdí en la arena,
un pálido papel de pesaroso
y me costó cambiar la piel del alma
hasta llegar a ser el verdadero,
a conquistar este derecho triste:
esperar el invierno sin testigos.
Esperar una ola bajo el vuelo
del oxidado cormorán marino
en plena soledad restituida.
Esperar y encontrarme con un síntoma
de luz o luto
o nada:
lo que percibe apenas mi razón,
mi sinrazón, mi corazón, mis dudas.

V

Ahora ya tiene el agua tanto tiempo
que es nueva, el agua antigua se fugó
a romper su cristal en otra vida
y la arena tampoco recogió
el tiempo, es otro el mar y su camisa,
la identidad perdió el espejo
y crecimos cambiando de camino.

VI

Invierno, no me busques. He partido.
Estoy después, en lo que llega ahora
y desarrollará la lluvia fina,
las agujas sin fin, el matrimonio
del alma con los árboles mojados,
la ceniza del mar, el estallido
de una cápsula de oro en el follaje,
y mis ojos tardíos
sólo preocupados por la tierra.

VII

Sólo por tierra, viento, agua y arena
que me otorgaron claridad plenaria.

El héroe

Me convidó la dueña del castillo
a cada habitación para llorar.
Yo no la conocía
pero la amaba con amor amargo
como si mis desdichas se debieran
a que una vez dejó caer sus trenzas
sobre mí, derramándome la sombra.

Ahora ya era tarde.

Entramos
entre los retratos muertos,
y las pisadas
eran

como
si fuéramos tocando
hacia abajo
a la puerta
del triste honor, del laberinto ciego,
y la única verdad
era el olvido.

Por eso, en cada estancia
el silencio era un líquido,
y la señora dura del castillo
y yo, el testigo negro,
vacilábamos juntos
flotando en aquel frío,
tocaba el techo con su cabellera:
arriba el oro sucio
de los viejos salones
se confundía con sus pies desnudos.

El espeso sigilo
de las caducas cámaras
me levantaba, pero yo luché
invocando la naturalidad
de la física pura,
pero la castellana sumergida
me invitó a continuar
y divagando
sobre las alfombras rotas,
llorando en los pasillos,
llegaron horas puras y vacías,
sin alimentación y sin palabras,
o todo era pasado o sueño vano,
o el tiempo
no nos reconocía
y en su red, presos como peces, éramos
dos condenados al castillo inmóvil.

Aquellas horas sostengo en mis manos
como se guardan piedras o cenizas
sin pedir nada más a los recuerdos.
Pero, si mi destino errante
me conduce a los muros del castillo,
me cubro con mi máscara,
apresuro
el paso junto al foso,
cruzo las márgenes del funesto lago,
me alejo sin mirar: tal vez sus trenzas
caigan una vez más de los balcones
y ella con llanto agudo
llegue a mi corazón a detenerme.

Por eso yo, el astuto cazador
camino enmascarado por el bosque.

Bosque

Busqué para enterrar de nuevo
la raíz del árbol difunto:
me parecía que en el aire
aquella cabellera dura
era el dolor del pasajero:
y cuando la metí en la tierra
se estremeció como una mano
y otra vez tal vez, esta vez,
volvió a vivir con las raíces.

Yo soy de ese pueblo perdido
bajo la campana del mundo:
no necesito de los ojos,
la sed determina mi patria
y el agua ciega que me nutre.

Entonces del bosque raído
extraje el bien desenterrado
por la tempestad o la edad:
miré hacia arriba y hacia adentro
como si todo me acechara:
no podía sentirme solo,
el bosque contaba conmigo
para sus trabajos profundos.

Y cuando cavé, me miraban
los cotiledones hojosos,
los epipétalos hipóginos,
las drupas de íntimo contacto,
las emigrantes azorellas,
los nothofagos inclementes.
Examinaban la quietud
de mis manos ferruginosas
que cavaban de nuevo un hoyo
para raíces resurrectas.

El amancai y el altramuz
se empinaban sobre la greda
hasta las hojas y los ojos
del raulí que me examinaba,
del maitén puro y tembloroso
con sus guirnaldas de agua verde:
y yo sosteniendo en la selva
aquel silencio irresponsable
como un mayordomo vacío
sin herramientas ni lenguaje.

Nadie sabe mi profesión
de empecinado en las raíces,
entre las cosas que crujen
y las que silban de repente,
cuando las heliánteas homógamas
construyen sus cubos genésicos
toda la selva vaginal

es una bodega olorosa,
y voy y vengo salpicando
las constelaciones del polen
en el silencio poderoso.

De pronto una balada

Será verdad que otra vez ha golpeado
como aroma o temor, como extranjero
que no conoce bien calle ni casa.
Será verdad, tan tarde, y luego aún
la vida manifiesta una ruptura,
algo nace en el fondo de lo que era
ceniza
y el vaso tiembla con el nuevo vino
que cae y que lo enciende. Ay! será aquello
igual que ayer, camino sin señales,
y las estrellas arden con frescura
de jazmines entre tú y la noche,
ay! es algo que asume la alegría
atropelladamente rechazada
y que declara sin que nadie escuche
que no se rinde. Y sube una bandera
una vez más a las torres quemadas.
Oh amor, oh amor de pronto y de amenaza,
súbito, oscurecido, se estremece
la memoria y acude
el navío de plata,
el desembarcadero matutino:
niebla y espuma cubren las riberas,
cruza un grito espacial hacia las islas
y en plena puerta herida del Océano
la novia con su cola de azucenas
lista para partir. Mira sus trenzas:
son dos cascadas puras de carbones,

dos alas negras como golondrinas,
dos pesadas cadenas victoriosas.
Y ella como en la cita de esponsales
aguarda coronada por el mar
en el embarcadero imaginario.

Amores: Delia (I)

Delia es la luz de la ventana abierta
a la verdad, al árbol de la miel,
y pasó el tiempo sin que yo supiera
si quedó de los años malheridos
sólo su resplandor de inteligencia,
la suavidad de la que acompañó
la dura habitación de mis dolores.

Porque a juzgar por lo que yo recuerdo
donde las siete espadas se clavaron
en mí, buscando sangre,
y me brotó del corazón la ausencia,
allí, Delia, la luna luminosa
de tu razón apartó los dolores.

Tú, del país extenso
a mí llegabas
con corazón extenso, difundido
como dorado cereal, abierto
a las transmigraciones de la harina,
y no hay ternura como la que cae
como cae la lluvia en la pradera:
lentas llegan las gotas, las recibe
el espacio, el estiércol, el silencio
y el despertar de la ganadería
que muge en la humedad bajo el violín
del cielo.

Desde allí,
como el aroma que dejó la rosa
en un traje de luto y en invierno,
así de pronto te reconocí
como si siempre hubieras sido mía
sin ser, sin más que aquel desnudo
vestigio o sombra clara
de pétalo o espada luminosa.

La guerra llegó entonces:
tú y yo la recibimos a la puerta:
parecía una virgen transitoria
que cantaba muriendo
y parecía hermoso
el humo, el estampido
de la pólvora azul sobre la nieve,
pero de pronto
nuestras ventanas rotas,
la metralla
entre los libros,
la sangre fresca
en charcas por las calles:
la guerra no es sonrisa,
se dormían los himnos,
vibraba el suelo al paso
pesado del soldado,
la muerte desgranaba
espiga tras espiga:
no volvió nuestro amigo,
fue amarga sin llorar
aquella hora,
luego, luego las lágrimas,
porque el honor lloraba,
tal vez en la derrota
no sabíamos
que se abría la más inmensa fosa
y en tierra caerían
naciones y ciudades.

Aquella edad son nuestras cicatrices.
Guardamos la tristeza y las cenizas.

Ya vienen
por la puerta
de Madrid
los moros,
entra Franco en su carro de esqueletos,
nuestros amigos
muertos, desterrados.

Delia, entre tantas hojas
del árbol de la vida,
tu presencia
en el fuego,
tu virtud
de rocío:
en el viento iracundo
una paloma.

Amores: Delia (II)

Las gentes se acallaron y durmieron
como cada uno era y será:
tal vez en ti no nacía el rencor,
porque está escrito en donde no se lee
que el amor extinguido no es la muerte
sino una forma amarga de nacer.

Perdón para mi corazón en donde
habita el gran rumor de las abejas:
yo sé que tú, como todos los seres,
la miel excelsa tocas
y desprendes
de la piedra lunar, del firmamento,

tu propia estrella,
y cristalina eres entre todas.

Yo no desprecio, no desdeño, soy
tesorero del mar, escucho apenas
las palabras del daño
y reconstruyo
mi habitación, mi ciencia, mi alegría,
y si pude agregarte la tristeza
de mis ojos ausentes, no fue mía
la razón ni tampoco la locura:
amé otra vez y levantó el amor
una ola en mi vida y fui llenado
por el amor, sólo por el amor,
sin destinar a nadie la desdicha.

Por eso, pasajera
suavísima,
hilo de acero y miel que ató mis manos
en los años sonoros,
existes tú no como enredadera
en el árbol sino con tu verdad.

Pasaré, pasaremos,
dice el agua
y canta la verdad contra la piedra,
el cauce se derrama y se desvía,
crecen las hierbas locas
a la orilla:
pasaré, pasaremos,
dice la noche al día,
el mes al año,
el tiempo
impone rectitud al testimonio
de los que pierden y de los que ganan,
pero incansablemente crece el árbol
y muere el árbol y a la vida acude
otro germen y todo continúa.

Y no es la adversidad la que separa
los seres, sino
el crecimiento,
nunca ha muerto una flor: sigue naciendo.

Por eso aunque perdóname
y perdono
y él es culpable y ella
y van y vienen
las lenguas amarradas
a la perplejidad y a la impudicia,
la verdad
es
que todo ha florecido
y no conoce el sol las cicatrices.

La noche

Entro en el aire negro.
La noche vieja tiene
paciencia en su follaje,
se mueve
con su espacio,
redonda,
agujereada,
con qué plumas se envuelve?
O va desnuda?
Cayó sobre metálicas
montañas
cubriéndolas con sal
de estrellas duras:
uno por uno
cuanto monte
existe
se extinguió y descendió bajo sus alas:

bajo el trabajo negro de sus manos.
Al mismo tiempo
fuimos
barro negro,
muñecos
derribados
que dormían
sin ser, dejando fuera el traje diurno,
las lanzas de oro, el sombrero de espigas,
la vida con sus calles y sus números
allí quedó,
montón de pobre orgullo,
colmena sin sonido.
Ay noche y noche, abierta
boca, barca, botella,
no sólo tiempo y sombra,
no sólo la fatiga,
algo irrumpe, se colma
como una taza,
leche oscura,
sal negra,
y cae
adentro
de su pozo
el destino,
se quema cuanto existe, el humo
viaja buscando espacio hasta extender la noche,
pero
de la ceniza
mañana
naceremos.

Oh tierra, espérame

Vuélveme oh sol
a mi destino agreste,
lluvia del viejo bosque,
devuélveme el aroma y las espadas
que caían del cielo,
la solitaria paz de pasto y piedra,
la humedad de las márgenes del río,
el olor del alerce,
el viento vivo como un corazón
latiendo entre la huraña muchedumbre
de la gran araucaria.

Tierra, devuélveme tus dones puros,
las torres del silencio que subieron
de la solemnidad de sus raíces:
quiero volver a ser lo que no he sido,
aprender a volver desde tan hondo
que entre todas las cosas naturales
pueda vivir o no vivir: no importa
ser una piedra más, la piedra oscura,
la piedra pura que se lleva el río.

Patagonias

I

Áspero territorio,
extremo sur del agua:
recorrí
los costados,

los pies, los dedos fríos
del planeta,
desde arriba mirando
el duro ceño,
tercos montes y nieve abandonada,
cúpulas del vacío,
viendo,
como una cinta que se desenrolla
bajo las alas férreas,
la hostilidad
de la naturaleza.

Aquí, cumbres de sombra,
ventisqueros,
y el infinito orgullo
que hace resplandecer
las soledades,
aquí, en alguna cita
con raíces
o sólo con el ímpetu del viento,
debo de haber nacido.

Tengo que ver, tengo deberes puros
con esta claridad enmarañada
y me pesa el espacio en el pasado
como si mi pequeña historia humana
se hubiera escrito a golpes en la nieve
y ahora yo descubriera
mi propio nombre, mi estupor silvestre,
la volcánica estatua de la vida.

II

La patria se descubre
pétalo a pétalo
bajo los harapos
porque de tanta soledad el hombre

no extrajo flor, ni anillo, ni sombrero:
no encontró en estos páramos
sino la lengua
de los ventisqueros,
los dientes de la nieve,
la rama turbulenta
de los ríos.
Pero a mí me sosiegan
estos montes,
la paz huraña,
el cuerpo de la luna
repartido
como un espejo roto.

Desde arriba acaricio
mi propia piel, mis ojos,
mi tristeza,
y en mi propia extensión veo la sombra:
mi propia Patagonia:
pertenezco a los ásperos conflictos
de alguna inmensa estrella
que cayó derrotándome
y sólo soy una raíz herida
del torpe territorio:
me quemó la ciclónea nieve,
las astillas del hielo,
la insistencia del viento,
la crueldad clara, la noche pura y dura
como una espina.
                    Pido
a la tierra, al destino,
este silencio
que me pertenece.

Serenata de México

De Cuernavaca al mar México extiende
pinares, pueblos pardos, ríos rotos
entre la piedra antigua, eriales, hierbas
con ojos de amaranto, iguanas lentas,
techos de teja anaranjada, espinas,
socavones de mina abandonada,
serpientes ígneas, hombres polvorientos,
y el camino ondulando, atormentado
por la geología del infierno.

Oh corazón profundo, piedra y fuego,
estrella cercenada,
rosa enemiga,
pólvora en el viento!

Viví la alevosía
de la vieja crueldad,
toqué la rosa
perenne,
el rumor
de la abeja incesante:
cuanto el pequeño mexicano toca
con dedos o con alas,
hilo, plata, madera,
cuero, turquesa, barro,
se convierte en corola duradera,
cobra existencia y vuela crepitando.

Oh México, entre todas
las cumbres
o desiertos
o campiñas
de nuestro territorio desangrado

yo te separaría
por viviente,
por milenario sueño y por relámpago,
por subterráneo de todas las sombras
y por fulgor y amor nunca domados.

Aire para mi pecho,
para las vanas
sílabas
del hombre,
del hombre que te canta:
así fue el peregrino
del sisal a la piedra, a los sombreros,
a los telares, a la agricultura,
y aquí tengo en mi sien la cicatriz
de amarte y conocerte
y cuando cierro de noche los ojos
oigo música pobre
de tu calle
y voy durmiendo como navegando
en la respiración de Sinaloa.

A mano levantaron
tu hirsuta geografía,
a manos de hombre oscuro,
a manos de soldado,
de labrador, de músico,
se templó tu estatura
y la greda y la piedra levantada
a la orilla nupcial
de los océanos
se pobló con espinas,
con ágaves
cuyo jade entreabrió por sus heridas
los ojos alcohólicos
del sueño y de la ira.

Así entre los breñales se juntaron
mariposas y huesos de difuntos,
amapolas y dioses olvidados.

Pero los dioses no olvidaban.

Madre materia, germen,
tierra germinadora,
arcilla
tempestuosa
de la fecundación, lluvia encendida
sobre las tierras rojas,
en todas partes
resurgió la mano:
de la vieja ceniza del volcán
la oscura mano pura
renació
construyendo y construyendo.

Como tal vez antaño,
cuando llegó de lejos
el invasor amargo
y el eclipse del frío
cubrió con su mortaja
el cuerpo de oro,
así el picapedrero
hizo su célula
de piedra y la substancia
del sol le dio la miel de cada día:
el alfarero derramó al mercado
el redondo racimo
de los cántaros
y entre las hebras verdes y amarillas
irisó el tejedor sus mariposas,
de tal manera que florecen páramos
con el honor de su mercadería.

Yo tu selva sonora
conozco, en los rincones
de Chiapas olorosa
puse mis pies australes,
lo recuerdo:
caía brusco
el gran crepúsculo de ceniza azul
y en lo alto no había
cielo ni claridad:
todo era hojas:
el corazón del mundo era un follaje.
Porque entre
tierra oscura y noche verde
no me sentí agobiado,
a pesar
del infortunio
y de la hora incierta,
no me sentí tal vez por vez primera
padre del llanto
o huésped
de la eterna agonía.

Y la tierra sonora y saturada
me enseñó de una vez a ser terrestre:
reconocí derrotas y dolores:
por vez primera me enseñó la arcilla
terrenal
que cantando
conquista el solitario la alegría.

Crepitaban ardiendo
y apagándose
los coros de la selva,
pájaros con voz de agua infinita,
roncos gritos de bestias sorprendidas,
o crecía en el orbe atormentado
un súbito silencio,
cuando de pronto estremeció la tierra
el temblor espacial de las cigarras.

Yo me quedé pasmado,
mínimo, atónito en la certidumbre
de que un motor celeste
removiera la noche y el sonido.

Temblaba el cielo con sus azucenas,
la sombra agazapó sus azabaches
y subía, subía
el frenesí delgado
de una ola,
la migración metálica
de un río
de campanas.

Allí, la espesa noche
preparaba sus ojos:
el mundo
se iba llenando de color oscuro:
las estrellas latían
y yo solo, asediado
por el violín de los aserraderos
nocturnos, la cantata
universal
de un pueblo
secreto
de cigarras.

Yo regresé a mi tierra, y acodado
a las ventanas duras del invierno
acecho la insistencia de las olas
del océano frío de Isla Negra:
se desploma el honor del mediodía
en la sal poderosa
y crecen los estuarios de la espuma
en el sinfín del tiempo y de su arena.

Yo veo que las aves
dirigidas
como naves hambrientas
van sobre el mar buscando el fuego azul:
las piedras calurosas:
pienso que la victoria de sus alas
tal vez las haga descender un día
en las costas
de México bravío,
las transporta la sed
del hemisferio,
las incita un camino misterioso.

Aquí las recomiendo.
Yo quiero que desciendan
a las fosforescentes anilinas
del crepitante añil
y dispersen el ramo de su vuelo
sobre las californias mexicanas.

A las aves hambrientas,
emigrantes,
desgrana tu racimo generoso,
los peces de la luz, los huracanes
de tu salud sangrienta:

Oh, México, recibe
con las alas que volaron
desde el extremo sur, donde termina,
en la blancura, el cuerpo
de la América oscura,
recibe el movimiento
de nuestra identidad que reconoce
su sangre, su maíz, su desamparo,
su estrella desmedida:
somos la misma planta
y no se tocan
sino nuestras raíces.

Para la envidia

De uno a uno saqué los envidiosos
de mi propia camisa, de mi piel,
los vi junto a mí mismo cada día,
los contemplé
en el reino transparente
de una gota de agua:
los amé cuanto pude: en su desdicha
o en la ecuanimidad de sus trabajos:
y hasta ahora no sé
cómo ni cuándo
substituyeron nardo o limonero
por silenciosa arruga
y una grieta anidó donde se abriera
la estrella regular de la sonrisa.

Aquella grita de un hombre en la boca!

Aquella miel que fue substituida!

El grave viento de la edad
volando
trajo polvo, alimentos,
semillas separadas del amor,
pétalos enrollados de serpiente,
ceniza cruel del odio muerto
y todo
fructificó en la herida de la boca,
funcionó la pasión generatriz
y el triste sedimento del olvido
germinó, levantando la corola,
la medusa violeta de la envidia.

Qué haces tú, Pedro, cuando sacas peces?
Los devuelves al mar, rompes la red,
cierras los ojos ante el incentivo
de la profundidad procreadora?

Ay! Yo confieso mi pecado puro!
Cuanto saqué del mar,
coral, escama,
cola del arcoiris,
pez o palabra o planta plateada
o simplemente piedra submarina,
yo la erigí, le di la luz de mi alma.

Yo, pescador, recogí lo perdido
y no hice daño a nadie en mis trabajos.

No hice daño, o tal vez herí de muerte
al que quiso nacer y recibió
el canto de mi desembocadura
que silenció su condición bravía:
al que no quiso
navegar en mi pecho,
y desató
su propia fuerza,
pero vino el viento
y se llevó su voz y no nacieron
aquellos que querían ver la luz.

Tal vez el hombre crece y no respeta,
como el árbol del bosque, el albedrío
de lo que lo rodea,
y es de pronto
no sólo la raíz, sino la noche,
y no sólo da frutos, sino sombra,
sombra y noche que el tiempo y el follaje
abandonaron en el crecimiento
hasta que desde la humedad yacente

en donde esperan las germinaciones
no se divisan dedos de la luz:
el gratuito sol le fue negado
a la semilla hambrienta
y a plena oscuridad desencadena
el alma un desarrollo atormentado.

Tal vez no sé, no supe, no sabía.

No tuve tiempo en mis preocupaciones
de ver, de oír, de acechar y palpar
lo que estaba pasando, y por amor
pensé que mi deber era cantar,
cantar creciendo y olvidando siempre,
agonizando como resistiendo:
era mi amor, mi oficio
en la mañana entre los carpinteros,
bebiendo con los húsares, de noche,
desatar la escritura de mi canto
y yo creí cumplir,
ardiente o separado
del fuego,
cerca del manantial o en la ceniza,
creí que dando cuanto yo tenía,
hiriéndome para no dormir,
a todo sueño, a toda hora, a toda vida,
con mi sangre y con mis meditaciones,
y con lo que aprendí de cada cosa,
del clavel, de su generosidad,
de la madera y su paz olorosa,
del propio amor, del río, de la muerte,
con lo que me otorgó la ciudad y la tierra,
con lo que yo arranqué de una ola verde,
o de una casa que dejó vacía
la guerra, o de una lámpara
que halló encendida en medio del otoño,
así como del hombre y de sus máquinas,

del pequeño empleado y su aflicción,
o del navío navegando en la niebla:
con todo y, más que todo, con lo que yo debía
a cada hombre por su propia vida
hice yo lo posible por pagar, y no tuve
otra moneda que mi propia sangre.

Ahora qué hago con éste y con el otro?

Qué puedo hacer para restituir
lo que yo no robé? Por qué la primavera
me trajo a mí una corona amarilla
y quién anduvo hostil y enmarañado
buscándola en el bosque? Ahora
tal vez es tarde ya para encontrar
y volcar en la copa del rencor
la verdad atrasada y cristalina.

Tal vez el tiempo endureció la voz,
la boca, la piedad del ofendido,
y ya el reloj no podrá volver
a la consagración de la ternura.

El odio despiadado tuvo tiempo
de construir un pabellón furioso
y destinarme una corona cruel
con espinas sangrientas y oxidadas.
Y no fue por orgullo que guardé
el corazón ausente del terror:
ni de mi dolor ensimismado,
ni de las alegrías que sostengo
dispersé
en la venganza
el poderío.

Fue por otra razón, por indefenso.

Fue porque a cada mordedura
el día
que llegaba
me separaba de un nuevo dolor,
me amarraba las manos y crecía
el liquen en la piedra de mi pecho,
la enredadera se me derramaba,
pequeñas manos verdes me cubrían,
y me fui ya sin puños a los bosques
o me dormí en el título del trébol.

Oh, yo resguardo en mí mismo la avaricia
de mis espadas, lento
en la ira,
gozo
en mi dureza,
pero cuando la tórtola en la torre
trina, y agacha el brazo el alfarero
hacia su barro, haciéndolo vasija,
yo tiemblo y me traspasa
el aire lancinante:
mi corazón se va con la paloma.

Llueve y salgo a probar el aguacero.

Yo salgo a ser lo que amo, la desnuda
existencia del sol en el peñasco,
y lo que crece y crece sin saber
que no puede abolir su crecimiento:
dar grano el trigo: ser innumerable
sin razón: porque así le fue ordenado:
sin orden, sin mandato,
y, entre las rosas que no se reparten,
tal vez esta secreta voluntad,
esta trepidación de pan y arena,
llegaron a imponer su condición
y no soy yo sino materia viva

que fermenta y levanta sus insignias
en la fecundación de cada día.

Tal vez la envidia, cuando
sacó a brillar contra mí la navaja
y se hizo profesión de algunos cuantos,
agregó a mi substancia un alimento
que yo necesitaba en mis trabajos,
un ácido agresivo que me dio
el estímulo brusco de una hora,
la corrosiva lengua contra el agua.

Tal vez la envidia, estrella
hecha de vidrios rotos
caídos
en una calle amarga,
fue una medalla que condecoró
el pan que doy cantando cada día
y a mi buen corazón de panadero.

V

SONATA CRÍTICA

Arte magnética

De tanto amar y andar salen los libros.
Y si no tienen besos o regiones
y si no tienen hombre a manos llenas,
si no tienen mujer en cada gota,
hambre, deseo, cólera, caminos,
no sirven para escudo ni campana:
están sin ojos y no podrán abrirlos,
tendrán la boca muerta del precepto.

Amé las genitales enramadas
y entre sangre y amor cavé mis versos,
en tierra dura establecí una rosa
disputada entre el fuego y el rocío.

Por eso pude caminar cantando.

La noche

Quiero no saber ni soñar.
Quién puede enseñarme a no ser,
a vivir sin seguir viviendo?

Cómo continúa el agua?
Cuál es el cielo de las piedras?

Inmóvil hasta que detengan
las migraciones su destino
y luego viajen en el viento
de los archipiélagos fríos.

Inmóvil con secreta vida
como una ciudad subterránea
que se fatigó de sus calles,
que se escondió bajo la tierra
y ya nadie sabe que existe,
no tiene manos ni almacenes,
se alimenta de su silencio.

Alguna vez ser invisible,
hablar sin palabras, oír
sólo ciertas gotas de lluvia,
sólo el vuelo de cierta sombra.

A los desavenidos

Estos matrimonios peleados,
estas discordantes uniones,
por qué no rompen de una vez
y se terminan las historias,
las quejas de Juan y Juana,
los gritos entre Pedro y Pedra,
los palos entre Roso y Rosa?

A nadie le gusta pasear
con pez espadas conyugales
armados de razones duras
o disolviéndose en salmuera.

Por favor, pónganse de acuerdo
para no ponerse de acuerdo,

no salgan a mostrar cuchillos,
tenedores ni dentaduras.

En el estuario del amor
caben aún todas las lágrimas
y toda la tierra no puede
llenar la tumba del amor,
pero para morder y herir
no se pone el sol en las camas,
sino la sombra en los caminos.

A la baraja

Sólo seis oros,
siete
copas, tengo.

Y una ventana de agua.

Una sota ondulante,
y un caballo marino
con espada.

Una reina bravía
de pelo sanguinario
y de manos doradas.

Ahora que me digan
qué juego, qué adelanto,
qué pongo, qué retiro,
si naipes navegantes,
si solitarias copas,
si la reina o la espada.

Que alguien mire y me diga,
mire el juego del tiempo,
las horas de la vida,
las cartas del silencio,
la sombra y sus designios,
y me diga qué juego
para seguir perdiendo.

Se amanece

Se amanece sin deudas
y sin dudas
y luego
cambia el día,
rueda la rueda,
se transfigura el fuego.

No va quedando nada
de lo que amaneció, se fue quemando
la tierra uva por uva,
se fue quedando el corazón sin sangre,
la primavera se quedó sin hojas.

Por qué pasó todo esto en este día?
Por qué se equivocó de campanas?
O todo tiene que ser siempre así?

Cómo torcer, desembrollar el hilo,
ir remontando el sol hasta la sombra,
devolver luz hasta que la noche
se embarace de nuevo con un día,
y que este día sea nuestro hijo,
interminable hallazgo, cabellera
del tiempo recobrado,
conquistado a la deuda y a la duda

para que nuestra vida
sólo sea
una sola materia matutina,
una corriente clara.

La soledad

Lo que no pasó fue tan súbito
que allí me quedé para siempre,
sin saber, sin que me supieran,
como debajo de un sillón,
como perdido en la noche:
así fue aquello que no fue,
y así me quedé para siempre.

Pregunté a los otros después,
a las mujeres, a los hombres,
qué hacían con tanta certeza
y cómo aprendieron la vida:
en realidad no contestaron,
siguieron bailando y viviendo.

Es lo que no le pasó a uno
lo que determina el silencio,
y no quiero seguir hablando
porque allí me quedé esperando;
en esa región y aquel día
no sé lo que me pasó
pero yo ya no soy el mismo.

Por fin no hay nadie

Por fin no hay nadie, no, no hay voz ni boca,
no hay ojos, manos, pies: todos se fueron,
el día limpio corre con un aro,
el aire frío es un metal desnudo.
Sí, metal, aire y agua, y amarilla
inflorescencia, espesa en su racimo,
algo más, lo tenaz de su perfume,
el patrimonio puro de la tierra.

Dónde está la verdad? Pero la llave
se extravió en un ejército de puertas
y allí está entre las otras,
sin hallar
        nunca más
            su cerradura.

Por fin,
por eso no hay dónde perder
la llave, la verdad ni la mentira.

Aquí
no hay calle, nadie tiene puertas,
sólo con un temblor se abre la arena.
Y se abre todo el mar, todo el silencio,
el espacio con flores amarillas;
se abre el perfume ciego de la tierra
y como no hay caminos
no vendrá nadie, sólo
la soledad que suena
con canto de campana.

Tal vez tenemos tiempo

Tal vez tenemos tiempo aún
para ser y para ser justos.
De una manera transitoria
ayer se murió la verdad
y aunque lo sabe todo el mundo
todo el mundo lo disimula:
ninguno le ha mandado flores:
ya se murió y no llora nadie.

Tal vez entre olvido y apuro
un poco antes del entierro
tendremos la oportunidad
de nuestra muerte y nuestra vida
para salir de calle en calle,
de mar en mar, de puerto en puerto,
de cordillera en cordillera,
y sobre todo de hombre en hombre,
a preguntar si la matamos
o si la mataron otros,
si fueron nuestros enemigos
o nuestro amor cometió el crimen,
porque ya murió la verdad
y ahora podemos ser justos.

Antes debíamos pelear
con armas de oscuro calibre
y por herirnos olvidamos
para qué estábamos peleando.

Nunca se supo de quién era
la sangre que nos envolvía,
acusábamos sin cesar,
sin cesar fuimos acusados,

ellos sufrieron, y sufrimos,
y cuando ya ganaron ellos
y también ganamos nosotros
había muerto la verdad
de antigüedad o de violencia.
Ahora no hay nada que hacer:
todos perdimos la batalla.

Por eso pienso que tal vez
por fin pudiéramos ser justos
o por fin pudiéramos ser:
tenemos este último minuto
y luego mil años de gloria
para no ser y no volver.

El episodio

Hoy otra vez buenos días, razón,
como un antepasado y sin duda tal vez
como los que vendrán al trabajo mañana
con una mano toman la herramienta
y con toda las manos el decoro.

Sin ellos tambaleaban los navíos,
las torres no ocultaban su amenaza,
los pies se le enredaban al viajero:
ay, esta humanidad que pierde el rumbo
y vocifera el muerto, tirándola hacia atrás,
hacia la ineptitud de la codicia,
mientras el equilibrio se cubre con la cólera
para restituir la razón del camino.

Hoy otra vez, aquí me tienes, compañero:
con un sueño más dulce que un racimo
atado a ti, a tu suerte, a tu congoja.

Debo abolir orgullo, soledad, desvarío,
atenerme al recinto comunal y volver
a sostener el palio común de los deberes.

Yo sé que puedo abrir el delirio inocente
del casto ser perdido entre palabras
que dispone de entradas falsas al infierno,
pero para ese juego nacieron los saciados:
mi poesía es aún un camino en la lluvia
por donde pasan niños descalzos a la escuela
y no tengo remedio sino cuando me callo:
si me dan la guitarra canto cosas amargas.

EL GRAN   Todos se preguntaron, qué pasó?
SILENCIO
    Sin preguntar se preguntaban todos
y comenzó a vivirse en el veneno
sin saber cómo, de la noche al día.
Se resbalaba en el silencio como
si fuera nieve negra el pavimento,
los hambrientos oídos esperaban
un signo, y no se oía
sino un sordo rumor, y numeroso:
eran tantas ausencias que se unían
unas a otras como un agujero:
y otro agujero, y otro y otro y otro
van haciendo una red, y ésa es la patria.
Sí, de pronto la patria fue una red,
todos fueron envueltos en vacío,
en una red sin hilos que amarraba
los ojos, los oídos y la boca
y ya nadie sintió porque no había
con qué sentir, la boca
no tenía derecho a tener lengua,
los ojos no debían ver la ausencia,
el corazón vivía emparedado.

Yo fui, yo estuve, yo toqué las manos,
alcé la copa de color de río,
comí el pan defendido por la sangre:
bajo la sombra del honor humano
dormí y eran espléndidas las hojas
como si un solo árbol resumiera
todos los crecimientos de la tierra
y fui, de hermano a hermano, recibido
con la nobleza nueva y verdadera
de los que con las manos en la harina
amasaron el nuevo pan del mundo.

Sin embargo, allí estaba en ese tiempo
la presencia pugnaz, aquella herida
de sangre y sombra que nos acompaña:
lo que pasó, el silencio y la pregunta
que no se abrió en la boca, que murió
en la casa, en la calle y en la usina.
Alguien fallaba, pero no podía
la madre, el padre, el hermano, la hermana,
mirar el hueco de la ausencia atroz:
el sitio del ausente era un estigma:
no podía mirar el compañero
o preguntar, sin convertirse en aire,
y pasar al vacío, de repente,
sin que nadie notara ni supiese.

LA   Oh gran dolor de una victoria muerta
TRISTEZA en cada corazón! Estrangulados
por las lianas del miedo
que enlazaban la Torre del Reloj,
descendían los muros almenados
y entraban con la sombra a cada casa.

Ah tiempo parecido al agua cruel
de la ciénaga, al abierto pozo
de noche que se traga un niño:
y no se sabe y no se escucha el grito.
Y siguen en su sitio las estrellas.

EL MIEDO Qué pasó? Qué pasó? Cómo pasó?
Cómo pudo pasar? Pero lo cierto
es que pasó y lo claro es que pasó,
se fue, se fue el dolor *a no volver*:
cayó el error en su terrible embudo,
de allí nació su juventud de acero.
Y la esperanza levantó sus dedos.
Ay sombría bandera que cubrió
la hoz victoriosa, el peso del martillo
con una sola pavorosa efigie!

Yo la vi en mármol, en hierro plateado,
en la tosca madera del Ural
y sus bigotes eran dos raíces,
y la vi en plata, en nácar, en cartón,
en corcho, en piedra, en cinc, en alabastro,
en azúcar, en piedra, en sal, en jade,
en carbón, en cemento, en seda, en barro,
en plástico, en arcilla, en hueso, en oro,
de un metro, de diez metros, de cien metros,
de dos milímetros en un grano de arroz,
de mil kilómetros en tela colorada.
Siempre aquellas estatuas estucadas
de bigotudo dios con botas puestas
y aquellos pantalones impecables
que planchó el servilismo realista.
Yo vi a la entrada del hotel, en medio
de la mesa, en la tienda, en la estación,
en los aeropuertos constelados,
aquella efigie fría de un distante:
de un ser que, entre uno y otro movimiento,
se quedó inmóvil, muerto en la victoria.
Y aquel muerto regía la crueldad
desde su propia estatua innumerable:
aquel inmóvil gobernó la vida.

NO PUEDE No puede el hombre hacerse sin peligro
SER monumento de piedra y policía.

Y así pasó con él, con este grande
que comenzó a crecerse por decreto.
Y cuando poco a poco se hizo témpano,
fue congelando su alma enrarecida
por la impecable soledad del frío
y así aquel ingeniero del amor
construyó el pabellón de la desdicha.
Beria y los desalmados bandoleros
lo crearon a él o él los creó?

EL TERROR   La criatura del terror esconde
el eclipse, la luna, el sol maldito
de su progenitura ensangrentada
y el Dios demente incuba los castigos:
un ejército pálido de larvas
corren con ciegos ojos y puñales
a ejercitar el odio y la agonía,
y allí donde pasaron no quedó
ni libro, ni retrato, ni recuerdo:
hasta al niño sin voz le fue ordenado
nuevo nombre y escuela de suplicios.

Mientras tanto en su torre y en su estatua
el hombre del pavor sentía miedo:
sentía sombra dura y amenaza:
sentía la silbante soledad.

SUS   Y hacia el sur, hacia el Cáucaso partía
VACACIONES desconocidamente, entre tinieblas,
buscando el mismo sol que nos negaba:
la luz de los capítulos georgianos:
(tal vez allí su infancia regresó
al torvo subterráneo de su vida)
(tal vez allí entre el miedo y la verdad
se hizo aquella pregunta que nos hiere:
Qué pasa? Qué pasó?) (Y tal vez el padre
del miedo no encontró respuesta.)

EL SUR   De allí, de aquella luminosa miel,
DONDE NACIÓ   de la palpitación de las abejas,
del mediodía estático, agua y cielo,
espléndido fulgor, piedra y follaje,
de allí salió su juventud de acero.
Cuanto aprendió, palabra,
acción abierta o lucha clandestina,
fue forjado entre muchos, como se hace
de organismo o de planta la estructura,
y esta familia humana tuvo padres,
hermanos, hijos, náufragos, victorias,
bandera, reunión, grito, doctrina,
hasta que fue tan serio como el rayo.

Y cayó el árbol muerto del pasado.

Él encarnó la dirección del día
cuando pidió opiniones a la luz
y su sabiduría fue prestada
como a todos los hombres: si se deja
olvidada como una vestidura
vuelve a ser otra vez un ser desnudo
y su pasión tendrá premio o castigo.

ERA OTRO   Así pasó con él, cuando tomó
en sus manos las manos colectivas,
cuando agregó su paso al de los hombres,
cuando no vino como el rey de espadas
en la baraja, cruel y constelado.

LA GUERRA   En la guerra se alzó sobre los hombros
como estática proa y la victoria
lo subió aún y así quedó en su altura
inmóvil, victorioso y separado.

El alma a plena luna se congela:
nada crece en su espejo desolado
sino la propia imagen, el circuito

de un solo polo, de una dimensión,
y la esfera implacable de la nieve.

EL DOLOR   Así se forma el alma enrarecida:
con espejo, con nadie, con retrato,
sin hombres, sin Partido, sin verdad,
con susurro, con celos, con distancia,
sin compañero, sin razón, sin canto,
con armas, con silencio, con papeles,
sin pueblo, sin consulta, sin sonrisa,
con espías, con sombras y con sangre,
sin Francia, sin Italia, sin claveles,
con Berias, con sarcófagos, con muertos,
sin comunicación, sin alegría,
con mentirosos látigos y lenguas,
sin comunicación, sin alegría,
con la imposición y la crueldad,
sin saber cuándo cortan la madera,
con la soberbia triste, con la cólera,
sin compartir el pan y la alegría,
con más y más y más y más y más
y sin nadie, sin nadie, sin ninguno,
con las puertas cerradas y con muros,
sin el pueblo de las panaderías,
con cordeles, con nudos, con ausencia,
sin mano abierta, sin flor evidente,
con ametralladora, con soldados,
sin la contradicción, sin la conciencia,
con destierro, con frío, con infierno,
sin ti, sin alma, solo, con la muerte.

NOSOTROS   Saber es un dolor. Y lo supimos:
CALLÁBAMOS   cada dato salido de la sombra
nos dio el padecimiento necesario:
aquel rumor se transformó en verdades,
la puerta oscura se llenó de luz,
y se rectificaron los dolores.
La verdad fue la vida en esa muerte.
Era pesado el saco del silencio.

Y aún costaba sangre levantarlo:
eran tantas las piedras del pasado.

Pero fue así de valeroso el día:
con un cuchillo de oro abrió la sombra
y entró la discusión como una rueda
rodando por la luz restituida
hasta el punto polar del territorio.

Ahora las espigas coronaron
la magnitud del sol y su energía:
de nuevo el camarada respondió
a la interrogación del camarada.
Y aquel camino duramente errado
volvió, con la verdad, a ser camino.

LOS   Los que pusimos el alma en la piedra,
COMUNISTAS   en el hierro, en la dura disciplina,
allí vivimos sólo por amor
y ya se sabe que nos desangramos
cuando la estrella fue tergiversada
por la luna sombría del eclipse.

Ahora veréis qué somos y pensamos.
Ahora veréis qué somos y seremos.

Somos la plata pura de la tierra,
el verdadero mineral del hombre,
encarnamos el mar que continúa:
la fortificación de la esperanza:
un minuto de sombra no nos ciega:
con ninguna agonía moriremos.

MIS   En cuanto a mí voy a agregar un árbol
ENEMIGOS   a la extensión de la intemperie invicta:
voy a hablar de mí mismo y de los nombres
que me determinaban a la muerte,
de los que no me amaban y esperaron
que cayera el planeta y me aplastara.

LOS LOBOS SE
ACERCARON

Ya cuando los metales de la aurora,
piedra, nieve, jacinto, miel, arena,
se oscurecieron en la fortaleza
porque la historia se apagó un minuto,
ellos vinieron contra mí y los míos
a picar mi cabeza contra el suelo
creyéndose ellos vivos y yo muerto,
creyéndose tal vez reivindicados
de sus clasificadas agonías
creándose un minuto de durar
en el pobre pasado del recuerdo.

SIN
ORGULLO

Ni jactancia ni duelo ni alegría
en esta hora a los que no la vieron
dejaré en estas hojas transversales,
bastó vivir y ver para cantar
y dónde pudo dirigirse el canto?

FUIMOS
LEALES

El viento del amor lo dirigía
y no buscó los capiteles rotos,
las estatuas podridas por el polvo,
las gusaneras de la alevosía,
ni buscó por error la patria muerta:
fue rechazado por los alfileres
y volvió a la garganta, sin nacer,
sin conocer la luz del nacimiento.

NO NOS
VENDEMOS

No servían los límites cercados
por el patrón de las ganaderías:
ni el sobresalto de los mercaderes
empollando en la sombra huevos de oro
y no podían, con la ley del alma,
empeñarse en la cifra y las monedas.

LA POESÍA

Así el poeta escogió su camino
con el hermano suyo que apaleaban:
con el que se metía bajo tierra

y después de pelearse con la piedra
resucitaba sólo para el sueño.

EL POETA   Y también escogió la patria oscura,
la madre de frejoles y soldados,
de callejones negros en la lluvia
y trabajos pesados y nocturnos.

Por eso no me esperen de regreso.

No soy de los que vuelven de la luz.

NO, SEÑORES   Es en vano que acechen los que esperan
que yo me ponga en la esquina a vender
mis armas, mi razón, mis esperanzas.
Escuché cada día la amenaza,
la seducción, la furia, la mentira,
y no retrocedí desde mi estrella.

EL HONOR   Aquí cerca del mar parece vano
cuanto el rencor traía y devolvía,
pero los que mañana con los ojos
de otra edad mirarán esta frontera
de mi vida y mi muerte, encontrarán
que en el honor encontré la alegría.

EL MAL   Busca el hombre acosado en sus errores,
en su debilidad conmovedora,
alguien a quien sacrificar el peso
de lo que sin examen soportó,
y entonces esa piedra que llevaba
la arroja al que va abriéndole el camino.

Yo recibí en mi frente la pedrada.

Mi herida es el recuerdo de mi hermano:
del hombre que me amó sin encontrar
otro modo de hablarme sino herirme,

del hombre que me odió sin conocer
que en la luz asumí su oscuridad
y mi batalla fue por sus dolores.

NO ME RINDO Todos ellos quisieron que bajara
de la altura mi abeja y mi bandera
y que siguiendo el signo del crepúsculo
declarara mi error y recibiera
la condecoración del renegado.

Y en ese trance el crítico vetusto
implantó contra mí la guillotina,
pero no fue bastante ni fue poco
y, como si yo fuera una república
de repentina ráfaga insurgente,
tocaron el clarín contra mi pecho
y acudieron minúsculos gusanos
al orinal en que se debatía
en su propio pipí Pipipaseyro.

AQUÍ ESTOY *Limpio es el día que lavó la arena,*
blanca y fría en el mar rueda la espuma,
y en esta desmedida soledad
se sostiene la luz de mi albedrío.

Pero este mundo no es el que yo quiero.

ESPAÑA 1964 Las palabras del muro están escritas
en la pared y al último banquete
llegan los platos con manchas de sangre.
Se sienta Franco a la mesa de España,
encapuchado, y roe sin descanso
agregando aserrín a su huesera
y los encarcelados, los que ataron
la última rosa al fusil y cantaron
en la prisión, aúllan, y es el coro
de la cárcel, el alma amordazada
que se lamenta, cantan las cadenas,

aúlla el corazón sin su guitarra,
la tristeza camina por un túnel.

LA TRISTEZA   Cuando yo abrí los ojos a este mundo
y recibí la luz, el movimiento,
la comida, el amor y la palabra,
quién me diría que en todos los sitios
rompe el hombre los pactos de la luz,
construye y continúa los castigos.
Mi América a la piedra del pesar
encadenó torvamente a sus hijos
y sin cesar atormentó a su estirpe.

LOS TIRANOS   Y yo anduve mi vida entre los míos,
DE AMÉRICA   entre los desterrados y los muertos,
desperté al carcelero preguntando
el nombre de mi hermano sumergido
y a veces la respuesta era un silencio
de pozo, de entreabierta sepultura,
de padre y madre para siempre mudos.

Me quemé el corazón con este fuego
de honor invicto y dedos derrotados
como si yo debiera acumular
sangre de malheridos ecuadores
y siempre no ser yo sino los otros:
estos que soy también sin alegría:
porque como arrabal deshabitado
mi canto se llenó de prisioneros.

LOS «PUROS»   Me di cuenta que el hombre transitorio
reclama soledad para el que canta,
lo ha destinado a torre del desierto
y no acepta su grave compañía.
Lo quiere solo, atormentado y ciego.
Espera la cosecha tenebrosa
de las uvas del miedo y de la angustia,
quiere la eternidad del pasajero,

no reconoce en él sus propias manos,
ni la propia miseria que lo envuelve,
y en la profundidad que preconiza
quiere olvidar la incertidumbre humana.

LOS   Mientras tanto, las tribus y los pueblos
PUEBLOS arañan tierra y duermen en la mina,
pescan en las espinas del invierno,
clavan los clavos en sus ataúdes,
edifican ciudades que no habitan,
siembran el pan que no tendrán mañana,
se disputan el hambre y el peligro.

No es necesario

No es necesario silbar
para estar solo,
para vivir a oscuras.

En plena muchedumbre, a pleno cielo,
nos recordamos a nosotros mismos,
al íntimo, al desnudo,
al único que sabe cómo crecen sus uñas,
que sabe cómo se hace su silencio
y sus pobres palabras.
Hay Pedro para todos,
luces, satisfactorias Berenices,
pero, adentro,
debajo de la edad y de la ropa,
aún no tenemos nombre,
somos de otra manera.
No sólo por dormir los ojos se cerraron,
sino para no ver el mismo cielo.
Nos cansamos de pronto
y como si tocaran la campana

para entrar al colegio,
regresamos al pétalo escondido,
al hueso, a la raíz semisecreta
y allí, de pronto, somos,
somos aquello puro y olvidado,
somos lo verdadero
entre los cuatro muros de nuestra única piel,
entre las dos espadas de vivir y morir.

Atención al Mercado

Atención al Mercado,
que es mi vida!

Atención al Mercado,
compañeros!

Cuidado con herir
a los pescados!
Ya a plena luna, entre las traiciones
de la red invisible, del anzuelo,
por mano de pescante pescador
fallecieron, creían
en la inmortalidad
y aquí los tienes
con escamas y vísceras, la plata con la sangre
en la balanza.

Cuidado con las aves!
No toques esas plumas
que anhelaron el vuelo,
el vuelo
que tú también, tu propio
pequeño corazón se proponía.
Ahora son sagradas:

pertenecen
al polvo de la muerte y al dinero:
en esa dura paz ferruginosa
se encontrarán de nuevo con tu vida
alguna vez pero no vendrá nadie
a verte muerto, a pesar de tus virtudes,
no pondrán atención en tu esqueleto.

Atención al color de las naranjas,
al esencial aroma de la menta,
a la pobre patata en su envoltorio,
atención
a la verde
lechuga presurosa,
al afilado ají con su venganza,
a la testicularia berenjena,
al rábano escarlata, pero frío,
al apio que en la música se enrosca.

Cuidado con el queso!
No vino aquí sólo para venderse:
vino a mostrar el don de su materia,
su inocencia compacta,
el espesor materno
de su geología.

Cuidado cuando llegan las castañas,
enmaderadas lunas del estuche
que fabricó el otoño a la castaña,
a la flor de la harina que aprisiona
en cofres de caoba invulnerable.

Atención al cuchillo de Mercado
que no es el mismo de la ferretería:
antes estaba ahogado
como el pez, detenido en su paquete,
en la centena de igualdad tremenda:
aquí en la feria brilla y canta y corta,
vive otra vez en la salud del agua.

Pero si los frejoles
fueron bruñidos por la madre suave
y la naturaleza
los suavizó como a uñas de sus dedos,
luego los desgranó y a la abundancia
le dio multiplicada identidad.

Porque si las gallinas
de mano a mano cruzan y aletean
no es sólo cruel la petición humana
que en el degüello afirmará su ley,
también en los cepillos espinosos
se agruparán las zarzas vengativas
y como espinas picarán los clavos
buscando a quien pudieran coronar
con martirio execrable y religioso.

Pero ríe el tomate a todo labio.
Se abunda, se desmaya la delicia
de su carne gozosa
y la luz vertical entra a puñales
en la desnuda prole tomatera,
mientras la palidez de las manzanas
compite con el río de la aurora
de donde sale el día a su galope,
a su guerra, a su amor, a sus cucharas.

No olvido los embudos,
ellos son el olvido del guerrero,
son los cascos del vino,
siempre beligerante, ronco y rojo,
nunca por enemigos desarmado,
sin que olvide jamás el primer paso
que diera descendiendo
la pequeña montaña del embudo.
Aún recuerda el corazón purpúreo
el vino que baja del tonel
como desde un volcán el suave fuego.

El Mercado, en la calle,
en el Valparaíso serpentino,
se desarrolla como un cuerpo verde
que corre un solo día, resplandece,
y se traga la noche
el vegetal relámpago
de las mercaderías,
la torpe y limpia ropa
de los trabajadores,
los intrincados puestos
de incomprensibles hierros:
todo a la luz de un día:
todo en la rapidez desarrollado,
desgranado, vendido, transmitido
y desaparecido como el humo.

Parecían eternos los repollos,
sentados en el ruedo de su espuma
y las peludas balas
de las indecorosas zanahorias
defendían tal vez el absoluto.

Vino una vieja, un hombre pequeñito,
una muchacha loca con un perro,
un mecánico de la refinería,
la textil Micaela, Juan Ramírez,
y con innumerables Rafaeles,
con Marías y Pedros y Matildes,
con Franciscos, Armandos y Rosarios,
Ramones, Belarminos,
con los brazos del mar y con las olas,
con la crepitación, con el estímulo
y con el hambre de Valparaíso
no quedaron repollos ni merluzas:
todo se fue, se lo llevó el gentío,
todo fue boca a boca descendido
como si un gran tonel se derramara
y cayó en la garganta de la vida
a convertirse en sueño y movimiento.

Termino aquí, Mercado. Hasta mañana.
Me llevo esta lechuga.

La memoria

Tengo que acordarme de todos,
recoger las briznas, los hilos
del acontecer harapiento
y metro a metro las moradas,
los largos caminos del tren,
la superficie del dolor.

Si se me extravía un rosal
y confundo noche con liebre
o bien se me desmoronó
todo un muro de la memoria:
tengo que hacer de nuevo el aire,
el vapor, la tierra, las hojas,
el pelo y también los ladrillos,
las espinas que me clavaron,
la velocidad de la fuga.

Tengan piedad para el poeta.

Siempre olvidé con avidez
y en aquellas manos que tuve
sólo cabían inasibles
cosas que no se tocaban,
que se podían comparar
sólo cuando ya no existían.

Era el humo como un aroma,
era el aroma como el humo,
la piel de un cuerpo que dormía
y que despertó con mis besos,

pero no me pidan la fecha
ni el nombre de lo que soñé,
ni puedo medir el camino
que tal vez no tiene país
o aquella verdad que cambió
que tal vez se apagó de día
y fue luego luz errante
como en la noche una luciérnaga.

El largo día jueves

Apenas desperté reconocí
el día, era el de ayer,
era el día de ayer con otro nombre,
era un amigo que creí perdido
y que volvía para sorprenderme.

Jueves, le dije, espérame,
voy a vestirme y andaremos juntos
hasta que tú te caigas en la noche.
Tú morirás, yo seguiré
despierto, acostumbrado
a las satisfacciones de la sombra.

Las cosas ocurrieron de otro modo
que contaré con íntimos detalles.

Tardé en llenarme de jabón el rostro
—qué deliciosa espuma
en mis mejillas—,
sentí como si el mar me regalara
blancura sucesiva,
mi cara fue sólo un islote oscuro
rodeado por ribetes de jabón
y cuando en el combate

de las pequeñas olas y lamidos
del tierno hisopo y la afilada hoja
fui torpe y de inmediato,
malherido,
malgasté las toallas
con gotas de mi sangre,
busqué alumbre, algodón, yodo, farmacias
completas que corrieron a mi auxilio:
sólo acudió mi rostro en el espejo,
mi cara mal lavada y mal herida.

El baño
me incitaba
con prenatal calor a sumergirme
y acurruqué mi cuerpo en la pereza.

Aquella cavidad intrauterina
me dejó agazapado
esperando nacer, inmóvil, líquido,
substancia temblorosa
que participa de la inexistencia
y demoré en moverme
horas enteras,
estirando las piernas con delicia
bajo la submarina caloría.

Cuánto tiempo en frotarme y en secarme,
cuánto una media después de otra media
y medio pantalón y otra mitad,
tan largo trecho me ocupó un zapato
que cuando en dolorosa incertidumbre
escogí la corbata, y ya partía
de exploración, buscando mi sombrero,
comprendí que era demasiado tarde:
la noche había llegado
y comencé de nuevo a desnudarme,
prenda por prenda, a entrar entre las sábanas,
hasta que pronto me quedé dormido.

Cuando pasó la noche y por la puerta
entró otra vez el jueves anterior
correctamente transformado en viernes
lo saludé con risa sospechosa,
con desconfianza por su identidad.
Espérame, le dije, manteniendo
puertas, ventanas plenamente abiertas,
y comencé de nuevo mi tarea
de espuma de jabón hasta sombrero,
pero mi vano esfuerzo
se encontró con la noche que llegaba
exactamente cuando yo salía.
Y volví a desvestirme con esmero.

Mientras tanto esperando en la oficina
los repugnantes expedientes, los
números que volaban al papel
como mínimas aves migratorias
unidas en despliegue amenazante.
Me pareció que todo se juntaba
para esperarme por primera vez:
el nuevo amor que, recién descubierto,
bajo un árbol del parque me incitaba
a continuar en mí la primavera.

Y mi alimentación fue descuidada
días tras día, empeñado en ponerme
uno tras otro mis aditamentos,
en lavarme y vestirme cada día.
Era una insostenible situación:
cada vez un problema la camisa,
más hostiles las ropas interiores
y más interminable la chaqueta.

Hasta que poco a poco me morí
de inanición, de no acertar, de nada,
de estar entre aquel día que volvía
y la noche esperando como viuda.

Ya cuando me morí todo cambió.

Bien vestido, con perla en la corbata,
y ya exquisitamente rasurado
quise salir, pero no había calle,
no había nadie en la calle que no había,
y por lo tanto nadie me esperaba,

y el jueves duraría todo el año.

Los platos en la mesa

LOS   Antes vi el animal y su alimento.
ANIMALES   Al leopardo orgulloso
COMEN CON de sus ligeros pies, de su carrera,
HERMOSURA vi desencadenarse
           su estática hermosura
           y partir en un rayo de oro y humo
           el carro hexagonal de sus lunares:
           caer sobre la presa
           y devorar
           como devora el fuego,
           sin más, sin insistir,
           volviendo entonces
           limpio y erecto y puro
           al ámbito del agua y de las hojas,
           al laberinto del aroma verde.
           Vi pastar a las bestias matutinas
           suaves como la brisa sobre el trébol
           comer bajo la música
           del río
           levantando a la luz
           la coronada
           cabeza aderezada de rocío,
           y al conejo cortar la limpia hierba

con delicado, infatigable hocico,
blanco y negro, dorado o arenoso,
lineal como la estampa vibradora
de la limpieza sobre el pasto verde
y vi al gran elefante
oler y recoger en su trompeta
el cogollo secreto
y comprendí, cuando los pabellones
de sus bellas orejas
se sacudían de placer sensible,
que con los vegetales comulgaba
y que la bestia pura recogía
lo que la tierra pura le guardaba.

NO ASÍ LOS   Pero no así se conducía el hombre.
HOMBRES   Vi su establecimiento, su cocina,
su comedor de nave,
su restaurante de club o de suburbio,
y tomé parte en su desordenada
pasión de cada hora de su vida.
Empuñó el tenedor, saltó el vinagre
sobre la grasa, se manchó los dedos
en las costillas frescas del venado,
mezcló los huevos con horribles jugos,
devoró crudas bestias submarinas
que temblaban de vida entre sus dientes,
persiguió al ave de plumaje rojo,
hirió al pez ondulante en su destino,
ensartó en hierro el hígado
del tímido cordero,
machacó sesos, lenguas y testículos,
se enredó entre millones de spaghetti,
entre liebres sangrientas e intestinos.

MATAN UN   Mi infancia llora aún. Los claros días
CERDO EN MI   de la interrogación fueron manchados
INFANCIA   por la sangre morada de los cerdos,
por el aullido vertical que crece
aún en la distancia aterradora.

MATAN   Y en Ceylán vi cortar peces azules,
LOS PECES   peces de puro ámbar amarillo,
peces de luz violeta y piel fosfórica,
vi venderlos cortándolos vivientes
y cada trozo vivo sacudía
aún en las manos su tesoro regio,
latiendo, desangrándose en el filo
del pálido cuchillo mercenario
como si aún quisiera en la agonía
derramar fuego líquido y rubíes.

La bondad escondida

Qué bueno es todo el mundo!
Qué bueno es Juan, Silverio,
Pedro! Qué buena es Rosa!
Qué bueno es Nicolás! Qué bueno es Jorge!
Qué buenos son don Luis y doña Luisa!
Cuántos buenos recuerdo!
Si son como un granero
o bien me tocó sólo el grano bueno.
Pero, no puede ser, andando tanto
como yo anduve, y no encontrar ninguno,
ni hombre, ni viejo, ni mujer, ni joven:
todos eran así, por fuera duros
o por fuera dulces,
pero por dentro yo podía verlos,
se abrían para mí como sandías
y eran la pulpa pura, fruta pura,
sólo que muchas veces
no tenían ni puerta ni ventana:
entonces, cómo verlos? Cómo
probarlos y cómo comerlos?
La verdad es que el mal es el secreto.

Dentro del túnel no hubo primavera
y las ratas cayeron en el pozo.

No fue la misma el agua desde entonces.

Yo tal vez conversé con Amadeo
después del crimen, no recuerdo,
cuando ya su cabeza
valía ya menos que nada
y encontré que su crimen no alteró para mí
la bondad que amarró y que no entregó:
su avaricia de bueno lo hizo malo.

Y apenas se desvió su circunstancia
todos vieron lo malo que traía
cuando lo único que pudo dar
lo dio una sola vez y se quedó
como era, sin maldad, pero maldito.
Cuando entregó su oscuridad el pobre
era tardío ya el entendimiento,
la claridad se convirtió en desdicha.

Yo tuve casi al lado de mi vida
el odio, un enemigo confesado,
el señor K., poeta tartamudo,
y no era malo sino que sufría
por no poder cantar sin condiciones:
arder como lo sabe hacer el fuego,
enmudecer como los minerales.
Todo esto era imposible
para él que se empinaba y se alababa,
se reclamaba con saltos mortales,
con tribu y con tambor frente a la puerta
y como el que pasaba nunca supo
lo grande que era, se quedaba solo
insultando al honrado transeúnte
que siguió caminando a la oficina.

Hay mucho que arreglar en este mundo
para probar que todos somos buenos
sin que haya que esforzarse: no podemos
convertir la bondad en pugilato.
Así se quedarían despobladas
las ciudades, en donde
cada ventana oculta con cuidado
los ojos que nos buscan y no vemos.

Esto se refiere a lo que aceptamos sin quererlo

Ay qué ganas de no
de no no no
cuánta vida
pasamos
o perdimos
sí sí
sí sí
sí sí
íbamos barro abajo aquella vez
y cuando nos caímos de la estrella
aún más, entre búfalos
que crepitaban,
ardiendo de cornúpetos,
o sólo entonces cuando no podíamos
ir más allá ni más acá, el momento
de las imprecisiones que corroen
con lento paso de ácido,
en fin, en todas partes,
no queríamos
y allí quedamos vivos pero muertos.
Porque siempre se trata
de que no sufra Pedro ni su abuela
y con esta medida
nos midieron

toda la vida
desde los ojos hasta los talones
y con esta razón
dictaminaron
y luego ya sin el menor respeto
nos dijeron qué vísceras
debíamos
sacrificar,
qué huesos,
qué dientes y qué venas
suprimirían ellos noblemente
de nuestros abrumados esqueletos.
Y así pasó aquel jueves
cuando entre los peñascos
no teníamos pies y luego cuando
no teníamos lengua,
la habíamos gastado sin saberlo,
decíamos que sí sin saber cómo
y entre síes y síes
nos quedamos sin vida entre los vivos
y todos nos miraban y nos creían muertos.
Nosotros no sabíamos
qué podía pasar porque los otros
parecían de acuerdo en estar vivos
y nosotros allí
sin poder nunca
decir que no que no
que tal vez no que nunca
no que siempre
no no
no no
no no.

Las comunicaciones

Muerte a los subterráneos! decreté.

Hasta cuándo engañarse con la cara cerrada
y ojos hacia no ver, hacia dormir.
No es necesario nada sino ser
y ser es a la luz, ser es ser visto
y ver, ser es tocar y descubrir.

Abajo todo el que no tiene flor!

De nada sirven sólo las raíces!

No hay que vivir royendo
la piedra submarina
ni el cristal
ahogado
de la noche:
hay que crecer y levantar bandera,
hacer fuego en la isla
y que conteste
el dormido navegante,
que despierte
y responda
a la súbita hoguera
que allí nació en la costa hasta ahora oscura:
nació del patrimonio luminoso,
de comunicación a fundamento,
hasta que no hay oscuridad, y somos:
somos con otros hombres y mujeres:
a plena luz amamos,
a pleno amor nos ven y eso nos gusta:
sin silencio es la vida verdadera.

Sólo la muerte se quedó callada.

La verdad

Os amo, idealismo y realismo,
como agua y piedra
sois
partes del mundo,
luz y raíz del árbol de la vida.

No me cierren los ojos
aun después de muerto,
los necesitaré aún para aprender,
para mirar y comprender mi muerte.

Necesito mi boca
para cantar después, cuando no exista.
Y mi alma y mis manos y mi cuerpo
para seguirte amando, amada mía.

Sé que no puede ser, pero esto quise.

Amo lo que no tiene sino sueños.

Tengo un jardín de flores que no existen.

Soy decididamente triangular.

Aún echo de menos mis orejas,
pero las enrollé para dejarlas
en un puerto fluvial del interior
de la República de Malagueta.

No puedo más con la razón al hombro.

Quiero inventar el mar de cada día.

Vino una vez a verme
un gran pintor que pintaba soldados.
Todos eran heroicos y el buen hombre
los pintaba en el campo de batalla
muriéndose de gusto.

También pintaba vacas realistas
y eran tan extremadamente vacas
que uno se iba poniendo melancólico
y dispuesto a rumiar eternamente.

Execración y horror! Leí novelas
interminablemente bondadosas
y tantos versos sobre
el Primero de Mayo
que ahora escribo sólo sobre el 2 de ese mes.

Parece ser que el hombre
atropella el paisaje
y ya la carretera que antes tenía cielo
ahora nos agobia
con su empecinamiento comercial.

Así suele pasar con la belleza
como si no quisiéramos comprarla
y la empaquetan a su gusto y modo.

Hay que dejar que baile la belleza
con los galanes más inaceptables,
entre el día y la noche:
no la obliguemos a tomar la píldora
de la verdad como una medicina.

Y lo real? También, sin duda alguna,
pero que nos aumente,
que nos alargue, que nos haga fríos,
que nos redacte
tanto el orden del pan como el del alma.

A susurrar! ordeno
al bosque puro,
a que diga en secreto su secreto
y a la verdad: No te detengas tanto
que te endurezcas hasta la mentira.

No soy rector de nada, no dirijo,
y por eso atesoro
las equivocaciones de mi canto.

El futuro es espacio

El futuro es espacio,
espacio color de tierra,
color de nube,
color de agua, de aire,
espacio negro para muchos sueños,
espacio blanco para toda la nieve,
para toda la música.

Atrás quedó el amor desesperado
que no tenía sitio para un beso,
hay lugar para todos en el bosque,
en la calle, en la casa,
hay sitio subterráneo y submarino,
qué placer es hallar por fin,
                                        subiendo
un planeta vacío,
grandes estrellas claras como el vodka
tan transparentes y deshabitadas,
y allí llegar con el primer teléfono
para que hablen más tarde tantos hombres
de sus enfermedades.

Lo importante es apenas divisarse,
gritar desde una dura cordillera
y ver en la otra punta
los pies de una mujer recién llegada.

Adelante, salgamos
del río sofocante
en que con otros peces navegamos
desde el alba a la noche migratoria
y ahora en este espacio descubierto
volemos a la pura soledad.

Notas

HERNÁN LOYOLA

Abreviaturas

AEV   Asociación de Escritores Venezolanos.
AUCh   Revista *Anales de la Universidad de Chile*, Santiago.
BB   Biblioteca de Bolsillo, colección de Editorial Seix Barral.
BC   Biblioteca Contemporánea, colección de Editorial Losada.
BCC   Biblioteca Clásica y Contemporánea, la misma con nuevo nombre.
CCM   Neruda, *Cantos ceremoniales*, 1961.
CDG   Neruda, *Canción de gesta*, 1960.
CGN   Neruda, *Canto general*, 1950.
CHV   Neruda, *Confieso que he vivido*, Barcelona, Seix Barral, 1974.
CMR   Neruda, *Cartas de amor*, Madrid, Rodas, 1974.
CPAH   Colección Poetas de Ayer y de Hoy, Editorial Losada.
CPEA   Colección Poetas de España y América, Editorial Losada.
CSA   Neruda, *Cien sonetos de amor*, 1959.
ETV   Neruda, *Estravagario*, 1958.
HOE   Neruda, *El hondero entusiasta*, 1933.
HYE   Neruda, *El habitante y su esperanza*, 1926.
MIN   Neruda, *Memorial de Isla Negra*, 1964.
NJV   *Neruda joven*, Barcelona, edición del Banco Exterior de España, 1983.
NOE   Neruda, *Nuevas odas elementales*, 1956.
NYR   Neruda, *Navegaciones y regresos*, 1959.
OC   Neruda, *Obras completas*, Editorial Losada, 1957, 1962, 1968, 1973.
OCI   Revista *O Cruzeiro Internacional*, Río de Janeiro.
OEL   Neruda, *Odas elementales*, 1954.
PCH   Neruda, *Las piedras de Chile*, 1961.
PNN   Neruda, *Para nacer he nacido*, 1978.
PPS   Neruda, *Plenos poderes*, 1962.
RST   Neruda, *Residencia en la tierra*, 1935.
TER   Neruda, *Tercera residencia*, 1947.
TLO   Neruda, *Tercer libro de las odas*, 1957.
UVT   Neruda, *Las uvas y el viento*, 1954.
VCP   Neruda, *Los versos del Capitán*, 1952.
VPA   Neruda, *Veinte poemas de amor y una canción desesperada*, 1924.

Referencias bibliográficas

Alonso	Amado Alonso, *Poesía y estilo de Pablo Neruda*, Buenos Aires, Sudamericana, 1951.
Anderson	David G. Anderson, *On Elevating The Commonplace. A Structuralist Analysis of the «Odas» of Pablo Neruda*, Valencia, Albatros Hispanófila Ediciones, 1987.
Concha 1972	Jaime Concha, *Neruda (1904-1936)*, Santiago, Universitaria, 1972.
Concha 1982	Jaime Concha, «Introducción» a Pablo Neruda, *Odas elementales*, Madrid, Cátedra, 1983, pp. 13-56.
Concha 1995	Jaime Concha, «*Navegaciones y regresos*: el mundo y las cosas en las odas elementales», *Nerudiana*, Sássari, 1995, pp. 60-79.
Loyola 1987	Hernán Loyola, «Introducción, notas y apéndices» a Pablo Neruda, *Residencia en la tierra*, Madrid, Cátedra, 1987.
Loyola 1994	Hernán Loyola, «Neruda entre modernidad y posmodernidad», en Luis Íñigo Madrigal, ed., *Los Premios Nobel de Literatura Hispanoamericanos*, Ginebra, Éditions Patiño, 1994, pp. 39-56.
Loyola 1995	Hernán Loyola, voz «Neruda, Pablo», en *Diccionario Enciclopédico de las Letras de América Latina*, Caracas, Fundación Biblioteca Ayacucho, 1995, pp. 3360-3373.
Loyola 1998	Hernán Loyola, «Neruda 1956-1973: la modulación posmoderna del compromiso político», en C. Poupeney Hart y M. Sarfati-Arnaud, eds., *Pablo Neruda. Mitos y personaje*, Ottawa, Girol Books, 1998, pp. 30-59.
Mayorga	Elena Mayorga, *Las casas de Neruda*, tesis de graduación en Arquitectura, Concepción, Chile, Universidad del Bío Bío, 1996.
Neruda 1964	Pablo Neruda, «Algunas reflexiones improvisadas sobre mis trabajos», en estas *Obras completas*, vol. IV.

Pring-Mill 1970   Robert Pring-Mill, «La elaboración de la cebo-
                   lla», en *Actas del III Congreso Internacional de
                   Hispanistas*, México, 1970.

Pring-Mill 1979   Robert Pring-Mill, «El Neruda de las *Odas ele-
                   mentales*», en A. Sicard, ed., *Coloquio internacio-
                   nal sobre Pablo Neruda*, Poitiers, CRLA, 1979,
                   pp. 261-300.

Pring-Mill 1990   Robert Pring-Mill, «The Building of Neruda's
                   "Oda al edificio"», en Gisela Beutler, ed., «*Sieh
                   den Fluss der Sterne strömen*». *Hispanoamerika-
                   nische Lyrik der Gegenwart*, Darmstadt, 1990,
                   pp. 128-222.

Reyes   Bernardo Reyes, *Retrato de familia. Neruda
                   (1904- 1920)*, San Juan, Editorial de la Universi-
                   dad de Puerto Rico, 1996.

Sáez   Fernando Sáez, *Todo debe ser demasiado. Vida
                   de Delia del Carril, la Hormiga*, Santiago, Suda-
                   mericana, 1997.

Sicard   Alain Sicard, *El pensamiento poético de Pablo
                   Neruda*, Madrid, Gredos, 1981.

Suárez   Eulogio Suárez, *Neruda total*, Santiago, Edicio-
                   nes Systhema, 1991.

Teitelboim   Volodia Teitelboim, *Neruda*, 5.ª edición, Santia-
                   go, ediciones BAT, 1992.

Varas   José Miguel Varas, *Nerudario*, Santiago, Planeta
                   Chilena, 1999.

Vial   Sara Vial, *Neruda en Valparaíso*, Valparaíso,
                   Ediciones Universitarias, 1983.

Odas elementales

Composición

Neruda y Matilde vivieron en Sant'Angelo, isla de Ischia, las últimas semanas de su «luna de miel» en Italia (que había comenzado en enero de 1952 con la instalación de la pareja en Capri). Por disposición del gobierno –tributo a la Guerra Fría– Neruda debía abandonar el territorio italiano antes del 30 de junio de 1952. El poema «El hombre invisible» fue fechado en Sant'Angelo cuando faltaban pocos días al vencimiento del plazo: el 24 de junio. Ese texto enfatizó el necesario retorno del poeta –tras esos meses de plenitud privada en las islas– a los asuntos públicos con un nuevo autorretrato. El Hombre Invisible fue en realidad otra tentativa de actualización y perfeccionamiento del Yo Soy de *Canto general*, XV, paralela a las configuradas por el Capitán (*Los versos del Capitán*) y por el Errante Cronista Americano (*Las uvas y el viento*). Dentro del mismo espíritu escribió Neruda por entonces el poema «Hablando en la calle» (después «Oda al hombre sencillo»), que algunos meses más tarde fue publicado en *El Nacional* de Caracas (16.10.1952). Al respecto evocará Neruda en su notoria conferencia de 1964:

> Otra vez volvió a mí la tentación muy antigua de escribir un nuevo y extenso poema. Fue por una curiosa asociación de cosas. Hablo de las *Odas elementales*. Estas Odas, por una provocación exterior, se transformaron otra vez en ese elemento que yo ambicioné siempre: el de un poema de extensión y totalidad. La incitación provocativa vino de un periódico de Caracas, *El Nacional*, cuyo director, mi querido compañero Miguel Otero Silva, me propuso una colaboración semanal de poesía. Acepté, pidiendo que esta colaboración mía no se publicara en la página de Artes y Letras, en el Suplemento Literario, desgraciadamente ya desaparecido, de ese gran diario venezolano, sino que lo fuese en sus páginas de crónica. Así logré publicar una larga historia de este tiempo, de las cosas, de los oficios, de las gentes, de las frutas, de las flores, de la vida, de mi visión, de la lucha, en fin, de todo lo que podía englobar de nuevo en un vasto impulso cíclico mi creación. Concibo, pues, las *Odas elementales* como un solo libro al que me llevó otra vez la tentación de ese antiguo poema que empezó casi cuando comenzó a expresarse mi poesía.

El original de «Hablando en la calle», conservado sin indicaciones de fecha ni de lugar, probablemente fue escrito también en Sant'Angelo. O bien durante las semanas sucesivas, mientras Pablo y Matilde se alojaban en Vésenaz, un pueblito sobre el lago Leman en las cercanías de Ginebra. Allí esperaron el día en que debían viajar hasta Niza para embarcarse en el *Giulio Cesare* rumbo a Montevideo. El 19 de julio de 1952, precisamente en «Vésenaz, Suiza, Pensión Sillieron», fechó Neruda la primera de las odas con esa etiqueta: «Oda a un reloj en la noche». Todo parece indicar que fue este texto el que decidió el nombre de *odas* (elementales) para el naciente proyecto poético del Hombre Invisible. Curiosamente, esta oda inaugural tuvo un tono intimista y privado que no fue el que dominó durante la escritura de las dos primeras compilaciones de odas, más bien atentas al nivel militante y público. Una vela de armas previa a la batalla.

Los tres textos mencionados – «El hombre invisible», «Hablando en la calle» y «Oda a un reloj en la noche» – fueron por lo tanto escritos en Europa, antes del regreso de Neruda a Chile en agosto de 1952. La escritura de las odas recomenzó a fines de noviembre del mismo año en Isla Negra (odas al mar, al aire), pero fue de nuevo interrumpida en diciembre por un viaje del poeta a la Unión Soviética. Durante el regreso, «entre Recife y Río de Janeiro / a 3500 mts de altura», compuso Neruda su «Oda a la tristeza». O más bien su exorcismo de la tristeza, porque era el 29 de diciembre de 1952 y el poeta estaba por hacer una escala clandestina en Montevideo, donde Matilde lo esperaba. Iban a esperar juntos el Año Nuevo de 1953 con la complicidad de Alberto y Olga Mántaras, uruguayos, amigos de la pareja de amantes desde el viaje que habían hecho juntos en el *Giulio Cesare* algunos meses antes. Los Mántaras pusieron a disposición de los enamorados su chalet en Atlántida (playa a unos 40 km de Montevideo). Allí, durante enero de 1953, escribió Neruda las odas a la flor, al pan, a la tormenta, a la claridad, cuyos manuscritos originales fueron fechados entre el 7 y el 16 de enero en *Datitla*, por Atlántida. (La historia de la amistad entre Neruda y Alberto Mántaras es el tema del capítulo «Aquellos anchos días» en Varas*, pp. 131-176.)

Robert Pring-Mill ha establecido que el siguiente bloque de originales conocidos fue escrito en Santiago entre julio y octubre de 1953, una vez liberado el poeta de los afanes que le depararon la organización, la realización misma y las secuelas del Congreso Continental de la Cultura (mayo). Este nuevo bloque incluyó las odas al otoño, a Ángel Cruchaga, a la crítica, a la pobreza, al traje, al amor.

---

* Véase «Referencias bibliográficas», pp. 1334-1335.

Entre fines de octubre de 1953 y comienzos de marzo de 1954 Neruda estableció su base en Isla Negra para atravesar el verano escribiendo odas a los números, a la pareja, a la soledad, a la flor azul, al libro (I), al vino, a la pereza, a la tranquilidad, a la intranquilidad, al fuego, al tiempo, a las Américas, al cobre, a la alegría, a la cebolla, al pasado, al invierno, a la esperanza. Y para preparar las cinco charlas autobiográficas que leyó en el Salón de Honor de la Universidad de Chile, Santiago, entre los días 20 y 28 de enero de 1954 (anticipando la celebración del cumpleaños número 50). Durante ese verano Neruda encontró el modo de dividir su tiempo entre Delia y Matilde, desplazándose –cuando venía a Santiago– entre las casas llamadas Michoacán (Delia), en avenida Lynch del barrio Los Guindos, y La Chascona (Matilde), en vías de construcción al pie del cerro San Cristóbal; y la casa de Isla Negra cuando tornaba a su base marina.

En marzo la hostilidad norteamericana contra el gobierno revolucionario de Jacobo Arbenz, que devino clara amenaza tras la Conferencia Panamericana de Caracas, determinó la escritura de la «Oda a Guatemala». La operación militar contrarrevolucionaria comenzó a mediados de junio y terminó el 9 de julio cuando las tropas del siniestro Castillo Armas entraron en la capital. Esa revolución derrotada tuvo como testigo de excepción a un joven médico argentino que pocos años más tarde será actor (co-protagonista) de una revolución victoriosa: Ernesto *Che* Guevara.

Neruda escribió su «Oda a los poetas populares» para leerla durante la sesión inaugural del Congreso Nacional de Poetas y Cantores Populares (Santiago de Chile, 15-18 abril, 1954), otra de las iniciativas que dieron forma y actuación a la poética-política del Hombre Invisible. Por esos mismos días (el 16 de abril) fechó Neruda una de las más célebres entre las odas del volumen, la dedicada a la alcachofa.

[Sobre las *Odas elementales* en general, y sobre este primer volumen en particular, véanse: — (1) Concha 1982; — (2) Pring-Mill, 1979; pp. 261-300; — (3) Anderson 1987.]

Ediciones

(1) *Odas elementales*, Buenos Aires, Losada, 1954 (julio), 254 pp., CPEA*. Reedición CPEA: 1959.

(2) *Odas elementales*, en Pablo Neruda, *Obras completas*, Buenos

---

* Ver «Abreviaturas», p. 1333.

Aires, Losada, 1957, pp. 813-996. Sucesivas ediciones de OC: 1962, 1968, 1973.

(3) *Odas elementales*, Buenos Aires, Losada, 1958 (diciembre), 231 pp., BC, núm. 280. Reediciones BCC: 1967, 1970, 1977, 1985, 1991.

(4) *Odas elementales*, Barcelona, Seix Barral, 1977, BB, núm. 406.

(5) *Odas elementales*, Barcelona, Bruguera, 1980 (dos ediciones).

(6) *Odas elementales*, Bogotá, La Oveja Negra, 1982. 2.ª edición: 1988.

(7) *Odas elementales*, Barcelona, Planeta, 1990.

Ediciones parciales

(1) *Odas elementales*, Cauquenes, Chile, Talleres Gráficos La Verdad, 1954 (marzo), 20 pp. Odas incluidas: «al mar», «al pan», «al hombre sencillo», «a la fertilidad de la tierra». Dedicatoria del autor:

> Dedico esta primera edición de estas *Odas elementales* al pueblo, a la ciudad, al alcalde Gustavo Cabrera Muñoz, a los campesinos, a las viñas y bosques de Cauquenes y Parral. Julio, 1953.

Autorizar esta edición modesta y provinciana fue para Neruda, en aquella fase, la sola vía practicable para dar una forma concreta al reconocimiento de la tierra natal. Una vía extratextual, fuera de la escritura poética misma, puesto que Neruda en Parral nació pero nunca vivió. A diferencia del Sur de la infancia, el espacio de origen no tenía colocación válida en la autobiografía mítica, progresiva, que acababa de culminar en el Hombre Invisible, o sea en el tan perseguido cumplimiento del Yo Soy. Cauquenes era entonces la capital de la ex-provincia de Maule, que incluía a Parral.

(2) *Odas / al libro / a las Américas / a la luz*, Caracas, edición de la AEV, 1959, 26 pp. Opúsculo editado en 500 ejemplares fuera de comercio, homenaje de la AEV a Pablo Neruda con motivo de su visita a Caracas (enero 1959). En la tapa y en la portadilla se lee «[Oda] a la luz», pero el texto correspondiente es la «Oda a la claridad».

Anticipaciones

ODA AL HOMBRE SENCILLO. — (1) «Hablando en la calle», *El Nacional*, Caracas, 16.10.1952. — (2) «Hablando en la calle», *El Siglo*, Santiago, 27.9.1953.

EL HOMBRE INVISIBLE. — (1) *Pro-Arte*, núm. 160, Santiago, 28.11.1952. — (2) Pablo Neruda, *Poesía política*, antología organizada por Margarita Aguirre, Santiago, Austral, 1953, vol. II.

ODA A LA TRISTEZA. *Diario de Noticias*, Río de Janeiro, 18.1.1953.

ODA A LA MADERA. *La Prensa*, Buenos Aires, 21.6.1953.

ODA A ÁNGEL CRUCHAGA. «Oda para Ángel Cruchaga», fechada «Hoy, viernes 31 de julio de 1953», poema-prólogo a *Pequeña Antología de Ángel Cruchaga Santa María*, Santiago, Talleres de la Escuela Nacional de Artes Gráficas, 1953, 186 pp.

ODA A LA POESÍA. *Letras del Ecuador*, núm. 86-89, Quito, septiembre-diciembre 1953.

ODA AL AIRE. Tres hojas mimeografiadas, sin indicación de editor, distribuidas durante la última sesión del Ciclo de Conferencias Mi Poesía, Escuela de Verano de la Universidad de Chile, Salón de Honor, en Santiago, enero 1954.

ODA AL ÁTOMO. *El Siglo*, Santiago, 18.4.1954.

ODAS: A LA ALEGRÍA. A LA POBREZA. AL EDIFICIO. *El Siglo*, Santiago, 30.4. 1954.

ODA A GUATEMALA. *Aurora*, núm. 1, Santiago, julio 1954.

ODAS ELEMENTALES: AL VERANO. A LA LLUVIA. A LA PRIMAVERA. AL AIRE. HABLANDO EN LA CALLE. AL MURMULLO. *Letras del Ecuador*, núm. 96-99, Quito, julio-octubre 1954. Esta publicación incluye un retrato de Neruda por Guayasamín.

ODA A LA TRANQUILIDAD. *Revista Bancaria*, Santiago, 1954.

Los textos: algunas observaciones

Si el universo ordinario y cotidiano de las *odas* no fue una sorpresa en el itinerario de Neruda (pues arrancaba de la ya lejana poética de *Residencia* y en particular del artículo-manifiesto «Sobre una poesía sin pureza» de 1935), fue también evidente que el título mismo del primer libro de la serie, *Odas elementales*, traía resonancias –y no sólo formales– de los «Tres cantos materiales» de *Residencia 2*. Resonancias a mi entender inevitables en un poeta cuyo originario, natural y persistente «materialismo poético» juvenil se había reforzado con el «materialismo histórico», de orientación marxista, que el movimiento comunista internacional reconocía como guía y motor de su praxis política y que también Neruda reconoció –inequívocamente, aunque eludiendo el uso explícito del término– como guía y motor de su praxis poética durante esos años 1948-1955 en que escribió casi dos tercios de *Canto general, Las uvas y el viento, Los versos del Capitán* y los dos primeros libros de las *Odas.*

Desde esta perspectiva, mi convicción es que en aquel momento el término *elementales* fue para Neruda una variante del término *materiales.* Variante poéticamente ventajosa por al menos dos razones: (1) porque ofrecía mejores posibilidades de significar los niveles de experiencia humana, social y cultural, que al proyecto de Neruda interesaban; y (2) porque desde aquel 1934-1935 de los «Tres cantos» las implicaciones histórico-políticas (es decir, *militantes*) del término *materiales* habían adquirido –sobre todo en el actual contexto de la Guerra Fría– un relieve singular y dominante que ahora Neruda no tenía interés en subrayar, antes bien tenía interés en eludir para no perjudicar la eficacia poética y comunicativa de las *Odas.* En breve: *elementales* era en aquel momento la variante ideal del término *materiales* porque en algún modo lo incluía –y ello era importante para el muy militante Neruda de entonces– sin sus desventajas contingentes.

Pero al mismo tiempo me parece válida la reserva que desde otro ángulo esgrimió Jaime Concha: «La rima es engañosa en este punto, pues, como a menudo ocurre en Neruda, los ecos temporales de sus títulos no miran al pasado sino que despliegan –desdoblan– proyectos radicalmente diferentes. Tal es la relación entre *Crepusculario,* su libro adolescente de 1923, y *Estravagario,* que en 1958 aspira a condensar una nueva adolescencia del poeta, madura y otoñal. Igual cosa sucederá con las mismas *Odas elementales* y los posteriores *Cantos ceremoniales* (1961). En cuanto a los "Cantos materiales" y las *Odas elementales,* no hay ilusión posible. Los poemas de la *Residencia 2* son himnos y, como tales, postulan una relación de absoluta reverencia al fundamento telúrico de la vida y del cosmos. No sin razón un ensayista venezolano, M. Picón Salas, los veía emparentados con himnos dionisíacos. En las *Odas,* por el contrario, se trata de una relación de yo a tú entre el poeta y los objetos que, como veremos, pertenecen a un universo ya pacificado, en equilibrio y en armonía como para sostener un diálogo tierno, a veces travieso y juguetón, con la figura que los convoca. El tono, la voz, la vibración son completamente distintos, incluso opuestos. Y ello determina que se trate de géneros, de especímenes también distintos» (Concha 1982, pp. 19-20).

La intención celebrativa, frecuente en las odas clásicas (antiguas, renacentistas, neoclásicas, románticas) e implícita en el proyecto inicial de las *odas* nerudianas, pareció además atenuada o reajustada por el término *elementales*. De la oda pindárica Neruda recogió en efecto la dimensión pública o cívica pero rechazando programáticamente la tipología *alta* –aristocrática, heroica, triunfante– de los destinatarios de la exaltación. Sus odas eran *elementales* –como precisa Saúl Yurkievich en su prólogo al presente volumen– en cuanto eran relativas «a lo fundamental, a lo primordial, a lo humano genérico, a lo que a todos concierne» (p. 11). De la oda horaciana las de Neruda habrían heredado la propensión reflexiva y edificante, en sentido ético-político, y el recurso al apóstrofe. Tales modelos clásicos, con toda probabilidad, operaron por vía indirecta sobre un Neruda que nunca pareció particularmente interesado en la cultura grecolatina pero que sí fue, toda su vida, un activo indagador y conocedor de los poetas clásicos franceses, ingleses y angloamericanos, españoles e hispanoamericanos.

En este primer libro de las *Odas* coaguló el máximo esfuerzo de Neruda hacia el reajuste y coronación de su poética *moderna avanzada* que había tenido comienzo en 1924 con los *Veinte poemas de amor* (y que inesperadamente llegará a su fin en 1956 con las *Nuevas odas elementales* para ceder paso a una poética nerudiana radicalmente diversa, *posmoderna*, que el *Tercer libro de las odas* inaugurará en 1957). El aludido reajuste se refiere a la distinción entre *alta* y *baja cultura* que el arte y la literatura de la modernidad del siglo XX, en particular durante la fase del despegue subversivo (1920-1935, la fase de las vanguardias), se empeñaron en establecer y sostener como principio de base. El *aristocratismo* del lenguaje y de la expresión (en la *Residencia* de Neruda como en el *Ulysses* de Joyce, en la *Metamorfosis* de Kafka como en el *Trilce* de Vallejo o en el *Poeta en Nueva York* de Lorca, incluso como en el primer Borges) fue en efecto la contrapartida dialéctica de un *democratismo* de fondo y sustancial. Esa fase de la poética *moderna* de Neruda alcanzó su mejor o más explícita formulación en el prólogo de *El habitante y su esperanza* (1926): «Yo tengo siempre predilecciones por las grandes ideas, y aunque la literatura se me ofrece con grandes vacilaciones y dudas, *prefiero no hacer nada a escribir bailables o diversiones.* [...] Como ciudadano, soy hombre tranquilo, enemigo de leyes, gobiernos e instituciones establecidas. Tengo repulsión por el burgués y me gusta la vida de la gente intranquila e insatisfecha, sean éstos artistas o criminales». La perfecta compatibilidad entre aristocratismo y democratismo (de tipo anárquico en ese tiempo) fue también una característica de la modernidad literaria del joven Neruda.

Las *Odas* uniformaron la tentativa, ya muy visible en *Las uvas y el viento* y en *Los versos del Capitán*, de atenuar la distinción entre alta y baja cultura, pero sin renunciar a –antes bien vigorizando– los ideales artísticos y políticos de la modernidad del siglo XX. Se trataba de realizar cabalmente el propósito de *escribir para el pueblo* (ya declarado en *Canto general*) disminuyendo por un lado las dificultades de la lectura, por otro enriqueciéndola de horizontes. En el primer sentido Neruda generalizó la disposición –antes incidental– de los textos en versos cortos (y cortísimos), lo cual en buenas cuentas no fue una revolución métrica sino la fragmentación más o menos arbitraria y deliberada de los metros nerudianos de siempre. (Pero no excluyo que esta generalización del recurso a versos breves respondiera también a la intención de adaptar la forma de las *Odas* a la forma «columna» del periódico *El Nacional* de Caracas, para el cual inicialmente las escribía.) En el segundo sentido las *Odas* se propusieron la sistemática *desfamiliarización* de los objetos de la realidad cotidiana, con efectos de lectura que Andrew Debicki ha descrito así: «La mayor parte de nosotros llevamos una existencia minuciosamente organizada, sujeta a rutinas, muy separada de la naturaleza. El mundo en que habitamos es un mero ambiente impersonal, y no una realidad viva con la que pudiéramos compenetrarnos. Al hacernos sentir que una cebolla puede representar más que un número dado de calorías, que un árbol es más que el material para una mesa, que un caballo es más que una fábrica de estiércol, *Neruda nos comunica una visión que trasciende y corrige nuestra perspectiva pragmática*» (citado en Anderson, p. 66; el subrayado es mío).

EL HOMBRE INVISIBLE. (Páginas 39-45.) «Esos *viejos poetas*, ese *antiguo hermano* de que habla en su poema inicial es el rostro del poeta tradicional, qué duda cabe, pero es igualmente él mismo en el pasado, sobre todo el poeta crepuscular de sus versos juveniles o el individuo sufriente de *Residencia en la tierra*» (Concha 1982, p. 30). La autocrítica, si bien risueña, no era explícita porque el Sujeto de las *Odas* tenía mucho interés en rechazar su pasado textual y en proponerse recién nacido a una nueva identidad, la del Yo Soy: «Sube a nacer conmigo, hermano» había dicho en «Alturas de Macchu Picchu» (*Canto general*, II, XII). — Aíslo dos momentos del texto: «todos los días come pan / pero no ha visto nunca / un *panade-*

ro» y «me tiendo en el pasto, pasa / un insecto *color de violín*», para
señalar una curiosa y significativa convergencia de los mismos términos aquí subrayados en un texto de casi 30 años antes: «yo tengo
la alegría de los *panaderos* contentos y entonces / amanecía débil-
mente con un *color de violín*» (poema 14, penúltimo de *Tentativa
del hombre infinito*, 1925). En este período Neruda recurrió a menudo a la imagen del *violín* para sugerir –en conexión con la resonancia intimista que para él tenía el instrumento– dimensiones de
belleza delicadas y a la vez agudas, intensas y penetrantes (las figuras del *piano* y de la *guitarra* cubrieron otras dimensiones). Varias
veces, sin ir más lejos, en este primer libro de las *Odas* (remito a
páginas del presente volumen de *Obras completas*): «[Invierno] tú
reinas / con tu espada, / con tu violín helado» (p. 129), «[la lluvia]
violín negro» (p. 148), «bajo el violín quebrado / de las ráfagas»
(p. 187), «una hoja / iba sola en el aire, / como un violín volante»
(pp. 232-233), «Verano, violín rojo» (p. 248). Al respecto, además,
léanse los recuerdos de Neruda sobre la proustiana «frase de la sonata de Vinteuil» (que sería la sonata para piano y violín de César
Franck) en *CHV*, pp. 137-139.

ODA AL AIRE. (Páginas 45-49.) Fechada el 30.11.1952 en Isla
Negra (éste y los sucesivos datos cronológicos de la *Odas* los debo
a Robert Pring-Mill). Sería la primera de estas odas escrita en Chile
tras el regreso desde Europa. — El apóstrofe aparece aquí introdu-
cido por un asomo de narración, recurso que las odas sucesivas (a la
alegría, a la cebolla, al fuego, al pájaro sofré...) eludirán. La peculiar
licencia de *apóstrofe* que el Sujeto se autoconcedió en los primeros
libros de las *Odas*, caracterizada por una cierta impostación de superioridad o privilegio, resultaría de su convicción (que se revelará
transitoria) de haber alcanzado la plena legitimación «profética»
tanto perseguida desde los textos de *Residencia* (donde el apóstrofe
tenía otro tono y origen).

ODA A LA ALEGRÍA. (Páginas 51-54.) Fechada el 29.12.1953,
exactamente un año después de la «Oda a la tristeza». El sentimiento de plenitud se expresa también como despliegue virtuosístico de
juegos rítmicos, sobre todo de tipo reiterativo, particularmente
abundantes en esta oda. Por ejemplo, juegos de paralelismos y si-
metrías a través de variaciones *anafóricas* («Como la tierra... Como
el fuego... Como el pan... Como el agua de un río... Como una abeja... » o bien «quiero ir de casa en casa, / quiero ir de pueblo en pueblo, / de bandera en bandera») o de variaciones *epifóricas* («A las islas iremos, / a los mares. / A las minas iremos, / a los bosques»).

ODA A LAS AMÉRICAS. (Páginas 54-57.) Fechada el 7.12.1953 y

conexa a la tensión continental determinada por la política latinoamericana (en clave anticomunista) del gobierno de los EE.UU., favorable a dictaduras como la de Fulgencio Batista en Cuba (al poder por el *golpe* de 1952) y hostil a gobiernos progresistas de izquierda como los de Arévalo y Arbenz en Guatemala. La edición príncipe de 1954 traía «Muere un Machado y un *Bautista* nace» (en vez de Batista), seguramente por errata.

ODA AL AMOR. (Páginas 57-59.) Fechada el 19.10.1953. Como en otras odas, el apóstrofe al amor es aquí el vehículo secreto y clandestino para un poema de amor dedicada a la figura femenina que este texto convoca («he aquí que aquella / que pasó por mis brazos / como una ola, / [...] / y la encontré en mi piel / desenlazándose / como la cabellera de una hoguera») con rasgos que en el extratexto corresponden a los de Matilde Urrutia, amante pasajera del verano chileno de 1945-1946 y reencontrada en México en 1949 (ver mis notas a *Las uvas y el viento* en el volumen I de estas *Obras completas*).

ODA AL ÁTOMO. (Páginas 60-64.) Escrita a fines de marzo 1954. En el contexto de la Guerra Fría, del maccarthysmo y de la guerra de Corea, esta oda quiso ser un testimonio del poeta que en diciembre de 1953 había recibido el premio Stalin por la Paz. En un contexto más general, esta oda reafirmó todavía la confianza en el Progreso Científico y Tecnológico como condición y base de la Emancipación Histórica del Hombre y de la construcción de la Ciudad Futura (la Utopía moderna por antonomasia), pero reafirmando también al mismo tiempo, y con angustiada determinación, el rasgo que específicamente caracterizó a la modernidad del siglo XX: la confianza en la capacidad y en la voluntad humanas de *corregir*, *rectificar e impedir* los errores, desastres y tragedias provocados por el uso distorsionado y por la manipulación ávida (interesada sólo a ganar dinero) de las conquistas de la ciencia. Mientras escribía estas *Odas elementales*, para Neruda era evidente que la Unión Soviética y el bloque de países socialistas representaban y propugnaban este espíritu tendiente a la rectificación de los errores y a la aceleración del proceso histórico que marchaba hacia la Utopía. Tal convicción, en cuanto fundamento de su praxis poética de entonces, sufrirá un drástico reajuste a partir del *Tercer libro de las odas* (1957).

ODA A LAS AVES DE CHILE. (Páginas 65-68.) Motivo permanente en la poesía de Neruda, temprana fuente de inspiración simbólica: «de mí huían los pájaros» (*VPA*). Precedentes: *CGN*, VII, XI («Chercanes / Loica / Chucao») y XIV, XX, XXII y XXIII («Las aves maltratadas», «Phalacro-corax» y «No sólo el albatros»).

ODA A LA CEBOLLA. (Páginas 72-74.) Fechada el 31.12.1953,

probablemente inspirada por la preparación de la cena de Año Nuevo. «Esta oda de cambios de tono tan logrados muestra además [...] un rasgo que no se deja resumir en ninguna palabra española que yo conozca, pero sí en una sola palabra inglesa, _whimsy_. Esta _whimsicality_ [...] consiste, por decirlo así, en una delicada aleación de humorismo, de nostalgia agridulce pero irónica (con un sí-es-no-es de caprichoso) y de agudeza en las percepciones» (Pring-Mill, 1970, p. 750).

ODA AL DÍA FELIZ. (Páginas 87-88.) Fechada el 10.1.1953 en _Datitla_, Uruguay. Otra constante en la poesía de Neruda: el recorte del instante de plenitud, la operación de aislar «un círculo en la estrella» (_UVT_, XI, I) o «Un día» (_UVT_, XI, v). Muchos precedentes, desde los textos de adolescencia. En _Residencia_: «cuando sólo una hora / crece de improviso, extendiéndose sin tregua» («Galope muerto»); «Qué día ha sobrevenido!» («Caballo de los sueños»); «así, plateado, frío, se ha cobijado un día, / frágil como la espada de cristal de un gigante» («Monzón de mayo»); un caso significativo en _CGN_, II, II: «Cuántas veces [...] / me quise detener a buscar la eterna veta insondable / que antes toqué en la piedra o _en el relámpago que el beso desprendía_» («Alturas de Macchu Picchu»). En estas _Odas elementales_, también la «Oda al tercer día».

ODA AL EDIFICIO. (Páginas 88-90.) Texto emblemático –con la «Oda al átomo» y la «Oda a la energía» – de un momento de máxima identificación del poeta con la axiología de la Modernidad III o del siglo XX (ver Loyola 1994, 1995, 1998) y de resolución, dentro de esta óptica, de los conflictos _naturaleza / cultura_ por una parte, _individuo / sociedad_ por otra. — Un importante estudio: Pring-Mill, 1970, pp. 198-222. Ver arriba mi nota a la «Oda al átomo».

ODA A LA ENVIDIA. (Páginas 93-98.) Ver también, en este mismo volumen, los poemas «Tráiganlo pronto», de _Estravagario_, y «Para la envidia», de _Memorial de Isla Negra_, II.

ODA A LA FERTILIDAD DE LA TIERRA. (Páginas 99-102.) «Al emprender [...] la exaltación de la fertilidad de la tierra, Neruda se ve arrastrado irresistiblemente a componer un arte poética. El deslizamiento [desde el] _"yo, poeta"_ al _"yo, materia"_ contiene implícitamente esa orientación [...]. Siendo materia el poeta, el principio de su canto será la fertilidad. Él mismo será el terreno donde, mediante un proceso obscuro para la consciencia, se elabora el texto [...]. El trabajo de la escritura [...] tan sólo es la parte visible de ese trabajo subterráneo, de esa germinación secreta cuyo ámbito permanente es el poeta (entiéndase: su lenguaje). [...] Al final, el poema se reabsorbe en sí mismo y pone de manifiesto la paradoja del arte poética que halla en su objeto – la fertilidad – su verdadero sujeto: "[...] no puedo describirte, / ven a mí, / fertilízame". Esa confesión y esa llamada son esenciales. Toda la poesía de Neruda está marcada por el deseo de unirse más estrechamente al crecimiento que la produce. Por consiguiente, más que la musicalidad, la define el ritmo» (Sicard, 573-574).

ODA A LA FLOR AZUL. (Páginas 104-106.) Escrita en noviembre (1953), como advierte el texto mismo. Comparar con la «Oda a las flores de la costa», de *Nuevas odas elementales*, y con la «Oda a unas flores amarillas» del *Tercer libro de las odas*: tres diversas modulaciones del motivo de la germinación invencible.

ODA AL HOMBRE SENCILLO. (Páginas 121-124.) El ideal poético de la transparencia – equivalente al sueño de «la total comunicación del poeta con los hombres» – implicaba esta contradicción: «al reducirse a la dimensión de la comunicación exclusivamente, la poesía se priva, paradójicamente, de su poder específico de comunicación. Al confundirse con las otras formas del trabajo humano, al renunciar a lo que constituye su diferencia, el trabajo poético se niega a sí mismo en tanto que trabajo. [...] Lo cierto es que la praxis del poeta de las *Odas elementales* desmiente sin cesar su estética, entre 1948 y 1958: aun solemnemente desterrado del poema, el *yo* nerudiano afirma maliciosamente su presencia a la vuelta de cada verso» (Sicard, 610-611).

ODAS AL LIBRO I-II. (Páginas 142-147.) Estos dos poemas desarrollaron, en el contexto nerudiano del período, los polos de una contradicción (axiológica) irresuelta que fue característica en la literatura tardía de la última modernidad. La primera de las dos odas suponía la afirmación de la vida real y de la experiencia inmediata (auténtica) por encima de su representación literaria. La segunda rescataba el significado del libro, sea en cuanto hermoso objeto elaborado por el hombre, sea en cuanto factor de conocimiento y, por ello, de progreso. Los conflictos del intelectual *moderno* (tardío) frente a la difícil convivencia de Vida y Razón fueron el tema de no pocos libros (y filmes) de los años cincuenta y sesenta. Uno por todos: *Rayuela* de Julio Cortázar.

ODA A LA LLUVIA. (Páginas 147-152.) Otro texto que manifiesta una óptica de conflicto entre la Vida (memoria de la Vida en este caso) y la Razón humanista. Conflicto que –respecto al motivo de la lluvia– pocos años más tarde será soslayado o ignorado por libros como *Estravagario* («Galopando en el Sur») y *Memorial de Isla Negra* (volumen I: «Primer viaje»).

ODA A LA MALVENIDA. (Páginas 156-157.) Las menciones de *rosa* y de *callejones*, entre otras, parecen sugerir que la destinataria de este poema (reproche a una amante que vuelve a destiempo) sería Albertina Rosa Azócar, referente extratextual de una importante figura femenina de los libros juveniles de Neruda. Ver mis notas a *Veinte poemas de amor* y a *Residencia en la tierra* en el volumen I de estas *Obras completas*, y más adelante, en el presente volumen, los poemas «Amores: Rosaura» (I y II) de *Memorial de Isla Negra*, II.

ODA AL MAR. (Páginas 157-161.) Fechada en Isla Negra el 28.11.1952, fue la primera oda escrita en Chile al retorno del exilio. El océano como tema de (nuevo) arranque fue casi una obviedad tratándose de Neruda. La modulación del apóstrofe, entre el amor y la admonición, adquirió en esta oda un relieve singular en cuanto signo de la percepción que entonces tenía el Sujeto de la oposición (característicamente *moderna*) entre naturaleza e historia (progreso, utopía). La entusiasta sinceridad de las convicciones del poeta al respecto determinó, en aquel momento, la configuración particularmente feliz de una temática nada fácil de representar y formular en poesía. El filme italiano *Il Postino*, de Massimo Troisi, dio nueva notoriedad en 1994 a los versos iniciales de esta oda (aludo a la escena en que el poeta imparte a Mario, al borde del mar, una lección de poesía). Un comentario del texto en Sicard, pp. 475-477.

ODA A MIRAR PÁJAROS. (Páginas 162-166.) Ver arriba la nota a «Oda a las aves de Chile».

ODA A LA NOCHE. (Páginas 170-172.) La Noche fue siempre una figura simbólica central en la poesía de Neruda. Axiología normalmente positiva: espacio (materno) de refugio y sostén para la tarea profética, espacio del amor y de los sueños. Lo que ha cambiado es su correlación con la figura del Día. En *Residencia*, la Noche es la aliada que sostiene, fortalece y defiende al Sujeto en su difícil travesía del Día hostil, duro y agresivo, imagen de la Realidad [ver mis notas a «Alianza (sonata)», «Serenata» y «Tiranía»]; aquí, en cambio, el Día es «el milagro» que la Noche da a luz. Lo cual supone una reconciliación con la Realidad.

ODA AL PÁJARO SOFRÉ. (Páginas 179-182.) Jorge Amado evoca indirectamente el «extratexto» de esta oda en su libro de memorias *Navegación de cabotaje* (Madrid, Alianza Tres, 1994): «Hugo del Carril tenía que salir de viaje y nos pidió que le guardáramos por unos días su pájaro-sofré. Lo había comprado en Copacabana y había pagado por él una fortuna, pero la valía: era hermoso y manso, vivía suelto, se posaba en mi dedo, en la cabeza de Neruda, le picoteaba la mano a Simone de Beauvoir, acompañaba la música de Joao Gilberto. Volaba desde la ventana en paseos largos por el cielo de Copacabana, pero volvía siempre, dormía en un rincón plantado de crotones y de anturios. Pasados unos meses, Hugo mandó a un mensajero por él, pero el animal nos había adoptado y no se lo devolvimos: se nos había escapado, mentí, y lo sentí mucho, pero qué se le va a hacer. Lo llevamos con nosotros a Bahía, tenía casa con puerta abierta, fue siguiendo la transformación del jardín en selva tropical, vivió más de veinte años y silbaba la bossa nova» (pp. 396-397). Es claro que Neruda no pudo resistir a la envidia y/o a la tentación de tener en su casa de Isla Negra un amigo (o un juguete) tan singular y porfió hasta que le enviaron desde Bahía un ejemplar como el que había conocido donde los Amado. Esta oda declara el arrepentimiento del poeta porque su capricho causó la muerte del hermoso animal, que obviamente no resistió al cambio de clima. Ver también Teitelboim, p. 368.

ODA A LA TRISTEZA. (Páginas 240-241.) Fechada el 29.12.1952 «entre Recife y Río de Janeiro / a 3500 mts de altura», transcrita sobre el menú del avión. El texto asume la forma de un breve exorcismo, dictado quizás por la ansiedad del inminente encuentro con Matilde en Montevideo y por el temor de que alguna imprevista tristeza pueda arruinar sus expectativas de dicha. El poeta viste a la tristeza con atributos zoomorfos evocadores de un ritual de brujería (escarabajo, telaraña, rata, perra, culebra, murciélago) para mejor y con más violencia exorcizarla. En *OEL* 1954 el penúltimo verso decía: «y enterraré, *tristeza*, tus huesos roedores». Elimino el vocativo-apóstrofe según *OC* 1973.

Nuevas odas elementales

Composición

El segundo libro creció, oda tras oda, a lo largo de 1955. Para Neruda ese año fue marcado por la ruptura de su matrimonio con Delia del Carril, que de hecho duraba desde 1935, y por la simétrica consolidación de su *ménage* con Matilde Urrutia. Lo cual puso fin a una situación que los amigos de Neruda percibían como insostenible:

El poeta tiene tres casas. Una, que es el santuario de la Hormiga, en Los Guindos [la casa era llamada Michoacán y estaba en Avenida Lynch 164]. Otra, el nido secreto de Rosario, en Providencia [más precisamente en Avenida Providencia 2457, apartamento 514]. Y una tercera, Isla Negra, que comparte con ambas en forma sucesiva, nunca simultáneamente. Delia suele hacer viajes por su cuenta. Entonces Neruda se instala más desahogadamente en el palomar clandestino. [...] Como se ve, en ese tiempo va de una casa a otra, de una mujer a otra, con una desenvoltura peligrosa. [...] Neruda se cuidaba cada vez menos. La Hormiga casi no iba a Isla Negra. Quien se instalaba allá por largas temporadas junto al poeta era Rosario. El personal de servicio no cambiaba. Tenía que atender a dos señoras. Al parecer el poeta, sin necesidad de pacto previo, confiaba en su discreción.

Un día se produjo algún problema doméstico y la muchacha que servía en Isla Negra fue a contarle todo a Delia.

Ella, con orgullo herido, rompió. ¿Conocía antes esa amistad íntima, que tal vez o de seguro suponía, pero de la cual no tenía una confirmación como la que tan brutalmente le acababan de revelar?

Se sintió abrumada. Neruda también sufría a su manera. Había decidido desde el comienzo de su relación con Matilde, y de acuerdo con ella, que el matrimonio con Delia continuaría existiendo. Al fin y al cabo, a esas alturas, era un matrimonio blanco. Si Pablo tenía cincuenta, ella tenía setenta. Se imponía simplemente la ley de la vida. Pablo viviría su amor real y mantendría a la vez su vínculo legal. No quería dañar a Delia. No fueron razones políticas las que lo indujeron a mantener durante largo tiempo una ficción, sino la consideración, la necesidad de evitar un quiebre doloroso para la Hormiga.

(Teitelboim*, pp. 379-381).

En realidad las casas eran cuatro. La cuarta era La Chascona, situada en la calle (sin salida) Fernando Márquez de la Plata 0192, barrio Bellavista, al pie del cerro San Cristóbal, actualmente sede central de la Fundación Neruda. El 5 de noviembre de 1952 – pocos meses después del regreso del poeta a Chile al cabo de tres años de exilio (más el año de clandestinidad, vale decir el exilio local de 1948) – Matilde había firmado la escritura de compraventa del terreno inicial, que era de 353 m² (menos de la mitad de la actual superficie de La Chascona), y un año después, el 27 de noviembre de 1953, había comenzado la edificación según planes del arquitecto catalán Germán Rodríguez Arias (planes que Neruda, arquitecto innato, modificaba cada semana a medida que se le ocurrían nuevas soluciones tanto en la estructura como en los detalles). El dinero obtenido con el premio Stalin por la Paz (20.12.1953) ayudó a que entre 1953

* Véase «Referencias bibliográficas», pp. 1334-1335.

y 1955 se edificaran los primeros dos volúmenes, separados uno del otro, con una superficie total de 110 m.[2] (Fuente de los datos: Mayorga 1996.)

A esos dos volúmenes de la casa en construcción se había trasladado ya Matilde cuando ocurrió la separación de Neruda y la Hormiga: «La noche de aquel día en que Delia conoce la situación real, Pablo me llama para que vaya a verlo *a la casa de Márquez de la Plata. Está solo.* Matilde lo ha dejado por algunas horas para que medite por sí mismo la situación» (Teitelboim, p. 381). Por eso La Chascona fue un personaje importante de las *Nuevas odas,* si bien clandestino como el «secreto amor» que una de ellas cantó. Tan importante fue el personaje en 1955 que Neruda lo instaló en el pórtico mismo del libro, no por casualidad titulado «La casa de las odas». Emblema de La Chascona naciente fue la cascada, incluida en el terreno, que caía desde lo alto del cerro San Cristóbal (Matilde la eliminó después, o mejor la entubó mediante cañerías, durante la restauración de La Chascona destruida por los golpistas de 1973). Alusiones a ella inscribió Neruda en la «Oda a su aroma» y en la «Oda al secreto amor», además de celebrarla explícitamente en la «Oda a la cascada».

No hay, que yo sepa, estudios sobre los originales del segundo y del tercer libro de odas. Nada comparable a los trabajos de Pring-Mill sobre el primer volumen que permita la datación precisa de los textos. Pero los poemas mismos proveen algunos indicios al respecto. La «Oda a la Cruz del Sur» se autodata el 14 de abril, la «Oda al niño de la liebre» en otoño, la «Oda al cactus de la costa» en invierno, la «Oda a las flores de la costa» y la «Oda a septiembre» en primavera.

Ediciones principales

(1) *Nuevas odas elementales,* Buenos Aires, Losada, 1956 (enero), 184 pp., CPEA*.

(2) *Nuevas odas elementales,* en Pablo Neruda, *Obras completas,* Buenos Aires, Losada, 1957, pp. 997-1143. Sucesivas ediciones de OC: 1962, 1968, 1973.

(3) *Nuevas odas elementales,* Buenos Aires, Losada, 1963 (diciembre), 179 pp., BC, núm. 230. Reediciones BCC: 1969, 1971, 1977.

(4) *Nuevas odas elementales,* Buenos Aires, Losada, 1964 (marzo), 182 pp., CPAH. Ilustraciones de Silvio Baldessari.

* Véase «Abreviaturas», p. 1333.

Apartados

(1) *Oda a la tipografía*, Santiago, Nascimento, 1956 (septiembre), 51 pp. Tirada de 4 ejemplares en papel Wathman, 150 en papel Fabriano, numerados de 1 a 150 y firmados por el autor, y 1000 en papel Alfa Loeber numerados de 151 a 1150.

(2) *Oda a la tipografía*, Barcelona, Seix Barral, 1971, cuadernillo en sobre, 35×25 cm. Homenaje al Premio Nobel de Literatura 1971.

(3) *Oda a la tipografía*, Buenos Aires, Torres Agüero Editor, 1974, colección Miniaturas del Andarín.

Anticipación

ODA AL NIÑO DE LA LIEBRE. *El Siglo*, Santiago, 31.7.1955.

Los textos: algunas observaciones

Este segundo libro de odas prolongó por un lado la poética del primero, por otro estableció diferencias más o menos sutiles (que en cambio el tercer libro acentuará con decisión). El Sujeto comienza por reafirmar el ideal poético de la transparencia, el realismo utópico de la sencillez y de la comunicación total: «sé lo que soy / y adónde va mi canto / [...] / Regresé a trabajar sencillamente / con todos los demás / y para todos. / Para que todos vivan / en ella / hago mi casa / con odas / transparentes» («La casa de las odas»). Los elementos naturales alcanzan cumplimiento cuando se someten e integran a la construcción histórica. Así la *arena*: resultado de la desintegración de la piedra, al mezclarse al cemento regresa «a la piedra, / a la forma, / construyendo / una / morada / reunida de nuevo / para servir / la voluntad del hombre» («Oda a la arena»). En la *araucaria araucana* el Sujeto diseña una deidad tutelar en la que convergen los ideales de la patria americana y del socialismo.

Pero ahora las figuras populares no encarnan solamente el horizonte de la lucha social sino la tenacidad profunda y silenciosa de la naturaleza. Así «la lavandera nocturna» y el «niño de la liebre», asimilables al «cactus de la costa» y a «las flores de la costa» por la fuerza germinativa que su humildad esconde. Del lenguaje del Sujeto tiende a desaparecer el tono profético de superioridad y privilegio. A la inquietud de los interrogantes ya no responde la retórica de las certezas sino el silencio, la resonancia del misterio (compárense desde este ángulo, por ejemplo, las diferentes modulaciones del juego de las preguntas en «Oda a mirar pájaros», de *OEL*, y en «Oda a la lagartija» de *NOE*). Del lenguaje de las odas tienden también a desaparecer los finales edificantes, las exhortaciones utópicas, las admoniciones y los llamados heroicos, en suma, la retórica del optimismo histórico. Libro de transición.

ODA A SU AROMA. (Páginas 273-276.) La figura femenina de estas odas ya no es *el amor del soldado*, esto es, ya no viene textualizada en relación con el compromiso político del poeta (como sucedía en *Los versos del Capitán* y en *Las uvas y el viento*). El poeta tiende ahora a representarla en conexión con los materiales concretos del mundo que juntos están construyendo: «olor / a casa pura / y a cascada».

ODA A LOS CALCETINES. (Páginas 282-284.) Poema de circunstancia que sin embargo confirma la atención de Neruda hacia los objetos cotidianos que atraía a su universo. *Maru Mori*: Maruja Vargas, la mujer del pintor Camilo Mori. Sobre la amistad Neruda-Mori, cfr. Vial, pp. 59 y ss.

ODA A LA CASCADA. (Páginas 285-287.) «La Chascona [...] fue en sus comienzos un pequeño edificio junto a una cascada. El dormitorio, en los altos, tiene un ventanal sobre el cerro y la cascada, cuyas aguas, cayendo estrepitosa y alegremente, forman un arroyo que corre bajo la casa. El dormitorio se halla encima de un *living* con otro ventanal que da a la cascada, una chimenea [...]» (Margarita Aguirre, *Las vidas de Pablo Neruda*, Santiago, Zig-Zag, 1967, p. 266). — «Llegamos a una casucha de madera y entramos. Había un hombre que nos recibió desconfiado. Le dijimos que queríamos ver el sitio que se vendía. "Es todo esto –dijo–. Hasta arriba. Yo no sé hasta dónde, nadie puede subir, está cubierto de zarzamora." Efectivamente había mucha zarza, pero nosotros subimos de todas maneras. Estábamos embrujados por un ruido de agua, era una verdadera catarata la que se venía por un canal, en la cumbre del sitio. Pablo no cabía en sí de gozo» (Matilde Urrutia, *Mi vida junto a Pablo Neruda*, Barcelona, Seix Barral, 1986, p. 152). — «La cascada corría desde el lado de la biblioteca bajando hacia el *living*, pasando por la parte posterior de éste. Ya no existe porque Matilde la hizo entubar (puso cañerías) al restaurar La Chascona después del golpe de 1973» (Tamara Waldspurger, comunicación vía fax). — El 24 de noviembre de 1973, día sucesivo a la muerte de Neruda, hubo que trasladar el cadáver desde la Clínica Santa María hasta La Chascona saqueada y semidestruida, pero fue una empresa titánica hacer entrar el ataúd en la casa porque «desconocidos» habían bloqueado y desviado, arriba, el canal desde donde caía la cascada, determinando con ello la crecida de la corriente y la transformación de la planta baja en un torrente caudaloso y de una cierta profundidad. Tal vez fue la memoria de este ultraje lo que movió a Matilde a entubar la cascada.

ODA A LA CRÍTICA (II). (Páginas 293-295.) Basta leer este texto sucesivamente a la primera «Oda a la crítica» (*OEL*) para advertir que algo está cambiando en la ideología de las odas. La figura del Sujeto acepta un reajuste de humildad: «y entonces, / camarada, / me bajaste / a la vida, / [...] / Con una sola vida / no aprenderé bastante. / Con la luz de otras vidas / vivirán otras vidas en mi canto». Reajuste del autorretrato profético, privilegiado y superior. La cultura como tarea colectiva. Pero la «Oda al diccionario» y la «Oda a la tipografía» confirmarán en este mismo libro, además, el retorno a la cultura como valor autónomo, independientemente de su aporte a la construcción de la Utopía.

ODA AL DÍA INCONSECUENTE. (Páginas 298-301.) Esta hermosa oda inscribe en el flujo del segundo libro una metáfora de la creciente reaceptación de la incerteza, vale decir, del redescubrimiento de la verdadera dialéctica de la realidad.

ODA A LA EROSIÓN EN LA PROVINCIA DE MALLECO. (Páginas 307-312.) Esta reflexión poética durante una peregrinación al Sur de la infancia supuso una cierta atenuación del optimismo histórico dominante en *OEL*. Era necesario tener cuenta del enemigo interior (el «hacendado / inerte»). El texto incluyó un llamado o exhortación a la lucha de resistencia («Vamos / a contener la muerte!») que *OEL* seguramente habría modulado con fórmula activa (del tipo «Vamos / a edificar la vida!»).

ODA AL ESPACIO MARINO. (Páginas 312-317.) La sección inicial de esta oda anunció un cambio en el tratamiento poético del material autobiográfico que los libros sucesivos de Neruda acentuarán (hasta culminar en *Memorial de Isla Negra* y en *La barcarola*). La sección final propuso en cambio una más bien melancólica transacción con la optimista y combativa «Oda al mar» de *OEL*. Figura de mediación fue el «pequeño / pescador de la orilla», el «hombre / de la costa / [...] minúsculo / como pulga marina», el «minúsculo / hombre de las arenas»: figura en línea con el «cactus de la costa», con «las flores de la costa», con «la lavandera nocturna», con el «niño de la liebre» de otras odas del libro, todas ellas representaciones humildes y pequeñas (ya no más heroicas o ejemplares como en las primeras odas) de la vida invencible.

ODA A LAS ESTRELLAS. (Páginas 318-322.) Con la «Oda a la luna» prolonga la poética del voluntarismo progresista de *OEL* («vendrá la agricultura / de los astros»), sin dejar de reconocer la hermosura de las «inútiles estrellas».

ODA A LAS FLORES DE LA COSTA. (Páginas 327-328.) Difícil reafirmación del ímpetu combatiente en el ámbito de la historia, frente al reclamo de la privada contemplación en el ámbito de la naturaleza. El poeta enfrenta su íntima contradicción pero, al hacerlo, de modo implícito comienza a poner en discusión la prioridad axiológica del gran combate a través del elogio del poderío vital de lo pequeño: «aquí / me quedaría, / no en las calles. / Soy pastoral poeta. / Pero deber y amor son mis dos manos».

ODA A LA LUNA. (Páginas 341-345.) ODA A LA LUNA DEL MAR. (Páginas 346-349.) Significativo contraste entre las dos odas. La primera se dirige a la luna «en nombre / de todos / los poetas / que te amaron / inútilmente» y le profetiza un futuro humanizado en que será «útil / como la espiga, / desbordante, / reinante / y necesaria». A esta luna de utilidad pública la segunda oda opone una luna marina de utilidad estrictamente doméstica y muy privada: «cuando / de las calles / regreso, / de mi número / vuelvo, / tú me lavas / el polvo, / el sudor / y las manchas / del camino». Notar el uso del término *número*, de residenciaria memoria, con que el poeta alude a su propia identidad personal cuando horas antes, durante el diario combate, ella estaba inmersa y amalgamada en el ser colectivo, en la dimensión social. Este uso del término *número* era impensable en *OEL* en cuanto contradice las poéticas del Hombre Invisible y de la transparencia. — *Número*: «Lo indistinto, lo no individuado, lo que no tiene nombre, lo que no puede o no logra ser nombrado [cfr. *Residencia*]. O bien: cada una de las unidades que –repitiéndose idénticas– integran un conjunto homogéneo, con valor positivo o negativo [cfr. "Alturas de Macchu Picchu", 11]» (Loyola 1987, Apéndice II, s.v. *número*). — Desde otra perspectiva, cfr. también la «Oda a los números» de *OEL*.

ODA A DON JORGE MANRIQUE. (Páginas 354-356.) Probablemente lo que el texto pone aquí en boca de Manrique corresponde, *mutatis mutandis*, a lo que el actual Neruda de las *Odas elementales* pondría en boca del Neruda de *Residencia en la tierra,* libro «renegado» por el autor pocos años antes (1949).

Tercer libro de las odas

Composición

Las odas del tercer volumen fueron escritas, unas pocas, hacia fines
del agitado 1955 de Neruda (en fecha imprecisada la «Oda a la caja
de té», en diciembre las dos odas publicadas después en Totoral por
Aráoz Alfaro), a lo largo de 1956 la cantidad mayor y el resto durante los primeros meses de 1957, probablemente hasta abril cuando con Matilde iniciaron un largo viaje que los llevó hasta Ceilán,
Birmania, China, Unión Soviética, Francia, Suecia, para volver a
Chile en diciembre, justo el mes en que Losada publicó *TLO** en
Buenos Aires. Las anticipaciones publicadas por *El Siglo* y por el
apéndice de *Obras completas* (ver más abajo) documentaron que
hasta fines de 1956 Neruda había escrito 15 de las 66 odas de *TLO*,
a las que se sumarán otras 22 fechadas «1956» al pie de los textos
en el libro mismo (detalle que lo caracteriza por no ser frecuente).

Sobre la escritura de *TLO* se proyectó ese íntimo y múltiple cataclismo del Sujeto nerudiano que fue determinado desde el extratexto por diversos terremotos privados y públicos. En primer lugar por
el terremoto conyugal de 1955: Delia descubrió la relación Pablo-
Matilde y ello puso fin a veinte años de convivencia. En segundo lugar, por «ese terremoto político mundial que fue el XX Congreso
del PCUS, febrero 1956, con el escalofriante informe de Jruschov
sobre los crímenes de Stalin. Como si fuera poco, en noviembre del
mismo año la intervención del Ejército Rojo en Budapest determinó
una especie de réplica del terremoto de Moscú y agravó la crisis de
los partidos comunistas en occidente. Desbandada, hemorragia de intelectuales. Algunos renegaron, otros incluso atravesaron la calle y
se instalaron en la trinchera enemiga con mayor o menor desenvoltura, otros en fin simplemente se fueron. Neruda no estuvo en ninguno de esos grupos, no se movió. Más aún: en los años sucesivos
no dejará de renovar su adhesión al propio partido, de cuyo comité
central será miembro activo hasta su muerte. [...] Y sin embargo el
terremoto político de 1956 fue más duro para Neruda que para muchos de los que renegaron. Pero lo fue en clave diferente. En su
poesía murieron el Capitán, el Americano Errante, el Hombre Invi-

---

* Véase «Abreviaturas», p. 1333.

sible, vale decir las figuras míticas de autorrepresentación ligadas a la mitificación del socialismo real, pero no murió el militante comunista del discurso poético de base, que en cierto modo saldrá reforzado de la prueba» (Loyola* 1998, pp. 43-44).

Por todo esto *TLO* fue el libro de la gran ruptura, el libro que marcó un antes y un después, el libro que separó en dos fases el entero desarrollo de la poesía de Neruda. No *España en el corazón*, como creyó Amado Alonso: fue el *Tercer libro de las odas* la obra que marcó la única gran cesura en el itinerario poético de Neruda. El indicador máximo (incluso macroscópico) de la metamorfosis fue la pérdida de aquel sentido de progresión y desarrollo – de marchar hacia una meta deseada – que hasta las *Nuevas odas elementales* el Sujeto había textualizado como una historia de tentativas hacia la producción del autorretrato definitivo, cumplido y satisfactorio (en leal correspondencia, claro está, con el itinerario biográfico extratextual del poeta, según las altas exigencias de *autenticidad* propias del código artístico-literario de la modernidad del siglo xx, que Neruda había hecho suyo desde los *Veinte poemas* en adelante). De pronto ese orgulloso Sujeto no sólo renunció de hecho a la identidad del Yo Soy y al título de Capitán que tantas fatigas (literarias) le habían costado: dejó incluso de perseguir la meta del autorretrato final, abandonó toda ilusión de avanzar hacia el alto y ambicioso horizonte del Yo definitivo. Más abajo, en mis notas a los textos, señalaré algunos indicios puntuales de la nueva situación.

Ediciones principales

(1) *Tercer libro de las odas*, Buenos Aires, Losada, 1957 (diciembre), 207 pp., CPEA.

(2) *Tercer libro de las odas*, en Pablo Neruda, *Obras completas*, Buenos Aires, Losada, 1962 (agosto), pp. 1281-1443. Ediciones sucesivas de OC: 1968, 1973.

(3) *Tercer libro de las odas*, Buenos Aires, Losada, 1972 (abril), 227 pp., BCC, núm. 378. Reimpresión: 1976.

Apartados

(1) *Dos odas elementales*. Totoral (provincia de Córdoba, Argentina), Imprenta Decanini, 1956, sin paginar. Textos: «Oda a la mari-

---

* Véase «Referencias bibliográficas», pp. 1334-1335.

posa», «Oda a la pantera negra». Colofón: «Estas dos odas fueron escritas por el poeta en la casa de Rodolfo Aráoz Alfaro [por entonces marido de Margarita Aguirre], en Totoral, en diciembre de 1955, y fueron impresas en la Imprenta Decanini de Jesús María el día 3 de febrero de 1956. El total de la edición fue de cien ejemplares numerados, fuera de comercio, y quinientos sin numeración».

(2) *Algunas odas. Edición del 55*. Santiago, Talleres Gráficos Lautaro, 1959. Nota: Este cuadernillo fue designado *Edición del 55* por haber sido impreso en homenaje a los 55 años del poeta. Textos: «Oda a un albatros viajero», «Oda a un camión colorado cargado con toneles», «Oda al carro de la leña», «Oda a la cuchara», «Oda a la vieja estación Mapocho, en Santiago de Chile».

Anticipaciones

ODA A UN BARCO PESQUERO. ODA A LA CIRUELA. ODA AL GALLO. ODA CON NOSTALGIAS DE CHILE. ODA AL SERRUCHO. *El Siglo*, Santiago, 10.8.1956.

ODA AL ALBAÑIL TRANQUILO. ODA AL AROMO. ODA A LA CIRUELA. ODA AL DIENTE DE CACHALOTE. ODA A LA LUZ MARINA. ODA AL MAÍZ. ODA A UN RAMO DE VIOLETAS. ODA A LA SAL. ODA AL SERRUCHO. ODA AL VIEJO POETA. Estas diez odas fueron anticipadas por el «Apéndice» (textos dispersos) de la primera edición de *Obras completas*, Buenos Aires, Losada, enero 1957 (*TLO* aparecerá en diciembre 1957).

Los textos: algunas observaciones

ODAS DE TODO EL MUNDO. (Páginas 437-440.) Nuevo cambio en la impostación de las odas. Tras el canto del Hombre Invisible en *OEL* y la casa con odas transparentes de *NOE*, ahora el poeta propone una especie de almacén de odas para todos los gustos: «decidirán ustedes / lo que llevan». Esta oferta supone la renuncia al rol profético del poeta que en *OEL* y en *NOE* llamaba al combate o exhortaba a los elementos (mar, átomo, noche, estrellas, hígado, luna) a «servir / la voluntad del hombre». En su conjunto el texto supone el «descenso» a una imagen-de-base desacralizada, la del almacén, que poco tiempo antes la «Oda a Juan Tarrea» (*NOE*) había usado despectivamente. Sugiero releer, en clave de comparación, los poemas-pórticos de *OEL* y *NOE*.

ODA AL MES DE AGOSTO. (Páginas 444-447.) Agosto = Invierno, zona de llegada, espacio «sin / calles, sin / números», territorio del descanso en soledad, desembocadura de los afanes y de los desencantos: «Quiero / estar / solo / en medio / de la luz de agosto / y ver / así / *sin sangre* / por una vez / la vida». Retorno al aislamiento, crítica de la violencia (incluyendo aquella ejercitada en nombre de la Utopía). Para mejor comprender el alcance antimoderno de este poema, sugiero leer en clave de contraste la prosa «Primavera de agosto» incluida en *Anillos* de 1926 (volumen I de estas *Obras completas*, páginas 241-242), donde Agosto = Primavera (naciente o en embrión), zona de partida.

ODA A UN ALBATROS VIAJERO. (Páginas 448-453.) ODA AL ALGARROBO MUERTO. (Páginas 453-455.) ODA A UN GRAN ATÚN EN EL MERCADO. (Páginas 465-467.) El elogio del héroe derrotado – una constante del período – deviene un modo de preguntarse sobre el significado de la Acción y de la Muerte en un mundo que para el poeta – de improviso – ha perdido el horizonte histórico y el acicate de la Utopía. La proeza del albatros, la «fuerza herida» del algarrobo y la «enlutada flecha» del atún valen por sí mismas, aunque no vendrán inscritas en ninguna (utópica) celebración futura. La axiología natural vuelve a ser el parámetro de lo humano (y de la historia), no al revés: «y no lloré / porque mi hermano muerto / era tan bello en muerte como en vida». Lo cual comporta sin embargo admisión de derrota y pérdida de las esperanzas, certezas y seguridades conexas a la inserción en la utopía histórica. El Sujeto nerudiano parece prospectar oblicuamente en estas figuras una tentativa de reivindicación de sí mismo en un momento de grande crisis. — Esta perspectiva de lectura podría valer también para la «Oda al barco pesquero» (páginas 467-471) y para la «Oda al bosque de las Petras» (páginas 474-476).

ODA AL ALHELÍ. (Páginas 459-461.) Relevar un cambio en el modo de mirar el propio pasado es el tema de esta oda. Crítica del pasado arrogante y aristocrático (disfrazado de humildad combatiente) del propio Yo moderno que quiso sobreponer el artificio «histórico» a la verdad natural y que por ello, antaño, tiró a la barranca los modestos alhelíes. El texto declara la llegada del reflujo: «Todo a la claridad ha regresado! / [...] / Empieza / simplemente / un nuevo día de alhelíes».

ODA AL BUZO. (Páginas 478-482.) La figura del buzo, ya introducida por *NOE* en su «Oda al espacio marino» (páginas 312-317), se conecta a la del pescador de erizos según estableció Gonzalito, «el pescador de erizos, el viejo buzo y poeta», en *Las uvas y el vien-*

to, VI, v, «En su muerte [Stalin]». Ambos «militantes de la profundidad» configuran en este momento de crisis la ambigüedad simbólica *mar / tierra* como fuentes, opuestas y complementarias, de un saber de rescate o salvación, de una poética *anfibia* indispensable. Cfr. Sicard, pp. 480 y ss.

ODA AL CAMINO. (Páginas 491-494.) Texto fundamental, clave de la metamorfosis legible en *TLO*. He aquí nuestro poeta, de nuevo sobre el caballo del que lo había bajado el Partido (*UVT*, XI, III: «Cuándo de Chile»). «El caballo es una figura que en la obra de Neruda acusa un tenaz ligamen –a doble faz pero único en el fondo– con el tema del Sur de la infancia y con el tema de la libertad y expansión del yo» (Loyola 1998, p. 33). El Sujeto se autorrepresenta aquí como un viajero dirigido «no a un punto, no a una cita», reconociendo que «una vez más me equivoqué: / creía / caminar por los caminos: / no era verdad». Lo cual significa: creía haber perseguido un horizonte verdadero, una meta válida y practicable. En realidad se trataba de un espejismo. Crítica de la ideología lineal y progresiva de la última modernidad. Negación de la Utopía. Recuérdese por contraste: «ven, / no sufras, / ven conmigo, / [...] / yo sé hacia dónde vamos» (*OEL*, «Oda al hombre sencillo»); «sé lo que soy / y adónde va mi canto» (*NOE*, «La casa de las odas»).

ODA A UN CAMIÓN COLORADO CARGADO CON TONELES. (Páginas 494-497.) Este extraordinario poema repropone otra de las temáticas insistentes a partir de la crisis del Sujeto: la alteración o la irrupción violenta de un juego de luz y/o de colores como vía a la restitución del movimiento (de la Vida) a una realidad exterior que el poeta percibe decaída, apagada, inerte: «El otoño ha como difuminado los objetos en una bruma irreal: [...] ello permite comprender la precisión insólita del título del poema: a través de esa llamarada de colores con que ilumina el paisaje es como, al irrumpir en él [cual "meteoro" o "esplendor colérico"], el camión le devuelve la vida a un mundo desvanecido» (Sicard, p. 172). La misma temática había asumido ya otra modulación en la «Oda a la lavandera nocturna» de *NOE*: «La distancia, la noche, la iluminación desempeñarán una función precisa que consiste en reducir a la lavandera tan sólo a su gesto infatigable, o, si se prefiere, en aislar en ella el movimiento» (Sicard, p. 174).

ODA A UNAS FLORES AMARILLAS. (Página 536.) En esta oda lo humilde y lo pequeño –pero dotado de vivo y significativo color– viene preferido a la importancia y majestuosidad del océano. En afinidad con la «Oda a un camión colorado cargado de toneles», la irrupción del color restituye la Vida al poeta mismo, más que el mar (en contrastante paralelismo con la «Oda al doble otoño»). Las humildes flores amarillas convocan una meditación sobre la muerte, cuyo tono de melancolía y desolación es la resultante de la pérdida de la utopía histórica cual espacio donde el poeta había decidido inscribir (con sentido de trascendencia laica) su propia muerte personal. Cfr. «Oda a la flor azul» (*OEL*) y «Oda a las flores de la costa» (*NOE*).

ODA AL DOBLE OTOÑO. (Páginas 583-585.) En afinidad con la «Oda a un camión colorado...», este poema recurre al mar –el Movimiento por antonomasia, incluso en otoño– para restituir la Vida al otoño de la tierra, imagen de la muerte en el alma que está atravesando el poeta. Cfr. por contraste la «Oda a unas flores amarillas».

ODA A LA PANTERA NEGRA. (Páginas 586-588.) Si esta oda fue escrita en diciembre 1955 en Totoral (según la precisa información de Rodolfo Aráoz Alfaro), parecería que una vez más los números y/o las fechas jugaron una mala pasada al poeta puesto que 31 años antes (diciembre de 1924) faltaban todavía tres años (diciembre de 1927 o comienzos de 1928) para su primera estada en Singapur. — La primera edición, y con ella todas las demás, omitió el verso 20 (dos palabras) que aquí rescato según el manuscrito original : «Vagué por calles inundadas / DE OLOR, / *betel*, las nueces rojas». — Esta oda inaugura un nuevo tratamiento poético del material autobiográfico de Neruda, que culminará con *Memorial de Isla Negra* (1964*)* y *La barcarola* (1967*)*.

ODA AL TIEMPO VENIDERO. (Páginas 611-612.) Una lectura comparada de esta oda y de la «Oda al tiempo» (*OEL*) permite medir la profundidad de la metamorfosis que la poética de Neruda está atravesando.

Estravagario

Composición

En 1957 Neruda comenzó a escribir una corona para su Matilde, los *Cien sonetos de amor*, tarea que interrumpió para emprender juntos un viaje (o peregrinaje) a los míticos lugares de *Residencia* (Rangún, Colombo) y para iniciar su *Estravagario*. Invitado al congreso por la paz que se efectuaría ese año en Ceilán, el poeta aprovechó la ocasión para promover una *nueva* iniciación de Matilde, diversa de aquella que *Los versos del Capitán* habían registrado en la clave poética del Hombre Invisible (texto ejemplar: «El amor del soldado»). La nueva iniciación ya no tenía que ver con el futuro, con el horizonte de la Utopía por edificar. Se refería en cambio al pasado, a las *muchas vidas* que el poeta había vivido y que, en correspondencia con la metamorfosis en curso, su compañera debía conocer y comprender. El viaje iniciático comenzó con un tropezón en Buenos Aires, donde la policía lo arrestó por una noche sin causa declarada. Tras este incidente, Pablo y Matilde atravesaron océanos y continentes para llegar hasta Ceilán. Allí, en Colombo:

> Me fui al tanteo por las callejuelas en busca de la casa en que viví, en el suburbio de Wellawatta. Me costó dar con ella. Los árboles habían crecido. El rostro de la calle había cambiado.
>
> La vieja estancia donde escribí dolorosos versos iba a ser muy pronto demolida. Estaban carcomidas sus puertas, la humedad del trópico había dañado sus muros, pero me había esperado en pie para este último minuto de la despedida.
>
> No encontré a ninguno de mis viejos amigos. Sin embargo, la isla volvió a llamar en mi corazón, con su cortante sonido, con su destello inmenso. El mar seguía cantando el mismo antiguo canto bajo las palmeras, contra los arrecifes. Volví a recorrer las rutas de la selva, volví a ver los elefantes de paso majestuoso cubriendo los senderos, volví a sentir la embriaguez de los perfumes exasperantes, el rumor del crecimiento y la vida de la selva.
>
> (*CHV**, p. 321.)

Desde Colombo hasta Rangún fue la etapa siguiente, volando a través de la India con escalas en Madrás y Calcuta, también ellos lugares memorables del exilio en Oriente. Con Pablo y Matilde viajaban Jorge Amado y Zélia, su mujer, todos con destino a Pekín. El regreso de Neruda a Rangún casi coincidió con el 30° aniversario del comienzo de su vida en ese «territorio delirante de color, impenetrable de idiomas, tórrido y fascinante» (*CHV*, p. 322). Naturalmente el poeta intentó, seguramente sin demasiadas ilusiones, encontrar alguna huella del principal personaje de su residencia en Birmania.

> Ni sombra de Josie Bliss, mi perseguidora, mi heroína de «Tango del viudo». Nadie me supo dar idea de su vida o de su muerte. Ya ni siquiera existía el barrio donde vivimos juntos.
>
> (*CHV*, p. 323.)

* Véase «Abreviaturas», p. 1333.

No casualmente las memorias de Neruda, dentro del relato global de aquel largo e importante viaje de 1957 (*CHV*, pp. 315-350), dedicaron un amplio espacio (pp. 322-334) a la evocación de las semanas vividas en China. La experiencia, en efecto, había incluido el golpe de gracia a la ya moribunda *idealización utópica* del «socialismo real» que antes había impregnado y definido los poemas de *Las uvas y el viento* (el Errante Testigo-Cronista Americano) y de *Odas elementales* (el Hombre Invisible). Tocar fondo le fue necesario a Neruda para reajustar o reelaborar en su escritura la representación poética de un compromiso político que, sometido a duras pruebas desde comienzos de 1956, no sólo recobrará fuerza sino que con diversa modulación renacerá incluso intensificado («No dejaré jamás de ser comunista», reafirmará con énfasis deliberado pero muy auténtico –y se sabe que hará honor a sus palabras– ante el público que llenó el Teatro Baquedano de Santiago el 15 de junio de 1958). Tal proceso de *elaboración del luto ideológico-político* fue una temática clave y una de las dimensiones más interesantes (y novedosas) de la última poesía de Neruda, resultante de la metamorfosis que comenzó con el *Tercer libro de las odas*.

Gran parte de *Estravagario* fue escrita durante esos meses del largo viaje. Matilde recordó siempre con particular emoción cuánto ella y Pablo se divirtieron y rieron mientras hacían nacer cada uno de los textos sarcásticos y desacralizantes del libro. Y la exuberancia creadora dio incluso para otros textos (odas delgadas y poemas de anchos versos) que más tarde fueron la base de *Navegaciones y regresos*. Fue un viaje fecundo. Desde Pekín a Moscú y desde aquí, por varios meses, la pareja recorrió sucesivamente las repúblicas soviéticas de Afgasia y Armenia para luego volver a Moscú y, en septiembre, hacer una escapada a París. De regreso a Moscú en octubre. Eran los días del 40° aniversario de la Revolución y la capital soviética estaba en fiesta cuando Pablo y Matilde tomaron el tren que los llevaría a Finlandia: «Mientras atravesaba la ciudad, rumbo a la estación, grandes haces de cohetes luminosos, fosfóricos, azules, rojos, violetas, verdes, amarillos, naranjas, subían muy alto como descargas de alegría, como señales de comunicación y amistad que partían hacia todos los pueblos desde la noche victoriosa» (*CHV*, p. 349).

Neruda compró en Finlandia un diente de narval antes de pasar a Suecia. Embarque en Göteborg, viaje de regreso por mar en el *Bolívar* de la Johnson Line, el 5 de diciembre de 1957 lo sabemos en alta mar «cerca de Curaçao», escala en Venezuela, donde el dictador Pérez Jiménez «mandó tantos soldados como para una guerra con la misión de impedirnos descender del barco» (*CHV*, p. 349). Última semana de diciembre: desembarco en Valparaíso (en el entretanto Pérez Jiménez había caído: «ya el majestuoso sátrapa había corrido a Miami como conejo sonámbulo»). Año Nuevo en Isla Negra. En Chile esperaban al poeta tareas políticas de relieve ligadas a la enfermedad y muerte del líder comunista Galo González (marzo de 1958) y a las elecciones presidenciales de septiembre en las que Salvador Allende era por segunda vez el candidato de la izquierda. En mayo, además, Pablo Neruda fue elegido presidente de la Sociedad de Escritores de Chile (SECh). En 1958 hubo también un viaje importante al sur de Chile (reencuentro con la provincia de la infancia, con los bosques, con el océano, con los recuerdos) y preocupación por problemas de salud: recrudecimiento de viejos achaques (en una pierna) y aparición de imprevistos (en la garganta). Todo ello se proyectó con mayor o menor relieve a sus libros en preparación.

Al regresar a Chile a fines de 1957 el poeta puso orden en los originales producidos durante el viaje, separando los correspondientes a *Estravagario* de los que después fundarían *Navegaciones y regresos*. Uno de los criterios de la operación estaba ya establecido por la métrica: en *Estravagario* será caracterizante el dominio del eneasílabo, verso presente en una alta mayoría de los textos del libro.

Ediciones principales

(1) *Estravagario*, Buenos Aires, Losada, 1958 (agosto), 343 pp. Colofón:

Esta primera edición del *Estravagario* se acabó de imprimir el día 18 de agosto de 1958, vigésimo aniversario de la Editorial Losada, S.A., en la Imprenta López, Perú 666, Buenos Aires, República Argentina. Dirigieron la parte gráfica Andrés Ramón Vázquez y Silvio Baldessari, que, además, compuso la tapa y la sobrecubierta. La mayor parte de los dibujos fueron tomados del *Libro de objetos ilustrado*, impreso en San Luis de Potosí, México, 1883; otros pertenecen a la edición de las *Obras completas*, de Julio Verne, ilustradas por P. Ferat. El dibujo que acompaña el poema «No tan alto» es de Guadalupe Posadas [*sic*]. Colaboraron en la selección de estos materiales en Isla Negra, Chile, la esposa del poeta, Matilde Urrutia, y H[omero] Arce Cabrera.

(2) *Estravagario*, en Pablo Neruda, *Obras completas*, Buenos Aires, Losada, 1962 (agosto), pp. 1445-1547. Ediciones sucesivas de OC: 1968, 1973.

(3) *Estravagario*, Buenos Aires, Losada, 1971, BCC, núm. 355. Reediciones: 1977, 1997.

(4) *Estravagario*, Buenos Aires, Losada, 1972.

(5) *Estravagario*, Barcelona, Lumen, 1976, colección El Bardo, núm. 112.

(6) *Estravagario*, Barcelona, Seix Barral, 1977, BBP, núm. 408.

Anticipaciones

EL GRAN MANTEL. *Vea*, núm. 996, Santiago, 29.5.1958.

TRES POEMAS: SUCEDIÓ EN INVIERNO. POR FIN SE FUERON. ITINERARIOS. *El Siglo*, Santiago, 10.8.1958.

Apartado

SUCEDIÓ EN INVIERNO, en *Las 4 estaciones*, calendario, Santiago, Editorial Lord Cochrane, 1964.

Los textos: algunas observaciones

La primera edición de *Estravagario* introdujo en la bibliografía activa de Neruda una pieza imprevista y singular. En lo formal porque era un libro bizarramente ilustrado (ver «Colofón») con dibujos arcaicos –cómicos algunos– cuyo efecto oscilaba entre *lo pop* (innovación) y *lo rétro* (nostalgia). Un efecto similar buscó el poeta en el título, construido sobre el viejo modelo de *Crepusculario* pero en un contexto nuevo que remite a algo «extravagante» y a la vez «estrafalario» (la *s* en lugar de la *x* fue una señal *rétro* en cuanto quiso reactualizar, y quizás no tan irónicamente, ese rasgo de la ortografía juvenil de Neruda que dejó huella en el título del poema «Desespediente» de *Residencia*, derivado de la grafía *espediente* = *expediente*).

En su contenido de conjunto el libro condensó un brusco viraje o reacción de Neruda respecto a su anterior poesía militante, vinculada a valores utópicos de acción y comunicación (transformadoras del mundo). Por eso la compilación se abrió con dos poemas

–«Pido silencio» y «A callarse»– que postulaban treguas de inmovilidad tanto en la dimensión privada del Sujeto como en la dimensión pública de la historia en curso, advirtiendo sin embargo al lector sospechoso: «No se confunda lo que quiero / con la inacción
definitiva».

Aunque de apariencia temática muy variada, el núcleo de *Estravagario* fue la redefinición del Sujeto nerudiano en términos gene-
ralmente opuestos a los del ciclo precedente (1946-1956). Fue así
que al ideal de *unidad* del Yo en *Canto general* («Yo soy») *Estravagario* opuso la *fragmentación horizontal* de un «Muchos somos»
(título de un poema) y la *fragmentación vertical* de un «ahora me
doy cuenta que he sido / no sólo un hombre sino varios» («Regreso
a una ciudad»). En igual sentido, a la célebre solemne exhortación
«Sube a nacer conmigo, hermano» (*CGN*, II, XII) –donde «nacer
conmigo» significaba «con mi primer nacer, con mi nacer de veras»– *Estravagario* opuso una irónica petición de apertura: «Pido
permiso para nacer [de nuevo]», y la declaración «De tantas veces
que he nacido / tengo una experiencia salobre». Y en contraste con
las autorrepresentaciones rotundas, unívocas y hasta arrogantes del
tipo «voy por el mundo / cada vez más alegre» o bien «yo soy, / yo
soy el día, / soy / la luz», caracterizantes del ciclo anterior, el Sujeto
de *Estravagario* ostentó en cambio complacientes incertezas al au-
todefinirse «hombre claro y confundido... lluvioso y alegre... enérgico y otoñabundo» («Testamento de otoño»).

Estravagario quiso ser el exorcismo del *otoño* (íntimo y objetivo
a la vez) de un poeta que no sólo se siente próximo a la «tercera
edad» sino, y sobre todo, constreñido a reexaminar su pasado personal. De ahí que el reajuste del estatuto del Yo incluyó en *Estravagario* la desacralización de la autobiografía, paso previo a la
reproposición sistemática del pasado del Sujeto nerudiano que co-
menzará en 1960 con el poema «Escrito en el año 2000», de *Canción de gesta*, y que culminará con los libros *Memorial de Isla Negra* (1964) y *La barcarola* (1967). Esta desacralización supuso una
toma de distancia (crítica) respecto a la imagen de un Yo cumplido
(«Yo soy») que desde lo alto de la cima alcanzada había visto su
propio pasado como la progresión (a través de etapas y momentos
de prueba o de riesgo) de una hazaña mítica. En *Estravagario* el
nuevo Sujeto nerudiano, ya abandonados los títulos de Capitán y de
Hombre Invisible, se despojó también de esas arrogancias y certezas
retrospectivas. Los nuevos textos evocadores –«Regreso a una ciudad», «La desdichada», «Itinerarios», «Dónde estará la Guillermina?»– interrogaban las experiencias pretéritas para recuperar el au-

tónomo y específico significado de cada una, y no más para medir su grado de contribución al progresivo decurso mítico del Sujeto.

«El tema del desengaño del mundo (actual) impregna todo el libro y condiciona no sólo la autorrepresentación del Sujeto sino la entera impostación lingüística y retórica de una obra que parece que parece querer compensar de golpe, con la brusca exacerbación del absurdo, de la paradoja o de la *boutade*, los excesos apolíneos – claridad, edificación, "realismo" – de los libros precedentes» (Loyola* 1995, p. 1687). Así, por ejemplo, una de las formas que asume la constante distorsión irónica del lenguaje es la modulación anómala de los verbos: «Todos me piden que dé saltos, / que tonifique y que futbole» («El miedo»); «porque si yo me necesito / no debo desaparecerme» («Muchos somos»); «Yo me pregunto si las ranas / se vigilan y se estornudan» («Pobres muchachos»); o de los pronombres: «y no sólo cuento contigo / sino que no cuento sintigo» («Cantasantiago»). Así también la yuxtaposición de elementos heterogéneos, con efecto cómico o extrañante: «Pasó un perro, pasó una monja, / pasó una semana y un año» («La desdichada»); «Yo todos los días pongo / no sólo los pies en el plato, / sino los codos, los riñones, / la lira, el alma, la escopeta» («Sobre mi mala educación»).

Y CUÁNTO VIVE. (Páginas 628-629.) YA SE FUE LA CIUDAD. (Página 630.) LARINGE. (Páginas 675-677.) «Regresé a mi casa más viejo / después de recorrer el mundo»: parece ser que el reencuentro con los lugares míticos de juventud (Rangún, Colombo) se sumó a temores de una grave enfermedad (en la garganta), pero sobre todo al íntimo derrumbe de la ilusión utópica, para introducir en la escritura de Neruda una aguda y desencantada (o desesperanzada) conciencia de la condición mortal del hombre. (Para rastrear una similar melancolía hay que remontarse a los textos tardíos de *Crepusculario*. A pesar de los pre-juicios dominantes en cierta crítica, inútil buscar algo parecido en *Residencia*, ni siquiera en «Walking Around» o en «Sólo la muerte», poemas tradicionalmente mal comprendidos.) Se trataba en verdad del registro poético de una hondísima crisis de Neruda, bien comprensible si se tiene en cuenta que no muchos años antes – y muy especialmente en «Alturas de Macchu Picchu» (1945-1946) – el poeta creyó de veras haber superado el problema de LA/SU muerte personal o individual al inscribirla en el flujo de la Historia entendida como proyecto de edificación de la Ciudad Futura. Los libros sucesivos registrarán a su vez la historia de la superación (relativa, irónica, más o menos melancólica) de esta

* Véase «Referencias bibliográficas», pp. 1334-1335.

crisis del regreso. — «Valentín, ya sabes que el médico me ordena silencio por dos meses... Juvencio Valle hubiera estado feliz. *Yo me alegré porque se pensaba algo peor.* Tengo un librito en el que escribo mis pensamientos como ser: a qué hora comemos?» (carta fechada en Isla Negra el 17 de enero de 1958, en Teitelboim, p. 386).

REGRESO A UNA CIUDAD. (Páginas 632-633.) El referente extratextual es la ciudad de Rangún. La historia de «la loca que me quería» (la birmana Josie Bliss) será revelada por primera vez sólo algunos años más tarde, en la cuarta de las diez crónicas autobiográficas que Neruda escribió para la revista *O Cruzeiro Internacional* de Río de Janeiro: *Las vidas del poeta*, capítulo 4, «La calle oriental», *OCI*, edición del 1.3.1962, después en *CHV*, pp. 122-125.

EL GRAN MANTEL. (Páginas 637-638.) De hecho es el único poema del libro que se ocupa de los «problemas sociales» que en *CGN*, *UVT* y *OEL* eran centrales. Indicio o señal que el Sujeto confirma declarando explícitamente la deliberada simplificación de la óptica: «Por ahora no pido más / que la justicia del almuerzo». De batallas por la expansión y triunfo del socialismo en el mundo, por ahora ni hablar.

CON ELLA. (Página 639.) AMOR. (Páginas 680-681.) Notar el cambio en el estatuto poético de *ella* = Matilde. Paralelamente a la desaparición de la figura del Capitán (que encarnaba la unidad del militante-amante), la imagen de la *amada* ya dejó de aparecer asociada a instancias ideológico-políticas contingentes o a la edificación universal de la Utopía. En estos textos comienza en cambio una reelaboración de la imagen de Matilde en conexión con valores básicos y primarios de la convivencia colectiva, aquí aludidos en los versos «[...] espérame / con una cesta, con tu pala, / [...] / necesitamos nuestras manos / para lavar y hacer el fuego».

NO TAN ALTO. (Páginas 639-641.) Sátira de estirpe quevedesca que, en definitiva, envuelve y relativiza una importante autocrítica del Sujeto nerudiano en conexión con sus anteriores tentativas de autorretrato (en particular las modulaciones del Yo Soy de *CGN*: el Capitán, el Hombre Invisible, el Testigo-Cronista Americano, pero al mismo tiempo, y más en general, todas las figuras asumidas por el Yo profético de la modernidad nerudiana).

CIERTO CANSANCIO. (Páginas 644-645.) «Si el aparente atascamiento del tiempo histórico suscita, a partir de *Estravagario*, "cierto cansancio" [...], ese cansancio se expresa como un imperativo que implica justo todo lo contrario que resignación: *Cansémonos de lo que mata / y de lo que no quiere morir.* No nos equivoquemos: "de lo que mata por su rechazo de morir precisamente". Ante esta muerte que amenaza constantemente al movimiento histórico, responde Neruda con una exigencia de ruptura» (Sicard, p. 326).

V. (Páginas 650-651.) La inicial corresponde obviamente al gran poeta peruano Vallejo (César Vallejo, 1893-1938).

CABALLOS. (Páginas 653-654.) La irrupción de «la luz de los caballos» restituye la Vida a una gris y apagada realidad de invierno. Poema afín a la «Oda a un camión colorado cargado con toneles» (*TLO*). Ver *supra*, nota a ese texto.

MUCHOS SOMOS. (Páginas 657-658.) Negación implícita y crítica de aquella identidad unívoca tan perseguida y tan difícilmente conquistada (Yo Soy) por el Sujeto nerudiano en su su fase *moderna*.

PASTORAL. (Páginas 665-666.) Verdadero manifiesto (irónico) del Neruda posmoderno, en explícita contraposición a ese muy serio y convencido manifiesto moderno que fue «El hombre invisible» (*OEL*), donde el Sujeto declaraba: «no tengo tiempo / para mis asuntos, / de noche y de día / debo *anotar* lo que pasa, / y no olvidar a nadie». Nuestro nuevo y posmoderno Sujeto nerudiano, en cambio, cumple su deber de tomar notas con intención opuesta: «saco mi pluma del bolsillo, *anoto* / un pájaro que sube / o una araña en su fábrica de seda, / no se me ocurre nada más». La segunda estrofa confirma la ruptura ironizando de modo deliberado, sea el ideal de *transparencia* de las primeras odas elementales (puesto que ahora, en cambio, «No se me ocurre más que el *transparente* / estío»), sea la atención del ex Sujeto a los modernos –y falsos– ritos de la Historia («y así pasa la historia con su carro / recogiendo mortajas y medallas, / y pasa, y yo no siento sino ríos»), e ironizando, en fin, la autorrepresentación tendencialmente «profética» –al servicio de la *colectividad*– que Neruda amó proponer de sí en sus libros hasta 1956, para rebajarla de jerarquía y dar nueva prioridad a sus propios *individuales* enigmas. Mejor *pastor* (o «pastoral poeta») que *profeta*.

POR FIN SE FUERON. (Páginas 684-686.) FÁBULA DE LA SIRENA Y LOS BORRACHOS. (Páginas 635-636.) POBRES MUCHACHOS. (Páginas 672-673.) Durante el período de ruptura con Delia y de consolidación de la convivencia con Matilde, algunos amigos y amigas de Neruda se entrometieron en el conflicto y criticaron de hecho y/o con palabras la decisión del poeta (por simpatía o compasión hacia Delia). Neruda rompió para siempre con ellos, no sin dolor y desgarramiento en el caso de Tomás Lago. Estos textos proyectaron a su escritura poética, con varia modulación y con diversos registros de lenguaje, el fastidio de Neruda frente a tales intromisiones (incluyendo la muy presumible de dirigentes del partido) en su vida privada. Y la correspondiente afirmación de la figura de la *amada* objeto de ataques.

DÓNDE ESTARÁ LA GUILLERMINA? (Páginas 694-696.) Texto inaugural de la nueva (posmoderna) recuperación autobiográfica del Sujeto. Cada episodio o momento de la memoria interesa ahora por sí mismo, viene enfocado ahora según su propio valor evocativo y no más según su aporte al «crecimiento» y desarrollo del Héroe en su ruta hacia algún improbable Yo Soy.

CARTA PARA QUE ME MANDEN MADERA. (Páginas 705-707.) Tras el regreso de *Neruda-el-Viajero-Trotamundos* el centro de la escena o vida del poeta tornó a ser ocupado, con multiplicada energía, por *Neruda-el-Arquitecto-Constructor-Diletante*. El 6 de abril de 1956 Matilde había perfeccionado la compra de terrenos colindantes que ampliaron el espacio de La Chascona. En 1957 Neruda encargó al arquitecto Rodríguez Arias proyectar sobre esos nuevos terrenos un bar abierto y un estudio-biblioteca (cfr. Mayorga, p. 173). Le encargó al mismo tiempo proyectar la nueva biblioteca de la casa de Isla Negra. Ambos proyectos, sobre todo el de Isla Negra, preveían abundante uso de madera. Pero Rodríguez Arias decidió por entonces regresar a su España natal. De la ampliación de La Chascona se hará cargo –con nuevo proyecto– el arquitecto Carlos Martner. De la nueva biblioteca de Isla Negra se ocupará en cambio el arquitecto Sergio Soza, a quien Neruda, no por casualidad, regaló el original manuscrito de esta «Carta para que me manden madera». Sobre las fatigas del arquitecto Soza, cfr. Mayorga, pp. 101-104.

TRÁIGANLO PRONTO. (Páginas 713-715.) La figura extratextual aquí aludida es Pablo de Rokha (Carlos Díaz Loyola, Chile, 1894-1968), «legendario antagonista» de Neruda: «Mi contrincante era un poeta chileno de más edad que yo, acérrimo y absolutista, más gesticulatorio que intrínseco. Esta clase de escritores dotados de ferocidad egocéntrica proliferan en las Américas: adoptan diversas formas de aspereza y de autosuficiencia, pero su ascendencia d'annunziana es trágicamente verdadera» («Enemigos literarios» en *CHV*, p. 399). Neruda, muy sabiamente, no solía responder a los ataques de Pablo de Rokha y familiares, pero cada vez que lo hizo fue demoledor. Al respecto menciono una pieza legendaria, el poema «Aquí estoy» de 1935, raro, clandestino y feroz desahogo de Neruda contra sus principales y más irreductibles enemigos, texto que hasta ahora es inútil buscar en versión completa dentro de la nerudiana autorizada: el lector de estas *Obras completas* lo encontrará por primera vez en el volumen IV (*Nerudiana dispersa*). — Este

«Tráiganlo pronto» de *Estravagario* se inscribe en el nuevo propósito (posmoderno) de recuperación autobiográfica. — OC 1973, v. 4, traía «fermentado» (errata, por «fermentando»).

POR BOCA CERRADA ENTRAN LAS MOSCAS. (Páginas 715-717.) Este poema anticipa en 15 años –incluyendo el uso del eneasílabo– uno de los volúmenes póstumos de Neruda: *Libro de las preguntas*.

BESTIARIO. (Páginas 726-730.) La «elaboración del tema animal va a oscilar constantemente entre admirar la gracia extrahumana de las especies animales, a la cual Neruda (como la Mistral) fue profundamente sensible, y ligar el mundo animal a un horizonte de dolor inexpresado, sordo, que el hombre nunca ha sabido auscultar de veras. [...] A decir verdad se plantea ya, y se vislumbran los frutos iniciales de, un cambio fundamental en la visión de las cosas por parte del poeta, a saber, su creciente desconfianza en la superioridad ontológica del hombre» (Concha 1995, pp. 71-72).

Navegaciones y regresos

Composición

Algunos de las textos que integran el libro fueron escritos durante el viaje de 1957 (ver, arriba, notas a *Estravagario*). Entre ellos, y aproximadamente elencados aquí según el itinerario del viaje: «Oda a una mañana del Brasil», «Oda frente a la isla de Ceylán», «Oda al elefante», «Oda a la silla», «Oda a un solo mar», «Oda a la Gran Muralla en la niebla», «Soledades de la tierra china», «Oda a un tren en China», «Oda a Lenin», «Oda a una mañana en Stokholmo», «A las aguas del norte europeo», «El barco», «Encuentro en el mar con las aguas de Chile», «Las gaviotas de Antofagasta», «Regreso», «A Chile, de regreso».

Otros fueron escritos durante los desplazamientos de Neruda a través del territorio nacional durante la segunda campaña presidencial de Salvador Allende (1958), que –como siempre– contó con el decidido apoyo de los comunistas. El poeta aprovechó la ocasión para regresar una vez más al Sur de su infancia. A este grupo de textos pertenecen «Escrito en el tren cerca de Cautín, en 1958» y «Oda a los trenes del Sur».

No he logrado establecer si el poeta viajó también al extremo norte durante esa campaña electoral. Podría haber sido entonces que

escribió los poemas «El indio» y «Tres niñas bolivianas», si no lo
hizo –menos probablemente– en Antofagasta el 21 de diciembre de
1957, durante la escala del barco que lo trajo de regreso a Chile
(hay un breve texto en prosa, «Recabarren», fechado ese día y en
esa ciudad). Pero hubo todavía otra ocasión en que esos textos pudieron ser escritos: a fines de enero de 1959 Neruda, embarcado en
Valparaíso con destino a Venezuela, durante una escala en El Callao
concedió al *Semanario Peruano* una entrevista («Diez horas de Pablo Neruda en Lima») y un mensaje en prosa «Al pueblo bolivia-
no», ambos textos publicados por la revista limeña en su edición
del 25 de enero de 1959.

A su estancia en Venezuela, que se prolongó hasta abril, dedicó
Neruda los dos poemas que cierran el libro: «Oda a los nombres de
Venezuela» (que comienza aludiendo a un febrero que no puede ser
sino el de 1959) y «Adiós a Venezuela». De los demás textos del
volumen, se podría asegurar que casi todos fueron compuestos en
el contexto de la cotidiana normalidad de Isla Negra o de La Chascona, con la excepción de dos: «Oda a las alas de septiembre» y
«Oda a las aguas del puerto», que resultaron de un viaje que hizo
Neruda a Valparaíso para conocer y examinar esa extraña edificación, inconclusa y abandonada desde hacía diez años, que fue la
base de una casa no menos singular, La Sebastiana, cuya construcción la comenzó el poeta hacia fines de 1958.

«La escritora Sara Vial era amiga de la hija de Sebastián Collados
[el extravagante español, muerto ya diez años antes, que había sido
el propietario de aquellas ahora ruinas]. Una rubia fina, con aire cél-
tico. Le habló [al poeta] de esa obra gruesa que no tenía cotización
en el mercado de los compradores. Acompañado por la descubridora, Neruda recorrió el Camino de Cintura, la Avenida Alemania y
vio la casa de noche. En la oscuridad divisó el faro de Punta Ángeles, cerca de la Piedra Feliz, donde suelen juntarse los enamorados y
lanzarse a la muerte los suicidas. La aceptó de inmediato» (Teitelboim*, p. 396). Ver más adelante mis notas al poema «A "La Sebastiana"», de *Plenos poderes*.

---

* Véase «Referencias bibliográficas», pp. 1334-1335.

Ediciones principales

(1) *Navegaciones y regresos*, Buenos Aires, Losada, 1959 (noviembre), 146 pp., CPEA*. Bajo el copyright, en p. 6: «Este libro, *Navegaciones y regresos*, es el cuarto volumen de las *Odas elementales*».

(2) *Navegaciones y regresos*, en Pablo Neruda, *Obras completas*, Buenos Aires, Losada, 1962, pp. 1549-1645. Ediciones sucesivas y aumentadas de OC: 1968, 1973.

(3) *Navegaciones y regresos*, Buenos Aires, Losada, 1971 (octubre), 142 pp., BCC, núm. 375. Reimpresión: 1979.

(4) *Navegaciones y regresos*, Barcelona, Bruguera, 1980. Reimpresiones: 1981, 1983.

Apartado

Mujeres de Bolivia. Buril y aguatinta de Roser Bru con texto de Pablo Neruda. Barcelona, Ediciones de la Rosa Vera, 1959. Texto de Neruda: «Tres niñas bolivianas».

Anticipaciones

ENCUENTRO EN EL MAR CON LAS AGUAS DE CHILE. *Nueva Tierra / Boletín del Sindicato de Escritores de Chile*, núm. 2, Santiago, mayo 1958.

LAS GAVIOTAS DE ANTOFAGASTA. *Revista Nacional de Cultura*, núm. 132, Caracas, enero-febrero 1959.

EL BARCO. *Revista Nacional de Cultura*, núm. 134, Caracas, mayo-junio 1959.

A MIS OBLIGACIONES. *Revista Nacional de Cultura*, núm. 137, Caracas, noviembre-diciembre 1959.

Los textos: algunas observaciones

Los textos de este volumen fueron dispuestos según el orden alfabético de los títulos (o mejor, de los sustantivos-núcleos dentro de

---

* Véase «Abreviaturas», p. 1333.

ellos), como en los precedentes libros de *odas*, incluyendo los poemas que no venían presentados como tales (salvo «Escrito en el tren cerca de Cautín, en 1958» y más aún «El indio», cuya colocación dentro de la secuencia alfabética sugeriría que inicialmente el texto tenía quizás otro título). Jaime Concha señala en *NYR* un *factor anti-oda* que recorre el libro de manera intermitente: «Antes, las poquísimas anti-odas existentes lo eran en razón de la significación negativa (social o humana) del objeto. "Oda al alambre", por ejemplo, perteneciente a las *Nuevas odas elementales*, es un caso bien notorio. Aquí, por el contrario, esa contracorriente se instala en la base de estas odas de 1959, erosionando con insistencia su cuerpo y su forma. Por eso el aspecto de epitafios que suelen exhibir algunas de ellas y que habría que ver como algo diametralmente opuesto al espíritu y al género de las odas. Este coeficiente mortal, que alienta en los desenlaces haciéndolos cada vez menos convencionales y automáticos, mina los pies de la oda (1995, pp. 70-71). Por mi parte creo (por razones desplegadas y discutidas en las notas pertinentes) que estas observaciones de Concha se podrían (o deberían) extender al *Tercer libro de las odas*.

A MIS OBLIGACIONES. (Página 743.) Los pórticos o prólogos a los varios libros de *odas* manifestaron, a través de metafóricas alusiones o figuras, las etapas de la metamorfosis que la praxis poética de Neruda atravesó en esos años. Notar en el presente pórtico algunos signos de recuperación del entusiasmo a pesar de las experiencias desmoralizantes que el texto resume así: «No es para mí sino el polvo, / la lluvia cruel de la estación».

ODA AL ANCLA. (Páginas 744-745.) ODA AL ÚLTIMO VIAJE DE «LA BRETONA». (Páginas 754-755.) ODA AL CABALLO. (Páginas 755-758.) ODA A LA CAMPANA CAÍDA. (Páginas 761-763.) ODA A LAS COSAS ROTAS. (Páginas 775-777.) ODA AL VIOLÍN DE CALIFORNIA. (Páginas 842-844.) Bajo diversas configuraciones, estas odas tienen en común la referencia a personajes u objetos en derrota, en abandono o en desuso: «héroes» vencidos o perdedores cuyo único rescate posible lo constituyen precisamente estos homenajes, o sea la palabra del poeta, la literatura. Son advertibles, o presumibles, diversos grados de identificación del Sujeto con estos «héroes» y, también, la consecuente tentativa de rescatarse a sí mismo, a través de ellos, en una difícil circunstancia. El Sujeto nerudiano vuelve así a autorrepresentarse, indirectamente en estos poemas, con características similares a las de ese *héroe degradado* que fue su identidad dominante en *Residencia* (ver mis notas a ese libro en el volumen I). Sólo que ahora la caída del horizonte utópico torna muy improbable, mucho más que en su juventud, una operación de autorrescate que en definitiva tiende siempre a lo mismo: a la recuperación de una *trascendencia laica* donde inscribir (= donde conferir sentido aceptable a) la propia muerte.

Atención a la «Oda al caballo», figura simbólica tradicionalmente ligada –por prestancia, altivez, galope– al motivo de la libertad, de la expansión y, sobre todo, del orgullo del Sujeto nerudiano. La «Oda al camino» de *TLO* (ver texto y nota) lo había puesto de nuevo sobre el caballo del que lo bajara el Partido (*UVT*, XI, III: «Cuándo de Chile») y más adelante lo hemos encontrado «Galopando en el Sur» y queriendo ser caballo en «Escapatoria», dos textos (de *ETV*) que confirmaron un *reflujo* exasperado y simultáneo en dos direcciones: hacia la libertad y hacia la memoria. Esta «Oda al caballo» de *NYR* coincide en cambio con el *reflujo del reflujo*, es decir, con la reaceptación de un cierto grado de obediencia (u *obligaciones*) y de testimonio: la contemplación solidaria del viejo caballo reclama al texto, por contraste la figura del joven corcel y por afinidad el reajuste del quehacer del Sujeto: «Pero *no va* mi oda / *a volar* con el viento, / *a correr* con la guerra / ni con los regocijos: / mi poesía se hizo paso a paso, / *trotando* por el mundo», versos donde queda muy clara la renuncia al buen galope de antaño.

En el caso de la «Oda a la campana caída», teorizar una identificación del Sujeto con el objeto en derrota aparece legitimado por autorrepresentaciones en apertura y al cierre del libro: «mientras los otros se sumergen / en la pereza, en el amor, / yo estoy limpiando mi *campana*, / mi corazón, mis herramientas» («A mis obligaciones»); «nos queda tiempo para ser *campana*» («Deberes de mañana»). Se sabe además que esta identificación del poeta con la campana será una constante simbólica hasta en sus últimos libros (ver *El mar y las campanas* en nuestro volumen III).

La «Oda al violín de California», que parece remitir a una experiencia vivida por Neruda durante su primera estada en México (1940-1943), configura claramente una melancólica visión *actual* del papel del artista. La atmósfera del poema, inhabitual en Neruda, tiene algo de ciertos *westerns* anómalos, en mezcla con filmes del tipo *on the road*. En este poema los recuerdos comienzan a cumplir una función muy diversa a la que les asignó el Sujeto en *Canto general*, XV. Sobre la imagen del *violín* en la poesía de Neruda, véase *supra* mi nota al texto «El hombre invisible» (*OEL*).

EL BARCO. (Páginas 752-753.) En línea con «El gran mantel» de *ETV*, este poema propone sin embargo una alegoría más articulada y amplia de la justicia social. El barco es metáfora del planeta y de la historia que en él se verifica. Evidentemente Neruda persigue en esta fase de reajuste una especie de retorno al nivel básico: la representación de la problemática esencial sin aludir –como en cambio había hecho desde *CGN* a *OEL* – a la tentativa de solución en curso, el «socialismo real».

ESCRITO EN EL TREN CERCA DE CAUTÍN, EN 1958. (Página 759.) Este poema agregó a la melancolía general de la escritura nerudiana del período el tema del viajero que regresa al lugar de origen donde ahora nadie lo espera. Al mismo tiempo fue un paso más hacia la nueva (posmoderna) recuperación de los recuerdos inaugurada en *ETV* por «Dónde estará la Guillermina?» y que culminará en *Memorial de Isla Negra*. El verso «aquella boca en que nació mi sangre» no fue, como leyó alguna vez un crítico, una alusión a la madre que murió apenas nacido el poeta (pero en Parral, no en Cautín), sino a una experiencia sexual fundadora y determinante.

LAS GAVIOTAS DE ANTOFAGASTA. (Páginas 787-789.) Otra variación sobre el tema de la irrupción de la luz y del movimiento como restituidores de vida en el horizonte visivo y emotivo del Sujeto. Texto en línea, afinidad y sintonía con «Oda a un camión colorado cargado con toneles» (*TLO*) y con «Caballos» (*ETV*). (Ver mis notas a esos textos.) Estas gaviotas de Antofagasta reaparecerán en el número LXXXVII de los *Cien sonetos de amor* y, como aquí, en conexión con la fase mixta de desencanto y de refundación (signo insistente: la nueva toma de conciencia acerca de la propia condición mortal) que estaba atravesando el poeta a comienzos de 1959, durante el viaje a Venezuela, cuando fue escrito el poema.

ODA A LENIN. (Páginas 799-804.) El líder revolucionario no es mostrado en acción, en movimiento, en batalla, en su dimensión épica de conductor de masas, sino en un momento de tregua, de reposo, mientras pesca en el lago Razliv. Es claro que a través de este poema, escrito en Moscú durante los días del 40° aniversario de la Revolución soviética, Neruda busca rectificar su propia retórica revolucionaria de algunos años atrás sin renegar su adhesión de fondo.

ODA A UNA MAÑANA EN STOKHOLMO. (Páginas 807-809.) No fue ésta la única ocasión en que Neruda –dependiendo de él– se negó a castellanizar de veras el nombre de la capital sueca (véase también la edición Tallone del discurso de recepción del premio Nobel, 1971). El poema en sí es interesante por la sinceridad con que el Sujeto transforma en materia poética la distancia que íntimamente lo separa de este universo tan ajeno a su experiencia. Pocos años antes Neruda habría intentado –quizás– una conexión en nombre de la unidad sustancial (óptica *moderna*) de todos los hombres, en marcha dificultosa pero unívoca hacia la Ciudad Futura.

A MI PUEBLO, EN ENERO. (Páginas 817-818.) Sospecho que en la impostación de este poema Neruda sobrepuso secretamente (quizás sin darse cuenta del todo) las dimensiones pública y privada de su experiencia. El 28 de enero de 1958 se cumplían diez años de la matanza de Plaza Bulnes en Santiago de Chile, luctuoso episodio al que Neruda dedicó una secuencia de poemas en *Canto general* (V, III, «Los muertos de la plaza»). El poeta se duele del olvido en que ha caído un evento que parecía imborrable y que ocupó lugar importante en su escritura (similar protesta respecto a la guerra civil española). Pero en la vida privada de Neruda hay además un *enero* reciente al que aludirán dos de los *Cien sonetos de amor*: ciertas «desdichas del mes de enero» (soneto XLI) y el rayo cruel de cierta «luz de enero» (soneto LXVI). Es por esto que sospecho una secreta carga de ambigüedad en la autorreferencia «Soy el árbol de enero / en la selva quemada».

Cien sonetos de amor

Composición

Durante el agitado 1956 en que se definió su situación conyugal con Delia, Neruda proyectó una corona de amor para su reina ya no más clandestina. No era suficiente duplicar los *veinte poemas* (ya lo habían hecho *Los versos del Capitán* en 1952): Matilde requería una corona con no menos de cien joyas. Proyecto muy nerudiano cuya realización, que partió a comienzos de 1957, fue interrumpida por la invitación al congreso por la paz en Ceilán. Neruda cogió la ocasión al vuelo. Enfrentado al nuevo desafío de proclamar y coronar a Matilde como la mujer de su destino, ésta era la oportunidad para completar su iniciación. Por eso el largo viaje de 1957 fue sí el crucero de bodas que la nueva pareja se adeudaba, pero ante todo fue un peregrinaje a las ciudades en que Neruda vivió antes de conocer a Matilde, en particular Colombo y Rangún, extendiéndose a ciudades como Pekín, Moscú y París, conectadas de otros modos a la experiencia del poeta. Y si el itinerario no incluyó algunas semanas o meses en Madrid, no fue ciertamente por negligencia o desgana de Neruda. *Estravagario* fue el acta de matrimonio de la pareja. Fue el libro que escribieron juntos durante el viaje, fue el testimonio de esa experiencia plenamente compartida.

De regreso a Chile el poeta retomó el proyecto de los cien sonetos, que siendo un proyecto con destinataria privilegiada y personal no fue anticipado fragmentariamente a los lectores de Neruda (como en cambio solía ocurrir con sus otros libros).

Ediciones principales

(1) *Cien sonetos de amor*, Santiago, Prensas de la Editorial Universitaria, 1959 (noviembre), 126 pp. Edición privada de 300 ejemplares en formato folio.

(2) *Cien sonetos de amor*, Buenos Aires, Losada, 1960 (diciembre), 126 pp., CPEA*. Edición encuadernada, con ilustración de sobrecubierta por Silvio Baldessari.

(3) *Cien sonetos de amor*, en Pablo Neruda, *Obras completas*, Buenos Aires, Losada, 1962, pp. 1647-1703.

(4) *Cien sonetos de amor*, Buenos Aires, Losada, 1965 (diciembre), 121 pp., BCC, núm. 305. Veinte ediciones hasta 1994.

(5) *Cien sonetos de amor*, Buenos Aires, Losada, 1966, 126 pp., CPAH. Ilustraciones de Silvio Baldessari. Como (2) pero en formato más pequeño. Séptima edición: 1972.

(6) *Cien sonetos de amor*, Barcelona, Seix Barral, 1977, Biblioteca de Bolsillo. Duodécima edición: 1998.

(7) *Cien sonetos de amor*, Barcelona, Bruguera, 1980, colección Libro Amigo. Reediciones sucesivas: 1981, 1983.

(8) *Cien sonetos de amor*, Bogotá, La Oveja Negra, 1982. Reediciones: 1984, 1985.

(9) *Cien sonetos de amor*, Santiago de Chile, Editorial Andrés Bello, 1985.

(10) *Cien sonetos de amor*, Barcelona-Buenos Aires, Planeta, 1989. Décimocuarta edición en Buenos Aires: 1998.

Edición especial

— *Cien sonetos de amor*, Madrid, Doroteo Arnaiz, 1978, 220 pp. Hojas sueltas en carpeta de 34 × 26 cm, entelada en color naranjo, en caja. Edición de 120 ejemplares con 100 grabados de Arnaiz.

---

* Véase «Abreviaturas», p. 1333.

Los textos: algunas observaciones

«Uno de los aspectos más atractivos de los *Cien sonetos de amor* es la manera como, en especial en la primera parte del libro, un poeta vuelve contra sí misma la tradición petrarquista. El poeta petrarquista procede por abstracción. La belleza de la mujer es el reflejo de su percepción ideal. Se recurre, para esculpir su monumento, a los más preciosos materiales. Pero, paradójicamente, esos materiales inmaterializan a la mujer, y la imagen de la que se ha postulado como Única cae en el estereotipo. El procedimiento de Neruda es el inverso. En vez de basarse en una depuración del lenguaje de los sentidos, se basa por entero en la sensualidad.

»La sensualidad es el rasgo constante y fundamental del amor nerudiano. [...] No es mediante una ascesis sentimental, sino mediante una total aceptación de la sensualidad como descubre el amor nerudiano el secreto de su necesidad. Existe una memoria de los sentidos que hace que, para los amantes, conocerse sea reconocerse: es reconocer en el otro ese origen sin origen cuyo otro nombre es la materia:

Te amé sin que lo supiera y busqué tu memoria

le dice a Matilde el autor de los *Cien sonetos*. El amor existe con anterioridad al amor porque es de esencia material. La búsqueda amorosa no tiene otro fin que realizar la restitución del hombre a su identidad material.» (Sicard*, pp. 522 y 527.)

SONETO LIX. (Página 891.) El *G.M.* del epígrafe que sale en la primera edición alude a Gabriela Mistral, que murió en 1957.

Canción de gesta

Composición

«En ese mismo año de 1958 estuvo en Chile un hombre bastante singular, Antonio Santaella Blanco, portorriqueño, a quien yo ya conocía. Asistía a un congreso masónico. Hombre de bastante fortuna personal, Santaella es, a través de giras y publicaciones, un

* Véase «Referencias bibliográficas», pp. 1334-1335.

activista de la causa de la liberación política y económica de Puerto Rico. Es un verdadero apóstol. Yo se lo presenté a Pablo en aquellos días, y parece que el poeta quedó impresionado con el portorriqueño. Tanto, que prometió escribir algunos poemas, y tal vez un libro, sobre la situación de Puerto Rico» (Sylvia Thayer, testimonio sobre Neruda en *Aurora*, núm. 3-4, Santiago, julio-diciembre 1964, p. 242).

Esta información de Sylvia Thayer –hermana de Álvaro Hinojosa y escritora ella misma– concierne al proceso de composición de *Canción de gesta*. Neruda escribió, efectivamente, esos versos sobre Puerto Rico y su drama. Y quizás habría terminado por completar el libro ofrecido si, como en España un par de decenios antes, la Historia –así, con mayúscula– no hubiera intervenido para imprimir a su escritura un rumbo no previsto. Esos poemas no llegaron a cimentar un libro sobre Puerto Rico. Fueron en cambio embrión, apertura e intervalos de un libro sobre Cuba y su revolución, cuyo prólogo comienza confesando la prehistoria:

> Primeramente medité este libro en torno a Puerto Rico, a su martirizada condición de colonia, a la lucha actual de sus patriotas insurgentes. El libro creció después con los acontecimientos magnánimos de Cuba y se desarrolló en el ámbito Caribe.

Más y más poemas en endecasílabos romanceados jalonaron la escritura de Neruda durante 1959, fuertes del estímulo de una revolución al poder desde comienzos del año. Estando en Venezuela cuando Fidel Castro llegó a agradecer la ayuda que a su lucha habían prestado el gobierno de Larrazábal y el pueblo de ese país, Neruda no se perdió el discurso de cuatro horas que el líder cubano pronunció «en la gran plaza de El Silencio, corazón de Caracas. Yo era una de las doscientas mil personas que escucharon de pie y sin chistar aquel largo discurso» (*CHV**, p. 438).

El libro fue completado durante los primeros meses de 1960, según sugiere el prólogo que escribió el poeta a una compilación que daba por ya conclusa y que fechó: «A bordo del Paquebot *Louis Lumière* entre América y Europa, 12 de abril de 1960». Cabe imaginar que los originales partieron hacia Cuba poco después, desde algún lugar de Europa. Neruda estaba viajando con destino a la Unión Soviética como jurado permanente del premio Lenin. Hay documentación que lo sitúa en Yalta el 8 de mayo. Desde allí a Polonia, Bulgaria, Rumania, Checoslovaquia. Y después algunos meses en París,

---

* Véase «Abreviaturas», p. 1333.

donde apenas instalado le llegaron noticias de los catastróficos terremotos de mayo en el sur de Chile y en particular del maremoto
que arrolló su Puerto Saavedra (y que suscitó el poema «Cataclismo» de *Cantos ceremoniales*, 1961).

El 12 de noviembre de 1960 Pablo y Matilde se embarcaron en
Marsella rumbo a Cuba. No podía imaginar nuestro poeta que el 3 de
diciembre, al poner pie en la isla, iba a comenzar para él una historia
de desencuentros, incomprensiones, antipatías y –para usar sus palabras– de «malversaciones ideológicas» y malignidades que persistie-
ron hasta su muerte. No se trata sólo de la *Carta de los Intelectuales
Cubanos*, que vino años después (1966). Lo digno de notar es que ya
durante la primera estada de Neruda en Cuba algo sucedió, algo nunca bien aclarado que determinó –nada menos– la exclusión de *Canción de gesta* de las *Obras completas* (Losada) ya desde la edición
de 1962. Neruda nunca explicó tal decisión. Por su parte el aparato
cultural cubano, tras un breve período de exaltación del libro en sus
publicaciones –que incluyó el número 88 de *Lunes de Revolución*
(26.12.1960), dirigido por G. Cabrera Infante y enteramente dedicado «A Pablo Neruda» – , sin jamás explicar ni dar razones relegó también *Canción de gesta* a esa especie de limbo literario-revolucionario
en el que todavía está. De este libro (nunca reeditado en el país) no se
habla ni se escribe en Cuba. Allí nadie lo estudia o discute, ni siquiera para criticarlo. No hay memoria de él. No existe. Lo cual es difícil
de entender tratándose de un libro de neto homenaje y celebración de
la revolución cubana que, además, ofrece un nivel general de interés
y calidad literarias perfectamente colocable (para decir lo menos) en
el parámetro medio-alto de la producción global de un poeta del calibre de Pablo Neruda. Que no es poco decir, creo. No sin razón y con
amargura el poeta chileno insistió hasta el fin: «no puedo olvidar que
yo fui el primer poeta que dedicó un libro entero a enaltecer la Revolución cubana» (*CHV*, p. 447). ¿Por qué, entonces? ¿Qué ocurrió de
tan grave en 1960-1961, al punto de generar esta glacial distancia?

No conozco la respuesta. Lo cierto fue que en 1966 la distancia
devino abismo incolmable. La llamada *Carta de los Intelectuales
Cubanos a Pablo Neruda* (ver notas a nuestro volumen IV) fue
como pocos un documento extremadamente infeliz, muy difícil de
explicar y más difícil todavía de justificar desde cualquier punto
de vista, incluso –¿o sobre todo?– teniendo en cuenta el contexto
internacional de la época. La prueba es que los mismos autores y fir-
mantes de la *Carta* –incluyendo a quienes me han jurado que jamás
autorizaron poner en ella la propia firma– evitan recordarla como
si quemara. La *Carta* fue una ofensa, un daño, una herida cuyas gra-

tuidad e injusticia aparecen hoy – desde una perspectiva actual – todavía más evidentes que entonces. Para un hombre orgulloso y susceptible como Neruda fue muy difícil (y a ratos hasta heroico) moverse con decoro entre la ira y la responsabilidad.

El partido comunista de Chile decidió concederme en un acto público la medalla Recabarren, recién creada entonces y destinada a sus mejores militantes. Era una sobria respuesta. El Partido Comunista Chileno sobrellevó con inteligencia aquel período de divergencias, persistió en su propósito de analizar internamente nuestros desacuerdos. Con el tiempo toda sombra de pugna se ha eliminado y existe entre los dos partidos más importantes de América Latina un entendimiento claro y una relación fraternal.

(*CHV*, p. 447.)

Pero en lo personal el abismo subsistió. Aunque excluyéndola de *Obras completas*, Neruda autorizó ediciones autónomas de *Canción de gesta* en Chile (Austral, 1961) y en Uruguay (El Siglo Ilustrado, 1962, 1964, 1968, 1970). La edición 1968 de Montevideo incluyó un prólogo del autor que era en realidad una nueva réplica a la *Carta*. La página 106 traía además el número romano XLIII, sucesivo al número implícito del último poema («Escrito en el año 2000») de la edición cubana de 1960, y traía también el título de un poema: «Juicio Final». *Pero no traía el texto de ese poema*, como si éste hubiera sido retirado a última hora. En lugar del poema, este anuncio:

(El Editor hace constar que el Poeta con este título anuncia un poema que cerraría este volumen en una edición definitiva.)

Extrañísima tarea la de editar el anuncio de un poema virtual. Era como editar un vacío, un hueco, una ausencia. Seguramente Neruda no resistió a concederse al menos ese *anuncio del editor* como señal hacia los ofensores y como mínimo desahogo del malestar en que vivía, obligado a tascar el freno y a autocensurarse en aras de la razón política. La coda «Juicio Final» no se publicó – que yo sepa – en vida de Neruda. Mucho debe haberle costado esta renuncia. Matilde decidió – seguramente lo habían concordado con Pablo – incluir el texto en las ediciones póstumas de *Canción de gesta*. Legítimamente, a mi entender, e incluso necesariamente: el *anuncio* de 1968 expresó en modo inequívoco que era voluntad del autor cerrar con «Juicio Final» esa *futura* edición definitiva de *Canción de gesta* que él – muy a contrapelo – tuvo que suspender. Y que la muerte le impidió ver impresa.

Ediciones

(1) *Canción de gesta*, La Habana, Imprenta Nacional de Cuba, 1960, 74 pp. El volumen va encabezado por la siguiente nota del editor, sin título ni firma:

En el momento en que habrá de celebrarse el Segundo Aniversario de nuestra gloriosa Revolución, el Departamento Nacional de Cultura del Ministerio de Educación se complace en poner en las manos del pueblo cubano este nuevo libro de Pablo Neruda, poeta cuya voz lírica continental se alza en moderno cantar de gesta, exaltando las figuras del Comandante Fidel Castro, de los heroicos combatientes de la Sierra Maestra y de los hombres todos que, en América Latina, lucharon y luchan por una definitiva independencia de sus pueblos –sin que el poeta calle su indignación, a la vez, ante los agentes del imperialismo y de la opresión.

Una vez más, la gran voz de Pablo Neruda nos habla en nombre de la libertad y de la justicia, en versos directos, más actuales y vivientes que nunca.

Colofón:

De esta primera edición de *Canción de Gesta* se tiraron 20.000 ejemplares en papel Gaceta, 5.000 ejemplares en papel Antique de 60 libras y 50 ejemplares en papel Guarro numerados y firmados por el autor.

(2) *Canción de gesta*, Santiago de Chile, Austral, 1961, 89 pp., colección Realidad Americana núm. 3.

(3) *Canción de gesta*, Montevideo, El Siglo Ilustrado, 1962, 97 pp. Reedición: 1964.

(4) *Canción de gesta*, Montevideo, El Siglo Ilustrado, 1968, 105 pp. Incluye el «Prólogo del autor en 1968 para la tercera edición uruguaya» y el anuncio del editor acerca de un virtual poema XLIII, cuyo título sería «Juicio Final», con que el autor se propone cerrar una futura edición definitiva (texto del anuncio: ver *supra*). Cuarta edición uruguaya: 1970 (reproduce la 3.ª de 1968).

(5) *Canción de gesta*, Barcelona, Seix Barral, 1977, 107 pp. Primera edición definitiva. Reproduce el prólogo de 1968 y agrega el texto-coda anunciado en esa edición uruguaya: «Juicio Final» (pp. 105-107). Reediciones: 1981, 1983.

(6) *Canción de gesta*, Barcelona, Planeta, 1990, 107 pp. Como (5).
A las muchas vicisitudes de este libro habría que agregar la de

una edición fantasma, o *nonata* como la llama Eulogio Suárez, refi-
riéndose a la que estaba por publicar la Editorial Quimantú en
los días del golpe de estado en Chile: «A finales de julio de 1973 se
terminaban de imprimir en Santiago los últimos pliegos para esa
nueva edición. Saldrían a la calle veinte mil ejemplares a precios populares. De los talleres pasó a encuadernación y control. En estos
menesteres y otros, llegó el mes de agosto, y los primeros días de
septiembre... Hasta el día 11, donde no quedó "libro sobre libro" a lo
largo de Chile. No escapó la obra de Neruda. Quimantú fue asalta-
da, picados la mayoría de los libros que estaban en bodega; también
Canción de gesta. Pero nunca el fuego ni la guillotina liquidan todo...
Algunos ejemplares, dos, tres, cinco, difícil precisarlo, escaparon de
la muerte y llegaron a buen recaudo. Iris Largo, funcionaria de la
editorial y esposa del escritor José Miguel Varas, logró salvar un par
de ellos. Tienen hoy, valor incalculable» (Suárez*, p. 166).

Nuestra edición

En vida del poeta –y por voluntad suya– esta *Canción de gesta* no
fue incluida en ninguna de las tres ediciones de *Obras completas*
que habrían podido acogerla (Losada 1962, 1968 y 1973). Sin embargo, el *anuncio* deliberadamente inscrito por el autor –muy vivo
aún– en la edición uruguaya de 1968, y explícitamente referido a un
poema XLIII de título «Juicio Final» *que cerraría este volumen en
una edición definitiva*, de modo virtual pero muy claro cambió y
aclaró la situación editorial de la obra. Con la fórmula *edición definitiva* el poeta del anuncio –a través de su doble ficticio, el editor–
expresó inequívocamente que la inclusión o agregación del poema
XLIII, al *completarla*, sacaría a *Canción de gesta* del limbo de mar-
ginalidad (relativa) a que él mismo, el Autor, por razones suyas la
había condenado, y le consentiría finalmente el acceso al paraíso:
vale decir, su ingreso al máximo canon nerudiano, su *pleno* reconocimiento y admisión dentro de lo que yo llamo *nerudiana orgánica*.
    Al decidir con legítima autoridad la publicación póstuma de la
edición definitiva (con el poema XLIII), Matilde Urrutia decidió y
autorizó de hecho su inclusión en estas *Obras completas*.

---

* Véase «Referencias bibliográficas», pp. 1334-1335.

Los textos:
algunas observaciones

A comienzos de 1959 los barbudos de Sierra Maestra habían instalado una Revolución –así, con mayúscula– en América Latina. Un evento de tal magnitud histórica y política obviamente no podía ser relegado por Neruda a escritos de circunstancia. Pero ¿cómo enfrentarlo en poesía sin recaer en la tentación retórica, en la exaltación del líder? Escaldado por la experiencia de Stalin y del entonces llamado «culto a la personalidad», Neruda no quiso –en verdad no podía, no le era ya posible– cantar de nuevo en el registro de *Canto general* y de *Las uvas y el viento*, pero al mismo tiempo la joven revolución lo entusiasmó.

Canción de gesta fue un título de transacción o de *compromesso* entre lo leve y lo solemne: *canción* de gesta y no *cantar* de gesta que acaso habría sonado más arcaico y grave. Tampoco *canto* porque habría evocado un *canto general* ahora improponible para Neruda. *Canción* era en cambio sinónimo de levedad desde *Residencia* (ver mi nota al poema «Cantares», vol. I, p. 1182) y sin duda se adaptaba bien a una gesta guajira, alegre, subdesarrollada, abundante de colores y sonidos afroamericanos.

Para cantar la Revolución cubana de 1959 Neruda rechazó la solemnidad mayor y el tono épico-enfático (con impostación moderna) de *Canto general* y de *Las uvas y el viento* en favor de un tono épico deliberadamente tradicional, arcaico, popular, y de un lenguaje cálido que invitaba a la participación. La diferencia de intención fue marcada en particular, y con sutileza muy nerudiana, a través del uso de una cierta forma métrica que es constante en todo el libro: el *romance endecasílabo*. Un brillante ejercicio de versificación de arte mayor, sostenido y monocorde como el trovar juglaresco del medioevo: una versificación sólida y a la vez ligera; rigurosa y a la vez popular. (Un propósito similar había gobernado por ese mismo período, pero con motivaciones diversas, la versificación de los *Cien sonetos de amor*.) Otra diferencia de intención, respecto a *Las uvas y el viento*, fue marcada con muy menor sutileza a través de la invocación épica del líder (XIX, «A Fidel Castro»), de la cual tomo este pasaje:

[...]
ésta es la copa, tómala, Fidel.
Está llena de tantas esperanzas

> que al beberla sabrás que tu victoria
> es como el viejo vino de mi patria:
> no lo hace un hombre sino muchos hombres
> y no una uva sino muchas plantas:
> no es una gota sino muchos ríos:
> no un capitán sino muchas batallas.

No hacía falta mucha perspicacia para captar el aviso y/o advertencia implícitos en estos versos, en particular ese «un capitán» claramente alusivo a un cierto bigotudo y monumental Capitán (que había sido cantado con tal epíteto por Neruda mismo... y por el cubano Nicolás Guillén). Tiendo a pensar que la buena fe, la seriedad y la esperanzada admiración con que un Neruda próximo a los 60 pretendió «advertir» al joven Fidel (que acababa de pasar la barrera de los 30) sobre los peligros del poder revolucionario, fueron mal comprendidas. Lejos estaban –y están aún– los dirigentes cubanos de entender que Neruda era entonces un poeta en metamorfosis y en busca de la recuperación de sus sueños utópicos, y que desde su personal punto de vista estaba muy interesado en que la diversidad revolucionaria de Fidel no se malograse.

MEDITACIÓN SOBRE LA SIERRA MAESTRA. XLII ESCRITO EN EL AÑO 2000. (Páginas 967-971.) Momento de reflexión política y de máxima solemnidad en el libro. Reafirmación de la Historia y del combate colectivo, pero no más en conexión con un proyecto intercontinental de utopía revolucionaria (como en *UVT*) sino acentuando el carácter latinoamericano, tercermundista, es decir fragmentario o local, de la gesta barbuda. La visión planetaria y triunfalista del «socialismo real» en expansión incontenible (*UVT, OEL*) ya no concierne a la poesía de Neruda de los años sesenta, cuyo optimismo histórico torna a la prudencia y a la fragmentación de las crisis locales o parciales. Significativamente el poeta situó en este texto –con fuerte desarrollo de la línea inaugurada en *Estravagario*– una sinopsis autobiográfica que tendía a una nueva sistematización de los recuerdos, diversa de aquella que cerró *Canto general*. En este sentido el poema hay que leerlo como un paso importante hacia el *Memorial de Isla Negra*.

JUICIO FINAL. (Páginas 972-973.) 1968 fue un año de modificaciones en los libros de Neruda. Ese año el poema «Artigas» se desplazó desde *La barcarola* a *Canto general*. De modo similar, por voluntad del autor este «Juicio Final» fue agregado a *Canción de gesta* (ocho años después de la primera edición) para fijar el texto de la edición definitiva. El texto individualiza y caricaturiza con saña, sin nombrarlos (salvo a uno), a tres conocidos escritores cubanos entre los que firmaron la *Carta*, los mismos tres que serán objetivos privilegiados del ataque de Neruda en sus memorias.

Las piedras de Chile

Composición

De casi todos los libros de Neruda se puede rastrear una historia. De éste, en cambio, sólo sabemos lo que nos refiere el autor en el prefacio: que fue el cumplimiento aplazado de un proyecto concebido (o imaginado) veinte años antes. O sea cuando estaba naciendo el *Canto general*. No conozco otra documentación de aquel proyecto que la mismísima casa de Isla Negra, cuya edificación de base la compró Neruda –precisamente en 1939– al español Eladio Sobrino, ex oficial de la marina mercante. En origen la casa había sido proyectada por Luz Sobrino, hija de don Eladio y por entonces estudiante de arquitectura en la Universidad de Chile.

«Oficialmente aparece 1939 como año de compra de la vivienda. Sin embargo doña Luz Sobrino [en entrevista del 8 de marzo de 1996] me señala que ésa [1939] correspondería a la fecha oficial, en la que quizás se firmó la escritura, pues señala como fecha de adquisición de la propiedad, un poco antes, aproximadamente entre los años 1937-1938, ya que esos son los años que corresponden a la época en que se edificó la vivienda y Neruda la habría adquirido casi inmediatamente, incluso sin estar terminada totalmente» (Mayorga*, p. 79).

Isla Negra no es isla ni es negra, como se sabe, sino un lugar de la costa chilena al sur de Valparaíso, entre El Quisco y Cartagena, y según Luz Sobrino el nombre Isla Negra –anterior a la llegada de Neruda– se lo dieron los lugareños en razón de «un pequeño islote de roca negra que se encontraba frente a esas playas» (Mayorga, p. 78). En ese sector la costa aparece jalonada por formaciones rocosas de varia dimensión, complejidad y altura (entre las cuales recuerdo una llamada Punta de Tralca), que en conjunto configuran un paisaje litoral de extraordinaria sugestión, fuerza y belleza.

De modo que cuando en su prefacio Neruda dijo: «Hace ya veinte años que dejé entre mis pensamientos este libro pedregal», estaba aludiendo a la historia *íntima* de la escritura de un libro que en pri-

---

* Véase «Referencias bibliográficas», pp. 1334-1335.

mer lugar fue la textualización de veinte años (y más) de enamoramiento y frecuentación del roquerío de la Isla. Las piedras, como ya antes los pájaros y los árboles y la lluvia del Sur, entraron así a formar parte –como protagonistas– del universo personal de Neruda y –por lo mismo– del imaginario del poeta. Digna de notar la diferencia con la representación del espacio costero de Puerto Saavedra (sector de la *provincia de la infancia*) en la escritura juvenil de Neruda, donde el relieve venía dado no a las rocas sino a esa playa del Sur en sí misma, extensa, gris, invernal: a esa interminable faja de arena, al borde del océano, que galoparon Florencio Rivas y el narrador de *El habitante y su esperanza* en 1926.

Una primera coagulación de la experiencia pedregal de Isla Negra (y del litoral chileno a partir de allí) ocurrió no veinte sino algo más de diez años antes en el poema «Las piedras de la orilla» del capítulo «El gran océano», penúltimo de *Canto general*.

Ediciones

(1) *Las piedras de Chile*, poemas de Pablo Neruda y fotografías de Antonio Quintana, Buenos Aires, Losada, 1961 (junio), 133 pp. CPAH*.

(2) *Las piedras de Chile* [sin las fotografías], en Pablo Neruda, *Obras completas*, Buenos Aires, Losada, 1962, pp. 1705-1740. Lo mismo en ediciones sucesivas de OC: 1968, 1973.

Los textos: algunas observaciones

En su conjunto, los textos de este libro fueron elaborados a partir de la serie de fotografías que hizo Antonio Quintana de las formas rocosas que Neruda le iba señalando (entre las que él había individualizado a lo largo de sus años en Isla Negra) y de las que el fotógrafo mismo, también conocedor del roquerío, le sugería al poeta. Nuestra edición no reproduce las imágenes de Quintana y con ello «obliga» al lector (que no conozca la edición de 1961) a recorrer el camino inverso, es decir, a un trabajo de recreación imaginaria de la forma o perfil de cada una de las rocas a partir de los títulos, datos visivos y demás indicaciones que la fantasía del poema le provee. Fruición activa del libro que no deja de tener sus ventajas. Así el lector poblará

* Véase «Abreviaturas», p. 1333.

fantasiosamente su lectura con naturales esculturas rocosas que le sugieran un toro o un león, una estatua de vaga mujer ciega o un bisonte dormido, un trío de patos o una tortuga, un barco o una mesa. Estos repertorios de elementos más o menos homogéneos (o bien abigarrados, pero unidos espacialmente, como por ejemplo en «El gran océano»: *CGN*, XIV) eran muy del gusto de Neruda. Ahí dejó sus varios bestiarios y ornitologías, y esos libros de objetos que fueron *Residencia* y los varios volúmenes de «odas elementales».

HISTORIA. (Páginas 979-980.) Una clave del libro: el poeta en trance de refundación de sí mismo elabora una imagen de base. Una vez más. Algo similar ocurrió en 1938-1939 con la escritura de «La copa de sangre» y de los primeros textos del «Canto general de Chile». Sólo que entonces los repertorios naturales (vegetaciones, ríos, plantas, árboles, pájaros, bestias) buscaban la Historia para conquistar un significado humano capaz de refundar al Sujeto (moderno). Ahora es al revés. El Sujeto, historizado en exceso, busca simbólicamente establecer sobre la máxima inercia de la Naturaleza – la Piedra – su nueva poética (posmoderna). Por eso el poema que inaugura el libro comienza por comparar a las piedras de Chile, territorio que los españoles encontraron viviendo precisamente una especie de «edad de la piedra», con las piedras de otros países americanos (Perú, México) donde el desarrollo histórico-cultural, mucho mayor, consentía y estimulaba usos más «historizados», como ciertos cuchillos de piedra aptos a los sacrificios humanos. Por eso la autorrepresentación implícita del Sujeto sería este territorio, «el más *deshabitado*, / el reino sin sangre y sin dioses», obligado a refundarse en soledad y con sus propios recursos. Como se verá en libros posteriores, la progresiva *deshabitación* de la historia marcará el desarrollo futuro de la poesía de Neruda.

PIEDRAS DE CHILE. (Páginas 984-985.) Texto que presenta el «mismo aspecto caligramático que poseen las *Odas* – varillas de transparencia o columnas movedizas a lo largo de la página» (Concha 1982, p. 37). Pero la fórmula desiderativa de la conclusión acentúa el tono melancólico de los libros tercero y cuarto de las odas: «siga el silencio / sobre / vuestro / durísimo silencio».

CASA. (Páginas 985-986.) Sugestivo poema en endecasílabos. Recordar la opuesta perspectiva de «Alturas de Macchu Picchu»: «la más alta vasija que contuvo el silencio: / una vida de piedra después de tantas vidas» (*CGN*, II, VII), cuya secuencia progresiva (vidas-piedra-vidas) contrasta con la del presente poema (piedra-vida-piedra): «y piedra fui, piedra seré, por eso / toco esta piedra y para mí no ha muerto: / es lo que fui, lo que seré, reposo / de un combate tan largo como el tiempo».

PIEDRAS PARA MARÍA. (Páginas 1011-1013.) María Martner, amiga de Neruda, escultora y muralista (mosaicos). Uno de sus mejores trabajos es el mural-mosaico sobre la chimenea de la biblioteca, casa de Isla Negra, «que reúne las distintas piedras de Chile» (Mayorga, p. 134). Este poema fue anticipado en: *María Martner. Murales*, catálogo de una exposición, Santiago, Servicio de Cultura y Publicaciones del Ministerio de Educación, 1959.

Cantos ceremoniales

Composición

Neruda escribió mucho y muy intensamente durante el período que siguió a su regreso del largo viaje de 1957. Escribía dondequiera que estaba, en casa o tren o restorán, en disposición siempre activa (sobre éste y sobre otros comportamientos del poeta hay un ameno y perspicaz testimonio: José Donoso, «Recordando a Neruda», *Nerudiana*, núm. 1, Sássari 1995, pp. 302-305). Varias razones determinaron este activismo, a comenzar por la presencia de Matilde que organizó la vida doméstica, social y profesional de Pablo como nunca antes, instándolo a trabajar diaria y sistemáticamente con horario preciso (el poeta eligió la faja entre las 8 y las 11 de la mañana como tiempo laboral de base en Isla Negra o en La Chascona, tiempo fijo y constante al que se agregaban otros durante el día al ritmo del humor o según el calendario de compromisos). También influyeron las exigencias económicas crecientes, determinadas sobre todo por las construcciones en curso de La Chascona en Santiago y (desde fines de 1958) de La Sebastiana en Valparaíso, por lo cual se hizo imperioso el aumento de la «productividad». A Neruda, por lo demás, esta aceleración del ritmo de trabajo le andaba perfectamente y siempre agradeció a Matilde sus acicates y controles (que a ella en cambio le enajenaron las simpatías de muchos visitantes casuales o frecuentes, habituados a dejarse caer por Isla Negra sin aviso previo).

Desde otra perspectiva influyeron también la llegada del otoño en la vida de Neruda, la conciencia o el temor del tiempo restante a disposición, alguna enfermedad, pero sobre todo los íntimos reajustes en la visión de la realidad inmediata y de la historia a que lo obligaban los desencantos y las pérdidas. En este sentido el poeta se sentía solo, deshabitado, «sin otros dioses que el trueno» como escribió en apertura de *PCH**. Nadie podía ayudarlo ni en su personalísimo modo de elaboración del luto íntimo por la muerte de sus sueños utópicos, ni en las simétricas fatigas de refundación de su –ahora otoñal– mundo interior.

Esta melancolía contradictoria, debatiéndose entre el morir y el renacer en condiciones inéditas (posmodernas) para Neruda, impregnó los diez *Cantos ceremoniales* escritos en diversos lugares del planeta entre 1959 y 1961. De extensión mayor que la habitual o media, y cargados de una cierta solemnidad, estos diez textos respondieron además a la tendencia –siempre viva en Neruda– a una poesía de amplio alcance y ambición, al irrenunciable proyecto cíclico de que hablará en 1964, como si de pronto el poeta hubiera advertido una ausencia o vacío de este tipo en su desarrollo más reciente.

Ediciones

(1) *Cantos ceremoniales*, Buenos Aires, Losada, 1961 (octubre), 115 pp., CPAH. Reediciones: 1972, 1977.

(2) *Cantos ceremoniales*, en Pablo Neruda, *Obras completas*, Buenos Aires, Losada, 1962, pp. 1741-1797. Ediciones sucesivas de OC: 1968, 1973.

(3) *Cantos ceremoniales*, Buenos Aires, Losada, 1972, BCC, núm. 380. Reedición: 1977.

(4) *Cantos ceremoniales*, Barcelona, Seix Barral, 1977.

Apartados

(1) *Oceana,* La Habana, Ediciones La Tertulia, 1960. Dos tiradas, una en formato folio, la otra en formato 12 (colección Laura).

(2) *Toro,* texto en español y traducción de Jean Marcenac, más 15 láminas inéditas de Pablo Picasso, París, Éditions Aux Vents d'Arles, 1961, edición encuadernada, formato 55 cm. Tirada de 500 ejemplares numerados del 1 al 500 y 20 ejemplares *hors commerce* numerados HC I al HC XX.

(3) *La insepulta de Paita*, Buenos Aires, Losada, 1962, con grabados de Luis Seoane.

---

* Véase «Abreviaturas», p. 1333.

(4) *Oceana*, con prólogo de Pablo Neruda, Madrid, Ediciones de
Arte y Bibliofilia, 1971, 68 pp. en cuadernillos sueltos más 14 lito-
grafías, numeradas y firmadas, de José Caballero. Edición de lujo
de 210 ejemplares numerados.

(5) *De Pablo Neruda para Bolívar y Manuela*, Caracas, Binev,
1978. Edición de lujo, 2000 ejemplares no destinados a la venta. Incluye los poemas «Un canto para Bolívar» (*TER*) y «La insepulta de
Paita».

Los textos: algunas observaciones

EL SOBRINO DE OCCIDENTE. (Páginas 1019-1020.) Texto com-
plejo, denso e incluso enigmático que a mi entender registró una
tentativa algo excéntrica (y que por ello restó estilísticamente aisla-
da, sin continuación) hacia la poesía de la memoria que coagulará
en *Memorial de Isla Negra*.

LA INSEPULTA DE PAITA. (Páginas 1021-1040.) No la épica de la
libertad que fue el hilo conductor de los capítulos «históricos» de
Canto general, sino la búsqueda y rescate de una heroína subalterna.
Un fragmento de historia menor, una protagonista de reflejo traída al
primer plano. Pero el verdadero protagonista del texto es el olvido. El
poema fue escrito durante el viaje por mar hacia Venezuela en enero
de 1959. En carta a V. Teitelboim* (p. 401) informó: «Escribo conferencias. También un largo poema sobre Manuelita Sáenz, la amada
de Bolívar. En Paita, de donde es la chancaca, murió, muy viejecita.
Bajamos a ver su tumba. Sobre este tema es mi poema».

TORO. (Páginas 1047-1051.) Poema escrito en París a mediados
de 1960, destinado a una publicación con 15 láminas de Picasso
(1961). El texto es también pictórico (colores, brillos, dinamismos)
y al mismo tiempo musical (ritmos, acentuaciones, resonancias co-
rales): se diría la transcripción poética de un ballet.

CORDILLERAS. (Páginas 1052-1055.) Texto escrito el 19 de febrero de 1961 en el avión que trajo de regreso a Neruda desde el
norte de Chile. Eran los días de la muerte del líder comunista Elías
Lafertte, en cuyo homenaje escribió también el poeta –durante el
mismo vuelo– el texto «Corona para mi maestro».

ELEGÍA DE CÁDIZ. (Páginas 1056-1061.) El 12 de noviembre de
1960 Pablo y Matilde se embarcaron en Marsella rumbo a Cuba. La
nave hizo escala en Cádiz donde al parecer Neruda obtuvo al menos
permiso para un paseo por la ciudad («Desde estas calles, desde es-

* Véase «Referencias bibliográficas», pp. 1334-1335.

tas piedras, desde esta luz gastada / salió hacia las Américas...»).
A partir de la evocación histórica el poema elabora una reflexión
comparada sobre los destinos de España y de la América española.

CATACLISMO. (Páginas 1062-1069.) En París recibió Neruda la
noticia de los apocalípticos terremotos de mayo de 1960 en el Sur
de Chile, en particular del maremoto que arrolló Valdivia y Puerto
Saavedra. «Es la ira de los volcanes, el desacuerdo de las placas
terrestres. El mar, que devoró el malecón, entró por las ventanas. Han
caído las torres, han caído las campanas. Hay que fundar otra vez
la patria temblorosa. Se da a la tarea en Europa. Pondrá la poesía y la
pintura en pie para reconstruir un muro, una puerta, un pedacito de
pueblo» (Teitelboim, p. 402). — «El viejo poeta de barba amarilla»:
alusión a Augusto Winter, poeta autor de «El lago de los cisnes».

LAUTRÉAMONT RECONQUISTADO. (Páginas 1070-1074.) Éste es
uno de los poemas «uruguayos» que resultaron de la amistad entre
Neruda y Alberto Mántaras, a cuya insistencia se debe también el
poema dedicado a Artigas en *La barcarola* de 1967. Lo cual no bastó, sin embargo. Como Mántaras siguió lamentando la ausencia de
héroes uruguayos en *Canto general*, Neruda decidió trasladar el
«Artigas» a dicho libro en 1968. (Al respecto léase el capítulo
«Aquellos anchos días» en Varas, pp. 131-176.)

La revista *Cuadernos* de la Fundación Pablo Neruda trae en su
número 29 (Santiago, 1997), pp. 17-19, un facsímil del manuscrito
original del primer fragmento de «Lautréamont reconquistado», en
el que me apoyo para descomponer en dos el único verso 19 («Ducasse estaba solo ... cuerpo a cuerpo») de *OC* 1973, teniendo en
cuenta, además, la presencia de heptasílabos en el fragmento III.

Plenos poderes

Composición

Escrito entre comienzos de 1961 y mediados de 1962, este libro es
uno de los más abigarrados de Neruda. Tras una zona inicial de
poemas breves que me parecen fragmentos de un ciclo inconcluso,
PPS* contiene varios poemas de circunstancia ligados, por ejemplo,
a la inauguración de La Sebastiana o a la noticia de la muerte

* Véase «Abreviaturas», p. 1333.

en México de su amigo Carlos Obregón Santa Cilia («C.O.S.C.»).
Y varios retratos de admiración o afecto: a don Asterio Alarcón,
cronometrista del puerto; a Acario Cotapos, amigo y fabulador exi-
mio; a Enrique Segura Salazar («A E.S.S.»), un niño de nueve años
habitante de Isla Negra, hijo o sobrino de uno de los carpinteros de
casa. Pero también poemas importantes y solemnes como «Regresó
el caminante», o como «El pueblo», que fue su intervención en el
XII Congreso del Partido. Y las últimas odas elementales.

Ediciones

(1) *Plenos poderes*, Buenos Aires, Losada, 1962 (septiembre), 88 pp.,
CPAH.

(2) *Plenos poderes*, Buenos Aires, Losada, 1971 (octubre), 92 pp.,
BCC, núm. 371. Reediciones: 1974, 1977.

(3) *Plenos poderes*, Barcelona, Seix Barral, 1977. Reediciones:
1981, 1983.

Apartado

Primer día de «La Sebastiana», Valparaíso, edición privada,
18.9.1961. Plaqueta de recuerdo: inauguración de la casa de los Neruda en Valparaíso. Incluye el poema «A "La Sebastiana"».

Anticipaciones

ODA A ACARIO COTAPOS. *Ultramar*, núm. 15, Santiago, agosto
1961.

A DON ASTERIO ALARCÓN, CRONOMETRISTA DE VALPARAÍSO.
El Siglo, Santiago, 10.9.1961.

EL PUEBLO. *El Siglo*, Santiago, 10.3.1962. Poema fechado «Isla
Negra, marzo 1962», escrito como contribución al XII Congreso
del Partido Comunista de Chile.

Los textos: algunas observaciones

DEBER DEL POETA. (Página 1091.) «Mi primer libro, *Crepuscula-*
rio, se asemeja mucho a algunos de mis libros de mayor madurez.
Es, en parte, un diario de cuanto acontecía dentro y fuera de mí mis-

mo, de cuanto llegaba a mi sensibilidad» (Neruda 1964). La semejanza podría extenderse a este poema-pórtico que (con implicaciones muy diversas, claro) reactualiza el temple neorromántico del poema «Oración» y sus generosos propósitos: «No sólo es seda lo que escribo: / que el verso mío sea vivo / como recuerdo en tierra ajena / para alumbrar la mala suerte / de los que van hacia la muerte / como la sangre por las venas. // De los que van desde la vida / rotas las manos doloridas / en todas las zarzas ajenas: / de los que en estas horas quietas / no tienen madres ni poetas / para la pena». (El poema «Oración» en nuestras OC: vol. I, pp. 117-118.)

LA PALABRA. (Páginas 1092-1094.) Este poema, y los más breves que siguen («Océano», «Agua», «El mar», «Nace», «Torre», «Planeta» ...), siempre me llegaron como fragmentos de un proyecto poético inconcluso, o como residuos de una tentativa que no tuvo continuación pero que, por descarte o por contraste, preparó la escritura de *Memorial de Isla Negra*.

PLANETA. (Página 1096.) La *serie de preguntas* como forma del poema es aquí expresión de la renuncia a las certezas. Cfr. «Por boca cerrada entran las moscas» (*ETV*) y el póstumo *Libro de las preguntas* (irá en nuestro volumen III).

A «LA SEBASTIANA». (Páginas 1105-1107.) «La puerta tallada esperaba entreabierta a los amigos, con un aire azul de bambalina, al final del callejón. La casa era invisible, pues estaba a las espaldas de un teatro y había que pasar entre carteles que anunciaban otras cosas, lo que divertía especialmente a su dueño. Veo el farol antiguo, los pisos circulares y la escala de caracol. Y escucho de nuevo el viento huracanado aullando en las calaminas de Valparaíso, el sol alegre corriendo por los techos inclinados y las calles en fuga.

»Neruda ha demorado tres años en terminar la casa, después de haber comprado la obra gruesa, y entre un viaje y otro, ediciones y acontecimientos, ha ido alhajando a La Sebastiana. No es ya la draga gris, sin puertas ni ventanas, abandonada diez años bajo la lluvia y el viento, olvidada de todos; forma fantasma, sin destino, que sólo habitaron relámpagos y murciélagos. Ahora los colores la enlazan como a manta de huaso, está empavesada como un barco y vibra en resonancias y sorpresas.

»Hay que subir muchas escaleras para asomarse por fin a su torre. Es preciso amar las gaviotas para hallarla y comprender los barcos, para quedarse en ella. Para llegar a su mundo lunar, se atraviesa por susurrantes cortinas de mostacillas multicolores, bocas de viejos fonógrafos, cajas de música y antiguos grabados que ascienden con veleros, caballos y pájaros. Una policromía de bermellones,

azules o azafranes por fuera y, por dentro, el mundo de un anticua-
rio-poeta que crea sus casas como juguetes encantados, para alegrar
a sus amigos, a su corazón...» (Vial*, pp. 9-10).

Ver también *supra*, nota sobre la composición de *Navegaciones y
regresos*. El nombre de la casa evoca al constructor de ella, el español
Sebastián Collados. Es curioso que dos de las casas de Neruda hayan
sido compradas a españoles. La otra es la casa de Isla Negra, cuyo
primer propietario fue el español Eladio Sobrino. — Descripción y
análisis arquitectónico de La Sebastiana: Mayorga, pp. 209-254.

ODA A ACARIO COTAPOS. (Páginas 1113-1116.) Acario fue «el
más formidable humorista entre los amigos que [Neruda] tuvo en su
vida, el gordo de la comicidad surrealista» (Teitelboim, p. 405).

REGRESÓ EL CAMINANTE. (Páginas 1116-1118.) Importante y
muy hermoso texto en endecasílabos blancos, producto de un nuevo viaje al Sur de la infancia –más precisamente a Temuco (1961).
La declaración de propósitos contenida en la estrofa final comen-
zará a realizarse inmediatamente a través del primer volumen de
Memorial de Isla Negra, que bajo el título *Sumario* fue publicado
en Italia durante el mismo 1962 de *Plenos poderes*.

ODA A LA TRISTEZA II. (Páginas 1131-1132.) Más que a una
tristeza genérica, Neruda alude en este poema al sentimiento de ca-
rencia y a los oscuros sueños, conectados al Sur de la infancia, que
en juventud solicitaron su talento poético determinando la escritura
de *Veinte poemas de amor*, *Tentativa del hombre infinito*, *Anillos*,
e incluso *Residencia en la tierra*. Obviamente, vale la pena confron-
tar ésta con la "Oda a la tristeza (I)" de *OEL*.

EL PUEBLO. (Páginas 1133-1137.) Este poema fue «el texto de la
intervención formal del dirigente político Pablo Neruda, miembro activo del Comité Central, durante el XII Congreso del Partido Comunista de Chile (marzo 1962). Tan insólita vestidura literaria –insólita
en el contexto de reuniones habitualmente poco proclives a la fantasía– pudo parecer una extravagancia del poeta. En realidad fue un
gesto colmo de intención y de pertinencia. Para mí "El pueblo" es no
sólo el mejor poema "político" de Neruda sino, además, uno de los
más bellos entre los poemas "políticos" escritos en lengua castellana
y en cualquier otra lengua. Es la otra cara, y a la vez coronación, de
los precedentes "El gran mantel" (*ETV*) y "El barco" (*NYR*).

»Diez años antes de la cesura de 1956 el ferviente poeta comunista
había trazado una imagen épica y colectiva del pueblo en clave de retórica expresionista: "Paseaba el pueblo sus banderas rojas / y entre

* Véase «Referencias bibliográficas», pp. 1334-1335.

ellos en la piedra que tocaron / estuve, en la jornada fragorosa / y en las altas canciones de la lucha. / Vi cómo paso a paso conquistaban. / Sólo su resistencia era camino, / y aislados eran como trozos rotos / de una estrella, sin boca y sin brillo. / Juntos en la unidad hecha silencio / eran el fuego, el canto indestructible [...]" ("El pueblo": *Canto general*, XI, XIV [en estas *Obras completas*: vol. I, p. 730]). El poeta militante escribía desde la convicción de su pleno y superior conocimiento (basado en la tradición comunista) de la identidad de ese *pueblo* con el cual declaraba identificarse, como en esta prosa de 1952: "El camino de la poesía sale hacia afuera, por calles y fábricas, [...] está en todos los sitios de las luchas humanas, en todos los combates, en todas las campanas que anuncian el mundo que nace, porque con fuerza, con esperanza, con ternura y con dureza lo haremos nacer. Nosotros, los poetas? Sí, nosotros, los pueblos." (del "Prólogo", fechado en noviembre 1952, a su antología *Poesía política*, organizada por Margarita Aguirre: Santiago, Austral, 1953). Así escribía Neruda en el año de *Los versos del Capitán* y de la "Oda al hombre sencillo" (anticipada por *El Nacional*, Caracas, 16.10.1952).

»Diez años más tarde [en este "El pueblo" de *PPS*] el poeta ensayará con humildad, y en cierto modo por primera vez, una tentativa de definición personal de la entidad *pueblo*: un notable esfuerzo poético de Neruda por diseñar una imagen –seria, incluso solemne, pero distante de su anterior "retórica" comunista– de lo que *pueblo* era y significaba para él, un *identikit*, sin presumir como antes un previo y superior conocimiento [intelectual] de su identidad. Importa notar que la imagen del pueblo elegida para este poema no es más la mítica imagen colectiva o multitudinaria propuesta bajo variadas formas en textos anteriores a 1956. Es en cambio una figura mítica individual: *De aquel hombre me acuerdo... Yo conocí aquel hombre...*» (Loyola 1998, pp. 50-51).

Memorial de Isla Negra

Composición

Libro escrito entre 1962 y 1964, programáticamente pensado por Neruda como celebración y regalo de sus 60 años. No hizo misterio de esto. El último de los cinco volúmenes se terminó de imprimir justo el 12 de julio de 1964. Títulos: *I. Donde nace la lluvia*; *II. La*

luna en el laberinto; III. *El fuego cruel*; IV. *El cazador de raíces*;
V. *Sonata crítica*. Del primer volumen hay una importante y bellísi-
ma edición anterior: *Sumario. Libro donde nace la lluvia* (1963),
impresa en Alpignano por Alberto Tallone. *Sumario* fue seguramente el título originario del proyecto de libro.

El vínculo con el cumpleaños del autor sugeriría la persistencia,
exacerbada, del ánimo de apoteosis con que Neruda había imposta-
do las figuras del Yo Soy (*CGN**, 1950) y del Capitán (*VCP*, 1952).
No fue así. El espíritu de escritura del *Memorial* se asemejó más
bien al que había determinado la publicación de *Veinte poemas de
amor y una canción desesperada* en fecha muy próxima (junio) al
20° cumpleaños del poeta (12 de julio de 1924). Ambos libros respondieron, en efecto, a esfuerzos de salvación y refundación del Sujeto tras importantes derrotas. En un caso la derrota del Hondero y
de sus ciclópeas ambiciones, en el otro la derrota del Capitán y de
sus ilusiones utópicas en el marco mundial de la modernidad del siglo XX. Desde esta óptica, el significado del *Memorial* fue más bien
el de cerrar (con *La barcarola*, 1967) el proceso de rescate desencadenado «carnavalescamente» por *Estravagario* en 1958.

Dos grandes líneas temáticas guiaron –en modo sucesivo– la escritura de *Memorial*: (1) la evocación autobiográfica, dominante en
los dos primeros volúmenes y decreciente a partir del tercero; (2) la
reflexión crítica en ámbitos personal, poético, ideológico-político:
escasa en los primeros volúmenes, crecerá hasta dominar en los dos
últimos. Estas curvas temáticas jalonaron el proceso de escritura de
la obra con resultado especularmente simétrico: tanto la memoria
autobiográfica como la reflexión crítica crecen hacia los extremos a
partir del volumen tercero. Esta progresiva configuración dual ex-
plicaría por qué Neruda abandonó por el camino el título *Sumario*
(vertical y cronológico) y acabó prefiriendo el término *Memorial*,
acaso más apto a englobar, unitariamente, sea el registro vertical de
los recuerdos que el registro horizontal de las cavilaciones y desaho-
gos del Sujeto.

Importa diferenciar la (posmoderna) dimensión autobiográfica de
Memorial –coronación más o menos sistemática de la tentativa dispersa que en tal dirección iniciaron algunos textos de *TLO* y de
ETV (1957-1958) y que prosiguió en los libros sucesivos– de la
(moderna) representación del pasado del Sujeto en *Canto general*.

En particular durante el ciclo 1946-1956 los recuerdos fueron
evocados como hitos o etapas, más o menos alienadas, del itinerario

---

* Véase «Abreviaturas», p. 1333.

que a través de pruebas y extravíos condujo al héroe nerudiano hasta la cristalización de su plena y triunfante identidad final: ese YO SOY que Neruda proyectó a las figuras del Capitán y del Hombre Invisible. La dimensión autobiográfica cumplía así dos tipos de funciones: en el Sujeto, funciones de totalización o integración respecto a las figuras provisorias del pasado; en la Obra, en cambio, funciones de ruptura: «la sombra que indagué ya no me pertenece», «el mundo ha cambiado y mi poesía ha cambiado» (no olvidar que Neruda llegó al extremo, en 1949, de renegar de hecho su *Residencia en la tierra* —nada menos— al negarse a incluir poemas del libro en una antología húngara).

A partir de 1957 (*TLO*) la dimensión autobiográfica cumplió en la escritura de Neruda funciones respectivamente opuestas: en el Sujeto, funciones de ruptura o fragmentación: asunción de la multiplicidad del propio Yo, sea en clave horizontal («Muchos somos»), sea en clave vertical («Las vidas del poeta»); en la Obra, funciones de totalización e integración: el Sujeto se reconocía en cada uno de los muchos libros en que cada una de sus muchas vidas se había proyectado poéticamente. (Al respecto, cfr. Alain Sicard, «Neruda ou la question sans réponse», *La Quinzaine Littéraire*, núm. 129, París, 30.11.1971.)

De ahí que el camino hacia *Memorial* fue marcado por la creciente sistematización de los «retazos de la memoria», inicialmente dispersos en los libros de 1957-1959 («Oda a la caja de té», «Oda a la pantera negra», «Dónde estará la Guillermina?», «Regreso a una ciudad», «Itinerarios», «Escrito en el tren cerca de Cautín, en 1958», «Oda al violín de California»). Un pequeño *sumario* inauguró la voluntad de sistematización en un lugar inesperado: el poema «Escrito en el año 2000», al cierre de *Canción de gesta* (1960). Esa voluntad se hizo evidente en 1962 (de enero a junio) con la publicación de las famosas diez crónicas autobiográficas en la revista *O Cruzeiro Internacional*, Río de Janeiro. Y culminó con *Memorial* en 1964 y con *La barcarola* en 1967.

Liberados del hilo heroico del Yo Soy, los recuerdos interesaban ahora por sí mismos. El nuevo Sujeto nerudiano renunció así a perseguir la meta del autorretrato definitivo y comenzó a recuperar los intersticios de la memoria, es decir, los episodios que el Sujeto del ciclo 1946-1956 había desechado por no significativos o ajenos a su propósito (la conquista del Yo Soy). En particular los relativos a experiencias eróticas, puesto que a partir de los textos de 1937 el Sujeto devino más bien puritano en un sentido que fue característico de una cierta línea procomunista dentro del arte de la modernidad del siglo XX (ver en *Memorial*: «El sexo» y todos los poemas de la serie «Amores»). Y también los relativos a contactos del poeta con dimensiones irracionales o misteriosas, a comenzar por los cuentos del tío Genaro en «Las supersticiones». En *Memorial* los aletazos del misterio asumieron modulaciones alegóricas para enfrentar oblicuamente los conflictos existenciales (sentimentales, políticos) o las «melancolías de invierno»: así el enigmático texto «El héroe», el bellísimo «De pronto una balada», el desolado «Patagonias» y el sugestivo «Cita de invierno», todos del volumen IV.

La línea de la reflexión crítica coincidió con el retorno del Sujeto a su condición *natural*, con implícito rechazo de su anterior condición *historizada* (ver, por ejemplo, «Para la envidia»). La reducción a una identidad fundada sólo en valores naturales hizo evidente la ausencia de los espacios, figuras y valores conexos al mundo socialista que el libro *Las uvas y el viento*, sólo diez años antes, había propuesto como el espacio de la moderna utopía en construcción. En contradicción sólo aparente con lo anterior, el importante poema «El episodio» (p. 1299) reafirmó con energía la adhesión del Sujeto a la causa comunista por encima de quienes –bien o mal– la representasen circunstancialmente. También la óptica política del Sujeto había cambiado en clave posmoderna (con pérdida del predominio de motivaciones histórico-racionales). Con sentido afín, el poema «La verdad» reaceptó las contradicciones como ingredientes constitutivos, sea de la realidad que de su representación artística.

Ediciones

(1) *Sumario. Libro donde nace la lluvia,* Alpignano (Torino, Italia), Alberto Tallone impresor, 1963, 122 pp. Tirada: 235 + 50 ejemplares. Esta edición va encabezada por un prefacio que la edición definitiva y completa no recogerá.

Prefacio del autor

Es éste el primer paso atrás hacia mi propia distancia, hacia mi infancia. Es el primer volver en la selva hacia la fuente de la vida. Ya se olvidó el camino, no dejamos huellas para regresar y si temblaron las hojas cuando pasamos entonces, ahora ya no tiemblan ni silba el rayo agorero que cayó a destruirnos.

Andar hacia el recuerdo cuando éste se hizo humo es navegar en el humo. Y mi infancia vista en el año 1962, desde Valparaíso, después de haber andado tanto, es sólo lluvia y humareda. Vayan por ella los que me amen: su única llave es el amor.

Es claro que estas ráfagas desordenadas nacidas al pie volcánico de cordilleras, ríos y archipiélagos que a veces no saben su nombre todavía, llevarán adheridas la desobediente espadaña y las arrugas hostiles de mi origen. Es así el patrimonio de los americanos: nacimos y crecimos condicionados por la naturaleza que al mismo tiempo nos nutría y nos castigaba. Será difícil borrar esta lucha a muerte, cuando la luz nos golpeó con su cimitarra, la selva nos incitó para extraviarnos, la noche nos hirió con su frío estrellado. No teníamos a quien acudir. Nadie fue anterior en aquellas comarcas: nadie dejó para ayudarnos algún edificio sobre el territorio ni olvidó sus huesos en cementerios que sólo después existieron, fueron nuestros los primeros muertos. Lo bueno es que pudimos soñar en el aire libre que nadie había respirado. Y así fueron nuestros sueños los primeros de la tierra.

Ahora este ramo de sombra antártica debe ordenarse en la bella tipografía y entregar su aspereza a Tallone, rector de la suprema claridad, la del entendimiento.

Nunca pensé, en las soledades que me originaron, alcanzar tal honor y entrego estas parciales páginas a la rectitud del gran impresor como cuando en mi infancia descubrí y abrí un panal silvestre en la montaña. Supe entonces que la miel salvaje que aromaba y volaba en el árbol atormentado fue alojada en células lineales, y así la secreta dulzura fue preservada y revelada por una frágil y firme geometría.

Valparaíso, 1962.

(2) *Memorial de Isla Negra. I. Donde nace la lluvia*, Buenos Aires, Losada, 1964 (junio 2), 107 pp.

Memorial de Isla Negra. II. La luna en el laberinto, Buenos Aires, Losada, 1964 (junio 12), 125 pp. Este volumen, por inadvertencia, incluyó los poemas «Adioses» y «La Noche en Isla Negra» ya publicados en *Plenos poderes*. Las sucesivas ediciones de *Obras completas* (1968, 1973) eliminaron esta duplicación.

Memorial de Isla Negra. III. El fuego cruel, Buenos Aires, Losada, 1964 (junio 25), 127 pp.

Memorial de Isla Negra. IV. El cazador de raíces, Buenos Aires, Losada, 1964 (julio 2). 117 pp.

Memorial de Isla Negra. V. Sonata crítica, Buenos Aires, Losada, 1964 (julio 12), 135 pp. Este volumen termina con un fragmento del poema «Amores: Matilde», posteriormente eliminado aquí (ver OC 1973) para devenir el poema inicial de *La barcarola* (1967).

(3) *Memorial de Isla Negra*, Buenos Aires, Losada, 1972, BCC, núm. 381. Reediciones: 1978, 1991. Edición en un volumen.

(4) *Memorial de Isla Negra*, Barcelona, Seix Barral, 1976.

(5) *Memorial de Isla Negra*, Bogotá, La Oveja Negra, 1982. Reedición: 1988.

(6) *Memorial de Isla Negra*, Barcelona, Planeta, 1990.

(7) *Memorial de Isla Negra*, prólogo de Giuseppe Bellini, Madrid, Visor, 1994, colección Visor de Poesía, núm. 324.

Apartados

(1) *El padre*, Santiago, Imprenta de los Ferrocarriles del Estado, 1962. Tarjetón plegado, con nota final del autor (facsímil del manuscrito): «En recuerdo de mi padre, ferroviario de corazón, les dedico a ustedes este poema inédito. Pablo Neruda. 1962».

(2) *Arte magnética*, Buenos Aires, Imprenta Anzilotti, 1963, dibujo de Libero Badii.

Los textos: algunas observaciones

I. *Donde nace la lluvia*

NACIMIENTO. (Páginas 1141-1143.) Hacia 1962 Neruda no había visto aún la fotografía de su madre, la única conservada, que sólo algunos años más tarde llegó a sus manos (reproducida en varios lugares, por ejemplo en Reyes, p. 37). José del Carmen Reyes Morales, 32 años, y Rosa Neftalí Basoalto Opazo, 38 años, contrajeron matrimonio un día del otoño de 1903 en Parral. De esa unión nació allí Ricardo Eliecer Neftalí Reyes Basoalto el 12 de julio de 1904. Dos meses después, el 14 de septiembre de 1904, murió doña Rosa Neftalí. Desde la casa de calle San Diego, en el centro de Parral, don José del Carmen se trasladó con su hijo hasta el paterno fundo Belén, poco distante del poblado, donde la madrastra Encarnación Parada se hizo cargo del niño y le procuró una nodriza de nombre María Luisa Leiva, seguramente una joven y robusta campesina del lugar. Cfr. Reyes, pp. 36-39.

PRIMER VIAJE. (Páginas 1143-1144.) En 1906 o 1907, don José del Carmen sacó a su hijo del fundo Belén para llevarlo en tren hasta Temuco, donde recién había contraído matrimonio (con Trinidad Candia) y había fijado su residencia. «Temuco pertenece, a fines del siglo XIX y a comienzos del XX, a una de las zonas más progresistas del país. Entre un norte económicamente desnacionalizado por la entrega del salitre al capital inglés y el extremo austral enajenado a la soberanía chilena durante el gobierno de Santa María, Temuco se yergue en medio de una región donde la energía nacional se concentra con mayor tenacidad. Se trata, en realidad, del proceso general que incorporó a la vida unitaria del país a todo el sur de Chile, desde el Bío Bío hasta la provincia de Llanquihue. Este proceso comienza a mediados del siglo pasado con la colonización alemana de Valdivia y las provincias vecinas, hecho que podemos conocer vívidamente a través de las páginas clásicas de *Recuerdos del pasado*, de [Vicente] Pérez Rosales. Este primer factor de vitalización demográfica y económica es seguido muy pronto, con métodos completamente opuestos, por la larga y azarosa penetración en la Araucanía. Esta acción comienza oficialmente en 1859 –con el Decreto Supremo del 17 de septiembre de ese año–, sigue en 1868 con las leyes dictadas para inmovilizar a los araucanos en "reducciones", continúa con las cruentas campañas militares dirigidas por Cornelio Saavedra y Gregorio Urrutia, culmina en 1882 con la fundación de Temuco y en 1887 con la creación de las nuevas provincias de Malleco y Cautín, prosiguiéndose todavía a través de un accidentado proceso de colonización que durará hasta bien entrado el siglo actual» (Concha 1972, pp. 40-41).

LA MAMADRE. (Páginas 1144-1145.) El raro apellido *Marverde* me parecía una invención «literaria» de Neruda conexa a este poema, como el término *mamadre*. Neruda mismo me dijo de paso alguna vez, si la memoria no me engaña, que el apellido podía ser Valverde. Pero Bernardo Reyes, desde Temuco, me certifica haber verificado personalmente que la partida de defunción de doña Trinidad (1938) la declaraba hija de Ramón Candia y de Nazaria Marverde. De todos modos el texto trae sólo *Trinidad Marverde* y olvida el paterno *Candia*, que al oído del poeta sonaba sin duda menos apto a sus propósitos de refundación del Sujeto (esto es, de la figura ficticia que lo representaba en su propia escritura).

Más de diez años antes de su matrimonio y de la llegada a Temuco del pequeño Neftalí, doña Trinidad había tenido una relación clandestina y pasajera con su (después) marido José del Carmen en casa de Micaela Candia, su hermana mayor y mujer de Carlos Mason, amigo y compadre de José del Carmen desde Parral. De esa relación había nacido en 1895 Rodolfo Reyes Candia, el hermano mayor de Neruda, que para no propiciar habladurías fue criado en Coipúe, lejos de su madre, por una señora de nombre Ester. Rodolfo creció feliz y descalzo en Coipúe hasta que su padre decidió reportarlo a Temuco más o menos en coincidencia con la llegada de Neftalí. Algunos años después don José del Carmen reportó además a Temuco, desde San Rosendo, un tercer hijo, Laura, nacida también ella (2.8.1907) de una relación clandestina (con Aurelia Tolrá en Talcahuano). De modo que hacia fines de 1909 doña Trinidad se encontró de pronto funcionando como madre de tres niños, de los cuales el mayor (14 años), que de los tres era el único hijo de ambos cónyuges Reyes-Candia, fue el más infeliz porque su padre lo arrancó del paraíso de libertad y afectos en que había crecido (para traerlo a su arbitrario reino) y porque su madre biológica, que de hecho no lo conocía pues su marido le había prohibido viajar a Coipúe, no supo compensarlo de la pérdida emocional y afectiva que padeció cuando lo alejaron de doña Ester. Tampoco Laura pudo nunca reponerse completamente del trauma de abandono y desarraigo que le impusieron al separarla de su madre Aurelia. El pequeño Neftalí fue quizás el único de los tres niños que resultó de veras beneficiado con el programa de desplazamientos que para ellos decidió el padre. Porque para doña Trinidad fue más hijo que su propio hijo carnal. De ello queda el testimonio del poeta Juvencio Valle (ver *Aurora*, núm. 3-4, Santiago, julio-diciembre 1964, p. 248). Fuente: Reyes, cap. I.

EL PADRE. (Páginas 1146-1147.) Como su hijo Neftalí, don José del Carmen Reyes había perdido a su madre (Natalia Morales) al nacer. Personaje decisivo en su vida fue Carlos Mason Reinike, de origen norteamericano, quien fue su amigo en Parral y más tarde, al instalarse en Temuco, le consiguió trabajo en el ferrocarril y participación en sus propios negocios, y por otra parte le aconsejó contraer matrimonio con Trinidad, su amante de diez años atrás en la cual había engendrado a Rodolfo. En suma, le creó las condiciones para que también él se trasladara a vivir en Temuco. «Luego de algunos años [don José del Carmen] definitivamente ascendió a conductor de tren lastrero, cargo que le venía bien por su garbo y su don de mando. En este tren empezó a recorrer los nuevos ramales que iban bifurcándose de la línea central norte-sur llevando ripio o gravilla para el sostenimiento y mantención de los durmientes, debilitados por las lluvias o por los deshielos que aumentaban el curso de los ríos» (Reyes, p. 41). Neruda heredó de su padre el sentido de la socialidad y de la amistad. «El hombre duro era cordial, amante de la mesa poblada de amigos. Allí triunfaba la fraternidad. Chocaban en los brindis los vasos gruesos donde brillaba el vino. Se cuenta que, cuando no tenía alguien con quien compartir el almuerzo o la comida, solía pararse en la puerta de su casa e invitaba al primero que pasaba para conversar el pan y el trago. Su hijo heredó esta costumbre de su padre, que venía, tal vez, de generaciones ancestrales. No concebía las mesas solas» (Teitelboim, p. 28).

EL PRIMER MAR. (Páginas 1148-1149.) Neruda recordó en sus memorias, con muchos detalles, este primer viaje al mar (*CHV*, pp. 24 y ss.). Otro relato, también minucioso, en Reyes, pp. 60-61. En este poema de 1962 Neruda evocó por primera vez aquel camino hacia el mar como una imagen del primer reconocimiento de su propia individualidad creadora. Hasta entonces todo había sido inseguridad en sus tanteos. Desde un confuso extravío y desde la insatisfacción de quien aún no sabía qué hacer con sus potencias, el muchacho avanzaba (en la proa, expectante) hacia la revelación del destino personal. El carácter nutricio y acumulativo de la experiencia del bosque (espacio femenino, materno) descubría su significado a través del carácter desencadenante, dinamizador y activo de la experiencia del océano (espacio masculino, paterno). Iluminado por la distancia, aquel viaje al mar fue evocado por este poema como una progresión espiritual, como ruptura del claustro materno del bosque hacia la asunción y expansión del yo individual. «Cuando estuve por primera vez frente al océano quedé sobrecogido. Allí entre dos grandes cerros (el Huilque y el Maule) se desarrollaba la furia del gran mar. No sólo eran las inmensas olas nevadas que se levantaban a muchos metros sobre nuestras cabezas, sino un estruendo de corazón colosal, la palpitación del universo» (*CHV*, p. 27).

LA TIERRA AUSTRAL. (Páginas 1149-1151.) Todos los esfuerzos de don José del Carmen para alejar a su hijo Neftalí de la poesía surtieron el efecto opuesto. Entre otras medidas, con frecuencia lo hizo madrugar –tiritando de frío y sueño– y subir al tren lastrero que partía para sus incursiones de trabajo en los bosques de Boroa y Toltén. Pero ello sólo sirvió para que el pequeño Neftalí, hundiendo los pies en el humus, en el follaje caído y acumulado por siglos, comenzara a intuir la fusión caótica de la vida y de la muerte, el misterio de la vida efímera. La oquedad y la profundidad de la selva sugieren refugio femenino, materno, centro de vida y de misterio, matriz de silencio. El simbolismo tradicional del árbol y de la madera los hace partícipes de la ciencia y de la sabiduría. Por eso el extravío en los bosques de la Frontera fue para Neruda una escuela de formas y texturas, una iniciación telúrica y estética. Cfr. «El bosque chileno» en *CHV*, pp. 13-14.

EL SEXO. (Páginas 1152-1155.) Vale la pena comparar este poema con la versión en prosa del mismo episodio: véase «El joven provinciano», *OCI*, Río de Janeiro, 16.1.1962, y *CHV*, pp. 22-23.

LAS PACHECO. (Páginas 1157-1159.) «La casa tenía lo que me pareció un inmenso jardín desordenado, con una glorieta central menoscabada por la lluvia, glorieta de maderos blancos cubiertos por las enredaderas. Salvo mi insignificante persona, nadie entraba jamás en la sombría soledad donde crecían las yedras, las madreselvas y mi poesía. Por cierto que había en aquel jardín extraño otro objeto fascinante: era un bote grande, huérfano de un gran naufragio, que allí en el jardín yacía sin olas ni tormentas, encallado entre las amapolas.

»Porque lo extraño de aquel jardín salvaje era que por designio o por descuido había solamente amapolas. Las otras plantas se habían retirado del sombrío recinto. Las había grandes y blancas como palomas, escarlatas como gotas de sangre, moradas y negras como viudas olvidadas. Yo nunca había visto tanta inmensidad de amapolas y nunca más las he vuelto a ver. Aunque las miraba con mucho respeto, con cierto supersticioso temor que sólo ellas infunden entre todas las flores, no dejaba de cortar de cuando en cuando alguna cuyo tallo quebrado dejaba una leche áspera en mis manos y una ráfaga de perfume inhumano. Luego acariciaba y guardaba en un libro los pétalos de seda suntuosos. Eran para mí alas de grandes mariposas que no sabían volar» (*CHV*, pp. 26-27).

Sobre las Pacheco y el patio de las amapolas, véase: «Mancha en tierras de color», *Crepusculario* (en estas *Obras completas*: vol. I, p. 146); «Aquel bote salvavidas» y «Hoy al atardecer» en *RIV*, pp. 164-166; «Imperial del Sur», *Anillos* (en estas *Obras completas*: vol. I, pp. 240-241); «Cataclismo», VI, *Cantos ceremoniales* (en este volumen).

II. *La luna en el laberinto*

AMORES: TERUSA (I) - (II). (Páginas 1173-1179.) En el extratexto: Teresa Vásquez, de Temuco y Puerto Saavedra. Ella es «Marisol», inspiradora de algunos de los *Veinte poemas de amor*. Para ella escribió Neruda los textos del llamado *Álbum Terusa 1923*, reproducido en *AUCh* (1971), pp. 45-55.

«RATÓN AGUDO». (Página 1184.) El sobrenombre del amigo Raúl Fuentes Besa —alusivo a sus rasgos físicos— provenía de un popularísimo texto del Silabario Matte, el libro en que aprendieron a leer muchas generaciones de chilenos. «El Ratón Fuentes era un fotógrafo del equipo de Leoncio del Canto ("Caruso"). Tenía que ir a los grandes banquetes, tomar fotos con magnesio y vender. Ya con plata en el bolsillo nos buscaba. Y no era difícil encontrarnos, porque si no estábamos en el [bar] Hércules estábamos en el Venecia o en el Alemán de San Pablo, o en el de la calle Esmeralda. [...] El Ratón era un ser muy alegre y exultante; con él en la mesa cambiaba todo repentinamente, y si había una dificultad, un problema, salía con presteza y regresaba a los pocos minutos con un billete» (testimonio de Diego Muñoz: *Aurora*, núm. 3-4, Santiago, 1964, p. 234).

AMORES: ROSAURA (I) - (II). (Páginas 1186-1192.) En el extratexto: Albertina *Rosa* Azócar, hermana de Rubén y estudiante de francés en la universidad, como Neruda. Ella es «Marisombra», la inspiradora mayor de los *Veinte poemas* (ver, por ejemplo, mis notas a los poemas 9 y 15 en el vol. I, pp. 1153-1157) y de muchos textos de *Residencia en la tierra*. Nunca quiso o nunca supo responder con decisión a los reiterados requerimientos de Neruda durante los años de juventud, sea para pasar juntos las vacaciones o, más tarde desde Ceilán, para casarse. Las cartas del poeta publicadas en *CMR* (1974) y en *NJV* (1983) documentan la mediocre historia de las reticencias o cálculos de Albertina Rosa. Para Neruda ella encarnó el erotismo de los años estudiantiles, la pasión sexual desencadenada en sórdidas piezas de pensión. Más tarde la llamará desde Ceilán para que comparta su exilio, para vencer la nostalgia (de Josie Bliss) y el aburrimiento: para reencontrar, en suma, el equilibrio perdido.

El año 1929 transcurrió bajo el signo de Albertina Rosa. Los períodos de soledad sexual no eran nuevos para Neruda, pero éste que ahora vivía en Ceilán le era más duro y difícil de soportar (agravado por el recuerdo de su plena convivencia con Josie Bliss). También Albertina había sido en el pasado una intensa experiencia erótica. El poeta imaginaba que la afinidad de orígenes y de cultura compensaría la desventaja que de todos modos subsistía en el plano sensual. La esperanza del viaje de Albertina (por entonces en Europa) sostuvo al poeta durante algunos meses. Sus cartas eran contenidas y púdicas en la expresión de sus razones sexuales. A finales de 1929 estaba claro que ella no vendría. Neruda le envió un ultimátum desde Wellawatta (carta del 17.12.1929): «Porque será ésta la última vez en nuestras vidas que tratemos de juntarnos. Me estoy cansando de la soledad, y si tú no vienes trataré de casarme con alguna otra» (*NJV*, p. 58). Algunas semanas después, la despedida final: «No quiero hablarte del daño que me has causado, no serías capaz de comprender. [...] He querido hacerte mi esposa en recuerdo de nuestro amor. [...] Adiós, Albertina, para siempre.» (*NJV*, p. 64). En carta a Héctor Eandi (27.2.1930) Neruda se abandonó a una muy insólita confidencia:

La cuestión sexual es otro asunto trágico, que le explicaré en otra carta. (Este tal vez es el más importante motivo de miseria.) Y una mujer a quien mucho he querido (para ella escribí casi todos mis *Veinte poemas*) me escribió hace tres meses, y por un tiempo viví lleno de su llegada, arreglando mi *bungalow*, pensando en la cocina, bueno, en todas las cosas. Y ella no pudo venir, o por lo menos no por el momento, por circunstancias razonables tal vez, pero yo estuve una semana enfermo, con fiebre y sin comer, fue como si me hubieran quemado algo adentro, un terrible dolor. Esto ha pasado, sin siquiera poder decírselo a alguien, y así aliviarse; se ha enterrado con los otros días, al diablo con la historia!

(Citado en Loyola 1987, pp. 32-33.)

RANGOON 1927. (Páginas 1197-1199.) Revisitación de un episodio ya evocado en el poema «Las furias y las penas» (1934, en *Tercera residencia*), a partir de los versos: «Recuerdo sólo un día / que tal vez nunca me fue destinado».

TERRITORIOS. (Página 1202.) Los nombres Patsy, Ellen y Artiyha corresponden a amigas/amantes del período vivido en Wellawatta, Colombo (Ceilán).

AQUELLAS VIDAS. (Páginas 1203-1204.) El comienzo de «Alturas de Macchu Picchu» rezaba: «Del aire al aire, como una red vacía, / iba yo entre las calles y la atmósfera». El comienzo del presente poema es una crítica a aquel otro comienzo, al que rectifica con las mismas imágenes y aludiendo a ese Yo Soy a que aspiraba el Sujeto: «Este *soy*, yo diré, para dejar / este pretexto escrito: ésta es mi vida. / Y ya se sabe que no se podía: / que en esta *red* no sólo el hilo cuenta, / sino el *aire* que escapa de las *redes*, / y todo lo demás era inasible».

III. El fuego cruel

LOS MÍOS. (Páginas 1219-1220.) OC 1973 repitió una errata tipográfica de la primera edición, que traía: «Yo dije: *Ayer* la sangre!», porque quizás Homero Arce (secretario del poeta) leyó mal el manuscrito de Neruda que no podía decir sino «*A ver* la sangre!», en correspondencia con el verso 2: «*Vengan a ver* la sangre de la guerra!», que a su vez remitía inequívocamente al famoso «Venid *a ver* la sangre por las calles!» de *España en el corazón*.

AMORES: JOSIE BLISS (I) - (II). (Páginas 1233-1238.) Esta mujer fue, ante todo, un encuentro sexual cuya excepcionalidad sacudió al poeta al punto de proyectarse como fundamento de una identidad alternativa (la *substitución*). Ello comenzó en Rangún durante la primera mitad (¿mayo?) de 1928. El texto en prosa «La noche del soldado» (ver nuestro vol. I, pp. 278-279) registró con una cierta distancia –todavía– el encuentro mismo, presentándolo como una indiferenciada experiencia en algún local nocturno. Los textos «Juntos nosotros» y «El joven monarca» (vol. I, pp. 269-270 y 282) registraron en cambio el júbilo y la aceptación: el Sujeto se reconocía en su pasión por (y sobre todo en su convivencia con) Josie Bliss. Después vinieron las dudas, el conflicto y la separación desgarradora. Sobre ello escribió Neruda páginas conmovedoras, ahora muy conocidas, para la revista O *Cruzeiro Internacional* (Río de Janeiro, 1962), después recogidas en *CHV*, pp. 123-125.

¿Quién era reamente Josie Bliss? Sólo sabemos de ella lo que Neruda quiso recordar. ¿Cuál era su verdadero nombre, «su recóndito nombre birmano»? Neruda nunca lo transcribió. A decir verdad, le fue difícil incluso llamarla con su nombre de fachada –«su nombre de calle»: *CHV*, p. 124– en los textos de *Residencia*. Sólo en el momento de abandonarla consiguió Neruda dar a su amante un nombre en la escritura: la llamó *Maligna* en «Tango del viudo». Se trataba en verdad de un exorcismo, más que de un nombre. *Maligna* fue la transacción entre la necesidad de nombrar (individuar, identificar, recordar) y la necesidad de negar (olvidar, cancelar, confundir en lo indistinto). A lo largo de la segunda *Residencia* el nombre de la amante birmana pugnó por abrirse paso hacia el Texto, por romper el bloqueo feroz y despiadado que el poeta le (se) había impuesto. No fue una imprevista explosión de nostalgia la que determinó la colocación del poema «Josie Bliss» (vol I, pp. 344-345) al cierre del entero libro, es decir, en posición de extremo relieve.

ADIÓS A LA NIEVE. (Páginas 1240-1243.) Chiaretta –el nombre exacto era en realidad Claretta– y su marido C. (Edwin Cerio) fueron amigos de Neruda y Matilde durante los meses de Capri (1952).

IV. *El cazador de raíces*

AMORES: DELIA (I) - (II). (Páginas 1271-1275.) Delia del Carril había nacido en la estancia familiar de Polvaredas, provincia de Buenos Aires, el 27 de septiembre de 1884, casi exactamente veinte años antes que Neruda. Sus padres fueron Víctor del Carril Domínguez y Julia Iraeta Iturriaga, que engendraron al menos otros doce hijos, entre los cuales cabe mencionar a Adelina, que contrajo matrimonio con Ricardo Güiraldes, el autor de *Don Segundo Sombra*. La familia, riquísima, poseía entre otras una estancia de 25.000 hectáreas del mejor suelo, ubicada en plena pampa húmeda a 180 km de Buenos Aires. El padre, Víctor, no ejerció su profesión de abogado pero participó en política: fue vicegobernador de la provincia de Buenos Aires y Diputado Nacional, por lo cual la familia se trasladó a la capital. Pero poco antes de que Delia cumpliera 15 años, su padre se suicidó (19.9.1899). La madre, ahora viuda, decidió alternar la vida en Buenos Aires con largas temporadas en París, acompañada de sus hijas solteras. En París conoció Delia a Adán Diehl, con quien se casó en Mendoza en 1917. El matrimonio fue un desastre y Delia regresó a Argentina en 1921. Años más tarde, en 1929, retornó a París para proseguir estudios y práctica de pintura con Fernand Léger. A fines de enero de 1934 se trasladó a Madrid, ya comunista convencida. En junio de ese año conoció a Neruda. Hay varias versiones del primer encuentro: para algunos fue en casa del diplomático chileno Carlos Morla Lynch, pero Alberti: «A Delia [...] se la presenté yo en mi terraza madrileña de la calle Marqués de Urquijo, en los días en que el poeta chileno encontró a *Niebla*, aquella perra enloquecida y silvestre que me acompañó durante toda la guerra civil» (cit. en Loyola 1987, p. 47). Para el resto de la historia remito a mis notas del volumen I y del presente. Por ahora importa sólo señalar que tras la ruptura de su matrimonio con Neruda, Delia siguió activa con su pintura hasta su muerte. Sobrevivió a Pablo y a Matilde: murió el 26 de julio de 1989, cerca de los 105 años de edad, en su casa de avenida Lynch. — Para detalles de la biografía de Delia del Carril: ver Sáez 1997.

Índice de primeros versos

Índice general

Odas elementales
[1952-1954]

Nuevas odas elementales
[1955]

Tercer libro de las odas
[1955-1957]

Estravagario
[1957-1958]

Navegaciones y regresos
[1957-1959]